Global Trade Practice

글로벌 무역실무

강경훈 | 김웅진 | 박종삼 공저

도서출판 두남

머리말

2010년 국제상업회의소는 새로운 INCOTERMS 2010을 개정발표함으로써 2011년 1월 1일부터 발효되어 적용하고 있다. 글로벌 무역시대에 개정된 INCOTERMS를 배경으로 새롭게 변화되는 국제상관습의 시대적인 변화에 적응하여 우리나라도 세계10대 무역국으로 성장함에 따라 무역실무의 중차대함을 실감하게 한다.

새로운 무역체제인 WTO의 출범은 세계교역에서 관세 및 비관세정책 등 제한조치를 철폐하고 자유롭게 모든 상품을 교역하는 즉 무역자유화를 표방하게 되었으며, 이것은 국경 없는 무한경쟁시대의 시작을 의미한다. 이러한 세계무역환경 변화에 순응하기 위하여 그 어느 때보다 무역의 중요성은 더욱 증가하게 되었다.

특히 정보통신기술의 발전과 더불어 인터넷의 출현은 일상생활을 포함한 모든 생활환경을 크게 변화시키고 있으며, 이러한 경제구조의 개편과 경제성장을 견인하는 새로운 매커니즘(Mechanism)은 국제무역거래의 근본적인 모습 또한 변화시키고 있다.

인터넷을 통하여 상품이나 서비스를 팔고 사는 전자무역거래는 시간과 공간의 제약없이 전 세계를 대상으로 바이어 발굴, 상품검색, 저렴한 비용으로 실시간 쌍방향의 마케팅(Marketing), 주문처리, 대금결제 등을 네트워크(Network) 상에서 가능하게 되어 기존 전통적인 무역거래와 달리 크게 변화하는 모습을 보여주고 있다.

본서는 이와 같이 변화하는 디지털경제 및 전자무역시대의 흐름에 부응하여 전통적 무역거래뿐만 아니라 인터넷 환경에서도 무역실무 전문서로서 역할을 다 할 수 있도록 INCOTERMS 2010, UCP500 및 e-UCP, 대외무역법, 외국환거래법 그리고 개정된 관련법규 등 최근 무역환경의 변화를 모두 수용하였다.

본서는 무역실무를 배우는 학생, 특히 최근 들어 관심을 가지고 있는 국제무역사 및 무역영어 검정시험을 준비하는 수험생, 국제비즈니스를 수행하는 경영자 및 실무 담당자가 체계적이고 실질적인 무역거래에 관한 이론적·실무적 지식을 구축할 수 있도록 구성하였다.

끝으로 본서가 출간되기까지 많은 도움을 주신 도서출판 두남의 전두표 사장님과 임직원 여러분에게 진심으로 깊은 감사를 드린다.

2011년 2월

공저자 일동

차 례

제1장 무역의 이해

제2장 전자상거래와 사이버무역

▌제 3 장 ▌ 무역업의 창업

▌제 4 장 ▌ 수출입절차 개요

제 5 장 무역마케팅

제 6 장 해외시장조사

제 7 장 무역계약의 체결

제 8 장 수출입승인

제 9 장 무역금융

▌제 11 장▌ 국제물류

▌제 12 장▐ 해상보험

▌제 13 장▐ 수출보험

▌제 14 장▌ 수출입통관

▮ 제 15 장 ▮ 관세환급

▮ 제 16 장 ▮ 무역클레임과 상사중재

제1장

무역의 이해

제 1 절 무역의 의의

1. 무역의 개념

무역[1]이란 이국간에 행하여지는 경제거래로서 물품(goods)[2]과 서비스의 유상적 교환이라 할 수 있다. 넓은 의미의 무역은 각 경제주체가 보다 효율적이고 합리적인 경제생활을 추구하기 위하여 자신들의 국가영역 내의 경제적 제약을 완화시킬 목적으로 국경을 넘어 다른 경제주체들과 상품 및 용역 그리고 자본과 같은 생산요소들을 교환하는 경제적 관계를 뜻한다. 반면, 좁은 의미의 무역은 넓은 의미의 무역거래 가운데서 상품과 기술 그리고 용역의 제공만을 말한다.

현재 우리가 사용하고 있는 무역이란 개념은 단순히 어떠한 특정상품의 효용가치가 적은 곳으로부터 효용가치가 높은 곳으로 이전시킴으로써 그 재화의 효용 및 경제가치를 증가시키는 것 뿐만 아니라 모든 재화의 생산요소, 즉 원료, 노동 및 자본의 이동까지도 포함하고 있다.

무역은 외국무역(foreign trade), 국제무역(international trade), 혹은 세계무역(world trade)으로도 불리어지고 있다. 외국무역이란 자국과 타국과의 무역이 이루어질 때 자국의 입장을 중심으로 사용하는 표현으로 대외무역과 같은 의미를 지니고 있다.

한편, 국제무역은 국제간의 상품 및 용역의 이동을 객관적인 입장에서, 한나라를 중심으로 보지 않고 일정지역 내에 있는 많은 다양한 국가간의 무역을 총칭하여 사용하는 용어이며, 세계무역은 다수의 일정지역, 즉 범세계적으로 무역관계가 포함될 때 사용된다.

---

1) 무역이란 한문으로 무역할 무(貿)와 바꿀 역(易)으로 교환을 의미한다.
2) 물품(goods)이라 하면 협의로는 유체물인 상품(commodities)만을 의미하며, 일반적으로 우리가 물품이라고 하면 상품을 뜻한다. 광의로는 협의의 물품인 상품에 자본과 노동 그리고 용역(service) 등을 포함시켜 물품이라고 한다.

2. 무역의 성격

무역은 일반적으로 토질이나 기후 등 자연적 조건과 언어·제도·관습 등 사회적 조건이 상이한 국가와 국가 사이에 이루어지는 물품의 교류현상으로 그 성격을 ① 경영경제적 성격, ② 국민경제적 성격, ③ 세계경제적 성격 등으로 구분하여 살펴보면 다음과 같다.

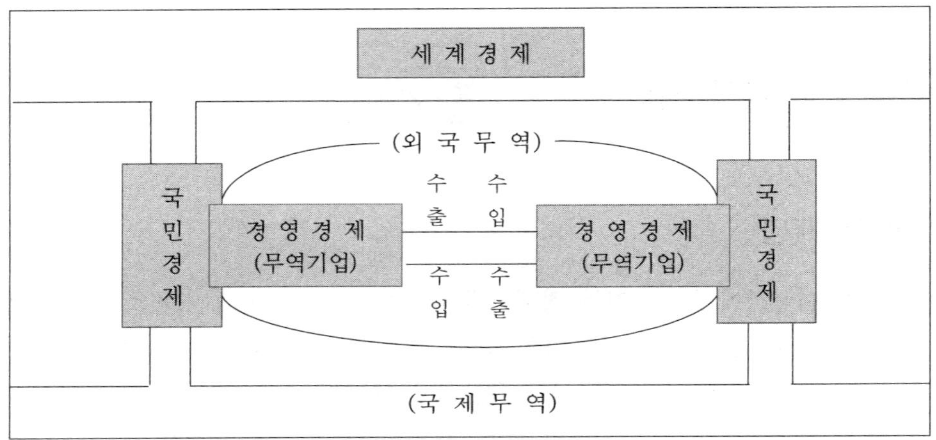

〈그림 1-1〉 무역의 성격

(1) 경영경제적 성격

일국의 무역은 평상시에는 국내상거래와 같이 자유롭게 개인과 개인 사이의 접촉이나 교섭에 의하여 이루어지는 사적물품매매활동(private merchandising activity)이다. 기업이 행하는 수출행위(exporting)와 수입행위(importing)는 그 무역 자체를 형성하기 때문에 무역은 기업의 단독경제적 성격을 지니고 있다.

(2) 국민경제적 성격

무역은 한 나라와 다른 나라의 물품교류현상으로 외국무역이란 말에는 개인본위가 아니고 국가본위의 거래임을 나타내고 있다. 물품의 교류가 무역으로서 인식되려면 수출 및 수입이라는 상호 연관적인 국제현상을 수반하지 않으면 안 된다. 따라서 거래 상대방이 외국인이라 하더라도 양당사자간의 거래가 동일한 국가내에서 이루어질 경우에는 무역의 범주에 속하지 않는다.

그러나 거래당사자가 동일한 국가사람이거나 또는 본·지점과 같이 동일한 경제체제라

하여도 그 상대방이 다른 국가에 있을 경우에 양자 간에 취급되는 물품이 국경을 넘게 된다면 이는 무역으로 보아야 한다.

따라서 무역은 무역기업인과 무역기업인 사이에 물품의 교류를 통하여 결국에는 국가와 국가사이에 물품의 교류를 달성시키는 것이다. 즉, 무역기업인과 무역기업인 사이의 물품의 교류는 국가와 국가 사이의 직접적인 접촉현상에 불과하기 때문에 무역은 국민경제적 성격을 가지고 있다고 할 수 있다.

(3) 세계경제적 성격

국민경제간의 접촉에 의하여 이루어지는 무역은 국제경제라는 연쇄상태에 결부되어 있으므로 세계경제의 면에서는 치열한 무역경쟁이나 제한된 무역협정에 의해서 실시되고 있다.

오늘날 어떠한 국가도 정도의 차이는 있으나 모든 물품을 완전하게 자급자족하고 있는 나라는 존재하지 않으며 따라서 모든 국가는 다른 국민경제와 깊은 의존관계를 맺지 않으면 안 된다. 이러한 의미에서 국가와 국가 사이의 통상협정과 이것을 실현하는 단독경제간의 말단접촉의 경영활동도 모두 세계경제의 범위 안에서 이루어지고 있으므로 각국의 무역은 세계무역의 일부를 구성하고 있다고 할 것이다.

이와 같이 무역은 타국과의 거래로 이루어짐으로써 세계경제적인 성격을 내포하고 있으며, 특히 무역의 방식이나 서식이 국제적으로 통일되어 가고 있는 것도 무역의 세계적인 성격을 나타내 주고 있는 것이다.

3. 무역의 특징

무역은 한 나라의 영역 안에서 이루어지는 국내 거래와는 여러 가지 면에서 상이한 국제간의 거래, 즉 국가의 영역[3]을 넘어서 이루어지는 거래로서 다음과 같은 특징을 가지고 있다.[4]

---

3) 여기서 국가의 영역이란 법률적·정치적 의미의 것이 아니라 경제적 의미의 국가영역, 즉 국가경제영역을 말하는데, 이의 기준은 동일한 통화제도 또는 동일한 관세영역에 두고 있다.

4) 上坂酉三, 「貿易概論」, 前野書店, 1984, pp.41~42.

(1) 무역의 해상의존성

무역은 일반적으로 원격지간의 거래로서 육로를 이용하는 것보다 해로를 이용하여 이루어지는 경우가 대부분으로 해상운송과 밀접한 관계가 있다.

이러한 현상은 영국이나 일본과 같은 섬나라의 경우에만 해당되는 것이 아니라 프랑스나 독일과 같은 대륙국가도 대부분 해상무역에 의존하고 있다.

세계무역은 옛날부터 바다를 중심으로 이루어져 왔기 때문에 해운의 발달과 함께 발전해 왔으며 그 후 경제가 발전됨에 따라 먼저 무역과 해운이 분화되고 다시 해운과 해상보험이 분리되어 각각 독립기업으로 발달하게 되었다.

(2) 무역의 기업위험성

무역은 그 특성으로 인하여 국내거래에서 볼 수 없는 많은 위험을 내포하고 있다. 이러한 무역의 위험성은 세계교통 및 보험제도의 발달에 따라 옛날에 비하여 현저히 줄어들고 있다. 그러나 무역거래활동에는 다음과 같은 위험이 항상 내재하고 있다.

1) 상품에 관한 위험

상품의 운송 및 보관 중 외부에서 발생되는 것으로 그 상품 자체에서 생기는 물리적 위험을 말한다. 이러한 위험은 해상보험과 이에 부수되는 각종의 손해보험에 의하여 보험업자에게 전가되고 있다.

2) 물품대금의 결제 및 금융에 관한 위험

물품대금의 결제 및 금융에 관한 지급불능이나 지급거절에서 생기는 위험이 있다. 이는 무역에서 빈번히 발생하는 경제적 위험으로 신용장제도나 수출보험제도로 보호되고 있다.

3) 상품가격 및 환율의 변동에 관한 위험

무역거래는 무역계약에서부터 대금결제시까지 상당한 시차가 있으며, 이 기간 중에 상품가격의 변동이나 환율이 변동함에 따라 어느 한 당사자가 손해를 입는 위험이 발생할 수 있다. 이에 대하여 전자의 경우 연계매매(連繫賣買), 즉 햇징(hedging)[5]의 방법

---

5) 햇징이란 상품의 가격변동에 따른 손실을 사전에 방지하기 위하여 널리 이용되고 있는 매매방법으로 실물거래에서의 손실 또는 손익이 청산거래에 있어서 그에 상당하는 이익 또는 손실로

을 이용하여 그 위험을 전가시키고 있으며, 후자의 경우, 즉 환율변동에 따른 위험(환위험 : exchange risk)은 외국환은행에 환예약을 함으로써 그 위험을 외국환은행에 전가하게 된다.

(3) 무역의 산업관계성

무역은 국제분업을 이루어지게 하며 국제적 공급 및 수요를 충족시킬 뿐만 아니라 당사국의 국내산업을 육성·발전시켜 국민경제의 수준을 향상시켜 준다.

1) 무역과 국제분업

무역은 국제분업(international division of labor)의 발달을 촉진시켜 값싸고 좋은 물품의 국제적 공급을 가능하게 한다. 각 국은 지질·기후·수리 등 자연적인 생산조건이 상이하고 문화·기술·자본·노동 등 사회적 생산조건이 상이할 뿐만 아니라 문화의 발전, 생산성향상, 교통 및 국제관계의 발전에 따라 사정이 각기 상이하기 때문에 국제분업이 이루어지지 않으면 국제경제의 발전에 지장을 초래하게 된다.

따라서 생산조건에서 볼 때 자국에서 생산하는 것이 불리한 제품은 외국에서 수입하여 자국의 수요를 충족시키고, 자국에서 생산하는 것이 유리한 제품을 생산하여 수출함으로써 타국의 수요를 충족시키게 된다. 그러므로 국가의 자본과 노동 등의 생산요소를 비교적 그 국가에 적합한 생산에 집중시켜 생산력을 충분히 발휘하여 저렴하고 좋은 물품을 각국에 공급하게 된다.

2) 무역과 국내산업

무역은 그 성질상 국내산업의 발전과 밀접한 관련이 있다. 특히 개발도상국에 있어서 국제무역은 경제발전을 촉진하는 기본적 전략이 되고 있다.

수입의 경우 그 자체는 국제수지를 악화시키는 요인이 되지만 선진자본재와 국산불능 원자재의 수입은 국내투자를 증대시켜 경제발전을 촉진시키는 요인이 된다. 국내재화와 대체관계에 있는 경쟁수입의 경우도 유치산업보호라는 관점에서 수입이 억제되기도 하지만 국내산업과의 건전한 경쟁을 조장하여 국내산업의 육성에 도움이 되기도 한다.

상계되도록 하기 위하여 행하는 상대적 거래를 말한다. 예컨대, 상품의 선물을 대량으로 매수한 경우에 장래 식품을 수령할 때의 가격변동에 대비하여 거래소에 동일한 조건으로 매도해 두는 것이다. 이와 같이 동일인이 동시에 양시장에서 반대의 매매를 행함으로써 한편에서의 손실(이익)이 되는 경우 다른 편에서의 이익(손실)으로 보상받게 된다.

수출의 경우는 시장의 확대에 따른 생산규모의 확대를 도모함으로써 공업화를 추진하는 기본적 요소가 될 뿐만 아니라 수출산업 자체의 소득증대효과 및 소득유발효과는 수출의 국제수지효과에 못지않게 그 의의가 크다고 하겠다. 수출산업의 육성이 다른 산업의 생산과정을 유발하는 파급효과는 산업정책면에서도 대단히 중요하다.

(4) 무역의 국제관습성

무역은 물품매매업의 본질을 지니고 있다. 따라서 개개의 무역기업들은 개별적인 매매활동을 효율적으로 수행함으로써 수익을 얻게 되어 기업의 경영목적을 달성할 수 있다.

거액의 국제무역도 주로 무역기업 사이에 이루어진 개개의 매매활동의 결과를 종합한 것에 불과하다. 그러므로 사적 무역경영의 합리적인 발전은 전적으로 국제매매(international sale of goods)의 활동에 의해서 구현되고 있다.

따라서 국제매매의 기본이 되고 있는 정형무역조건(trade terms)과 그것을 내용으로 한 각종의 매매조건 및 중요한 국제상품의 무역거래에서 채택·응용되고 있는 관례적인 거래조건에 관한 연구는 무역에 있어 매우 중요한 분야이다.

현대의 무역은 주로 소유권의 이전을 목적으로 한 물품매매계약(contract for sale of goods)의 형식으로 이루어지고 있다. 이러한 국제매매는 법률상의 권리·의무를 발생시키는 법률행위로서 낙성(합의)·쌍무·유상의 상사계약임에도 불구하고 국가간에 공통적으로 사용하는 국제매매에 대한 규칙 또는 협약[6]은 현재까지 통일화되지 못하고 있다.

이와 같이 국제매매에 관한 통일된 국제규칙 또는 협약이 없기 때문에 무역은 일반적으로 언어·관습·법률 등이 다른 국가 사이에 이루어지는 동안 여러 가지의 마찰과 시련을 거쳐 이루어진 정형화된 무역관습에 준거하여 계약을 체결하여 이행하고 있다.

이러한 국제관습은 국제상업회의소(International Chamber of Commerce)나 국제법협회(International Law Association)와 같은 권위 있는 국제단체에 의하여 다년간 조사·연구되고 심의되어 국제규칙(international rules)으로 발전함으로써 국제관습법이 되었다. 따라서 무역에 관한 어떠한 분쟁 등이 발생하게 되면 관계 국제규칙에 따라

6) 이에 관한 국제협약으로는 1966년 12월 17일 UN에 설치된 국제연합 국제무역법위원회(UNCITRAL)에 의하여 작성된 국제물품매매에 관한 통일법(초안)을 들 수 있다. 이 초안은 그후 10여년에 걸친 연구와 토의를 거쳐 1980년 4월 10일 비엔나에서 개최된 UN 외교회의에서 「국제물품매매계약에 관한 유엔협약」으로 제정되어 1980년 4월 11일 각국의 서명을 위하여 1981년 9월 30일까지 개방되었으며, 동 기간 중 서명한 나라는 미국 등 21개국이었고, 우리나라는 아직 서명하지 않고 있다.

처리하게 된다.

4. 무역의 필요성

무역의 필요성은 각국간에 존재하는 자연적 조건과 사회적 조건의 차이에서 기인한다. 자연적 조건으로는 기후·풍토·강우량·천연자원의 부존현황 등을 들 수 있고 사회적 조건의 차이로는 법률·제도·습관·기호·종교와 자본·노동·생산기술 등을 열거할 수 있다.

이러한 국가간의 자연적·사회적 조건의 차이에 따라 물품생산비용과 효율이 달라진다. 생산비용 측면에서 비교적 유리한 위치에 놓여 있는 경우 비교우위(comparative advantage)라고 하며, 이와는 반대로 불리한 경우를 비교열위(comparative dis-advantage)라고 한다.

어떠한 특정한 국가가 비교우위에 속하는 재화를 여유있게 생산하여 이것을 타국의 비교우위(자국으로 볼 때는 비교열위)의 재화와 상호 교환한다면 서로 이익이 될 것이다.

이처럼 세계의 자원과 생산력의 효율적인 이용을 도와주는 것이 무역이라고 볼 수 있으며, 각국간의 자연적 조건 및 사회적 조건의 차이에 따라 생산재와 소비재를 상호 교환해야 할 필요성에 따라 국제분업이 발생하게 된다.

〈표 1-1〉 국제무역의 이익

구 분	내 용
국제분업의 이익	생산효율을 높혀 다른 나라보다 저가로 물품의 생산 및 분배
국내 미생산품목의 사용	무역을 통해 생산되지 않는 제품의 수입과 소비
기업의 국제경쟁력 강화	국제무역기업은 경쟁에서 우위확보를 위해 경영관리를 효율화하고 생산성 향상
소비자 후생증대	저가 양질의 제품을 선택할 수 있는 기회 확대
경제성장촉진	세계시장을 대상으로 한 생산활동으로 국민총생산의 증대
문화교류의 촉진	무역의 증대는 인적·문화적 교류확대 유발

무역의 필요성은 ① 천연자원의 편재, ② 각국간의 인구와 인구밀도의 차이, ③ 산업발달정도의 차이, ④ 구매력의 차이에 의해 존재하는데 이를 살펴보면 다음과 같다.

1) 천연자원의 편재

현재 지구상에 존재하고 있는 200여개에 가까운 독립국가들은 천연자원에 있어서 심각한 편재현상을 나타내고 있다. 미국·캐나다 및 구 소련연방처럼 풍부한 자원을 가지고 있는 국가가 있는 한편 우리나라·이스라엘·네델란드 등 자원보유가 극히 빈약한 상태에 있는 나라도 있다.

그러나 자원을 풍부하게 보유하고 있는 국가라 할지라도 경제생활과 밀접한 모든 자원을 다 갖추고 있는 것은 아니다. 따라서 각국은 상호 의존과 공존공토대 위에서 경제적으로 서로 밀접한 관계를 가지지 않을 수 없으며 바로 이러한 측면이 무역을 필요로 하는 이유인 것이다.

2) 각 국간의 인구와 인구밀도의 차이

세계의 인구는 55억만 명에 가까워지고 있지만 이러한 인구가 지구상에 골고루 분포되어 있는 것은 아니며 자연적 환경 또는 역사문화적 배경에 따라 인구 및 인구밀도에까지 차이가 있다.

이러한 인구의 구성과 인구밀도의 편재는 각국간에 있어서 식량을 포함한 1차산품 뿐만 아니라 공산품의 생산과 수요에 있어서 불균형을 초래하여 그 결과 각국간의 교역은 증대되지 않을 수 없게 되었다.

3) 산업발달정도의 상이

국가간에 무역이 성립될 수 있는 가장 기본적인 이론이 국제분업론으로 자본과 기술이 풍부한 선진국은 기술집약적 제품에 특화하고 노동 및 자연자원이 풍족한 개발도상국은 노동집약적 제품의 생산에 전문화함으로써 양지역 간에 무역이 발생될 수 있다.

4) 구매력의 차이

개인적인 재화의 수요량은 각국인의 구매력의 차이에 있는 것과 마찬가지로 어떠한 특정한 나라의 외국상품에 대한 수요량은 그 나라의 구매력이 크고 작음에 따라 영향을 받는다.

따라서 큰 구매력을 지니고 있는 국가는 그렇지 않는 국가에 비하여 수요가 클 뿐만 아니라 국민소득이 높은 나라가 낮은 나라보다 외국상품을 더욱 필요로 한다는 것은 기정 사실이며 이는 결국 국가간의 무역증대를 야기시킨다.

제 2 절 무역의 종류

1. 무역거래의 주체에 따른 구분

(1) 민간무역(private basis trade)

개인 또는 사회조직 등 민간무역업자가 행하는 무역으로 오늘날의 무역은 거의 이 형태의 무역으로 이루어지고 있다. 이 때, 무역업자는 국내거래와 마찬가지로 무역을 하나의 영리행위로 하기 때문에 수익이 없으면 수출입행위를 하지 않는다.

(2) 국영무역(state trade)[7)]

국가의 계획통제 또는 무역협정에 의하여 무역이 이루어지는 것으로 정부가 직접 비영리목적으로 무역을 행하는 정부무역(government trade)과 정부가 출자하거나 대행기관을 통하여 무역을 하는 정부 베이스무역(government basis trade)이 있다.

일반적으로 자본주의 국가에서는 민간무역이, 사회주의 국가에서는 국영무역이 주가 된다.

2. 물품의 형태에 따른 분류

(1) 유형무역

유형무역(visible trade)이란 세관의 통관절차를 거치는 물품에 관한 무역으로 보통의 상품수출입을 말한다. 이러한 무역은 무역수지(trade balance)에 계상되어 무역통계로 잡히며 유형수출과 유형수입으로 나누어져 한 나라 국제수지에 가장 중요한 항목이 된다.

(2) 무형무역

무형무역(invisible trade)이란 기술, 용역, 자본, 노동 등의 수출입으로 눈으로 볼 수 없으므로 세관에서 통관절차를 거치지 않는다. 이러한 형태의 수출입은 물품으로서의 형태가 없으므로 무형무역이라고 하며 무역통계에는 나타나지 않으나 국제수지표상에는

---

7) 국제무역과 유사한 것으로 공무역(public trade)이 있으며, 이는 공공기관이 거래의 주체가 되어 실시하는 무역행위를 말한다.

무역외수지로 나타난다. 이에는 각종 수수료, 해상운임, 보험료, 여행경비, 해외사무소 경비, 특허기술사용료(royalty), 투자이익 등이 해당된다.

3. 매매의 직·간접에 따른 분류

(1) 직접무역

직접무역(direct trade)이란 양국의 거래당사자가 제3자, 즉 제3국의 중개인을 통하지 않고 직접 계약을 체결하여 거래를 하는 경우를 말한다. 따라서 수출업자는 물품의 제조업자이거나 공급업자인 경우가 일반적이다.

(2) 간접무역

일반적으로 국내거래건 국제거래간에 자기가 직접 물품을 제조하여 판매하지 않는 한 장사를 하는 방법은 크게 두 가지이다. 하나는 남의 물품을 자기의 비용으로 구매하여 재판매하는 것이고 다른 하나는 거래를 주선하여 그 수수료를 획득하는 것이다. 전자는 재판매를 하지 못해 재고로 남거나 헐값에 파는 등 위험부담이 큰 대신 이익(마진)이 크고, 후자는 위험부담이 적은 대신 이익이 적은 것이 특징이다. 이와 같이 하는 방식을 간접거래라고 하며 이것을 국제무역에 적용하면 간접무역이 되는 것이다. 특히 매매차익을 노려 거래하는 것을 중계무역이라고 하며, 수수료를 얻을 목적으로 거래하는 것을 중개무역이라고 한다.

1) 중계무역

중계무역(intermediate trade)이란 중계국(中繼國)이 수출할 것을 목적으로 물품을 수입하여 원형 그대로 제3국에 수출하는 것을 말한다. 이는 수입액과 수출액의 차액을 수취할 목적으로 이루어지는 거래로서 이러한 수출입차액을 중계수수료라고도 부르나 엄밀한 의미에서 보면 수수료라고는 할 수 없다.

이러한 중계무역은 통상 중계무역항에서 성행하고 있는데 그 대표적인 곳으로는 홍콩, 싱가폴, 마카오 등을 들 수 있다. 중계무역항이 될 수 있는 조건으로는 ① 관세가 부과되지 않는 자유무역항이어야 하며, ② 교통이 편리하여 상품의 집산지이어야 하고, ③ 외환거래가 자유로와 외화의 교환이 용이해야 한다.

2) 중개무역

중개무역(merchandising trade)이란 수출국과 수입국의 중간에서 제3국의 상인이 수출입을 중개(仲介)하여 이루어지는 경우 제3국의 입장에서 볼 때의 거래를 말한다.

중개무역을 하는 주된 이유는 해외판매망이 갖추어져 있지 못하여 중개상을 통할 수 밖에 없는 경우와 대금결제상의 곤란 등이라고 볼 수 있다.

3) 통과무역

통과무역(transit trade)이란 수출물품이 수출국에서 수입국으로 운송되는 도중 제3국을 경유하는 경우 그 제3국의 입장에서 볼 때의 무역을 말한다.

4) 스윗치무역

스윗치무역(switch trade)이란 물품의 매매계약이 수출업자(A)와 수입업자(B)간에 직접 체결되고 물품도 직접 송부되지만 대금결제만 제3국의 업자를 개입시켜 이루어지는 무역이다.

5) 삼국간 무역

삼국간 무역에 대한 정확한 정의를 내리기는 아직 이르지만 일반적으로 제3국에 있는 현지법인이 자국에 있는 본사와는 무관하게 수출입업자간에 거래를 알선해주고 그 대가로 수수료를 취득하는 거래형태라 할 수 있다. 어떻게 보면 현지법인이 소재한 국가의 입장에서 보면 중개무역으로 보이지만 수수료 수입이 현지법인의 본사가 있는 국가의 수입이기 때문에 차원이 다르다.

4. 수출입의 연계에 따른 분류

일반적으로 수출과 수입이 연계된 모든 형태의 무역거래를 총칭하여 연계무역(counter trade)이라고 한다. GATT 규정에 따르면 구상무역, 물물교환, 대응구매, 산업협력 등 네 가지 형태로 구분하고 있다.

연계무역은 1960년대부터 사회주의 국가와 자본주의 국가간에 심한 무역불균형을 해소할 목적으로 사회주의 국가의 요구에 따라 시작된 거래로서 세계무역량의 20% 정도를 차지할 만큼 그 규모가 크나 정확한 통계치는 잘 알려지지 않고 있다.

우리나라 대외무역법에서는 종전에 사용하던 구상무역의 개념을 확대하여 연계무역이라는 용어를 사용하고 있으며, 특정국가에 수출을 하려면 수출하는 조건으로 동 국가로부터 수입을 해와야 하는 거래로 이해하고 있다.

(1) 물물교환

물물교환(barter trade)은 인간사이에 거래가 있었던 옛날부터 존재해 온 가장 기본적인 거래형태로 연계무역에도 사용되고 있다. 물물교환은 상품을 직접 교환하는 단순한 거래형태로 환거래가 발생하지 않고 하나의 계약서로 거래가 성립한다. 엄밀히 말해서 이런 방식은 대금결제가 없기 때문에 계약으로 간주하지는 않으나 연계무역의 가장 초보적인 형태로는 인정되고 있다.

물물교환은 교환되는 물품의 양과 질에 의해 거래당사자간에 지급의무를 상계시키며 선수출과 후수입 또는 선수입과 후수출이 거의 동시에 또는 상당히 빠른 기간내에 이루어지는 것이 일반적이다.

(2) 구상무역

구상무역(compensation trade)은 물물교환의 형태와 비슷하나 환거래가 발생하고 대응수입의무를 제3국에 전가할 수 있다는 점이 다르다. 이 방식은 하나의 계약서로 거래가 성립하며 동시발행신용장(Back to back credit), 기탁신용장(Escrow credit), 토마스신용장(Tomas credit) 등의 특수신용장으로 대금이 결제되는 것이 보통이다. 물물교환을 무환구상무역이라고 한다면 이 방식은 유환구상무역(有換求償貿易)이라고 할 수 있다. 구상무역에서 대응수입의무를 제3국으로 전가할 수 있는 방식을 삼각구상무역(triangular compensation trade)이라고 한다.

(3) 대응구매

대응구매(counter purchase)는 국영무역을 주로 하던 동구 사회주의 국가들이 서방의 자본주의 국가와 거래하면서 활용된 연계무역의 보편적인 거래형태로 물물교환이나 구상무역은 거래액이나 그 가치가 동일한 경우에만 거래가 성사되므로 거래를 성립시키기가 어려운 점이 있으나 대응구매는 수출하는 대가로 일정액 또는 일정비율의 수입의무를 지게 된다는 점에서 거래성립이 다소 용이한 면이 있다. 또한 수출입이 연계된다는 점에서 구상무역과 유사하나 수출에 따른 대응수입을 두개의 별도 거래로 보고 두개의 별도 계약서로 이행이 되며, 신용장도 두개의 일반신용장이 발행된다는 점에서 서로 다르다. 이 거래도 구상무역과 같이 대응수입의무를 제3국에 전가할 수 있다.

(4) 산업협력

산업협력(industrial cooperation)은 제품환매방식(product buy back)과 합작투자형태(joint venture)로 구분된다.

제품환매방식은 플랜트 등 공장설비나 기술을 수출하고 거기에서 생산되는 제품을 일정량 또는 일정비율 구매(수입)하기로 하는 형태로 플랜트를 수입하는 수입업자가 생산제품의 판로를 미리 확보하려는 것이 목적이다. 이러한 약정은 수출플랜트계약에서 하고 나중에 대응수입시는 별도의 수입계약서에 의해 수입을 하게 된다.

합작투자는 일방적인 자본재 수출이 아니고 자본참여, 판매망 제공 등의 형식으로 자본참여자가 수출업자처럼 대응의무를 부담하게 된다. 이때 합작투자된 공장에서 생산되는 제품에 대한 대응수입은 제품에만 국한되는 것이 아니라 자본참여자 국가의 판매망(distribution channel)을 제공하는 것으로 상계시킬 수 있다.

(5) 상계무역

상계무역(offset trade)이란 군장비, 항공기, 통신기기 등 고도의 기술제품이나 첨단장비를 수입하는 대신 그 부품 등을 수출하거나 생산기술, 노하우 등을 이전 받기로 한 방식이다. 수출국의 입장에서 보면 고도의 기술제품을 수출하는 대신 수입국으로부터 부품을 수입하거나 수입국에 기술이전을 조건으로 하는 거래이다.

(6) 각서무역

각서무역은 국교가 정상화되지 않은 국가들 사이에서 무역이 이루어질 때 준정부베이스로 각서를 교환하여 상호 무역의 혜택을 입으려고 한 무역의 형태이다. 이는 1962년 중국(당시는 중공)과 일본이 교역을 시작하면서 양국이 연간거래액 등을 협정하면서 각서를 교환하여 연계무역이 시작되었는데 이때 중국의 Lio와 일본의 Takasaki간에 각서가 교환되었다고 하여 LT무역이라고 부르다가 1968년에 북경에서 일·중 각서교환으로 무역협정을 체결하면서부터 이를 각서무역(memorandum trade)이라고 하였다.

5. 물품의 가공방식에 따른 분류

가공무역(improvement trade, processing trade)이란 가득액(가공비) 또는 부가가치를 얻기 위해 원료의 일부 내지 전부를 외국에서 수입하여 이를 가공하여 다시 외국에 수출하는 거래를 말한다. 일반적으로 가공무역이라고 할 때는 일반가공무역을 말하는데 이는 가공무역이 이루어지는 방식에 따른 수·위탁가공무역과 구분하기 위해서이다.

가공무역은 우리나라에서 가장 많이 이용되는 거래형태로서 그 중에서도 무환수탁가공무역이 주류를 이루고 있다고 할 수 있다.

(1) 수탁가공무역

수탁가공무역이란 가득액을 얻기 위하여 원자재를 거래상대방의 위탁에 의하여 외국으로부터 수입하여 이를 가공한 후 위탁자 또는 위탁자가 지정하는 자에게 수출하는 거래로서 원자재의 조달방법에 따라 유환수탁가공무역과 무환수탁가공무역으로 나누어진다.

유환수탁가공무역은 원자재의 수입대금이 먼저 별도로 지급되고 가공제품의 수출대금을 전액 회수하는 것이며, 무환수탁가공무역은 원자재를 무환으로 들여와서 완제품을 생산 수출하면 그 차액이 되는 가득액만을 지급받는 방법이다. 수탁가공무역방법을 능동적 가공무역(active processing trade)이라고도 한다.

원자재를 수입하여 가공한 후 원자재를 수출한 국가에 다시 수출을 하면 수탁가공무역이 되고 가공된 물품을 원자재 수출국 이외의 제3국에 수출하는 경우에는 일반가공무역 또는 통과적 가공무역(transit processing trade)이라고 하는데 통과적이라고 하는 의미는 원자재가 가공국을 통과해서 타국으로 이동하기 때문인 것으로 보인다.

(2) 위탁가공무역

위탁가공무역이란 가공임을 지급하는 조건으로 가공할 원자재를 외국의 거래상대방에게 수출하여 가공된 물품을 수입하는 방식을 말한다. 위탁가공무역은 자국내에서 가공하여 수출하는 것보다 가공임이 비교적 저렴한 국가에 가공을 위탁하는 것이 유리하거나 기술이 상대적으로 발달한 국가에서 가공하여 그 제품을 수입해야 할 경우에 이용된다. 위탁가공무역은 수동적 가공무역(passive processing trade)이라고도 한다.

6. 물품의 판매방식에 따른 분류

(1) 위탁판매수출

위탁판매수출이란 물품을 무상으로 외국업자에게 수출하여 판매를 위탁한 후 당해 물품이 판매된 범위내에서 대금을 지급받는 거래이다. 이 방식은 위탁자가 수탁자에게 물품을 무환(無換)으로 송부하고 수탁자는 판매후 일정한 판매수수료를 수취하고 판매되지 아니한 물품은 다시 반송하면 되는 거래로서 신시장 개척, 신제품 수출의 경우에 많이 이용된다. 또한 그 지역의 유능한 판매상을 이용하여 수출을 증대하기 위해서도 이용되며, 수출경험이 없거나 시장정보가 부족한 수출업자들도 이런 거래를 이용하고 있다.

(2) 수탁판매수입

수탁판매수입은 위탁판매수출과는 반대로 무환으로 물품을 수입하여 판매된 범위내에서 대금을 지급하는 방식으로 외국의 위탁자는 우리나라의 수탁자에게 일정한 판매수수료를 지급한다.

7. 동서무역과 남북무역

(1) 동서무역

동서무역(east-west trade)이란 사회주의 국가와 자본주의 국가사이의 교역을 총칭하는 것으로 동서의 개념은 과거 냉전시대 때 유럽을 기준으로 사회주의 국가들인 동유럽과 자본주의 국가들인 서유럽의 교역으로부터 유래되었다. 그러나 현대에 와서 사회주의 국가들이 거의 붕괴됨으로 인하여 동서무역의 개념은 퇴색되었다고 할 수 있다.

(2) 남북무역

남북무역(south-north trade)이란 선진국과 후진국 사이의 교역을 총칭하는 것으로 여기서 남북의 개념은 지리상 적도를 기준으로 구분하면 북반구쪽에 주로 미국, 유럽 등 선진국들이 위치한 반면에 남반구쪽에는 아프리카, 남미 등과 같은 후진국들이 위치한데 따른 것이다. 남북무역이란 용어는 주로 선진국과 후진국간의 무역불균형 문제를 다룰 때 나오는 용어이므로 무역거래의 한 형태는 아니다.

8. 기타의 무역

(1) 플랜트수출

플랜트수출이란 일반적으로 공장설비나 선박, 철도, 항만 등의 자본재수출을 말한다. 따라서 철도, 도로, 항만 등의 사회간접자본 등의 수출도 포함되기 때문에 플랜트수출이라고 하며 생산공장(plant)만을 수출하는 거래라고는 볼 수 없다.

특히 플랜트수출의 전형적인 형태로서 공장의 설계에서부터 기계의 제조, 장치, 시운전에 이르기까지 모든 것을 수출계약자가 일괄적으로 책임지는 턴키 베이스(turn-key base or contract)라는 형태가 있다. 이 계약에 의하면 기계나 설비 등의 시설재를 수출할 수 있을 뿐만 아니라 기술인력과 그밖의 용역까지도 수출할 수 있어 많은 외화를 벌어들일 수 있다.

(2) 보세창고도거래

보세창고도조건의 거래(Bonded Warehouse Transaction ; BWT)는 수출자가 자기의 위험과 비용으로 해당지역에 지점, 출장소 또는 대리점을 설치하고 거래상대국 정부로부터 허가받은 보세창고(bonded warehouse)에 물품을 무상으로 반입하여 현지에서 판매하는 거래방식이다.

이 거래는 물품을 수입국에서 수입통관하지 않고 특정지역의 보세창고에 입고시키고 현지에서 계약을 체결하여 판매하는 거래이므로 수출업자의 입장에서는 유리한 고객을 확보하기가 용이하고, 수입업자의 입장에서는 현품을 직접 보고 구입할 수 있다는 장점이 있다.

이 거래의 특징은 거래상대방과 사전계약이 없이 수출이 되기 때문에 수출업자 입장에서는 다음과 같은 불리한 점이 있다.

① 만일 시황이 불리해져 판매가 안되면 반송해야 하기 때문에 해상운임, 해상보험료 등의 비용손해를 감수해야 한다.

② 수출상품이 거래상대국의 보세창고에 입고된 후 매매가 되고 결제되기 때문에 대금회수가 늦어진다.

③ 시장예측이 빗나가거나 계절적 상품일 경우 적기판매를 하지 못하여 입는 손실을 감수해야 한다.

반면에 수입업자 측에서는 다음과 같은 유리한 점이 있다.

① 계약성립시까지는 신용장개설을 하지 않아도 되므로 자금부담이 적다.
② 현품을 확인하고 구입하기 때문에 원하는 물품을 입수할 수 있다.
③ 수입절차에 따른 비용과 시간이 절약된다.
④ 현품을 즉시 입수할 수 있기 때문에 시차에 따른 예상이익의 차질이 극소화될 수 있다.

(3) 녹다운방식 수출

녹다운(knock-down)방식의 수출이란 완제품을 수출하는 것이 아니라 조립능력이 있는 외국 거래처에 부품이나 반제품을 수출하여 현지에서 조립한 후 완제품을 판매하는 방식을 말한다. 이러한 방식은 자동차, 가전제품, 기계류 등에 있어서 현지조립방식으로 수출하는 거래형태로 ① 완제품 수입을 제한할 때, ② 완제품에 대한 고율의 관세를 회피하고자 할 때, ③ 현지조립방식이 인건비 등의 이유로 비용이 저렴할 때, ④ 현지인 고용에 의한 제품인식 증대, ⑤ 그 밖의 현지시장 침투 및 확대 전략으로 자주 이용되는 거래방식이다.

(4) OEM방식 수출

OEM(Original Equipment Manufacturing) 방식의 수출이란 외국의 주문자 상표를 부착하여 수출하는 국제하청생산방식에 의한 수출로 일명 주문자 상표부착방식의 수출이라고도 한다. 이는 생산자의 상표를 부착하지 못하고 주문자의 상표를 부착하여 수출하기 때문에 마치 주문자가 생산하여 판매하는 것처럼 보인다. 이러한 방식으로 수출하는 이유는 선진국의 유명상표업체가 고임금이나 기계설비의 낙후 등으로 경쟁력을 상실하고 판매노하우만 보유한 경우 개발도상국 등에 생산을 이전하기 때문인 것으로 풀이되고 있다. 또한 우리나라를 포함하여 개발도상국들은 자국상품의 상표가 국제적으로 지명도가 낮아 부득이 주문자 상표를 부착하여 수출할 수 밖에 없기 때문이다.

OEM방식에 의한 수출은 장기공급계약이 일반적이어서 연간주문량을 확보할 수 있고 이는 원자재 확보와 수출관리에 도움을 준다. 또한 선진국의 필요에 의해 이루어지므로 선진국에 의해 부과되는 수입규제가 거의 없고 현지인의 거부반응을 피할 수 있으므로 수출확대에 기여할 수 있다. 그러나 단점으로는 고유의 상표를 부착한 자기브랜드 상품보다 20～30% 정도 가격이 싸서 수익성이나 수출채산성이 낮고, 언제든지 여건이 안 맞으면 주문자에 의해 수입선이 전환될 위험이 상존하고 있다는 점이다. 또한 OEM계약은 대개의 경우 쌍방간 힘의 논리에 의해 조정되고 있어 자칫 주문자의 횡포로 인해 수주기업이 주체성을 잃어 국제적인 하청기업으로 전락할 소지도 없지 않다. 따라서 OEM 수출은 기업생존을 위한 차선책일뿐 최선의 방법은 아니므로 가능한 조속한 시일안에 기술개발, 시장개척을 통한 고유상표 개발과 판매망 구축, 마케팅 능력의 제고 등이 이루어져 자사상표 부착의 수출로 전환하여야 할 것이다.[8)]

제 3 절 무역관리제도

1. 무역관리의 의의

무역관리란 국가가 제도·기구 또는 법규에 의하여 무역거래 행위에 대하여 직·간접적으로 간섭·통제 또는 규제하는 것을 말한다. 국민경제를 무시한 기업의 영리행위는 자국의 국민경제를 저해하고 국가 전체의 국제경쟁력을 약화시키는 결과를 초래하므로 세계 각국은 정도의 차이는 있으나 국민경제의 균형유지를 목표로 민간무역에 대하여 통제 및 관리를 하고 있다.

무역관리의 목적은 국민경제의 발전에 기여하는 데 있으며 그 방법과 수단으로는 대외무역을 진흥하고 공정한 거래질서를 확립하여 국제수지의 균형을 꾀하고 통상의 확대를 도모하는 데 있다.

2. 국내 무역관련법규

우리나라의 수출입관련법규의 체계는 크게 대외무역법·외국환거래법·관세법·기타의 무역법규 등 4가지로 구분된다.

---

8) 이용근, 「무역실무」, 동성사, 1998, pp.39~49.

〈표 1-2〉 우리나라의 수출입관련 법령체계

규제법령	기본법령	부속 및 관련법령	주요 내용	규제명	해당 분야
대외 무역법 체계	대외무역법	· 대외무역법 시행령, 대외무역관리규정, 산업자원부의 수출입관련 법규(수출입공고, 별도공고, 통합공고) 등 · 약사법·마약법 등 통합공고상의 44개 특별법	대외무역거래 상황을 관리하는 대외무역에 관한 기본법	무역업, 무역대리업, 수출입승인, 수출입관리	수출입자격, 절차, 품목, 거래형태, 질서유지 등
외국환 거래법 체계	외국환거래법	·외국환거래법 시행령, 외국환거래규정 등 ·외자도입법 등	수출입거래에따른 대금결제 등 대외채권, 채무행위 규제	결제방법, 외국환업무허가, 지급허가, 지급방법허가, 지급수단허가, 자본 용역 거래허가	수출입대금 결제방법, 수출입관련 자본거래 등
관세법 체계	관세법	·관세법 시행령 및 동법 시행규칙 등 ·수출입 원재료에 대한 관세 환급에 관한 특례법 등	수출입물품의 이동에 따른 통관절차 규제	관세부과, 징수와 감면, 환급절차, 수출입물품의 통관, 보세제도, 운송기관 규제	운송·통관·관세 등
수출입 지원 법령 체계	수출검사법, 수출보험법, 외자도입법, 농수산물수출진흥법, 중재법 등	·각 법률의 시행령 및 시행규칙	수출입에 따른 지원		수출금융, 수출보험, 수출검사 등

(1) 대외무역법

대외무역법은 수출입거래에 관한 기본법으로 종전의 무역거래법에 수출조합법, 산업설비수출촉진법을 통합시켜 1986년 12월 31일 법률 제3895호로 제정·공포되어 1987년 7월 1일부터 시행되고 있다.[9] 이 법에는 그동안 별도로 시행되어 왔던 무역거래법, 산업설비수출촉진법, 수출조합법이 통합되었다.

동법의 제정 목적은 "대외무역을 진흥하고 공정한 거래질서를 확립하여 국제수지의 균형과 통상확대를 도모함으로써 국민경제의 발전에 이바지"함을 목적으로 하고 있다. 구성은 전문 60개조와 부칙 9조로 되어 있으며, 이하 동법 시행령, 대외무역관리규정으로 체제를 갖추고 있다.

무역법에서부터 대외무역법까지의 관계법규의 통폐합 과정을 도시하면 〈그림 1-2〉와 같다.

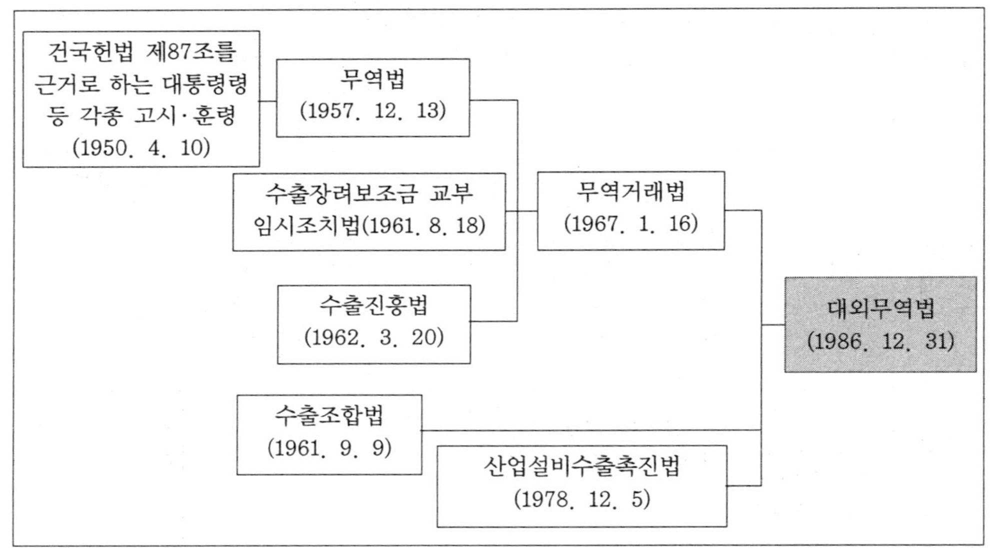

〈그림 1-2〉 무역관리기본법의 변화추이

대외무역법의 기능 및 성격은 수출입관리를 위한 기본법으로 국제성을 인정하여 국제상관습이나 국제조약을 준수하되, 국제법규나 협정에서 무역에 관한 제한규정

9) 대외무역법은 1989년 12월 21일 법률 제4145호로 1차 개정된 이후 1990년, 1992년, 1993년, 1994년, 1996년, 1999년, 2000년에 걸쳐 개정되었으며 현행의 대외무역법은 2000년 12월 29일 법률 제6316호로 개정되어 현재에 이르고 있다.

이 있을 경우 최소범위 내에서 운영하도록 하고 있다.

대외무역법의 관리체제는 무역업의 고유번호부여(인적관리), 수출입의 승인(물적관리), 수출입공고 및 통합공고(행위관리), 외화획득용 원료의 승인, 수입에 의한 산업 영향조사, 불공정 수출입의 금지(행정관리), 벌칙 등이다.

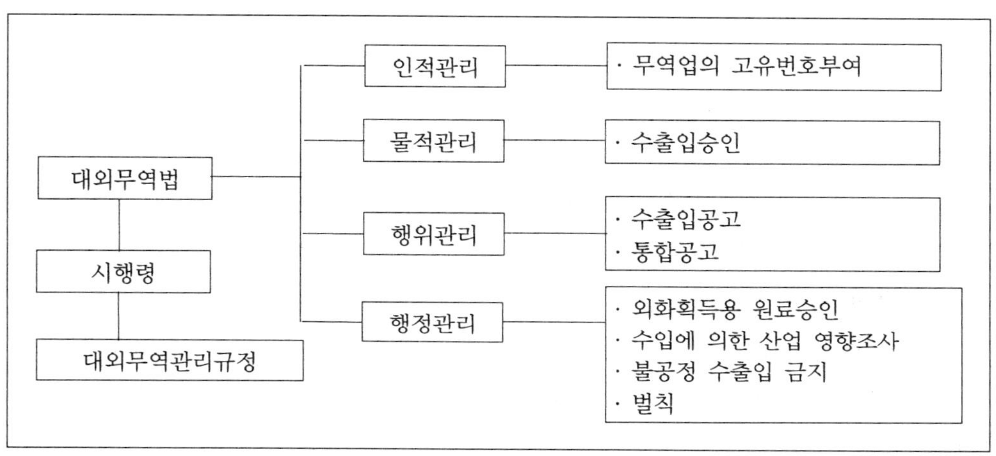

〈그림 1-3〉 대외무역법의 체계

(2) 외국환거래법

외국환거래법은 외국환과 그 거래, 기타 대외거래를 관리하여 국제수지의 균형과 통화가치의 안정 및 외화자금의 효율적 운용을 기함을 목적으로 1961년 12월 31일 법률 제933호로 제정·공포되었다.10)

동 법은 전문 8장 38조와 부칙으로 구성되어져 있으며, 이하 동법시행령, 외국환거래규정의 체제를 갖추고 있다.

외국환거래법의 목적은 외국환과 그 거래 기타 대외거래를 합리적으로 조정 또는 관리를 통하여 대외거래의 원활화를 기하고 국제수지의 균형화와 통화가치의 안정을 도모하여 국민경제의 건전한 발전에 이바지하는 데 있다.

---

10) 외국환거래법은 1963년 12월 6일 법률 제1562호로 1차 개정, 1966년 7월 28일 법률 제1799호로 2차 개정, 1967년 3월 30일 법률 제1920호로 3차 개정되었다. 이후 1991년 그리고 1995년 12월 29일 법률 제5040호로 최종 개정되어 시행되어 오다가 외국환관리법을 폐지고 1998년 9월 16일 법률 제5550호로 외국환거래법이 제정되어 1999년 4월 1일부터 시행되고 있다. 외국환거래법의 주요내용은 총칙과 외국환업무취급기관, 외국환 평등기금, 외국환의 지급과 거래 등이다.

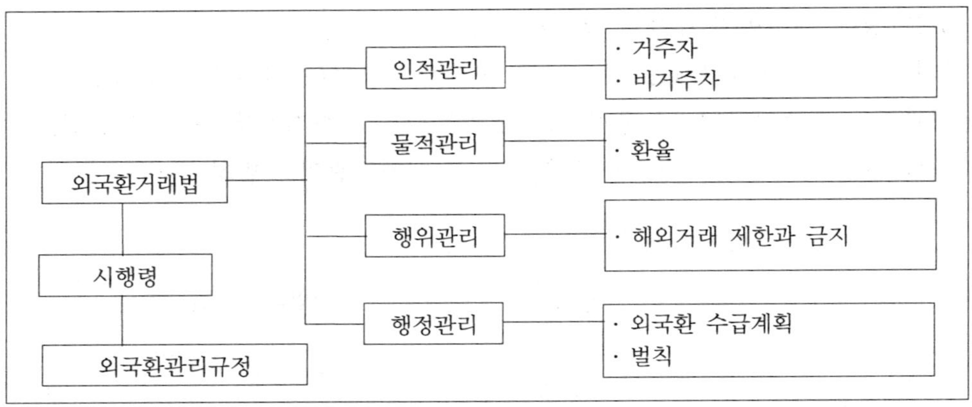

〈그림 1-4〉 외국환거래법 체계

(3) 관세법

관세법은 관세의 부과·징수 및 수출입물품의 통관을 적정하게 하여 국민경제의 발전에 기여하고 관세수입의 확보를 기하기 위하여 1967년 12월 29일 법률 제1976호로 제정되었다.[11)]

동 법은 관세법시행령과 시행규칙의 체제를 갖고 있으며 별표로서 관세율표가 있다. 관세법을 보완하는 법규로서는 국세징수법과 국세기본법이 있고 관세법상의 규정에 대한 특례로서 관세 등 환급에 관한 특별법을 갖고 있다.

관세법은 관세의 부과·징수·요건·대상·절차를 규정하고 있어 조세법적 성격과 수출입물품의 통관에 대하여 규정하고 있는 통관법적 성격 및 벌칙과 조사처분에 관하여 규정하고 있는 형사법적 성격을 갖고 있다.

관세법상 주요 관리제도로는 관세환급제도, 관세분할납부제도, 신고납부제도[12)]와 부과고지제도[13)], 탄력관세제도, 보세제도, 관세평가제도 등이 있다.

---

11) 관세법은 1970년 1월 1일 법률 제2162호로 1차 개정된 후 수차에 걸쳐 개정되어 오면서 새로운 입법형식을 취하였으며 1978년 12월 5일 다시 전면적인 개정을 하여 지금까지 부분적인 개정을 하였고, 현행 관세법은 2000년 12월 29일 법률 제6305호로 최종개정되어 현재에 이르고 있다.

12) 납세자가 스스로 세액을 결정하여 신고하고 스스로 납부하는 관세법상 제도를 말한다.

13) 세액결정을 세관이 하여 이를 고지하면 납세자가 고지된 세액을 납부하는 관세법상 제도를 말한다.

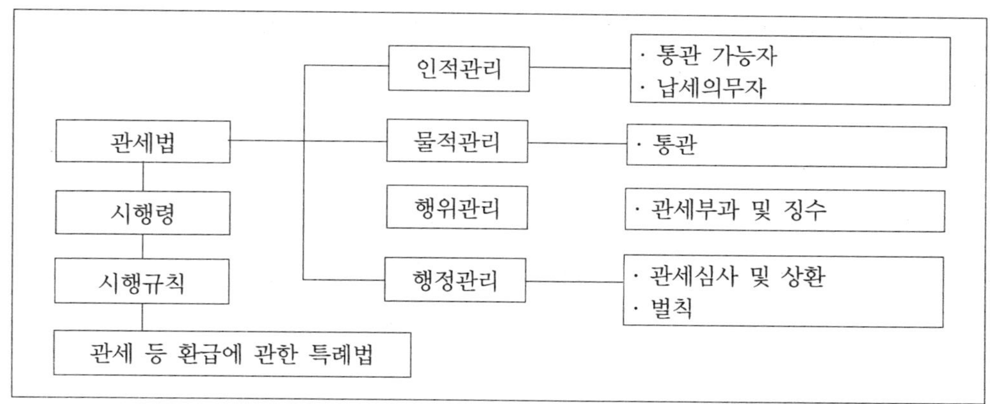

〈그림 1-5〉 관세법의 체계

(4) 기타 무역법규

기타의 무역법규로는 수출품의 품질 및 대외성가의 유지향상을 도모하여 건전한 수출무역을 목적으로 하는 수출검사법, 수출무역 및 대외거래에서 발생하는 위험과 재산상의 손실을 보상하는 수출보험법, 사법상의 분쟁발생시 중재인의 판정에 의하여 신속한 해결을 목적으로 하는 중재법 등이 있다.

이 외에도 무역에 관한 일반법인 대외무역법에 대하여 예외적으로 우선 적용되는 특별법으로서 농업협동조합법, 수산업협동조합법, 물품의 수출입에 관하여 특별한 규정이 있어 그에 따라 수출입을 하여야 하는 약사법, 마약법, 식품위생법, 공산품품질관리법, 전기용품안전관리법, 고압가스안전관리법, 폐기물관리법 등 40여 종의 법률이 있다.

3. 무역관리기관 및 주요 기능

무역관리기관이란 무역관련법규에 따라 대외무역거래를 조정 또는 규제하는 행정기관이나 민간기관기구와 무역관리를 하는 관리조직을 말한다. 무역관리기관의 기능은 공공기관에 의한 관리와 무역업체에 대한 관리 그리고 수출입물품에 대한 관리 등으로 구분된다.

(1) 공공기관에 의한 관리

무역행정을 신속하고 능률적으로 운영하기 위하여 무역관리에 관한 권한의 일부 또는 전부를 국가의 행정기관이나 외국환은행 등과 같이 공공성을 띠고 있는 기구에 위임하거나 위탁하여 관리하는 것을 말한다.

1) 산업자원부

무역관리의 최상급 중앙행정관청으로서 무역에 관한 일체의 사무를 관장, 통괄하며 대통령이 정하는 바에 따라 권한의 일부를 소속기관이나 타 기관에 위임 또는 위탁하고 있다.

2) 협조중앙행정기관

무역행정에 관한 주무부서인 산업자원부의 협조중앙행정관청(재정경제부, 정보통신부, 농림부, 노동부, 환경부 등)으로 각기 소관업무에 대한 특별법을 관장하여 운영하고 있다.

3) 무역정책에 관한 심의기관

무역정책에 관한 심의기관으로는 무역위원회(산업자원부 소속 대외무역법 위반 심의·의결기구), 무역정책심의회(산업자원부 소속 무역정책심의기구)가 있다.

4) 산업자원부장관 권한 위임 무역관리기구

산업자원부장관 권한 위임 무역관리기구로는 중소기업청장, 서울특별시장, 직할시장 또는 도지사, 수출자유지역관리소장 등이 있다.

(2) 무역업체에 대한 관리

무역업 등 무역주체에 대한 관리를 말한다.

(3) 수출입물품에 대한 관리

물품의 수출입에 대한 관리로서 수출입공고와 수출입허가 등을 통한 관리·통제·제한·감독의 일체의 행위를 말한다.

따라서 어떠한 물품을 수출입하기 위해서는 대외무역법에 의한 수출입공고와 각 기관별 수출입 추천요령인 별도 공고 및 특별법에 의한 통합공고상 제한이 없는지 확인하여야 하며, 별도의 제한이 있는 경우 기관별 추천이나 요건을 확인받아야 한다.

1) 수출입공고

수출입공고란 수출입에 관한 직접규제방식으로 다음과 같은 절차를 공고하는 것을 말한다.

〈표 1-3〉 수출입물품 관리체계

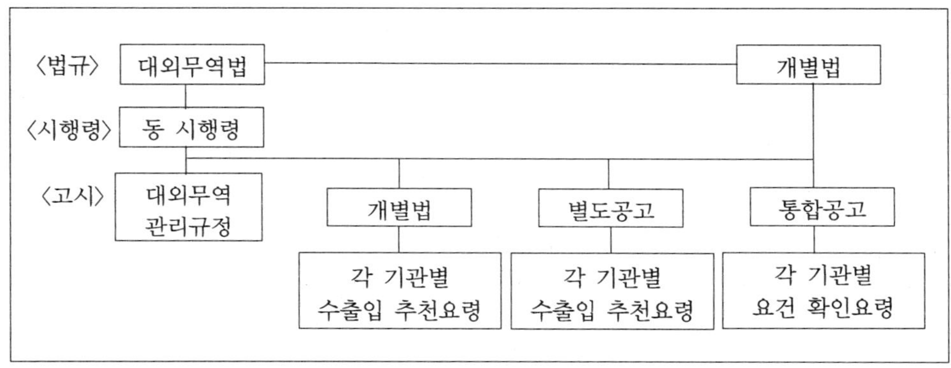

① 물품의 수출입에 관한 자동승인품목, 제한승인품목 또는 금지품목 등의 구분
② 제한승인품목의 품목별 수량·금액·규격 또는 지역 등의 제한
③ 무역의 지속적인 증대 또는 통상정책상의 필요에 의하여 대통령이 정하는 물품의 수출입에 관한 사항
④ 물품의 수출입에 관한 추천 또는 확인

이러한 수출입공고는 일정한 실시기간 없이 영속적인 효력이 있으며 필요시 산업자원부장관이 관계기관과의 협의와 무역정책심의회의 심의 등을 거쳐서 변경·공고하게 된다.[14)]

수출입공고의 목적은 물품의 수출 또는 수입의 제한에 관한 사항과 이에 따른 추천 또는 확인 등에 관한 사항을 규정하는 데 있다.

14) 대외무역법 시행 이전에는 수출입공고가 1년을 상·하반기로 책정, 공고되었으나 1987. 7. 1일부터 계속적인 효력을 갖게 되었다.

2) 수출입 품목분류

수출입공고상의 품목분류는 1988년 1월 1일부터 신국제통일상품분류(The Harmonized Commodity Description and Coding System : HS) 방식을 채택하여 사용하고 있다.

HS 방식은 1988년 제정 이후 현재까지 4차례의 개정이 있었다. 제1차 개정은 1922년, 제2차 개정은 1996년, 제3차 개정은 2002년에, 제4차 개정은 2007년에 있어 2007년 1월 1일 부로 새롭게 개정된 HS 방식을 사용하고 있다.

〈표 1-4〉 HS 개정의 주요 내용

구 분	개정내용	주요 개정품목	6단위 코드의 수
1차 개정 ('92. 1. 1)	HS 제정 작업과정에서 도출된 미비점 반영 및 호의 용어를 보완·개정	- 소호의 통합 및 신설 - 호의 용어 등	5,019 → 5,018
2차 개정 ('96. 1. 1)	신상품의 개발과 국제기구에서 요청한 마약원료물질 및 오존층 파괴물질 등을 특정 호(또는 소호)에 신설	- 영상전화기, 팩시밀리, 휴대용 컴퓨터 등 - 마약원료물질 및 오존층 파괴물질 등	5,018 → 5,113
3차 개정 ('02. 1. 1)	폐기물 및 CITES협약 대상품목을 특정 호(또는 소호)에 신설하였으며 HS의 통일적 적용을 위한 용어정의 등을 마련	- 보증된 참조물질 및 산업폐기물 등 - 멸종위기에 처한 동식물 - 소매포장 정의 등	5,113 → 5,224
4차 개정 ('07. 1. 1)	국제기구에서 제시한 통제물질 및 IT 산업의 급속한 발전으로 특정상품에 대한 호(또는 소호)를 신설하였으며 다양한 신상품의 개발로 인하여 종전의 용어정의 및 분류 기준을 보완	- 수은화합물, 농약원료, 청석면 등 유해물질 - 반도체 제조용 기기 - 유·무선 통신기기 등 - 신문용지, 합성섬유 및 재생섬유 등에 대한 용어	5,224 → 5,052

HS는 무역통계작성을 위한 국제적 상품분류인 SITC(표준국제무역분류)와 관세부과를 위한 국제적 상품분류인 CCCN(관세협력이사회상품분류)을 단일화·통일화할 필요에 따라서 제정된 새로운 체제로서 우리나라는 한국통일상품분류방식(Harmonized System Korea : HSK)을 만들어 세계공통인 HS 6단위에 자체 분류 4단위를 합하여 도합 10단위로 분류하고 있다.

한국통일상품분류방식의 활용범위는 할당관세 등 탄력관세운용 및 관세감면이나 환급제도 등 관세부문, 수출입공고, 통합공고 등 수출입관련 무역부문 및 수출입통계작성, 물가지수표작성 등 통계부문에서 이용되고 있다.

〈표 1-5〉 품목분류방법의 비교

구 분	SITC	CCCN	HS
명 칭	표준국제무역분류 (Standard International Trade Classification)	관세협력이사회상품분류 (Customs Cooperation Council Nomenclature)	신국제통일상품분류 (The Harmonized Com-modity Description and Coding System)
제정년도	1950년	1950년	1983년
발효 및 채택(한국 사용)년도	1950. 7. 21일 발효 (1955년부터 사용)	1955. 11. 11일 발효 1976. 6월 BTN→CCCN로 명칭변경(1977년부터 사용)	1983. 6월 CCC채택 (1988년부터 사용)
제정기관	유엔경제사회이사회	관세협력이사회	관세협력이사회
목 적	무역통계이용목적 (무역 및 경제분석용이)	관세부과목적 (관세율 적용)	관세와 기타 목적흡수 (관세 및 국제통계통합)
용 도	단일용도 (통계)	단일용도 (관세)	다용도 (관세, 통계, 운송 등)
사용국가	UN 등 대부분 국가	153개 국가	각종 협약가입 중
분류체계	10부 63류 786품목(4단위) 1,924품목(5단위)	21부 99류 1,011개 품목(4단위) 7,916개 품목(8단위)	21부 97류 (7류 공백, 98, 99류 삭제) 1,241개 품목(4단위) =새로운 CCCN 5,019개 품목(6단위) =협약국 적용 10,033개 품목(10단위) =자국자율적용
단위부여	국제공통 5단위	국제공통 4단위 자국용 4단위	국제공통 6단위 자국용 4단위
분류기준	1) 선 : 가공단계별 2) 후 : 구성재료별 ① 원료와 제품의 분류가 다름 ② 무역량이 많은 것 중심으로 세분 · 세율의 고저불문 · 주요 교역품 ③ 무역량이 적은 것은 고관세물품이라도 세분 안함	1) 선 : 구성재료별(83류 이하) 용도기능별(84류 이상) 2) 후 : 각 분류 내에서 가공단계별 분류, 원료와 제품이 동일한 류에 일괄분류 ① 무역량의 다소에도 불구하고 다음 조건으로 세분 · 사업보호, 관세징수 용품 · 높은 부가가치품 · 귀중품 ② 무역량이 많아도 다음 품목은 세분 안함 · 저세율품 · 무세품	1) CCCN 분류원칙원용 2) 보충(응용적 분류) : · 응용기준 : 무역량, 신상품 개발, CCCN 분류상 문제점 등을 감안하여 CCC의 HS전문위가 결정

(4) 수출입공고상의 품목구분

우리나라의 수출입공고는 1967년 GATT[15] 가입을 계기로 1967년 하반기 7월 25일부터 positive list system에서 negative list system으로 변경하여 공고하고 있다. positive list system은 수출입가능품목만을 열거하는 방식인데 반하여 negative list system은 수출입금지 또는 제한품목만을 수출입공고상에 열거하고 열거되지 않은 품목은 원칙적으로 수출입을 개방하는 제도이다.

① **수출입금지품목**(export and import banned items) : 수출입을 전혀 할 수 없는 품목으로 현재 우리나라는 수출입공고에 의해 수출입금지품목으로 지정된 품목은 하나도 없다.

② **수출제한승인품목**(export restricted items) : 일정한 제한조치(수출요령)에 따라 수출할 수 있는 품목으로 수출입공고상 수출요령에 명시된 관련기관의 추천을 받아야 수출이 가능한 품목을 말한다.

③ **수출자동승인품목**(export automatic approval items) : 수출입공고상 관련기관의 수출추천품목표에 열거되어 있지 않은 품목으로 외국환은행장의 승인만으로 자유로이 수출할 수 있는 품목이다.

④ **수입제한승인품목**(import restricted items) : 수출제한품목과 같이 일정한 제한조치(수입요령)에 따라 수입할 수 있는 품목으로 수입요령에 명시된 관련기관의 추천을 받아야 수입할 수 있거나 수입할 수 없는 품목이다.

⑤ **수입자동승인품목**(import automatic approval items) : 수출입공고상 관련기관의 수입추천품목표에 열거되어 있지 않은 품목으로 외국환은행장의 승인만으로 자유로이 수입할 수 있는 품목이다.

---

15) 관세 및 무역에 관한 일반협정(General Agreemenet on Tariffs and Trade ; GATT)은 무역협정을 통한 세계경제 전체의 번영을 목적으로 1947년 10월 미국, 영국, 프랑스 등 23개국이 제네바에서 조인한 국제적인 기구이다. GATT는 국제무역의 확대를 위하여 상호주의 및 무차별주의를 지도원리로 하고 있으며, 국내산업의 보호는 세관에 의하여 행해져야 하고, 기타의 방법 특히 수입 수량제한을 금지하고 있다.

〈표 1-6〉 신국제통일상품분류의 체계

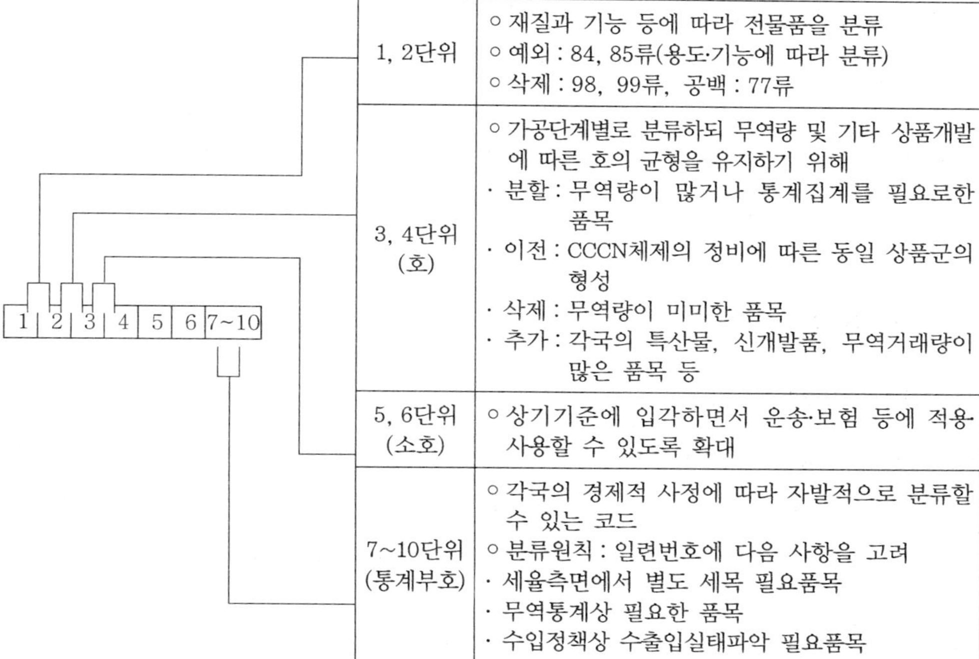

1, 2단위	○ 재질과 기능 등에 따라 전물품을 분류 ○ 예외 : 84, 85류(용도·기능에 따라 분류) ○ 삭제 : 98, 99류, 공백 : 77류
3, 4단위 (호)	○ 가공단계별로 분류하되 무역량 및 기타 상품개발에 따른 호의 균형을 유지하기 위해 · 분할 : 무역량이 많거나 통계집계를 필요로한 품목 · 이전 : CCCN체제의 정비에 따른 동일 상품군의 형성 · 삭제 : 무역량이 미미한 품목 · 추가 : 각국의 특산물, 신개발품, 무역거래량이 많은 품목 등
5, 6단위 (소호)	○ 상기기준에 입각하면서 운송·보험 등에 적용·사용할 수 있도록 확대
7~10단위 (통계부호)	○ 각국의 경제적 사정에 따라 자발적으로 분류할 수 있는 코드 ○ 분류원칙 : 일련번호에 다음 사항을 고려 · 세율측면에서 별도 세목 필요품목 · 무역통계상 필요한 품목 · 수입정책상 수출입실태파악 필요품목

(5) 수출입추천과 승인

1) 수출입추천

수출입공고상 수출자동승인품목이나 수입자동승인품목은 별도의 제한없이 외국환은행에서 수출승인(export licence : E/L) 또는 수입승인(import licence : I/L)을 받을 수 있다. 그러나 수출입공고상 수출제한승인품목, 수입제한승인품목 및 통합공고에 의해 별도의 관리를 받는 품목은 동 수출입요령에 따라 수출입승인을 받기 전에 관련 수출입조합 또는 협회나 주무관서 장으로부터 사전 추천을 받아야 수출 및 수입승인을 받을 수 있다.

2) 수출입승인

수출입승인은 무역절차의 기본이 되는 것으로 물품을 수출 또는 수입하고자 하는 자는 대통령이 정하는 바에 따라 산업자원부장관의 승인을 받아야 한다. 또한 승인된 사항을 변경할 때도 소정의 승인을 받아야 한다. 수출입승인의 의미는 수출의 경우 유효기간

내에 수출신고를 하고 수출대금을 회수하여야 하며, 수입의 경우 유효기간 내에 수입신고를 하고 수입대금을 지급하여야 함을 말한다.

수출입승인의 권한은 산업자원부장관에게 있으나 절차의 간소화 및 무역업무의 효율화와 신속화를 위하여 대부분을 외국환은행장에게 위탁하고 있다. 그러나 무역정책상 필요한 경우에는 산업자원부장관이나 외국환은행장 또는 수출추천기관장을 수출입승인기관으로 하고 있다.

4. 국제무역규칙

(1) 국제무역규칙의 개념

상관습이란 특정한 집단에 속하는 상인들간의 상습적 행위나 전통적 행동양식으로서 장기간에 걸쳐 거래관계에서 널리 인정됨으로써 상호간에 인정하고 준수하려는 상거래양식을 의미한다. 이같은 상관습이 무역거래에서 국제간에 관용되고 있는 경우 이를 국제상관습 또는 무역관습이라 한다.

국제간의 무역거래는 국내에서의 일반상거래와는 달리 언어, 관습, 법률, 제도 등이 상이한 국가간의 거래이므로 매매 당사자 일방의 국내법을 양 당사자간의 거래에 적용시키기에는 무리가 있다. 따라서 매매 당사자간의 거래관계의 균형을 유지하고 계약의 체결·이행·분쟁의 해결에 있어서 판단의 기준이 되는 것이 국제상관습이다.

국제상관습은 계약 당사자가 올바르게 이해하지 않고 있거나 당사자간에 그 관습의 내용에 대한 의견이 일치하지 않을 경우 유효하게 이용할 수 없을 뿐 아니라 손실 또는 위험을 초래할 가능성이 있다. 이 같은 사태를 고려하여 무역거래의 안전과 발달을 도모하고 거래관습의 이용을 효과적으로 하기 위하여 국제상업회의소, 거래소, 동업자조합 등 국제단체에서 최대공약수적인 확인사항에 의하여 제정된 것이 무역규칙이다.

국제무역에 관한 규칙은 무역당사자가 무역계약 체결시 임의 선택에 의하여 당사자간 유효하게 적용할 수 있으며, 대표적인 규칙으로는 무역거래조건의 해석에 관한 국제규칙, 화환신용장 통일규칙, 국제물품매매계약에 관한 유엔협약, 추심에 관한 통일규칙, CIF계약에 관한 와르소·옥스포드규칙, 해상화물운송에 관한 유엔협약, 국제물품복합운송에 관한 유엔협약, 요크·안트워프 규칙 등이 있다.

〈표 1-7〉 국제무역에 관한 주요 규칙

규 칙 명	제정년도	제정기구	주 요 내 용
무역거래조건의 해석에 관한 국제규칙	1936년 (2000년 6차개정)	국제상업회의소	무역계약의 정형거래 조건
화환신용장통일규칙	1930년 (1993년 5차개정)	〃	신용장의 형식과 통지, 책임과 의무, 서류 외
국제물품매매계약에 관한 유엔협약	1980년	국제무역법위원회	계약의 성립과 물품의 매매
추심에 관한 통일규칙	1956년 (1995년 4차개정)	국제상업회의소	외국환의 추심업무 등
CIF계약에 관한 와르소·옥스포드규칙	1932년	국제법협회	CIF조건의 해석과 권리·의무
해상화물운송에 관한 유엔협약	1978년	국제무역법위원회	선하증권약관의 해석
국제물품복합운송에 관한 유엔협약	1980년	유엔무역개발회의	국제복합운송인의 책임
요크·안트워프규칙	1864년 (1994년 5차개정)	국제법협회	공동해손의 손해와 비용

〈표 1-8〉 Incoterms의 제정 및 개정경위

Incoterms 1936	Incoterms 1953	Supplement, 1967	Supplement, 1976	Incoterms, 1980	Incoterms, 1990/2000	
① Ex Works	① 좌동			① 좌동 : EXW	① Ex Works… (named place : EXW	
				② Free Carrier… (named place) : FRC	② Free Carrier… (named place) : FCA	Group E : Departure
② Free On Rail/Free On Truck… (named departure point)	② 좌동			③ 좌동 : FOR/ FOT	삭제(FCA에 포함)	
			① FOB Airport… (named airport of departure)	④ 좌동 : FOA	삭제(FCA에 포함)	Group F : Main Carriage Unpaid
③ Free… (named port of shipment)	삭제					
④ Free Alongside Ship… (named port of shipment)	③ 좌동			⑤ 좌동: FAS	③ 좌동 : FAS	
⑤ Free on Board… (named port of shipment)	④ 좌동			⑥ 좌동 : FOB	④ 좌동 : FOB	
⑥ Cost and Freight… (named port of destination)	⑤ 좌동			⑦ 좌동 : CFR	⑤ 좌동 : CFR	
⑦ Cost, Insurance and Freight… (named port of destination)	⑥ 좌동			⑧ 좌동 : CIF	⑥ 좌동 : CIF	Group C : Main Carriage Paid
⑧ Freight or Carriage Paid to… (named port of destination)	⑦ 좌동			⑨ 수정·보완 : DCP	⑦ Carriage Paid To…(named place of destination) : CPT	
	삭제			⑩ Freight or Carriage and Insurance Paid to…(named point of destination) : CIP	⑧ Carriage and Insurance Paid to…(named place of destination) : CIP	
⑨ Free or Free Delivered… (named point of destination)	⑧ 좌동			⑪ 좌동 : EXS	⑨ Delivered At Frontier… (named place) : DAF	Group D : Arrival
⑩ Ex Ship… (named port of destination)	⑨ 좌동	① Delivered At Frontier… (named place of delivery at frontier)		⑫ 좌동 : EXQ ⑬ 좌동 : DAF	⑩ Delivered Ex Ship)… (named port of destination) : DES	
⑪ Ex Quay(duty paid)… (named point)					⑪ Delivered Ex Quay (duty paid)… (named port of destination) : DEQ	
		⑪ Delivered, Duty Paid…(named place of destination in the country of importation)		⑬ 좌동 : DDP	⑫ Delivered Duty Unpaid…(named place of destination) : DDU ⑬ Delivered Duty Paid…(named place of destination) : DDP	

〈표 1-9〉 Incoterms, 1990·2000의 그룹별 무역조건

거래유형	문자코드	무역조건	Incoterms, 1980
Group E Departure (출발지인도조건군)	EXW	Ex Works (공장인도조건)	EXW
Group F Main Carriage Unpaid (주운임미지급인도조건군)	FCA	Free Carrier (운송인인도조건)	FRC FOR/FOT FOA
	FAS	Free Alongside Ship (선측인도조건)	FAS
	FOB	Free on Board (본선인도조건)	FOB
Group C Main Carriage Paid (주운임지급인도조건군)	CFR	Cost and Freight (운임포함인도조건)	C&F
	CIF	Cost, Insurance and Freight (운임보험료포함인도조건)	CIF
	CPT	Carriage Paid to (운임지급인도조건)	DCP
	CIP	Carriage and Insurance Paid to (운임보험료지급인도조건)	CIP
Group D Arrival (도착지인도조건군)	DAF	Delivered at Frontier (국경인도조건)	DAF
	DES	Delivered Ex Ship (착선인도조건)	EXS
	DEQ	Delivered Ex Quay (부두인도조건)	EXQ
	DDU	Delivered Duty Unpaid (관세미지급인도조건)	-
	DDP	Delivered Duty Paid (관세지급인도조건)	DDP

(2) 국제무역규칙의 종류

1) 무역거래조건의 해석에 관한 국제규칙

무역거래조건의 해석에 관한 국제규칙(International Rules for the Interpretation of Trade Terms : Incoterms)이란 국제물품매매계약시 무역업자들이 겪는 무역장애요인인 ① 준거법에 대한 불확실성, ② 불충분한 지식, ③ 해석상의 상이점에서 오는 거래상의 분쟁을 사전에 예방하고 국제무역의 확대·발전을 위해 국제무역조건과 관습의

통일을 위하여 1936년 1월 국제상업회의소의 무역거래조건위원회(Trade Terms Committee)가 중심이 되어 제정한 국제규칙이다.

2) 화환신용장통일규칙

신용장제도는 무역거래에 있어서 신용 및 결제상의 위험을 회피하는 수단으로 오래전부터 사용되어 왔다. 그러나 각국에서 사용하고 있는 신용장은 통일성의 결여로 무역거래상 빈번한 마찰과 분쟁을 야기시킴에 따라 신용장에 관한 해석과 취급에 관하여 각국간의 이견을 조정하기 위한 신용장의 국제적인 통일화가 요청되게 되었다.

이에 따라 국제상업회의소가 모체가 되어 1933년 비엔나회의에서 채택된 것이 화환신용장 통일규칙 및 관례(Uniform Customs and Practice for Commercial Documentory Credits : UCP)이다. 신용장통일규칙은 그 동안 각국의 관습과 새로운 운송 및 통신수단, 기술의 발달 등으로 1951년, 1962년, 1974년, 1983년 4차에 걸쳐 개정되었으나 통일규칙상의 적용과 해석에 관한 거래당사자 의견 불일치의 상존과 Incoterms 1990의 개정으로 1993년 제5차 개정을 하게 되었다.

3) 국제물품매매계약에 관한 유엔협약

국제물품매매에 관한 국제적인 상관습에 대한 해석상의 차이와 각국 법제도의 상위는 분쟁을 일으키는 소지가 되어 국제물품매매거래시 법적 불안을 초래하여 국제거래에 있어 많은 장애요인이 되어 왔다. 이러한 해석상의 차이와 각국 법제도의 상이에서 오는 불편을 제거하기 위하여 1956년 12월 17일 유엔에 설치된 국제연합 국제무역법위원회(The United Nations Commission on International Trade Law : UNCITRAL)에 의하여 1980년 4월 11일 비엔나의 국제회의에서 통과된 것이 국제물품매매계약에 관한 유엔협약(The United Nations Convention on Contracts for the International Sale of Goods)이다.

이 협약은 1988년 1월 1일부터 발효하여 상이한 국가 내 영업소가 있는 당사자간의 물품매매계약에서 당사자의 영업소가 있는 국가들이 모두 협약국일 경우와 국제사법의 원칙에 따라 어느 일방 협약국의 법률을 적용하게 되는 경우 적용된다.

4) 추심에 관한 통일규칙

추심에 관한 통일규칙(Uniform Rules for Collections, 1978 Revision)은 국제상공

회의소가 1956년 제정한 후 1967년 1차 제정한 바 있는 상업어음추심에 관한 통일규칙(Uniform Rules for the Collection of Commercial Paper, 1967 Revision)을 다시 그 내용과 명칭을 대폭적으로 개정하여 1979년 1월 1일 시행하도록 한 국제무역거래 및 외국환거래에 있어 외국환의 추심업무 등에 대하여 규정한 국제규칙이다. 이 규칙은 국제무역거래에 있어 신용장통일규칙에 준하는 중요한 국제규칙으로 1995년에 다시 한번 개정(Uniform Rules for collections, 1995 Revision) 되었다.

5) CIF계약에 관한 와르소·옥스포드 규칙

국제법협회(International Law Association : ILA)[16]가 국제무역조건 중 가장 복잡한 내용을 가진 CIF조건의 매매계약에 관한 국제적인 통일규칙을 1928년 Warsaw-Rules, 1928을 채택한 후 각국 상공회의소의 협력을 얻어 이를 수정하여 1932년 옥스퍼드 국제법협의회 회의에서 채택된 것이 1932년 와르소·옥스포드(Warsaw-Oxford Rules for CIF Contract, 1932) 규칙이다.

이 규칙은 CIF계약을 체결하고자 하는 당사자에게 임의로 채택할 수 있는 통일적 해석기준을 제공한다.

6) 해상화물운송에 관한 유엔협약

해상화물운송에 관한 유엔협약(United Nations Convention on the Carriage of Goods by Sea, 1978)[17]은 국제무역법위원회가 해상운송과 관련하여 선하증권 약관의 국제적 통일을 기하기 위하여 제정한 국제협약으로 운송인의 책임을 강화함으로써 화주에게 유리한 변혁을 가져올 획기적인 조약이다.

7) 국제물품복합운송에 관한 유엔협약

복합운송은 물품이 해상, 철도, 항공 등 두 가지 이상의 운송수단에 의하여 이루어지는 운송방법으로 컨테이너 운송의 출현으로 최근에 발달된 운송형태이다. 이러한 복합운송의 출현으로 국제복합운송인의 책임에 관한 통일적인 국제협약의 필요에 따라 유엔무역개발회의(United Nations Conference on Trade and Development : UNCTAD)

---

16) 1873년 런던에서 설립된 민간기구로서 국제공법과 사법의 연구·해명·진흥·법률충돌의 해결에 관한 제안과 법률의 통일화와 국제이해와 친선촉진사업활동을 하고 있다.

17) 이 협약은 함부르크에서 개최된 회의에서 확정되었다 하여 함부르크규칙(Hamburg Rules, 1978)이라고도 한다.

에 의해 1980년 제정된 국제협약이다.

8) 요크·안트워프 공동해손규칙

공동해손의 취급과 해석의 통일을 기하기 위한 운동이 일어나 1877년에 York에서 개최된 국제공동회의에서 11조로 된 규칙을 채택하였고, 그 후 1890년에 Antwerp에서 해상보험에서 공동해손을 구성하는 손해 및 비용에 관한 요크·안트워프 공동해손규칙(York-Antwerp rules of general average; YAR)을 제정하게 되었다.

이 요크·안트워프 공동해손규칙(York-Antwerp rules of general average; YAR)은 다시 1924년, 1950년, 1974년, 1990년 및 1994년에 개정되어 현재 세계 각 국이 공동해손의 정산 및 해결에 이를 적용하도록 선하증권과 보험증권에 규정하고 있다. 특히 계약에 공동해손은 York-Antwerp규칙에 의한다는 조항이 없으면 목적항(port of destination)이나 피난항(port of refuge)의 법에 의하여 해결된다.

제 2 장

전자상거래와 사이버무역

제 1 절 전자상거래

1. 전자상거래의 의의2장 전자

전자상거래(EC : Electronic Commerce)란 컴퓨터를 통해 전자적인 방식으로 물품, 정보 등의 구매, 조달, 지급행위를 수행하는 방식을 말한다.

즉 전자상거래란 다양한 정보기술을 활용하여 기업과 기업간의 거래 관계를 전자수단을 통하여 실행하는 것으로 기업에서 유통되는 모든 자료가 표준화된 데이터베이스에서 공개되고, 이것이 세계적인 컴퓨터 네트워크로 활용되는 운영과 유지방법에서 기존의 개념과 전혀 다른 새로운 방식의 상거래 개념이다.

〈표 2-1〉 전자상거래의 형태

거래 형태	상거래의 예
기업간 전자상거래 (inter-business commerce)	EDI를 통한 기업과 공급업자간의 문서발주기업과 금융기관간의 전자자금이체
조직간 전자상거래 (inter-organization commerce)	고객주문의 조직내 이동(워크플로우시스템), 정보공유(전자우편, 전자출판), 화상회의
기업대 고객 전자상거래 (business to customer commerce)	홈 쇼핑, 홈뱅킹, 온라인광고, 교육온라인 데이터베이스, 뉴스그룹, 오락(게임, on-demand 서비스)

자료 : 김진수·김진해, "인터넷 쇼핑몰의 성공적 구축을 위한 탐색적 연구", 「1997년도 유통학술발표대회 논문집」, (사)한국유통학회, 1997.7, 일부수정.

전자상거래는 실생활의 거래환경을 전자적으로 구현함으로써 앞으로 정보에 대한 접근 및 획득방식, 서비스에 대한 통신 및 이용방식, 상품에 대한 구매 및 지불방식을 크게 바꾸어 놓을 것이며, 이로 인해 인터넷을 통한 자금결제, 증권거래, 보험거래 및 홈/펌뱅킹과 같은 금융서비스들도 빠르게 실용화될 것으로 보인다.

2. 전자상거래의 요건과 시스템 구성

전자상거래는 아래와 같은 그 제도적, 기술적 기반으로 인해 미래의 정보화를 주도해 나가게 될 전망이다.

① 공중통신망의 국가간 연동방식에 비해 훨씬 저가의 글로벌 통신환경을 제공하며, 국적, 인종, 종사분야 등과 무관하게 누구나 접속할 수 있는 개방형 통신환경을 제공하므로 손쉽게 글로벌 비즈니스를 수행할 수 있게 한다.

② 원래 학술연구 목적의 네트워크로서 컴퓨터 전문가 그룹들의 저변이 확보되어 있어 여타 정보통신 수단에 비해 기술적 우위를 점하고 있다.

③ 웹을 통해 편리한 사용자 인터페이스와 다양한 표현능력을 제공함으로써 세계 각국의 각종 정보들을 손쉽게 사용할 수 있다는 점이다.

④ 표준화 혹은 규제 정책이 없다. 따라서 기술개발이 곧바로 비즈니스 경쟁으로 연결되며, 이는 여러 사람들이 그 기술을 이용함으로써 자연스럽게 표준으로 정착될 수 있다는 점이다.

이러한 전자상거래가 실현되기 위해서는 기본적인 사항의 전자화가 필요하다.

첫째, 사람과 사람간 거래 관계의 전자화이다. 거래 당사자간을 확인하고 입증하기 위한 수단으로서 서로 마주보고 거래할 수 없는 네트워크 환경에서는 이에 대한 대책이 해결되어야 한다.

둘째, 지불수단의 전자화이다. 화폐의 전자화와 화폐를 저장할 수 있는 지갑을 전자화하는 것으로서 고객의 편의를 위해 선불, 직불, 후불은 물론 고액, 중규모액, 소액지불 등 다양한 지불수단이 확보되어야 한다.

셋째, 화폐 유통의 전자화이다. 전자적인 구매행위에 따른 온라인 대금지불과 정산기능을 제공하는 수단으로서 지불수단의 전자화와 함께 각종 지불수단이 전자적으로 유통될 수 있도록 구현되어야 한다.

넷째, 상품(유·무형) 판매의 전자화이다. 상품, 정보, 거래서비스 등을 전자적으로 판매하는 수단으로서 기업의 전자화가 이에 해당된다.

전자상거래의 시스템은 인증기관(certificate authority), 전자지갑(digital wallets)

을 장착한 고객시스템, 상점시스템(merchant systems), 지불시스템(payment systems)으로 구성된다.

(1) 인증기관

거래 당사자간을 입증해주기 위해 전자인증서(certificate)를 발행, 개정, 취소하는 기관으로서 실제로는 거래 당사자가 사용하게 될 공개키(암호키, 교환용 공개키 및 전자서명용 공개키)를 인증해 준다.

(2) 고객시스템

웹 브라우저와 지불을 위한 전자지갑(digital wallet)을 장착한 컴퓨터로서 지불수단으로는 신용카드(credit card), 직불카드(debit card), 자금이체(fund transfer), 전자화폐(eletcronic money) 등이 이용될 수 있다.

(3) 상점시스템

고객들에게 전사적으로 상품을 판매하는 가상 쇼핑몰(Cyber Shopping Mall)로서 상품정보 데이터베이스를 기반으로 실제 쇼핑몰에서 처리하는 상품관리, 매출관리, 고객관리, 매장관리, 상품 수발주처리, 주문처리, 배송처리, 재고처리 등의 각종 기능을 그대로 수행할 수 있어야 한다.

(4) 지불시스템

상점시스템이 요구하는 대금지불 정보를 처리하는 시스템으로서 지불수단과 처리방식에 따라 지불 브로커(payment broker), 지불 게이트웨이(payment gate- way)라고 하기도 한다.

3. 전자상거래의 발전과 과제

전자상거래는 컴퓨터 통신망을 이용한 전자적인 방식으로 이루어지는 전자문서교환방식(EDI : Electronic Data Interhange)에서 출발하였다. 이는 기존의 종이문서를 전자적인 서류로 대체하고 자료의 중복을 배제하고자 하는 단순하고 반복적인 업무문서를 전자적으로 교환하는 초기 단계의 EDI로부터 기계판독이 가능한 자료의 컴퓨터와 컴퓨터간의 교환이라는 형태의 EDI로 발전하였다.

〈표 2-2〉 EDI, FAX, E-mail의 차이점

비교 항목	EDI	FAX	E-mail
데이터 전송	전자적	전자적	전자적
데이터 형식	전자신호	전자신호	전자신호
데이터 표현양식	구조화된 표준양식	문서(문자, 그림, 서식)	자유양식
데이터 처리	송수신자의 응용프로그램간 자료 자동입력	수신자의 자료추출 및 재입력 (오류발생 및 처리지연)	수신자의 자료추출 및 재입력 (오류발생 및 처리지연)

자료 : 오호근, 『EDI란 무엇인가』, 크라운출판사, 1993, p.22.

EDI는 전자상거래를 실시하기 위한 필요불가결한 상거래통신이며, 단순히 데이터의 통신 뿐만 아니라 데이터의 자동처리에 의한 기업내부의 경영정보에 대한 데이터 제공 기능을 갖는다.[1)]

이러한 EDI는 전자문서의 교환 뿐만 아니라 거래 당사자간의 요구사항정보, 계획수립정보, 선적정보 등을 공유하는 한 단계 발전된 EDI를 거쳐 전자상거래라는 새로운 형태로 유통분야에까지 확산되고 있다.[2)]

최근 급속하게 관심이 높아진 인터넷(Internet)[3)]의 기원은 1960년 후반 미소냉전상태에서 미국 국방부 산하 첨단연구프로젝트국(ARPA)과 스텐포드, UCLA, 유타, 켈리포니아 등 4개의 대학이 개발한 통신망을 연결한 ARPAnet에서 유래한다. 한 대의 컴퓨터를 중심으로 시스템이 집중되어 있을 경우 적의 핵공격시 통신통제센터의 파괴로 방위능력상 문제가 있으므로 국방부는 1969년 여러 대(최초 4대)의 컴퓨터를 서로 패킷 통신으로 접속하는 실험을 실시한 것이 계기가 되었다.[4)]

---

1) 박복재·이 철, "EDI에 의한 電子商去來의 法的 問題", 「國際商學」, 韓國國際商學會, 1997. 5, p.290.
2) 한국정보문화센터, "전자상거래의 도입방향 및 문제점", 「초고속정보통신」, 1996.12, p.86.
3) 인터넷은 네트워크를 접속한다는 인터넷 워킹(Internet Working)에서 유래되었으며, 그 의미는 TCP/IP 라는 공통의 통신규약으로 접속된 네트워크의 집합체로 각각의 네트워크는 LAN을 구성하는 서버, 개인용 컴퓨터 그리고 통신기와 회선 등으로 구성된다; (濟藤 春夫, "구조를 해명한다. 인터넷이란 무엇인가", 「월간 자동인식기술」, 1996.9, p.5).
4) 이두희·한영주, 「인터넷 마케팅」, 영진출판사, 1997, p.14.

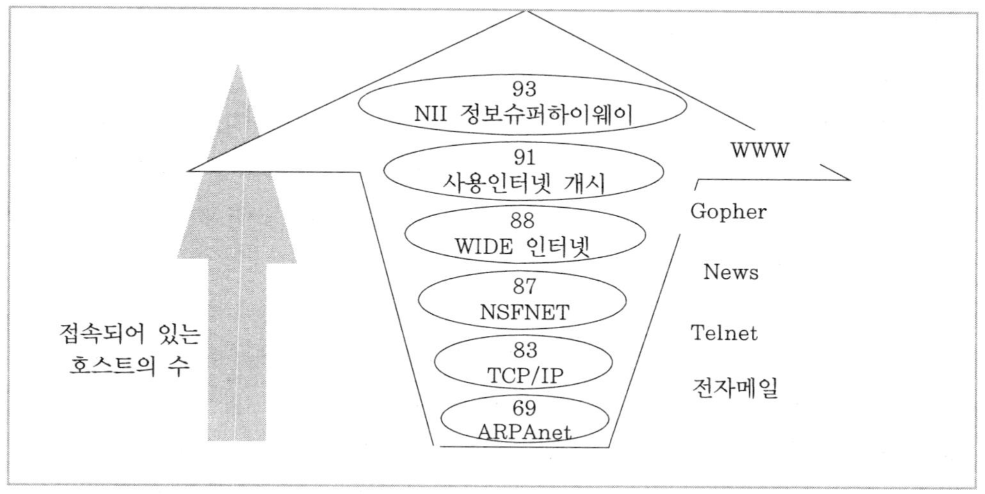

자료 : 濟藤春夫, "인터넷의 등장확산의 배경을 살핀다", 「월간 자동인식기술」, 1996.9, p.2.

〈그림 2-1〉 인터넷의 배경과 역사

그러나 제조업체가 다르면 프로토콜(protocol)[5]도 다르고 쉽게 다른 기종의 컴퓨터와 접속하기 어려운 문제가 있어 1983년 TCP/IP(Transmission Control Protocol/Internet Protocol)[6]라는 공통의 프로토콜 사양이 확정되었으며, 이에 따라 많은 사용자의 시스템이 인터넷을 통해 접속할 수 있게 되었다.

인터넷은 누구나 이용할 수 있는 개방형 네트워크란 장점이 있는 반면, 보안에 취약한 단점이 있으며, 전자상거래를 실현하기 위해서는 새로운 패러다임에 맞는 시스템의 개발과 제도적인 기반이 정비되어야 한다. 따라서, 인터넷 전자상거래가 실현되기 위해서는 다음과 같은 과제들이 선결되어야 한다.

첫째, 전달 정보의 보안대책이 강구되어야 한다. 인터넷은 전달 자체의 보안성이 결여되어 있고, 정보전달의 안전성이 없다. 따라서, 인터넷 전자상거래에서는 거래내용(통상 지불정보)의 노출을 방지하기 위한 기밀성(confidentiality), 거래전문의 변조와 위조

5) 통신설비 및 시설들과의 접속이나 신호소통에 관한 순서 및 절차를 정의한 제 규정으로 이에는 통신회선의 제어레벨에서 사용자 프로그램의 제어까지 여러 가지 수준 및 종류가 있다; (每日經濟新聞社, 「情報用語辭典」, 1988, p.224).

6) TCP/IP이란 미국의 ARPANET이라고 하는 연구기관이나 대학을 모은 네트워크용으로 개발된 프로토콜로 사양은 RFC(request for comment)의 형태로 네트워크 혹은 문서를 통해서 배포되고 있다.

그리고 승인되지 않은 거래전문의 생성을 방지하기 위한 무결성(integrity)을 보장하기 위한 대책이 마련되어야 한다.

둘째, 거래의 확인 및 인증체계가 정립되어야 한다. 인터넷에서는 거래 당사자들을 서로 믿을 수 없다. 따라서, 거래당사자에 대한 제3자의 인증(authentication) 체계와 전자적인 거래에 따른 부인(repudiation), 위조(counterfeit), 복제(replication) 등을 방지하기 위한 상대방 확인체계가 정립되어야 한다.

셋째, 전자적인 지불수단 및 체계가 정립되어야 한다. 인터넷에서는 국경없는 거래행위가 가능하므로 세계적으로 통용될 수 있는 전자적인 지불수단이 확보되어야 하며, 이에 따른 안전한 화폐 유통체계가 정립되어야 한다.

넷째, 전자적인 거래에 따른 각 국가의 정책과 제도가 정립되어야 한다. 인터넷 전자상거래를 위해서는 데이터 암호화, 전자서명 및 전자영수증 등에 대한 법적효력, 운송, 과세 및 관세, 소비자 보호 등과 관련된 법제도 등 각국의 제도적인 기반이 정비되어야 하며, 이들이 각국의 정책과 상호 유기적으로 결합될 수 있어야 한다.

제 2 절 무역자동화

1. 무역자동화의 의의

무역자동화(trade automation)란 수출입에 관련된 각종 행정 및 상거래서식을 우편, FAX 등에 의해 처리하고 대신 당사자간의 합의에 의하여 표준화된 전자문서로 바꾸어 컴퓨터로 주고 받음으로써 신속·정확·안전하게 서류없는 무역업무를 실현하는 것을 말한다.

기존의 무역업무처리방식과 무역자동화를 이용한 방식의 차이점은 다음과 같다.

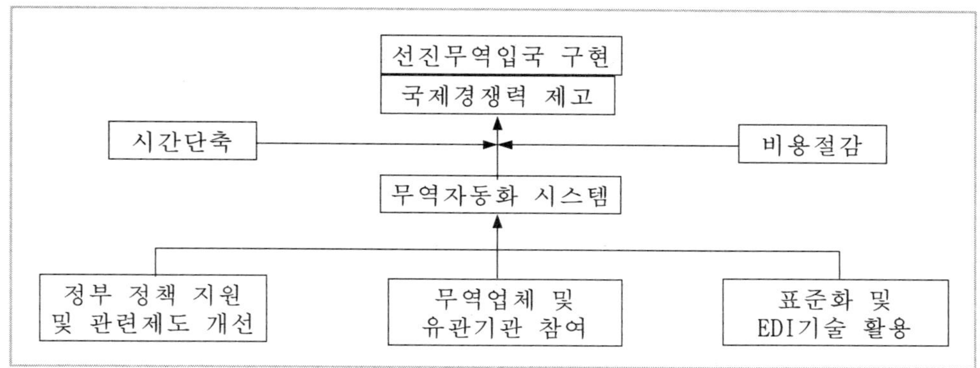

〈그림 2-2〉 무역자동화의 목표

〈표 2-3〉 무역업무처리방식의 비교

구 분	현 행	무 역 자 동 화
업무수단	종이서류	전자문서
전달방법	인편, 우편, Fax 등	컴퓨터 통신
매 개 자	우체국, 전신전화국	무역자동화 사업자
법적효력	서명, 날인	전자서명
보안대책	위조, 변조가능	비밀번호 등 보안대책

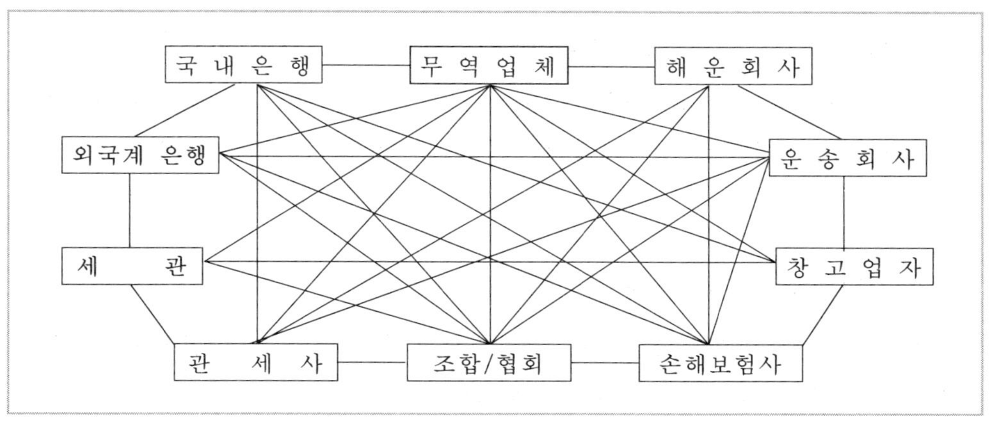

〈그림 2-3〉 기존의 무역업무처리 체계

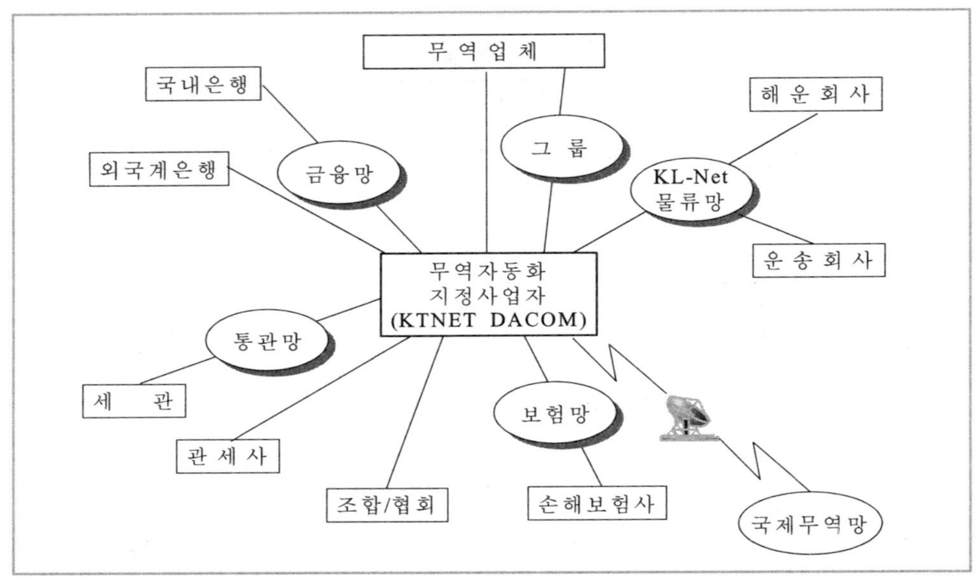

〈그림 2-4〉 EDI에 의한 무역자동화 체계

2. 무역자동화의 필요성과 효과

(1) 무역자동화의 필요성

1) 수작업에 의한 무역업무처리의 한계

수출입규모와 수출입건수의 급속한 증가는 기존의 수작업에 의한 업무처리가 가지고 있는 소요인원의 증가, 처리시간의 지연, 비용의 증가 등 처리상의 한계를 노출시키고 있다.

2) 국제경쟁력의 유지 및 강화

무역거래 건당 수십건의 서류처리는 관련 기관 및 무역업계의 수출입원가 상승요인으로 작용하여 결과적으로 국제경쟁력의 약화 요인이 되고 있다.

따라서 생산성 향상과 업무처리 시간의 단축으로 비용을 절감할 필요가 있다.

3) 무역업무자동화의 국제화

우리의 거래 상대국의 무역자동화 추세는 우리나라에 대해 무역자동화를 요구하고 있으며, 세계무역기구의 출범과 국경없는 무역전쟁에 대비하기 위해서는 무역업무 자동화의 필요성을 높여주고 있다.

(2) 무역자동화의 효과

무역자동화는 국가 전체 및 관련 기업에 다음과 같은 기대효과를 가져온다.

〈표 2-4〉 무역자동화의 효과

국가전체의 기대효과	관련 기업의 기대효과
· 비용절감을 통한 국가경쟁력 강화 · 기업의 지방분산을 통한 지방의 균형발전에 기여 · 정보산업의 수요창출 및 정보화사회 촉진 · 국제적인 추세에 부응 · 사회간접자본에 대한 투자부담 완화	· 내부인력관리 및 업무의 효율화 · 무역업무 처리시간의 단축 및 비용절감 · 경영혁신의 유발 · 서비스향상을 통한 기업경쟁력 강화 · 업무자동화에 의한 정확성 증진 및 입력시간의 단축 · 국내연관산업의 발전 촉진

제 3 절 사이버무역

1. 사이버무역[7])의 개요

정보기술을 바탕으로 한 전자상거래의 확산에 따라 국제간 무역거래에 있어서도 사이버공간(cyber space)을 이용하는 비중이 점차 늘고 있다. 넓은 의미의 전자상거래(EC : Electronic Commerce)라고 하면 기업과 개인소비자간(B2C), 기업과 기업간(B2B), 개인과 정부간(C2G), 기업과 정부간(B2G), 나아가서 개인과 기업의 역경매 방식(C2B)에 이르기까지 다양한 형태로 이루어지는 모든 전자적 거래를 일컫는 용어로 이해하고 있다. 따라서 전자상거래는 다양한 전자적 수단과 기법(electronic tools & techniques)을 이용하여 상품이나 서비스를 교환하는 것으로서 대금결제가 수반되는 일상적인 상거래 뿐만 아니라 대고객 마케팅, 광고, 정부조달(B2G), 공과금의 납부(C2G), 기타 서비스까지를 포함하는 것으로 정의되고 있다.

이에 대해 사이버무역(cyber trade)이란 아직까지 통일된 개념이나 범위가 정립되어

7) 이용근, 「무역학개론」, 동성사, 2000.8, pp.383~397.

있지는 않지만 일반적으로 사이버공간에서 일어나는 무역거래로서 다음과 같이 정리할 수 있다.

① 해외시장조사, 거래선발굴, 협상, 계약체결, 신용장 통지, 보험, 운송, 결제, 통관 등 무역절차의 일부 또는 전부가 정보기술을 활용하여 처리되는 것을 의미한다. 여기에는 인터넷과 EDI 등의 각종 정보기술을 통합적 또는 개별적으로 활용한다.

② 비정형화된 무역정보를 포함하여 정형화된 서류 중심의 무역절차를 포함한다. 따라서 인터넷을 이용한 시장조사 단계에서만 정보기술을 이용해도 사이버무역의 범주에 포함된다.

③ 전자상거래의 특수한 형태로서 국제 기업간(B2B) 전자상거래라는 특성을 가진다. 즉 최근에 등장한 인터넷 무역거래는 기업과 개인소비자간(B2C)의 거래까지 확대되고 있는 점이 특징이나 국제 B2C 거래는 극히 일부이고 거의 모든 무역거래는 기업과 기업간(B2B)의 거래라는 점에서 사이버무역의 중심은 어디까지나 국가간 B2B 전자상거래일 수밖에 없다.

한편 사이버무역은 인터넷무역과 혼용하여 사용되고 있지만 사이버무역은 인터넷을 이용한 무역거래 뿐만 아니라 무역EDI와 같이 인터넷이 아닌 폐쇄형 네트워크를 이용한 무역거래도 포함하고 있다는 점에서 구별해야 할 필요가 있다고 본다. 미국에서는 국제 기업간에 인터넷이나 EDI를 이용하는 경우 글로벌 전자상거래(Global Electronic Commerce) 또는 국제 전자상거래(International Electronic Commerce)란 용어가 많이 사용되고 있음을 볼 수 있다. 다만, 우리나라에서는 국가간 B2B 중심의 전자상거래를 지칭하는 것으로서 사이버무역(cyber trade)이라는 용어를 사용하는 경향이 늘어나고 있음을 볼 때 앞으로는 용어의 통일을 위해서라도 사이버무역이라고 지칭하기로 한다.

〈그림 2-5〉 전통적인 무역거래와 사이버무역거래의 비교

자료 : 산업자원부, 「전자상거래 활성화 종합대책」, 2000. 2. 15.

2. 사이버무역의 특성

국제무역이 이루어지는 일반적인 과정은 크게 네 가지로 구별할 수 있다. 우선 시장이나 제품 및 해외바이어에 대한 정보수집과 자사제품을 해외로 홍보하여 해외거래선을 확보하는 해외마케팅 단계가 있다. 다음으로 발굴한 해외바이어와 각종 거래조건을 협의한 후 계약에 이르는 협상 및 계약단계로 이어지게 된다. 그리고 주문받은 제품을 해외바이어에게 물리적으로 운송하는 국제물류단계와 매수인이 대금을 지불하고 이를 영수하는 대금결제단계가 있다.

사이버무역거래를 활용할 경우 이러한 일반적인 무역거래절차는 큰 차이가 없으나 무역업무를 처리하는 수단은 달라지게 된다. 무엇보다도 해외거래선 발굴을 위하여 해외에 홍보하는 방법이 크게 달라지고, 계약체결을 위한 커뮤니케이션 수단도 달라지게 된다. 또한 대금결제단계도 전자화폐 등 새로운 수단을 활용하게 될 것으로 전망되고, 물

리적인 재화의 운송도 항공운송이나 국제특송 등이 활발히 이용될 전망이다. 그러나 이러한 시나리오는 기업간의 거래보다 기업과 소비자간의 거래에 주로 활용되는 방식이라고 할 수 있다. 따라서 주로 기업간의 거래로 이루어지는 국제상거래에서 이용할 수 있는 것은 인터넷을 이용한 해외마케팅 단계이며 그 이후의 실행단계는 오프라인(off-line) 거래로 수행해야 하는 이중적인 처리가 요구되고 있는 것이 현실이고 이러한 한계때문에 아직까지는 부분적으로만 사이버무역이 이루어지고 있다고 할 수 있다.

여기서 한 가지 유념해야 할 것은 인터넷의 확산과 함께 전자상거래가 급속도로 발전하고는 있지만 인터넷 또는 EDI의 이용으로 무역의 기본적인 틀이 변하고 있는 것은 아니다라는 것이다.

무역거래는 오랜 세월동안 국제간 상인이 수립해 온 무역관행이나 관습에 의해 수행되고 있고 이러한 관습은 무역상인간의 상충되는 이해관계를 적절하게 조절해 온 합리적인 관습이라는 점에서 근본적으로 변할 수 있는 성질의 것이 아니라는 점을 강조하고 싶다. 즉, 정보기술의 발달로 시간과 비용을 절약할 수 있는 새로운 도구(tool)를 이용하는 것은 당연한 것이나 이들의 등장으로 무역거래의 내용이나 근본적인 거래 시스템이 바뀌는 일은 상상하기가 어렵기 때문이다.

3. 사이버무역의 현황

(1) 국내외 사이버무역의 현황

국내의 사이버무역의 현황은 한마디로 인터넷을 이용한 거래알선사이트와 무역자동화망(EDI) 중심의 초보적인 상태라고 할 수 있다. 그럼에도 불구하고 우리나라의 사이버무역 확산에 큰 영향을 미치고 있는 것은 역시 한국무역정보통신(www.ktnet.co.kr), 한국무역협회(www.kita.or.kr), KOTRA(www.kotra.or.kr), 중소기업진흥공단(www.smipc.or.kr) 등 무역유관기관들의 거래알선사이트라고 할 수 있다. 특히 KOTRA는 산업자원부 등의 후원 아래 중소기업들의 사이버무역을 적극 지원하기 위해 실크로드21(www.silkroad21.com)이라는 무역포털사이트를 개발하여 많은 공헌을 하고 있다.

우리나라 대기업들은 무역거래에 대한 그 동안의 노하우와 자금력을 바탕으로 사이버무역을 이용하여 거래비용을 낮추고 무역업무의 효율성을 제고하기 위해 많은 노력을 하고 있다. 특히 종합상사간에는 사이버무역 선점을 위한 경쟁이 격화되고 있으며, 업종별로는 종합상사를 주축으로 한 연합사이트도 속속 등장하고 있다. 예를 들어, 삼성물산은 화학전문 인터넷 연합사이트인 켐크로스닷컴(chemcross.com)을 주도하고 있으며, 현대종합상사, LG상사, SK상사도 서로 연합해 켐라운드닷컴(chemround.com)을 결성했다. 이와 같이 종합상사와 같은 대기업들은 B2C를 위한 인터넷쇼핑몰을 비롯하여 화학·의료·철강·기계 등과 같은 업종별 무역연합사이트를 개설하여 인터넷무역을 선점하기 위한 노력을 하고 있으며 나아가서 전자화폐사업에도 적극성을 띠고 있다.

한편 중소기업들은 나름대로 홈페이지를 통한 자사제품의 마케팅에 주력하는 한편 무역거래알선사이트를 이용하여 해외의 거래선을 발굴하는데 심혈을 기울이고 있다. 그러나 중소기업들은 대기업에 비해 사이버무역의 기본인프라가 극히 취약하여 많은 애로를 겪고 있는 것이 현실이다.

우리나라는 선진국에 비해 무역인프라[8]가 취약한 상태인 것은 사실이지만 특히 법적·제도적 측면의 사이버무역 인프라가 더욱 취약한 상태라고 할 수 있다. 이밖에도 컨텐츠의 낙후, 전문인력의 부족 등은 사이버무역의 활성화에 커다란 장애요소로 등장하고 있다.

외국의 현황도 우리나라와 비슷하나 세 가지로 요약해서 말한다면 다음과 같다.

첫째, 국제 컨소시엄 형태의 인터넷 B2B Marketplace를 구축하고 이를 확산해 나가는데 주력하고 있다. 미국의 Big 3, 일본의 도요다와 닛산, 프랑스의 르노 등은 자동차부품의 조달을 위한 인터넷 B2B Marketplace를 구축하고 이를 활성화하고 있다.

둘째, 사이버무역의 전자결제 및 선적서류(특히 선하증권) 전송시스템의 개발을 강화하고 있다. 볼레로 프로젝트를 비롯하여 TradeCard System 등이 대표적인 경우라 할 수 있다. 그리고 이러한 사업이 성공할 수 있다면 이는 대단한 수익성을 가져다줄 것으로 예상하고 있다.

셋째, 사이버무역 선점을 위한 국가간 경쟁이 격화되고 있다. 미국은 이미 기술적으로 앞서고 있는 이 분야의 선점을 유지하기 위해 WTO에서 무관세를 주장하고 있고 유럽을 비롯하여 한국과 일본은 이에 맞서 국제 전자상거래에 대하여 과세해야 한다고 주장하고 있다.

국제적으로 사이버무역이 활성화되기 위해서는 위의 두 번째 사항인 사이버무역의 전자결제 및 선적서류(특히 선하증권) 전송시스템의 개발이 이루어지고 전세계 상인들이

---

8) 무역인프라란 무역전시장, 무역정보, 무역전문인력, 사이버무역 등 무역거래 활동을 지원·촉진하는 것으로서 하드웨어적 요소와 소프트웨어적 요소가 있다. 전자는 무역전시장, 무역교육시설, 도로·항만과 같은 사회간접자본, 무역정보(D/B), 인터넷 무역시스템(네트워크 포함) 등이 있으며, 후자는 무역관련 법 및 제도, 국가이미지 및 상품이미지, 사이버무역의 marketplace, 사이버무역 S/W, D/B 구축 및 운영기술 등이 있다; (산업자원부, "21세기 신통상국가 Action Plan : 무역인프라 확충 기본계획," 2000.5, p.1).

이를 이용해야 한다는 점일 것이다. 따라서 지금 추진 중에 있는 볼레로 프로젝트와 TradeCard System에 대하여 간략히 소개하면 다음과 같다.

(2) Bolero Project

Bolero Project란 전자선하증권에 대한 등록(인증)기구를 설치·운영하기 위한 프로젝트로서 홍콩, 네덜란드, 스웨덴, 영국, 미국의 해운회사, 은행, 통신회사 등이 모여 컨소시움 형태로 Bolero(Bill of Lading Electronic Registry Organization)라는 기구를 발족하였다. 이 프로젝트의 목적은 선하증권(B/L)을 포함하여 국제간에 이동하는 무역서류 전반의 전자화를 추진하는 것이라고 할 수 있다.

볼레로 프로젝트에서 가장 중점을 두고 있는 것은 역시 B/L의 전자화이며 인터넷을 포함한 어떠한 네트워크하에서도 전자선하증권(일명 Bolero B/L)의 전송이 가능하도록 하고 그 신뢰성을 볼레로 인증기구가 보장하도록 시스템화하는 것이다. 즉 선하증권은 권리증권이자 유가증권이기 때문에 원본의 개념과 서명(인증)이 중요한데 이를 전자서명으로 대체하고 원본임을 인증하는 장치로서 볼레로 인증기구를 두고자 하는 것이다.

볼레로 프로젝트의 성립배경과 방식, 운영주체 등을 요약하면 〈표 2-5〉와 같다.

Bolero Project의 특징은 다음과 같다.

〈표 2-5〉 볼레로 프로젝트의 개요

구 분	개 요
배 경	· 1990년 전자 선하증권에 관한 CMI 규칙 · 1996년 UNCITRAL 전자상거래 모델법
방 식	· 비대칭공개키 방식에 의한 디지털 서명(RSA방식) · 우리나라 전자서명법과 같음
운영주체	· SWIFT, TT Club(Through Transport Club)*이 각각 50%씩 출자한 Bolero Operation Limited가 운영

* 해상화물운송 부문의 P&I 클럽으로서 80여개국 운송관계자들로 구성되어 있는 조직

첫째, 선하증권의 권리에 대한 중앙등록기관을 운영한다는 것이다. 이러한 중앙등록기관을 권리등록소(Title Registry)라고 하는데 전자선하증권의 소유권이전을 일괄 관리하는 데이타베이스(D/B)이다. 권리등록소는 SWIFT, TT Club이 출자한 독립 조직이 운영하고 있으며 이들은 중립적 특성을 지닌 기관들로서 정보흐름의 독점적 폐해를 예

방하는 기능을 수행한다.

둘째, 전송되는 메시지(한 건의 서류를 메시지라고 함)의 안전성을 보장하기 위해 RSA 방식의 디지털 서명을 이용하고 있다. 이 방식은 NCITD방식의 IAC나 CMI 방식의 PIN Code보다 안전하다고 알려져 있다.

셋째, Rule Book(일명 볼레로규약집)을 도입하여 안전하고 편리하게 이용하도록 계획하고 있다.

아직까지는 모든 국가에서 전자적 방법에 의한 무역거래가 법적으로 안전하지 못한 것이 사실이고 이것이 곧 전자적 무역거래가 활성화되지 못하고 있는 가장 큰 이유라고 할 수 있다. 기존의 종이 선하증권은 관습과 법률적 토대가 명확하여 모든 당사자들이 개별적인 계약관계를 맺지 않고도 안전하게 이용하고 유통시킬 수 있었으나 볼레로 선하증권(Bolero B/L)의 경우는 새로 생성된 수단이기 때문에 이에 대한 법적, 관습적 토대가 없어 안심하고 이용할 수 있는 성질의 것이 아직은 아니다. 따라서 볼레로 선하증권을 이용하고자 하는 자는 미리 거래약정을 교환하여 자신들이 개별적으로 약정한 내용에 의지해야 어느 정도 안심하고 사용할 수 있을 것이다. 즉 볼레로 선하증권을 이용하려면 이를 이용하는 기업들간에 일대일 교환약정(I/A)을 해야 하는데 이는 매우 불편한 일일 것이고 그 내용 또한 잘 알지 못할 것이다. 따라서 이러한 문제를 해결하기 위한 방안으로 Rule Book[9]을 만들어 볼레로 선하증권을 이용하는 수출입업자, 은행, 선박회사 등 당사자들이 여기에 서명하면 모두가 계약관계로 되어 안심하고 사용할 수 있도록 할 예정이다.

결국 볼레로 선하증권의 사용은 기술적 문제에 있다기 보다는 이를 이용하고자 하는 당사자간의 신뢰성의 문제이고 이를 다소나마 해결하고자 하는 것이 Rule Book(볼레로 규약집)이지만 이것만으로는 불충분할 것이고 이에 대한 법적·제도적 뒷받침이 이루어져야 할 것이다.

(3) TradeCard System

세계무역센터협회(WTCA)가 추진하고 있는 무역카드 서비스(TradeCard Sys- tem)는 선적 관련서류를 전자적으로 전송할 수 있는 기존의 전자문서교환(EDI) 방식에다 무

9) 현재 18개 국내법을 검토하여 작성된 볼레로 선하증권(기타 무역서류 포함)에 대한 사용계약서로서 Bolero Association Ltd.의 구성원(볼레로 서비스의 이해관계자 모두)이 의무적으로 서명한 다자간 교환약정(I/A)을 말한다. 여기에 서명하면 모두가 자동적으로 계약관계가 형성되며 일대일로 계약할 필요가 없어진다.

역금융, 대금결제까지의 수출입 전 과정을 자동화한 것이다. 현재 97개국 318개 무역센터를 회원으로 두고 있는 세계무역센터협회(WTCA)가 주축이 되어 몇 개의 투자회사가 출자한 HRD사가 사업을 벌이고 있다.

우리나라는 홍콩과 함께 아시아의 시범국가로 지정이 되었으며 산업은행이 WTCA와 양해각서를 교환, 전담창구로서 역할을 하고 있다.

이 서비스의 특징은 화환신용장 없이 무역거래를 수행하도록 한다는 점이다. 따라서 신용장 개설은행의 서류점검에 해당하는 기능을 TradeCard 시스템이 수행하고 관련은행은 단지 자금만 공여하게 된다. 여기서의 신용한도는 10만US달러 이내의 소액이고 이것을 트레이트카드사가 보증하고 물품의 인도가 완료된 후 정산하는 방식으로 되어 있다.

또 다른 특징으로는 전자 해상화물운송장(Electronic Seaway Bill) 사용을 실용화하여 선하증권 없이 거래하도록 한다는 것이다. 따라서 이 서비스는 선하증권의 유통성을 이용할 수 없기 때문에 운송중 전매하지 않는 소규모 거래에 활용될 전망이다.

이러한 시스템이 본격적으로 도입되면 전세계 100개국 337개 네트워크를 활용하여 소액 무역거래의 경우 거래시간을 현재보다 3분의 1 정도 단축하고, 각종 부대비용도 크게 절감할 수 있을 것으로 예상된다. 그러나 이 서비스는 무역거래액이 10만달러 이하인 소액거래와 유통성이 없는 Electronic Seaway Bill을 이용한다는 점에서 볼레로 서비스 방식보다는 그 이용률이 적을 것으로 보이나 Bolero 서비스와 기술적 기반이 거의 유사하기 때문에 앞으로 이 두 방식은 서로 제휴할 가능성이 크다고 할 수 있다.

제 4 절 eUCP

정보통신기술의 발달과 전자상거래의 확산으로 국제무역거래에서도 전자무역거래시대가 도래하게 됨에 따라 2000년 5월 24일 파리에서 개최된 국제상업회의소 은행위원회에서는 현행 UCP 500의 종이신용장에 상응하는 전자적 자료처리에 있어 기술적인 변화들을 수용한 UCP 보완의 필요성을 공감하였다. 국제상업회의소(ICC)는 관련분야의 전문가로 구성된 작업반에 의하여 그간 각 국 국내위원회의 의견들을 참고하고 18개월 동안 노력한 결과 "전자적 제시를 위한 화환신용장통일규칙 및 관례의 초록(new Supplement to the Uniform Customs Practice for Documentary Credits for

Electronic Presentation)" 즉 "eUCP"를 제정하게 되었으며 이는 2002년 4월 1일부터 적용하게 되었다.

1. eUCP의 의의

eUCP는 글로벌 전자무역에서의 중요한 의미를 가지며, 또한 eUCP의 제정은 실질적으로 전자신용장거래가 이루어질 수 있는 체계를 구축하였다.

또한 eUCP는 신용장거래에서 종이문서에 상응하는 전자적 제시를 위한 필요한 규정들을 기술발전에 따라 이를 반영한 개정 버전이 나올 수 있도록 하여 이번에는 1.0 버전을 제시하고 있다.

eUCP제정으로 지금까지 종이문서를 기반으로 하는 신용장거래는 전자적 제시에 기반을 둔 국제전자결제수단으로서 전자무역거래를 발전시킬 수 있는 획기적인 전기를 마련하게 되었다고 할 것이다.

2. eUCP의 제정배경

2000년 5월 24일 파리에서 개최된 국제상업회의소 은행위원회에서는 전자무역에 관심이 모아져 현행 UCP 500과 종이신용장에 상응하는 전자적 자료처리에 있어 가교역할의 필요성을 확인하였다

종이신용장에서 전자신용장으로 점진적 변화와 더불어, 업계는 국제상업회의소가 이러한 변화에 대한 지침을 제공하여 줄 것을 기대하였다. 이에 부응하여 은행위원회는 UCP의 "추록"(supplement)으로 적절한 규칙을 마련하기 위하여 UCP, 전자무역, 법적 문제 그리고 운송 관련 산업계의 전문가로 구성된 작업반을 설치하였다. 동 작업반은 미국의 테일러(Dan Taylor)와 스위스의 뮐러(Rene Muller)가 공동의장을 맡고 19명의 위원으로 구성하였다.

이 작업반은 제1차 초안을 2000년 12월 말 세계 각 국의 국내위원회(National Committee)로 보내고 2001년 2월 12일 접수된 의견들을 검토하였다. 2001년 수 차례의 검토된 의견들을 종합하고 심의를 거쳐 2001년 11월 7일 독일 프랑크프르트에서 개최된 국제상업회의소 은행위원회에서 동 규칙 초록을 최종 승인하였다.

이와 같이 국제상업회의소 은행위원회는 18개월에 걸친 작업반의 집중적인 노력의 결

과 “전자적 제시를 위한 화환신용장통일규칙 및 관례의 새로운 추록(new Supplement to the Uniform Customs Practice for Documentary Credits for Electronic Presentation)” 즉, “eUCP”를 제정하여 2002년 4월1일부터 적용하게 되었다.

3. eUCP의 특징

전자무역거래에서 대금결제와 관련하여 전자적 제시를 위한 현행 UCP의 추록, 즉 eUCP의 특징을 살펴보면 다음과 같다.

① eUCP는 UCP의 개정이 아니고 UCP의 추록으로 UCP와 함께 적용된다.

따라서 UCP는 앞으로도 종이신용장을 기반으로 하는 UCP 규정을 계속적으로 제공하게 되며, 또한 eUCP도 UCP의 추록으로 UCP와 함께 사용하면서 신용장거래상의 종이문서에 상응하는 전자적 제시를 위하여 필요한 규정들을 계속적으로 제공하게 된다는 점이다.

② eUCP는 전자적 제실에 적용할 수 잇는 용어의 정의 조항을 두고 있다.

eUCP는 절충적인 내용으로 구성하고 있다는 점에서 의의를 찾을 수 있다. 즉, eUCP는 제시가 완전히 전자적으로 이루어지는 것을 허용할 뿐만 아니라 종이서류와 전자제시의 혼합 즉, 일부 전자제시, 일부종이서류의 제시를 허용하고 있다는 점이다.

즉 현행 UCP의 용어를 전자적 제시에 적용할 수 있도록 용어를 정의하고 UCP와 eUCP가 함께 사용될 수 있는 필요한 규정들을 제공하고 있다. 비록 관행이 발전되고 있다 하더라도 전적으로 전자적 제시만을 제공하는 것은 현재로서는 비현실적이며, 더욱이 완전한 전자적 제시로는 변화를 촉진시킬 수도 없을 것임을 지적하고 있다.

③ eUCP는 신용장의 전자적 발행 또는 전자적 통지 등 운영방법과 관련하여 아무 것도 제시하고 있지 않다.

그 이유는 신용장을 전자적으로 발행하거나 통지하는 거소가 관련된 어떤 문제를 규명하지는 않고 있는데 이는 현재의 시장관습과 UCP가 오랫동안 이러한 것이 이루어지도록 허용하였기 때문이다. 이러한 점에서, eUCP의 사용자들은 UCP의 여러 조항이 종이문서에 상응한 전자적 제시에 의하여 아무런 영향을 받지 않으며, 또한 eUCP를 적용하기 위한 어떠한 변화도 요구하지 않고 있음을 인식하여야 한다. 이러한 점에서 UCP와 eUCP는 은행업계에서 개발되고 있는 관습 즉, 국제표준은행관습을 허용할 만큼 광범위하게 정의되고 있다고 할 수 있다.

④ eUCP는 UCP 500의 특정사항이며, 만약 필요하다면 UCP의 다음 개정이 이루어지기 전에 기술이 발전됨에 따라 개정되어야 할 것임을 고려하고 있다.

UCP의 다음 개정 이전에 필요한 경우 지속적인 기술의 발달로 개정되어야 할 경우를 염두에 두고 있다는 점이다. 그러한 이유로 eUCP는 필요시 개정 또는 후속 버전이 나올 수 있도록 그 버전번호(version number)를 부여하여 제정하여 현재의 버전은 1.0으로 하고 있다.

⑤ eUCP는 기술 종속적이지 않고 일반적으로 규정되고 있다는 점이다.

eUCP는 특정기술과 개발되고 있는 전자상거래시스템에 종속되지 않고 채용되는 기술과 시스템에 대하여 독립적으로 적용할 수 있도록 제정하였다.

이러한 기술들은 계속적으로 개발되고 있으므로 eUCP는 사용될 기술이나 시스템에 대하여 당사자들이 자유롭게 합의할 수 있도록 하고 있다.

예를 들면, 전자우편 또는 다양한 서류처리 프로그램들이 전자메시지의 전송에서 사용되도록 하기 위하여 명시하지 않고 있는데 당사자자신들이 사용할 양식을 결정하도록 규정하고 있다. 이는 전자상거래를 처리하기에 충분한 유연성을 확보하기 위한 것이라고 판단된다.

⑥ eUCP의 모든 조항은 특별히 전자적 제시와 관련된 경우를 제외하고는, UCP의 조항과 일관성을 유지하고 있다.

필요한 경우 종이서류와 전자양식으로의 제시간에 차이점을 규명하기 위하여 eUCP에서 규정내용에 대한 논의가 이루어져 왔다.

⑦ 신용장이 전자문서 또는 종이와 전자문서의 혼용을 허용하도록 하기 위하거나 또는 당사자들이 eUCP를 적용하기를 원할 경우, eUCP를 명시적으로 삽입하여야 한다는 점이다. 그러나 UCP와 eUCP모두를 삽입할 필요는 없다. 왜냐하면 eUCP는 그것을 조건으로 하는 모든 신용장에 UCP를 삽입하고 있기 때문이다.

4. eUCP의 구성

eUCP는 총 12개조 구성되어 있으며, UCP와의 혼란을 피하기 위하여 각 조항의 번호 앞에 e를 추가한 것이 특징이라고 할 수 있다.

eUCP의 경우 전자제시와 관련된 내용만을 주로 규정하고 있는데, 이는 UCP의 부칙으로서의 성격을 지니고 있기 때문이다.

제 e1조 eUCP의 범위(Scope of the eUCP)
제 e2조 UCP에 대한 eUCP의 관계(Relationship of the eUCP to the UCP)
제 e3조 정의(Definitions)
제 e4조 양식(Format)
제 e5조 제시(presintation)
제 e6조 심사(Examination)
제 e7조 거절통지(Notice of Refusal)
제 e8조 원본 및 사본(Originals and Copies)
제 e9조 발행일자(Date of Issuance)
제 e10조 운송(Transport)
제 e11조 제시 후에 전자기록의 변형(Corruption of an Electronic Record after Presentation)
제 e12조 eUCP에 의거한 전자기록의 제시를 위한 책임의 추가적인 면책(Additional Disclaimer of Liability for presentation of Electronic Records under eUCP)

제 3 장 무역업의 창업

제 1 절 창업일반

1. 창업의 정의

"창업"이란 중소기업창업지원법[1]에 의하면 제조업, 광업, 건축엔지니어링 기타 기술서비스업, 정보처리 기타 컴퓨터 운용관련업, 기계 및 장비임대업을 새로 개시[2]하는 것을 말한다.

〈표 3-1〉 창업으로 보지 않는 경우의 사례

구 분	사 례
타인으로부터 사업을 승계하여 승계전 사업과 동종사업 계속	· 상속이나 양도에 의해 사업체를 취득하여 동종사업을 계속하는 경우 · 폐업한 타인의 공장을 인수하여 동일한 사업을 계속하는 경우 · 기존공장을 임차하여 기존의 사업과 동종의 사업을 영위하는 경우
법인전환, 조직변경 등 기업형태 변경으로 변경전 사업과 동종사업 계속	· 개인사업자가 법인으로 전환하거나, 합명회사·합자회사·유한회사·주식회사 상호간에 법인형태를 변경하여 사업을 계속하는 경우 · 기업을 합병하여 동종사업을 영위하는 경우
폐업후 사업을 개시하여 폐업전 사업과 동종사업 계속	· 사업의 일시적인 휴업이나 정지 후에 다시 사업을 재개하는 경우 · 공장을 이전하기 위해 이전하기 전 장소의 사업을 폐업하고, 새로운 장소에서 사업을 재개하는 경우

$$\frac{\text{업종을 추가한 날로부터 당해 연도말까지의 추가업종 총매출액}}{\text{업종을 추가한 날부터 당해 연도말까지의 총매출액}} \times 100$$

1) 중소기업창업지원법 제2조 및 동법 시행령 제3조.
2) 업종 분류는 한국표준산업분류(1991, 통계청고시)에 따름.

그러나 ① 타인으로부터 사업을 승계하여 승계전의 사업과 동종의 사업을 계속하는 경우, ② 개인사업자인 중소기업자가 법인으로 전환하거나 법인의 조직변경 등 기업형태를 변경하여 변경전 사업과 동종의 사업을 계속하는 경우, ③ 폐업후 사업을 개시하여 폐업전 사업과 동종의 사업을 계속하는 경우는 창업으로 보지 않는다.[3)]

여기서 동종사업의 범위[4)]로는 사업개시전의 기존업종과 세분류를 달리하는 업종을 추가하여 사업을 새로이 개시하는 경우 아래 산식에 의하여 산출된 비율이 100분의 50 이상이면 동종사업으로 보지 않는다.

2. 창업절차

창업을 위해서는 3단계 절차를 거쳐야 한다. 먼저 1단계에서는 업종을 선정하고 사업계획을 수립하며 사업의 인·허가를 받아야 한다. 이어 법인은 설립등기와 법인설립신고를 하며 개인은 사업자등록을 한다. 2단계에서는 공장입지를 확정하고 공장설립을 신고하며, 3단계에서는 공장을 건축하고 공장설립을 완료·보고함으로써 창업이 종료된다.

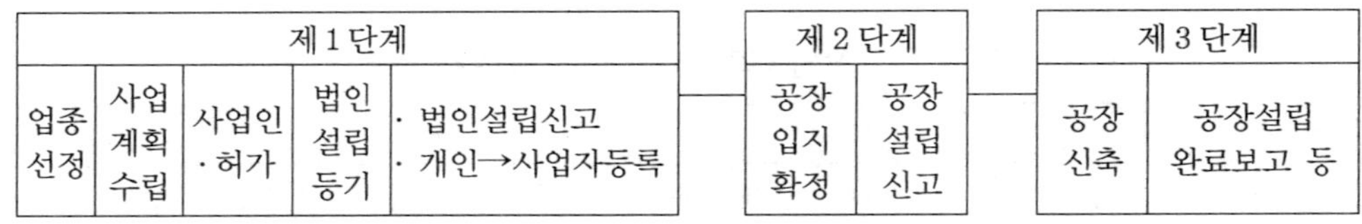

〈그림 3-1〉 창업의 절차

(1) 제 1 단계 : 업종선정 및 기업설립

창업을 하려면 먼저 업종을 선정한 후 이에 대한 사업계획을 수립[5)]하여 해당 업종을 담당하는 관청에서 사업 인·허가를 받은 후 "개인" 또는 "법인"형태로 사업주체를 결정

---

3) 중소기업창업지원법 시행령 제2조.

4) 중소기업창업지원법 시행규칙 제3조.

5) 사업계획을 수립하는 순서와 방법은 사업의 계획단계와 사업의 시행단계로 구분하여 접근할 수 있다. 첫째, 사업의 계획단계에서는 사업의 목적을 분명히 하여야 한다. 이 단계에서는 사실을 객관적으로 파악하여야 하며, 파악한 사실을 분석·검토하여야 하고, 이를 근거로 하여 사업의 시행방법을 구체적으로 결정하여야 한다. 둘째, 사업의 시행단계에서는 사업의 시행과정을 확인하고 지시와 통제를 통하여 수정시행할 수 있어야 한다.

하여 해당관청에 등록 또는 등기를 하여야 한다. 개인기업의 설립절차는 법인에 비해 간단하여 사업장을 관할하는 세무서에 사업자 등록 신청서를 제출하고 사업자등록증을 교부받으면 되고, 주식회사 등 법인의 경우에는 관할 지방법원이나 등기소에 설립등기를 한후 관할 세무서에 법인 설립신고를 하여야 한다.

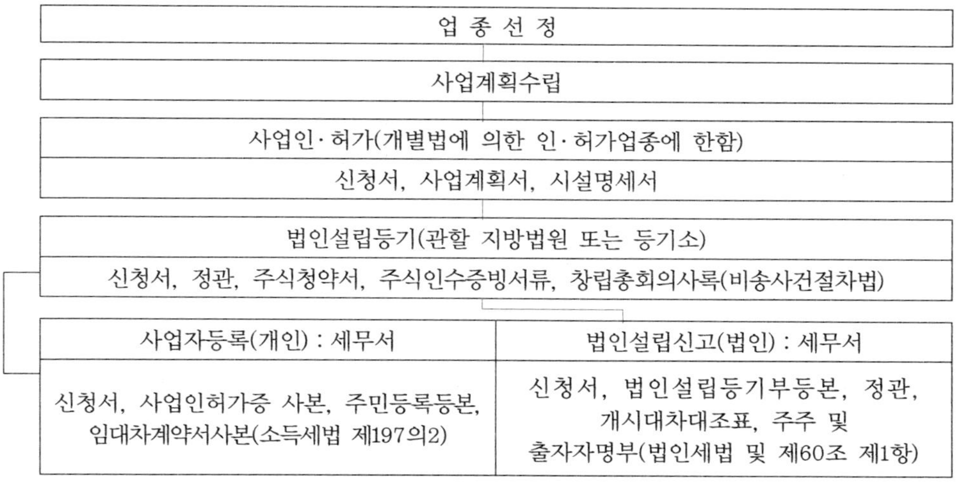

업 종 선 정	
사업계획수립	
사업인·허가(개별법에 의한 인·허가업종에 한함)	
신청서, 사업계획서, 시설명세서	
법인설립등기(관할 지방법원 또는 등기소)	
신청서, 정관, 주식청약서, 주식인수증빙서류, 창립총회의사록(비송사건절차법)	
사업자등록(개인) : 세무서	법인설립신고(법인) : 세무서
신청서, 사업인허가증 사본, 주민등록등본, 임대차계약서사본(소득세법 제197의2)	신청서, 법인설립등기부등본, 정관, 개시대차대조표, 주주 및 출자자명부(법인세법 및 제60조 제1항)

자료 : 한국무역협회, 「무역실무매뉴얼」, 2000. 5., p.13.

〈그림 3-2〉 창업의 제1단계 절차

1) 개인기업의 설립

개인기업으로 사업을 하고자 하는 경우에는 관할세무서에 사업자등록신청 후 사업을 시작할 수 있다. 사업을 하고자 하는 경우 개인기업, 법인기업을 불문하고 관할세무서에 사업자등록신청 또는 법인설립신고를 한 후에 사업자등록증을 발급받아야 한다. 이 경우 부가가치세가 과세되는 사업을 하는 경우에는 부가가치세법에 따라 사업자등록을 하고, 부가가치세가 면세되는 사업만 하는 경우에는 소득세법 또는 법인세법에 의한 사업자등록을 해야한다.

사업자등록을 하지 않고 사업을 하면 사업개시일로부터 등록한 날이 속하는 예정신고기간까지, 예정신고기간이 지난 경우는 그 과세기간까지의 공급가액에 대하여 개인은 1/100, 법인은 2/100에 해당하는 가산세를 물어야 한다.

또한 상호나 사업의 종류를 변경하거나 사업자의 주소, 거소 또는 사업장을 이전하는 경우 그리고 상속 등으로 인하여 사업자 명의가 변경되면 지체없이 관할세무서에 사업자등록정정신청을 하여야 한다.

사업자등록증을 교부받은 무역업자는 한국무역협회장에게 무역업 고유번호를 신청하여 무역업 고유번호를 부여받아야 한다. 무역업 고유번호는 관세법 제137조에 의한 수출입 신고시 수출입업자 상호명과 함께 기재하여야 하기 때문이다.

〈그림 3-3〉 법인설립절차

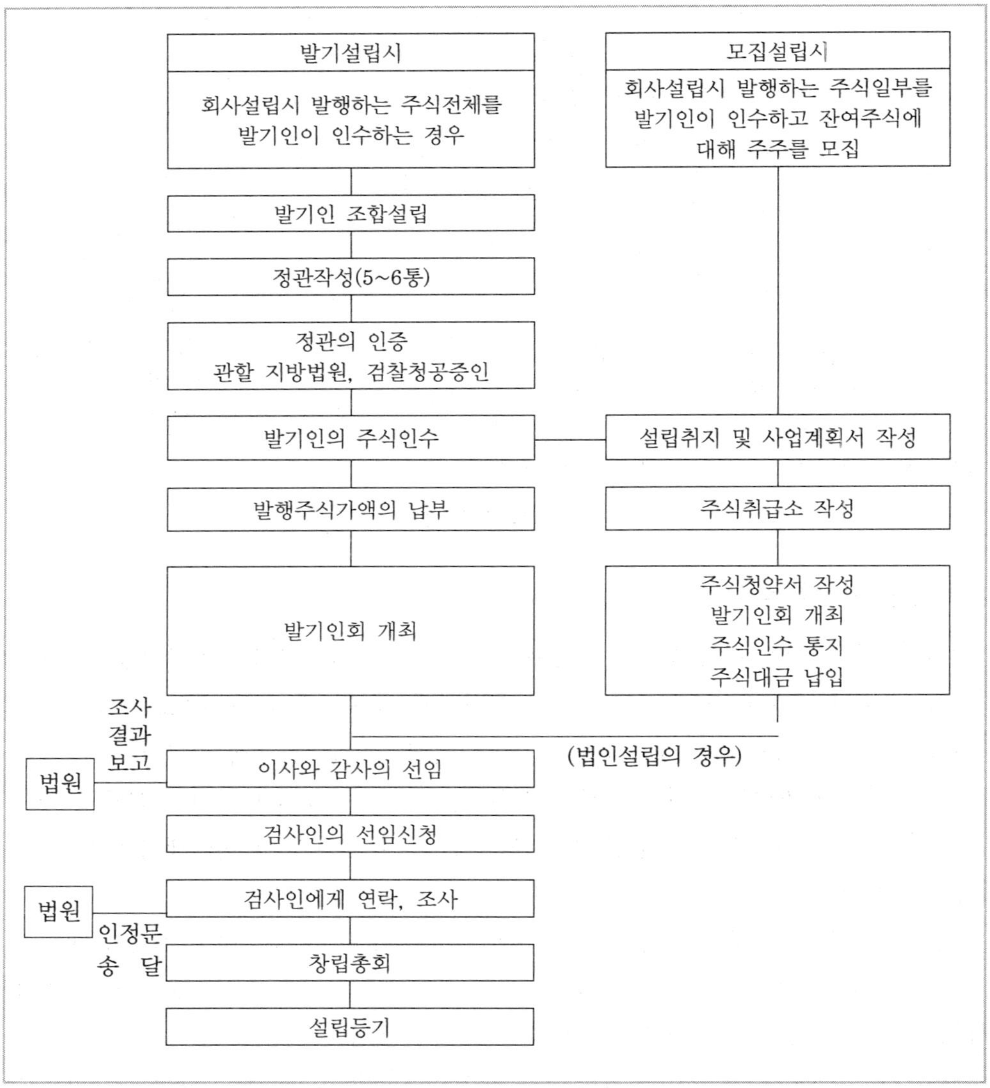

2) 법인기업의 설립

우리나라 회사기업의 90% 이상은 주식회사의 형태로 되어 있다. 이와 같이 회사기업 중 주식회사형태가 많은 이유는 주식회사가 다른 회사에 비하여 사회적 신용도가 두터워 거래상 유리하고, 주주가 유한책임을 진다는 점 때문이다.

일반적으로 주식회사설립시 발행하는 주식을 3인 이상의 발기인들만이 인수하는 경우를 발기설립이라고 하고, 발기인이 주식의 일부만을 인수하고 나머지는 주주를 모집하는 경우를 모집설립이라 한다.

발기설립은 소수의 발기인에 의해서만 회사가 설립되므로 회사설립절차가 간단하고 회사의 실체도 단기간에 형성된다. 그러나 모집설립은 회사설립에 다수의 사람이 참여하기 때문에 주식인수인을 확정하는 것이 복잡하고 엄격한 설립절차가 요구되므로 회사가 설립되기까지는 상당한 시간이 소요된다.

통상 주식회사를 설립한 경우 설립등기를 한 날로부터 30일 이내에 관할 세무서장에게 법인설립신고를 마쳐야 한다.[6]

(2) 제2단계 : 공장입지선정과 공장설립신고

〈표 3-2〉 공장입지선정과 설립신고

절 차	내 용
공 장 입 지 선 정	· 공장을 설립할 수 있는 지역은 국가가 공장건설을 위해 조성한 계획입지(국가공단, 지방공단, 농공단지)와 국토이용관리법 및 도시계획상 세분된 개별적인 용도지역 중 공장설립이 허용되는 자유입지에 한정되어 있어, 자유입지의 경우 공장 설립이 허용되는 지역인지의 여부를 알기 위해서는 해당군청의 「국토이용계획확인원」, 「지적공부」 또는 해당시청의 「도시계획확인원」의 열람을 신청하여 확인할 수 있음. · 국토이용관리법상 용도지역은 공업지역, 도시지역, 개발촉진지역, 경지지역, 산림보전지역, 수산자원보존지역, 취락지역 등으로 나누어지며 이중 공업지역을 제외하고는 공장설치 허용범위가 제한되어 있음. · 도시계획법상 지역구분은 공업지역, 상업지역, 주거지역, 녹지지역 등으로 나누어지며, 공업지역외의 지역은 제한적으로 공장설립이 가능함. · 수도권(서울, 인천, 경기)에서는 국토이용관리법, 도시계획법외에 수도권정비계획법이 추가적으로 적용되므로 개별적인 공업입지가 극히 제한적으로 허용되고 있음.

6) 김병술, 「무역업의 창업과 경영」, 두남, 1998, pp.35～39.

공 장 설 립 신 고	· 「국토이용관리법」 및 「도시계획법」에서 정한 공장설치 허용지역에 공장을 설립할 경우 공장건축면적 200㎡ 이상 또는 상시종업원수가 16인 이상인 공장의 경우 관할 시, 군, 구청에 공장설립신고를 해야 함. · 공단지역(국가공단, 지방공단, 농공단지)에 입주코자 입주계약을 체결한 경우와 공장설치가 허용되지 않은 지역에서 창업사업계획승인을 통해 공장을 설립코자 하는 경우에는 별도의 공장설립신고를 할 필요가 없음.

(3) 제3단계 : 공장건축 및 공장설립완료

〈표 3-3〉 공장건축 및 설립절차

절 차	구 비 서 류	관할관청
1. 건축허가	· 건축허가신청서 · 건축설계도서 · 도시계획확인원(국토이용계획확인원) · 토지등기부등본 또는 토지사용승락서	시·군·구
2. 건축착공신고	· 건축물착공신고서 · 설계도서	시·군·구
3. 건축중간검사	· 건축중간검사신청서 · 공사감리보고서	시·군·구
4. 건축물사용승인	· 사용검사신청서 · 설계도서 · 공사감리보고서	시·군·구
5. 공장설립완료보고	· 공장설립완료보고서 · 준공검사필증 · 공장배치도	
6. 부동산 등기	· 신청서 · 등기원인증빙서류 · 주민등록등본 · 법인등기부등본(법인의 경우) · 대리인 신청시 권한 증빙서류 · 등기의무자의 권리에 의한 등기필증	관할지방법원 /등기소
7. 취업규칙 신고	· 신고서 · 취업규칙 · 의견서	
8. 사업장설치계획신고	· 유해위험방지계획서 · 각층의 건물평면도 · 기계·설비배치도면 · 제조공정 및 기계설비구조	노동부 지방사무소
9. 산업재해보험관계 성립보고	· 신고서	
10. 의료보험조합관련신고	· 신고서	직장의료 보험조합

3. 창업 지원기간

· 창업사업계획승인대상 사업개시일로부터 5년 이내[7)]
· 창업투자회사(조합)의 투자대상기간
  －법인 : 사업개시일로부터 14년 이내
  －개인 : 사업개시일로부터 10년 이내
· 조세감면
  －소득세·법인세 : 사업개시일 다음 과세년도부터 5년 이내
  －등록세·취득세 : 사업개시일로부터 2년 이내
  －재산세·종합토지세 : 사업개시일로부터 5년 이내

4. 사업개시

이러한 창업절차가 완료되면 기업은 인력충원 및 교육, 인력·관리·영업 등 체계화와 취업규칙, 산업재해보험·의료보험조합 관련 신고를 거쳐 회사설립 목적에 따른 생산과 판매활동을 개시하게 된다.

제 2 절 무역관련 업종

무역업이란 영리를 목적으로 무역을 업으로 영위하는, 즉 자기명의로 수출과 수입을 반복적·계속적으로 행하는 것으로 자기명의로 자기책임하에 수출입업무를 영위하는 것을 말한다. 한국표준산업분류에 의하면 무역업(분류번호 : 5191)은 도매 및 상품중개명(등분류 51) 중에서 기타 도매업(519)에 포함되는 도매업의 한 업태로서 자기계정으로 구입하는 전문 또는 종합상품의 대외거래(수출:수입)만을 전업으로 하는 사업체의 산업활동을 말한다. 무역업은 1997년 3월 1일부터 등록제에서 신고제[8)]로 전환하여 운용하

---

7) 사업개시일은 법인은 법인설립등기일, 개인은 제조업의 경우는 제조장별로 재화의 제조를 개시한날, 광업의 경우는 광물의 채취·채광을 개시한 날, 기타의 사업인 경우는 재화·용역의 공급을 개시하는 날 부터이다.
8) 신고란 일정한 행위 또는 법률행위를 할 것임을 신고행정기관 또는 수입기관에 일방적으로 통

였으며, 이러한 무역업의 신고는 무역업을 영위할 수 있는 요건을 충족하였음을 의미하는 것으로 개별법상 별도요건이 있는 경우 이를 충족하여야 했다.

그러나, 2000년 1월1일부터는 종전에 신고제로 하던 것을 사업자 등록증이 있는 자라면 누구나 무역업을 할 수 있도록 완전 자유화하였다.

1. 무역업

(1) 무역업의 의의

무역은 물품의 수출·수입을 말하며,[9] 무역업이란 이러한 무역을 업으로 영위하는 것을 말한다.[10] 업으로 영위한다 함은 영리를 목적으로 하는 행위를 계속적으로 반복하는 것을 의미한다. 자본주의 시장경제체제하에서는 민간기업인 무역업자가 무역업을 영위하는 것이 일반적이다. 따라서 무역업자라고 하면 영리를 목적으로 대외무역을 영위하는 민간업자를 말한다. 국영기업이 무역을 하는 경우에도 민간기업의 무역행위와 다를 바가 없으므로 구분할 실익이 없다.

(2) 무역업의 유형

1) 수출업

① 수출업의 특징

해외영업을 위주로 하며, 우리나라의 경우 무역금융, 관세환급 등 각종 수출지원제도가 아직까지 상존하고 자금부담이 적다.

수출시장은 수입시장에 비하여 그 규모가 매우 크기 때문에 회전기간이 짧고 지원제도와 넓은 해외시장을 바탕으로 경쟁력만 있다면 얼마든지 수출시장을 확보할 수 있다.

② 수출업의 영업형태

㉠ 고유수출상 : 제조설비를 보유하고 있으면서 자체생산 물품을 수출하고, 자가소요원자재 등을 수입하는 것을 주요한 영업으로 하는 무역업자

㉡ 전문무역상사 : 제조설비나 공장을 보유하지 않고 국내에서 타사제품을 수출하

고하는 행위로 이전 대외무역법상의 신고제는 신고자가 사업자등록을 마친자일 것이라는 최소한의 신고요건을 부과하고 있다.

9) 대외무역법 제2조 제1호.

10) 대외무역법 제2조 제4호.

거나, 수출물품을 해외에서 조달하여 최종수입자에게 수출하는 무역업자로 수출중개상과는 달리 계약시의 당사자(본인)로서 자기명의를 사용

㉢ 수출중개상 : 무역거래시 자기의 명의를 사용하지 않고 단지 무역거래당사자들의 거래가 이루어질 수 있도록 알선 및 중개하고 그 대가를 영수하는 자

2) 수입업

① 수입업의 특징

국내영업을 위주로 하며, 시장규모가 작아 재고부담이 크다. 우리나라 시장은 그 규모가 크지 않아 시장 진입이 쉽지 않고 수출에 비하여 자금부담이 크고 회전기간이 길다. 수출과는 달리 관세 및 비관세장벽으로 대표되는 각종 수입억제제도가 상존하고 있으며, 대부분의 경우 별도의 금융지원이 없으며 상대적으로 많은 자금이 투입된다.

② 수입업의 영업형태

㉠ Offer Sale : 외국의 물품공급자와 대리점계약을 체결한 후 국내에서 당해 물품을 수입하고자 하는 자에게 외국의 물품공급자 이름으로 오퍼를 발행하고, 계약성립 후 대리점계약에 따라 일정한 커미션을 영수

㉡ 대행수입 또는 선매수입 : 국내의 특정한 수요자로부터 수입의뢰를 받고 나서 대행계약을 체결한 후에 물품을 수입하여 이를 대행의뢰인에게 인도하는 수입형이다.

㉢ 재고판매(Stock Sale)수입 : 통상 수입물품을 수입한 원상태로 소비자에게 판매하기 위한 완제품 수입시 취하는 수입형태로서, 국내제조회사를 구매자로 하여 원자재 상태의 물품을 수입하는 경우에 활용되며 가장 일반적인 수입형태

㉣ 자가 사용수입 : 수입자가 제조설비를 보유하고 있는 경우 본인의 생산과정에 직접 투입할 원자재 등을 수입하는 것

3) 무역업의 자유화

정부는 무역업을 포함한 다양한 업태에 대하여 여러 가지 형태로 직접 관리한다. 그 관리수준이 강하냐 약하냐에 따라서 그 나라 행정이 정부주도인가 민간자율화인가를 평가할 수 있다. 정부의 기업에 대한 관리방법은 각종 행정법에서 규정하는 바에 따라 인·허가(승인포함), 등록, 신고 등으로 구분된다. 그 중에서 인·허가는 가장 강한 관리방법이고 신고제는 가장 약한 관리방법이다. 물론 가장 자유로운 기업활동은 세법상의 사

업자 등록만으로 기업활동을 영위할 수 있는 상태이다.

민간의 자율적 성숙도가 낮거나 정부의 행정권 남용이 심한 경우는 인·허가제 중심이고 그 반대의 경우는 신고제 또는 사업자 등록만으로 기업활동을 할 수 있도록 하는 것인바, 인·허가는 행정기관의 재량행위이고 등록은 요건구비에 따르는 기속행위이며 신고는 단순한 사실의 제출 또는 보고라고 할 것이다.

사실 무역업을 누가, 어떻게 영위할 수 있는가에 대한 규정은 무역관리의 주요한 영역이 아니다. 따라서 대외무역법에서는 종전에 신고제로 하던 것을 2000년 1월 1일부터 사업자등록증이 있는 자이면 무역업을 할 수 있도록 완전 자유화하고 있다.

(2) 무역업 고유번호 신청

무역업 신고제가 2000년 1월 1일부터 폐지되고, 이에 따라 기존의 무역업신고번호 대신 무역업 고유번호가 신설되었다. 개정된 대외무역 관리규정 제 3-5-1호의 규정에 의거하여 산업자원부장관은 동법시행령 제30조 및 제31조의 규정에 의한 전산관리체제의 개발·운영을 위하여 무역거래자별 무역업 고유번호를 부여한다. 무역거래자는 관세법 제137조 규정에 의한 수출(입)신고시 무역업 고유번호를 수출(입)자 상호명과 함께 기재하여야 한다.

무역을 업으로 하고자 하는 자는 무역업 고유번호를 한국무역협회장에게 신청하여야 한다. 이때 필요한 서류는 사업자 등록증 사본 1부면 된다. 한국무역협회장은 접수 즉시 신청자에게 고유번호를 부여한다.

고유번호의 신청 및 부여는 별지 제1-1호의 서식에 의해서 하여야 하며, 우편·팩시밀리·전자 메일(E-mail)·전자문서 교환체제(EDI) 등의 방법으로 할 수 있다. 무역업 고유번호를 부여받은 무역업자는 상호, 대표자, 주소, 전화번호 등의 변동이 있는 경우에는 별지 제1-2호의 서식으로 변동 사실을 신속히 한국무역협회장에게 통보하여야 한다.[11] 한국무역협회장은 고유번호를 부여한 경우 또는 고유번호를 부여받은 무역업자의 상호, 대표자, 주소, 전화번호 등의 변동사실을 통보받은 경우에는 무역업 고유번호 관리대장에 이를 기록하고 계속 관리하여야 한다.

또한, 부칙 제2조(무역업 신고번호에 대한 경과조치)의 규정에 의거하여 이 고시 시행 이전에 대외무역법 제10조의 규정에 의하여 부여받은 무역업 신고필증 상의 신고번호를 이 고시에 의해 부여받은 무역업 고유번호로 본다.

---

11) 대외무역관리규정 제3-5-1.

〈표 3-4〉 무역업고유번호부여(신청)서

[별지 제1-1호 서식]

무역업고유번호신청서

APPLICATION OF TRADE BUSINESS CODE

			처리기간 (Handling Time)	
			즉 시(Immediate)	
① 상 호 (Name of Firm)		② 무역업고유번호 (Trade Business Code)		
③ 주 소 (Address)			④ 업 종 (Business Type)	
⑤ 전화번호 (Phone Number)		⑥ 이메일주소 (Email Address)		
⑤ 팩스번호 (Fax Number)		⑦ 사업자등록번호 (Business Restry Number)		
⑧ 대표자 성명 (Name of Rep.)		⑨ 주민등록번호 (Passport Number)		

대외무역법 제18조 및 동법 시행령 제30조 및 제31조, 대외무역관리규정 제3-5-1조의 규정에 의하여 무역업고유번호를 위와 같이 신청합니다.

I hereby apply for the above-mentioned trade business code in accordance with Article 3-5-1 of the Foreign Trade Management Regulation.

신청일 : 년 월 일
Date of Application Year Month Day

신청인 : (서명)
Applicant Signature

사단법인 **한국무역협회장**
Chairman of Korea International Trade Association

〈표 3-5〉 무역업고유번호신청사항 변경통보서

[별지 제1-2호 서식]

무역업고유번호신청사항 변경통보서

NOTIFICATION OF AMENDMENTS TO TRADE BUSINESS CODE

<table>
<tr><td colspan="5"></td><td colspan="2">처리기간
(Handling Time)
즉 시(Immediate)</td></tr>
<tr><td colspan="2">① 상 호
(Name of Firm)</td><td></td><td>② 무 역 업 고 유 번 호
(Trade Business Code)</td><td colspan="3"></td></tr>
<tr><td colspan="2">③ 주 소
(Address)</td><td colspan="2">□□□-□□□</td><td>④ 업 종
(Business Type)</td><td colspan="2"></td></tr>
<tr><td rowspan="2">⑤</td><td>전 화 번 호
(Phone Number)</td><td></td><td>⑥ 전자우편주소
(Email Address)</td><td colspan="3"></td></tr>
<tr><td>팩 스 번 호
(Fax Number)</td><td></td><td>⑦ 사 업 자 등 록 번 호
(Business Registry Number)</td><td colspan="3"></td></tr>
<tr><td colspan="2">⑧ 대 표 자 성 명
(Name of Rep.)</td><td></td><td>⑨ 주민등록번호
(Passport Number)</td><td colspan="3"></td></tr>
<tr><td colspan="7">변경내용(Contents of Amendment)</td></tr>
<tr><td colspan="3">변 경 전(Before Amendment)</td><td colspan="4">변 경 후(After Amendment)</td></tr>
<tr><td colspan="3"></td><td colspan="4"></td></tr>
</table>

대외무역관리규정 제3-5-1조의 규정에 의하여 무역업고유번호 신청사항의 변경내용을 위와 같이 통보합니다.

I hereby notify the above-mentioned amendment(s) to trade business code in accordance with Article 3-5-1 of the Foreign Trade Management Regulation.

신 청 일 : 년 월 일
Date of Application Year Month Day

신 청 인 : (서명)
Applicant Signature

사단법인 **한국무역협회장**
Chairman of Korea International Trade Association

2. 무역대리업

(1) 무역대리업의 의의

외국의 수입업자 또는 수출업자의 위임을 받은 자가 국내에서 외국업자의 대리인의 자격으로 판매계약(Offer 발행) 또는 구매계약(Order 발행)을 체결하고 이에 부대되는 행위를 업으로 영위하는 자이다.

외국 무역업자의 국내 판매대리인 또는 구매대리인으로서 자기명의로 수출입계약을 체결할 수 없고, 외국의 무역업자를 위하여 대리권만을 행사한다는 점에서 무역업자와 구별된다.

과거 대외무역법에서는 무역주체에 대한 국가관리의 일환으로 무역업과 무역대리업으로 구분하고 있었으나, 현재는 이러한 구분은 없고 무역업을 영위하면 무역대리업도 겸업할 수 있도록 되어 있다.

3. 종합무역상사 제도의 운영

(1) 종합무역상사의 의의

종합무역상사는 한국경제 내에서 자연발생적으로 생겨난 것이 아니라, 수출성장이라는 국가적 사명을 수행하기 위한 기간산업으로서 정부에 의해서 인위적으로 창조된 기업군이다. 1960년대에 시작된 정부주도의 수출드라이브 정책이 어느 정도 성공을 거두게 됨에 따라 무역기업의 대규모화를 통한 국제적 경쟁력 확보가 필요하게 되었다.

특히, 1970년대 후반에 들어서서 우리나라의 산업구조가 중화학공업 중심으로 고도화하고 무역규모도 대폭 확대됨에 따라 이에 대응해 나갈 수 있는 대규모 무역회사의 활동이 요구되었다. 더욱이 정부의 처지에서는 1970년대 말까지 100억 달러 수출실현이라는 지상과제를 목표로 하고 있었기 때문에 이를 달성하기 위해서는 무역업체의 대형화 및 전문화가 필요함을 인식하게 되었다. 즉, 국내에서 해외 수입업자들의 주문에 응해서 수출하는 수동적 자세에서 벗어나 적극적으로 해외시장을 개척하고 유리한 무역정보를 수집하는 등 수출마케팅 능력을 강화하기 위해서는 전문적이고 대형화된 무역업체가 필요하게 된 것이며, 이를 통해서 마케팅 능력이 부족한 중소기업의 수출·수입 창구역할을 함으로써 총체적인 무역진흥을 꾀할 수 있다고 본 것이다.

따라서 정부에서는 1975년 4월 30일 「종합무역상사 지정 등에 관한 요령(상공부고시

제10607호)」을 공포하고 지정요건에 합당한 무역업체를 종합무역상사로 지정하고 정책적으로 지원·육성하였다.

이 당시 종합무역상사 지정요건을 보면 ① 자본금 10억 원, ② 연간 수출실적 5천만 달러, ③ 100만 달러 이상 수출국 10개국에 10개 이상의 해외지사 설치, ④ 50만 달러 이상의 수출 품목 7개 이상, ⑤ 기업공개 등이었다.

종합무역상사라는 명칭은 다양한 품목, 다양한 지역에 걸쳐 종합적으로 무역거래를 하는 대형상사라는 의미가 내포되어 있으며 이는 대부분의 무역업체들이 특정품목, 특정지역에 대하여 전문적으로 거래를 하는데 대한 구분을 하기 위한 것이다.

한국표준산업분류표상의 무역업의 업종은 종합무역업, 농축·음식료·담배무역업, 가정용품 무역업, 산업용 중간재 및 재생재료 무역업, 산업용 기계장비 및 관련용품 무역업, 달리 분류되지 않은 무역업으로 구분하고 있다. 이때의 종합무역업은 무역업자가 특정품목만을 전문(이를테면 가정용품 무역업 등)으로 하지 않고 품목을 다양하게 취급하고자 하는 경우 적용하는 업종 구분이다. 따라서 대외무역법상의 종합무역상사는 종합무역업인 무역업자 중에서 지정요건에 합치되어 산업자원부장관이 지정하는 무역업자이다.

(2) 종합무역상사의 지정

산업자원부장관은 해외시장의 개척 및 무역기능의 다양화를 기하고 중소기업과의 계열화 등을 통한 중소기업의 무역활동을 지원하기 위하여 무역거래자 중에서 종합무역상사를 지정할 수 있다.[12)]

1) 종합무역상사의 지정기준

종합무역상사로 지정받을 수 있는 자는 증권거래법 제2조 제13항에 의한 상장법인으로서 전년도 수출통관액이 전년도 우리나라 전체 수출통관액의 2% 이상인자로 한다. 앞에서 본 바와 같이 시행 초기에는 여러 가지 지정 기준이 있었으나 점차 단순화해 왔으며 현행과 같은 기준이 적용되기 시작한 것은 1981년부터이다.

2) 종합무역상사의 지정신청과 공고

종합무역상사로 지정받고자 하는 자는 산업자원부장관이 정하는 서류를 갖추어 산업자원부장관에게 신청하여야 한다[13)]. 또한 산업자원부장관은 종합무역상사를 지정한 때

---

12) 대외무역법 제3조 제2항.

에는 이를 공고하여야 한다.[14)]

3) 종합무역상사에 대한 지원

산업자원부장관은 종합무역상사와 중소기업과의 계열화를 통한 중소기업의 무역활동을 지원하기 위하여 종합무역상사별로 중소기업의 사업영역보호 및 기업간 협력증진에 관한 법률에 의한 수탁기업체협의회를 구성·운영하게 할 수 있다.[15)]

이외에도 금융·외환 및 무역행정상의 지원내용을 보면 첫째, 금융지원으로서 무역금융규정상 과거 1년간의 자사수출실적의 1/6범위 안에서 원신용장(master L/C)을 받지 않은 상태에서 비축용 국산 완제품 구매를 위한 내국신용장(local L/C)을 개설할 수 있고 둘째, 외국환관리면에서 현지금융한도를 일반무역업자에 비하여 높게 허용하며(일반업체는 1년간 총 수출실적의 30%인데 반하여 종합무역상사는 1년간 총 수출실적의 40%) 셋째, 무역행정면에서 협회가입비와 가입조건을 완화한다.

이러한 지원내용은 지정 초창기의 세제·금융·외환·무역행정상 다양하게 이루어지던 것과 비교하면 크게 약화된 것이다. 이는 그 동안의 종합무역상사들의 성장을 통한 자생력 확보, 국제무역환경의 변화에 따른 정책대응 등에 기인하는 바 크지만, 한편 본래의 취지와는 달리 종합무역상사들이 국가적 차원의 수출증대보다는 자사이윤의 확대에 치중함으로써 일반무역업체들로부터 특혜시비가 일어나는 등의 부작용에도 그 원인이 있다고 할 수 있다.

4) 종합무역상사의 지정취소

지정을 받은 종합무역상사가 2년 이상 계속하여 지정기준에 미달하여 종합무역상사로서의 무역활동이 심히 곤란하다고 인정되는 때에는 그 지정을 취소할 수 있다.[16)] 지정을 취소한 때에는 이를 공고하여야 한다. 산업자원부 장관은 종합무역상사 지정을 취소하고자 하는 경우에는 청문회를 실시하여야 한다.[17)]

---

13) 대외무역법 시행령 제18조의 2.
14) 대외무역법 시행령 제18조의 2.
15) 대외무역법 시행령 제18조의 3.
16) 대외무역법 시행령 제18조의 4.
17) 대외무역법 제49조.

제 3 절 사이버무역의 창업

인터넷을 매개로 하는 전자상거래의 확산으로 세계는 사이버경제체제로 급속히 이전하고 있다. 오늘날 세계 각 국의 기업들은 대부분 인터넷을 통해 거래처 발굴과 함께 신용장 개설 등 모든 무역관련 서류를 처리하고 있는 상황이다.

급속한 정보통신기술의 발전은 음악·영화·게임 및 소프트웨어 등 디지털 콘텐츠의 전자이송(electronic transmission)을 통한 국제상거래가 증가하고 있다. 이른바 시간과 공간의 제약을 뛰어넘는 사이버무역이 활성화되고 있다.

물론 이같은 전자상거래를 중심으로 한 사이버무역은 세계적으로 아직은 제한적 보조수단에 머물러 있지만, 최근 몇 년간의 성장세가 말해주듯이 팽창력이 엄청나 조만간 국제교역의 중추 수단으로 자리잡을 전망이다. 우리나라의 경우만 하더라도 인터넷거래 알선 사이트를 통한 수출성사 사례가 늘어나고 있는 추세이다. 특히 이러한 사이버무역은 우리 중소수출기업에 해외시장 개척을 위한 새로운 돌파구를 제공하고 있으며, 사이버무역의 창업이 최근 주목을 받는 이유가 바로 여기에 있다.

1. 사이버무역 창업의 의의

사이버무역 창업의 의의는 급속하게 변화하는 글로벌 경제환경과 빠르게 발전하는 정보통신 기술분야에 적응을 위한 생존전략의 하나로 볼 수 있다. 이는 디지털 경제환경하에서 기존의 전통적 무역방식이 지니는 한계점을 극복하고 새로운 환경에 적합한 무역방식으로의 전환인 것이다.

그러면 사이버무역의 창업이 지니는 의의를 구체적으로 살펴보면 다음과 같다.

(1) 시간과 공간의 한계성을 극복하는 Global Marketing이 가능하다

Internet은 국가간 장벽이나 지리적 장벽을 극복하는 즉, 시간과 공간을 초월하는 Global Network이다. 이러한 정보통신의 발달에 힘입은 사이버무역은 시간과 공간상의 제약 없이 저렴한 비용으로 실시간 쌍방향의 마케팅, 주문처리, 대금결제 드리고 고객지원 등을 Network상에서 가능하여 항상 전 세계를 대상으로 Global Marketing을 펼칠 수 있는 것이다.

(2) 시장정보 및 거래처정보의 획득이 용이하다

Internet을 이용하면 전 세계의 수많은 국가와 무역관련기관 그리고 개별기업에서 올려놓은 엄청난 양의 무역관련 정보자료를 저렴한 비용으로 검색엔진을 이용하여 획득이 용이하며 바이어 발굴 또한 저렴하고 효율적으로 할 수 있다. 최근에는 전자카탈로그 및 사이버박람회 등과 같은 전시회도 증가하고 있어 점점 인터넷을 통한 마케팅활동 및 기법이 다양해지고 활용의 폭이 넓어지고 있다. 이러한 특성을 가지고 있는 사이버무역은 정보통신기술의 발전과 더불어 미래에는 새로운 관습을 창출하는 분야가 될 것이다.

(3) 중소기업에 성장의 기회를 제공한다

사이버무역은 좋은 제품, 서비스 능력, 창의적이고 진취적인 자세만 가지고 있다면 특히 중소기업에게 성장의 가능성은 열려있다. 인터넷이라는 가상공간에서 이루어지는 판매활동으로 점포나 판매 장소 등의 물리적 요소가 필요치 않다. 그러므로 소호 사업으로서 얼마든지 운영이 가능하며, 사무실 임대료, 집기, 관리비등이 들지 않아 저렴하게 운영할 수 있다. 특히 사이버무역의 창업은 젊고 패기가 넘치는 중소기업이 소규모자본으로 시작할 수 있는 매우 효율적인 비즈니스이다.

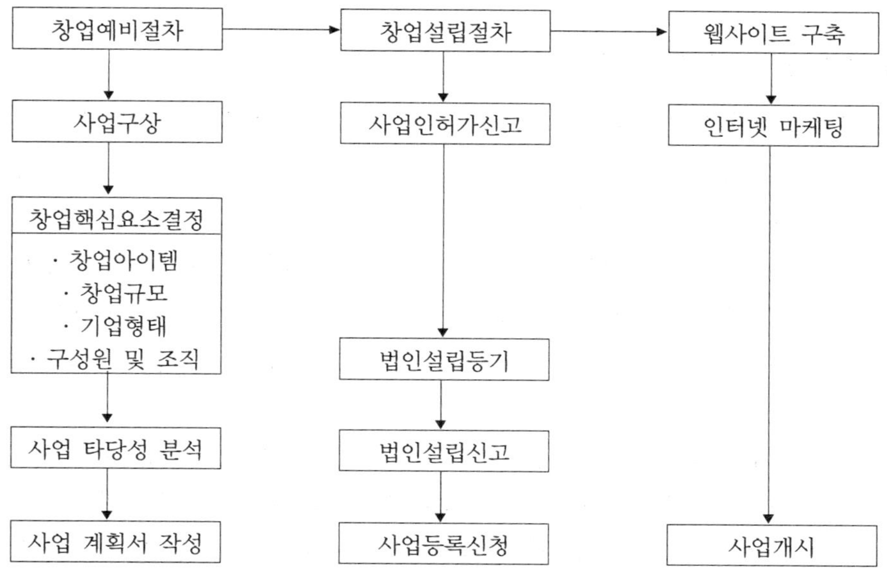

〈그림 3-4〉 사이버무역의 창업 절차도

(4) 획기적인 비용절감으로 경쟁력 확보가 가능하다

사이버무역에 있어서 수출의 경우는 판매상품을 홍보하는데 필요한 광고비가 저렴하여 보다 저렴하고 경쟁력 있는 가격으로 시장을 공략할 수가 있다. 즉 과거에는 바이어에게 일일이 우편물을 발송하려면 인쇄비, 국제우편료만 하여도 상당하였다. 그러나 인터넷마케팅을 활용하면 잘 관리된 고객 메일링리스트만 있으면 간단하고 손쉽게 그리고 정확하게 신제품 정보를 홍보할 수가 있다. 이러한 사이버무역은 마케팅비용과 인건비 절감 등 원가절감을 통한 경쟁력 확보가 가능하다.

2. 사이버무역 창업 시 고려할 사항

(1) 품목의 선정

사이버무역 창업에서 가장 먼저 생각해야 할 일은 아이템의 선정이다. 어떠한 아이템을 선정할 것인가 하는 문제에는 정답이 있을 수 없다. 각자가 처한 상황에 적합한 아이템을 발굴하기 위해서 평소 많은 노력을 해야 한다. 단지 전 세계적으로 어떠한 아이템이 인터넷무역에 적합한 아이템인가를 고려해야 한다. 모든 아이템이 인터넷무역의 대상이 될 수도 있겠지만 현재 주로 거래되는 아이템을 알아보는 것도 중요한 의미를 가진다.

(2) 수출 또는 수입의 결정

인터넷 무역회사를 설립하고자 하는 경우에는 먼저, 수출 또는 수입으로 할 것인지를 검토하여야 한다. 물론 수출입을 동시에 할 수도 있겠으나 처음 설립하는 경우에는 어느 한쪽을 먼저 시작하게 마련이다.

수출의 장점으로는 ① 수출의 시장은 매우 넓음, ② 정부의 무역금융, 관세환급 등의 지원이 있음, ③ 선적과 동시에 대금회수가 가능하다는 장점 등을 고려하여 신중히 결정할 필요가 있다. 이와 함께 무역업을 할 것인지, 무역대리업을 할 것인지도 결정하여야 한다.

수입의 단점과 수출의 장점을 비교하여 보면, 수입무역의 단점으로는 ① 국내시장으로 시장이 한정, ② 국내시장의 진입은 장벽이 높음, ③ 수입규제 품목의 존재, ④ 정부의 금융지원이 없음, ⑤ 수입대금의 결제, 관세, 창고료, 재고비용 등 자금지출 부담이 높다는 단점이 있다. 이러한 사전 검토가 끝나면 좀 더 구체적으로 사이버무역 창업을 위한 사업계획서를 작성하여야 한다.

(3) 사이트의 구상과 홈페이지 구축

사이버무역회사의 사업장은 인터넷 사이트이며, 기본적인 사이트의 구성과 내용을 계획하여야 한다. 특히 도메인명(Domain name)의 결정, 웹 호스팅(Web hosting) 유무, 홈페이지 구축 방법 결정, 마케팅 전략 등을 결정해야 한다. 이러한 사이트의 구성내용, 구축방법, 마케팅 전략 등이 결정되면 이에 필요한 장비를 준비하여야 한다.

그리고 국내외적으로 널리 알려져 있는 무역전문 사이트에 자신의 제품에 관한 Offer를 Posting하고 인터넷마케팅을 통한 전략을 구상하고 전재하여야 한다.

3. 사이버무역 아이템 선정

사이버무역의 창업에 있어서 가장 먼저 선택해야 할 것이 바로 아이템의 선정이다. 사업타당성 분석결과 유망한 아이템이 나타나면 가장 적합한 아이템을 선정하여야 한다. 다수의 아이템을 동시에 시작하는 것보다는 확실한 아이템을 근거로 아이템을 확장해 나가는 방법이 소규모 인터넷무역상에게 적절하다고 본다. 현재 정보통신기술의 발달은 물리적인 상품뿐만 아니라 온라인을 통하여 거래가 가능한 다양한 컨텐츠를 개발하여 인터넷을 통하여 전 세계의 소비자를 대상으로 판매를 가능하게 하였다. 현재 많이 거래되고 있는 품목들은 주로 소형이거나 제품 또는 서비스를 직접 눈으로 확인하지 않아도 그 품질이나 내용을 확인 할 수 있거나 무형의 제품들이 대부분이며 특히 품질이 표준화되어 있는 제품이 대부분이다.

사이버무역 창업의 준비사항에는 다음과 같은 점들을 충분히 고려하여 아이템을 선정하여야 한다.

① 시장의 예측이 가능하며 성장성이 있는 아이템인가?

② 자신의 경력과 능력범위 내에 있는 아이템인가?

③ 주변 후원자가 많은 분야의 아이템인가?

④ 전문적인 기술이나 지식이 필요한가?

⑤ 필요하다면 배우고 익히기 쉬운 아이템인가?

⑥ 정부의 지원정책이나 법률적인 규제는 없는가?

⑦ 창업에 필요한 자금과 인력은 가능한가?

사이버무역에서 많은 비중을 차지하는 상품들을 알아보면 다음과 같다.

① 섬유 및 경공업제품, ② 서적류 및 CD, ③ 식품류 및 기호제품, ④ 꽃을 포함한

선물용품 및 문구류, ⑤ 첨단기능의 완구류, ⑥ 목욕, 주방용품 등 생활용품, ⑦ 휴대폰 및 관련 장식품, 컴퓨터 및 모뎀, 자동차용품 등 전자제품류, ⑧ 정보통신관련 소프트웨어제품 등

4. 사업타당성분석

창업아이템과 업종이 선정되면, 먼저 사업의 타당성을 검토하여야 한다. 사업타당성 분석은 체계적이고 합리적인 방법으로 실시하여야 하며 기본적으로 시장분석, 수익분석 그리고 기술분석 등 3가지 측면을 중심으로 검토하여야 한다.

(1) 시장분석

아이템을 선정하기 위해서는 사전에 충분한 시장조사를 하여야 한다. 시장분석은 생산 내지 취급할 제품이 시장에서 얼마나 판매될 지를 예측하는 것으로 자사생산 내지 취급품목과 관련된 전체적인 제품의 시장규모, 유통경로, 유사제품과의 경쟁관계 등을 파악하여 자사제품의 매출액을 예측하고, 이를 이용하여 기존시장에 진출하기 위한 전략을 수립하는 것이다.

시장조사의 결과 선정하고자 하는 아이템이 기존의 유사제품과 차별화 가능한지, 그 차별화 된 아이템은 충분한 틈새시장이 있는지를 조사하여야 한다.

(2) 수익분석

수익분석은 먼저 판매계획과 생산계획 그리고 일반관리계획에서 나타난 총소요자금을 추정하고 그 자금조달계획을 결정한 후에 추정손익계산서와 추정대차대조표를 작성하고 현금흐름분석과 사업계획의 경제성 평가를 실시한 후, 사업계획이 투자의사결정 기준을 충족시키는 경우에는 다시 영업상태 예측치 가정을 변경하여 민감도 분석을 실시하여 사업계획이 종합적으로 사업성이 있는 가를 판단하여야한다. 특히, 소규모 사이버무역의 경우, 수익성이 드러나지 않은 아이템을 선정하는 것은 무모한 일이다. 수익성이 충분히 검증된 아이템이라 할지라도 그 수익성의 지속성 또한 고려하여야 한다. 이는 창업자본규모와도 상관관계가 있다.

(3) 기술분석

효율적이고 최적의 아이템을 선정하는 데에는 창업자의 Know-how를 활용할 수 있는지 또는 자신의 적성에 맞는지도 고려하여야 한다. 자신의 전문성이나 적성과 일치되는 부류의 아이템을 선정하면 그만큼 그 아이템에 몰입할 수 있으며 사이버무역의 전문성을 확보하게 되는 것이다. 특히 자체기술의 경우 기술개발자나 창업자의 주관적인 판단만으로는 기술내용을 오판하거나 과대평가 할 위험성이 있으므로 외부전문가의 객관적인 자문을 통하여 올바른 투자분석을 하여야 한다.

제 4 장 수출입절차 개요

제 1 절 수출절차 개요

수출절차는 계약의 체결부터 대금회수와 사후관리까지 이루어지는 국제간의 거래이기 때문에 국내거래에 비하여 그 절차나 실무내용이 다소 전문적이고 복잡하다.

이러한 수출절차는 수출행위를 할 수 있는 자격을 취득한 자가 수출이 허용된 물품을 외국의 수입자와 수출계약을 체결하고, 물품수출에 관한 기본사항을 관리하는 대외무역법과 통관절차 등을 규정한 관세법에 따른 통관절차를 거쳐 운송수단(선박, 항공기 또는 복합운송) 등에 적재하고, 최종적으로는 물품대금을 회수하기까지의 일련의 행정적·법률적 그리고 상관습적 흐름을 의미한다. 그러므로 수출자는 국내 무역관련 법규와 국제 상관습을 명확히 이해하여 수출거래의 형태나 수출절차의 각 단계에서 필요한 가장 적합한 법규 및 상관습을 선택함으로써 수출에 따른 제반 애로사항을 극복하여야 한다.

수출의 일반적인 절차를 간단하게 살펴보면 다음과 같다. 먼저 인터넷을 이용한 시장정보 검색과정, 인터넷 마케팅을 통한 자사 제품의 홍보 그리고 인터넷을 이용한 비즈니스 파트너와의 효율적인 커뮤니케이션을 통한 수출계약의 체결, EDI를 이용한 수출신용장의 수취와 수출승인(E/L), 무역금융 지원에 의한 수출용 원자재의 구매와 수입, 수출품의 생산 또는 수출물품의 확보, 운송과 해상보험계약의 체결, 수출검사, 수출통관, 물품의 선적, 수출대금의 회수(NEGO) 그리고 관세환급 및 사후관리를 포함하는 등 많은 절차를 거치게 된다.

1. 수출계약의 체결과 신용장의 수취

인터넷을 이용해서 바이어를 찾아 그 바이어와 수출거래를 시작하려면, 수출자는 자신이 취급하고자 하는 물품에 대해 국내 무역관련 법규를 검토하여 수출의 허용 여부를 확인하여야 한다. 그리고 해외시장조사 단계를 거쳐 그 시장에서 가장 적절한 거래처를 물색한 후 신용조사를 하게 된다. 이러한 신용조사의 결과 양호한 신규 수입대상자로 선정되면 이 들과 수출상담을 진행하게 된다. 이렇게 상대방과의 수출교섭과정을 통하여 상대방의 동의를 얻게 되면 원활한 거래관계를 만들기 위해 먼저, 수출계약을 체결하게 된다. 수출계약은 수출자가 수입자에게 계약한 물품의 소유권을 양도하여 물품을 인도할 것을 약속하고 수입자는 이를 받아들여 그에 상응하는 대금을 지급할 것을 약정하는 것이다.

수출계약이 체결되면 무역계약의 조건에 따라, 수입자는 수출자에게 신용장 등을 수출자 앞으로 발행하고 신용장 등을 수취한 수출자는 동 신용장이 계약내용과 일치하는지 여부를 검토한 다음 수출물품을 계약조건 및 신용장 조건에 따라 수입자에게 인도하기 위해 국내에서 수출승인 등 수출이행을 절차에 따라 진행하게 된다.

여기서 반드시 확인해야 할 사항이 있다. 신용장을 통지은행에서 수취한 수출자는 다음 절차에 들어가기에 앞서 반드시 신용장의 조건들이 계약내용과 일치하는지 여부 등에 대하여 엄격하게 검토하여야 한다는 것이다. 신용장의 내용을 전혀 검토하지 않고 수출을 진행하였다가 선적이나 수출환어음 매입의 시점에서 문제를 발견하고 신용장의 조건을 충족시키지 못하여 불이익을 받는 일이 없도록 유의하여야 한다.

신용장의 검토할 때 유의할 점은 다음과 같다.

첫째, 매매계약서의 내용과 일치하는지를 검토해야 한다.

만약 서로 다른 점이 있으면 즉시 수입상에게 신용장의 조건변경을 요구해야 한다.

둘째, 신용장의 진위에 대하여 다시 한번 확인해야 한다.

물론 통지은행이 통지하는 신용장의 진위성에 대해 서명감 등에 의해 점검을 하였어도, 특히 우편으로 내도 된 신용장인 경우에는 이를 수령한 수익자는 독자적으로 이를 재검토해야 한다.

셋째, 신용장 개설은행의 신용도에 관하여 검토해야 한다.

개설은행의 신용도 뿐만 아니라 개설은행이 속해 있는 국가의 외환사정 악화 또는 정치적 불안이 고조되는 경우에는 국내에 소재하고 있는 개설은행의 환거래은행과 접촉하여 확인을 추가해서 받은 후 수출을 이행하는 것이 안전하다.

넷째, 기본적으로 신용장통일규칙 준거문언의 유무, 지급확약문언의 유무 등을 우선 확인하여 신용장의 기본적인 요건을 갖추었는지를 확인해야 한다.

다섯째, 수출을 이행하는데 지장을 초래할 수 있는 내용이 있는가를 철저하게 확인해야 한다.

이상의 확인을 통하여 불분명하거나, 불확실한 점이 발견되면 먼저 통지은행에 조회하여 확인해보고 정정할 사항은 지체 없이 직접 개설의뢰인에게 요청하든지 통지은행을 통하여 개설은행에 조건 변경을 요구해야 한다.

2. 수출승인

거의 모든 제품에 대한 수출은 일반적으로 자유롭게 할 수 있지만 특정 물품에 대해서는 수출승인을 반드시 받아야 하는 품목이 있다. 그러므로 당해 품목의 수출승인 이전에 해당품목의 수출이 규제되었는지 사전에 점검해야 한다. 따라서 수출계약을 체결한 자가 물품을 수출하기 위해서는 우선적으로 수출하고자 하는 품목이 수출입공고 등에서 수출이 제한되는 품목인지를 파악해야 한다. 만일 동 품목이 규제조치에 해당할 경우는 이 규제를 해제할 수 있는 요건을 갖추어야 합법적으로 수출승인을 받을 수 있다.

여기에서 수출입공고 등이라 함은 수출입공고, 수출입별도공고 및 통합공고를 말하는데, 수출입품목관리의 공고체계는 대외무역법에 근거한 수출입공고, 수출입별도공고 등과 기타 개별법에 의한 제한내용을 취합해서 공고하는 통합공고로 이루어져 있다.

수출승인은 대금결제사항이 제외된 상태로 수출입공고, 수출입별도공고 및 통합공고에 의해 수출이 제한되는 물품을 수출이 가능하게 되도록 허가해 주는 절차이다. 수출승인제도는 1997년 3월 1일 대외무역관리규정의 개정으로 수출입공고상 제한품목에 대해서만 승인을 얻도록 하고 기타 품목에 대해서는 승인제도를 폐지하는 Negative system(원칙허용·예외규제)으로 전환되었다. 그러나 특정거래형태의 수출입에 대하여는 종전과 동일하게 시행하고 있다.

(1) 수출승인기관

수출물품에 대한 승인권한은 산업자원부장관에게 있지만, 산업자원부장관은 수출승인에 관한 권한을 수출입행정의 신속화와 효율화를 도모하기 위하여 일부 특수한 거래를 제외하고는 수출승인에 관한 권한을 행정기관 또는 단체의 장에게 위임하고 있다.

(2) 수출승인요건

수출승인은 다음의 요건에 합당하여야 한다.

첫째, 신청인은 승인을 얻을 수 있는 자격이 있어야 한다.

둘째, 수출물품은 대외관리규정 및 수출입공고 등의 제한요건을 충족시키는 품목이어야 한다.

셋째, 품목분류번호의 적용이 정확해야 한다.

넷째, 상품분류는 한국관세협회에서 발간한 관세율해설서와 산업자원부 품목분류공고와 일치하여야 한다. 신규 개발품으로 품목분류번호가 명확하지 않을 경우에는 관세청에 품목분류를 의뢰하여야 한다.

(3) 수출승인 유효기간

수출승인의 유효기간은 수출을 승인한 날로부터 1년 이내로 한다. 다만, 산업자원부장관은 물품인도조건, 국내의 물가안정, 수급조정, 기타 거래상의 특성 등에 의하여 필요하다고 인정되는 경우에 한하여 1년 이내 또는 20년의 범위 내에서 유효기간을 단축 또는 초과 설정할 수 있다.

3. 수출물품의 확보

우리나라는 수출자의 자금부담을 덜어주고 수출을 촉진하기 위하여 수출 물품 제조를 위해 국내에서 물품을 구매할 경우 원자재구매자금, 수출 물품 제조를 위해 물품을 수입할 경우 원자재수입자금 그리고 제조·생산에 소요되는 자금으로 생산자금을 지원하고 있다. 그리고 수출자는 수출신용장(또는 내국신용장)을 근거로 무역어음을 발행하여 필요한 자금을 조달할 수도 있다.

수출물품을 확보하는 방법에는 수출물품을 수출업자의 자기공장에서 직접 제조·생산하는 방법과 수출물품 자체를 국내에서 구매하는 방법이 있다. 또한 수출물품을 제조·생산하기 위해서는 당해 물품 생산에 소요되는 원료를 확보하여야 하는데, 그 원료를 확보하는 방법도 외국에서 원료를 수입하는 방법과 국내에서 구매하는 방법이 있다. 그리고 원자재를 국내에서 확보하는 방법은 내국신용장에 의한 방법과 구매승인서에 의한 방법이 있다.

(1) 내국신용장에 의한 방법

수출자는 수출용완제품이나 소요원료를 공급하는 국내생산업체 또는 유통업자와 물품공급계약을 체결하고 자신의 거래외국환은행을 통하여 공급업자를 수혜자로 하는 내국신용장을 개설하여 당해 물품을 공급받게 된다. 수혜자(생산업체 또는 유통업체)는 물품을 공급한 후 내국신용장 및 물품수령증명서를 근거로 환어음을 발행하여 대금을 회수하는 것을 말한다.

(2) 구매승인서에 의한 방법

무역금융한도가 부족하거나 단순송금방식에 의한 수출 등 내국신용장의 개설이 어려운 상황에서 외화획득용 원료 및 완제품 구매를 원활히 하기 위하여 내국신용장에 준하여 발급하는 증서를 이용하는 방법이다.

내국신용장과 구매승인서에 의한 공급실적은 대외무역법상 수출실적으로 인정되고, 부가가치세 영세율의 적용 그리고 관세환급 등의 혜택을 받을 수 있다.

(3) 소요량증명제도

수출지원금융제도를 이용하여 외화획득용 원자재를 조달하는 경우에는 금융, 세제상으로 여러 가지 특혜가 부여되고 있으므로 원료의 양을 정확히 산출할 필요가 있다. 이러한 필요에 따라 도입된 제도가 소요량증명제도이다. 소요량증명제도에는 소요량증명서와 소요량계산서가 있다.

먼저, 소요량증명서는 소요량증명서 발급기관이 외화획득을 이행하는데 소요되는 원자재의 양을 계산하고 내용을 확인한 증명서이다.

다음으로, 소요량계산서는 소요량 자체관리 기업 및 소요량계산서 발급기업이 외화획득을 이행하는데 소요된 원자재의 양을 자체 계산한 서류로서 소요량증명서와 동일한 효력을 가진다.

4. 무역운송과 해상보험 계약의 체결

수출자는 수출물품에 대한 확보 또는 생산이 완료되면, 수출계약조건이나 신용장 등에서 정한 소정의 선적 기일 내에 물품을 선적하여야 하므로 당사자는 적합한 선박회사를 선정하여 운송계약을 체결하고 동 계약에 따라 수출화물을 선적할 준비를 하여야 한다.

특히 가격조건이 FOB조건일 경우에는 수입업자가 지정하는 선박에 수출화물을 선적할 준비를 하여야 하며, CIF조건일 경우에는 수출업자가 수출계약서 및 수출물품의 특성들을 감안하여 운송계약과 적합한 해상보험약관을 선택하여 해상보험계약을 체결하여야 한다.

이상의 절차가 끝나게 되면 수출자는 관세법에 의한 수출통관절차를 거쳐 당해 수출물품을 선박(항공기)에 적재하고, 선하증권(또는 Air waybill)을 수취하게 된다.

(1) 수출화물의 운송

수출화물의 운송이란 수출화물의 운송계약 체결일로부터 생산이 완료된 수출화물을 수출 통관하여 해당 수출지에서 운송수단에 적재한 후 운송업자로부터 운송서류(B/L or Air Waybill)를 발급 받음으로써 적재가 완료되고 해당 목적지에 수출물품이 무사히 도착하기까지의 과정을 말한다.

운송회사와 접촉하기에 앞서 기본적으로 이해하고 있어야 할 사전지식은 다음과 같다.

첫째, 무역거래조건이 CIF(또는 CFR)조건일 때는 수출자가, FOB조건 일 때는 수입자가 운송선박을 수배하여야 한다. 물론 수출자와 수입자의 거래관계, 상황에 따라 상대의 요청에 의해 선박수배를 주선해 주는 경우도 있다.

둘째, 선박을 수배하는 경우 상품의 수량, 종류에 따라 운송선박이 다를 수 있다. 주로 컨테이너전용선(Full Container Ship)과 Bulk Cargo운반 전용선으로 구분된다.

셋째, 우리나라를 중심으로 기존에 형성되어 있는 항로를 일정한 주기를 유지하며 취항하는 정기선(Liner)과 화물에 따라 그때그때 원하는 곳까지 화물을 운송하는 부정기선(Tramper)이 있다.

넷째, 운임(Freight)은 해당화물의 중량과 용적을 비교하여 많이 산출되는 톤 수를 운임의 기준으로 한다. 이것을 Revenue Ton이라고 한다.

다섯째, 일반적으로 정기선의 경우는 개품운송계약으로 선하증권(B/L)이 통상 발급되고, 부정기선의 경우는 송하인이 선박회로부터 선복의 전부 또는 일부를 빌려 화물을 운송하는 계약을 체결하며 이 경우에는 용선계약서(Charter Party)가 작성된다. 특히 정기선이 취항하지 않는 지역으로 물품을 보내고자 할 때에는, 보다 충분한 시간을 두고 선박회사와 접촉을 하여야 한다. 정기선의 경우는 지역에 따라 다르겠으나 부정기선 편으로 선적 운송할 경우는 가급적 1~2개월 전부터 선박을 물색하여야 한다.

(2) 해상보험 계약의 체결

해상보험이란 선박이나 항공기로 운송되는 화물이 통상적인 운송과정에서 사고를 당할 우려가 있는 재산권을 가지는 여러 사람들이 위험의 정도에 따라 합리적인 기금을 각출하여 공동 준비 재산을 형성(Pooling)하고 사고가 발생하여 손해를 입었을 때 이를 보상함으로써 경제상의 불안을 제거, 경감하기 위한 제도이다.

모든 해상 및 항공운송화물은 적하보험의 가입대상이 되지만, 수출입화물에 있어서는 특히 무역조건에 따라 해상보험계약의 체결자가 달라지게 된다. 즉, 무역조건이 CIF인 경우에는 수출자가, FOB 및 CFR의 경우에는 수입자가 적하보험에 부보하여야 한다. 보험체결당사자는 사전에 보험가입조건, 보험료율을 충분히 검토한 후에 보험청약서를 작성하여야 한다. 그리고 CIF조건의 경우 수출자는 보험회사에 해당 적하보험 가입을 요청하고 보험료를 지급하면 보험회사는 보험증권을 발행함으로써 보험계약이 성립하게 된다.

최근 무역거래에서 수출자가 유의해야할 것은 개발도상국에서 자국보험회사의 보호육성과 국제수지 개선을 목적으로 자국의 수출입 화물에 대해 외국의 보험업자와의 보험계약을 금지하도록 하는 정책이다. 특히 나이지리아, 이란, 콜럼비아를 비롯한 상당수의 국가에서는 원칙적으로 CIF조건에 의한 수입을 인정하고 있지 않기 때문에 주의를 요한다.

5. 수출통관과 화물의 선적

수출물품을 확보한 수출자는 당해 수출물품을 지정된 선적(항공기)에 선적하기 전(수출검사대상 품목이면 수출검사 완료 후)에 관세법에 의한 수출통관 절차를 밟아야 한다. 즉, 수출통관절차는 수출시 반드시 이행하여야 할 법적 절차로서 수출물품을 세관검사를 받고자 하는 장소에 장치하고 세관에 수출신고를 필한 후, 필요한 세관수출검사를 거쳐 수출면허를 받아 당해 수출물품을 선박(항공기)에 선적하게 되는 과정까지 일련의 절차를 말한다.

수출통관은 관세사에 의뢰하여 대리통관을 하던가, 자사 내에 관세사가 있으면 자가통관을 하게 된다. 그리고 통관은 선적지의 세관에서 할 수도 있으며, 수출품 생산지에 있는 내륙지의 세관에서 통관절차를 거친 후 운송을 하여 선적을 할 수도 있다.

수출통관의 목적은 이러한 통관절차를 통하여 세관당국이 관세법, 대외무역법 및 외국환거래법 등의 각종의 수출규제에 대한 법규의 이행사항을 수출물품과 대조·확인하여 수출물품의 실제확인과 부정수출방지 등을 최종적으로 확인하는 절차이다.

(1) 수출신고

수출자는 물품의 장치장소 또는 장치 예정장소를 관할하는 세관장에게 수출신고를 해야 한다. 그리고 수출신고인은 화주(완제품공급자 포함), 관세사, 통관법인 또는 관세사법인의 명의로 하여야 한다. 또한 화주는 법에 의하여 등록된 관세사를 채용하여 관세사 명의로 수출신고를 할 수 있다.

(2) 수출심사

수출신고 수리를 받은 물품은 선적항으로 운송되어 선적되며, 세관에서는 당해 물품의 선적을 확인함으로서 수출통관 절차를 완료하게 된다.

수출심사의 주요사항은, 수출승인사항과 수출신고사항의 일치 여부, 대외무역법령 및 기타 법령에 의한 조건의 구비여부, 수출물품에 대한 품목분류의 정확성 그리고 기타 수출물품 통관을 위하여 필요한 사항 등을 심사한다.

6. 수출대금의 회수

세관의 수출통관 과정을 거쳐 선적이 완료되면 수출자는 제반 운송서류를 갖추어 수출대금을 회수하게 된다.

수출자가 수출대금을 회수하기 위해서는 먼저 거래외국환은행과 외국환거래약정을 체결(최초 거래시)하고 선적을 이행한 후, 수출신용장 또는 계약서의 조건에 따라 환어음과 운송서류를 작성하여 이의 매입 또는 추심을 거래은행에 의뢰하게 된다. 의뢰를 받은 외국환은행(매입은행 또는 추심의뢰은행)은 환어음을 지급인 앞으로 송부함으로써 수출대금의 회수가 이루어진다.

(1) 외국환거래약정체결

외국환거래약정은 외국환은행이 화환어음을 수출자로부터 매입하기 전에 매입의뢰자인 수출자와 체결하는데, 이는 수출환어음의 매입행위가 일종의 여신행위이므로 수출환어음의 매입에 관해서 담보, 책임 등에 한계를 명확히 하기 위한 것이다.

이러한 외국환거래약정체결은 최초의 거래시에 이루어지며 외국환거래약정의 방법은 외국환은행이 작성한 일정한 서식에 수출자가 서명날인 함으로써 성립된다.

(2) 환어음 및 운송서류의 준비

신용장에 의한 대금결제에서 수출자는 신용장 조건에 일치하는 환어음과 운송서류를 준비하여야 한다.

먼저, 환어음(Bill of exchange)은 국제무역거래에서 수출자가 수입자에게 채권액을 지명인 또는 소지인에게 일정한 기일 및 장소에서 무조건 지급할 것을 위탁하는 요식의 유가증권으로 통상 2통을 한 조로 발행한다.

다음으로, 운송서류(Transport documents)는 화물의 선적을 증명하는 선하증권 등의 제반서류를 말한다. 일반적으로 수입자가 요구하는 운송서류에는 기본서류인 선하증권(B/L : Bill of lading), 보험증권(Insurance policy), 상업송장(Commercial invoice), 포장명세서(Packing list) 이외에 영사송장(Consular invoice), 원산지증명서(Certificate of origin), 세관송장(Customs invoice), 검사증명서(Cert- ificate of inspection), 중량용적증명서(List of weight and measurement) 등이 있다.

운송서류는 신용장이나 계약서를 면밀히 검토한 후 정확하게 작성하여야 한다. 특히 신용장에 의한 수출대금은 신용장에서 요구하는 대로 운송서류가 완벽하게 작성되지 않아서, 부도처리가 되는 경우가 있으므로 신용장통일규칙(UCP500)을 잘 숙지하여 명확히 작성되어야 한다.

(3) 운송서류의 매입의뢰

선적을 마친 후 환어음과 운송서류를 준비한 수출자는 수출대금을 가능한 빨리 회수하고 싶어할 것이다. 이때 수출자는 서류를 추심 의뢰하여 대금결제를 기다리는 방법도 있으나 일반적으로 서류를 거래 외국환은행에 제출하여 매입(Negotiation)을 받는 방법을 택하게 된다. 이렇게 환어음과 운송서류를 준비한 수출자가 신용장원본, 운송서류 등을 갖추어 거래 외국환은행에 환어음의 매입을 의뢰하면, 은행은 신용장조건과 제출한 서류의 일치여부 등을 심사한 후 매입을 결정하게 된다.

이러한 서류의 매입은 매입은행이 개설은행으로부터 신용장 대금을 상환 받기 전에 서류를 매입하여 매입은행의 자금으로 수출자에게 신용장대금을 지급하는 일종의 여신행위가 된다.

신용장통일규칙의 제10조에 의하면 매입(Negotiation)이란 대가를 지급하는 것을 의미하며 단순한 서류심사는 매입이 아니라고 규정하고 있다.

매입이 결정되면 외국환은행은 제반 수수료 및 기 취급한 무역금융대출금 등을 공제한 후 수출대금을 수출자에게 지급하게 된다.

7. 관세환급

관세환급제도란 수출용원자재를 수입할 때에 납부한 관세 및 내국세 등을 당해 원자재를 사용하여 제조한 물품을 수출한 경우에 특정한 요건에 해당하는 경우에는 그 전부 또는 일부를 되돌려 주는 제도를 말한다. 현행 관세법 상에는 납세의무의 형평과 징세행정의 공평을 기하기 위한 관세법상의 환급(과오납환급과 위약물품환급)과 수출지원을 위한 「수출용 원재료에 대한 관세 등 환급에 관한 특례법」상의 환급이 있는데 일반적으로 관세환급은 후자의 경우를 의미한다.

(1) 관세환급의 요건

관세환급의 요건 중에서 수출의 요건과 수입의 요건에 대해서 알아보자.

첫째, 환급대상 수출의 요건에 대해서 알아보면, 관세환급은 수출용원재료를 수입하는 때에 납부한 관세 등을 일정 기간 내에 수출 등에 제공한 때에 수출업자 등에게 되돌려 주는 것이기 때문에, 환급대상이 되기 위해서는 우선 제품을 수출 등에 제공하여야 한다. 그러나 환급대상수출의 범위와 요건을 어디까지로 할 것이냐는 정책적 판단에 속하는 것이나, 현행 법령에서는 정상수출 이외에 산업자원부령이 정하는 승인면제수출, 국내에서의 외화판매·외화공사 중 산업자원부령이 정하는 것과 보세공장 등에의 물품 공급까지를 포함하고 있다.

둘째, 환급대상 수입의 요건을 알아보면, 환급대상수입의 요건은 첫째, 수출용원재료에 해당하여야 하고 둘째, 외국으로부터 수입하는 때에 관세 등을 납부한 물품이어야 하며 셋째, 수입면허일로부터 일정한 기간 내에 수출 등에 제공해야 한다.

(2) 관세환급의 방법

관세환급액의 산출방법은 정액환급률표의 적용여부에 따라 개별환급과 정액환급이 있다.

첫째, 개별환급은 정액환급률표에 기재되어 있지 않은 수출물품 등에 소요된 원재료를 수입하였을 때 납부한 관세 등을 소요량증명서, 수입신고필증 등에 의해 일일이 환급액을 산정하여 환급하는 방법이다. 이 방법은 환급세액은 정확하게 산출할 수는 있지만 구비서류가 복잡하고 환급금 산출에 많은 시일이 소요되는 것이 특징이다.

둘째, 간이 정액환급은 수출물품별로 환급해야 할 금액을 사전에 정하여 정액환급률표에 기재해 놓고 그러한 물품이 수출되었을 때 수출신고필증만 제시받아 환급금액을 그대로 환급해 주는 방법이다. 중소기업에 대한 관세환급절차를 간소화하기 위해 수출신고수리시 간이 정액환급률표에 기재되어 있는 품목에 대해서 매 건별 관세 등의 납부액을 확인하지 않고 일정액을 환급해 준다. 그런데, 관세환급이란 수출물품 제조에 소요된 원재료의 수입시 납부세액을 수출 등에 제공한 때에 되돌려 주는 것이므로, 환급세액을 정확하게 산출하기 위해서는 개별환급방법에 의하는 것이 합리적이다.

(3) 관세환급의 신청기한

물품을 수출 등에 제공한 날(수출한 때에는 수출신고필증 상의 수출신고 수리일)로부터 2년 이내에 신청하여야 한다. 이 기간이 경과되면 환급신청권이 소멸된다.

(4) 관세환급의 신청기관

유상으로 수출하는 물품에 대하여는 관세청장이 지정한 세관 중 수출업체에서 임의로 선택하여 신청할 수 있는 것이 원칙이다. 그리고 수출업체에서 임의로 선택한 환급기관은 수출신고서에 표시되어야 한다. 그러므로 수출신고필증에 표시된 환급기관에 신청하여야 하며, 환급기관을 변경하거나 새로 지정하는 때에는 수출신고필증에 세관장의 정정 승인을 받아야 가능하다.

(5) 사후정산제도

사후정산제도는 1997년 7월 1일부터 관세환급특례법의 개편 시 새로이 도입한 제도로서 일정한 요건을 갖추어 일괄납부업체로 지정을 받은 자가 수출용원재료를 수입할 때에 일정기간 이내에 수출 등에 제공할 것을 조건으로 관세 등을 부과는 하되 징수는 하지 아니한 상태에서 통관하여 물품을 생산하도록 하고, 그 물품이 수출된 후 환급 받아야 할 금액과 관세 등을 상계 처리하도록 함으로써 수출용원재료 수입에 따른 관세부담을 완전히 면제시켜 수출을 촉진시키기 위한 제도이다. 수입신고 시 유의할 사항은 수입신고서 상에 관세 등의 일괄납부대상 수출용원재료임을 반드시 표시하여야 한다.

제 2 절 수입절차 개요

무역거래에서 수입절차는 수입 가능한 품목에 대해 대외무역법의 수입승인을 받아 국내로 수입할 경우에 관세법에 근거한 수입통관절차를 거쳐 최종적으로 물품을 수취하는 일련의 절차를 의미한다. 물론 이러한 수입절차는 국내의 무역관련법규(대외무역법, 외국환거래법 및 관세법 등)와 국제무역관습규정(INCOTERMS, 신용장통일규칙 등) 등이 상호 관련되어 각 절차에 적용되고 있다. 그러므로 수입자는 각 단계별로 적용할 가장 적합한 법률 및 규범 등을 신중하게 검토해야 한다.

1. 수입계약의 체결

수입계약이란 국제간에 발생되는 물품매매계약(Contract of sale)으로서 매수인(Buyer)이 물품대금을 매도인(Seller)에게 지급할 것을 약속하고 매도인은 매수인에게 상품의 소유권을 양도하여 인도할 것을 약정하는 계약이다.

수입계약은 매수인이 매도인으로부터 오퍼(offer)를 받고 매수인이 이에 대한 승낙(Acceptance)을 하게 되면 계약이 성립되게 되는데, 오퍼는 그에 상응하는 승낙을 받음으로서 계약이 성립되는 일방적인 표시이다. 이것은 일반적으로 수출자가 수입자에게 물품의 품명·가격·품질 및 결제조건 등으로 매도하겠다는 의사표시를 말한다.

(1) Offer sheet(물품매도확약서)의 종류

Offer sheet는 발행지, 유효기간의 유무, 발행의 목적 및 조건의 유무에 따라 다음과 같이 분류할 수 있다.

첫째, 동일한 국내에서 발행한 국내발행오퍼와 외국에서 발행되어 오는 국외발행오퍼가 있다.

둘째, 수출자가 판매조건을 제시하는 매도오퍼(Selling offer)와 수입자가 먼저 구매조건을 제시하여 수입의사를 표시하는 구매오퍼(Buying offer)가 있다.

셋째, 오퍼의 유효기간이 명시되고 그 기간 내에 수락할 것을 조건으로 하는 확정오퍼(Firm offer)와 오퍼의 유효기간을 명시하지 않아 청약자가 일방적으로 오퍼를 철회하거나 그 내용을 변경할 수 있는 미확정오퍼(Free offer)가 있다. 그리고 일정한 조건을 붙여서 오퍼를 발행하고 그러한 조건이 충족되면 오퍼가 유효한 것으로 인정하는 조건부오퍼 등이 있다.

(2) Offer sheet(물품매도확약서)의 내용

오퍼는 특별히 정해진 형식이나 방식이 있는 것이 아니라 거래대상물품, 거래방식 등에 따라 다양한 형태를 가지고 있다. 오퍼의 기재사항은 거래특성에 따라 다양하지만, 가장 전형적인 오퍼에 기재되는 사항은 품명(Commodity Name), 수량(Quantity), 단가(Unit Price), 대금결제방법(Payment Condition), 보험(Insurance), 원산지(Origin), 유효기간(Validity), 선적기일(Shippingdate), 포장방법(Packing Method) 그리고 발행일자(Offer Date) 등이다.

(3) 수입계약의 체결

수출자와 교섭하여 의견이 일치하면 매매계약을 체결하기 전에 향후 거래 기준이 되는 일반거래조건(General terms and conditions)을 협정하여 향후 분쟁에 대비하여야 한다. 이러한 조건들은 오퍼의 내용에 포함시킬 수도 있지만, 별도의 계약서를 작성하는 경우도 많이 있다.

2. 수입승인

만약 수입하고자 하는 물품이 수입제한품목인 경우에는 별도의 수입승인을 얻어야 한다. 그러나 수출입공고, 수출입별도공고 등에 제한이 없으면 수입승인을 받을 필요가 없다.

여기서 수입승인은 수출입공고 및 수출입별도공고 등에 의해 수입에 제한되는 물품을 수입이 가능하게 되도록 허가하여 주는 절차로 유효기간은 승인한 날로부터 1년이며 필요한 경우 20년 범위 내에서 연장이 가능하다.

종전의 수입승인제도는 원칙적으로 모든 물품에 대하여 승인대상으로 하고 있었으나, 현재에는 수입승인대상의 관리체계를 Positive System(원칙규제·예외허용)에서 Negative System(원칙허용·예외규제)으로 전환함으로써 수출입공고 및 수출입별도공고 대상품목에 대해서만 승인대상으로 하고 있다.

또한, 종전의 통합공고상의 요건확인물품을 승인대상에서 제외함으로써 수입승인 시 통합공고상의 요건을 확인하지 않는다. 또한 특정거래형태의 수출입에 대하여는 종전과 동일하게 시행하고 있음에 유의하여야 한다.

수입승인 대상물품을 수입하고자 하는 자는 매 계약 건별로 구비서류를 갖추어 산업자원부장관에게 승인을 신청해야 하지만, 산업자원부장관은 대금결제에 관한 사항이 승인 및 사후관리대상에서 제외됨에 따라 수입승인 권한을 외국환은행에서 각 품목별 추천기관으로 변경하여 위탁하고 있다.

(1) 품명표시

품명표시에 대해서는 다음의 사항을 검토해야 한다. 즉, 수입승인 신청시 품목명은 관세청장이 상품명을 표준화하여 공고한 품명인 경우에는 원칙적으로 같은 품명이 표시되어야 한다. 그리고 품목명은 애매 모호하게 표시되어서는 안되며, 품목명은 해당품목에 대해 가장 좁은 의미로 표현하여야 한다. 그리고 수입물품의 확인에 필요한 규격을 정확히 기재하여야 하며, 특정 제조회사의 상표명이나 고유제조번호를 기재할 수 없다.

(2) 품목분류

품목분류에 대하여는 다음의 사항을 확인해야 한다.

첫째, HS번호는 현행 관세율표상의 세번분류(10단위)와 일치 여부를 확인해야 한다.

둘째, 품목분류가 확실하지 않은 경우는 수입물품의 용도설명서, 카탈로그 등을 참조하여 정확하게 분류되었는지 확인해야 한다.

셋째, 용도별 구분은 세관의 사실판단에 따라야 한다.

넷째, HS분류가 애매한 품목과 신규개발품목은 관세청에서 품목분류 공고가 되었는지를 확인하고, 고시되지 아니한 경우는 관세청 또는 통관예정세관에 분류를 의뢰해야 한다.

다섯째, 기타 일반적인 사항은 한국관세협회에서 발간한 "관세율표 해설서"와 관세청의 물품분류공고를 참고해야 한다.

(3) 수출입공고

수출입공고 등에 대해서는 다음과 같은 사항을 확인해야 한다.

첫째, 수출입공고상 해당 품목의 제한조치에 대한 합당한 절차를 이행해야 한다.

둘째, 다음에 열거하는 경우에 해당하는 물품의 수입승인은 수출입공고에도 불구하고 산업자원부장관이 별도로 정하여 공고하는 별도공고의 승인요령에 따라 승인을 받아야 한다. 즉 중고품의 수입, 수출입절차 간소화를 위한 수출입 추천 등의 별도조치, 방위산업용 원료와 기재의 수입, 항공기 및 동 부분품의 수입, 통상정책상 필요한 물품의 수입, 산업피해조사품목의 수입 등이 여기에 해당된다.

셋째, 수출입공고상, 수출 또는 수입요령에 "산업자원부장관이 별도 공고하는 수입요령에 의함"으로 게재된 품목 중 "수출입별도공고"에 게재되어 있지 않으면 수입이 불가능하다.

3. 신용장 개설

무역대금결제를 신용장방식으로 체결한 경우에 수입자는 수입승인을 받은 후 자기의 거래외국환은행에 신용장발행을 신청해야 한다. 신용장 발행을 수락한 은행(개설은행)은 신용장을 발행한 후, 이를 수출국에 위치하는 환거래은행(Correspondent Bank)인 통지은행으로 신용장의 통지를 요청하고, 통지은행은 수익자(수출자)에게 신용장발행을 통지하여 신용장을 전달하게 된다.

이러한 신용장의 개설은 개설은행이 해외 수출업자에게 신용장 조건과 일치하는 서류가 제시되면 수입화물의 대금을 지급하겠다는 조건부 지급확약으로서, 개설시점부터 결제시점까지 개설은행이 수익자 또는 제3자에게 최종적인 지급책임을 부담하는 일종의 여신행위이다. 따라서 개설은행은 개설의뢰인(수입자)의 신용도, 수입화물의 환가성 등을 면밀히 검토할 뿐만 아니라 장래에 발생할지도 모르는 채무에 대비하여 수입신용장 개설 전에 외화지급보증약정의 체결이나 전액 담보금을 요구하기도 한다.

이러한 절차는 일반적인 신용장 거래에 불과하지만 이러한 모델을 기본으로 하여 모든 무역거래에 변형하여 적용되기 때문에 원활한 수입업무의 진행을 위해서는 각 절차별 필요한 실무사항을 사전에 숙지해야 한다.

(1) 수입신용장의 개설방법

수입자는 수입물품에 대한 수입승인을 받은 다음 그 유효 기간 내에 신용장개설을 신청해야 한다. 신용장 개설은행은 신용장개설에 관한 심사 및 기타 절차를 완료하고 개설의뢰인이 제출한 의뢰서의 내용을 점검하여 타당하다고 인정되면 신용장을 개설한다.

신용장 개설방법은 선적기일, 시황, 자금사정 등을 고려하여 우편이나 전신에 의한 방법 등이 있으나, 최근에는 통신수단과 과학의 발달로 대부분의 외국환은행에서는

SWIFT방식을 이용하여 신용장을 개설하여 통지하고 있다.

(2) 신용장 개설 신청시 필요한 서류

수입자는 자신의 거래 외국환은행에 수입신용장개설을 신청한다. 신청서류는 각 외국환은행별로 다를 수 있으나, 일반적으로 신용장개설신청서, 외국환거래약정서(최초 거래시 한 번만 제출함), 수입승인서, 물품매도확약서(Offer sheet) 그리고 가격조건이 FOB 또는 CFR인 경우에는 수입상이 수입물품에 대하여 해상보험에 부보한 후 해상보험증권을 제출해야 한다.

(3) 신용장 개설 신청서 기재내용

신용장개설신청서에 기재되는 내용은 곧 신용장의 조건이 되므로 신청서에 기재하는 모든 사항은 수출자와 수입자간에 체결한 계약서를 근거로 하여 간단명료하고 정확하게 기재하여야 한다. 이 신청서에는 신용장에 기재된 모든 요건을 기입하여야 하며 매매계약에 약정된 내용 및 수입승인서(I/L)상 허락된 내용과 반드시 일치하여야 한다.

신용장개설신청서에 기재되는 주요사항은 다음과 같다.

첫째, 신용장 자체에 관한 사항으로 수익자, 개설의뢰인, 신용장 금액 및 유효기간을 기재하여야 한다.

둘째, 환어음에 관한 사항으로는 어음의 종류 및 어음의 지급기일을 기재해야 한다.

셋째, 선적서류에 관한 사항으로 선하증권(또는 항공운송장), 상업송장, 포장명세서, 영사송장, 검사증명서 그리고 원산지증명서 등 기타 수입통관에 특별히 필요한 서류가 있으면 여기에 표시해야 한다.

넷째, 상품과 선적에 관한 사항으로 상품명, 단가, 수량, 가격조건, 금액 등 상품의 명세를 기재하고, 선적항, 도착항 및 선적기일 그리고 분할선적 및 환적의 가능 여부를 표시해야 한다.

4. 수입대금 결제와 운송서류 입수

수출자는 수입자의 개설요청에 의하여 신용장개설은행이 발행한 신용장을 통지은행을 통해서 받은 후에 신용장 조건에 일치되는 상품을 선적기일 내에 계약물품을 선적하고 환어음과 운송서류를 준비하여 수출자의 거래 외국환은행에 매입을 의뢰하여 수출대금을 회수할 수 있다.

동 환어음과 운송서류 등을 매입한 수출국의 매입은행은 개설은행 앞으로 매입한 서류들을 송부하며, 수입국의 개설은행은 접수한 서류를 심사하여 신용장조건과의 일치가 확인되면 개설의뢰인(수입자)에게 운송서류가 도착했음을 통지한다. 신용장 개설은행은 개설의뢰인에게 운송서류를 인도하기 위하여 환어음의 제시 및 지급인수의 청구를 하게 되며 개설의뢰인은 이에 따라 수입대금을 결제해야 한다.

운송서류를 인수받은 수입업자는 자기자금이나 일반수출입금융 및 거래약정시 제공한 담보 등을 처분하여 수입대금(관계 수수료 포함)을 공제한 후 운송서류를 인도 받아 수입통관절차를 밟게 된다.

만일 개설은행이 운송서류를 심사한 결과 운송서류와 신용장조건이 불일치한 점이 발견되면 발행의뢰인에게 "신용장조건 불일치에 따른 조회"를 보내서 동 서류의 인수여부를 조회하게 된다. 이 경우 수입업자가 동 서류를 인수할 의사가 없거나, 인수가 불가능한 경우에는 즉시 이를 개설은행에 통고하여 거래상대방 매입은행에 이의를 신청하도록 해야 한다. 즉, 서류 심사결과 하자가 발견되어 수리를 거절하는 경우에는 다음과 같은 사항을 이행하여야 한다.

첫째, 개설은행은 운송서류의 수리거절 사실을 늦어도 서류접수 익일로부터 7영업일 이내에 전신 또는 기타 신속한 방법으로 서류송부은행 또는 수익자에게 통보해야 한다.

둘째, 해당 서류를 서류송부은행 또는 수익자의 지시를 기다리며 보관하고 있다든지 또는 그들에게 반송하고 있다는 것을 전신에 명시해야 한다.

셋째, 부도사유 전부를 명시하여야 한다. 최초에 제기한 부도사유를 보완했을 경우에 또 다른 사유로 부도 처리할 수 없다.

다음은 수입업무와 관련하여 발생할 수 있는 즉, 수입물품은 도착항에 도착하였으나 관련 선적서류의 송달 지연으로 수입화물의 인수지연에 대한 해결방법과 개설은행의 무역금융을 이용하여 수입물품을 인수하는 절차에 대하여 알아본다.

(1) 수입화물선취보증서(Letter of Guarantee : L/G)

수입업자가 수입물품을 선박회사로부터 수령하여 통관시키기 위해서는 선적서류를 선박회사에 제출해야 한다. 그러나 수입화물은 도착항에 도착하였는데 선적서류가 개설은행에 도착하지 않은 경우가 있다. 이럴 경우 수입업자인 신용장개설의뢰인은 물품을 통관하지 못하므로 체선료, 창고료, 화재보험료 등을 부담해야 하고, 심지어는 물품의 판매시기를 놓칠 수도 있다. 이와 같은 경우에 수입상은 선적서류가 도착하기 전에 수입물품을 인도 받기 위하여 개설은행으로부터 보증서를 발급 받아 선박회사에 선하증권의 원본대신 제출하고 수입화물을 인도 받을 수 있다. 이 때 사용되는 개설은행의 보증서가 바로 수입화물선취보증서(Letter of Guarantee: L/G)이다.

즉, L/G의 발급은 선적서류 도착 전 물품의 인도로부터 발생하는 모든 문제를 개설은행이 책임지고 차후에 선하증권 원본이 도착하면 이를 선박회사에 제출할 것을 보증하는 개설은행의 보증서이므로 선적서류의 원본을 인도하는 것과 동일한 효과를 가져오며, 수입상은 L/G발급시 수입보증금으로 L/G금액 전액을 반드시 현금 예치하여야 한다.

특히 여기서 주의할 사항은 외국환은행이 L/G를 발급하게 되면 신용장조건과 일치하지 않는 선적서류가 도착하여도, 화물이 이미 수입자에게 인도된 후이므로 매입은행에 대하여 수입어음의 인수를 거절할 수 없다는 것이다.

(2) 수입화물대도(Trust Receipt : T/R)

수입결제대금의 적립 없이 발행된 수입화물선취보증서(L/G)의 경우 수입업자가 물품을 통관하고 추후 도착한 선적서류 원본을 결제하거나, 기한부 수입 및 대출이 예정된 수입의 경우에 수입업자는 수입대금의 결제 없이 선적서류를 인수하고 일정 기간 후 또는 만기일에 대금을 결제하게 된다. 이 경우 은행은 물품의 소유권을 가진 신탁자로써 수입상을 수탁자로 하여 물품을 은행과 체결한 일정한 계약목적 범위 내에서 사용 수익하도록 인도하므로, 수입화물선취보증서 또는 선적서류 인도 후부터 대금 결제일까지 기간동안 신용공여에 대한 담보권을 확보하려는 일종의 신탁계약으로 이것을 수입화물대도(Trust Receipt)라고 한다.

이러한 수입화물대도(Trust Receipt)에는 수입결제대금의 적립 없이 수입화물선취보증서 발행에 따른 T/R과 기한부 수입에 따른 T/R이 있다.

5. 수입통관과 물품의 인수

외국으로부터 수입되는 물품이 우리나라에 도착하면 수입업자는 동 물품을 하역하여 보세구역에 반입하여 장치한 후 수입통관을 하기 위하여 세관에 수입신고를 해야 한다. 그러나 부두 직통관화물 등은 수입화물이 우리나라에 도착하기 전에 사전수입신고가 가능하다. 수입신고는 수입되는 물품에 대하여 수입하겠다는 의사표시를 세관장에게 하는 것으로 수입신고를 함으로써 적용법령 및 과세물건 그리고 납세의무자가 확정된다.

다음은 수입신고와 관련하여 적용법령의 확정, 과세물건의 확정, 납세의무자의 확정 그리고 수입신고자 및 수입신고기간에 대하여 알아본다.

첫째, 수입물품을 통관하고 있는 도중에 관세율의 변경, 환율의 변경 또는 감면 기타 관련법령의 개정이 있을 수 있다. 이와 같은 때에는 원칙적으로 수입신고한 날의 법령에 의하여 관세를 부과한다.

둘째, 관세는 원칙적으로 수입신고를 한 때의 물품의 성질과 그 수량에 의해서 부과된다.

셋째, 관세의 납세의무자는 그 물품을 수입하는 화주이다. 그러나 수입대행의 경우는 수입을 위탁한 자가 화주이며, 수입통관 전에 외국물품을 보세구역에 장치한 채 양도한 경우에는 양수인이 화주로서 납세의무자가 된다.

넷째, 수입신고는 화주, 관세사, 통관법인 또는 관세사법인의 명의로 해야 한다. 여기서 화주라 함은 수입신고할 물품을 수입한자(대행수입의 경우에는 수입위탁자)를 말한다. 실제로 수입신고는 대부분 관세사에게 대행시키고 있으나 화주가 직접 신고할 수도 있다.

다섯째, 수입신고는 수입물품의 운송형태와 수단 등에 따라 수입물품이 수출국 선적항에서 출항하기 전부터 우리나라에 도착하여 보세구역에 장치한 후까지 수입화주가 임의 선택이 가능하며, 수입신고시기에 따른 통관절차 구분은 출항전 신고, 입항전 신고, 보세구역도착전 신고 그리고 보세구역 장치후 신고 등 4단계가 있다.

수입업자는 보세구역에서 수입물품을 인수하고자 하는 때에는 수입신고필증을 제시하고 장치수수료를 납부해야 한다. 다만, 신고수리 전 반출물품은 신고수리 전 반출승인서를 제시해야 하고, 물품을 보세구역으로부터 반출한 후 세관에서 세액심사를 받으며, 납세의무자는 제반세금을 신고납부하고 수입면장을 교부받아 보세구역에서 그 물품을 반출할 수 있다. 이러한 일련의 절차를 수입통관절차라 한다.

제 5 장 무역마케팅

제 1 절 수출마케팅

1. 수출마케팅의 의의

수출마케팅은 수출업자가 행하는 해외영업에 관한 활동으로서, 수출물품을 국내 또는 해외에서 조달하여 이를 해외에 판매하기 위한 여러 가지 활동을 의미한다. 수출마케팅을 보다 효과적으로 적용하기 위해서는 목적시장에 있는 현지 고객의 욕구(Needs)가 무엇인지를 정확히 파악하여 기존 제품의 수정이나 신제품 개발을 통하여 현지 고객들의 욕구를 최대한 만족시켜 줄 수 있는 마케팅전략을 수립하여야 한다. 이렇게 수립된 마케팅전략을 실행함으로써 기존 거래선의 지속적인 거래유지와 새로운 거래선을 창출시킴으로서 이익을 극대화시키는 것이 수출마케팅의 목적이라고 할 수 있다. 따라서 수출업자는 본국시장 중심의 사고방식에서 탈피하여 해외시장의 특성을 중요시 여기는 태도와 사고방식을 가져야 한다. 즉 수출제품은 현지 고객의 욕구와 기호 그리고 현지시장의 법적, 기술적 요구에 맞게 수정되어야 한다. 또한 수출가격도 현지시장의 경쟁상태와 소득수준, 운송, 환율, 보험 그리고 관세 등의 제반 요인을 고려하여 결정해야 한다.

이러한 제반 사항을 정확히 파악하기 위해서는 해외시장조사활동과 수출상담활동이 필요하다.

보다 구체적으로 살펴보면 다음과 같다.

먼저, 해외시장조사활동은 앞에서 설명한 바와 같이 다양한 방법과 경로를 통하여 해당 물품의 수출을 위하여 적합한 시장을 물색한 후 거래가 가능한 상대방에 대한 신용조사를 거쳐 거래상대방을 선정하는 일련의 과정을 의미한다. 또한 수출상담활동은 무역거래에서 유리한 무역계약을 체결하기 위해 거래상대방과 진행하는 일련의 협상과정을 의미한다.

수출마케팅의 목표는 수출업체의 해외영업활동의 행태와 전략에 따라 두 가지로 나눌 수 있다.

첫 번째는 가장 우선적으로 높은 시장점유율(Market share)을 목표로 하는 것으로 이는 침투하려는 시장에서 높은 시장점유율을 확보함으로서 제품의 경쟁력을 확대시키려는 목적으로 주로 시장진입 초기 단계에 이루어진다.

두 번째는 시장점유율보다는 내실을 기하는 이익률(Profit rate) 확보를 목표로 하는 것으로서, 시장점유율에 크게 영향을 받지 않는 고가품 등에 적합한 방법이다.

어떤 수출마케팅 전략을 선택할 지는 수출업체의 경영전략과 경영방침에 따라 결정되겠지만, 수출 초기 단계이며, 중·저가품인 경우에는 시장점유율의 확보가 이익률의 확보보다는 우선하는 것이 일반적인 추세이다.

다음은 수출시장의 확대와 실적증대를 위한 수출마케팅의 4P전략에 대하여 알아보자.

2. 수출마케팅의 4P Mix 전략

첫째, 제품(Product) 믹스 전략으로 기존제품을 새로운 시장에 도입하여 제품의 품목수를 넓히는 제품다양화(Product Diversification)전략인 제품확장전략과 새로운 시장에 차별화 된 신제품을 도입하는 제품차별화(Product Differentiation)전략인 제품적응전략으로 나누어 선택할 수 있다.

둘째, 가격(Price) 믹스 전략으로 원가중심, 목표가격중심, 수요중심 및 경쟁중심전략 중 어느 것에 비중을 두느냐에 따라 전략을 결정할 수 있으며, 일반적으로 수출자는 제조원가에 요소비용과 예상이익을 포함하여 수출단가를 결정한다.

셋째, 유통경로(Placing by Channel) 믹스 전략으로 수출업체의 해외시장 진입방식 및 유통경로에 대한 선택에 따라 직접수출, 간접수출 그리고 해외현지생산으로 분류한다.

넷째, 광고 및 판매촉진(Promotion) 믹스 전략으로 각 시장이 가지는 고유한 특성에 따라 표준화전략과 현지적응화전략 중 하나를 선택하여 실행할 수 있다.

결과적으로 수출마케팅전략은 해외시장 조사활동의 결과에 따라 제품별 특성에 적합한 가격전략, 광고 및 판촉전략 그리고 유통경로를 채택하여 수출상담 과정에서부터 이를 실행하고 계약서를 체결할 때까지의 전반적인 활동으로 파악할 수 있다.

지금 수출을 생각한다면 인터넷과 기타 다양한 경로를 통하여 입수한 각종 정보와 자료를 근거로 판단하여 수출시장의 환경과 제품의 특성에 최적인 수출마케팅전략을 수립하는 것이 최우선 과제이다.

3. 수출상품의 이해

무역시장에서는 취급상품에 대한 소비자들의 반응 또는 인기도에 따라서 수출 상품을 네 가지로 분류하고 있다.

가장 인기가 없어서 소매상들이 잘 안 가져가는 품목을 "Slow Item", 항상 꾸준히 사가는 것을 "Steady Item"이라 하며, 비교적 잘 팔리는 것을 "Hot Item"이라고 한다. 그리고 무서운 열기로 엄청나게 잘 팔리는 새로운 품목을 "Hit Item"이라고 부른다.

수출에서 가장 중요한 것은 바로 수출상품인 「아이템(Item)」이다. 처음부터 고유 품목을 가지고 생산하는 제조업체를 제외하고는 수출을 하고자 하는 사람들에게 있어서 가장 큰 문제로 대두되는 것이 바로 수출상품인 아이템 선정 작업이다. 수천 수만 가지로 세분화되어 있는 많은 수출품목 중에서 어떠한 것을 선정할 것인가 하는 문제는 각자의 주어진 환경이나 상황에 따라 달라질 수밖에 없는 것은 당연한 일이다. 만약 무역을 하기 이전에 정밀기계 부문에 종사하였다면 당연히 관련 기계 및 부품을 취급할 것이고, 섬유류 계통이었다면 섬유류 수출에 주력할 것이다. 그러나 이것도 저것도 아닌 상태에서 확실한 품목이 선정되지 않았다면, 향후 엄청난 개발의 여지가 있고 노력의 여하에 따라서 많은 수출실적을 올릴 수 있는, 즉 경쟁력이 있는 아이템 중에서 하나를 선택하는 것이 현명할 것이다(어떻게 하면 효과적인 아이템을 선정할 것인가에 관한 보다 자세한 이야기는 3부 2장에서 하기로 하겠다).

수출상품은 상품의 적합성과 시장의 확보가능성 등 상품고유의 특성뿐만 아니라 다음과 같은 관점에서 현실적인 거래가능성을 갖추고 있는가를 파악해야 한다.

첫째, 수출하고자 하는 상품과 관련하여 품목별 수출입규제 여부를 파악해야 한다.

우선 취급상품의 HS(The Harmonized Commodity Description and Coding System)번호를 알아야 한다. 상품의 품목분류기준인 HS, 즉 조화제도는 1988년 1월 1일부터 시행되고 있다. 우리나라의 HS품목분류는 세계 공통인 6단위에다 국내의 제반 사정을 감안한 자체분류 4단위를 합해 모두 10단위로 분류하고 있다.

현재 모든 국가는 그 나라의 경제상황 또는 무역정책에 따라 품목별로 수출입을 규제하고 있다. 따라서 물품의 수출과 관련하여 중요한 것은 수입국의 수입규제 사항을 올바르게 파악하는 일이다. 이는 물론 우선적으로 수입자가 파악하여 수출자에게 그 정보를 제공하여야 할 것이지만, 수출자의 입장에서도 보다 공격적으로 자체 채널을 활용하여 사전에 수입국의 상관습, 거래관행 그리고 수입국의 무역정책과 관련된 제반 규제사항을 파악하여야 한다.

둘째, 수출상품과 관련하여 품목별 수출동향을 파악하여야 한다.

수출하고자 하는 상품과 관련하여 품목별 수출실적(국가별, 지역별), 수입국가, 수입업체 등 수출상품의 기본적인 수출동향을 파악하여야 한다. 그러나 상품별 수출단가는 영업을 위한 핵심사항일 뿐만 아니라 품목별로 규격과 품질수준에 따라 천차만별이므로 이를 HS번호로 파악하는 것은 무의미하다. 따라서 이는 당해 상품을 취급하는 과정에서 파악할 수 있는 Know-How의 일종이라 할 수 있다. 수출상품에 대한 수입국의 수입동향은 반드시 향후 수출마케팅에 반영시켜 전략을 수립하여야 한다.

4. 수출상품의 원가 분석

국제무역에서 수출입 상담에 임하는 담당자는 필수적으로 당해 물품의 제조공정은 물론 수출원가를 구성하는 모든 요소를 정확하게 파악하여야 한다. 즉, 수출원가와 관련하여 공정의 사소한 변경에 따른 원가의 변경내용을 제대로 파악하고 있어야 한다. 물론 수출입절차 흐름에 따른 제반 부대비용에 대하여도 상당한 지식을 갖추고 있어야 한다. 그래야만, 수출입 상담에서 생산공정의 변화와 무역조건의 변경에 따른 가격변화에 신속하게 대처할 수 있다.

무역거래의 상담과정에서 거래당사자는 일반적으로 FOB가격을 기본으로 하여 가격조건을 결정하게 된다. 여기에 운송비용 또는 보험료의 부담여부에 따라 CFR 또는 CIF 가격으로 가격조건이 변경될 수 있다. 이 경우에 운임(Freight)의 경우, 운송수단의 종류 그리고 운송회사별로 운임이 천차만별이므로 여러 가지 원가를 정확히 파악하는 것이 매우 중요하다. 특히, 중계무역의 경우에는 단 1~2%의 이익을 획득하기 위하여 어려운 상담을 진행하는 경우가 많다. 이러한 상황에서 거래상담자가 수출입절차 전반에 대한 이해와 사소한 조건 변경에 따른 원가변동을 제대로 파악하지 못한다면 자칫 손해를 감수하는 상황에 처할 수도 있다. 그러므로, 수출입 담당자는 반드시 수출입 상품의 원가를 정확하게 분석할 수 있어야 한다.

수출가격을 산정 하는데는 먼저 수출원가의 구성항목에 대하여 올바르게 이해해야 한다.

수출가격을 구성하는 주요 원가요소는

① 수출상품의 기본원가

② 수출지에서 수입지까지의 운송비 및 보험료

③ 수출계약의 성립 및 그 계약을 이행하는 데 소요되는 제 경비

④ 예상이익 및 예상손비의 네 가지로 분류된다.

여기에서 수출가격의 산출에 기본이 되는 요소는 수출품의 매입원가이고, 기타 조건은 모두 부가적 요소로서 수출 협상과정에서 조정될 수 있는 요소이다.

수입자가 상품을 수입하느냐의 결정여부는 최종적으로 품질과 가격이 그 수입자를 만족시킬 수 있느냐에 달려있다. 수입을 희망하는 수량의 보유, 인도방법 그리고 결제조건 등도 문제가 되지만 이들 문제는 상품 매매의 핵심을 이루는 품질과 가격조건에 흡수되어 진다. 특히, 우리나라의 경우 독창적인 신제품이 적어 상층흡수 가격정책(Skin pricing policy)을 채택하는 것이 어렵고, 처음부터 가격경쟁을 무기로 하여 세계시장에 진출할 수밖에 없으므로 얼마나 저렴한 수출가격을 산정 할 수 있느냐가 거래의 성립여부를 좌우한다.

(1) Cost Plus 방식

실제로 무역가격의 표시는 FOB 또는 CIF 등 가격조건으로 산정 하는 것이 보통이다. 그러나 상대시장의 가격적응성을 검토하는 경우에는 이러한 가격체계는 쓸모가 없다. 왜냐하면 FOB나 CIF도 수출자에게 필요한 비용(Cost)만을 가산한 수출자 중심의 수출가격이기 때문이다. 즉 매입원가 또는 제조원가에 선적까지의 제비용과 수출자의 이윤을 가산한 것이 FOB 가격이고, 이 FOB 가격에 운송비와 보험료를 가산하면 CIF 가격이 된다. 이러한 Cost Plus 방식의 계산은 간단하지만 상대시장에서의 경쟁관계나 수입자의 수요 탄력성 등 거의 상대방의 사정을 모두 무시한 수출자 본위의 가격체계이다. 예컨대 외제차를 구입할 때 고객의 관심은 지급해야 될 차량의 구입가격과 국산차와의 품질 및 가격을 비교 검토하는 것이며, 이때 외제차의 원가내용보다는 대금을 지급해야 되는 최종가격(End price)이 선택의 대상이 되는 것이다.

(2) End Price 방식

End Price 방식이란, 해외시장을 대상으로 소매가격을 기준으로 한 수입자용 가격산출방식을 말한다. 수출자에게 중요한 수출상품 1개당 이익이 아니고 총수익이 얼마나 되는가에 관한 것이다. 현지에서의 소매가격을 설정한 경우에 최대의 판매수량을 기대할 수 있는가에 대한 수요의 가격탄력성(Price elasticity of demand)은 End Price 방식에 의해서만 파악할 수 있다. 특히 인터넷을 통한 정보화가 급속하게 진전하고 있는 오늘날의 무역마케팅에 있어서 소매가격의 실태와 경쟁가격도 비교적 쉽게 파악할 수 있다. 이 점에 대해서는 해외시장 각지의 일류백화점의 상품목록도 참고가 될 수 있다. 이렇게 하여 최적의 End Price를 산출할 수 있으며 여기에서 현지의 유통비용, 관세, 해상운임, 보험료 등을 공제하여 FOB 가격, 다시 공장의 제조원가까지를 역산하여 채산성 여부를 검토해야 한다. 채산이 맞지 않을 경우에는 유통경로의 단축도 검토하여야 하며 또한 현지 생산의 여부도 검토할 수 있다.

수출가격의 산출방법은 일반적으로 Cost Plus방식을 채택하고 있지만, 특히 인터넷 무역시스템에서는 수출전략상 End Price 방식에 의한 수출전략가격의 산출방법을 채택하는 것이 확산되고 있다.

5. 수출상담 전략

국제무역에서 수출상담을 훌륭히 수행하려면 우선 목적 시장을 국내시장처럼 명확히 파악하여야 한다. 이들 지역 거래선의 정치, 경제, 문화, 기후 및 시장조건 등 전반적인 상황과 제품의 수요와 공급, 유통구조 등 세부적인 내용을 조사한 다음 그 지역의 상관습까지 숙지한다면 효과적인 수출마케팅을 수립할 수 있을 것이다.

이런 철저한 준비과정을 거친 후 상담과정에서 명심할 사항은 상담이 일방적이어서는 안되며, 상호간의 이익을 극대화시켜야 한다는 점이다. 구체적으로 말하면 양당사자가 품질, 가격 그리고 납기와 대금결제방법 등 무역거래조건에서 공감대를 형성해야 한다는 것이다. 이때 입장에 따라서 가격공감에 있어서는 상담에 임하는 행태를 약간 달리할 수 있다. 즉, 장래에 발생할 수 있는 본격적인 수익을 위하여 시장확보에 중점을 둘 것인가(Marketing share oriented) 아니면 시장확보보다는 현재의 이익에 중점을 둘 것인가(Profit of revenue oriented)하는 점이다. 이것은 어디까지나 상담에 임하는 당사자의 마케팅전략의 선택에 관한 사항이다. 그러나 Buyer들이 상담을 할 때 상품 자체와 그 품질, 그리고 가격만을 놓고 흥정을 한다고 생각하면 그것은 잘못된 생각이다. 대개의 Buyer들은 흥정도 중요하지만 흥정을 하는 상대 당사자도 그에 못지 않게 중요하게 생각한다는 것이다. 즉 Seller의 인상, 언동, 자세, 신뢰성 등이 주문에 영향을 끼친다고 생각하는 것은 물론이지만 나아가 선적을 마치고도 일어날 수 있는 여러 가지 문제점을 해결하는 데도 많은 영향을 준다고 생각한다.

어디까지나 이러한 것들은 Buyer들의 편견에 의한 것이지만, Buyer는 다음과 같이 좋아하는 Seller와 싫어하는 Seller로 구분하여 상담에 임하고 있다는 것을 명심해야 한다.

제 2 절 수입마케팅

국제무역에서 수입은 국내에서 판매할 시장을 확보하고 있거나, 시장을 확보할 수 있는 물품을 해외에서 조달하여 국내에 반입하여 국내에서 영업활동을 전개하는 제반 활동을 의미한다. 수입은 당해 물품을 국내에서 조달하기 어려운 경우나 국내에서 조달할 수 있다 하더라도 국내에서 생산되는 제품의 기능이나 신뢰성이 외국제품에 비하여 떨어지는 경우에 발생된다. 결과적으로 수입의 기능은 당해 물품에 대한 국내의 수요와 공급을 일치시키면서 국내소비자로 하여금 다양하고 폭 넓은 소비생활이 가능하도록 하여 국민의 삶의 질을 향상시키고 수출입의 균형을 맞추어 국제사회의 일원으로서 공헌할 수 있는 기회를 제공한다.

수입을 하려면 수입의 특성을 충분히 고려하여 수입마케팅에 있어서는 우선 수입물품에 대한 국내거래선에 대한 판매영업 정보와 경쟁력 있는 상품을 공급할 수 있는 해외공급자를 확보하는 과정을 먼저 해결해야 한다. 그러기 위해서는 국내영업의 형태를 결정하고 수입물품에 대한 국내의 수입동향 및 수입규제 여부 그리고 수입상품의 원가를 사전에 파악해야 한다.

1. 수입마케팅의 준비

인터넷을 이용하여 시장정보를 획득한 후 시장정보를 분석한 수입자는 자신에게 적합한 거래선, 상품 그리고 무역조건 등을 확정하여 해외 공급거래선과 무역계약을 체결하고 신용장의 개설 그리고 수입대금을 결제하고 수입상품을 인수하기까지 구체적인 절차와 각 단계별로 준비하여야 할 사항을 정리하면 다음과 같다.

첫째, 수입규제 여부와 국내시장의 수급현황을 파악하여야 한다.

수입하고자 하는 상품에 대하여 수입규제의 여부와 국내시장의 수급현황을 파악해야 한다. 상품을 수입하려면 제일 먼저 수입하고자 하는 상품의 수입제한을 시행하고 있는지 여부를 확인해야 한다. 만약 수입제한에 따라 수입허가나 수입추천을 받아야 한다면 추천 등의 요건을 구비하여 수입승인의 가능성 여부를 검토해야 한다. 그리고 수입하고자 하는 상품을 국내시장에서 판매 가능성 여부를 확인해야 한다. 당해 상품이 국내의 시장에서 경쟁력이 있는지 여부를 판단하는 것은 수입하기 이전에 고려해야 하는 것은 당연한 사항이다. 이를 파악하기 위하여 국내시장을 조사할 때에는 시장성이 있는 상품의 구체적인 규격을 파악하고, 국내생산업체 그리고 국내시장규모를 구체적으로 파악하는 것이 중요하다. 그리고 다른 업체에서 이미 수입하는 경우는 수입규모와 수입지역 그리고 가능하다면 수입단가까지 상품의 개괄적인 정보를 파악해야 한다. 이와 함께 국내시장 조사과정에서 가장 중요한 사항은 국내시장에 수입하고자 하는 상품의 유력한 시장지배자(Market leader)의 존재 여부를 파악하는 일이다.

둘째, 안정적인 해외 거래처를 확보하여야 한다.

수입하고자 하는 상품을 안정적으로 공급받을 수 있는 해외의 거래처를 확보해야 하며, 수입거래처를 확보하는 방법은 먼저 수입하고자 하는 상품 또는 그와 유사한 물품을 취급하는 국내 오퍼상이나 해외지사 또는 대리인을 활용하는 방법을 생각할 수 있다. 그러나 국내 오퍼상이나 해외지사가 없다면 수입물품을 공급할 수 있는 해당 국가의 무역관련기관으로부터 공급자를 소개받거나 무역거래알선 사이트를 활용할 수 있다.

셋째, 정확한 상품의 원가를 구체적으로 파악하여야 한다.

수출과 마찬가지로 모든 비즈니스는 원가분석에서 출발하므로, 수입하고자 하는 상품의 원가를 정확하고 구체적으로 파악해야 한다. 그러므로 수입계약의 내용, 즉 가격조건, 대금결제방법, 환어음의 결제기간, 운송방법 그리고 보험조건 등을 고려하여 물품대금, 수입 제 경비, 이자 및 기타 비용을 사전에 파악하고 있어야 한다.

2. 수입마케팅의 의의

수입마케팅은 수입자가 수입활동을 통하여 외국의 공급업자(생산업자) 또는 수출자로부터 상품을 수입하고 이것을 자기 나라의 소비자 또는 생산재 수요자에게 유통시키는 것으로, 근본적으로 국내시장에서 전개하는 모든 영업활동을 Total System으로 총괄하는 것을 의미한다.

수입마케팅에 있어서 수입자는 해외의 물품공급자를 물색하여 확보하는 과정과 수입물품을 국내에서 판매하는 과정의 두 가지 측면으로 나누어 살펴볼 수 있다.

첫째, 수입자는 우선 국내시장에 적합한 수입물품을 제대로 공급할 수 있는 해외의 공급자를 확보하여 상담과정에서 절감할 수 있는 원가항목이 있다면 최선을 다하여 이를 절감하여 유리한 수입계약을 체결하기 위한 상담활동을 전개하여야 한다

둘째, 수입 상품을 팔 수 있는 국내시장의 영업정보를 확보하고 판매활동을 전개한다.

수입마케팅에서는 해외의 물품공급업자를 물색하는 활동보다는 국내 영업활동이 더 중요한 의미를 가진다. 또한 수입거래시 중요한 사항은 수입물품의 국내시장규모와 국내거래 관행 그리고 시장지배자(Market leader) 등을 파악하여 국내시장에 대한 특성을 이해하여야 한다. 이것은 수입상품의 정확한 재고수준을 예측하고, 국내의 대금결제 관행을 파악하여 재고관리와 관련하여 미리 각 품목별 시장동향을 점검해야 함을 의미한다.

이런 과정을 통하여 수입준비단계부터 재고발생가능성을 예측하여야 한다. 특히 우리나라는 외국 시장과 비교하여 상대적으로 시장규모가 작으므로 각 품목별로 시장지배자군(Market leader group)의 형성이 용이하므로, 동 시장지배자군들은 곧 가격 결정자(Price maker)로서 일반적으로 진입장벽을 만들어 신규진입자에 대하여는 일정규모 이상의 시장진입을 허용하지 않는 견제를 하게 된다.

사실 이것은 세계 어느 국가에서나 볼 수 있는 불가피한 현상이지만 상대적으로 시장규모가 작은 우리나라에서 더욱 두드러진 현상이다. 이와 같은 기존 시장지배자와 국내시장 전반에 대하여 제대로 파악하지 못하고, 경험도 못한 채, 단순한 계획만으로 수입업무를 진행한다면 큰 손해를 자초할 수 있다.

이와 같은 상황은 대부분의 완제품 수입시장에서 지배적으로 형성되어 있는 관행으로 이해하면 된다. 그리고 국내 결제시에는 주로 어음에 의한 외상거래가 관행화 되어 있으므로 채권확보에 신중을 기하고 결제기간에 따른 이자를 미리 원가에 포함시켜야 한다. 또한 근본적으로 수입영업은 국내영업이므로 수입형태를 대금결제방법의 형태로 분류하는 것보다는 국내 영업방법에 따라 분류하는 것이 유익할 것이다.

수입자의 유형은 수입물품의 국내판매형태에 따라 수입을 계획하는 단계부터 각 형태

별로 수입마케팅전략을 다르게 채택하게 되므로 다음과 같이 네 가지의 형태로 구분할 수 있다.

첫째, 외국의 물품공급자를 대신하여 국내에서 Offer sale을 하는 수입오퍼상이다. 오퍼상은 그 대가로 수수료(Commission)만 수취하므로 수출입 본거래에 대하여는 책임을 지지 않는 것이 일반적이다.

둘째, 수입자가 외국으로부터 물품을 수입하기 전에 국내의 구매자와 수입물품 판매계약을 체결한 후에 수입거래를 진행하는 형태의 대행수입 또는 선매수입이 있다.

셋째, 매매차익을 목적으로 수입자가 직접 재고부담을 안고 물품을 수입하여, 국내 영업활동을 통해 물품을 판매하는 가장 일반적인 형태의 재고수입(Stock sale)이 있다. 이와 같은 수입형태는 주로 완제품 수입 시에 채택하는 거래형태로서 사전수입원가 산정 시 수입원가 구성항목에 반드시 재고이자와 여신이자를 포함시켜야 한다.

넷째, 제조설비를 보유하고 있는 자가 자가사용을 전제로 한 실수요 수입의 경우이다. 이 경우의 수입물품은 주로 생산과정에 투입되는 기초원자재나 중간재이다.

3. 수입상품의 이해

수입이 어렵다고 생각되는 이유는 수입·유통규제 및 수입관리제도에 있다. 수입규제 대상품목은 국내항에 도착되어도 수입통관이 안되어 수출자에게 반송되거나 폐기처분해야되는 경우가 종종 있다. 특히 농수산물이나 축산물 등 1차 상품은 대부분 국가에서 수입을 규제하고 있기 때문에 원칙적으로 일반인들이 수입하기는 거의 불가능한 경우가 많다. 따라서 수입자는 자신이 기획하고 있는 수입품의 각종 규제 등을 충분히 조사한 다음 수입을 해야 한다.

우리나라에서는 이를 수출입공고, 수출입별도공고 그리고 통합공고 등 수출입물품에 대하여 규제하기 위한 공고체계에 의해 물품의 수출입규제 여부를 정하고 있다. 수입 시에는 이와 같이 국가에서 시행하고 있는 품목별 수입규제사항을 파악함과 더불어 수출국에서 해당물품에 대하여 수출을 규제하고 있는지 여부도 함께 파악하여야 한다.

대체적으로 선진국일수록 가공도가 높은 고기능 물품에 대하여 수출을 규제하고 있는 경우가 많다. 그 이유는 상품이 고도의 기술을 포함하고 있음에 따라 기술이전이 불가피한 Software, 군수품 등에 대하여 부메랑(Boomerang) 효과를 염려하여 수출을 규제하거나 금지하고 있는 경우가 많기 때문이다. 반면, 후진국은 주로 가공도가 낮은 원자재에 대한 수출을 규제하는 경우가 많다. 이것은 가능하면 수출국 내에서 부가가치를 추가하는 가공공정을 시행할 수 있도록 하기 위해서이다.

수입물품에 대한 규제여부를 파악하려면 수출에서와 마찬가지로 우선 HS번호를 정확히 파악해야 한다.

현재 우리나라는 수출품목은 HS 6단위로, 수입품목은 HS 10단위 기준으로 수출입규제여부를 정하고 있다. 수입하고자 하는 물품에 대해서는 수출의 경우와 마찬가지로 국내에서의 당해 품목에 대한 주요 공급국가, 수입물량, 수입량의 변동추이 및 국내시장에서의 수요 등 일반적인 수입동향을 점검할 필요가 있다. 이를 위하여 한국무역협회에서 개발한 KOTIS(www.kotis.net)를 통하여 조회할 수 있지만, 당해 정보를 이용하기 위해서는 KOTIS에 가입해야 한다. KOTIS를 이용하면 품목별 수입실적, 수입지역별 수입금액, 수입업체 등 관심품목에 대한 기본적인 수입동향을 쉽게 파악할 수 있다. 그러나 품목별 수입동향과 관련하여 품목별 수입단가 등 수입물품의 국내영업과 직결되는 실질적인 정보는 품목별로 규격이나 품질수준이 다양하기 때문에 이를 쉽게 파악하기는 어려우며, 이는 결국 실제로 수입거래를 진행하거나 해당업계에 종사하는 과정을 통하여 현장에서 구체적으로 파악할 수 있다.

4. 수입상품의 원가분석

수입자는 수입계약을 체결하기 전에 먼저 누구로부터, 무엇을, 얼마에 수입할 것인가를 결정해야 한다. 이러한 구체적인 사항들이 수입자와 수출자간에 합의가 되어야만 수입계약이 성립되며, 수입을 교섭하고 계약할 때에는 계약하는 수입가격 이외에 여러 가지 수입비용이 존재한다는 것을 알아야 한다. 물론 가격조건 즉, FOB, CFR, CIF조건 그리고 대금결제조건 등 거래조건에 따라 그 수입비용이 달라지지만, 수입과 관련하여 발생할 수 있는 모든 항목을 잘 검토한다면 수입비용을 최대한 절감할 수 있다.

수입자는 계약을 협상하는 단계에서 무역조건을 교섭하는 동시에 수입으로 인해서 발생하게 되는 운송비, 해상보험조건별 보험료, 수입관세 및 기타 금융비용 등을 산출해야 하며, 이들 비용을 산출할 때 항상 비용을 경감시키는 방법을 찾아서 검토해야 한다.

수입은 수출에 비하여 사전 원가 계산 시 다음과 같은 몇 가지 점에 주의해서 치밀하게 수입전략을 세워야 한다.

첫째, 수입은 국내영업인 데 반하여 수출은 해외영업이다.

국내시장은 좁으며 불완전경쟁시장인 반면, 해외시장은 넓고 완전경쟁시장에 가깝다. 즉, 수출거래와 비교하여 수입거래는 우선 수출시장에 비하여 상대적으로 좁은 국내시장에서 이익을 실현시키고자 한다는 점을 인식해야 한다.

둘째, 시장규모의 차이에 따라 수입은 수출에 비하여 회전율이 상당히 길다.

수입거래는 대부분 수입물품을 인수하기 전에 물품대금 전액을 결제해야 한다. 그리고 불가피하게 일정수량의 재고가 발생하는데, 이에 따른 자금부담 및 이자 그리고 재고부담에 따른 비용을 제대로 고려하지 않은 채 수입을 계획하는 경우가 많다.

셋째, 수출은 외화를 벌어들여 국내에 공급하는 반면, 수입은 외화를 사용한다.

수출과 달리 수입은 주로 국내산업을 보호한다는 측면에서, 각종의 수입제한제도가 운용되고 있으며, 수입의 경우는 수출과는 달리 많은 관세가 부과된다.

이상에서 살펴보았듯이 수입원가를 구성하는 항목을 설정할 때는 수출원가를 구성할 때 보다 더욱 주의하여야 하며, 수입원가는 크게 보아 물품대금과 제 경비 그리고 이자로 나누어 살펴볼 수 있다는 것을 알았다. 이와 함께 수입원가는 환율, 관세율, 이자율 및 시장현황의 변화 등에 따라 수시로 변동할 수 있으므로 각 외부변수의 변화추이에 대해서도 항상 관심 있게 살펴보아야 한다.

수입자가 수입상품의 원가를 파악하는데 포함하는 항목들을 보다 구체적으로 알아보면 다음과 같다.

첫째, 물품대금은 수입자가 선하증권을 수취하기 위하여 결제해야 하는 환어음대금으로, 수입자가 결제해야 하는 환어음 금액은 달러 등 외화로 표시되어 있으므로 수입자는 동 외화금액에 전신환 매도율을 곱하여 이를 원화로 환산해서 결제해야 한다.

둘째, 수입 제경비는 은행에서 발생하는 금융비용, 수입통관시 세관에 지불해야 하는 수입제세금 등 통관경비와 수입물품 운송·보험과 관련하여 발생하는 물류 제비용으로 이들 중 부담의 정도는 일반적으로 물류비용, 통관경비, 금융비용의 순서이다.

셋째, 수입원가항목에 포함시켜야 하는 이자는 수입대금을 결제한 이후에 수입물품의 국내영업과정에서 발생하는 이자를 말한다.

넷째, 수입상품의 원가조사시 고려해야 하는 또 다른 항목은 수입대금 결제시기와 관련한 환차손익, 외상거래시 발생하는 금융비용, 수입추천비용 또는 수입허가비용 등 수입규제에 따른 행정비용과 수입부담금 그리고 기타 수량의 과부족 등에 따른 비용이다.

이상으로 수입상품의 원가 분석에 필요한 항목들에 대하여 알아보았다.

수입자가 고려해야 하는 또 다른 것은, FOB나 CIF 등의 무역조건 중 어느 조건으로 수입하는 것이 가장 유효한지를 고려해야 하는데, 수입자가 저렴한 운임이나 보험료를 수배할 수 있다면 FOB로 수입하는 것이 바람직 하지만, 많은 수출자로부터 동일한 상품에 대하여 각각 Offer를 받는 경우에는 CIF가격으로 Offer하는 것이 유리하다. 그 이유는 CIF가격조건으로 계약할 경우 가장 유리한 가격을 쉽게 알 수 있기 때문이며, 이 경우에 가능하면 FOB가격, 운임 그리고 보험료를 개별로 표시하여 받는 것이 원가파악에 편리하다.

제 6 장 해외시장조사

제 1 절 해외시장조사

1. 해외시장조사의 개념

해외시장조사(overseas market research)는 수출입절차의 첫 단계로서 거래관계를 개설할 수 있도록 목적상품에 대한 수요나 공급의 실태, 시장성 및 상관습 등 판매가능성(selling feasibility)을 조사하는 것을 말한다. 시장조사의 목적은 ① 신시장의 개척, ② 기존시장의 유지 또는 확대, ③ 상실한 구시장의 회복 등에 있으나 목적 여하에 따라 조사활동대상에 차이가 있다.

2. 해외시장조사의 필요성

무역거래는 국내 상거래와는 달리 국가간에 상이한 문화, 종교, 언어 및 상관습의 차이에서 이루어질 뿐만 아니라 상거래에 직접 관계되는 결제통화, 외환제도, 수출입승인 및 통관제도 등에서 국내 상거래 보다 훨씬 절차가 복잡하고 위험도 많이 따른다. 따라서 외국과의 무역거래에 있어서 위험을 최소화하고 이익을 극대화하기 위해서는 목적시장에 대한 각종자료의 수집·분석을 통한 신속· 정확한 시장조사가 필요하다.

〈표 6-1〉 문화영역 구분

문화영역	특 징	
중동아시아 및 북아프리카	· 이슬람 문화권	
유 럽	· 기독교 문화권(남부는 카톨릭, 북부는 개신교) · 가장 발달된 문화권	
중 국	· 유교 문화권 · 공산주의에서 자본주의 경제로 전환 중	· 현세중시
인 도	· 힌두교 문화권	· 윤회설에 따라 내세 중시
동남아시아	· 힌두교·불교·이슬람교의 영향	
중앙아프리카	· 나라별로 고유언어 소유	· 전통적인 민족 종교
라틴아메리카	· 카톨릭 문화권	· 포르투갈과 스페인의 식민지 영향
북 미	· 개신교 문화권	· 세계에서 가장 선진 공업국
러 시 아	· 희랍정교 문화권	· 공산주의에서 자본주의로 전환중
일 본	· 불교와 신도(神道)의 영향	· 세계 선진공업국의 하나
태평양국가	· 폴리네시안 국가	
한 국	· 한국 고유의 전통문화	· 유교·불교·기독교의 영향

자료 : 김영생·이종원, 「국제무역통상개론」, 법경사, 1997, p.131.

3. 해외시장조사의 내용

해외시장조사는 그 방법에 있어서 목적시장에 대한 일반적인 사항을 조사한 다음 목적에 따라 세부적인 내용을 조사하는 과정을 거치게 된다.

4. 시장조사의 방법

시장조사를 하는 방법에는 무역업자나 제품제조업자가 목적시장에 대한 필요한 정보를 직접 수집하여 조사하는 직접조사방법과 공공기관이나 관련회사들이 발행하는 각종 조사자료를 이용하는 간접조사방법이 있다.

〈표 6-2〉 시장조사 내용

구	분	조 사 내 용
일반조사	· 일반사항	· 정치, 경제, 사회, 문화, 종교, 인구, 언어, 지리적 여건 등
	· 경제동향	· 경제체제, 경제성장, 국제수지, 물가, 통화, 임금
	· 산업동향	· 산업구조(특히 제조업)
	· 무역동향	· 대외무역구조(특히 등록별, 지역별, 경쟁국, 진출동향)
	· 무역관리제도	· 통화정책, 수입관리제도 및 절차, 수입규제, 관세율과 외환관리
	· 시장특성 및 유통구조	· 소비자계층, 상관습 및 구매시기, 수입상 현황
	· 시장접근방법	· 거래관계
	· 교역현황	· 해당 품목 수입규모
	· 기타	· 항만, 통신시설 등
세부조사	· 수요조사	· 수요구역, 용도, 시기, 소비 또는 수요량, 기호, 공급방법, 공급량, 공급상태
	· 공급조사	· 목적상품의 생산지와 공급지, 생산실태, 공급사정, 공급량

(1) 직접조사방법

직접조사방법은 해외출장이나 해외지사, 출장소, 사무소나 거래처를 통하여 직접 조사하는 방법으로 시장정보를 얻기 위한 가장 좋은 방법이나 많은 성과를 거두기 어렵고 비용이 많이 드는 단점이 있다.

(2) 간접조사방법

간접조사방법은 우리나라의 기관을 이용하는 방법과 타국의 기관을 이용하는 방법으로 구분된다.

〈표 6-3〉 간접조사방법

구 분	관 련 기 관
우리나라기관 이용방법	· 한국무역협회(Korea Foreign Trade Association : KFTA) · 대한무역진흥공사(Korea Trade Promotion Corporation : KOTRA) · 대한상공회의소(Korea Chamber of Commerce & Industry : KCCI) · 한국신용보증기금(Korea Credit Guarantee Fund : KCGF) · 외국주재한국공관(대사관, 공사관, 영사관) · 금융기관 등
타국기관 이용방법	· 주한 외국대사관 · 외국 금융기관

제 2 절 거래처 발굴과 선정

1. 거래처의 발굴과 선정

시장조사에 의하여 목적시장이 결정되면 잠재력이 있는 유력한 거래처를 찾아 거래관계를 맺게 된다. 원거리의 해외시장을 상대로 하는 무역거래에서 거래처의 발굴과 선정은 사업의 성패와 직결되므로 신용 있고 능력 있는 거래처를 선정하여 거래관계를 맺는 것이 중요하다.

2. 거래처의 발굴방법

거래처의 발굴에는 아래와 같은 여러 가지 방법이 이용된다.[1)]

(1) 자체홍보물 이용방법

거래선 발굴을 위해 자체홍보물을 제작 배포하는 방법이다. 홍보물의 내용은 상품의 규격, 용도, 재질 등 상품의 구성에 주안점을 두어 작성하여야 하며, 배포는 해당 상품을 취급하는 구매자를 대상으로 배포할 수 있는 방법이 강구되어야 한다.

(2) 해외광고를 통한 방법

해외광고를 이용하는 방법에는 국내발간 해외배포용 매체광고를 이용하는 방법과 해외발간매체 광고를 이용하는 방법이 있다.

대표적인 국내발간 매체로는 한국무역협회의 Korea Export(년 2회), Korea Trading Post(격주간) 및 대한무역투자진흥공사의 Korea Trade & Business(월간), Korea Trade(1년 8호)외에 관련 협회의 자료 등을 활용할 수 있다.

한편 해외발간 매체로는 해당 국가의 전문지 등을 이용할 수 있다.

---

1) 한국무역협회, 「무역실무연습」, 1994, pp.63~70.

〈표 6-4〉 국내발간 해외홍보매체

발행기관명	자 료 명	언어	기간별	배포부수	
				해외	국내
한국무역협회	Korea Export	영어	연 간	7,500	2,500
	Korea Trading Post	영어	격주간	9,000	2,000
	한국상품ガイド	일어	격주간	930	170
대한상공회의소	Korean Business Directory	영어	연 간	1,000	1,500
중소기업중앙회	K.T.Directory of Small & Medium Business	영어	연 간	2,000	
대한무역투자진흥공사	Korea Trade & Business	〃	월 간	7,500	2,500
	Korea Trade	〃	격월간	9,500	500
기계공업진흥회	Korea Machinery	〃	격 년	1,500	500
전자공업진흥회	Korea Electronics Catalogue	〃	연 간	2,100	900
완구공업협동조합	Toy Manufacturers in Korea	〃	〃	2,000	2,000
금속공업협동조합	Korea Metal Products	〃	부정기	4,400	10,600
전자공업협동조합	Korea Electronics Buyer's Guide	〃	연 간	700	300
섬유산업연합회	Korea Textiles Garments Buyer's Guide	〃	부정기	6,000	4,000
공작기계공업협회	Korea Machine Tool's Guide	〃	〃	1,200	1,800
조선기자재협회	Ship's Machinery & Equipment	〃	〃	3,600	2,400
한국잡화시험검사소	Korea Merchandise	〃	연 간	2,700	300
BUYERS GUIDE사	Korea Buyers Guide	〃	월 간	8,000	2,000

(3) 국내발간 해외홍보매체 이용방법

국내발간 각종 Directory를 이용하여 해외홍보를 할 수 있다.

(4) 해외공공기관 이용방법

각국의 상공회의소, 각국 World Trade Center(WTC) 또는 수출입 관련기업에 서신을 발송하는 방법이다.

(5) 각종 사절단 및 전시회 참가방법

무역관련기관에서 주관하는 사절단, 박람회 및 전시회를 이용하는 방법이다.

(6) 직접 방문 방법

해당 지역에 직접 방문하여 발굴하는 방법으로 거래선을 발굴하는 최선의 방법이다.

(7) 인터넷 이용방법

인터넷의 무역알선사이트 또는 해당 기업의 홈페이지를 검색하여 필요한 정보를 얻는 방법이다.

1) 국내외 무역거래알선 웹 사이트 및 검색엔진 등록

국내외 무역거래알선 웹 사이트에 등록하면 해외바이어들이 Home Page를 방문하여 수출조건을 조회(inquiry)하는 E-mail을 보내온다.

국외거래 알선사이트에는 ① 세계무역센터협회(WTCA), ② 국제연합(UN), ③ Trade Leads, ④ Access-Trade, ⑤ GEIS 등이 있으며, 국내무역거래알선사이트에는 ① KTNET의 http//www.eckorea.net., ② KITA의 http//www.ec21.net., ③ KOTRA의 http//www.KOTRA.or.kr/KOBO 및 silkroad21, ④ SMIPC의 http// www.smipc.or.kr 등이 있고, ⑤ 국외검색엔진에는 Yahoo, Altavista, Infoseek 등이 있다.

2) 국내외의 무역전문 웹 사이트

- 한국무역정보통신 eckora(http://www.eckorea.net)
- 한국무역협회 EC21(http://www.ec21.net)
- 대한무역투자진흥공사 Kobo(http://www.KOTRA.or.kr/KOBO)
- 대한무역투자진흥공사 Silkroad21(http://www.silkroad21.com)
- 중소기업진흥공단 Smipc(http://www.smipc.or.kr)
- e-trader(http://www.e-trader.co.kr)
- 일간수출 오더정보센터(http://www.tradeorder.co.kr)
- 카오스트레이드(http://www.chaostrade.com)
- 코리안소스(http://www.koreansource.com)
- 트레이드서울(http://www.tradeseoul.com)
- 삼성물산(http://www.findkorea.co.kr)
- 인포트레이드(http://www.infotrade.co.kr)

3) 해외무역전문 웹 사이트

- · 세계무역센타협회 wtca(http://www.wtca.org)
- · Trade leads(http://www.tradeleads.com)
- · 글러벌소시스 globalsources(http://www.globalsources.com)
- · Asian net(http://www.asiannet.com)
- · Access-trade(http://www.access-trade.com)
- · Sellers-Buyers intl(http://www.i-trade.com)
- · World Business Network(http://www.worldbusiness/marketplace)
- · Asian Sources(http://www.asiansources.com)
- · IMEX(http://www-imex.com)
- · Bolero(http://www.bolero.net)
- · BC Trade Network(http://www.bc-trade.net)
- · Global trade center(http://www.trade2000.com)

3. 신용조사

(1) 신용조사의 필요성

시장조사결과 몇 개의 거래처가 선정되면 거래를 개시하기 전에 상대방에 대하여 엄격한 신용조사(credit inquiry)를 실시하여야 한다.

신용이란 현재의 가치를 미래의 가능성과 교환하는 매개체로 이를 성립시키기 위해서는 수신자의 지급과 관련 신의, 지급능력, 지급불능시 지급을 강제할 수 있는 자산의 보유 및 일반경제 상태의 보장을 요건으로 한다.

또한 무역거래는 신용을 바탕으로 성립되므로 상대방의 신용상태(credit standing)가 불량한 경우 상품의 인수를 회피하거나 대금지불을 거절하는 경우가 발생할 수 있다.

따라서 신용조사는 반드시 거쳐야 할 과정으로 거래개시 뿐만 아니라 거래중인 경우에도 정기적으로 실시하여야 한다.

(2) 신용조사의 내용

신용조사는 상대방의 신용도(reliability)를 조사 및 측정하는 것으로 주요 내용은 다음과 같다.

1) 상도덕(character)

상대방의 성실성, 평판, 영업태도, 채무이행에 대한 열의 등 계약이행에 대한 신뢰성에 관계되는 사항의 조사

2) 거래능력(capital)

상대방의 재무상태, 수권자본금, 납입자본금, 자기자본과 타인자본, 매출액, 손익상태 등 재무제표를 중심으로 하여 자산, 자본, 부채 등 지불능력의 조사

3) 대금지불능력(capacity)

영업형태, 회사연혁, 경영자의 경력, 영업권, 거래처, 거래실적, 취급상품 등 기업운영능력을 조사

4) 거래조건(conditions)

현지시장의 정치적·경제적 상태, 통관절차나 항만, 운송시설 등 상대회사를 둘러싼 현지시장의 상태를 조사

5) 담보능력(collateral)

위험발생소지를 줄이기 위하여 상대방의 물적 담보와 인적 담보(신용담보)의 충족 가능성 조사

(3) 신용조사의 방법

신용조사의 방법에는 은행 및 동업자 조회, 해외지사를 통한 조회, 상업흥신소를 통한 조회, 국내신용기관을 통한 조회 등이 있다. 또한 해외의 유력 신용조사기관은 〈표 6-5〉와 같다.

1) 은행 및 동업자 조회

일반적으로 많이 활용되는 방법으로 해당 업체의 환거래계약체결은행(correspondent bank)이나 상대국의 거래선에 신용조사를 의뢰하는 방법

2) 해외지사를 통한 조회

상대국에 위치한 본사 등의 해외지사를 통하여 신용조사를 의뢰하는 방법

3) 상업흥신소를 통한 조회

신용조사를 전문으로 하는 회사(merchantile agency; commercial credit agency)에 의뢰하여 조사하는 방법

〈표 6-5〉 해외 유력 신용조사기관

기 관 명	소 재 지	신용조사 가능지역
Dun & Bradstreet International	1 World Trade Center Suit 9069 New York N.Y.100487, U.S.A.	전 세 계
Amalgamated Trade Protections Ltd.	Sellotape House 54/58 High Street Edware Middlesex HW U.K.	전 세 계
Commercial Report Australlia Pty Ltd.	Launens House 180 Finders Lane Box 2630 Gpo Melbourne Vic 3001 Australlia	대 양 주
Avetis Johannes	Trade Inquiry office 51 Khiaban Ramsar Av.Shareza Tehran 15 Iran	중 동
Tokyo Shoko Japan International Co.Ltd.	P.O. Box 1064 Tokyo Central Tokyo, Japan	아 시 아
Exim Recoveries Ltd.	Investment House(1st) 21/25 Broad Street C.P.O. Box 8016, Lagos Nigeria	아프리카
Ausktnfe Burgel Centrale GmbH	D-57100 Aachen EL isabethstrabe Postfach 310 Germany	유 럽
Veritas Argentina	Maipu 286 Buenos Aires, Argentina	중 남 미
Incredisa (Inform-Credit S.A.)	Inform-Credit, S.A. Lopez 15-309 Y310 Apartado Postal 572 Mexico I.D.F. Mexico	멕 시 코
Tile Research(Private Ltd.)	109-A. Frankel Avenue Singapore15	싱 가 폴
ICAP Hellas S.A.	54A Queen Sophia Avenue, Athens 612 Greece	그 리 스
KUTZ Corporation	P.O. Box 16522 Bombay-400 026,India	인 도

4) 국내 신용기관을 통한 조회

국내에서 활용 가능한 공공기관을 통하여 조사의뢰하는 방법
참고로 한국수출보험공사의 조사의뢰절차를 예시하면 다음과 같다.

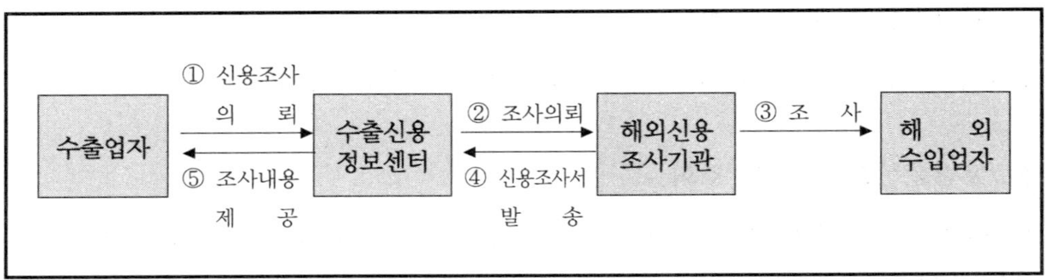

〈표 6-6〉 신용조사 의뢰가능한 국내기관

기 관	주 요 내 용
대한무역투자 진흥공사	· 상품 및 지역조사 · 신용조사 · 수출보험 사고조사 등
한국수출입은행 (수출신용정보센터)	· 경영일반사항 · 소유주, 대표자 경영능력, 종업원수, 취급상품, 대금결제상태, 현지평판, 은행거래상태 및 소송기록 등 · 재무사항 · 매출액, 이익률, 순자산, 운전자본 등 대차대조표 및 손익계산서에 관한 사항
신용보증기금	· 기업체명, 주소, 소유주, 연혁, 대표자경력, 취급상품, 종업원수, 신용등급 등 · 매출액, 자본금, 영업실적, 채무상환기록, 지급결제조건 등

제 3 절 거래제의 및 계약체결

1. 거래제의

신용조사를 거쳐 거래처가 선정되면 거래를 제의하는 권유장(circular letter; letter of business proposal)을 발송하게 된다. 권유장은 자신의 회사를 소개하는 서신으로

정중하게 작성하여 상대방으로 하여금 거래를 결심하도록 하여야 한다.

권유장을 작성할 때에는 상대방을 알게 된 경위와 회사의 영업규모, 상태, 취급상품 및 업계에서의 위치, 대금결제조건, 회사의 신용조회처 등을 포함하여야 한다.

2. 거래제의 서한

거래제의 서한은 다음 요령에 의거 작성하도록 한다.

(1) 작성요령

· 상대방을 알게 된 동기
· 거래제의 회사의 업종, 취급 상품
· 거래제의 회사의 국내지위, 거래경험, 거래(생산)규모
· 거래조건(특히 가격, 결제 및 운송조건)
· 거래제의 회사의 신용조회처(거래은행명 및 주소)

(2) 작성시 유의사항

· 간단 명료한 문장으로 작성한다.
· 해당 시장을 상대 회사를 통해 개척하고자 한다는 점을 강조한다.
· 생산량, 연간 매출액 등 회사 규모를 적절히 표현한다.
· 품질의 우수성과 경쟁력이 있는 가격을 제시한다.
· 상대방이 관심있는 경우 오퍼나 견품을 즉시 송부한다.
· 거래관계가 성립되면 상호이익을 바탕으로 한다는 점을 강조한다.

3. 일반거래조건협정의 체결

신용조사결과 상대 회사의 신용상태가 양호하고 거래제의가 받아들여지면 실제 거래가 이루어지게 된다. 그러나 같은 거래조건으로 반복해서 거래하고자 할 때 개개의 무역거래를 성립시키기 전에 거래방법에서 일관성의 유지와 장래에 발생할지도 모르는 무역분쟁이나 클레임의 예방과 원만한 해결을 위하여 무역거래의 일반적인 기준이 될 제반조건을 협정하고 교환해 둘 목적으로 작성하는 것이 일반거래조건협정서(agreement on general terms and condi- tions of business)이다.

일반거래조건협정은 무역계약을 체결할 경우 일반적으로 기준이 되는 사항으로서 다음과 같은 사항이 포함된다.

(1) 거래형태

본인 대 본인거래(business as principal to principal)인가 수수료에 의한 거래(business on commission)인지의 구분[2)]

(2) 계약의 기본조건

① 품질(quality) : 품질결정방법, 품질결정시기 등
② 수량(quantity) : 수량단위, 수량결정시기, 과부족용인조건 등
③ 가격(price) : 거래화폐, 가격기준 등
④ 포장(packing) : 포장방법, 화인(marking), 기타 표시사항 등
⑤ 거래조건(trade terms) : 무역조건의 정의와 해석
⑥ 선적(shipment) : 선적지, 선적항 등
⑦ 대금결제(payment) : 결제방법, 어음기간, 선적서류의 인도조건, 신용장조건 등
⑧ 보험(insurance) : 손해보상의 범위, 보험금액, 부보하는 화폐단위, 보험금지급장소 등

(3) 거래절차

① 청약(offer)과 승낙(acceptance)의 시기와 방법
② 주문
③ 선적통지 등

---

2) 거래형태에 의한 구분은 계약 당사자가 그 거래로부터 발생하는 손액을 부담하느냐 여부에 따라 구분된다. 즉 본인으로서의 거래는 자기 자신의 명의와 계산으로 하는 거래이므로 거래에서 발생하는 손익이 자기 자신에 귀속되나 수수료에 의한 거래는 손익과는 관계가 없다는 데서 차이가 있다.

(4) 클레임의 처리방법

① 클레임의 제기기한 및 방법
② 해결방법
③ 발생비용 부담방법 등

(5) 기타 거래에 관한 필요사항

〈표 6-7〉 일반거래조건협정서

Agreement on General Terms and Conditions of Business

This Agreement entered into between A & Co., Ltd., [a corporation organized and existing under the laws of Japan] having its principal office at 4, Ohtemachi I-chome, Chilyodaku, Tokyo, Japan (hereinafter called Sellers) and B & Co., Inc., [a corporation organized and existing under the laws of the State of New York, U.S.A.] having its principal office at 514 Fourth Avenue, New York, N.Y., U.S.A.(herinafter called Buyers), witness the as follows :

Business : All business transactions into between the parties shall be as Principals to Principals and not as Agent.

Quality : The Sellers are to supply the Buyers with samples free of charge, and the quality of the goods to be shipped should be about the equal to the sample on which an order is given.

Quantity : Weight and quantity determined by the Seller, as set forth in shipping documents, shall be final.

Price : Unless otherwise specified, all price are shall be quoted in U.S. Dollars on the basis of C.I.F. New York.

Packing : Proper export wooden case packing is to be carried out. All shipments shall be marked by instructed marking in advance, given consecutive numbers, port and country of origin.

Trade Terms : The trade terms and conditons used in this contract shall be governed and interpreted by the provisions of Incoterms 2000, unless otherwise specifically stated.

Shipment : Shipment is to be made within the time stipulated in each contract.

Payment : Draft(s) shall be drawn at sight, documents attached, for the full invoice amount under and irrevocable credit which shall be established within 10 days after the conclusion of the contract. Business against D/P draft without L/C should be subject to Seller's previous notification.

Insurance : All shipments shall be covered All Risks for a sum equal to the amount of the invoice plus ten(10) percent, if no other conditions are particularly agreed upon. All policies shall be made out in U.S.Dollars and payable in New York.

Offer : Unless otherwise stipulated, all offers shall be valid for three (3) days from the time dispatched, excluding Sunday and national holiday.

Acceptance : All acceptance shall be confirmed immediately in writing by the buyer. Original to be retained by the Seller. Name of Buyers, delivery, payment, validity, shipping port, destination, packing, description of goods, quality, quantity, unit price, amount to be entered herein.

Shipping Notice : The Sellers shall notify each shipment immediately when it is effected.

Claims : Any claim by Buyer must be made in writing within fourteen (14) days of re-ceipt of the goods at the destination. Certificates by recognized if they are used.

Force Majeure : Neither shall be liable for failure to perform its part of this agree-ment when such failure is due to fire, flood, strikes, labour troubles or other in-dustrial disturbances, inevitable accidents, war(declared or undeclared), embar-goes, blockades, legal restrictions, riots, insurections, or any cause beyond the control of the parties.

Arbitration : All disputes, controversies, of differences which may arise between the parties, out of or in relation to or in connection with this contract, or for the breach thereof, shall be finally settled by arbitration in Seoul, Korea in accordance with the Commercial Arbitration Rules of the Korean Commercial Arbitration Board and under the Law of Korea. The award rendered by the arbitrator(s) shall be final and binding upon both parties concerned.

Governing Law : Both the conclusion and the performance of this contract shall be govered by Korea Law.

In witness whereof, A & Co., Ltd. have hereunto set their hand on the lst day of September, 20…, and B Co. have hereunto set their hand on the 10th day of October, 20…. This Agreement shall be valid on and from the lst day of November, 20…and any of the Articles in this agreement shall not be changed or modified unless by mutual consent.

(Buyers)B & Co., Inc.	(Sellers)A & Co., Ltd.
(Signed)	(Singned)
General Manager	Managing Director

제 7 장

무역계약의 체결

제 1 절 무역계약의 의의와 성격

1. 무역계약의 의의

무역계약(trade contract)이란 국적을 달리하는 당사자들 사이에 매도인(seller)이 물품의 소유권(property in goods)을 양도하여 물품을 인도할 것을 약속하고, 매수인은 이를 수령하여 물품의 대금을 지급할 것을 약속함으로써 성립하는 국제간의 매매계약을 말한다.

무역계약은 국제간에 복수 당사자간의 서로 대립되는 의사표시가 합치(合致)되어 일정한 채권관계의 발생을 목적으로 성립되는 법률행위로서 국내상거래와는 달리 독특한 무역용어, 무역거래조건, 국제관습 등이 적용된다.

2. 무역계약의 특수성

무역계약은 거리와 시간의 원격성, 상이한 법률제도, 문화, 풍습, 언어차이 등으로 인하여 국내계약과 다른 다음과 같은 특성을 가지고 있다.

① 국가간 거래로 법적용상 불확실성의 내재
② 당사자의 상관습 존중
③ 무역계약이 당사국 경제질서에 영향, 주권적 간섭 내재
④ 분쟁발생시 재판관할권의 장소적 문제발생
⑤ 영미법원칙 적용 추세
⑥ 국제적인 정형계약의 통일화

〈그림 7-1〉 무역거래의 일반적 절차

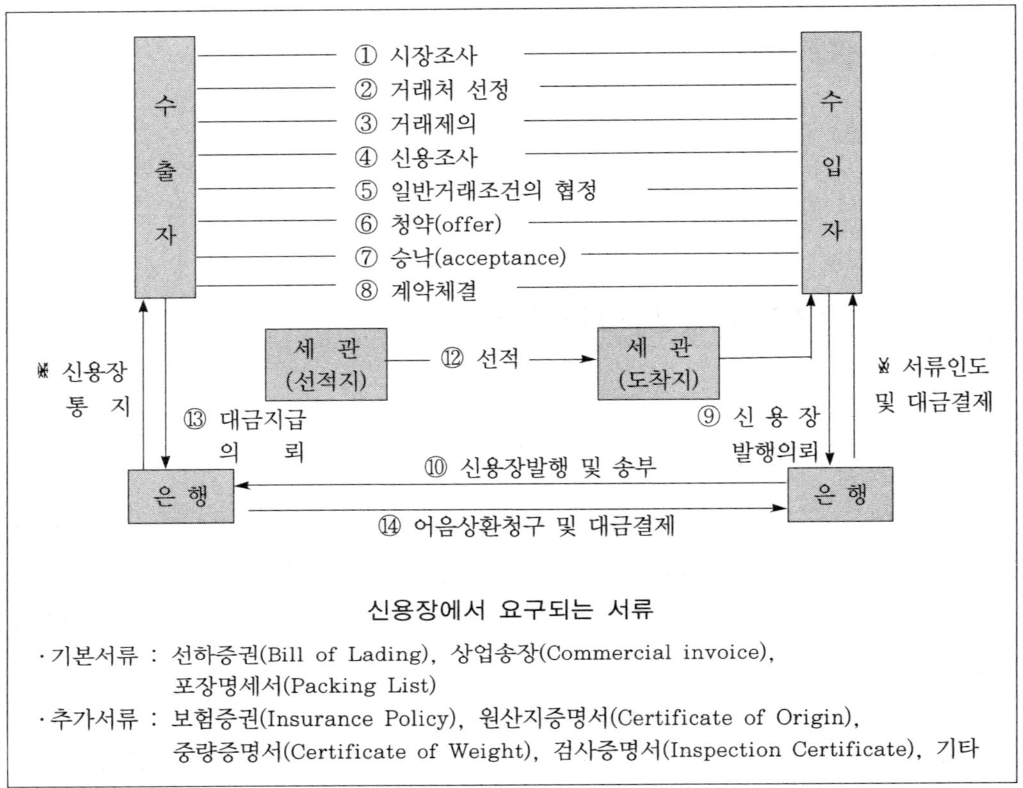

3. 무역계약의 적용규범

국가간에 이루어지는 매매계약에 있어 일반적으로 적용되는 규범은 다음과 같다.

(1) 당사자 약정의 우선

서로 언어, 관습, 법제 등이 상이하므로 계약체결시 획일적인 당사국 법적용의 불합리성을 배제하기 위하여 당사자의 합의를 최우선으로 하는 계약자유의 원칙(principles of the freedom of contract)과 당사자 자치의 원칙(doctrine of the autonomy of parties)이 적용된다.

(2) 국제상관습법의 묵시적 해석기준

국제상관습과 국제상관습법이 계약의 묵시조항(implied terms)으로서 계약내용의 해석기준이 된다.

(3) 지정준거법의 적용

당사자가 준거법을 지정하는 경우에는 지정된 준거법이 적용되나 지정 준거법이 없을 경우 우리나라 국제사법에서는 행위지법을 따르도록 규정하고 있다.

(4) 법정준거법 및 국제조약

법정준거법이 없거나 당사자의 의사가 불분명할 때에는 약정의 성질에 따라 법정지의 국제사법이 정하는 준거법이 적용되며, 국제조약도 계약의 규범으로 적용될 수 있다.

(5) 법적용 국가의 강행규정

당사자의 유효한 약정, 관습 및 관습법, 지정준거법, 국제조약 등이 있어도 관련 국가의 경제 및 법질서에 강행규정이 있는 경우에는 이 규정이 우선적으로 적용된다.

4. 무역계약의 법적성격

(1) 합의계약(consensual contract)

무역계약은 당사자의 합의에 의하여 계약이 성립되기 때문에 일방의 청약(offer)에 대해 타방의 승낙(acceptance)으로서 계약이 성립된다.

(2) 쌍무계약(bilateral contract)[1]

무역계약은 계약의 성립에 따라 매도인은 물품인도의무, 매수인은 대금지급의무를 쌍방이 각각 부담하게 된다.

---

1) 이에 대한 반대개념으로 편무계약이 있으며 이는 상대방의 행위와 상환으로 계약 당사자의 한편만 이 채무를 부담한다는 점에서 차이가 있다.

(3) 유상계약(remunerative contract)

무역계약은 계약 당사자가 상호 대가관계에 있는 급부를 목적으로 설립되는 계약이다. 따라서 매도인의 물품인도에 대하여 매수인이 대금을 지급하는 상호보상이 이루어지게 된다.

(4) 불요식계약(informal contract)

무역계약은 특정한 요식을 필수조건으로 하는 것은 아니다. 즉 매매 당사자의 합의가 있으면 그 자체로 계약이 성립되는 것으로 문서의 작성이나 교부가 계약성립의 요건이 되는 것은 아니다. 다만 추후 발생할 클레임 등에 대한 근거로서 계약서의 작성이 권장되고 있다.

〈그림 7-2〉 무역계약의 법적 성격

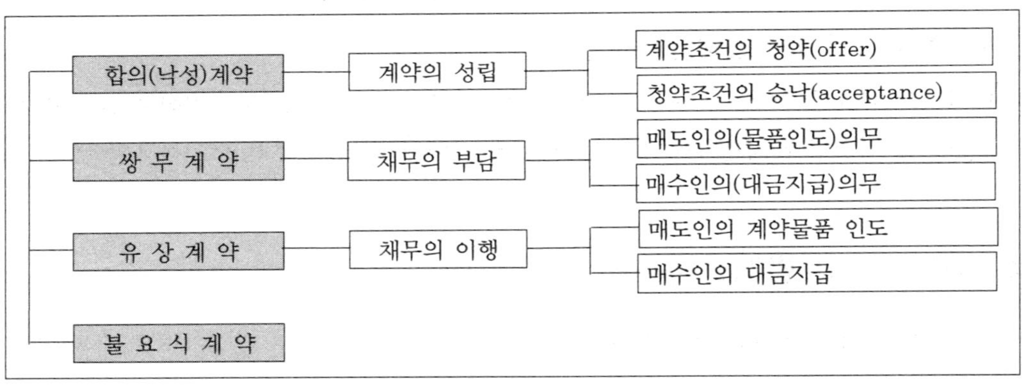

제 2 절 무역계약의 성립

1. 무역계약성립의 의의

계약은 2인 이상의 당사자간에 법률에 의해 강행이 가능한 합의로서 계약이 성립되기 위해서는 대립되는 2개 이상의 의사표시의 합치를 필요로 한다.

무역계약이 성립되기 위해서는 일방의 당사자가 다른 당사자에 대하여 청약이라는 계약체결의 의사표시에 대하여 다른 당사자가 이 청약에 응하는 승낙을 함으로써 성립된다.

실무상 구두로 합의된 의사표시나 물품매도확약서(offer sheet)만으로는 완전한 계약으로 보기 어렵기 때문에 구체적인 거래조건을 명기한 서면계약서의 작성과 보관함을 통하여 후일의 분쟁에 대비하게 된다.

2. inquiry의 배부

inquiry란 청약의 전 단계(前 段階)로서 매수인이 매도인에게 상품구입의 의사를 표시하고 상품의 구체적인 내용·가격·조건 및 기타 거래에 관한 내용을 매도인에게 제시할 것을 요구하는 것을 말한다. inquiry는 물품매매에 관련된 제반사항에 대하여 제의하는 서한으로 여기서부터 실질적인 무역거래가 시작된다.

3. 청약

(1) 청약의 의의

청약(offer)이란 승낙(acceptance)과 결합하여 계약을 성립시키려는 일방적인 의사표시로서 매매 당사자의 일방이 상대방에게 어떤 물품을 일정한 조건으로 사거나 팔겠다는 의사표시를 말한다. 청약은 일정한 형식을 필요로 하지는 않으나 보통 서신이나 전보 또는 텔렉스, 일정한 서식을 갖춘 청약서(offer sheet)[2] 가 사용된다.

이러한 청약은 그 성격이나 내용으로 보아 수출입허가 및 승인과 이에 따른 각종 허가서 및 증명서의 필수서류인 물품매도확약서(offer sheet)와는 다르며, 단지 매매의사표시 및 조회, 확인에만 그치는 성격을 가지고 있다.

양자의 구별은 청약이 물품매도확약서를 포함하는 개념이지만 법에서 요구하는 기재사항을 갖춘 청약이 유효기간 내에 발행자를 구속하여 철회할 수 없을 때 이를 한정하여 물품매도확약서라 한다. 물품매도확약서의 발행은 외국 수출자의 위임을 받은 자이거나 국내지사 또는 대리점으로서 한국무역대리점협회에 등록된 갑류무역대리업자만이 할 수 있다.

---

2) 우리나라 대외무역법 시행령 제19조에서는 이를 물품매도확약서라 칭하고 있다.

(2) 청약의 효력발생

청약은 일반적으로 피청약자에게 도달하였을 때 그 효력이 발생한다. 따라서 도달하기 전에 철회하면 그 청약은 무효가 되며, 청약의 조건으로 승낙기간을 정하고 있는 경우에는 그 기간 내에 승낙이 없으면 그 청약은 효력을 상실한다.

〈표 7-1〉 청약의 효력발생시기

구 분		한국법	영미법	독일법	UN협약
청 약 의 의사표시	대화자간	도달주의	도달주의	도달주의	도달주의
	격지자간	도달주의	도달주의	도달주의	도달주의

(3) 청약의 효력소멸

1) 청약자의 청약철회

청약은 청약자의 청약철회(revocation)에 의하여 효력이 소멸된다. 청약을 철회할 수 있는 시기와 그 효력발생에 대해서는 각국법이나 협약에 따라 상이하다.

2) 피청약자의 청약거절과 반대청약

청약의 거절(rejection)이란 청약을 승낙하지 않는다는 피청약자의 적극적인 의사표시로 그 효력이 소멸된다.

반대청약(counter offer)이란 원청약에 대하여 조건을 변경하거나 추가적인 피청약자의 의사표시로서 일종의 청약거절에 해당되며, 새로운 청약이 되어 그 효력을 상실한다.

3) 청약기간의 경과

승낙기간이 정해진 청약은 승낙기간의 경과에 의하여 효력이 소멸된다. 그러나 승낙기간이 정해지지 않은 청약은 청약자가 철회하지 않는 경우 상당기간(reasonable time)이 경과 후 청약의 효력이 소멸하는 것으로 본다.

4) 당사자의 사망 또는 능력상실

청약자가 사망하거나 능력상실이 된 경우 당사자가 합의에 도달할 수 없기 때문에 청약은 소멸된다. 그러나 청약이 승낙된 후 청약자가 사망한 경우에는 청약이 이미 승낙에 의하여 합의가 성립된 것이므로 유효하다.

5) 불가항력이나 이행불능의 발생

청약은 천재지변 등 불가항력이나 법적 조치 및 특수한 사정이 발생되어 목적을 달성할 수 없게 되었을 경우 그 효력을 상실한다. 또한 청약이 이루어진 후 계약의 이행이 위법이 되면 그 청약의 효력은 소멸된다.

(4) 청약의 종류

〈표 7-2〉 청약의 종류

분류기준	청약의 종류	내 용
발행주체에 따른 구분	매도청약 (selling offer)	매도인이 매수인에게 어떠한 가격과 조건으로 특정 물품을 판매하고 싶다는 매도의사로서 무역거래에서 일반적인 의미의 청약
	매수청약 (buying offer)	매도청약과 반대의 개념으로 매수인이 매도인에게 어떤 조건과 가격으로 특정 물품을 매입하고 싶다는 매입의사를 표시한 청약
발행지에 따른 구분	국내발행청약	거래상대국의 물품공급자나 본사를 대리하여 국내에서 발행 또는 의사표시한 매도청약
	국외발행청약	거래상대국의 물품공급자나 제3자가 국외에서 발행 또는 의사표시한 매도청약
확정력에 따른 구분	확정청약 (firm offer)	청약자가 청약회답의 유효기간(validity)을 정하고 그 기간내에 청약자를 구속하여 조건변경이나 철회를 할 수 없는 청약
	불확정청약 (free offer)	확정청약과는 달리 승낙기간이나 확정적인 표시를 하지 않은 청약으로 상대방의 승낙 전에 청약자가 일방적으로 변경이나 철회 가능
	반대청약 (counter offer)	매도인의 청약에 대하여 매수인이 가격, 수량, 선적시기 등의 청약내용 일부를 변경하거나 추가를 제의해 오는 것으로 원래의 청약에 대한 거절이면서 새로운 청약으로 간주
	교차청약 (cross offer)	청약자와 피청약자 쌍방이 동일한 내용을 청약하는 것으로 이 경우 양 청약이 상대방에 도착한 때 계약이 성립
단서유무에 따른 구분	조건부청약 (conditional offer)	청약내용에 단서가 있어 피청약자의 승낙만으로 계약이 성립되지 않고 청약자의 최종확인이 있어야 계약이 성립되는 청약 ○ 조건부청약의 종류 · 재고잔류조건 오퍼 · 최종확인조건 오퍼 · 무확약오퍼 · 반품허용조건오퍼 · 점검매매오퍼

(5) 물품매도확약서의 내용과 작성방법

물품매도확약서에 기재되는 내용에는 품명,₩ 원산지, 규격, 상표, 단위, 단가, 수량, 금액, 선적지, 인도조건, 물품매도확약서의 유효기간, 대금지급조건, 발행자 및 등록번호, 상대자명이 기재된다.

① 품명(commodity name) : 물품에 대한 혼돈이 발생하지 않도록 종류별·규격별로 기재
② 원산지(origin) : 원산지 판정에 따른 국제적 기준에 따라 물품을 생산한 국가명 기재
③ 규격(grade or specification) : 규격에 따라 가격차이가 발생하므로 정확하게 기재
④ 상표(brand name) : 국제관습상 상표를 필요로 하는 물품에 한하여 기재
⑤ 단위(unit) : 물품의 성질에 따라 사용하는 단위 기재
⑥ 단가(unit price) : 단위당 가격을 표시하되 사용하는 통화 기재
⑦ 수량(quantity) : 수량의 기준은 개수, 무게, 길이, 용적 등 여러 가지가 있고 이에 따라 단위가 다양하므로 주의하여 기재
⑧ 금액(amount) : 수량과 단가를 곱한 가격 기재
⑨ 선적지(shipping port) : 물품을 선적하는 국가나 항구 또는 공항의 이름 기재
⑩ 인도일(shipping date) : 물품의 선적이 가능한 선적일 기재
⑪ 유효기간(validity) : 계약의 이행가능한 기간 기재
⑫ 대금지급조건(payment condition) : 신용장, D/P, D/A, 송금 등 대금결제방법 및 결제기간 기재
⑬ 발행자 및 등록번호(issuer and registered No.) : 물품매도확약서를 발행한 업체 상호와 협회신고 번호 기재
⑭ 상대자명 : 물품매도확약서를 받는 거래 상대방의 주소, 상호, 성명 기재
⑮ 기타 : 이외에도 참조번호, 통지은행, 포장방법, 품질, 분할선적, 환적, 검사, 클레임, 할인 등 계약체결이나 신용장개설시 필요한 부수조건 기재

4. 승낙

(1) 승낙의 의의

승낙(acceptance)이란 상대방의 확정청약에 대한 동의의 확정적인 의사표시로서 승

낙에 의하여 계약이 성립된다. 승낙은 원칙적으로 청약의 모든 내용과 일치하여야 하며 새로운 내용의 추가나 제한 또는 기타의 변경에 의한 승낙은 청약에 대한 거절이며 새로운 청약(new offer, counter offer)으로 간주된다.

따라서 승낙은 다음의 조건을 따라야 한다.

① 승낙은 유효기간 내에 이루어져야 한다.

② 청약의 모든 조건에 대한 무조건의 완전한 승낙이어야 한다.

③ 청약에 대한 승낙의 방법이 명기된 경우에는 그 방법에 따라야 한다.

(2) 승낙방법

승낙방법은 청약에 별도의 지정이 있는 경우를 제외하고 지정이 없는 경우는 합리적인 방법으로 승낙하면 된다. 승낙방법이 지정되어 있는 경우에는 청약자가 승인하지 않는 한 무효가 되어 계약이 성립되지 않는다.

일반적인 승낙방법은 청약에 승낙방법이 지정되어 있는 경우에는 지정에 따르며, 승낙방법이 지정되어 있지 않은 경우에는 청약방법에 준하여 합리적인 방법으로 승낙하면 된다.

(3) 승낙의 효력발생시기

무역거래는 청약자와 피청약자가 공간적으로 떨어져 있기 때문에 승낙의 의사표시가 피청약자로부터 발송되어 청약자에게 도달하기까지 어느 시점에서 계약이 성립하는가 하는 문제가 발생된다.

〈표 7-3〉 승낙의 효력발생시기

구 분			한국법	영미법	독일법	UN협약
의사표시에 관한 일반원칙			도달주의	도달주의	도달주의	도달주의
승낙의 의사표시	대화자간	대화 전화 텔렉스	도달주의	도달주의	도달주의	도달주의
	격지자간	우편 전보	발신주의	발신주의	도달주의	도달주의

승낙의 효력발생시기는 이론적으로 피청약자가 승낙의 의사표시를 한 때에 계약이 성립되는 발신주의, 피청약자의 승낙의 의사표시가 도달한 때에 계약이 성립되는 도달주의, 승낙의 의사표시가 물리적으로 청약자에게 도달한 뿐만 아니라 현실적으로 청약자에게 그 내용을 인지한 때에 계약이 성립되는 요지주의로 구분된다.

5. 계약의 체결

(1) 계약의 체결방법

무역계약은 합의계약이므로 계약서 작성이 계약성립의 필수요건은 아니다. 그러나 당사자가 의도하는 것을 법률적으로 명확히 하고 이행과정에서 발생하는 문제(이행의 구체적 방법, 불이행 및 이행불능시 처리 등)에 관하여 계약 당사자를 구속하는 규범을 설정함으로써 불필요한 분쟁을 방지하고 분쟁발생시 조속하고 합리적인 해결을 위해서 계약서의 작성이 필요하다.

계약을 문서화하는 방법에는 다음과 같은 3가지 방법이 있다.

① 청약서에 의한 방법

매도인이 발행한 청약서에 매수인이 승낙서명을 한 후 각기 1통씩 보관하는 방법으로 내용이 간단하나 사전에 일반거래조건에 대한 협정이 없는 경우에는 이용이 곤란하다.

② 전신이나 서신에 의한 방법

매도인이 확정청약의 전신이나 서신을 상대방에 보내고 상대방이 이에 대한 합리적인 방법으로 회신을 보냄으로써 서면계약서(written contract)의 법적 효력을 갖도록 하는 방법이다.

③ 계약서에 의한 방법

성립된 계약의 내용을 어느 일방이 2통을 작성하여 서명한 후 상대방에 송부하고 상대방은 이를 검토 서명함으로써 각기 1통씩 보관하는 방법이다.

계약서의 명칭으로는 매도인이 작성할 경우에는 sales contract(매도계약서), sales note(매약서) 또는 confirmation of order(구매계약서)로, 매수인이 작성할 경우에는

purchase contract(구매계약서), purchase note(매약서) 또는 purchase order(주문서)로 부른다.

(2) 계약의 종류

1) 개별계약

개별계약(case by case contract)이란 거래가 성립되면 건별로 계약서가 작성되고 거래가 종료되면 그것으로 계약이 종료되는 계약이다.

2) 포괄계약

포괄계약(master contract)은 동일한 품목에 대하여 계속적·반복적으로 거래가 이루어지는 경우 개별계약의 불편을 해소하기 위하여 활용되는 계약이다.

3) 독점계약

독점계약(exclusive contract)은 매도인이 수입국의 지정수입자 외에는 같은 품목을 청약하지 않으며, 매수인은 같은 품목을 수출국의 다른 매도인으로부터 수입하지 않는다는 조건으로 이루어지는 계약을 말한다.

(3) 계약서의 내용

무역계약서의 내용은 물품의 성질이나 거래상황에 따라 상이하여 통일된 계약서식을 제시하기 어려우나 일반적으로 다음과 같은 기본조건들과 기타 필요한 조항이 포함되게 된다.

① 계약서번호
② 계약체결일자
③ 매수인의 명칭과 주소
④ 매매계약성립의 확인문언
⑤ 선적일
⑥ 상품명세
⑦ 수량
⑧ 단가
⑨ 대금결제방법
⑩ 보험조건
⑪ 포장방법
⑫ 목적지
⑬ 참조번호
⑭ 화인표시
⑮ 주의사항
⑯ 서명

(4) 계약서 작성시 유의사항

계약서를 작성할 때에는 다음 사항을 유의하여야 한다.

① 계약서상 당사자간 합의된 조건의 포함 여부 확인
② 계약서 내용이 준거법 또는 강행법규에 적법여부 검토
③ 계약서 내용상 논리적 일관성의 유지 및 상충부분 검토
④ 계약서에 사용된 용어의 정확성 검토
⑤ 계약성립 일자의 정확성 여부 확인
⑥ 계약서상 서명 또는 날인의 유효성 검토

6. 계약의 효력발생

계약은 청약과 승낙으로 성립되지만 법적 구속력을 갖기 위해서는 매매 당사자간 자유의사에 의한 합의로 계약의 성립과 당사자가 이행능력의 보유, 허위계약(false contract)의 회피 그리고 거래목적 및 방법에 있어 합법성을 보유하고 있어야 한다.

제 3 절 무역계약의 제 조건

무역계약조건(terms or conditions)은 계약이행시 계약당사자가 지켜야할 조건으로 계약조건에는 계약서에 명시된 명시조건과 계약서에는 명시되지 않았으나 당연히 지켜야 되는 묵시조건이 있다. 무역계약조건은 거래건별로 적용되는 개별거래조건과 거래에 있어 공통적으로 적용되는 일반거래조건으로 구분된다.

개별거래조건의 기본조건으로는 품질, 수량, 가격, 선적, 포장, 결제, 보험조건 등이 있으며, 일반거래조건으로는 불가항력, 클레임, 준거법, 재판관할, 중재조항 등이 있다.

1. 개별거래조건

(1) 품질조건

품질조건(quality terms)은 무역거래에서 당사자간 분쟁이 많이 발생되는 부분으로 품질은 수출국 상품의 국제경쟁력의 평가 기준이 된다. 상품의 품질[3]문제는 거래 당사자간 중요 관심사항으로 품질불량(inferior quality), 규격상이(different type), 품질상이(different quality) 등이 주요 분쟁[4]의 원인이 된다.

1) 품질의 결정방법

① 실견매매

실견매매(sales by inspection)는 매수인이 거래물품의 품질을 직접확인 후 거래가 이루어지는 방식으로 무역거래에서는 매매 당사자의 한쪽이 외국에서 거주하고 있으므로 거의 활용되지 않고 있다. 다만 보세창고인도조건(BWT : bonded warehouse transaction)[5] 거래에서 한정적으로 이용된다.

② 견본매매

견본매매(sale by sample)는 오늘날 대부분의 무역거래에서 사용되고 있는 방법으로 매매의 당사자가 제시한 견본에 의하여 물품의 품질을 결정하는 방법을 말한다. 견본매매가 이루어지는 경우는 견본에 의하지 않고는 품질판단이 어려운 경우, 간단히 송부할 수 있는 상품 또는 고가가 아닌 상품으로 견본에 의한 것이 바람직한 경우, 입찰 혹은 상대방의 국가사정에 의하여 견본제출이 필요한 경우 등이다.

③ 표준품 매매

농수산물과 같이 동일한 규칙의 품질을 생산할 수 없는 경우 표준품에 의해 품질을 결정하는 방법으로 표준품을 기준으로 계약 체결후 인도물품과 차이가 있는 경우 합의나 거래관습에 따라 가격을 조정하는 방식이다.

---

3) 품질이란 물품의 규격, 성능, 소재 등을 포괄하는 개념이다.
4) 품질에 관한 분쟁의 원인으로는 품질불량, 품질상이, 손상, 변질, 변색 등이 있다.
5) 수출업자가 자기의 위험과 비용으로 상대국 정부로부터 허가받은 보세창고에 물품을 무환으로 반입하여 수출입상과 매매계약을 체결하여 거래하는 방식을 말한다.

④ 상표매매(sales by trade mark)

생산자의 상표(trade mark)나 브랜드(brand)가 국제적으로 알려진 경우 그 상표나 브랜드에 의하여 거래가 이루어지는 품질조건을 말한다.

〈표 7-4〉 표준품의 품질표시방법

표시방법	사용품목	내 용
평균중등품질조건 (F.A.Q. terms)	곡물, 과일 등	동종상품의 평균적이며 중등의 품질을 선정하여 이를 표준물로 하는 조건
판매적격품질조건 (G.M.Q. terms)	목재, 냉동어류 등	인도당시의 품질이 당해 물품의 성질과 상관습상 판매가 가능한 것임을 매도자가 보증하는 조건
보통품질조건 (U.S.Q. terms)	원면, 인삼 등	공인검사기관 또는 공인표준기준에 의하여 보통품질을 표준율로 하는 조건

주 : F.A.Q. : fair average quality, G.M.Q. : good merchantable quality, U.S.Q. : usual standard quality

〈표 7-5〉 상표매매가 가능한 상표의 예

상 품 명	상 표 명
카 메 라	Leica(독), Canon(일), Nikon(일)
손목시계	Rolex(스), Omega(스), Patek Philippe(스), Longines(스)
만 년 필	Parker(미), Pelikan(독), Mont Blance(독), Waterman(프)
청량음료	Coca-Cola(미), Pepsi-Cola(미)
TV	Sony(일), Zenith(미)

⑤ 규격매매

규격매매(sale by type or grade)는 국제적으로 물품의 규격이 정해져 있거나 수출국의 공적 규정에 의하여 상품의 규격이 정해져 있는 경우 이용되는 품질결정방법이다. 국제규격의 예로는 국제표준화기구 ISO(International Organization for Standardization), 영국의 BSS(British Standard Specification), 일본의 JIS(Japan Industrial Standard), 한국의 KS(Korean Standard) 등이 있다.

⑥ 명세서 매매(sale by specification)

기계류, 선박 및 의료기구 등과 같이 거래물품의 성격상 견본의 이용이 곤란한 경우

물품의 성질, 재료구조 및 성능 등에 관한 명세서, 카달로그, 설명서(description), 설계도(plan), 청사진(blue print) 등을 통하여 거래가 이루어지는 경우를 말한다.

2) 품질의 결정시기

무역거래에서 물품의 운송은 장시간에 걸쳐 이루어짐에 따라 운송중 물품의 품질변화가 발생할 가능성이 높다. 따라서 품질의 변화가 가능한 상품에 대하여 어느 시점의 품질을 기준으로 거래를 할 것인가에 대하여 합의하여야 한다.

〈표 7-6〉 품질의 결정시기

<table>
<tr><th rowspan="2">구 분</th><th rowspan="2">개 념</th><th rowspan="2">관련조건</th><th colspan="2">특수조건</th></tr>
<tr><th>종 류</th><th>개 념</th></tr>
<tr><td rowspan="2">선적품질조건
(shipped quality term)</td><td rowspan="2">선적시 물품의 품질로서 품질을 결정하는 조건</td><td rowspan="2">FCA, CFR, CIF, CPT, CIP, 표준품매매의 F.A.Q. 조건</td><td>Tale Quale
(T.Q.)조건</td><td>매도인이 약정한 물품의 품질을 선적시까지 책임지는 조건</td></tr>
<tr><td>Sea Damaged
(S.D.)조건</td><td>매도인이 해상운송 중 발생한 손상에 대하여 책임지는 조건</td></tr>
<tr><td>양륙품질조건
(landed quality term)</td><td>양륙시 물품의 품질로서 품질을 결정하는 조건</td><td>DAF, DES, DEQ, DDU, DDP, 표준품매매의 G.M.Q. 조건</td><td>Rye Terms
(R.T.)조건</td><td>매도인이 약정한 물품의 품질을 도착지까지 책임지는 조건</td></tr>
</table>

(2) 수량조건

무역거래에서 수량은 국가에 따라 해석기준이 상이하기 때문에 품질조건 다음으로 분쟁이 발생하기 쉬운 조건으로 그 원인은 수량부족, 중량부족, 중량계산방법의 상이 등이다.

1) 수량단위

수량단위는 상품의 종류와 상관습에 따라 거의 일정한 것이 많으며, 국가에 따라 거래단위와 기준이 다른 경우가 있으므로 사전에 명확히 해두어야 한다.

〈표 7-7〉 주요 수량단위

수량단위	종류
중량(무게) (weight)	kg, lb(pound), Long ton(L/T, English ton : Gross ton)=2,240lbs(1,061Kgs)=영국톤 Short ton(S/T, American ton : Net ton)=2,000lbs(907Kgs)=미국톤 Metric ton(M/T, French ton : Kilo ton)=2,204lbs(1,000Kgs)=대륙톤 =프랑스톤 hundred weight(cwt) weight: Long cwt=112lbs, Short cwt=100lbs / gross weight, net weight, net net weight
용적(부피) (measurement)	bushel, barrel, liter, cubic meter(CBM), cubic foot(CFT), super foot(S. F)=1 square foot x 1 inch, gallon: English gallon(imperial gallon)=4.546liter American gallon(wine gallon)=3.7853liter
개수 (piece)	piece(개), set, dozen(타=12개), gross(12×12=144개) small gross(12×10=120개) great gross(12×12×12=1,728개)
포장 (package)	TEU(twenty feet equivalent unit), FEU(forty feet equivalent unit), Keg(나무통), bag(포대), case(나무상자), bale(곤포), carton(종이상자), bundle(다발), drum(드럼통), can(함석통), carboy(채롱에 든 대형 유리병)
길이(length)	meter, yard, inch, foot, piece
면적(square)	square foot(SFT)

2) 수량결정시기

수량의 결정시기에 대해서는 운송중 수량의 변화가능성과 거래물품의 성질에 따른 선적시 수량의 정확한 측정이 곤란한 점 등으로 선적시 수량을 최종적으로 하는 선적수량(shipped quantity term)과 양륙시의 수량을 최종적으로 하는 양륙수량조건(landed quantity term)으로 구분된다.

일반적으로 공산품은 선적수량조건으로 농산물, 광물 등 산적화물(bulk cargo)은 양륙수량조건이 적용된다.

수량은 매수인이 인정한 공인검량인(public weighter) 또는 검정인(surveyor)의 중량증명서(certificate of weight)에 의하여 결정된다.

〈표 7-8〉 수량결정시기

구 분	책임의 한계	이용되는 경우	이용거래조건
선적수량조건 (shipped quantity term)	선적지항의 선적 시점	감량의 우려가 없는 성질의 상품거래	별도의 명기가 없는 CIF, FOB 조건
양륙수량조건 (landed quantity term)	수입지항의 양륙 시점	운송중 감량의 우려가 많은 상품거래	별도의 명기가 없는 DES, DEQ 조건

3) 수량의 과부족용인조건

장기간 운송도중 중량변화가 예상되는 화물의 경우 일정비율의 과부족에 대하여 매수인이 인정하는 조건을 과부족용인조건(more or less clause)이라 한다. 따라서 약정된 과부족수량의 범위내에서 매수인측이 인도 수량에 따라 결제하게 된다.

〈표 7-9〉 과부족용인조건의 해석

구 분	해 석 범 위	사 용 예
과부족용인조건이 없는 경우	신용장상 포장단위나 수량이 규정되어 있는 경우를 제외하고 과부족금지문언이 없는 한 발행어음금액이 신용장금액을 초과하지 않는 범위 내에서 5%까지 인정	
과부족용인조건이 있는 경우	1) about, approximately, circa 등 10% 초과하지 않는 범위 내에서 인정 2) more or less clause 선택자 불확실시 FOB : 구매자 선택 CIP : 판매자 선택 운송특약부 FOB : 판매자 선택 3) 과부족분의 가격선정 별도의 약정이 없는 한 계약가격	1) "Seller(Buyer) has the option of shipping or delivering 5% more or less on the contracted quantity" 2) "Quantity shall be subject to a variation of 5% more or less by seller's(buyer's) option"

(3) 가격조건

가격(price)이란 시장에서의 물품의 교환가치(exchange value)를 화폐가치로 표시한 것으로 무역계약의 기본조건은 서로 관련이 있지만 가격조건은 모든 조건을 고려하여 결정되며 거래조건에서 가장 핵심이 된다.

가격은 매수인에게는 상품매입을 결정하는 주요한 요인이 되며, 매도인에게는 그 가격에 판매할 의사발생의 요인이 된다.

1) 거래통화

물품의 수출입대금을 결제하는 데는 통화가 필요하며, 이러한 통화의 결정은 자국통화, 상대통화 또는 제3국 통화중에서 선택하게 된다.

통화의 결정에는 교환성, 안정성, 유용성을 고려하여야 하며 특히 환위험(exchange risk)을 회피할 수 있는 안정된 통화이어야 한다.

우리나라는 현행 지정통화로서 영수통화는 국제통화기금(IMF) 8조국통화,[6] 홍콩통화, 중국통화[7]로 한정하고 있으며, 지급통화에는 제한이 없다.

2) 가격의 구성요소

매매가격은 매도인과 매수인이 부담하여야 할 여러 원가요소와 물품의 인도장소 등을 감안하여 결정하게 된다. 이러한 매매가격을 매거래시마다 구체적으로 나열하여 결정하는 것은 불편한 일로서 국제거래에서는 가격산정의 기초가 되는 무역거래조건들에 대하여 국제상업회의소에서 무역조건의 해석에 관한 국제규칙(Incoterms : International Rules for the Interpretation of Trade Terms)을 제정하여 전세계적으로 적용하고 있다.

따라서 Incoterms를 채택하기 위해서는 다음과 같은 약정이 있어야 적용받을 수 있다.

「The trade terms used in this contract shall be governed and interpreted by the provisions of Incoterms 2010 edition, unless other specifically stated.」

3) Incoterms 2010의 개관

국제상업회의소(ICC)는 2010년 9월 파리에서 Incoterms 2000을 대체하는 「Incoterms 2010」을 발표하였다. 「Incoterms 2010」는 관세가 없는 무역권의 계속적인 확장, 상거래에 있어서의 전자통신의 사용 증대, 물품 이동에 있어서의 안전에 대한 관심의 고조, 그리고 운송실무에 있어서의 변화 등과 같은 환경변화에 대응하여 내용을 개정하였으며, 2011년 1월 1일부터 정식으로 발효된다.

물론 Incoterms는 국제적인 통일규칙에 지나지 않고, 조약이나 법률은 아니기 때문

---

6) IMF 8조국이란 IMF 제8조에 규정한 일반적 의무이행을 수락한 경상거래의 결제에 관한 외환규제를 하지 않는 나라를 말하며 우리나라는 1988년 11월에 회원국이 되었다.

7) 1994. 6월부터 시행중이다.

에 국제거래의 당사자들이 당해 계약의 해석기준으로서 이를 적용하기로 합의한 경우에만 적용된다. 또 2010년 Incoterms가 정식으로 발효된다고 하여 그 후 2000년 Incoterms가 자동으로 효력이 소멸되는 것도 아니다. 예컨대 당사자들이 계약의 해석기준으로 2000년 Incoterms를 적용하기로 합의하면 2000년 Incoterms가 그대로 적용된다. 그렇지만 당사자들이 단순히 거래조건의 해석에 Incoterms를 적용하기로 합의하면 2011년 1월 1일 이후에는 당연히 2010년 Incoterms가 적용된다. 또 일반적으로 무역계약을 체결할 때에는 항상 Incoterms가 등장한다.

인코텀즈 2010이 현재 적용되고 있는 인코텀즈 2000과 비교해 어떻게 달라졌는지 알아본다.

(1) 인코텀즈(Incoterms)는 국제상업회의소가 무역거래 계약에 있어 각국의 조건을 통일할 목적으로 지난 1936년 제정한 국제규칙을 말한다. 즉, 무역거래 계약에 있어 화물거래의 일시 및 장소, 소유권의 이전, 위험의 이전, 운송계약, 운임 지급, 보험계약, 통관절차, 관세지급 등 모든 비용에 대한 매도인과 매수인을 구분해 주는 국제 통일규칙인 것이다.

1936년 제정 후 오늘에 이르기까지 일곱 번 개정 및 추가를 통해 국제무역 환경의 변화를 반영해 왔다. 이 규정은 강제성이 없기 때문에 '계약 또는 L/C에 인코텀즈 규정을 따른다'는 명시가 없을 경우 그 효력을 얻지 못한다.

(2) 인코텀즈 2000은 지난 2000년부터 2010년까지 무역거래 계약의 기준이 됐던 '인코텀즈 2000'은 4개유형의 총 13개 조항으로 분류됐다. 4개의 기본적 유형을 살펴보면 우선 매도인이 영업장 구내에서 매수인에게 제공하는 즉, 매수인 측에서 모든 운송비를 부담하는 'E'조건(EXW), 매도인이 매수인에 의해 지명된 운송인에게 물품을 인도하는 것을 요구하는 'F'조건(FCA, FAS, FOB), 매도인이 운송계약을 체결해야 하지만 선적 및 발송 후 발생하는 사건으로 인한 추가비용에 대해 책임을 지지 않는 'C'조건(CFR, CIF, CPT, CIP), 끝으로 매도인이 물품을 목적지까지 운송하는데 필요한 모든 비용과 위험을 부담해야 하는 'D'조건(DAF, DES, DEQ, DDU, DDP)이 있다. 'E'조건의 경우 수출업자의 책임이 최소한으로 부여되며 'D'조건으로 갈수록 책임이 최대치로 올라서는 것을 확인할 수 있다.

〈표 7-10〉 Incoterms 2010 구성

거래유형	인코텀즈2000	인코텀즈2010
Group E Departure (출발지인도조건군)	EXW (공장인도조건)	EXW (공장인도조건)
Group F Main Carriage Unpaid (주운임미지급인도조건군)	FCA (운송인인도조건) FAS (선측인인도조건) FOB (본선인도조건)	FCA (운송인인도조건) FAS (선측인인도조건) FOB (본선인도조건)
Group C Main Carriage Paid (주운임지급인도조건군)	CFR (운임포함인도조건) CIF (운임보험료포함인도조건) CPT (운임지급인도조건) CIP (운임보험료지급인도조건)	CFR (운임포함인도조건) CIF (운임보험료포함인도조건) CPT (운임지급인도조건) CIP (운임보험료지급인도조건)
Group D Arrival (도착지인도조건군)	DAF (국경인도조건) DES (착선인도조건) DEQ (부두인도조건) DDU (관세미지급인도조건) DDP (관세지급인도조건)	DDP (관세지급인도조건) DAT (컨테이너운송조건) DAP (DES, DAF, DDU를 포함조건)

(3) 국제상업회의소에서 새롭게 발표한 '인코텀즈 2010'기존 4개 분류 13개 항목의 조건에서 11개 항목으로 변경됐다. 그 중 가장 큰 변화는 'D' 조건의 강화이다. 현재 사용

되고 있는 도착지인도조건의 5개 항목 중 DDP 항목만 그대로 사용되고, 나머지 DAF, DES, DEQ, DDU 등 4개의 항목이 삭제되고 'DAT'와 'DAP' 등 새로운 조건이 신설됐다.

해상운송에 적용되는 'DAT(Delivered At Terminal)' 인도조건은 기존의 DEQ를 컨테이너 운송에 적합한 조건으로 강화했으며, 모든 운송형태에 적용되는 'DAP (Delivered At Place)' 인도조건은 기존의 DES, DAF, DDU를 포함하고 있다.

이처럼 '인코텀즈 2010'은 거래당사자 사이의 컨테이너 화물조작에 드는 비용인 THC 비용을 명확히 할당하고 있다.

또한 거래자 간 보험과 관련된 CIF와 CIP 조건에서 최소담보의 약관만으로 매도인이 부보하면 되지만, 대부분의 경우 구매인이 보다 명백한 계약서상의 명백한 요건을 포함하길 요구하고 있다.

이 외에도 인코텀즈 2010은 당사자 간의 원활한 무역거래를 위해 전자통신, 안전상 문제, 연쇄 판매, 국내 및 국제 무역 관련 등에 있어 규칙을 보다 명확하게 보완 및 개정했다.

이처럼 인코텀즈 2010은 거래당사자 사이의 컨테이너 화물조작에 드는 비용인 THC 비용을 명확히 할당하고 있다. 또한 거래자 간 보험과 관련된 CIF와 CIP조건에서 최소담보의 약관만으로 매도인이 부보하면 되지만, 대부분의 경우 구매인이 보다 명백한 계약서상의 명백한 요건을 포함하길 요구하고 있다.

이 외에도 인코텀즈 2010은 당사자 간의 원활한 무역거래를 위해 전자통신, 안전상 문제, 연쇄 판매, 국내 및 국제 무역 관련등에 있어 규칙을 보다 면확하게 보완 및 개정했다.

(4) 선적조건

선적(shipment)이란 물품의 인도가 본선, 항공기나 철도화차 등 모든 운송수단에 적재, 우편인 경우 발송, 복합운송의 경우 운송을 위한 물품의 수탁(accepted for carriage)을 포함하는 개념이다.

복합운송에서는 매수인이 지정하는 운송인에게 물품을 인도하면 현실적으로 선적하지 않아도 선적이 행하여진 것으로 해석된다.

따라서, 선적에 관한 조건에서는 선적시기, 분할선적과 환적, 하역조건 등에 관한 합의가 필요하다.

1) 선적시기

가. 특정일 선적조건

가장 많이 이용되는 조건으로 계약서나 신용장상 선적기일까지 명시하는 방법이다.

나. 특정월 선적조건

선적조건을 확정일로 정하지 않고 월 또는 월의 연속으로서 일정기간 내의 선적일을 결정하는 방법으로 다음과 같다.

〈표 7-13〉 선적일 결정방법

구 분	내 용	표시방법	분할선적여부
단월선적조건	특정의 단일월로서 선적 시기를 결정하는 방법	· March shipment · during March	별도 명기 없는 한 2회 이상 분할선적 가능
연월선적조건	월의 연속으로 선적시기를 결정하는 방법	· March/April shipment · from March to April	별도 명기 없는 한 선적 방법은 매도인이 결정
정기간선적조건	매수인이 정해 준 시기를 선적시기로 결정하는 방법	· within 1 month after receipt of L/C	〃

다. 즉시 선적조건

특정월이나 기일을 명시하지 않고 빠른 시일내 선적하도록 결정하는 방법으로, 해석상 차이가 있을 수 있으므로 가급적 피하는 것이 좋다.

〈표 7-14〉 신용장통일규칙상 기간 및 일자용어의 해석기준

용 어	해 석 기 준
from, till, until, to after on or about	해당일 포함 해당일 제외 지정일로부터 전후 5일의 양 말일을 포함한 기간
특정월의 first half, second half 특정월의 beginning, middle, end	전반(1일~15일), 후반(16일~말일) 상순(1일~10일), 중순(11일~20일), 하순(21일~말일)
prompt shipment immediate shipment as soon as shipment	은행에서는 이를 무시함

라. 조건부 선적조건

어떤 특정한 조건을 전제로 하여 기한을 정하고 그 조건이 이루어질 때 그 기간 내에 선적을 결정하는 조건으로 "shipment within 30 days after contract or receipt of L/C, subject to seller's receipt of L/C by March 15" 등으로 표시된다.

2) 분할선적과 환적

분할선적(partial shipment)이란 계약된 상품을 한번에 선적하지 않고 여러번에 나누어 선적하는 것을 말하며, 환적(transhipment)은 선적항으로부터 양륙항까지의 운송 중 화물을 한 운송수단으로부터 다른 운송수단으로 양하하여 재선적하거나 한 운송방식에서 다른 운송방식으로 이전 및 재선적하는 것을 말한다.

신용장통일규칙에서는 신용장에 분할선적을 금지한다는 명시가 없으면 분할선적을 허용하고 있으며, 분할선적분이 그 분할선적 허용기간 내에 선적되지 않은 경우 별도의 명시가 없는 한 당해 분할 선적분과 그 이후의 분할 선적분은 효력을 상실한다.

한편 환적에 대해서는 환적금지의 특약이 없는 한 환적은 인정되는 것으로 보고 있으며, 환적금지의 특약이 있는 경우라도 특수한 환적운송서류는 은행이 수리하도록 규정하고 있다.

3) 선적일의 해석기준

선적일은 약정된 기간내 선적이행 여부를 결정하는 기준이 되는 것으로 선적일자의 해석기준은 화환신용장통일규칙에서 운송서류별 발행일자가 기준이 되고 있다.

4) 하역조건

가. 정박기간의 표시

정박기간(layday, laytime)이란 용선계약에서 화주가 계약화물의 전량을 적하하기 위하여 선적항 또는 양륙항에 본선을 정박할 수 있는 기간을 말한다.

정박기간을 초과하면 일종의 과태료로서 용선계약상의 체선료(demurrage)를 지급하여야 하고 정박기간 전에 하역이 완료되면 단축된 기간에 대하여 일종의 환급금으로서 선박회사는 화주에게 조출료(dispatch money)를 지급하여야 한다.

〈표 7-15〉 운송서류별 선적일자의 해석

운 송 서 류	선적일자의 해석
해상선하증권(marine/ocean B/L) 용선선하증권(charter party B/L)	본선적재일 또는 B/L 발행일
비유통성 해상화물운송장 (non-negotiable sea waybill) 복합운송서류 (multimodal transport document)	발송일, 인수일, 본선적재일 또는 B/L 발행일
항공운송서류(air transport document)	항공운송서류의 발행일 또는 비행일 운송서류상의 인수 스탬프 일자 또는 발행일
도로, 철도, 내수로 운송서류(road, rail or inland waterway transport document)	수취스탬프의 일자 또는 발행일자
특사수령증 및 우편수령증 (courier & post receipts)	접수일 또는 수령일
운송주선인발행 운송서류 (freight forwarder's transport documents)	서명이나 확인일

〈표 7-16〉 정박기간의 결정조건

조 건	개 념	휴일의 처리
관습적 조속하역조건 (customary quick dispatch ; C.Q.D.)	정박기간을 확정하지 않은 조건으로 항구의 관습적 하역방법 및 하역능력에 따라 조속하게 하역하는 조건	항구의 관습에 따름
경과일수조건 (running laydays)	하역개시 이후의 모든 기간을 정박기간으로 정하는 조건	기간에 포함
하역가능일조건 (weather working days ; W.W.D.)	하역가능한 작업일만을 작업기간으로 하는 조건	제외

나. 하역비 부담조건

화물의 성질과 작업에 따라 적하비와 하역비의 부담이 달라진다. 일반적으로 적하시는 화주가 선측까지의 비용을 부담하고, 양화시는 선박회사가 부담하는 것이 원칙이나 산물(bulk cargo)인 경우 어느 쪽이 부담할 것인가를 명확히 하여야 한다.

〈표 7-17〉 하역비 부담조건

조 건	개 념
Berth terms (liner terms)	선적시와 하역시의 하역비를 선주가 부담하는 조건(정기선의 개품운송에 사용)
F.I.O. (free in and out)	Berth terms의 상대조건으로 선적시와 하역시의 하역비를 화주가 부담하는 조건
F.I.(free in)	선적시에는 화주가 하역시에는 선주가 부담하는 조건
F.O.(free out)	선적시에는 선주가 하역시에는 화주가 부담하는 조건

(5) 포장조건

포장은 유통과정, 즉 운송·보관·거래·사용 등에 있어 그 가치와 상태를 보호·유지하기 위하여 적합한 재료 또는 용기 등을 시공한 기술 및 상태로 그 기능은 물품의 보호와 소비자의 구매의욕을 일으켜 판매촉진을 가져오는데 있다.

1) 포장의 종류

포장의 종류는 재질과 단계에 따라 여러 종류가 있으나 포장단계로 보아 개장, 내장, 외장으로 구분된다.

가. 개장(unitary packing)

물품의 최소 소매단위를 낱개로 포장하는 것을 말한다.

나. 내장(interior packing)

개장된 물품을 수송 또는 취급하기 용이하도록 적절한 재료로써 포장하거나 용기에 넣어 재포장하는 것을 말한다.

다. 외장(outer packing)

운송 중 화물의 변질, 파손, 도난, 분실 등을 방지하기 위하여 최종적으로 몇 개의 내장을 목재나 골판지 상자 등으로 재포장하는 것을 말한다.

2) 화인

가. 화인의 의의

화인(cargo mark)이란 포장화물의 표면에 기입하는 특정한 기호, 번호, 목적지, 취급상의 문구 등을 총칭하는 것으로 그 목적은 화물취급자로 하여금 다른 물품과 구분하여 매수인의 사용편의 및 선적서류와 물품과의 대조에 편의를 주는 데 있다. 국제무역에 있어 화인이 부정확하면 다른 화물과의 혼동을 가져와 하역착오, 화물의 인도착오, 불착 등의 직접적인 원인이 되므로 화인의 내용이나 형태는 계약서에 반드시 명기하도록 하여야 한다.

나. 화인의 종류

① 주표시(main mark) : 화인 중 가장 중요한 표시로서 타상품과 식별을 용이하게 하는 기호로 특정한 기호에 대표문자를 넣어 만든다.

② 부표시(counter mark) : 내용물의 직접 생산자나 혹은 수출대행사 등이 붙이는 기호로서 주마크의 위쪽이나 밑에 기재하게 된다.

③ 품질표시(quality mark) : 내용품의 품질이나 등급 등을 표시하여 송화인이나 수화인만이 알 수 있도록 하기 위하여 사용하는 표시이다.

④ 목적지표시(destination mark) : 내용품이 도착하게 되는 목적지를 표시하는 것으로 선박운송의 경우 항구명이 기재된다.

⑤ 수량표시(case mark) : 단일포장이 아닌 두 개 이상의 많은 수량의 경우 몇 번째에 해당되는지를 나타낸다.

⑥ 주의표시(care mark) : 내용품의 성격, 품질, 형상 등에 따라 취급상의 주의를 표시하는 것으로 문자에 의한 방법과 그림으로 표시하는 방법이 있다.

⑦ 원산지표시(origin mark) : 물품의 생산지를 표시하게 된다.

⑧ 기타 : 특정한 경우 매수인의 요청에 따라 상품명(nomenclature), 내용품번호(stock No. or item No.), 총중량(gross weight)이나 순중량(net weight), 용적(cubic feet) 및 신용장번호(L/C No.) 혹은 수입허가번호(I/L No.)가 추가된다.

〈표 7-18〉 문자에 의한 주의 표시

WITH CARE, HANDLE WITH CARE	취급주의
FRAGILE HANDLE WITH CARE	파손주의
KEEP UPRIGHT	바로 세워 둘 것
DO NOT DROP	떨어뜨리지 말 것
KEEP DRY, GUARD AGAINST WET	습기를 피할 것
USE NO HOOK, NO HOOK	갈쿠리 사용금지
THIS SIDE UP, THIS END UP	이쪽을 위로 할 것
TOP	위쪽 표시
POISON	유독성물
EXPLOSION	폭발위험물
CENTER OF BALANCE	무게중심
INFLAMMABLE	가연물질
KEEP COOL, STOW COOL	찬 곳에 보관할 것
SLING HERE	줄을 걸치는 곳

〈표 7-19〉 그림에 의한 주의 표시

번호	호 칭	표 시	표지내용 및 위치
1	깨지는 것 (Fragile)		깨지기 쉬우므로 주의하여 취급할 것을 표시한다.
2	취급주의 (HANDLE WITH CARE)		충격을 주지 않도록 조심스레 취급할 것을 표시한다.
3	갈고리 금지 (USE NO HOOK) (DO NCT PUN-CHUR)		갈고리를 사용하여서는 안된다는 것을 표시한다.
4	위 (THIS WAY UP)		화물의 올바른 방향을 표시하여 반대 · 가로쌓기를 하지 않을 것을 표시한다. 표지는 표시보기와 같이 포장화물의 옆면 또는 양 끝면의 위쪽구석에 가까운 다른 면의 2곳 이상에 표시한다.

5	직사광선・열차폐 (PROTECT FROM HEAT)		직사광선 및 열로부터 차폐하는 것을 표시한다.
6	방사선 방호 (PROTECT FROM RADIOACTIVE SOURCES)		방사원에서 격리 또는 방사선을 방지하는 것을 표시한다.
7	거는 위치 (SLING HERE)		슬링을 거는 위치를 표시한다. 표시는 표시보기와 같이 상대하는 2면 각각에 표시한다.
8	젖음 방지 (KEEP DRY)		물이 새지 않도록 보호할 것을 표시한다.
9	무게중심 위치 (CENTER OF GRAVITY)		화물의 무게중심 위치를 표시한다. 표지는 표시보기와 같이 무게중심의 위치가 쉽게 보이도록 필요한 면에 표시한다.
10	불안정 (UNSTABLE)		쓰러지기 쉬운 화물임을 표시한다.
11	굴림 금지 (DO NOT ROLL)		굴려서는 안됨을 표시한다.
12	손수레 삽입금지 (NO HAND TRUCK HERE)		손수레를 끼워서는 안되는 부위를 표시한다.

13	위쌓기 제한 (STACKING LIMITATION)	kg max	위에 쌓을 수 있는 최대무게를 표시한다. 표지의 상부에는 최대 허용무게를 수치로 표시한다.
14	쌓는단수 제한 (LAYERS LIMIT)	10	겹쳐쌓을 수 있는 총단수를 표시한다. 표지 위의 수치는 최대 허용 겹쳐쌓기 총단수 10단 쌓기의 보기를 표시한다.
15	온도제한 (TEMPERATURE LIMITATIONS)	℃ ℃ (1) ℃max (2) ℃min (3)	허용되는 온도범위 또는 최저 최고온도를 표시한다. 다음과 같이 (1)은 허용되는 온도범위를 (2)는 최저 허용 온도치를, (3)은 최고 허용 온도치를 표시한다.
16	화기 엄금 (KEEP AWAY FROM FIRE)		타기 쉬우므로 화기를 접근시켜서는 안된다는 것을 표시한다.
기 타			"밟지 마시오" 표시
		찍힘주의	"찍힘주의" 표시

(6) 결제조건

무역계약은 쌍무계약이면서 유상계약으로 계약조건에 따라 매도인은 약정품을 인도하여야 하며, 매수인은 수령한 약정품에 대한 반대급부로서 대금을 지급하여야 한다.

무역거래에서 거래 당사자는 서로 입장이 상이하여 매도인은 선불(cash in advance)이나 가능하면 약정물품을 인도와 동시에 대금회수를 바라는 반면 매수인은 물품을 인수한 후 지불하게 되는 후불(deferred payment)을 바라게 된다. 따라서 이러한 거래 당사자의 상반된 이해관계를 균형화할 수 있는 결제방법으로서 화환어음과 신용장부화환어음에 의한 결제방법이 많이 이용되고 있다.

1) 대금결제방법

가. 신용장방식에 의한 결제

신용장이란 국제무역거래에서 대금결제의 원활을 기하기 위하여 수입자의 요청에 따라 수입자의 거래은행이 수입자를 위하여 개설은행의 신용을 제공하여 일정한 조건 아래 소정의 서류와 상환으로 수출자가 발행한 환어음을 지급·인수·매입하겠다는 일종의 은행의 조건부 대금지급확약서(conditional undertaking instrument for payment)이다.

신용장에 의한 결제는 추심방식이나 송금방식에 비하여 금융기능과 지급보증기능을 갖고 있어 금융적 불편이나 신용위험을 감소시킬 수 있는 편리성으로 가장 많이 이용되고 있다.

나. 선수출계약서방식

신용장거래방식이 불확실한 수입자의 신용을 확실한 은행의 신용으로 전환하여 줌으로써 대금지급에 대한 책임을 은행이 지는 데 반하여 본 방식은 수출입거래 당사자간의 무역계약만으로 거래가 이루어지며 은행은 이에 대한 책임을 지지 않는 거래방법으로, 결제방법에 따라 추심결제방식과 송금환방식으로 구분된다.

① 추심결제방식

신용장을 통한 은행의 수출자에 대한 대금지급확약이 없이 수출자는 계약조건에 따라 약정품을 선적하고 이에 따라 발급되는 선적서류를 첨부한 환어음(bill of exchange)을 발행하여 자신의 거래은행에 추심을 의뢰하면 거래은행은 수입자의 거래은행(추심은행 :

collecting bank)에 추심을 의뢰하여 선적서류와 상환으로 수입자의 대금을 결제하는 방법이다.

㉠ 지급도방식(documents against payment; D/P) : 수입자가 은행으로부터 선적서류를 인수할 때 어음금액을 은행에 지급(payment)함으로써 선적서류를 인도받는 방법을 말한다.

㉡ 인수도방식(documents against acceptance; D/A) : 수입자가 은행으로부터 선적서류를 인수할 때 어음금액을 은행에 지급하지 않고 단지 이를 인수(acceptance)함으로써 선적서류를 인도받은 후 만기일에 대금을 지급하는 거래방식이다.

② 송금환방식

수입자가 거래은행에 수입대금에 상당하는 대금을 지불하고 수출자에게 대금을 지급할 것을 위탁하여 거래은행이 수출지의 수출자의 거래은행에 전신 또는 서신으로 대금지급을 지시함으로써 수출자에게 대금을 지급하는 방법과 수입자가 거래은행으로부터 대금지급 후 환어음 또는 송금수표를 발행하여 이를 수출자에게 송부함으로써 수출자가 지급인에게 제시하여 대금을 회수하는 방법이 있다.

2) 대금결제시기

가. 선불(payment in advance)

물품이 인도되기 전에 수출입대금을 결제하는 방법으로 주문과 동시에 현금을 지급하는 주문불(cash with order), 송금수표나 우편환 또는 전신환 등을 송금하는 방식(remittance basis), 수출자가 신용장접수와 함께 미리 대금을 결제하는 선대신용장(red clause L/C) 등과 같은 형태가 있다.

나. 동시불(concurrent payment)

현물 또는 현물과 동일시되어 대체될 수 있는 선적서류와 상환으로 대금을 지급하는 방법으로 현금지급방식(cash on delivery ; COD), 서류상환불(cash against document ; CAD), 지급도방식(documents against payment ; D/P), 일람불어음(at sight) 등이 있다.

다. 후불(deferred payment)

선불과 대조적인 결제방식으로 대금결제가 물품의 선적이나 인도 또는 어음의 일람 후 일정기간 내에 이루어지는 방식으로는 신용장조건에 의한 기한부어음(usance bill),[8) 인수도방식(document against acceptance ; D/A), 청산계정

〈표 7-20〉 대금지급조건

구 분	종 류	내 용
선 불	· 주문불(cash with order) · 송금방식(remittance basis) · 선대신용장(red clause L/C)	· 주문과 동시에 매수인이 매도인에 지급 · 선적전에 매수인이 매도인에게 대금송금 · 선적전에 신용장을 매입시킬 수 있는 조건
동시불	· 현금지급방식(COD) · 서류상환불(CAD) · 지급도방식(D/P) · 일람불어음(at sight)	· 물품과 상환으로 대금지급 · 선적서류와 상환으로 대금지급 · 무신용장에 의하여 선적서류와 상환으로 어음대금지급 · 신용장에 의하여 선적서류와 상환으로 어음대금 지급
후 불	· 기한부어음(usance) · 인수도방식(D/A) · 중장기연불조건 (deferred pay ment on long or medium term basis)	· 신용장에 의하여 일정기간 경과 후 어음대금 지급 · 무신용장에 의하여 일정기간 경과 후 어음대금 지급 · 설비 등의 수출입시 중장기로 연불하는 조건

결제(open account),[9) 중장기연불조건(deferred payment on long or medium term basis) 등이 있다.

(7) 보험조건

수출입물품은 일반적으로 장거리에 걸친 운송을 필요로 하므로 수출자로부터 수입자로 인도되기까지에는 여러 가지 위험이 따른다. 이러한 만일의 손해발생에 대비하여 위험의 발생시 그 손해 또는 손실을 보상받기 위해서는 적하보험(cargo insurance)에 부

8) 단기지불방식으로 신용장방식의 거래에서 어음이 매수인에게 제시된 후 일정기간이 경과해야 어음대금이 지불되는 방식을 말한다.

9) 동일한 거래처와 반복해서 거래가 이루어지는 경우 매거래마다 결제하지 않고 일정기간별로 채권과 채무를 상계하여 그 잔액에 대해서만 결제하는 방법이다.

보하여야 한다.

적하보험은 육상보험이나 항공운송 또는 복합운송의 경우 운송보험(transport insurance), 항공운송보험(air transport insurance) 혹은 통과보험(through insurance)이라 하고 해상운송에 의한 보험을 해상보험(marine insurance)이라 하며 이를 통틀어 무역보험(trade insurance)이라 한다.

〈표 7-21〉 손해의 구성

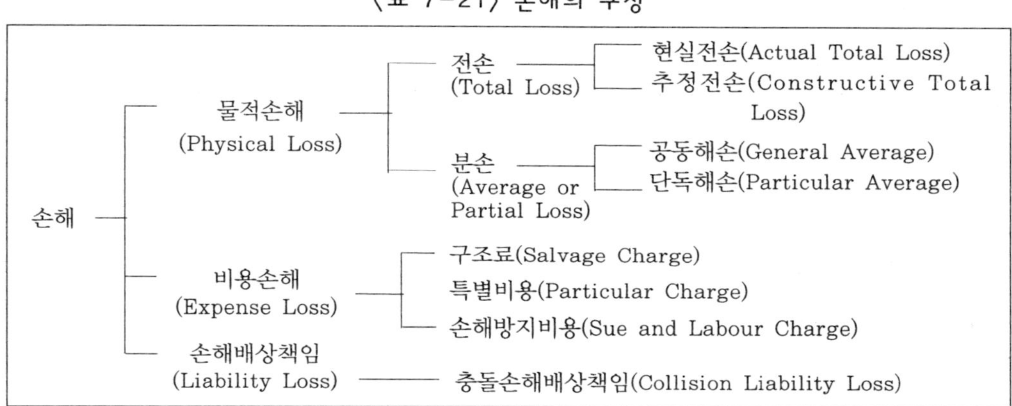

1) 부보자

보험계약에서 부보는 보통 가격조건에 따라 결정된다. 선적지 조건에서는 매수인이, 양륙지 조건에서는 매도인이 부보하는 것이 원칙으로 CIF나 CIP 조건을 채택하여 계약을 체결한 경우에는 매도인이, CIF, CIP 및 DES와 같은 양륙지 조건을 제외한 FOB 및 CFR 조건에서는 매수인이 적하보험계약을 체결하여 부보를 하여야 한다.

2) 보험금액

보험금액은 보험사고 또는 소정의 손해가 발생한 경우 보험자가 지급하여야 하는 금액 또는 그 최고한도의 금액으로 보험계약자간에 약정된 금액이다. 보험금액은 보통 최소부보금액으로 CIF 송장금액에 10%[10]를 가산하여 부보하는 것이 일반적이나 가산비율에 따라 보험료(insurance premium)가 달라진다.

10) 10%는 희망이익(expected profit)에 대한 보험금액이다.

〈표 7-22〉 보험조건

구 분	구 약 관	신 약 관
단독해손부담보조건	FPA(Free from Particular Average)	ICC(C)
분손담보조건	WA(With Average)	ICC(B)
전위험담보조건	A/R (All Risks)	ICC(A)

3) 손해보상범위

적하보험의 범위는 피보험자가 부보한 조건에 따라 보험자가 담보한 위험에 기인하여 발생한 손해만을 보상하며 약관상 특별히 제외되어 있는 위험은 보상받지 못한다. 따라서 피보험자는 어떠한 조건으로 부보할 것인지 보험계약의 체결시 결정하여야 한다.

2. 일반거래조건

(1) 불가항력조항

1) 불가항력의 의의

불가항력이란 무역계약에서 불가항력조항[11)]과 같은 의미로 사용되고 있다. 불가항력은 주로 사법상 당사자가 그의 고의, 과실의 유무에도 불구하고 의무이행의 절대적인 책임을 부담하여야 하는 불이익을 사전에 제한하기 위하여 쓰여지는 개념으로 이러한 사태를 불가항력사태라 하고 동 사태가 발생한 경우 당사자의 권리와 의무관계를 규정한 조항을 불가항력조항이라 한다.

불가항력에 의한 면책이 인정되기 위해서는 채무자의 귀책사유가 아닌 외부적 요건에 의하여 절대적인 이행불능이 발생할 것과 그 사유가 당사자가 피할 수 없는 것이며 예측할 수 없는 것일 것, 그리고 의무의 이행에 있어 해결하기 어려운 장애가 있어야 한다.

2) 불가항력조항의 범위와 한계

불가항력에 의하여 보호될 수 있는 범위는 외부에서 발생한 사실로서 당사자가 거래관념상 그 방지에 필요하다고 인정될 수 있는 일체의 방법을 사용하더라도 피할 수 없는 경우에 한한다.

11) 불가항력조항은 force majeure clause 또는 escape clause라고도 표기하며 계약위반으로부터 당사자를 보호하기 위한 면책조항과는 상이하다. 불가항력조항은 특정 사태가 발생하여 그 사태의 결과로서 당사자의 위반 여부와 관계없이 적용된다.

또한 불가항력조항은 통상의 의미를 변화하여 사용되는 경우가 있으며 구체적으로 어떠한 사태가 불가항력인지 열거한다는 것은 불가능할 뿐만 아니라 그 내용의 의미가 극히 막연하므로 당사자간에 만일의 경우 대비하여 구체적으로 예상될 수 있는 사태에 대하여 상세히 열거하여 둠으로써 면책의 범위를 정하여 두는 것이 바람직하다.

3) 불가항력조항의 효과

불가항력조항을 설정하는 기본목적은 계약체결 후 당사자들의 지배를 벗어나는 불가항력사태의 발생시 계약 당사자들을 보호하기 위해서다. 불가항력조항의 효과는 계약에 따라 다양하여 계약의 이행을 방해하여도 불가항력의 발생시 계약을 자동적으로 중지·연장 또는 소멸시키거나 또는 계약 당사자에게 계약기간의 연장 또는 중지나 취소권의 선택을 부여한다.

불가항력조항의 효과는 영미에서는 계약체결의 기초에 근본적인 변화를 가져오는 사태가 발생한 경우 이를 이행불능으로 간주하여 동 사태가 판례법상 특별히 인정되는 경우에 한하여 계약이 종료되는 것으로 하고 있으며, 우리나라 민법에서는 사적 자치에 의한 임의규정으로서 계약은 자동적으로 소멸되며 이에 따라 계약의 의무이행은 면제되고, 상대방이 중재나 소송을 제기하면 이를 이유로 항변할 수 있게 된다.

불가항력조항에 의하여 계약의 효력을 소멸시키기 위해서는 ① 계약 당사자들이 불가항력에 열거된 사유가 발생하였다는 합의를 하면 되고, ② 합의가 이루어지지 않을 경우 중재조항에 따라 신청하면 되나 이 때 중재판정에 불복하거나 중재조항이 없는 경우에는 법원에 제소하면 된다.

4) 불가항력조항의 예문

Force majeure clause :

Neither party shall be liable for failure to perform its part of this agreement when such failure is due to fire, flood, strikes, labour troubles or other industrial disturbances, inevitable accidents, war(declared or undeclared), embargoes, block-ades, legal restrictions, riots, insurections, or any cause beyond the control of the parties.[12)]

12) 土井輝生, 「國際契約ハンドブック」, 同文館, 1971, p.534.

모든 당사자는 본 계약을 이행할 수 없는 사유가 화재, 홍수, 동맹파업, 노동쟁의 기타 노사분규, 불가피한 사고, 전쟁(선전포고의 유무를 불문함), 적하금지, 봉쇄, 법적 제한, 폭동, 내란 기타 당사자가 지배할 수 없는 일체의 원인에 의한 때에는 본 계약의 불이행에 대하여 책임을 지지 않는다.

(2) 클레임처리조항

1) 클레임의 의의

클레임(claim)이란 "권리의 주장, 청구권, 채권의 신청"이란 의미로 계약의 위반에 의한 손해에 관해서 피해자인 당사자로부터 책임이 있는 상대방에게 제기되는 "손해배상 청구의 소(訴)"를 말한다.

클레임의 종류에는 클레임이 매매 당사자 이외에서 발생되어 그것이 당사자의 책임으로 상대방으로부터 제기되는 클레임과 매매 당사자의 일방이 매매계약에 따른 이행을 하지 않음으로써 손해를 입은 당사자가 상대방에 대하여 손해배상을 청구하는 클레임으로 구분되나 일반적으로 클레임이라 할 때에는 매매당사자가 계약내용에 따른 불이행에 의하여 발생하는 것을 말한다.

2) 클레임처리조항의 효과

계약서상에 "일정한 기한 내에 클레임을 처리하지 않으면 그 이후에는 클레임을 제기할 수 없다"는 내용으로 클레임제기기한에 관한 조항을 설정한 경우 그 기한 내에 권리행사와 이행이 있어야 한다.

이때 제한된 기한(제척기간)이 경과하면 매수인은 목적물의 하자에 대한 구제권(救濟權)을 행사할 수 없으므로 매도인은 제한된 기간 내에 요청된 클레임에 한하여 책임을 부담하게 되며 그 이후에 발생된 사항에 대해서는 면책되는 효과가 발생하게 된다.

(3) 클레임처리조항의 예문

Claim clause :

Buyer shall give seller written notice by registered airmail within fourteen(14) days from the arrival of the goods at the port of destination stipulated on the face of this contract. Unless such notice, accompanied by proof certified by an authorized surveyor, is sent by buyer within such fourteen(14) days period, buyer shall be deemed to have waived all claims. In no case shall buyer make any claim for indirect or any claim in respect of a particular a lot of the goods exceed the cost of repair or replacement of such lot or part of a lot.

매수인은 본 계약의 서면상 명기된 지점에 물품의 도착일로부터 14일 이내에 모든 클레임에 대하여 항공등기우편으로 매도인에게 통보하여야 한다. 만약 그러한 통지가 공인검정기관에 의해 증명된 서류가 첨부되어 있지 않았다면 14일 이내에 매도인에 의해 송부되어야 하며, 매수인은 모든 클레임을 유보할 수 있다. 매수인은 단위나 부품의 수리나 교체비용을 초과하는 간접비나 어떠한 클레임에 대하여 클레임을 제기할 수 없다.

(4) 준거법조항

1) 준거법조항의 의의

무역계약과 같이 계약 당사자가 법률을 달리하는 국가에 위치하여 거래가 이루어지는 경우 그 계약으로 인하여 발생하는 제문제를 어느 국가의 법률에 따라 해결할 것인가 하는 준거법의 문제가 발생한다.

준거법이란 2국의 당사자간에 계약이 성립될 때 당해 계약을 규율할 근거가 되고 규범 밖의 사항을 관할하는 지정된 각국의 국내법을 의미하며 준거법조항은 그 계약서를 해석하고 당사자의 권리와 의무를 결정하는데 어느 국가의 실체법을 적용할 것인가를 규정하는 조항이다.

준거법의 지정은 계약 당사자가 정하며, 지정준거법이 없거나 당사자의 의사가 불분명할 때에는 섭외사법에 따라 법률관계의 성질에 따라 법정지의 섭외사법에 정하는 준거법이 적용된다.

2) 준거법조항의 예문

Governing law clause :

Unless specially stated, the trade terms under this contract shall be governed and construed under and by the latest Incoterms and the formation, validity, construction and the performance of this agreement are governed by the laws of Korea.

> 별도의 규정이 없는 한 본 계약의 무역조건은 최근의 인코텀즈에 준거하여 해석하며 계약의 성립, 효력, 해석 및 이행은 한국법에 따른다.

(5) 재판관할조항

1) 재판관할조항의 의의

계약에 분쟁해결방법에 관한 규정이 없는 경우 계약 당사자가 새롭게 중재에 관하여 해결할 것을 합의하지 않는 한 그 계약을 둘러싼 분쟁은 최종적으로 국가가 행하는 재판에 의하여 해결하게 된다. 이러한 경우에 대비 계약에 미리 소송을 제기하는 법원을 계약 당사자간에 결정하여 두는 것이 재판관할조항이다.

계약서에 중재조항이나 재판관할조항이 없는 경우 당사자의 자유의사에 따라 임의의 법원에 소송을 제기할 수 있으며 이 때 소송을 접수한 법원은 그 국법에 비추어 해당 법원에 재판관할이 있다고 인정되는 경우 소송이 행하여지게 된다.

일반적으로 계약 당사자가 국가를 달리하는 소송은 "원고는 피고의 관할법원에 소송하지 않으면 안된다"라는 원칙에 따라 피고의 소재지, 피고가 회사일 경우에는 그 본점 또는 영업소 소재지의 법원에 소송을 제기하면 그 법원이 관할권을 행사한다.

2) 재판관할조항의 예문

> Jurisdiction clause :
> This agreement must be construed and take effect as a contract made in Korea and in accordance with the laws of Korea and the parties hereby submit to the jurisdiction of the court of Korea.
>
> 본 계약은 한국에서 한국법에 준거하여 작성된 계약으로 해석되고 효력이 있는 것으로 한다. 또한 양 당사자는 한국법원의 재판관할에 따르는 것으로 한다.

(6) 중재조항

1) 중재의 의의

분쟁의 해결방법에는 청구권의 기각, 화해, 알선, 조정, 소송 등이 있으며 이 중 청구권의 포기나 화해는 당사자간 해결방법이나 알선·조정 및 중재는 제3자에 의한 해결방법이다.

제3자에 의한 방법 중 중재는 중재가능한 법률관계의 분쟁을 당사자간의 합의(중재계약 또는 중재합의)로 법원의 판결에 의하지 아니하고 사적인 제3자(중재인)에게 위탁하여 그 판정에 복종함으로써 최종적으로 해결하는 자치법정제도를 말한다.

중재는 당사자들이 자신들의 분쟁을 중재에 의해서 해결한다는 명시적인 합의가 있는 경우에만 가능한[13] 계약상의 방법인 것을 그 특성으로 하며 이때 합의는 분쟁발생전이나, 분쟁이 발생한 후 발생된 분쟁을 중재에 회부하기 위하여 합의할 수도 있다.

조정·중재·소송의 차이는 조정의 경우 조정안의 수락 여부는 당사자의 임의사항이나 중재의 경우 중재판정은 거부할 수 없을 뿐 아니라 그 결과는 강제적으로 작용하므로 이런 점에서 소송의 경우와 흡사한 특징을 가지고 있다.

〈표 7-23〉 제3자를 통한 분쟁 해결방법

구 분	개 념
알 선 (intermediation)	· 당사자 일방 또는 쌍방의 의뢰에 의하여 제3자가 사건에 개입하여 원만한 타협이 되도록 조력하는 것으로 강제성이 없음.
조 정 (conciliation)	· 당사자가 분쟁을 중재에 부탁한 경우, 중재절차 도중이나 중재절차가 개시되기 앞서 분쟁을 자율적이고 우호적으로 해결하기 위하여 양 당사자가 동의하는 제3자인 조정인을 선임하고 이 조정인이 제시한 구체적인 해결방안에 합의함으로써 분쟁을 최종적으로 해결하는 방법. · 조정안이 성립되면 그 조정결정은 중재판정과 동일한 효력을 갖게 되며 당사자간에는 법원의 확정판결과 동일한 효력이 발생. 그러나 일정기간 내에 조정이 성립되지 못하면 조정절차는 자동 폐기되며 상사중재규칙에 따라 중재절차로 이행.
중 재 (arbitration)	· 분쟁 당사자간의 중재합의에 의하여 상법상의 권리 기타 법률관계에 관한 분쟁을 소송에 의하지 않고 제3자를 중재인으로 선정하여 그 분쟁의 해결을 중재인의 판정에 복종함으로써 분쟁을 최종적으로 해결하는 방법. · 조정과의 차이는 조정은 조정안의 수락 여부가 당사자의 자유의사에 있으나 중재의 경우는 당사자가 중재판정을 거부할 수 없고 강제집행력이 있음.
소 송 (litigation)	· 당사자의 일방이 상대방에 강제를 가하기 위하여 국가기관인 법원에 제소함으로써 국가공권력에 의하여 강제적으로 해결하는 제도. · 무역거래에서는 거래 당사자간 법역이 다르기 때문에 재판권이 상대방에 미치지 못함.

13) 중재계약은 중재의 본질적인 요소이므로 분쟁을 없애기 위하여 대부분의 국가에서는 서면에 의한 합의를 요구하고 있다. 우리나라 중재법 제2조에서도 서면계약을 요구하고 있다.

2) 중재계약의 성립요건

중재계약이 성립되기 위한 전제요건은 당사자가 능력이 있고 중재의사에 하자가 없고 계약내용이 가능·확정·적법하고 사회적 타당성이 있어야 한다. 이러한 전제조건에 중재를 담당할 중재인, 중재장소 및 기관, 중재절차 및 중재법[14)]이 정확하게 명기되어야 유효한 중재계약이 될 수 있다.[15)]

중재계약의 효력으로는 중재 자체가 사법적 판단을 배제하고 중재인에 의해 해결한다는 합의이므로 중재계약의 발효로서 당사자는 분쟁물에 관하여 법원의 재판을 받을 권리를 배제하는 것이 되므로 재판받을 권리의 상실을 의미하는 것이다.

3) 중재판정의 국제적 효력

국내에서 내려진 중재판정은 외국에서 집행이 가능하며, 반대로 외국에서 내려진 중재판정 역시 우리나라에서 집행이 가능하다. 이는 우리나라가 1958년 6월 10일 뉴욕에서 채택되어 1997년 현재 113개국이 가입하고 있는 외국중재판정의 승인 및 집행에 관한 협약(The Convention on the Recognition and Enforcement of Foreign Arbitral Awards)에 1973년 5월 9일 가입하였으며, 가입시 국내법상 상사관련의 분쟁에 한하여 이 협약을 적용할 것과 외국중재판정일지라도 그 외국이 이 협약에 체약국인 경우에 한하여 이 협약을 적용할 것을 선언하였기 때문이다.

4) 중재조항의 예문

> Arbitration clause :
>
> All disputes, controversies, or differences which may arise between the parties, out of or in relation to or in connection with this contract or for the breach thereof, shall finally settled by arbitration in Seoul, Korea in accordance with the Commercial Arbitration Rules of the Korean Commercial Arbitration Board and under the Law of Korea. The award renderd by the arbitrator(s) shall be final and binding upon parties concerned.

---

14) 계약의 해석은 계약서에 명기된 준거법에 의하지만 실제로 중재절차나 판정은 중재를 받고 있는 중재의 절차법에 따라 중재인에 의하여 이루어지고 있어 계약상의 준거법이 영향을 미치지 못하므로 중재조항에는 별도의 중재에 관한 중재법을 설정해 두어야 한다.

15) 이는 분쟁발생시 유효요건이 불명확하면 이를 결정하는 데 시간이 필요하거나 합의가 안되는 경우가 발생할 수 있으므로 중재에 의한 해결의 의미가 희박하게 되기 때문이다.

본 계약으로부터, 또는 본 계약과 관련하여 또는 본 계약과 불이행으로 말미암아 당사자 간에 발생하는 모든 분쟁·논쟁 또는 의견차이는 대한민국 서울특별시에서 대한상사중재원의 상사중재규칙 및 대한민국법에 따라 중재에 의하여 최종적으로 해결한다. 중재인(들)에 의하여 내려지는 판정은 최종적인 것으로 당사자 쌍방에 대하여 구속력을 가진다.

제 8 장 수출입 승인

제 1 절 수출입승인의 의의 및 요건

1. 수출입승인의 의의

물품을 수출입하고자 하는 자는 대통령령이 정하는 바에 따라 당해 물품, 거래형태 및 대금결제방법에 관하여 산업자원부장관이 정하는 서류를 갖추어 산업자원부장관의 권한을 위임받은 기관장의 승인을 받아야 한다.

2. 수출입승인의 요건

수출입승인기관의 장은 수출입을 승인하고자 하는 경우 다음 각 요건에 합당한지 여부를 확인하여야 한다.

〈표 8-1〉 수출입품목의 관리체계

구 분	내 용
· 수출입자동승인 품목	수출입공고, 수출입별도공고 및 통합공고상 제한 또는 금지품목이 아닌 품목
· 수출입제한승인 품목	수출입공고, 수출입 별도공고 및 통합공고상 관련 협회, 조합, 기관이 추천이나 사전허가를 받아야 수출입 가능한 품목
· 수출입금지 품목	수출입공고, 수출입별도공고 및 통합공고상 수출입이 금지된 품목

① 승인신청인에 대한 무역업자의 자격여부
② 수출입공고 및 규정에 따라 수출입허용 물품인지 여부
③ 수출입거래지역이 관계 법령상 금지 또는 제한지역인지 여부
④ 수출입대금의 결제통화나 방법이 외국환거래법령에 의하여 적합한지 여부

〈표 8-2〉 수출입대금결제 방법

구 분	내 용
· 지급통화(수입) · 영수통화(수출)	모든 외국통화, 우리나라 원화(U$ 20만 이하) 지정영수통화 : IMF 8조국통화, 홍콩통화, 중국원화, ECU(유럽통화단위), 우리나라 원화(U$20만 이하)
· 결제시기	일람불조건(기한부조건은 예외로 인정)
· 결제기관	외국환은행 경유
· 결제원칙	전액결제원칙(수출), 원화결제원칙(수입)

⑤ 품목분류번호(HS)의 적용이 적합한 지 여부
⑥ 수입의 경우 수입부담금의 납부 여부
⑦ 물품매도확약서의 인정여부
⑧ 기타 대외무역법 동법 시행령 및 무역관리규정에서 정한 요건 또는 절차의 합당여부

3. 수출입승인의 면제[1)]

물품을 수출입하고자 하는 자는 수출입의 승인을 받아야 하나 거래형태나 대금결제 방법상 위험이 없는 소액거래, 특정 용도에 따라 사용되는 물품, 기타 견본류 등 아래와 같은 특정 물품의 수입은 수출입의 원활한 거래를 위하여 수출입승인을 면제하고 세관장의 확인만으로 거래가 가능하도록 하고 있다.

① 긴급물품
② 무역거래의 원활화를 위한 부수적 거래
③ 무상 수출입 물품
④ 특정지역 물품(산업자원부장관이 고시)
⑤ 공공용품으로서 별도의 수출업관리가 요구되지 않는 물품
⑥ 기타 상행위 목적이외의 물품
⑦ 외국환 거래가 수반되지 않는 물품(세관장이 타당하다고 인정하는 물품을 말하며, 과세가격이 500만 원을 초과하는 수업에 대하여는 수입승인서 제출을 요구할 수 있음)
⑧ 해외이주자용 물품

---

1) 대외무역법 시행령 제27조 제1호 및 제2호 규정.

4. 특정거래형태의 수출입승인

특정거래형태의 수출입이란 대외무역법상 특정거래형태에 대해 산업보호목적상 필요한 사항 및 대금결제에 관한 사항을 별도로 관리하여 거래가 원활하게 이루어질 수 있도록 거래형태의 인정절차, 인정유효기간, 기타 필요사항을 산업자원부장관이 고시하는 거래 형태를 말한다.

특정거래형태의 수출입에는 특정거래형태의 수출, 특정거래형태의 수입 및 특정거래형태의 수출입이 있으며, 인정받을 수 있는 범위의 결정기준은 다음과 같다.

① 수출입제한품목으로 지정, 고시한 목적을 해칠 우려가 있는 거래 또는 산업보호상 인정하기 곤란한 거래
② 외국에서 외국으로 물품의 이동이 있고 대금의 지급 또는 영수가 국내에서 이루어지는 거래로 대금결제 사항의 확인이 곤란하다고 인정되는 거래
③ 대금결제가 수반되지 않고 물품의 이동만 이루어지는 거래

〈표 8-3〉 특정거래형태의 수출

거래방식	내 용	대 상 요 건
위탁 판매 수출	물품을 무환으로 수출하여 당해 물품이 판매된 범위내에서 대금을 결제하는 계약에 의한 수출	판매계약기간 종료 후 판매되지 않은 물품을 기간만료 후 6월을 초과하여 재수입하는 경우
임대 수출	생산시설과 새로운 기술 확보를 위한 자금소요에 대응하고 생산제품의 시장개척을 위하여 임대차 계약에 의하여 물품을 수출하여 계약기간 만료시 당해 물품을 수입하거나 또는 그 소유권을 이전하는 수출	임대차계약기간 만료 후 3월을 초과하여 수출하는 경우
외국 인도 수출	수출대금은 국내에서 영수하지만 국내에서 통관되지 않은 수출물품으로서 외국으로 인도하는 수출	· 외국인수물품으로서 해외에서 사용 후 외국에서 판매하는 물품 · 항해 또는 어로작업 중 현지매각하는 선박 · 해외에서 각종사업에 사용한 후 외국에판매하고자 하는 중고시설기재, 또는 원자재 · 해외투자사업에서의 현물회수분으로 외국에 판매하고자 하는 물품 이외의 경우

〈표 8-4〉 특정거래 형태의 수입

거래방식	내 용	대 상 요 건
수탁판매수입	물품을 무환으로 수입하여 당해 물품이 판매된 범위내에서 대금을 결제토록 계약을 체결하는 수입	판매계약기간 종료 후 판매잔량을 6월을 경과하여 재수출하는 경우
임차수입	임차(사용임차 포함) 계약에 의해 경과한 물품을 수입하여 일정기간 후 재수출하거나 그 기간의 만료전 또는 만료 후 당해물품의 소유권을 이전받는 수입	임대차계약기간 만료후 3월을 초과하여 재수출하는 경우
외국인수수입	수입대금은 국내에서 지급되지만 수입물품은 외국에서 인수하는 수입	산업설비 수출관련 외국기자재, 위탁가공용 원자재, 해외투자목적물 등 자동인정대상에 해당하지 않은 경우

〈표 8-5〉 특정거래형태의 수출입

거래방식	내 용	대 상 요 건
위탁가공 무역에 의한 수출입	가공임을 지급하는 조건으로 가공할 원자재의 전부 또는 일부를 거래상대방에게 수출하여 이를 가공한 후 재수입하는 형태의 무역	· 수입되는 가공물품이 법 제14조 제2항의 규정에 의한 품목인 경우(수출물품과 수입물품의 HS10단위가 동일한 경우와 승인요건을 충족하는 경우는 제외) · 법 제14조 제2항의 규정에 의한 승인대상품목의 제한요건을 충족하지 않고 외국에 판매하는 경우
위탁가공 무역에 의한 수출입		· 최종 가공물품을 가공기간 종료후 6월을 초과하여 재수입하는 경우(수출신용장, 수출계약서 등으로 외국에 판매하는 사실을 확인할 수 있는 경우 제외)
수탁가공 무역에 의한 수출입	가득액을 획득하기 위하여 원자재의 전부 또는 일부를 거래상대방의 위탁에 의하여 수입하고 이를 가공한 후 위탁자 또는 위탁자가 지정한 자에게 가공물품을 수출하는 무역방식	· 가공물품을 가공기간 종료 후 6월을 초과하여 수출하는 경우
중계무역에 의한 수출입	물품을 수출할 것을 목적으로 수입하여 원형 그대로 가공하지 않고 제3국으로 수출하여 일정한 중계수수료를 취득하는 거래	· 수출입물품을 보세구역 또는 타소장치장 이외의 국내에 반입하고자 하는 경우 · 선적서류를 하나의 외국환은행을 통하여 인수 및 송부하지 않는 거래

연계무역에 의한 수출입	수출과 수입이 연계된 무역거래로서 수출입을 균형시킬 목적으로 실시되며 물물교환, 대응구매, 구상무역 등의 형태의 무역	· 수출과 수입이 하나의 계약서로 작성되거나 별도로 작성된 경우에는 상호관계가 있을 것 · 수출입대상품목의 가격차이가 외환관리법령에서 인정하는 방식에 의하여 상계되어질 것 · 수출·수입통관일로부터 30일 이내에 수출 수입된 사실을 증명할 수 있다고 인정 될 것 · 선적서류를 하나의 외국환은행을 통하여 인수 및 송부하지 않는 거래

제 2 절 수출입승인의 신청과 절차

1. 수출승인의 신청과 절차

(1) 수출승인시 구비서류와 유효기간

수출승인신청시 필요한 서류는 다음과 같다.

① 수출승인신청서 4부(업체용, 승인기관용, 세관용, 사본)

② 수출신용장, 수출계약서 또는 주문서

③ 대행계약서(수출자 또는 수입자와 위탁자가 다른 경우)

④ 수출입공고, 통합공고상의 제한 요건을 충족하는 서류

⑤ 수출이행계약서(산업설비수출의 경우에 한함)

⑥ 수입부담금납입확인서(내수용 수입의 경우)

수출승인의 유효기간은 원칙적으로 승인일로부터 1년이나 물품의 인도조건, 대금결제기간, 기타 거래 특성상 필요하다고 인정되는 다음의 경우에는 20년 범위내에서 초과하여 설정할 수 있다.

① 물품의 제조, 가공기간이 1년을 초과하는 경우

② 물품의 선적기일과 대금결제기간을 감안하여 1년 이내에 선적이나 대금결제가 어려울 것으로 인정되는 경우

③ 수출·수입이 혼합된 거래로서 수출입승인기관장이 부득이하다고 인정하는 경우

(2) 수출신청서류의 작성

1) 수출신청서류 작성시 검토사항

가. 수출승인신청서와 신용장의 검토

수출승인신청서의 상품명세, 가격조건, 대금지급방법 등은 발급근거가 되는 신용장 또는 계약서의 내용과 일치하여야 한다. 신용장이나 계약서상의 상품명이나 규격, 단위, 가격조건 등이 포괄적으로 명시되어 있는 경우에는 해당계약서, 물품매도확약서, 주문서 등과 일치하도록 하여야 한다.

나. 수입품목분류 검토

수출물품의 품목분류는 정확히 이루어져야 한다. 품목분류가 잘못된 경우 수출입공고상 수출허용품목인지 여부의 판단에 어려움이 있기 때문이다. 상품분류는 산업자원부의 수출입공고와 재무부의 관세율표해설서를 참조하여 분류한다.

다. 수출입공고 검토

수출품목은 수출입공고 및 대외무역관리규정에 의한 수출허용품목이어야 한다. 따라서 수출제한품목이거나 통합공고에 의하여 허가가 필요한 경우에는 제한조치에 합당한 추천이나 허가를 받아야 한다.

〈표 8-6〉 수출승인기관

기관명	대상품목	기관명	대상품목
대한어망공업협회 농림부 한국농림수산식품수출조합 한국골재협회 한국생사수출조합 한국섬유직물수출조합	어망, 끈류 채소종자 배, 사과(대만) 모래, 자갈 등 건사(일본) 직물류(미국, EU 등)	한국의류산업협회 한국자동차공업협회 한국의약품수출입협회 한국기계산업진흥회 한국수출입은행	의류(미국, EU 등) 승용차(대만) 의약품 산업설비수출 산업설비수출(연불금융대상)

라. 대금결제 검토

수출대금의 결제와 관련 결제통화, 결제기간, 결제방식 등 결제조건이 외국환거래법

령에 따라 지급 등의 방법에 관한 인증 또는 허가대상인지를 검토하여야 한다. 수출승인을 받았더라도 대금결제방법이 정상결제방법인 경우(허가불요 정상 외 결제방법 포함)에는 별도의 허가가 필요 없지만 정상 외 결제 방법인 경우에는 외국환은행장의 인증이나 한국은행총재로부터 허가를 받아야 한다.

2) 수출신청서류의 작성

① 수출자 및 무역업고유번호

수출자의 상호, 주소, 대표자 성명을 기재한다. 또한 무역업 고유번호를 기재한다.

② 위탁자 및 사업자등록번호

수입상의 주소·상호를 기재한다. 다만 추심결제방식(D/P, D/A)에 의한 수출의 경우에는 계약상대자의 주소·상호를 기재한다.

③ 원산지

수출물품의 원산지를 기재한다.

④ 구매자 또는 계약대상자

구매자 또는 계약대상자를 기재한다.

⑤ 신용장 또는 계약서번호

신용장에 의한 수출의 경우 내도된 L/C 번호, 추심결제방식에 의한 수출의 경우에는 계약서 번호를 기재한다.

⑥ 금액

수출승인신청 총금액을 기재한다.

⑦ 대금결제기간

대금결제기간란의 표시는 예를 들어, 결제가 ㉮ 일람출급조건이면 at sight, ㉯ 일람후 정기출급조건이면 at ×× days after sight, ㉰ 발행일자 후 정기출급이면 at ×× days after May 5, 20×× ㉱ 확정일출급이면 August 20, 20××로 기재한다.

⑧ 가격조건

인코텀스 조건 등에 지정목적지 또는 항구명에 가격을 기재한다.

⑨ 도착항

계약서나 물품매도확약서상의 도착항을 기재한다.

⑩ HS부호

수출품의 해당 HS 부호를 기재한다.

⑪ 품명과 규격

수출품명과 수출품의 규격을 기재한다.

⑫ 단위와 수량

수출품에 따른 단위와 수량을 기재한다.

⑬ 단가

가격조건과 단가를 기재한다.

⑭ 금액

수량을 단가로 곱한 금액, 즉 수출금액을 기재한다.

⑮ 승인기관 기재란

⑯ 유효기간

수출승인기간은 원칙적으로 1년이나 경우에 따라 20년 범위내에서 유효기간을 승인할 수 있다.

⑰ 승인번호

⑱ 승인기관 관리번호

수출승인시 승인기관에서 승인번호를 부여한다.

[별지 제3-1호 서식]

수출승인(신청)서
Export License(Application)

처리기간 : 1일 Handling Time : 1Day

<table>
<tr><td colspan="2">① 수출자 무역업고유번호
(Exporter) (Notification No.)
상호, 주소, 성명
(Name of firm, Address, Name of Representative)
(서명 또는 인)
(Signature)</td><td colspan="3">④ 구매자 또는 계약당사자
(Buyer or Principal of Contract)

⑤ 신용장 또는 계약서 번호(L/C or Contract No.)</td></tr>
<tr><td colspan="2">② 위탁자 사업자등록번호
(Requester) (Business No.)
상호, 주소, 성명
(Name of firm, Address, Name of Representative)
(서명 또는 인)
(Signature)</td><td colspan="3">⑥ 금액(Total Amount)

⑦ 결제기간(Period of Payment)

⑧ 가격조건(Terms of Price)</td></tr>
<tr><td colspan="2">③ 원산지(Origin)</td><td colspan="3">⑨ 도착항(Port of Arrival)</td></tr>
<tr><td>⑩ Hs부호
(HS Code)</td><td>⑪ 품명 및 규격
(Description/Size)</td><td>⑫ 단위 및 수량
(Unit/Quantity)</td><td>⑬ 단가
(Unit Price)</td><td>⑭ 금액
(Amount)</td></tr>
<tr><td colspan="5">⑮ 승인기관기재란(Remarks to be filled out by an Approval Agency)</td></tr>
<tr><td colspan="5">⑯ 유효기간(Period of Approval)</td></tr>
<tr><td colspan="5">⑰ 승인번호(Approval No.)</td></tr>
<tr><td colspan="5">⑱ 승인기관 관리번호(No. of Approval Agency)</td></tr>
<tr><td colspan="5">⑲ 위의 신청사항을 대외무역법 제14조제2항 및 동법 시행령 제26조제1항의 규정에 의하여 승인합니다.
(The undersigned hereby approves the above-mentioned goods in accordance with Article 14(2) of the Foreign Trade Act and Article 26(1) of the Enforcement Decree of the said Act..)
년 월 일
승인권자 (인)</td></tr>
<tr><td colspan="5">※ 승인기관이 2이상인 경우 ⑯~⑲의 기재사항은 이면에 기재하도록 합니다.
※ 이 서식에 의한 승인과는 별도로 대금결제에 관한 사항에 대하여는 외국환거래법령이 정하는 바에 따라야 합니다.</td></tr>
</table>

2812-281-01611민
'97.2.26. 승인

210mm×297mm
일반용지 60g/㎡

2. 수입승인의 신청과 절차

(1) 수입승인시 구비서류와 유효기간

수입승인신청시 필요한 서류는 다음과 같다.

① 수입승인신청서 4부(업체용, 승인기관용, 세관용, 사본)
② 수입계약서 또는 물품매도확약서
③ 수입대행계약서(수입자와 실수요자가 다른 경우)
④ 수출입공고 등에서 규정한 요건을 충족하는 서류
⑤ 전략물자의 경우 전략물자 수입증명서
⑥ 폐기물 회수, 처리예치금 또는 부담금 납부영수증

수입승인을 받은 자는 유효기간 내에 물품의 수입과 수입대금의 지급을 이행하여야 한다. 수입유효기간은 원칙적으로 1년이나 다음의 경우는 20년의 범위내에서 초과하여 설정할 수 있다.

① 산업자원부장관이 물가안정 또는 수급조정을 위해 1년 이내로 유효기간의 단축이 필요하다고 인정하는 경우
② 물품의 제조·가공기간이 1년을 초과하는 경우와 물품의 선적 또는 도착기일을 감안하여 1년 이내에 물품의 선적이나 도착이 어려울 것으로 수출입 승인기관의 장이 인정하는 경우
③ 수출수입이 혼합된 거래로서 수출입승인 기관장이 부득이 하다고 인정하는 경우

(2) 수입신청서류의 작성

1) 수입신청서류 작성시 검토사항

① 수입승인서와 물품매도확약서의 대조검토

수입승인신청시에는 수입계약서나 물품매도확약서가 첨부되어야 하며 이때 물품매도확약서는 무역대리업자가 거래상대국 공급자와 체결한 합의서 또는 계약서에 따라 발행한 것이어야 한다.

② 수입품목분류 검토

수입승인서상의 물품은 관세통계 통합분류표(HSK : Harmonized System Korea)에 따

라 엄격히 분류되어야 한다.

관세청 훈령 품목분류 사무처리요령에 의거 수입물품에 적용할 세번(稅番)부호가 다음에 해당하는 경우에는 원칙적으로 당해 물품에 적용한 세번부호를 결정한다.

㉮ 당해 물품이 관세율표에 특별금 게재되어 있거나 관세율표상 별도의 통제품목으로 구분되어 있는 품목에 해당하는 것이 명백한 경우

㉯ 당해 물품이 관세율표해설서에 구체적으로 예시 또는 설명되어 있는 경우

㉰ 관세청장이 당해 물품과 동일한 물품에 대하여 적용할 세번부호를 이미 시달한 경우

㉱ 관세청장이 관세법 제7조의 2에 의거 품목분류세번회시한 물품과 동일한 물품에 해당하는 경우

㉲ 세관장이 세번회시한 물품과 동일한 물품에 해당하는 경우

㉳ 적용세번 통보신청서상의 물품과 동일한 물품에 해당하는 경우

그러나 적용할 세번부호를 위 규정에 의하여 정할 수 없는 경우에는 관세율표 해석에 관한 통칙에 의거 세번부호를 결정하여야 한다.

③ 수출입공고 검토

수입승인신청서상의 물품은 수출입공고상 수입자동승인품목이어야 한다. 만약 수입제한승인품목인 경우 그 제한조치에 합당한 허가서나 추천서를 첨부하여 신청하여야 한다.

④ 별도공고 검토

품목분류결과 별도공고에 의한 대상물품인 경우 별도공고에 따라 수입승인을 받아야 한다. 별도공고에 의한 수입추천의 유효기간은 특별한 규정이 없는한 추천을 받은 날로부터 30일까지이며, 추천유효기간이 경과한 후 수입승인신청을 하거나 동 품목에 대한 변경승인신청을 하는 경우에는 재추천을 받아야 한다.

⑤ 통합공고검토

대외무역법 이외의 법령에 의하여 별도의 요건과 절차에 의한 수입요령이 정한 것이 있는 경우 수출입공고상의 제한요건은 물론 통합공고상의 제한요건도 반드시 충족하여야 한다.

⑥ 대금결제검토

수입대금의 결제와 관련 결제통화·결제기간·결제방식 등 결제조건이 외국환거래법령에

따라 지급 등의 방법에 관한 인증 또는 허가대상인지를 검토하여야 한다. 정상결제방법인 경우에는 별도의 허가가 필요 없지만 정상외 결제방법인 경우에는 관련법규에 의하여 당해 거래의 원인행위에 대하여 허가 등을 받았다 하더라도 외국환은행장 또는 한국은행총재로부터 다시 결제방법에 대한 허가를 받아야 한다.

2) 수입신청서류의 작성

① 수입자 및 무역업고유번호

수입자의 상호, 주소, 성명 및 무역업고유번호를 기재한다.

② 위탁자 및 사업자등록번호

위탁자의 상호, 주소, 성명 및 사업자등록번호를 기재한다. 무역업고유번호를 받은 자라도 특수한 제품이나 특정한 거래로서 전문적인 지식과 경험이 있는 자에게 대행시키는 것이 유리할 경우에는 대행을 위탁할 수 있다.

이때는 소정의 인지를 첨부한 수입대행계약서를 구비하고 대행위탁자(실수요자)를 이 위탁자란에 기재한다.

③ 원산지

수입물품의 원산지를 기재한다.

④ 선적항

계약서나 물품매도확약서상의 선적항을 기재한다.

⑤ 송화인

계약서나 물품매도확약서상 물품공급자의 상호, 주소, 성명 등을 기재한다.

⑥ 금액

수입할 금액의 총액을 기재한다.

⑦ 결제조건

㉮ 신용장 : 화환수입신용장에 의하여 대금을 결제하는 조건으로 일람불수입신용장조건인 경우 “at sight”로 기재하고, 기한부수입신용장조건인 경우 어음의 만기

일에 따라 "at xx days after sight" 또는 "at xx days after B/L date(draft date)" 등으로 기재한다. 분할지급수입조건은 수입대금의 일부를 선적서류나 물품인수 전에 분할하여 지급하고 그 잔액을 선적서류나 물품인수 후 분할하여 지급하는 거래로서 계약서나 물품매도확약서상 지급방법별로 기재한다.

㉯ 추심어음 : 추심결제방법에 의한 수입은 선적서류의 인도가 어음의 지급조건인가 인수조건인가에 따라 지급도조건(D/P)과 인수도조건(D/A)으로 구분된다. D/P 조건은 "at sight"로 D/A 조건은 결제기간란에 어음의 만기일에 따라 "at xx days after sight" 또는 "at xx days after B/L date(draft date)" 등으로 기재한다.

㉰ 송금환 : 선적서류나 물품을 인수하기 전이나 인수와 동시에 또는 인수 후에 수입대금을 지급하는 방식으로 단순송금방식인 경우 "payment to advance", 현금결제방식인 경우 COD(cash on delivery), 서류상환방식인 경우 CAD (cash against documents)로 기재한다.

㉱ 기타 방식 : 상기 언급한 것 이외의 것으로서 계약서나 신용장상의 대금결제방식에 의거 기재한다.

⑧ 가격조건

인코텀스상의 조건에 따라 FOB, CIF 등에 지정목적지 또는 항구명에 가격을 기재한다.

⑨ HS 부호

수입품의 해당 HS 부호를 기재한다.

⑩ 품명 및 규격

수입품명과 수입품의 규격을 기재한다.

⑪ 단위 및 수량

수입품에 따른 단위와 수량을 기재한다.

⑫ 단가

가격조건과 단가를 기재한다.

⑬ 금액

수량을 단가로 곱한 금액, 즉 수입금액을 기재한다.

⑭ 승인기관 기재란

⑮ 유효기관

수입승인기간은 원칙적으로 1년이나 경우에 따라 20년의 범위 내에서 유효기간을 승인할 수 있다.

⑯ 승인번호

⑰ 승인기관 관리번호

⑱ 승인권자의 서명날인

[별지 제3-2호 서식]

수입승인(신청)서
Import License(Application)

처리기간 : 1일 Handling Time : 1Day

<table>
<tr><td colspan="2">① 수입자 무역업고유번호
(Importer) (Notification No.)
상호, 주소, 성명
(Name of firm, Address, Name of Representative)
(서명 또는 인)
(Signature)</td><td colspan="3">⑤ 송화인(Consignor)
상호, 주소, 성명
(Name of firm, Address, Name of Representative)</td></tr>
<tr><td colspan="2" rowspan="3">② 위탁자 사업자등록번호
(Requester) (Business No.)
상호, 주소, 성명
(Name of firm, Address, Name of Representative)
(서명 또는 인)
(Signature)</td><td colspan="3">⑥ 금액(Total Amount)</td></tr>
<tr><td colspan="3">⑦ 결제기간(Period of Payment)</td></tr>
<tr><td colspan="3">⑧ 가격조건(Terms of Price)</td></tr>
<tr><td colspan="2">③ 원산지(Origin)</td><td colspan="3">④ 선적항(Port of Loading)</td></tr>
<tr><td>⑨ Hs부호
(HS Code)</td><td>⑩ 품명 및 규격
(Description/Size)</td><td>⑪ 단위 및 수량
(Unit/Quantity)</td><td>⑫ 단가
(Unit Price)</td><td>⑬ 금액
(Amount)</td></tr>
<tr><td colspan="5">⑭ 승인기관기재란(Remarks to be filled out by an Approval Agency)</td></tr>
<tr><td colspan="5">⑮ 유효기간(Period of Approval)</td></tr>
<tr><td colspan="5">⑯ 승인번호(Approval No.)</td></tr>
<tr><td colspan="5">⑰ 승인기관 관리번호(No. of Approval Agency)</td></tr>
<tr><td colspan="5">⑱ 위의 신청사항을 대외무역법 제14조제2항 및 동법 시행령 제26조제1항의 규정에 의하여 승인합니다.
(The undersigned hereby approves the above-mentioned goods in accordance with Article 14(2) of the Foreign Trade Act and Article 26(1) of the Enforcement Decree of the said Act..)
년 월 일
승인권자 (인)</td></tr>
<tr><td colspan="5">※ 승인기관이 2이상인 경우 ⑭~⑱의 기재사항은 이면에 기재하도록 합니다.
※ 이 서식에 의한 승인과는 별도로 대금결제에 관한 사항에 대하여는 외국환거래법령이 정하는 바에 따라야 합니다.</td></tr>
</table>

2812-281-01611민
'97.2.26. 승인

210mm×297mm
일반용지 60g/㎡

제 3 절 수출입승인의 변경 및 유효기간의 연장

1. 수출입승인의 변경

(1) 수출입승인변경의 의의

수출입승인을 받은 자는 최초 승인을 얻은 내용에 따라 수출입을 이행하여야 하지만 수출입업자의 계약변경 등으로 인하여 기 승인내용의 변경사유가 발생한 경우에는 수출입승인 유효기간내에 최초 승인기관의 장으로부터 수출입승인사항의 변경승인을 받아야 한다.

수출입승인사항의 변경을 위한 구비서류는 다음과 같다.

① 수출입승인사항 변경승인

② 당초 수출입승인서(기 수출입승인사항 변경승인서 포함)

③ 사항변경사유 입증서류(변경된 계약서, 물품매도확약서 등)

④ 기타 필요한 서류

(2) 수출입승인사항의 변경승인요건

1) 변경승인 요건

수출·수입승인 사항의 변경승인 기관의 장은 수출·수입승인사항을 변경하고자 할 경우에는 다음의 각 요건에 합당한지 여부를 확인하여야 한다. 변경승인 기관의 장은 수출·수입 승인사항에 관하여 변경신고가 있는 경우 이를 확인한 후 신고를 수리하여야 한다.

① 수출입 승인을 얻은 후에 수출입공고 등에 수출수입을 제한하는 사항이 추가된 품목으로서 관계기관의 장의 허가 등을 추가로 요하는 품목일 때에는 그 허가 등을 받았을 것

② 수출물품의 단가를 인하하거나 수입물품의 단가를 인상하는 내용의 수출 또는 수입승인사항 변경은 다음의 하나에 해당하는 경우일 것

· 거래상대방의 파산 또는 지급거절 등 현지의 거래은행, 상공회의소 또는 공공기관에 의하여 객관적으로 확인되는 경우에 수출물품을 제3자에게 전매하는 경우

· 물품의 성질과 국제거래 관행상 승인시점에 단가를 확정할 수 없는 경우

· 기타 급격한 시장상황의 변화 등 변경사유가 불가피하다고 인정되는 경우

③ 변경하고자 하는 내용이 수출신용장, 수출입계약서, 주문서, 물품매도확약서 등에 명시되어 있을 것. 다만, 수출신용장 등에 명시가 필요없는 경미한 사항일 경우에는 그러하지 아니하다.

④ 수출대상국가의 변경은 수출제한사유 등을 고려할 때 타국으로 변경하여도 지장이 없을 것

2) 변경 신고수리 요건

수출입 승인사항의 변경승인기관의 장은 수출입승인사항에 관하여 변경신고가 있는 경우에는 이를 확인한 후 신고를 수리하여야 한다.

(3) 수출입승인의 변경승인기관

수출·수입승인 사항의 변경은 당초 승인한 기관의 장이 승인한다. 다만, 다음의 하나에 해당하는 사항에 대하여는 당초 승인한 기관의 장에게 변경신고를 하여야 한다.

① 원산지
② 도착항(다만, 수출의 경우에 한함)
③ 규격
④ 수출입물품의 용도(다만, 수출입승인 용도가 지정된 경우에 한함)

〈표 8-7〉 수출입승인사항의 변경승인요건

구 분	변 경 승 인 사 항
품목변경	제한승인품목(통합공고, 수입선다변화품목 포함)의 경우 제한조치에 합당한 허가나 추천필요
단가변경	수출입물품의 단가인상은 선적 이전에 승인신청
결제방법변경	결제·기간방법의 변경은 외국환거래법령에 합당하여야 하며, 필요시 한국은행총재 또는 외국환은행장의 별도의 정상외 결제허가 필요
목적지변경	쿼타제도의 운영이나 무역관리상 지장이 없는 경우 가능 쿼타품목의 경우 추천기관의 추천사항의 변경승인시 가능
용도변경	수출입공고에 위배되지 않는 범위 내에서 가능
거래당사자변경	수출 : 선적과 대금결제 전 가능 수입 : 대금지급 전 가능
거래방식변경	외국환거래법에 위배되지 않는 범위 내에서 가능

(4) 변경승인·신고의 신청

수출입승인의 변경신청은 원칙적으로 당초 수출입승인기관에 신청하여야 하나 변경사항이 경미한 다음 사항은 세관장에게 직접 변경승인을 신청할 수 있다.

1) 품목분류번호 및 품명

수출입공고나 통합공고에서 제한되지 않는 품목 또는 동 품목으로 변경되는 경우 변경승인 절차 없이 변경된 사실을 확인한 세관공무원이 승인서상에 변경된 부분을 정정표기함으로서 수출입할 수 있으나, 수입제한품목이거나 수입금지품목으로 변경되는 경우로서 제한요건에 충족되는 경우에는 세관장의 승인을 받아 수입할 수 있다.

2) 규격 및 중량

수출입이 제한되지 않는 품목 또는 동 품목으로 변경되어 관계법규에 의한 제한조치에 저촉되지 않으며, 금액 및 기본세율이 변경되지 않는 경우 변경승인 절차없이 변경된 사실을 확인한 세관공무원이 승인서상에 변경된 부분을 정정표기함으로써 수입할 수 있으나, 수입제한품목이나 수입금지품목으로 변경되는 경우로서 동 제한요건에 충족되는 경우에는 세관장의 승인을 받아 수입할 수 있다.

2. 수입승인 유효기간의 연장

(1) 수입승인 유효기간연장의 의의

수입승인을 받은 자는 수입승인서의 유효기간 내에 물품의 수입신고와 수입대금의 지급이 완료되어야 하나 동 기간 내 이행을 할 수 없어 연장이 필요한 경우에는 유효기간 내 승인기관의 장은 유효기간 연장승인을 할 수 있으며, 예외적으로 1개월 범위 내에서 세관장도 연장승인할 수 있다.

수입승인의 연장은 수입신고와 수입대금지급에 따라 업무처리방법이 상이하다.

〈표 8-8〉 유효기간 연장 및 제재내용

구 분	유효기간 신청 여부	조 치 사 항	비 고
수입신고와 대금결제가 모두 미이행시 연장승인	유효기간 내 신청시	· 도착시기와 대금결제기간을 감안한 기간 내에서 연장승인 · 연장시점의 수입에 관한 제한요건 충족필요	
	유효기간 내 미신청시	· 유효기간 만료와 동시 자동취소 · 세관용 허가서 회수	
수입신고와 대금결제 중 하나가 미이행시 연장승인	유효기간 내 신청시	· 만료일로부터 6월 범위 내 연장 · 연장사유에 책임 있는 자에게 과태료 처분연장가능	세관장 1월 범위내에서 연장가능
	유효기간 내 미신청시	· 만료일로부터 3월 범위 내 2회 직권 연장 · 연장사유에 책임 있는 자에게 과태료 처분통보	연장사실을 수입자에 통보

(2) 수입승인 유효기간연장 불요대상

수입승인의 유효기간연장은 수입승인 후 연장사유가 발생하면 연장승인이 이루어져야 하나 다음의 경우에는 예외로 한다.

① 수입승인 유효기간 내에 거래외국환은행에 수입대금을 지급하고 선적서류를 인수한 경우

② 수입승인 유효기간 내에 선적서류의 사본을 외국환은행으로부터 확인받고 수입대금에 해당하는 금액을 수입승인은행에 예치한 후 수입신고를 한 경우

(3) 수입승인 유효기간연장 신청서류

① 수입승인 유효기간연장 승인(신청)서

② 최초 수입승인서

③ 물품매도확약서 또는 계약서 사본

④ 유효기간 연장사유 설명서

[별지 제3-5호 서식]

수출입승인사항변경승인·신고(신청)서

처리기간
1 일

<table>
<tr><td rowspan="3">② 신청인 무역업고유번호

(상호, 주소, 성명)

(서명 또는 인)</td><td>② 변경전승인일자</td></tr>
<tr><td>③ 변경전승인번호</td></tr>
<tr><td>④ 사후관리기관·단체명</td></tr>
<tr><td colspan="2">⑤ 변경내용(변경을 요하는 사항만을 기입하십시오.</td></tr>
<tr><td>변 경 전</td><td>변 경 후</td></tr>
<tr><td></td><td></td></tr>
<tr><td colspan="2">⑥ 승인(신고수리)조건</td></tr>
<tr><td colspan="2">⑦ 유효기간</td></tr>
<tr><td colspan="2">⑧ 승인(신고수리)번호</td></tr>
<tr><td colspan="2">⑨ 위의 신청사항을 대외무역법 제14조 제3항 및 동법시행령 제26조의 규정에 의하여 승인(신고수리)합니다.

년 월 일
승인권자 (인)</td></tr>
</table>

2812-281-02011민
'97.2.26. 승인

210mm×297mm
일반용지 60g/㎡

제 4 절 수출입승인의 사후관리

1. 사후관리 제도의 의의

수출입의 승인제는 수출입거래 자체에 대한 사전관리제도이다. 이러한 사전관리제도의 실효성을 확보하기 위하여 수출입승인 이후부터 그 거래가 완전한 의미에서 종결될 때까지의 관리, 즉 사후관리도 매우 중요하다. 사후관리는 무역관리의 목적 달성과 수출입의 이행사항에 대한 확인 그리고 수출입관리의 실효성 확보 뿐만 아니라 수출입동향의 분석과 통상 및 무역정책 수립의 기초자료로 활용하기 위해서 필요하다.

따라서 산업자원부장관(수출입승인기관의 장에게 그 권한이 위탁되어 있음)은 대외무역법에 의거 다음 각호의 수출입 이행사항을 확인하게 된다.

① 물품의 수출 또는 수입의 승인이나 변경승인을 얻은 자가 승인된 내용대로 수출 또는 수입이행 여부

② 승인을 얻지 아니하고 수출 또는 수입되는 물품(수출·수입승인 대상물품에 한함)이 승인면제 대상물품인지의 여부

③ 특정거래형태의 수출입인정을 받은 자가 인정받은 내용대로 물품을 수출 또는 수입하는지의 여부

2. 사후관리 내용

(1) 수출·수입 이행사항 확인조치

수출입승인기관의 장은 수출·수입승인을 얻은 자가 승인의 내용대로 이행하였는지를 내용별로 확인하고 그 결과를 정리하여야 하며, 그 확인 결과에 따라 필요한 조치를 하여야 한다. 다만, 수출 또는 수입승인을 얻은 자 또는 그 거래상대방이 파산, 행방불명 기타 이에 준하는 사유로 수출 또는 수입의 이행이 불가능하다고 인정되는 경우에는 사후관리를 하지 아니한다.

(2) 승인사항의 이행신고

수출입승인을 얻은 자는 유효기간내에 당해 수출수입을 이행하고 이를 입증할 수 있

는 다음 각호의 서류를 당해 승인기관의 장에게 제출하여야 한다(2 이상의 승인기관에서 승인을 얻은 경우에는 각 승인기관에 해당서류를 제출). 다만, 전산관리체제로 이를 확인할 수 있는 경우에는 서류를 제출할 필요가 없다.

① 수출·수입신고필증 또는 관세법에 의한 컨테이너 반입확인서 등 수출입이행사항을 확인할 수 있는 서류 사본 1부

② 조건부승인인 경우 그 조건의 충족을 입증할 수 있는 서류 1부

제 9 장 무역금융

제 1 절 외화획득용 원자재 확보

수출자는 무역계약에 의거 수출승인을 받게되면 수출할 물품을 확보하여야 한다. 수출물품을 확보하는 방법에는 수출자가 자가공장이나 하청공장에서 물품을 제조·가공하여 생산하는 방법과 다른 회사에서 생산한 완제품을 국내에서 구매하는 방법이 있다. 수출자가 자가공장이나 하청공장을 두어 물품을 생산하기 위해서는 소요되는 원자재를 국내에서 구매하거나 외국에서 수입하여야 한다.

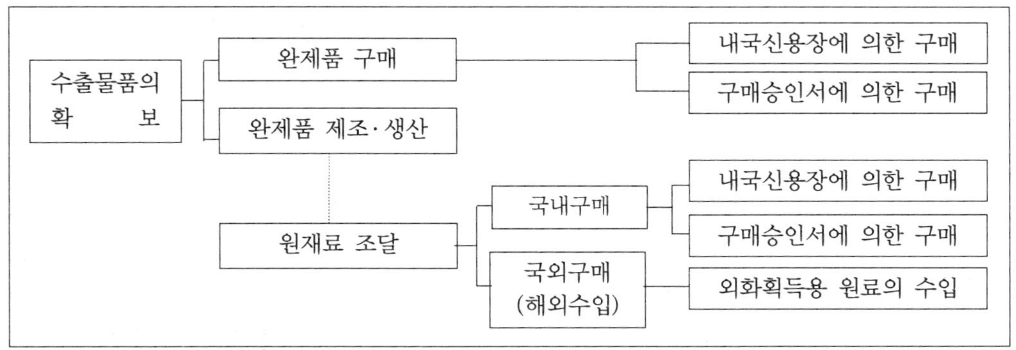

자료 : 한국무역협회, 「무역실무 매뉴얼」, 2000.5, p.247. 에서 일부수정 인용.

〈그림 9-1〉 수출물품의 확보방법

1. 외화획득용 원자재의 구매

국산원자재의 사용촉진과 수출물품의 원활한 국내 공급을 위하여 외화획득용 원자재를 국내에서 조달하는 방법으로서 내국신용장에 의한 방법과 구매승인서에 의한 방법이 있다.[1)]

(1) 내국신용장에 의한 구매

1) 내국신용장의 의의

내국신용장제도는 수출용원자재의 국내수입을 촉진하기 위해 도입·운용되고 있는 제도이다. 내국신용장(local credit)이란 수출용원자재나 수출용완제품의 국내거래와 관련하여 수출자가 수취한 수출신용장을 근거로 수출이행에 필요한 원자재 또는 완제품을 국내에서 원활히 조달하기 위하여 국내 공급업자를 수익자로 하여 개설된 국내신용장을 말한다.

수출자의 경우 수출용원자재를 내국신용장에 의하여 조달하면 당해 물품의 대금을 자기자금의 부담없이 원자재구매자금의 융자를 통하여 결제할 수 있으며, 은행의 공급대금지급보증으로 원활하게 원자재를 조달받을 수 있다.

또한 내국신용장의 수익자는 당해 내국신용장을 근거로 물품의 제조에 소요되는 자금을 융자받을 수 있으며, 내국신용장의 물품공급 실적을 수출실적으로 인정 및 관세환급, 부가가치세 영세율 전용 등의 혜택을 받게 된다.

〈표 9-1〉 내국신용장의 이점

개설의뢰인(수출자)	수익자(공급자)
· 원자재구매자금 융자결제 가능 · 은행의 공급대금지급 보증 · 원활한 원자재조달	· 제조에 소요되는 자금 융자 · 물품공급실적의 수출실적 인정 · 관세환급 · 부가가치세 영세율 적용

2) 내국신용장의 발행근거

내국신용장의 발행신청은 당해 업체가 보유하고 있는 무역금융의 융자대상증빙, 즉 수출신용장, D/P·D/A 계약서, 외화표시물품공급계약서, 외화표시건설 및 용역공급 계약서 또는 내국신용장(1차 또는 2차 내국신용장)을 근거로 하거나 당해 업체의 과거수출실적을 근거로 할 수 있다.

외국환은행의 장은 국내에서 수출용원자재를 구매하는 자의 의뢰에 의하여 원수출신용장(master L/C) 등을 견질로 1차 또는 2차 내국신용장을 개설할 수 있다. 이 때 2차 내국신용장의 개설 근거인 1차 내국신용장이 완제품구매를 위한 신용장인 경우에는 3차

1) 한국무역협회, 「무역실무 매뉴얼」, 전게서, p.247.

까지 가능하다.

〈표 9-2〉 내국신용장의 종류

분류기준	내국신용장의 종류
공급대상 물품별	① 원자재 내국신용장 : 수출용원자재를 공급대상으로 하여 개설된 내국신용장 ② 임가공내국신용장 : 수출용원자재 또는 수출용완제품을 위탁 가공하기 위한 가공임을 대상으로 하여 개설된 내국신용장 ③ 완제품내국신용장 : 수출용완제품을 공급대상으로 하여 개설된 내국신용장
개설단계별 (제조공정관련)	① 제1차 내국신용장 : 신용장기준금융수혜업체를 개설의뢰인으로 하여 수출신용장, 선수출계약서, 외화표시물품공급계약서를 근거로 개설하거나 실적기준금융수혜업체를 개설의뢰인으로 하여 과거수출실적을 근거로 개설된 최초의 완제품내국신용장 또는 원자재내국신용장 ② 제2차 내국신용장 : 제1차 내국신용장 수혜자를 개설의뢰인으로 하여 개설된 원자재내국신용장 ③ 제3차 내국신용장 : 제1차 내국신용장의 공급대상물품이 수출완제품인 경우로서 제2차 내국신용장 수혜자를 개설의뢰인으로 하여 개설된 원자재내국신용장
표시통화별	① 원화표시내국신용장 : 내국신용장에 의한 물품대금이 부기외화금액을 기준으로 환산된 원화금액에 의하여 결제되는 내국신용장 ② 외화표시내국신용장 : 내국신용장에 의한 물품대금이 거주자 계정간 이체결제방식에 의거 외화금액에 의하여 결제되는 내국신용장
금융수혜 대상여부	① 금융용내국신용장 : 원자재금융 또는 완제품내국신용장 개설업체가 소정융자(개설)한도 범위 내에서 개설한 내국신용장으로서 내국신용장수혜자가 이를 근거로 생산자금 및 원자재금융의 수혜가 가능한 내국신용장 ② 비금융용내국신용장 : 원자재금융수혜업체가 소정융자한도를 초과하여 자기자금 결제조건부로 개설한 내국신용장[용도표시문언 :"융자대상외", "융자대상외(실적)"]으로서 내국신용장 개설의뢰인은 물론 수혜자도 무역금융의 수혜가 불가능한 내국신용장

3) 내국신용장의 종류

내국신용장은 대상물품, 단계, 표시통화, 금융수혜여부에 따라 〈표 5-2〉와 같이 구분된다.

4) 내국신용장수익자의 요건

내국신용장의 개설대상은 원칙적으로 국내에서 1차이상의 가공과정을 거치는 원자재, 반제품 또는 완제품으로서 수출에 사용되는 물품을 공급하는 거래이다. 따라서 신용장수익자인 수출물품공급자는 내국신용장상의 공급물품을 내국신용장수익자의 생산(가공)

보유를 입증하기 위해 〈표 5-3〉과 같은 기관이 발행하는 서류를 내국신용장발행은행에 제출하여야 한다.

5) 내국신용장의 개설한도

내국신용장의 개설한도는 원자재내국신용장과 완제품내국신용장이 다르며, 원자재내국신용장인 경우에는 개설의뢰인의 금융수혜형태에 따라 다르다.

〈표 9-3〉 내국신용장 수익자의 생산(가공)능력보유 입증서류

구분 / 제품별	발 행 기 관	서 류 내 용
공 산 품	신용보증기금 또는 수익자 거래은행	해당 제품의 생산설비 및 생산실적 조사서 (다만, 고철공급의 경우에는 고철처리시설 및 수집판매실적 조사서)
광 산 물	대한광업협회장	해당 품목에 대한 광산시설 보유 및 생산실적증명서
수 산 물	관할수산업협동조합장 또는 그 지정기관	해당 품목에 대한 위탁판매필증 또는 어업허가증
농축산물	농림부장관 또는 그 지정기관	해당 품목에 대한 생산 또는 수집자 증명서
임 산 물	산림청장 또는 그 지정기관	해당 품목에 대한 생산 또는 수집자 증명서

주 : 1. 공산품 내국신용장 개설시 신용보증기금 또는 수익자 거래은행의 확인이 있는 경우 생산능력 보유입증서류를 당해 내국신용장 개설후 10일 이내에 징구할 수 있음.
2. 수익자의 공급제품이 단순한 수편물과 같이 별도의 생산시설이 필요치 않은 경우 생산실적증명서로서 생산(가공)능력보유 입증서류에 갈음할 수 있음.

가. 실적기준 원자재금융

실적기준 원자재 수혜업체가 원자재 국내구매를 위해 내국신용장 개설시 개설한도는 다음과 같다.

· 융자취급승인 전월부터 3개월간 수출실적 × 1.5 × 평균원자재의존율[2)]
· 개설신청 9개월전 3개월간 자사제품 수출실적 × 1.5 × 평균원자재의존율
· 과거 1년간 자사제품 수출실적 × 1/3 × 평균원자재의존율

---

2) 평균원자재의존율은 품목별 원자재합계액/대상수출실적×100으로 산출한다.

나. 신용장기준 원자재금융

· 과거 1년간 자사제품 수출실적×1/2×신용장별 원자재의존율

· 과거 6개월간 자사제품수출실적×신용장별 원자재의존율

다. 완제품금융

수출용 완제품을 구매하기 위한 내국신용장의 개설한도는 다음과 같다.

· 신용장기준완제품 내국신용장 : 당해 업체보유 수출신용장의 금액범위 내

· 실적기준 완제품 내국신용장 : 과거 1년간 타사제품수출실적×1/6범위 내

6) 내국신용장의 조건과 개설신청서류

가. 내국신용장의 조건

내국신용장의 주요 기능은 무역금융에 있으므로 내국신용장거래와 관련 국내규정인 무역금융관련규정이 우선 적용된다.

① 양도불능 및 취소불능일람불신용장일 것.

② 신용장금액은 "원"화로 표시하고 개설일 현재 대고객전신환 매입률로 환산한 의뢰금액을 부기한 것일 것.

③ 어음의 형식은 개설의뢰인을 지급인으로 개설은행을 지급장소로 하는 일람출급환어음일 것.

④ 물품인도기일은 대응수출(또는 공급)을 이행하는데 지장이 없는 범위이내일 것.

⑤ 서류제시기일은 물품수령증명서 발급일로부터 5 영업일 이내 이어야 하며, 원격지인 경우 7 영업일 이내일 것.

⑥ 유효기일은 물품인도기일 10일 이내로 하되 원수출신용장 등을 근거로 개설시 선적 또는 인도기일 이전일 것.

나. 개설신청서류

내국신용장을 개설하고자 하는 경우 개설의뢰인은 다음의 서류를 구비하여 신청하여야 한다.

〈표 9-4〉 내국신용장 개설신청 서류

구 분	신 청 서 류
공통구비서류	· 신용장개설신청서 · 발급근거서류 : 신용장, 수출계약서(D/P, D/A), 외화표시물품공급계약서, 과거 수출실적 · 물품매도확약서 · 소요량 증명서(또는 소요량 계산서) · 생산능력 보유 입증서류 : 자사제품 수출실적 증명서, 신용보증기금의 생산시설 조사서
무역금융수혜서류	· 수출지원금융차입금 신청서 · 약속어음 · 담보제공서

7) 대금결제

가. 어음의 매입 및 추심의뢰

내국신용장수익자는 내국신용장조건에 따라 내국신용장발행신청인(물품구매자)에게 물품을 공급한 후 물품수령증명서를 발급받아 내국신용장발행은행에 직접 지급의뢰하거나 거래외국환은행에서 추심의뢰하여 물품대금을 결제받게 된다.

내국신용장에 의한 환어음매입은 내국신용장의 조건을 충족하는 물품수령증명서, 공급자발행 세금계산서(다만, 부가가치세법상 발급대상이 아닌 경우에는 공급자 발행청구서)에 환어음을 발행하여 매입신청을 한다.[3)]

내국신용장발행은행은 지급거절사유가 없는 한, 내국신용장 부기외화액을 매입당일의 전신환매입률로 환산한 금액을 지급제시를 받은 날로부터 3 영업일 이내에 결제하여야 한다. 이때 동 결제자금은 일반적으로 수출용원자재의 경우에는 원자재구매자금으로 무역금융을 융자받아 결제하게 되지만 자기자금으로 융자수혜 없이 결제하기도 한다.

나. 환어음의 지급거절사유

내국신용장발행은 발행된 내국신용장에 의하여 제시된 환어음과 첨부된 서류를 점검하여 신용장조건과 부합되지 않을 경우에는 동 어음에 대하여 지급거절할 수 있다. 환어음의 지급거절사유는 다음과 같다.[4)]

① 어음의 형식불비 또는 지급지가 상이한 경우

3) 한국무역협회, 「무역실무 매뉴얼」, 전게서, p.253.
4) 한국무역협회, 상게서, p.253.

② 제시된 어음이 사고신고서가 접수된 어음이거나 위조, 변조된 경우
③ 어음의 지급제시일(내국신용장수익자의 매입 또는 추심의뢰일)이 내국신용장의 유효기일을 경과한 경우
④ 물품수령증명서상의 수령인의 인감 또는 서명이 내국신용장 발행신청시 신고한 인감 또는 서명(물품매도확약서상의 것을 기준으로 함)과 상이한 경우
⑤ 물품수령증명서상의 물품명세가 내국신용장의 물품명세와 불일치한 경우
⑥ 제시된 어음이 내국신용장의 기타 조건과 불일치한 경우

〈그림 9-2〉 내국신용장에 의한 구매절차

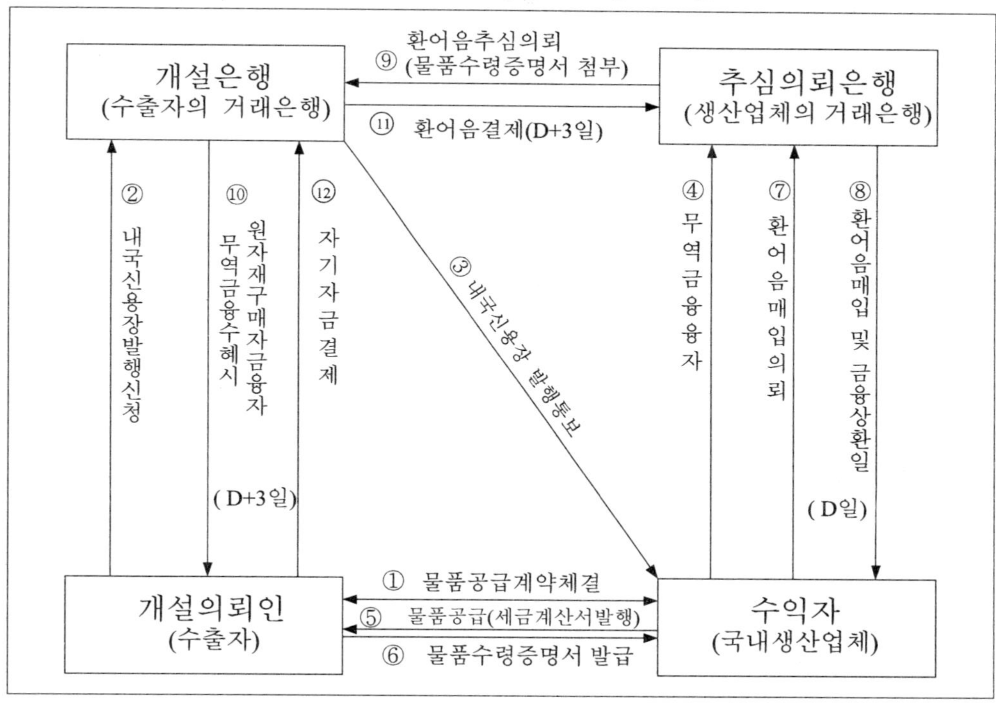

(2) 구매승인서에 의한 구매

1) 구매승인서의 의의

구매승인서는 국내에서 생산된 물품을 외화획득용원료 또는 물품으로 구매하는 경우 외국환은행의 장이 내국신용장에 준하여 발급하는 증서이다.

구매승인서제도는 내국신용장을 개설할 수 없는 상황, 내국신용장 발급규정상 무역업

자의 금융한도 부족 등의 사유로 인하여 원자재 등의 공급을 받기 어려운 수출자를 지원하기 위하여 마련된 제도로 공급자에 대한 수출실적 인정혜택, 부가가치세 영세율적용, 수출용원자재 사후관리상 공급이행인정, 수출용원자재 수입허용 등의 용도에 사용되고 있다.

2) 구매승인서의 발행근거

구매승인서 발급과 관련 대외무역관리규정에서는 구매승인서의 남발을 방지하기 위하여 수출신용장, 수출계약서(D/P, D/A), 외화매입(예치)증명서, 내국신용장, 구매승인서, 대외무역법 시행령의 수출, 군납, 관광·용역 및 건설의 해외진출, 해당 규정에 의한 외화획득에 제공하는 물품을 생산하기 위한 경우 중 어느 한 가지로 제한하고 수당도 소요량 범위내로 한정하고 있다.[5)]

3) 구매승인서 발급과 대금결제

구매승인서는 외화획득용원료 구매자의 거래외국환은행장이 수출자와 공급자 앞으로 발급하며,[6)] 구매승인서(2차, 3차)는 구매승인서 소지자의 거래외국환은행장이 구매승인서소지자와 공급자 앞으로 발급한다. 또한 구매승인서는 내국신용장과는 달리 외화획득용 원료 또는 물품의 제조과정이 여러 단계인 경우에는 각 단계별로 순차로 발급할 수 있다. 구매승인서의 대금결제는 은행이 내국신용장에 준하여 발급한 증서이지만 대금지급을 보증한 것이 아니므로 대금지급에 관해서는 계약자유의 원칙에 따라 거래 당사자간에 이루어지게 된다.

4) 구매승인서 발급신청서류

구매승인서 발급신청시 구비하여야 할 서류는 다음과 같다.

① 외화획득용 원료(물품)구매승인(신청)서 3부.

② 외화획득용 물품공급계약서 또는 물품매도확약서 1부.

③ 발급근거서류 : 수출신용장, 수출계약서, 외환매입(예치)증명서, 내국신용장, 구매승인서 등

---

5) 한국무역협회, 상게서, p.254.

6) 구매승인서에는 외화획득용구매승인서와 수입원자재구매승인서가 있다. 수입원자재구매승인서는 수입된 외화획득용원료를 생산과정을 거치지 아니한 상태로 국내에서 구매하는 경우 외국환은행의 장이 내국신용장에 준하여 발급하는 증서를 말한다.

④ 소요량 증명서

⑤ 공급자의 생산가공능력보유 입증서류 : 자사제품수출실적증명서, 거래은행 또는 신용보증기금의 생산시설조사서

⑥ 공급자, 인수자의 인감증명서

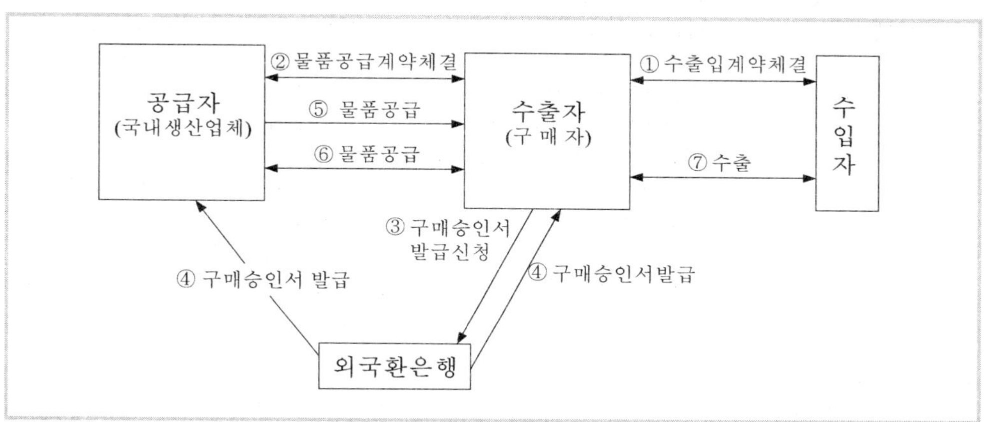

〈그림 9-3〉 구매승인서에 의한 구매절차

〈표 9-5〉 내국신용장과 구매승인서의 비교

구 분	내 용	내국신용장	구매승인서
공통점	· 발급기관	외국환은행	좌동
	· 거래대상물품	수출용 원자재 및 완제품	좌동
	· 부가가치세 적용	영세율적용	좌동
	· 사후관리	공급자 수출실적으로 인정	좌동
	· 관세환급	가능	좌동
차이점	· 관련법규	무역금융관련 규정	대외무역법 시행령 및 관리규정
	· 발급조건	무역금융융자한도내	제한없이 발급
	· 발급비용	일정발급수수료 (매3개월마다 발급액의 65/1,000% 부담)	없음
	· 무역금융	융자대상	융자대상에서 제외
	· 대금지급보증 및 결제	은행이 대금지급 보증, 물품 공급업자가 환어음을 발행하여 외국환 은행에서 어음매입	거래당사자의 문제일 뿐 은행이 대금지급보증을 하지 않음. 공급자와 구매자간 대금 결제
	· 발행제한	2차까지 개설가능(1차 내국신용장이 완제품 내국신용장인 경우 3차)에서 수정인용	차수 제한없이 순차적 발급가능

	관련법규	무역금융관련(한국은행 총액한도 대출관련 무역금융취급세칙 및 절차)	대외무역법
		외국환 은행	
	발행(발급) 기관	공급업체의 수출실적 인정	좌동
	수출실적	영세율 적용	좌동
	부가세	발행은행이 지급확약	좌동
	지급 확약	원자재금융 한도내에서 발행	발급은행의 지급확약 없음
	발행(발급) 조건	(무역금융 수혜대상)	제한없이 발급(발급근거확인)
		1. 수출신용장	(무역금융 수혜대상 아님)
	발행(발급) 근거	2. 수출계약서(D/P, D/A 등)	1. 수출신용장
		3. 외화표시물품공급계약서	2. 수출계약서(D/P, D/A 등)
		4. 외화표시건설, 용역공급계약서	3. 외화표시물품공급계약서
		5. 내국신용장	4. 외화표시건설, 용역공급계약서
		6. 당해 업체의 과거 수출실적	5. 내국신용장
			6. 외화입금(매입)증명서
		차수제한 없이 순차적으로 발급 가능	7. 구매확인서
	발행제한		좌동

자료 : 강원진, 「무역실무」, 박영사, 1995.8, p.362. 남풍우, 「무역실무」, 두남출판사, 2006. p.291

[별지 제4-2호 서식]

외화획득용원료(물품)구매승인(신청)서

처리기간
3일

① 신청인(상호, 주소, 성명)			② 공급자(상호, 주소, 성명)		
(서명 또는 인)			(서명 또는 인)		
공급물품명세(국산원자재, 기초원자재, 수출물품 중 해당사항에 ○표 할 것)					
③ HS부호	④ 품명 및 규격	⑤ 단위 및 수량	⑥ 단가 (US$ 부기)	⑦ 금액 (US$ 부기)	
수출 또는 구매승인서상의 내용					
⑧ 근거서류명 및 번호	⑨ HS부호	⑩ 품명	⑪ 금액	⑫ 유효기일	⑬ 선적기일
⑭ 승인조건					
⑮ 승인번호					
⑯ 위 신청사항을 대외무역관리규정 제4-2-7조의 규정에 의하여 승인합니다. 년 월 일 은행장 (인)					

2802-26민
'97.2.26 승인

210mm × 297mm
인쇄용지(특급) 34g/㎡

2. 외화획득용 원자재의 수입

(1) 외화획득용 원자재수입의 의의

외화획득용 원자재란 외화획득을 위한 물품의 생산(물품의 제조, 가공, 조립, 수리, 재생 또는 개조)에 필요한 원자재, 부자재, 부품 및 구성품을 말한다.

외화획득용 원료의 범위는 수출실적으로 인정되는 수출품의 생산에 소요되는 원료, 외화가득률[7]이 30% 이상인 군납용 물품의 생산에 소요되는 원료, 해외에서 건설 및 용역사업용 원료, 외화획득용 물품생산에 소요되는 원료 및 외화획득이 완료된 물품의 하자 및 유지보수용 원료 등이다.[8]

우리나라에서는 수출상품의 국제경쟁력을 제고시키기 위하여 외화획득용 원료에 대하여 일반내수용과 비교하여 행정 금융 및 세제면에서 차별적 혜택을 부여하고 있다.

따라서 외화획득용으로 국내구매 또는 해외수입 원자재는 원래의 목적외에 사용되지 못하도록 사후관리를 철저히 하고 있다.

〈표 9-6〉 외화획득용 원자재에 대한 지원

구 분	지 원 내 용
· 행정지원 · 금융지원 · 세제지원	· 수출입공고, 별도공고 및 통합공고상 수입금지 또는 제한 품목 수입가능 · 필요자금 무역금융 수혜 · 관세환급 또는 관세유예[9]

(2) 외화획득용 원자재의 수입절차

외화획득용 원자재의 수입절차는 일반수입절차와 차이가 없으나 일반내수용 수입보다 특혜가 주어지므로 대응수출 이행여부를 확인하는 사후관리가 뒤따른다.

외화획득용 원자재의 수입절차는 완제품 수출신용장(master L/C)내도를 근거로 하여 수입계약체결, 수입승인, 금융절차 및 통관절차를 거쳐 최종적으로 완제품에 의한 대응

7) 외화가득율(%) = $\frac{\text{수출금액(FOB)기준} - \text{외화획득용 원료 수입금액(CIF)기준}}{\text{수출금액(FOB)기준}} \times 100\%$

8) 대외무역관리규정 제5-2-1조.

9) 외화획득용 원료의 관세납부기간은 수입한 달이 속하는 분기의 익월말까지로 수출을 이행한 경우 관세환급특례법에 의거 당해 분기 익월 15일까지 관세환급을 신청하도록 하여 정산하게 함으로써 관세납부없이 수입이 가능하다.

수출의 이행과 관세환급의 일련의 과정을 거치게 된다.

1) 수입계약체결

수출신용장이 도착하면 수출자는 수출품 생산에 소요되는 원자재를 해외에서 수입하기 위해서 해외의 물품공급자인 수출자와 수입계약을 체결하거나 국내의 오퍼상이라고 불리는 갑류무역대리업자를 통하여 청약(offer)을 받고 승낙(acceptance)과정을 거쳐 계약을 체결한다.

2) 수입추천과 수입승인

내수용이 아닌 수출용원자재(외화획득용원료)를 수입할 경우에는 보통 수출신용장이나 D/P·D/A 계약서 등을 근거로 하여 소요량증명서를 발급받아 인정되는 범위 내에서 수입하여야 한다. 수출용원자재는 수입시 수출입공고상의 품목제한규정적용이 배제되어 우선 수입할 수 있지만, 수입대체산업의 육성 등이 필요한 일부 품목에 대해서는 수입을 억제하기 위한 제도적 장치로서 대외무역관리규정상 지정된 품목은 수입추천을 받아 수입하도록 하고 있다.

또한 산업폐기물이나 소관중앙행정기관의 장이 별도로 정하는 농림수산물 또는 마약류, 대마 등 특별법으로 수입을 제한하고 있는 경우에는 특별법 우선적용의 원칙에 따라 그 제한내용을 충족한 경우에만 수입할 수 있다.

3) 거래약정과 신용장 개설

수입신용장을 개설하기 위해서는 이상과 같은 조건을 충족하고 외국환은행의 장으로부터 수입승인(import licence : I/L)을 받아야 하며, 수입신용장은 수입승인서상의 유효기간 내에 발행신청이 이루어져야 한다.

신용장발행의뢰인인 수입자는 자기의 거래은행에 수입거래약정서 및 담보 등을 제공하고, 소정의 신용장발행신청서에 신용장조건을 기재하여 해외의 수출자를 수익자(beneficiary)로 하여 매매계약상 약정된 기간 이내에 신용장을 발행·통지하도록 함으로써 수입물품을 조달하게 된다.

신용장발행은행과 발행의뢰인(수입자) 사이에는 일종의 신용장발행계약을 신용장거래약정서(Agreement for Commercial Letter of Credit)라는 소정의 서식에 의하여 체결함으로써 법률관계가 성립된다.

4) 수입대금결제

선적서류가 도착하면 수입환어음대금을 결제하고 선적서류를 인수하여야 한다. 수입대금의 결제는 선적서류 내도일로부터 7일 이내에 이루어져야 하며, 8일째 되는 날로부터는 개설은행의 대불(지급보증대지급)로 처리된다.

수입화물선취보증서(L/G)외 수입화물대도(T/R)에 관한 절차는 일반재수입의 경우와 동일하게 처리된다.

5) 수입통관과 관세환급

외화획득용 원료의 수입통관 절차는 일반재 수입통관과 동일한 절차로 이루어지나 원산지 표시와 세관 검사가 면제 및 사전수입신고 허용, 부두 직통관, 면허전 반출허용 등의 혜택이 주어진다.

외화획득용 원료를 수입할 시점에 납부한 관세는 징수한 물품이 수입면허일로부터 1년 6개월 이내에 수출 등에 제공되었을 경우 수출신고 수리일로부터 2년이내에 관세환급신청을 통하여 환급받을 수 있다.

6) 사후관리

외화획득용 원료의 수입은 수입시 여러 가지 혜택이 주어지므로 수출입공고상 제한승인품목과 수입금지품목, 산업피해조사에 의한 조치에 따라 수입이 제한되는 품목을 수입하는 자는 소정의 기일(보통 수입면허일로부터 2년) 내에 대응 수출을 완료하고 사후관리기관의 장에게 보고하여야 한다.

그러나 수입승인전 수입추천을 받아야 하는 물품, 내국신용장 또는 구매승인서에 의해 구매한 경우의 수입자용 승인품목 및 보세공장에 반입되는 외화획득용 원료는 사후관리가 면제된다.

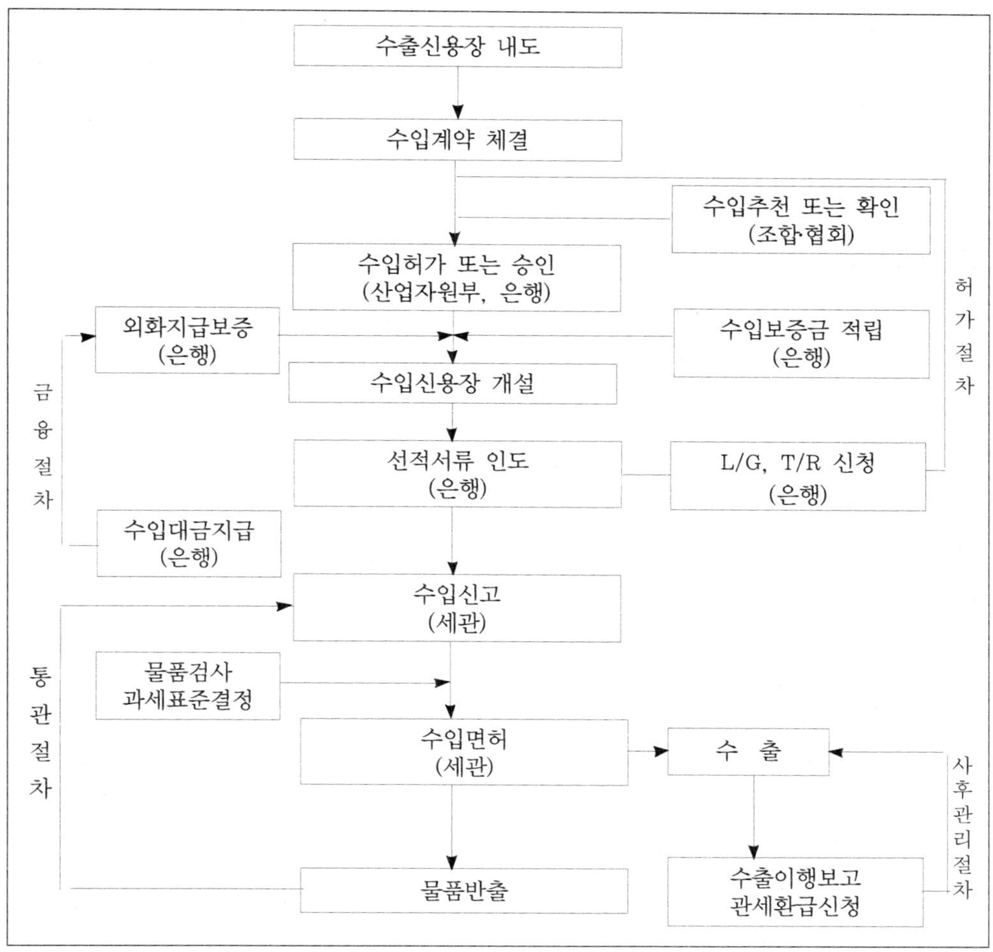

자료 : 한국무역협회, 「무역실무연습」, 1994, p.232. 일부수정 인용.

〈그림 9-4〉 외화획득용 원자재의 수입절차

3. 소요량증명서

(1) 소요량증명서의 의의

외화획득용원료, 즉 수출용원자재를 국내에서 구매하거나 해외에서 수입하기 위해서는 우선 당해 수출품의 제조·가공에 소요되는 원자재의 양을 파악하여야 한다. 소요량이란 수출품의 전량 생산에 소요된 원자재의 실량[10)]과 손모량을 합한 양으로 소요량증

10) 실량이라 함은 수출물품 1단위에 포함되어 있는 손모율을 포함하지 아니하는 원자재량을 말한다.

명서는 소요량증명서 발급 기관이 대응수출의 이행에 소요되는 원자재의 양을 계산하고 동 내용을 확인한 증명서를 말한다.[11] 소요량증명서는 수출용원자재의 국내구매시 또는 수입승인서, 무역금융 차입시, 관세환급 신청시, 수출이행 보고시, 즉 원자재 사후관리를 위한 용도에 사용된다.

(2) 소요량의 책정

수출품의 단위소요량[12] 책정방법으로는 현장조사, 문헌조사, 실물 및 카달로그 조사, 신청자 제시자료에 의한 조사 그리고 유사품의 소요량적용방법 등이 있다.

단위 소요량 책정시에는 제조공정 및 공정도, 공정별 손모율[13]·손모상태 및 그 발생원인, 원료 등의 배합비율 등 필요한 최소한의 사항을 조사하고 있다. 단위소요량이란 기준 소요량[14]이 고시되지 아니한 품목에 대하여 소요량증명서 발급기관이 산출한 수출품 1단위의 생산에 소요된 원자재의 양으로 단위실량과 평균소모량을 합한 양을 말한다.[15]

(3) 소요량의 고시

기준소요량은 외화획득용물품의 생산을 관장하는 중앙행정기관의 장(외교통상부 또는 산업자원부장관이 관장하는 품목 중 목재가구에 대하여는 임업연구원장, 기타 품목에 대하여는 중소기업청장)이 소관품목에 대하여 고시하고 있다.

기준소요량이 고시되지 아니한 품목에 대하여 당해 품목의 소요량증명서의 발급기관

---

11) 소요량 = 수출량×기준소요량(예 : 10M/T×1,804M/T = 11,804M/T = 11,804M/T…Steel Slab) 또는 수출량(PC)×WT(kg)/pc×기준소요량(예 : 100pcs×kg/pc×1,031 = 51.55kg…Plastic Resin)과 같이 산출한다.

12) 단위소요량이라 함은 기준소요량이 고시되기 이전 비고시 품목에 대하여 발급기관에서 인정하는 수출품 1단위의 생산에 소요되는 원자재량을 말한다.

13) 손모율이라 함은 수출물품 생산공정에서 생기는 손실량을 공정별로 백분율을 구해 계산한 값 또는 수출물품 생산시 요구되는 투입량에 대한 손실량의 백분율을 말한다.

14) 기준소요량이라 함은 고시된 수출품 1단위의 생산에 소요된 원자재의 양으로서 단위 실량과 평균소모량을 합한 양을 말한다. 즉 기준소요량 = 단위실량 + 평균소모량과 같이 산출할 수 있다.

15) 소요량을 책정하기 위해서는 먼저 기준소요량을 산출하여야 하며 "기준소요량=$\frac{1}{1-\text{손모율}}$ 또는 단위실량×$\frac{1}{1-\text{손모율}}$"로 계산된다. 여기서 손모율은 제품생산공정에서 생기는 손실량을 계산한 값으로 손모율 = $1-(1-P_1)(1-P_2)(1-P_3)\cdots\cdots(1-P_n)$과 여기서 P는 공정별 손모율로 "$P = \frac{\text{투입량}-\text{실량}}{\text{투입량}}$"에 의해 산출한다.

및 수출업체는 계속적인 수출이 예상되어 기준소요량의 고시가 필요하다고 판단되는 경우에는 당해 품목의 소요량증명서에 단위소요량 책정자료를 첨부하여 고시기관에 기준소요량 고시를 요청할 수 있으며 고시기관은 이를 고시하여야 한다.

(4) 소요량증명서의 발급

1) 소요량증명서의 발급기관

소요량증명서의 발급기관은 기준소요량이 고시된 품목에 대해서는 외국환은행의 장 또는 세관장이 발급한다. 그러나 기준소요량이 고시되지 아니한 품목(비고시 품목)[16]에 대해서는 외화획득용 물품의 생산을 관장하는 중앙행정기관의 장이 별도로 정하는 경우를 제외하고는 국립기술품질원장, 지방중소기업청장, 신청인의 주소지(지사, 공장 포함)를 관할하는 시·도지사 중소기업청장이 정하는 시장·군수, 수출자유지역에 입주한 업체는 해당 지역을 관할하는 관리소장, 공업단지입주업체에 대하여는 해당 도지사 또는 수출자유지역관리소장, 세관장이 발급한다. 다만, 수출신용장, 내국신용장, 구매승인서, 수출면장 등 소요량증명서 발급에 필요한 근거 서류상의 소요원료의 규격 및 수량이 표시된 품목의 경우에는 비고시 품목이라 하더라도 외국환은행의 장이 단위실량만의 소요량증명서를 발급할 수 있다.

또한 고시품목과 비고시품목의 혼합품목에 대해 발급을 신청한 경우에는 비고시품목의 경우와 같은 발급기관이 발급한다. 그리고 소요량자체 관리기업 및 소요량계산서 발급기업은 소요량계산서를 소요량에 갈음하여 발급할 수 있다.

2) 소요량증명서의 발급신청

소요량증명서를 발급받고자 하는 자는 소요량증명신청서에 수출신용장, 내국신용장, 구매승인서, 수출면장 등 소요량증명서의 발급에 근거 서류, 소요원료 등 산출기초명세서, 견품, 카달로그, 용도설명서 등 소요량증명서 발급에 필요한 최소한의 증빙자료를 첨부하여야 한다.

소요량증명서는 발급기관이 기준보다 과다하게 발급하였을 경우에는 원자재를 확보하는 기업이 소요하는 원자재보다 더 많이 수입 또는 국내구매할 수 있어 무역금융의 과다사용은 물론 수출용원자재를 용도 외로 시중에 유출시킬 가능성이 있고, 그 반대로 기준

16) 비고시품목에 대한 소요량증명서 발급기관은 원료 등의 종류가 다양하고 제품제조 공정이 특수하여 확정소요량의 산출에 소요될 경우에는 가소요량증명서를 발급할 수 있다.

보다 과소발급하였을 경우에는 원자재를 확보하는 기업이 수출물품의 생산에 소요되는 원자재가 부족하여 계약물품을 약정된 기간 내에 약정수량을 인도하지 못할 수도 있으므로 소요량증명은 적정하게 발급되어야 한다.

[별지 4-13호 서식] (　　용)

소요량증명신청서

처리기간
고시종목 : 3일

① 신청인(상호, 주소, 성명) (서명 또는 인)	② 발급근거서류명 및 번호 ③ 용도 ④ 소요량고시번호

수출품 또는 군납용명세

⑤ HS 부호	⑥ 품명 및 규격	⑦ 단위 및 수 량	⑧ 가격조건 및 단가	⑨ 금액	⑩ 비고

소요원료명세

⑪ HS 부호(10단위)	⑫ 품명 및 규격	⑬ 단위 및 수량	⑭ 비 고

⑮ 발급번호

⑯ 대외무역관리규정 4-3-4의 규정에 의하여 위의 사실을 증명합니다.

년　　월　　일

승인권자　　　　(인)

2812-281-03811민
'97.2.26 승인

210mm × 297mm
인쇄용지(특급) 34g/㎡

제 2 절 무역금융제도

1. 무역금융의 의의

무역금융이란 수출물품의 제조 또는 조달과 관련 금융지원을 원활히 하여 수출증대에 기여함을 목적으로 취급되는 선적전 금융이면서 무역금융을 융자 취급한 외국환은행은 융자금의 일정 비율을 중앙은행으로부터 총액한도 대출제도에 의하여 다시 융자받을 수 있는 정책금융이다.17)

무역금융은 넓은 의미로는 대외무역거래와 관련하여 필요한 자금의 융통 및 금융기관의 지급까지를 모두 포함하나 좁은 의미로 물품의 수출 및 용역의 제공을 통한 외화획득을 위하여 수출업체 등에게 수출물품의 생산 등에 소요되는 자금을 지원해주는 융자기간 1년 이내의 단기원화자금 대출 및 관련 지급보증을 의미한다.

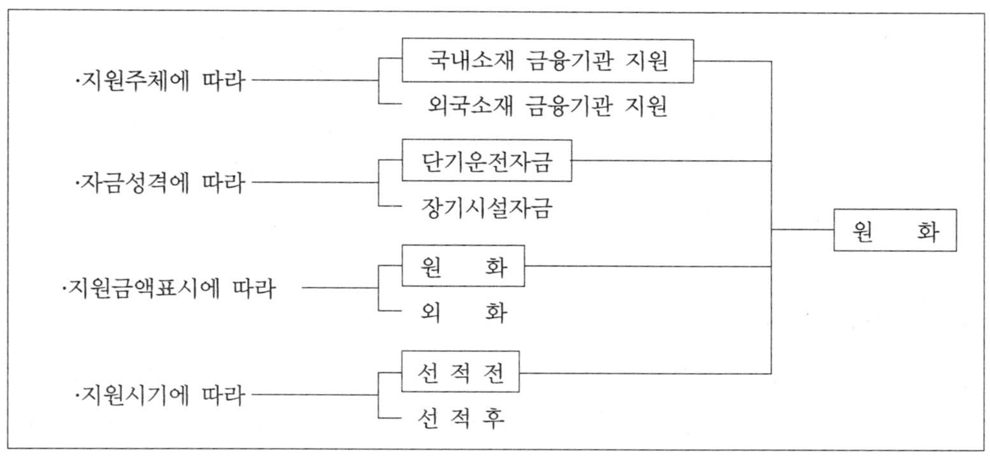

자료 : 박종수, 「국제무역의 이해」, 두남, 1998, p.483.

〈그림 9-5〉 무역금융의 성격

---

17) 윤광운, 「국제무역상무론」, 삼영사, 1998.3, p.586.

2. 무역금융의 융자대상

무역금융의 융자대상으로는 수출신용장, 선수출계약서(D/P·D/A), 외화표시 물품공급계약서(산업설비 수출계약서 등), 내국신용장 등 융자대상증빙의 보유자와 단순송금방식 수출(대금영수 후 30일 이내에 수출된 분), 대금교환도(COD 및 CAD 조건 수출방식에 의한 수출), 국내 보세판매장을 통한 내국수출, 팩토링(factoring) 방식에 의한 수출거래에 의한 과거 실적을 보유한 자이다.

3. 무역금융의 특징

무역금융은 일반금융과 달리 정책금융이므로 수혜자가 이를 악용하는 사례를 사전에 봉쇄하고 효율적인 수출지원을 도모할 수 있도록 다음과 같은 특징을 가지고 있다.

(1) 양적인 우대

일반금융의 경우 여신공급계획에 따라 그 지원폭에 제한을 가하여 통화량을 조절하나 무역금융은 정책금융으로서 융자의 적격성만 인정되면 무제한 지원되고 있다.

따라서 수출업체의 경우 무역금융수혜[18] 자격만 구비하면 쉽게 무역금융을 받을 수 있다. 이는 자금이용 측면에서 외국환은행의 무역금융 융자취급액에 대해서는 50% 해당액을 중앙은행인 한국은행이 연리 7%의 재할인율로 자동지원하기 때문이다.

(2) 우대금리적용

무역금융은 수출업체에 대하여 금융부담을 적게하여 국제경쟁력을 향상시키는데 있다. 무역금융의 금리는 일반 자금대출금리보다 낮은 연 6.5~9.75% 수준으로 지원되고 있다.

---

18) 무역금융 수혜를 위해서는 1996. 9. 16 개정 전까지는 1개의 주거래 외국환은행을 반드시 지정하고 필요시 부거래 외국환은행을 지정하도록 하였으나, 개정 이후에는 신용장기준금융 및 실적기준금융에서는 주거래 외국환은행, 부거래 외국환은행 지정제도가 없어지고, 포괄금융의 경우에만 주거래 외국환은행, 부거래 외국환은행 지정제도가 있게 되었다. 따라서 무역업체가 무역금융을 수혜받고자 할 경우에는 각 외국환은행과 거래약정을 체결한 후 이용하여야 한다. : 한국무역협회, 「무역실무 메뉴얼」, 2000.5, p.235.

(3) 선적전 금융

무역금융은 수출물품을 제조·가공하기 위하여 소요되는 수출용원자재의 조달에 소요되는 자금이다. 수출용 원자재 조달자금으로 융자받은 자금은 반드시 당해 연도에만 사용되어야 하며, 그 융자금은 당해 원자재를 사용하여 생산된 수출물품을 선적하고 수출대금을 회수하는 과정에서 수출환어음 매입(nego) 대전으로 상환되어야 한다. 따라서 무역금융 융자금을 보유할 수 있는 기간은 수출용 원자재를 조달하는 시점부터 대응 수출물품이 선적되는 시기까지이므로 이를 '선적전 금융'이라 한다.

(4) 대응수출의 의무화

무역금융을 융자받은 업체는 동 융자금을 수출용 원자재 확보자금 또는 수출품 생산자금으로만 사용하여야 하며, 이를 위해 융자금에 상응하는 대응수출을 이행하도록 의무를 부여하고 있다. 따라서 수출이행을 못한 경우 소정의 제재조치를 받음과 동시에 금융수혜자격이 정지된다.

(5) 자금의 소요시기별 지원

무역금융은 수출물품확보 단계로 각 단계마다 소요시기에 따라 필요한 자금을 분할지원하고 있다.

4. 무역금융의 종류

무역금융의 종류는 지원대상자금에 따라 다음과 같이 생산자금, 원자재금융 및 포괄금융으로 나누어진다.

(1) 생산자금

수출품생산업체가 수출용 완제품 또는 원자재의 직접 제조, 가공에 필요한 자금으로 신용장 등의 금액(FOB 기준)에서 원자재 수입액(CIF 기준) 및 국제원자재 구매액을 차감한 가득액을 지원하게 된다. 신용장기준금융은 소요원자재의 확보[19]가 확실한 경우

19) 원자재 확보여부는 원자재 수입시에는 수입신용장 사본 또는 수입승인서(I/L), 원자재 국내구매시에는 내국신용장 사본, 현금 구매시에는 물품대금영수증, 송장 사본 및 세금계산서, 자가생산시에는 원자재의 생산능력보유 입증서류로 증빙된다.

융자되며, 실적기준금융은 원자재 확보와 관계없이 거래 외국환은행이 과거 수출실적에 의하여 융자된다.

(2) 원자재금융

① 원자재 수입자금 : 수출용 원자재를 해외에서 수입하는 데 필요한 자금, 즉 수출신용장이나 실적기준 원자재금융한도에 의하여 수출용원자재를 수입하기 위하여 수입신용장을 발행 후 선적서류가 내도 하였을 때 동 수입대금이나 수입어음을 결제하기 위하여 지원되는 자금을 말한다.

② 원자재 구매자금 : 수출이행에 필요한 국산원자재를 국내에서 구매하는데 소요되는 자금, 즉 수출신용장이나 실적기준 원자재 금융한도에 의하여 수출용원자재 구매를 위한 내국신용장 개설 후 대금회수를 위해 발행한 어음의 결제를 위하여 지원되는 자금을 말한다.

(3) 포괄금융

기업규모가 작은 중소기업(전년도 수출실적이 1,000만불 미만)에 대하여 수출물품의 제조에 필요한 자금용도의 구분없이 포괄적으로 융자취급하는 금융취급방식이다. 포괄금융은 수출신용장 등 금액의 일정비율 또는 과거 수출실적의 일정비율에 대하여 현금으로 융자된다.

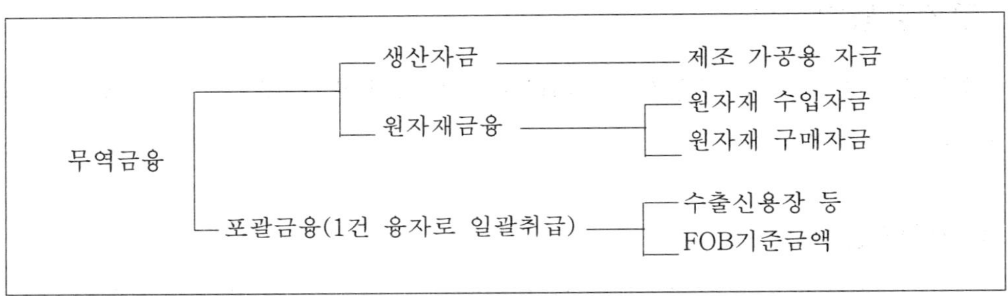

자료 : 윤광운, 「국제무역상무론」, 삼영사, 1998.3, p.589. 일부수정 인용.

〈그림 9-6〉 무역금융의 종류

5. 무역금융의 융자방법

무역금융의 융자방법에는 신용장기준 금융과 실적기준 금융이 있으며 수출업체는 원자재금융과 생산자금의 경우 임의로 선택하여 이용할 수 있다.

(1) 신용장기준 금융

과거 수출실적에 관계없이 매 신용장건별로 적정금액을 산출하여 소유자금범위내에서 융자하고 당해 수출대금으로 융자금을 회수하는 방법이다.

신용장기준 무역금융을 수혜할 수 있는 업체는 금융수혜지점에 수출신용장 등 융자대상증빙서류를 보유하여야 한다.

(2) 실적기준 금융

과거 일정기간 동안의 수출실적을 기준으로 산정된 융자한도범위내에서 대출 및 지급보증을 수혜받을 수 있는 방법이다. 실적기준금융의 수혜자격, 이용방법, 융자취급제한 등은 별도로 정하고 있다.

6. 무역금융의 융자금액

무역금융의 융자금액은 '달러'당 융자금액과 원화융자금액으로 나뉘어진다.[20)]

(1) '달러' 당 융자금액

무역금융은 각 기업별로 미화 1'달러' 당 일정금액의 원화를 융자해주고 있다. 따라서 생산자금의 경우 수출금액 중 가득외화액, 원자재금융의 경우에는 원자재 수입액 또는 국내구매액에 미화 1'달러'당 융자금액을 곱한 금액 범위내에서 융자해 주게 된다. 융자금액은 평균기준환율(전월 국내외환시장에서 형성된 기준환율의 평균)의 일정비율을 지원하고 있으며, 중소기업과 대기업으로 구분하여 중소기업의 경우 전월 평균기준환율의 90%, 대기업의 경우 60%를 미화 1'달러'당 융자단가로 하고 있다.

---

20) 한국무역협회, 「수출입업무요람」, 1997, pp.214～216.

(2) 원화융자금액

① **생산자금** : 신용장기준 생산자금의 경우 융자대상인 수출신용장 등의 융자대상금액 중 가득외화액을 계산하여 가득외화액 1'달러'당 기업별 융자단가를 곱한 금액 범위내에서 융자취급이 가능하다.[21] 실적기준 생산자금의 경우에는 과거 3개월간 수출실적 또는 9개월전 3개월 수출실적에 1/3을 곱한 금액에 당해 업체의 평균가득율과 기업별 융자단가를 곱한 금액범위내에서 일시 전액융자가 가능하며, 소정 융자기간 만료시 회전대출할 수 있다.[22]

② **원자재금융** : 원자재를 수입할 경우 일람출급조건 수입신용장(at sight L/C)과 지급도(D/P)조건 수입계약서에 의한 수입의 경우에는 수입어음금액에 대금교환도(COD와 CAD)조건 수입의 경우에는 수입대금에 기업별 융자단가를 곱한 금액범위내에서 융자가 가능하다.

한편 원자재를 국내에서 구매할 경우에는 내국신용장상의 물품공급자가 발행한 내국신용장어음의 부기외화금액 또는 외화금액에 기업별 융자단가를 통한 범위내에서 융자가 가능하다.

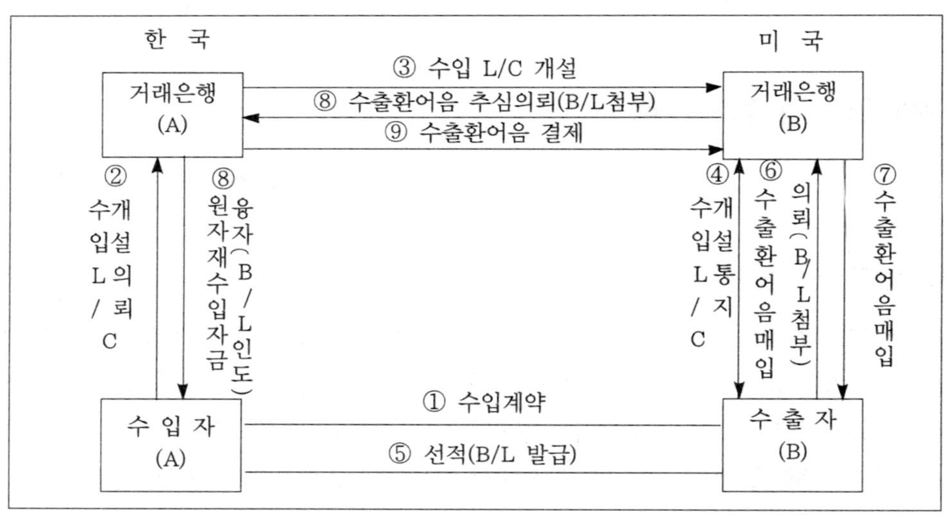

〈그림 9-7〉 원자재 수입자금의 융자절차

21) 신용장기준 생산자금의 융자취급 가능액은 다음 산식에 의하여 산정된다.
·융자금액 = 가득외화액[수출신용장 등의 융자대상금액(FOB기준) − 원자재수입액(CIF 기준) − 국산원자재구매액(내국신용장의 외화금액)] × 기업별 융자단가

22) 융자금액 = 과거 3개월간 수출실적 또는 9개월전 3개월 수출실적 × 1/3 × 평균가득율 × 기업별 융자단가

③ **포괄금융** : 신용장기준 포괄금융의 경우 수출신용장 등의 융자대상금액(FOB가격기준)에 기업별 융자단가를 곱한 금액 범위내에서 융자가 가능하다.

그리고 실적기준 포괄금액의 경우 과거 3개월간 자사제품수출실적의 1/2 또는 9개월 전월로부터 과거 3개월간 자가제품수출실적의 1/2 또는 1년간 자사제품 수출실적의 1/8 해당금액범위내에서 발급된 수출실적확인서[23] 금액에 융자단가를 곱한 금액범위내에서 융자가 가능하다.[24]

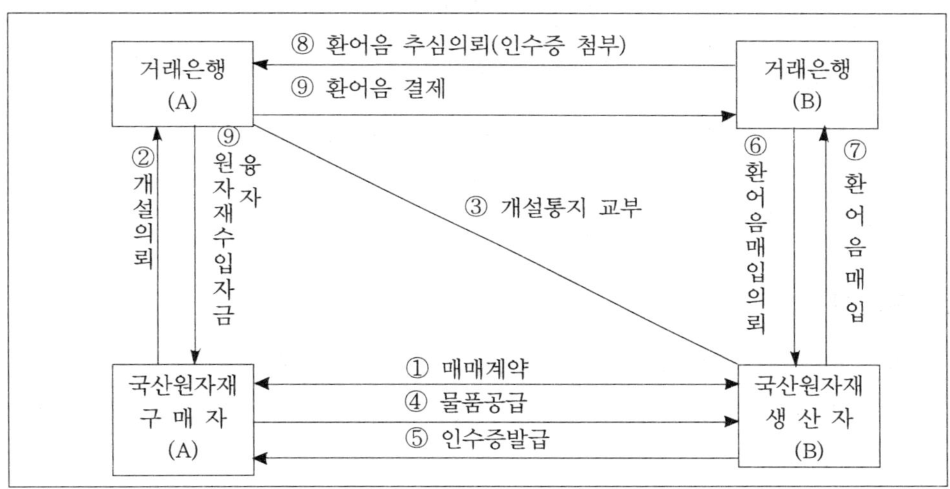

〈그림 9-8〉 원자재 구매자금의 융자절차

7. 무역금융의 융자기간

(1) 자금별 융자기간

실적기준 금융의 융자기간은 90일 이내이나 실적기준 원자재금융 수혜업체가 표준항해일수 10일 이내 지역(일본, 홍콩, 필리핀, 대만)으로부터 원자재를 수입하는 경우에는 60일 이내이다. 신용장기준 금융의 융자기간은 180일 이내, 동시에 당해 수출신용장 등의 유효기일 범위내에서 선적기일 또는 인도기일에 7일을 가산한 기일 이내이다.

---

23) 수출실적확인서는 실적기준포괄금융수혜업체로 선정된 업체의 신청에 의하여 주거래외국환은행이 발급하는 실적기준포괄금융의 융자한도를 확인한 서류로서 유효기간이 최초 융자취급일로부터 90일로 제한되며, 동 확인서 발급일로부터 15일 이내에 융자취급되지 않을 경우에는 무효가 되고 유효기간 중 재발급할 수 없다.

24) 융자금액=수출실적확인서 금액(과거 3개월간 수출실적×1/2)×기업별 융자단가

〈표 9-7〉 무역금융의 융자금액 산정

<table>
<tr><th>구분</th><th colspan="2">자 금 별</th><th>융 자 금 액 산 정</th></tr>
<tr><td rowspan="5">일
반
무
역
금
융</td><td rowspan="2">생산자금</td><td>실적기준</td><td>수출확인서금액(과거 3개월간 또는 과거 9개월 전월로부터 3개월간 자사제품 수출실적) × 융자단가</td></tr>
<tr><td>신용장
기 준</td><td>수출신용장 등의 가득외화액(U$) × 융자단가
※ 가득외화액 산출방법
· 수출신용장 등의 융자대상 금액(FOB) − 원자재수입액(CIF) − 국내원자재구매액(내국신용장의 외화금액) 또는
· 수출신용장 등의 융자금액(FOB) × (1−평균원자재 의존율)</td></tr>
<tr><td rowspan="2">원 자 재
금 융</td><td>원 자 재
수입자금</td><td>수입어음 외화금액 또는 수입대금(U$) × 융자단가</td></tr>
<tr><td>원 자 재
구매자금</td><td>내국신용장어음의 외화금액(U$) × 융자단가</td></tr>
<tr><td colspan="2">포괄금융</td><td>포괄금융 제도참조</td></tr>
</table>

(2) 융자기산일

생산자금 및 원자재수입자금은 융자취급일부터 기산하며 원자재구매자금은 물품인수일로부터 기산한다. 다만, 원자재수입자금의 경우 화물선취보증서(L/G)가 발급된 경우에는 보증서 발급일로부터 기산한다.

〈표 9-8〉 무역금융 융자시기 및 기간

<table>
<tr><th colspan="2">융 자 금</th><th>융 자 시 기</th><th>융 자 기 간</th><th>융 자 기 산 일</th></tr>
<tr><td rowspan="2">원
자
재
금
융</td><td>원 자 재
수입자금</td><td>· 직수입 : 선적서류 내도일로부터 7영업일 이내
· 국내구매 : 환어음 제시일로부터 3영업일 이내</td><td>신용장 기준 :
S/D+7≦180
실적기준 : 90일
표준항해일수
10일이내 : 60일</td><td>융자취급일 또는 L/G발급일, 물품인수일(계산서 발급일)</td></tr>
<tr><td>원 자 재
구매자금</td><td>내국신용장 환어음 지급
제시일로부터 3영업일이내</td><td></td><td>물품인수일
(계산서 발급일)</td></tr>
<tr><td colspan="2">생산자금</td><td>신용장기준 : 원자재확보후
실적기준금융 : 수출실적확인서 발급후 15일 이내</td><td></td><td></td></tr>
</table>

8. 포괄금융제도

(1) 포괄금융의 의의

포괄금융은 일반무역금융이 적정자금지원 및 자금의 용도외 사용금지라는 목적을 위하여 생산자금, 원자재금융 등으로 자금의 용도를 구분하여 지원하고 있어 그 운용방법과 절차가 복잡하여 중소수출업체가 이용하기에는 불편하기 때문에 이들 업체에 대한 금융수혜폭을 넓히기 위하여 도입한 제도이다.

포괄금융이란 일정요건을 갖춘 융자대상업체에게 자금용도의 구분없이 수출신용장 등의 금액 또는 과거 수출실적에 소정융자단가를 곱한 금액을 일괄융자함으로써 중소수출업체를 지원하고자 하는 제도이다.

(2) 포괄금융의 융자대상 및 융자방식

포괄금융의 융자대상업체는 전년도 또는 과거 1년간 수출실적이 미화 5,000만불 미만인 기업이다.

포괄금융의 융자한도, 지급보증한도, 융자금액, 기간 및 융자금회수는 〈표 9-9〉와 같다.

9. 무역금융의 선택

무역금융을 융자받고자 하는 모든 수출업체는 전술한 융자방법 중에서 한 가지를 선택할 수 있다.

실적기준에 의한 융자는 융자신청업체의 과거수출실적을 근거로 산정된 무역금융 한도를 초과하지 않는 범위내에서 취급되므로 과거 수출실적이 전혀 없는 업체는 실적기준을 이용할 수 없다. 실적기준으로 무역금융을 융자받고자 하는 업체는 최소한 과거 3개월간의 자가제품 수출실적을 보유하고 있어야 하는데, 이것은 실적기준 금융한도 산정에 사용되는 수출실적이 최소 3개월이기 때문이다. 신용장기준과 실적기준 중에서 한 가지를 선택한 업체는 다시 용도별 금융과 포괄금융 중에서 하나를 선택하여야 한다.

〈표 9-9〉 포괄금융의 융자와 회수

구분	융자한도	지급보증한도	융자금액	융자기간	융자금 회수
신용장 기준	· 융자신청 전월로부터 과거 3개월간 자사제품 수출 실적×2/3 또는 · 융자신청 전월로부터 과거 1년간 자사제품 수출실적×1/6 15억원 이내	당해 업체 보유 수출신용장 등의 소유원자재 해당액 범위 내	자사제품 수출실적(FOB 기준)×미화 1달러당 융자단가	최종 180일 범위내에서 당해 수출 신용장 등의 선적(인도)기일에 기일을 가산한 기일이내	융자기간 만료전이라도 당해 수출 또는 공급 대금입금시 회수
실적 기준	· 융자신청 전월부터 과거 3개월간 자사제품 수출실적×1/2 또는 · 과거 1년간 수출실적×1/8 해당금액 범위내에서 발급된 수출실적확인서의 금액범위내 ·융자신청 9개월 전월로부터 과거 3개월 자사제품 수출실적×1/2 해당금액 범위내에서 발급된 수출실적 확인서의 금액범위내 7억원 이내	과거 3개월간 자사제품 수출실적 또는 과거 년간 자사제품 수출실적의 1/4 해당금액에 업체평균원자재 의존율을곱한 금액 범위 내 융자신청 9개월 전월로부터 과거 3개월간 자사 제품수출실적에 평균원자재 의존율을 곱한 범위 내	과거 3개월간(또는 9개월 전월로부터 과거 3개월간) 자사제품 수출실적의 1/2 또는 과거 1년간 수출실적의 1/8 해당금액 범위내에서 발급된 수출실적 확인서 금액×미화 1달러당 융자단가	당해 수출실적확인서의 유효기간 만료일(90일)이내	당해 수출실적확인서 유효기간 만료시 재발급된 수출실적 확인서에 의한 융자한도 범위내에서 기대출량을 회수하고 신규 취급

한편 포괄금융은 앞에서 1천만 달러 미만인 업체로서 자사제품 수출실적이 구성비가 50% 이상인 업체만 이용할 수 있으므로 이에 해당되지 않는 업체는 용도별 금융에 따라 융자받아야 한다. 수출실적요건이 포괄금융 융자대상에 해당되는 업체라 하더라도 포괄금융을 이용하지 않고 용도별 금융방식에 따라 융자받을 수 있다.

무역금융의 선택
용도별 금융
포괄금융
신용장기준 금융
실적기준 금융
신용장기준 포괄금융
실적기준 포괄금융

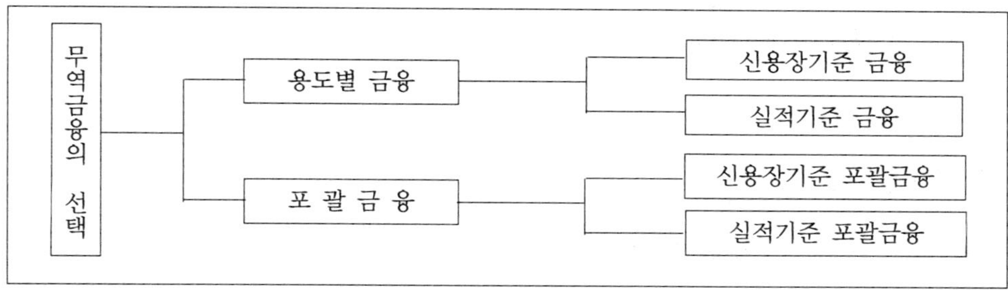

〈그림 9-9〉 무역금융의 선택

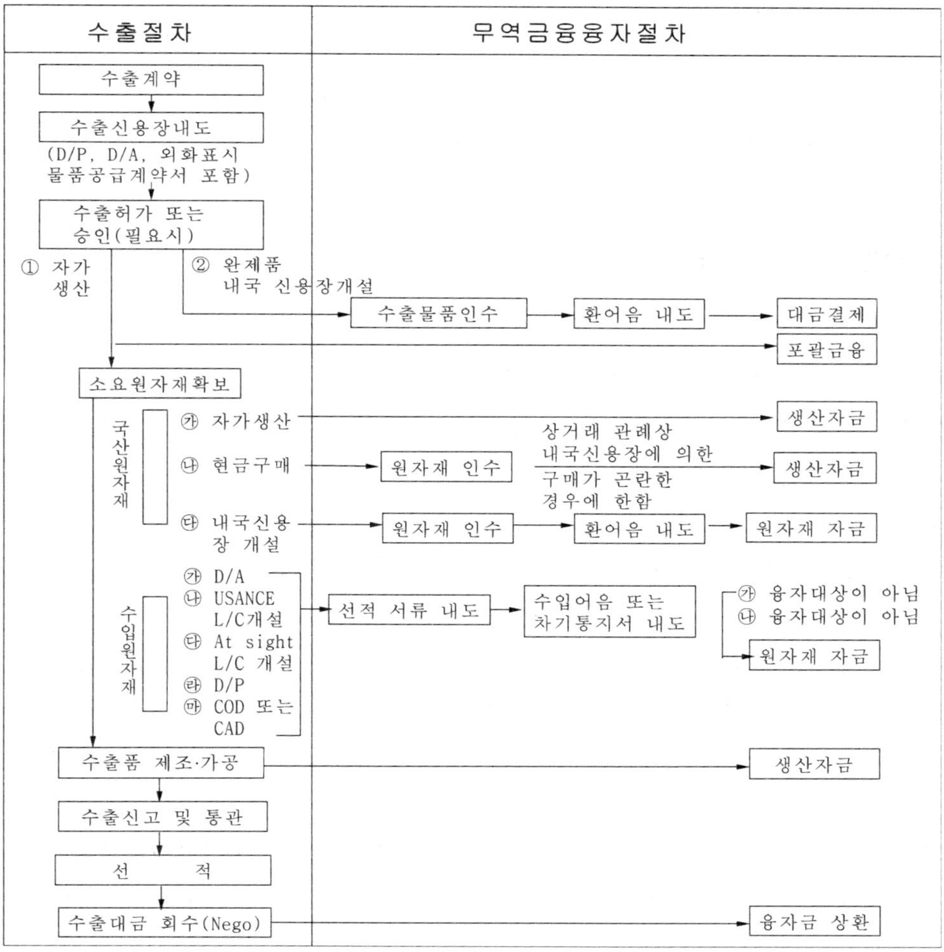

수출절차
무역금융융자절차
수출계약
수출신용장내도
(D/P, D/A, 외화표시
물품공급계약서 포함)
수출허가 또는
승인(필요시)
① 자가
생산
② 완제품
내국 신용장개설
수출물품인수
환어음 내도
대금결제
포괄금융
소요원자재확보
국산원자재
㉮ 자가생산
생산자금
상거래 관례상
내국신용장에 의한
구매가 곤란한
경우에 한함
㉯ 현금구매
원자재 인수
생산자금
㉰ 내국신용
장 개설
원자재 인수
환어음 내도
원자재 자금
수입원자재
㉮ D/A
㉯ USANCE
L/C개설
㉰ At sight
L/C 개설
㉱ D/P
㉲ COD 또는
CAD
선적 서류 내도
수입어음 또는
차기통지서 내도
㉮ 융자대상이 아님
㉯ 융자대상이 아님
원자재 자금
수출품 제조·가공
생산자금
수출신고 및 통관
선 적
수출대금 회수(Nego)
융자금 상환

〈그림 9-10〉 무역금융의 융자절차

제 3 절 무역어음제도

1. 무역어음의 의의

무역어음이란 수출업체의 자금융통을 원활히 하기 위하여 수출신용장, 실수출계약서(D/P·D/A), 외화표시물품공급계약서, 내국신용장 등을 근거로 발행한 환어음을 금융기관이 인수하고 인수된 환어음을 은행 또는 단자회사를 통해 할인 유통시킴으로써 자금을 조달하는 선적전 무역금융이다.

무역어음은 무역금융과 같은 정책금융이 아니라 취급기관이 자체적인 재원을 바탕으로 무역업체가 발행한 어음을 인수, 할인매입하여 일반투자가에게 매출하고 어음만기시 수출네고대전으로 대금을 상환하는 제도이다.[25)]

2. 무역어음의 유통과정

무역어음은 선적전 금융지원제도로서 동 제도는 자금조달을 위하여 무역어음을 발행하는 수출업체와 동 어음을 지급보증함으로써 안정성을 높여주는 인수기관, 그리고 인수어음의 할인 및 매출을 담당하는 중개기관과 할인된 무역어음 투자상품으로 매입하는 일반투자 등 4개 부문의 유기적 구성으로 이루어진다.

무역어음의 유통과정은 먼저 수출업체는 수출이행에 소요되는 자금을 지원받기 위하여 융자대상 증빙인 수출신용장 등을 근거로 무역어음(환어음)을 발행하고 동 어음의 지급능력을 보완하기 위하여 금융기관의 지급보증(인수)을 받게 된다. 다음에 수출업체는 은행이 지급보증한 환어음을 중개기관에 매입시켜 수출에 필요한 자금을 조달하고 어음대금은 수출상품의 선적후 수출환어음의 매입(Nego) 또는 추심대금으로 결제하게 된다.

어음을 할인매입한 중개기관(인수기관과 중복될 수 있음)은 할인어음을 그대로 보유할 수도 있지만 수출업체의 만기 결제전에 일반 투자자에게 동 어음을 매출함으로써 할인에 따른 자금압박의 완화 및 매매수익을 취득하게 된다. 이 때 어음발행자인 수출업자가 어음결제일에 대금지급을 하지 못하게 될 경우에는 동 어음의 인수기관이 대신 결제하게 된다.

---

25) 한국무역협회, 「수출입업무요람」, 전게서, p.220.

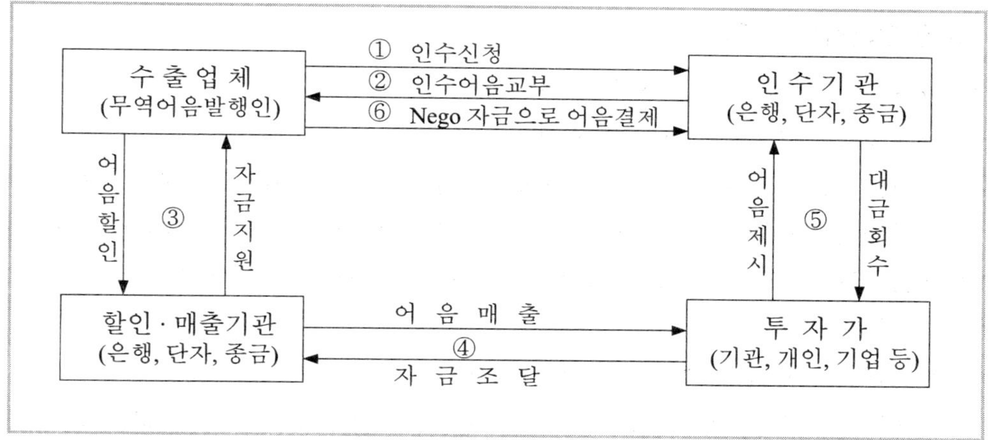

자료 : 한국무역협회, 「수출입업무요람」, 전게서, p.221.

〈그림 9-11〉 무역어음의 유통과정

3. 무역어음의 인수

(1) 무역어음의 발행

무역어음을 발행할 수 있는 자는 신용장방식(내국신용장 포함)에 의하여 물품을 직접 제조·가공하여 수출하거나 국내에 공급하는 자 및 무신용장방식(D/P·D/A 조건 수출계약서 및 외화표시 물품공급계약서 등에 의한 수출방식)인 경우 무역어음을 발행할 수 있다.

무역어음의 어음형식은 인수기관을 지급자로 하는 기한부어음이다.

(2) 인수금융기관

무역어음은 동 어음을 발행한 수출업체가 수출물품 선적후 수출환어음의 매입 또는 추심대전으로 인수기관이 지급한 어음대금의 상환을 보장하는 제도이므로 수출환어음의 매입 등 외국환어음의 취급이 현재로서는 불가능한 단자회사는 사실상 인수업무에 제약이 있지만 외국환은행과 무역어음결제를 위한 수출환어음의 매입 또는 추심에 관련된 약정을 별도 체결하여 인수업무를 영위하고 있다.

(3) 인수어음의 요건

인수어음은 다음의 요건을 구비하여야 한다.

① **어음형식** : 지급자가 인수기관인 환어음

② **만기일** : 발행일로부터 180일 이내로서 수출신용장 등의 유효기일내에서 최종선적기일(내국신용장인 경우 물품의 인도기일)에 10일을 가산한 날짜를 초과하지 않을 것.

③ **어음금액** : 수출신용장 등의 금액(FOB 기준)에 10%를 가산한 금액을 초과하지 않을 것.

④ **발행단위** : 5백만 원을 최소금액으로 하여 10만 원을 단위로 하여 발행

⑤ **어음의 통합 및 분할** : 신용장 1건이 5백만 원 이상으로 발생될 수 없는 신용장은 수개의 신용장을 통합하여 산출한 어음금액으로 발행할 수 있으나, 어음기간은 선적기일이 가장 늦게 도래하는 신용장을 근거로 산정하고 신용장의 금액이 과다하여 무역어음의 분할발행이 부득이 하다고 판단될 경우에는 분할하여 발행할 수 있다.

4. 무역어음의 할인

수출업체는 자사가 발행한 무역어음에 대하여 인수기관의 지급보증(인수)을 받게 되면 무역어음 할인기관에 동 어음을 할인·매입시켜 수출물품 생산에 소요되는 자금을 조달하게 되며, 할인기관은 할인대상어음이 인수기관에서 인수한 어음이므로 별도의 채권보존 가치가 필요없게 된다.

① **무역어음 할인기관** : 무역어음을 인수한 금융기관이 해당 어음에 대한 할인업무도 같이 취급하나, 인수금융기관의 자금사정이 안좋을 경우에는 타기관에의 할인을 전제로 인수업무만을 취급할 수 있다.

② **할인의뢰인과 대상어음** : 할인의뢰인은 당해 무역어음의 발행인에 한하며 할인대상 어음은 전술한 바와 같이 발행되고 어음법상 요건을 구비한 환어음으로서 인수기관이 인수한 무역어음이다.

③ **할인한도 및 할인요율** : 할인기간이 대상업체의 거래실적, 자금사정, 매출전망 등을 고려하여 적정한도를 설정한다. 할인요율은 할인기관이 여타 여신금리수집 등을 감안하여 자율적으로 결정한다.

④ **할인금액 및 할인료계산** : 할인료는 할인일에 선취하며, 실제 할인기간이 90일 이내인 경우에는 한편 넣기로 계산한다.

· 할인금액=어음금액−할인료

· 할 인 료=어음금액×할인요율[26]×할인기간(할인일−지급기일)/365

5. 무역어음의 매출

무역어음 중개기관(무역어음의 할인 및 매출기관으로서 인수기관과 일치할 수 있음)은 할인한 무역어음을 만기일 이전에 일반 투자자에게 매출함으로써 일반 투자자에게는 새로운 금융투자상품을 제공함은 물론, 자금의 조기회수로 할인능력을 제고할 수 있게 된다.

어음의 매출형식은 무담보부 배서할인형식으로 이루어진다. 이것은 어음의 양도(매출)시 배서를 하여야만 법적 효력을 가지게 되므로 무역어음 매출시 중개기관의 배서는 불가결하고 또한 무역어음매출에 있어서는 이미 인수기관이 지급보증을 하여 은행의 신용력에 의한 채권보전이 강화되었기 때문이다. 따라서 어음매출의 경우 별도의 담보가 불필요하다. 매출가액은 다음과 같이 산출된다.

· 매출이자 = 어음액면가 × 매출이율[27] × 매출기간/365

· 매출이자에 대한 제세금산출

· 매출가액 = 어음액면가 − (매출이자 + 제세금)

---

26) 할인요율은 할인기관이 여타 여신금리 수준 등을 감안하여 자율적으로 결정하고 있으며 통상 11.5%~14.0%가 적용되고 있다. 외국환은행의 경우 연 12%, 종합금융회사는 13.5%~14.09% 수준이다; (한국무역협회, 「수출입절차요람」, 전게서, p.224).

27) 무역어음의 매출이율은 "금융기간 여수신이율 등에 관한 규정"에서 정하는 바에 따르며, 동 규정에서 정하지 아니한 매출이율은 별도로 정하는 바에 의한다.

90일 이상	:	연 8.5%
60일 이상 89일 이하	:	연 6.5%
30일 이상 59일 이하	:	연 5.5%
8일 이상 29일 이하	:	연 4.5%
7일 이하	:	연 3.5%

다만, 만기가 60일 이상이고, 액면금액이 3,000만 원 이상인 어음의 경우에는 금융기관이 자율적으로 결정하며 대체로 은행 12%, 종합금융회사는 13.4~14.0% 수준이다. 그러나, 근래 금리인하로 인하여 91일이면 연7%를 보이는 등 금리가 다소 낮아지고 있는 추세이다.

6. 무역어음 결제대금의 회수

중개기관의 할인어음 보유분과 일반 투자자 매입어음의 결제기일 도래시 결제대금은 무역어음 발행인으로부터 당해 수출신용장 등의 조건에 따라 발행된 수출환어음 및 선적서류(운송서류, 보험서류, 상품송장 및 기타 신용장이나 수출계약서에 의해 요구되는 서류)의 매입 또는 추심을 통하여 입금된 대금으로 회수하게 된다.

할인기관이 외국환은행일 경우에는 수출환어음의 추심 및 매입대전을 동 은행에서 하도록 인수시 규정하고 있으며, 현재 외국환업무를 할 수 없는 단자회사는 수출환어음 등 서류를 지정 외국환은행에 매입 또는 추심의뢰하여 무역어음 대금을 회수하고 있다.

7. 무역금융과의 관계

무역어음 발생근거가 되는 수출신용장 등은 현재의 무역금융 융자대상 증빙요건과 동일함으로 수출자는 양 금융제도를 적절히 활용하여 수출관련 금융자금을 조달할 수 있다. 즉 수출자는 수출신용장 등을 근거로 무역어음의 발행을 통하여 생산자금을 조달하는 한편, 수출신용장 등의 금액에서 무역어음 발생금액을 차감한 잔여분은 내국수출업체로부터의 원자재를 구입하기 위한 내국신용장을 개설하여 원자재금융을 사용할 수 있다.

제10장 무역대금결제

제 1 절 신용장의 개념

1. 신용장의 의의와 기능

(1) 신용장의 의의

국제무역거래에서는 수출자와 수입자가 적정 물품 및 무역대금을 주고 받을 수 없으므로 대금결제의 안정성을 마련하여야 할 필요가 있다.

일반적으로 대금결제방법에는 송금방식, COD, CAD방식, 추심결제방식 등이 있으나 어느 방식을 이용하든 물품의 수령 및 대금결제에 대한 위험이 따른다.

신용장(L/C : letter of credit)이란 무역거래의 대금결제를 원활하게 하기 위하여 수입자(신용장개설의뢰인)의 요청과 지시에 따라 거래은행(신용장개설은행)이 수출자(수익자)에게 신용장에 명기된 조건과 일치하는 운송서류를 제시하면 수출자가 발행한 환어음을 인수, 지급 또는 매입하겠다는 조건부지급확약서이다.

(2) 신용장의 기능

1) 신용위험의 회피기능

수출자에게는 수입자의 대금지급불능 또는 지급거절 등에 의한 대금회수 불능위험을 제거하여 주고, 수입자에게는 거래은행이 지불능력을 일정한 조건아래 보증함으로써 안전하고 확실한 대금회수를 통하여 무역의 원활화를 도모할 수 있게 한다.

2) 금융수단으로서의 기능

수출자는 선적 후 은행에 환어음의 매입을 통하여 상품대금의 회수는 물론신용장을 근거로 무역금융과 금융상의 편의를 제공받을 수 있다. 수입자는 물품도착후 대금을 지급할 수 있고 기한부 신용장 이용시 수입상품을 처분후 대금결제할 수도 있어 금융상의 혜택을 볼 수 있다.

3) 수출입거래의 확정기능

취소불능신용장을 개설하면 신용장 관계 당사자 전원의 합의 없이는 신용장을 취소할 수 없으므로 수출자는 신용장으로 물품을 제조, 선적할 수 있으며 수입자는 대금을 미리 지급하지 않고 선하증권 등의 운송서류를 입수할 수 있으므로 거래가 확정적으로 이루어지는 것이다.

〈표 10-1〉 신용장거래의 장단점

구 분	수 출 자	수 입 자
장 점	· 개설은행의 지급보증으로 대금회수 보장 · 신용장 개설과 동시에 계약과는 별도의 법률관계 형성으로 거래보장 · 외환사정변화에 따른 환결제 위험방지 · 수출대금은 선적후 즉시 회수가능	· 엄밀일치의 원칙에 따라 계약물품의 선적확신 · 계약물품의 적기도착 확신 · 개설은행으로부터 화물대도에 의한 신용공여로 대금결제 연기가능
단 점	· 개설은행파산시 대금회수 불능위험	· 위조·변조서류에 대한 지급거절 곤란

(3) 신용장거래의 원칙

1) 독립성의 원칙

신용장은 매매계약서를 근거로 개설되지만 일단 개설된 신용장은 매매계약으로부터 독립되어 신용장 그 자체로서 법률관계를 형성한다. 따라서 신용장거래의 당사자인 은행과 매도인, 매수인은 신용장 거래에서 야기된 문제를 매매계약서의 내용을 들어 주장할 수 없으며,[1] 매매계약이 취소되더라도 수익자가 신용장조건에 따라 수출계약을 이행하였다면 개설은행은 수출대금을 지급하여야 한다.

2) 추상성의 원칙

신용장상의 모든 당사자는 서류를 근거로 하여 매매계약의 이행 여부를 결정하기 때

1) UCP 500, 제3조 참조 및 미국 통일상법전(UCC) 규정 제5-105조에서도 "신용장의 개설, 그 조건의 증보 또는 변경에는 약인이 불필요하다"고 규정하여 독립성을 보장하고 있다.

문에 수출자는 신용장조건에 부합하는 운송서류만 제시하면 서류의 심사만으로 대금을 지급하거나 매입하게 된다.

즉, 선적한 물품이 계약물품과 상이한 물품이라 할지라도 수출상이 제시한 선적서류에 하자가 없는한 은행은 매입 및 지급에 응해야 한다.

3) 엄밀일치의 원칙

은행은 신용장의 조건에 엄밀히 일치하지 않는 서류의 인수를 거절할 수 있다. 이 원칙은 독립성의 원칙과도 밀접한 관계가 있다. 즉, 신용장거래가 상품거래가 아닌 서류의 거래이므로 서류만을 기준으로 지급여부를 결정하게 되므로 제시되는 서류가 신용장의 조건과 엄격하게 일치함을 요구하는 원칙이다.

(4) 신용장거래의 한계

신용장거래는 독립성과 추상성을 인정함으로써 개설의뢰인인 매수인에게 많은 위험이 따른다. 즉 수출자가 매매계약내용과 상이한 물품을 선적하고 관련서류를 위조 또는 변조하여 은행에 제시한다고 하더라도 그 서류가 신용장조건과 일치하게 되면 대금지급을 하여야 하는 문제점이 있다.

한편 수출자의 경우 개설은행이 파산시 대금회수불능의 위험이 따른다. 또한 신용장은 계약의 성질을 가지고 있어 특정조건에 일치되는 서류를 기일내 제시하면 금액을 지불하겠다는 조건부 약속에 불과하므로 하나의 독립된 지급수단이 될 수 없다는 한계를 가지고 있다.

2. 신용장의 당사자

(1) 기본 당사자

1) 개설의뢰인(applicant)

매매계약이 체결된 후 수입지에서 자기의 거래은행에 신용장발행을 의뢰하는 수입자로, 매매계약의 이행단계에서 여러 명칭으로 불린다.

〈표 10-2〉 개설의뢰인의 다른 명칭

관계내용	수 입 자	
	영 문	국 문
신용장관계	applicant	신용장발행의뢰인
무역관계	importer	수입자
매매관계	buyer	매입인
계정관계	accountee	대금결제인
어음관계	drawee	환어음지급인
화물관계	consignee	수화인
신용관계	accredited buyer	신용수취매입인

2) **개설은행**(opening bank)

개설의뢰인의 요청과 지시에 따라 신용장을 개설하고 수출자가 발행하는 환어음에 대하여 대금의 지급을 확약하는 은행으로 개설은행 또는 발행은행(issuing bank)이라 한다. 신용장거래에서 개설은행은 거래 당사자의 대외 공신력의 주축이 되므로 가장 중요한 역할을 담당하고 있다고 할 수 있다.

3) **수익자**(beneficiary)

매매계약상의 매도인으로 신용장조건에 따라 수출을 완료했을 경우 이익을 취하는 당사자로, 매매계약의 이행단계에 따라 여러 명칭으로 불린다.

(2) 기타 당사자

1) **통지은행**(advising bank, notifying bank)

개설은행의 요청에 따라 신용장이 발행된 사실과 그 내용을 단순히 통지하는 은행으로서 통상 매도인이 소재하는 수출지에 있는 개설은행의 본·지점이나 본·지점이 없는 경우에는 개설은행의 환거래은행(correspondent bank)이 된다.

통지은행은 신용장 거래 당사자는 아님으로 신용장 거래에 관해 하등의 책임이 없으나 그들이 통지하는 신용장의 문면상의 진실성을 증명하기 위하여 상당한 주의를 기울여야 한다.

〈표 10-3〉 수익자의 다른 명칭

관계내용	수 출 자	
	영 문	국 문
신용장관계	beneficiary	신용장수혜인
무역관계	exporter	수출자
선적관계	shipper	선적인
매매관계	seller	매도인
계정관계	accounter(payee)	대금영수인
어음관계	drawer	환어음발행인
화물관계	consigner	송화인
신용관계	accreditee	신용수령인

2) 매입은행(negotiating bank)

수출자가 선적을 완료한 후 신용장조건에 따라 신용장개설의뢰인 또는 개설은행 앞으로 발행한 환어음(bill of exchange)에 선적서류를 첨부하여 매입을 의뢰할 때 이를 매입(NEGO : negotiation)하고 수출대금을 지급하는 수출지 은행을 매입은행이라 한다.

매입은행은 지정받은 은행이 있는 경우 그 지정은행이 별도 지정이 없는 경우에는 모든 은행이 될 수 있으나 일반적으로 수출자의 거래은행 또는 통지은행이 매입은행이 된다.

3) 확인은행(confirming bank)

수출자의 요청에 따라 개설은행의 지급불능에 대비 신용있는 제3의 은행으로 하여금 개설은행과 동일한 입장에서 신용장조건과 일치하는 한 이에 의한 지급, 인수 또는 매입을 재차 확약하는 은행을 말한다.

확인은행은 개설은행과 동일한 신용장 당사자로서의 지위가 부여되고 있다.

4) 지급 또는 인수은행(paying or accepting bank)

수출자가 발행한 환어음에 대하여 대금을 직접 지급하도록 위탁받은 은행을 지급은행이라 하며, 수출자가 발행한 환어음이 기한부어음인 경우 어음을 인수하는 은행을 인수은행이라 한다.

지급은행은 수익자의 소재지에 있는 개설은행의 본·지점 또는 개설은행과 환거래 계약이 체결되어 있는 은행이 일반적이나 제3국의 은행이 되는 경우도 있다.

5) 결제 또는 상환은행(settling or reimbursing bank)

신용장개설은행과 수출환어음 매입은행 사이에 예치환거래관계가 없거나 신용장상의 결제통화가 제3국의 통화인 경우 이 대금을 결제하는 제3국에 소재하는 은행을 결제은행 또는 상환은행이라 한다.

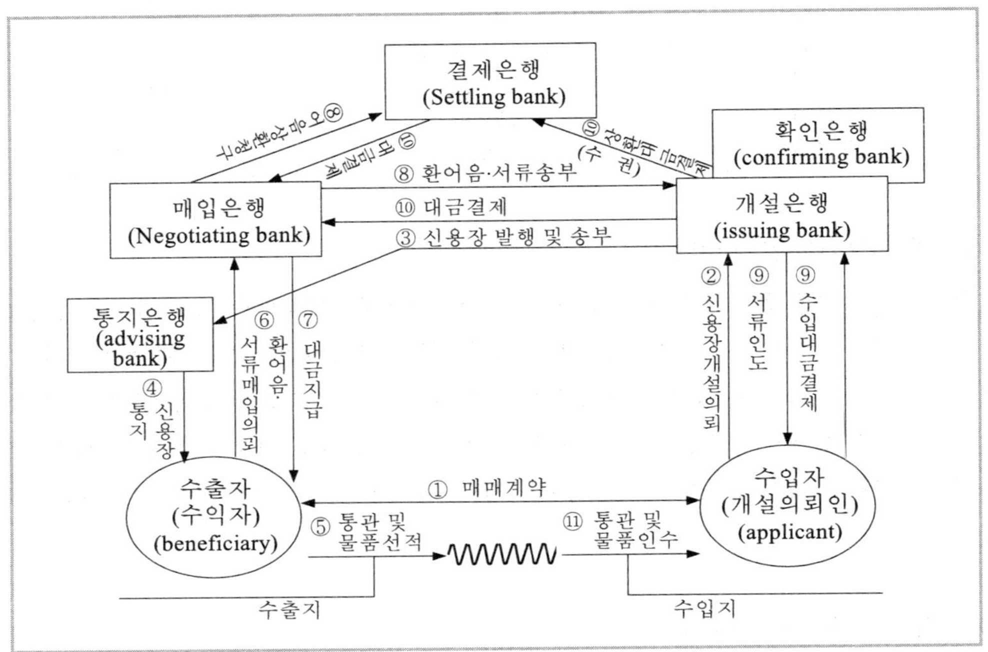

자료 : 이장노·문희철, 「무역개론」, 무역경영사, 1998, p.416. 일부수정 인용.

〈그림 10-1〉 신용장 거래 당사자의 관계

3. 신용장의 종류

(1) 일반신용장

1) 취소불능신용장과 취소가능신용장

취소불능신용장(irrevocable L/C)이란 신용장이 발행되어 수익자에게 통지된 이상 유효기간 내에는 신용장 관계당사자2)의 전원 합의 없이는 신용장의 조건변경 및 취소할

2) 신용장 관계 당사자란 일반적으로 개설은행(확인신용장인 경우 확인은행 포함), 개설의뢰인, 수익자를 말한다.

수 없는 신용장으로 신용장상 취소가능(revocable)이란 문구를 명시하고 있지 않는 한 취소불능으로 강조된다.

취소가능신용장(revocable L/C)은 신용장을 개설한 은행이 수익자에게 사전통보 없이 일방적으로 신용장의 조건을 변경하거나 취소할 수 있는 신용장으로 우리나라에서는 수출의 경우 취소가능신용장을 받은 자는 수출승인을 받을 수 없다.

2) 확인신용장과 미확인신용장

개설은행의 신용상태를 신뢰할 수 없을 경우 국제적으로 신용이 있는 제3의 은행이 개설은행의 요청에 의하여 수익자가 발행하는 어음의 인수·지급 또는 매입을 확약하는 신용장을 확인신용장(confirmed L/C), 이러한 확약이 없는 신용장을 미확인신용장(unconfirmed L/C)이라 한다.

3) 양도가능신용장과 양도불능신용장

수익자(original beneficiary)가 신용장 금액의 전부 또는 일부를 제3자(secondary beneficiary)에게 양도할 수 있는 권한을 부여한 신용장을 양도가능신용장(transferable L/C)이라 하며, 수익자가 신용장을 제3자에게 양도할 수 없는 신용장을 양도불능신용장(non-transferable L/C)이라 한다.

양도가능신용장은 수출대행시 주로 이용되며, 양도가능(transferable)이란 명시가 없는 한 양도불능신용장으로 간주되며, 양도는 1회에 한하여 허용된다.

4) 상환청구가능신용장과 상환청구불능신용장

신용장조건에 따라 발행된 환어음의 매입은행이 개설은행 또는 확인은행으로부터 대금상환을 받지 못하거나 신용장조건과 불일치된 환어음의 발행으로 지급거절을 당하였을 경우 선의의 어음소지인인 매입은행이 환어음발행자인 수익자에게 상환청구(求償權)을 행사할 수 있는 신용장을 상환청구가능신용장(with recourse L/C)이라 하며, 상환청구를 할 수 없는 신용장을 상환청구불능신용장(without recourse L/C)이라 한다.

일반적으로 신용장상에 상환청구가능(with recourse)이라는 표시가 있거나 아무 표시가 없으면 상환청구가능신용장으로 간주된다.

5) 화환신용장과 무화환신용장

신용장개설은행이 수익자가 발행한 환어음에 선하증권 등과 같은 운송서류를 첨부할 것을 조건으로 하여 인수·지급 또는 매입할 것을 확약하는 신용장을 화환신용장(documentary L/C)이라 하며 운송서류를 첨부하지 않아도 환어음의 인수·지급 또는 매입이 가능한 신용장을 무화환신용장(non- documentary L/C 또는 clean L/C)이라 한다. 일반적으로 신용장은 화환신용장을 지칭한다.

6) 일람출급신용장과 기한부신용장

신용장조건에 의해 발행되는 환어음이 지급인(drawee)에게 제시되면 즉시 대금이 지급되는 일람출급어음(sight bill)인 경우의 신용장을 일람출급신용장(sight L/C)이라 하며, 환어음이 지급인에게 제시된 후 일정기간이 경과한 다음에 지급되는 기한부어음(usance bill)인 경우의 신용장을 기한부신용장(usance L/C)이라 한다.

7) 매입신용장과 지급신용장

신용장조건에 따라 발행된 환어음이 매입될 것을 예상하고 이를 허용하고 있는 신용장을 매입신용장(negotiation L/C)이라 하며, 환어음의 배서인이나 선의의 소지인에 대한 약정은 없고 단순히 신용장개설은행 또는 동 은행의 환거래체결은행 앞으로 환어음이 발행되어 제시되면 대금을 지급하겠다는 약정을 한 신용장을 지급신용장(payment L/C)이라 한다.

8) 원신용장과 내국신용장

원신용장(master L/C, original L/C, first L/C)이란 해외에서 수익자가 자기명의로 직접 받은 신용장을 말하며, 내국신용장(local L/C, secondary L/C)은 수출자가 수출상품이나 수출용 원자재를 국내에서 조달하기 위해 국내의 완제품공급자나 원자재 공급자를 수익자로 하여 자신이 확보하고 있는 원신용장을 견질(見質)로 외국환은행을 통하여 발행한 신용장을 말한다.

(2) 특수신용장

1) 보증신용장

보증신용장(stand by L/C)은 수출입대금결제를 목적으로 발행되는 화환신용장과는 달리 금융이나 보증을 위해 발행되는 무담보신용장의 일종으로 수출선수금에 대한 지급보증, 국제입찰의 입찰보증 또는 계약이행보증금을 조달할 때 주로 이용된다.

2) 회전신용장

회전신용장(revolving L/C, self continuing L/C)이란 동일거래처와 동일물품을 일정기간 동안 지속적으로 거래하는 경우 매거래시마다 신용장을 개설하는 데서 발생하는 불편과 경제적 손실을 줄이고, 거래예상액 전액개설에 따른 자금부담을 완화하기 위하여 사용되는 신용장이다.

회전신용장은 처음 개설된 신용장이 이행되고 일정한 기간이 경과되면 자동적으로 동액의 신용장이 개설되는 신용장으로 수출자에게는 장기적으로 활용가능한 신용장을 확보함으로써 안정적인 수출을 할 수 있게 하고, 수입자에게는 신용 있는 수출상의 확보를 통하여 지속적이고 안정적인 영업을 가능하게 해준다.

3) 동시개설신용장

동시개설신용장(back-to-back L/C)이란 국가간에 수출입의 균형을 유지하기 위한 구상무역(counter trade)에 사용되는 신용장으로 수출입 당사자의 일방이 일정액의 수입신용장을 개설할 경우 수출국에서 동시에 동액의 수입신용장을 개설해 오는 경우 그 수입신용장이 유효하다는 조건이 붙은 신용장을 말한다.

4) 기탁신용장

구상무역에 사용되는 신용장으로 수입자가 수입신용장을 개설할 때 환어음의 매입대금을 수출자에게 직접 지급하지 않고, 수출자 명의의 기탁계정(escrow account)에 입금한 후 그 수출자가 원신용장발행국으로부터 물품을 수입할 경우에만 그 대금으로 사용하도록 규정한 신용장을 기탁신용장(escrow L/C)이라 한다.

〈표 10-4〉 신용장의 종류

종 류	구 분	신용장의 종류
일반신용장	취소가능 여부	취소불능신용장(irrevocable L/C) 취소가능신용장(revocable L/C)
	제3은행 확인 여부	확인신용장(confirmed L/C) 미확인신용장(unconfirmed L/C)
	양도가능 여부	양도가능신용장(transferable L/C) 양도불능신용장(non-transferable L/C)
	상환청구권 유무	상환청구가능신용장(with recourse L/C) 상환청구불능신용장(without recource L/C)
	운송서류첨부 여부	화환신용장(documentary L/C) 무화환신용장(usance L/C)
	대금지급기간	일람출급신용장(sight L/C) 기한부신용장(usance L/C)
	매입·지급허용 여부	매입신용장(negotiable L/C) 지급신용장(straight L/C)
	국내양도 여부	원신용장(original L/C) 내국신용장(local L/C)
특수신용장		보증신용장(stand by L/C) 회전신용장(revolving L/C) 동시개설신용장(back-to-back L/C) 기탁신용장(escrow L/C) 전(선)대신용장(red clause L/C) 토마스신용장(Thomas L/C)

5) 전(선)대신용장

플랜트나 농수산물과 같은 물품의 생산가공·집하 등에 필요한 자금의 사전융통으로 수출편의를 도모하기 위하여 일정한 조건하에 신용장금액의 일부를 미리 지급받을 수 있도록 하는 신용장을 전(선)대신용장(red clause L/C or packing L/C)이라 한다.

이 신용장은 전대를 허용하는 조건이 신용장상에 붉은 글씨로 표시되어 있으므로 "red clause L/C"라고 하며, 수출자는 전대받은 대금으로 수출상품을 제조 또는 구매하여 포장 후 수출할 수 있기 때문에 "packing L/C"라고도 부른다.

전(선)대신용장은 수출자의 본·지점간 또는 매매 당사자간 신용도가 높은 경우에 한하여 자금의 효율적인 운영을 도모하기 위하여 사용된다.

6) 토마스 신용장[3)]

동시개설신용장(back-to-back L/C)과 유사하나 수출입 당사자가 서로 동액 또는 그와 상응하는 일정액의 신용장을 개설하는 데 있어 한쪽이 먼저 신용장을 개설하고 상대방은 일정기간 경과후 동액의 신용장을 개설하겠다는 보증서의 제출을 조건으로 하는 신용장을 말한다.

4. 신용장 수취시 확인사항

앞에서 설명한 바와 같이 신용장은 조건부지급확약서이다. 따라서 신용장의 조건을 정확하게 이행하고, 조건을 이행했다는 사실을 신용장에서 요구하고 있는 서류에 반영하여야만 이를 대금결제의 수단으로 이용할 수 있다. 결과적으로 신용장 조건을 이행하였는지 여부는 곧 신용장에서 요구하는 서류로써 입증하고 확인할 수 있다. 즉, 수출업자는 신용장을 수취하자마자 신용장에 나타난 제반조건이 계약조건과 일치하는지 여부와 각 조건의 이행가능 여부 등에 대해서 세밀하게 검토해야 한다.

신용장을 통지 받았을 경우 반드시 확인해야하는 것은 다음과 같다.

첫째, 수익자(수출업자)는 개설은행의 신용상태를 검토해야 한다.

신용장거래의 주역은 개설은행이므로 다음 사항에 따라 개설은행의 신용상태를 점검하여야 한다. 이때 만약 조금이라도 의심이 가면 이를 재조사하거나 신용이 있는 제3의 은행이 확인을 추가하도록 하는 Confirmed L/C 개설을 요청해야 한다.

개설은행의 신용상태를 점검하기 위해서는 ① 개설은행의 자산규모가 상당한가의 여부, ② 개설은행이 신용장업무와 관련하여 부당한 클레임을 남발한 경력이 있는지 등 신용상태에 이상이 있는지 여부, 그리고 ③ 개설은행 소재국의 외환사정 및 정치적 안정성이 양호한지 여부 등을 확인한다.

둘째, 신용장의 형식요건을 확인해야 한다.

신용장을 수취한 수익자(수출업자)는 신용장통일규칙(UCP500)을 근거하여 개별적, 종합적으로 점검해야 한다. 이와 함께 취소불능신용장(Irrevocable L/C)인지 여부, 신용장통일규칙 준수문언의 존재여부 그리고 지급확약문언의 존재여부 등을 검토해야 한

---

3) 일·중공 무역거래에서 동경무역주식회사의 전신약호(cable address)에서 유래되었으며, 동시개설신용장과의 차이는 counter L/C의 조건이 토마스신용장이 수출자가 제공하는 별도 보증서에 나타나는 반면, 동시개설신용장에서는 신용장 자체에 명기된다는 점이다.

다. 여기서 취소불능신용장이 여러분에게 생소하게 들릴 것이다. 신용장은 신용장에 사용된 단어에 따라서 다양한 형태의 신용장이 동시에 존재할 수 있으며, 신용장을 분류할 때 가장 먼저 분류해야 하는 것이 바로 취소불능신용장과 취소가능신용장의 존재이다.

셋째, 신용장의 내용이 계약내용과 일치하는지 여부를 확인해야 한다.

신용장의 품목, 규격, 단가의 정확성여부, 선적기일 및 서류제시를 위한 충분한 시간적인 여유 그리고 환어음의 결제기간 등이 계약서의 조건과 합치하는지 여부 등을 구체적으로 검토해야 한다.

넷째, 수출이행에 지장을 초래할 수 있는 특수조건 등이 있는지 여부를 확인해야 한다.

수출국에 주재하고 있지 않는 수입국 공관장의 확인요청이나, 개설의뢰인이 지정하는 자의 확인 서명을 받은 물품검사증명서를 요구하는 등 수출이행에 지장을 초래하는 조건이 있는 신용장 조건은 이행여부가 불확실해 지므로 필요에 따라서는 조건변경을 요청해야 한다.

다섯째, 신용장조건이 계약서 내용과 서로 다른 내용이 있는 지, 또는 오해를 가져올 만한 오자 및 탈자가 있는 지를 확인해야 한다.

앞에서 설명한 데로, 신용장은 계약과 별개로 독립적으로 존재하는 것이므로, 아무리 계약서에 충실하게 물품을 선적해서 보낸다고 하더라도 신용장 조건에 위반한 물품이라면, 은행에서는 그 신용장에 의해서 발행된 환어음을 수리하지 않는다. 즉, FOB조건의 거래인데도 해상보험의 부보를 요구하고 있거나, 선하증권상 "Freight Prepaid"로 요청한 경우와 오자나 탈자가 있는 경우에는 즉시, 이를 통지하여 신용장 변경을 요청하여 수출대금의 회수에 지장이 없도록 해야 한다.

5. 신용장통일규칙

신용장통일규칙(Uniform Customs and Practice for Documentary Credits : UCP)은 신용장의 발행, 유통, 수리 등에 관한 해석기준을 마련하기 위하여 국제상업회의소에 의해 제정된 국제적으로 통일된 규칙이다.

이 규칙은 1933년 국제상업회의소 제7차 회의에서 "상업화환신용장에 관한 통일규칙 및 관례"(Uniform Customs and Practice for Commercial Documentary Credits, ICC Brochure No.82, 1933)가 채택된 이래 1951년 1차 개정과 매 10년 간격으로 개정하여 1993년 제5차 개정이 이루어졌다.

신용장통일규칙은 급변하는 국제무역 환경에 대응하기 위하여 새로운 UCP 개정작업이 요구되고 있으며, 특히 운송업과 전자상거래 분야의 변화가 UCP 개정의 주 원인으로 등장되었다. 따라서 ICC에서는 2002년부터 개정작업을 시작하여 2006년 10월에 개정작업내용을 ICC 은행위원회의 승인을 받아 UCP 600은 2007년 7월 1일자로 실시될 예정이다. UCP 600은 종전의 UCP 500과 비교해 볼 때 UCP 500이 49개 조항의 조문이 39개 조항으로 10개 조항이 대폭 축소되었고, 서류 심사기간은 제7영업일에서 제5영업일로 단축하는 등 불필요한 용어 및 조항들이 삭제 조정되었다.

〈표 10-5〉 제5차 개정 신용장 통일규칙의 구성과 내용

구 성(7장 49조)	내 용
1. 총칙과 정의(제1조－제5조)	적용범위, 정의, 독립·추상성, 지시의 완전, 명확성
2. 신용장의 형식과 통지(제6조－제12조)	개설방법, 취소, 종류, 관련 은행의 의무
3. 의무와 책임(제13조－제19조)	서류검토기준, 은행의 면책조항, 은행간 상환약정
4. 서류(제20조－제38조)	서류의 일반요건, 운송서류, 보험서류, 기타서류
5. 기타 조항(제39조－제47조)	기타 신용장 조건 해석기준
6. 양도가능신용장(제48조)	신용장의 양도, 양도조건
7. 대금의 양도(제49조)	

신용장통일규칙은 법적구속력이 없어 이를 적용하기 위해서는 당사자간 다음과 같은 문언에 의한 명시적인 합의가 있는 경우에만 공통된 해석기준으로 효력을 발휘하게 된다.

"신용장상에 별도로 명시하지 않는 한 이 화환신용장은 신용장 통일규칙(1993년 개정, ICC Publication No.500)의 적용을 받는다"
(Except so for as otherwise expressly stated, this documentary credit is subject to the "Uniform Customs and Practice for Documentary credits"(1993, Revision) International Chamber of Commerce (Publication, No.500))

제 2 절 신용장 개설절차

1. 신용장의 개설

(1) 신용장거래약정 체결

신용장의 개설은 수입자의 의뢰에 의하여 외국환은행이 발행한다. 즉 수입자는 수출자와 수출입계약을 체결하고 매매계약서(또는 offer sheet)상 약정된 내용과 수입승인서상 승인된 내용을 근거로 거래외국환은행과 신용장거래약정을 체결한 다음 수입신용장 개설신청서를 제출하여 신용장을 개설한다.

수입자가 거래외국환은행과 신용장거래약정시 주요 체결내용은 다음과 같다.

① 수입대금의 지급확약

② 개설에 따른 수수료 및 신용장과 관련되어 은행이 부담하는 제비용의 보상의무

③ 수입화물의 담보차입 및 처분권

④ 선적서류상 부정·불명확한 사항에 대한 처리

⑤ 우편 또는 전신상의 사고에 따른 면책 등

(2) 신용장개설신청

신용장거래약정이 체결된 후 수입자는 다음의 서류를 구비하여 신용장개설신청을 하게 된다.

① 수입신용장 개설신청서

② 담보차입증

③ 신용장거래약정서

④ 수입승인서(I/L)

⑤ 보험증서(CIF 및 CIP 조건의 경우는 제외)

⑥ offer sheet(상품명세가 "as per offer No."로 되어 있는 경우)

신용장개설 신청서의 작성 방법은 다음과 같다.

① 신청인의 인감 및 서명 : 은행에 이미 제출된 인감(서명감) 신고서상의 인감(서명)을 기명날인한다.

CHO HUNG BANK

(취소불능화환신용장 개설 신청서)

신 청 자 용

(APPLICATION FOR IRREVOCABLE DOCUMENTARY CREDIT)

ADVISING BANK	APPLICANT
CREDIT NUMBER	
BENEFICIARY	AMOUNT
SHIPPING DATE　　EXPIRY DATE AND PLACE	DOCUMENTS MUST BE PRESENTED WITHIN DAYS AFTER THE DATE OF SHIPMENT
TENOR OF DRAFT　☐ AT SIGHT　☐	(Usance only) ☐ BANKER'S ☐ SHIPPER'S ☐ DOMESTIC

DOCUMENTS REQUIRED

☐ SIGNED COMMERCIAL INVOICE IN QUINTUPLICATE

☐ AIRWAY BILLS CONSIGNED TO CHOHUNGBANK MARKED "FREIGHT "AND "NOTIFY ACCOUNTEE"

☐ FULL SET OF CLEAN ON BOARD OCEAN BILLS OF LADING MADE OUT TO THE ORDER OF CHOHUNGBANK MARKED "FREIGHT "AND "NOTIFY ACCOUNTEE"

☐ INSURANCE POLICY, CERTIFICATE OR DECLARATION IN DUPLICATE, ENDORSED IN BLANK FOR 110% OF THE INVOICE COST. INSURANCE POLICIES, CERTIFICATES OR DECLARATIONS MUST EXPRESSLY STIPULATE THAT CLAIMS ARE PAYABLE IN THE CURRENCY OF THE CREDIT AND MUST AND ALSO INDICATE A CLAMS SETTLING AGENT IN KOREA. INSURANCE MUST INSTITUTE : CARGO CLAUSE

☐ PACKING LIST IN DUPLICATE

☐ OTHER DOCUMENTS

HS NO.	COMMODITY DESCRIPTION	QUANTITY	UNIT PRICE	AMOUNT
( ) ORIGIN		PRICE TERMS (PORT/AIRPORT)		

MARKING INSTRUCTION	PARTIAL SHIPMENT ☐ ALLOWED ☐ PROHIBITED
SHIPMENT FROM TO	TRANSHIPMENT ☐ ALLOWED ☐ PROHIBITED
	ALL BANKING CHARGES OUTSIDE KOREA ARE FOR ACCOUNT OF ☐ APPLICANT ☐ BENEFICIARY

SPECIAL CONDITIONS

☐ CHARTER PARTY B/L ACCEPTABLE

☐ DOCUMENTS PRESENTED LATER THAN 21 DAYS AFTER THE DATE OF SHIPMENT ACCEPTABLE

☐ SHIPMENT TO BE MADE ON ONLY.

☐ ACCEPTANCE COMMISSION AND DISCOUNT CHARGES ARE FOR BUYER'S ACCOUNT

☐ THIRD PARTY B/L ACCEPTABLE

☐ CONFIRMATION CHARGES ARE FOR ACCOUNT OF

위와 같이 신용장개설을 신청함에 있어서 따로 제출한 외국환거래약정서의 해당 조항에 따를 것을 확약하며 아울러 위 수입물품에 관한 모든 권리를 은행에 양도하겠습니다. 20 년 월 일

주식회사 **조흥은행 앞**　　신청인 (인)　주 소

I/L NUMBER

지 급 보 증 확 인		

〈그림 10-2〉 취소불능화환신용장개설신청서

② 취소불능신용장표시(irrevocable documentary credit) : 신용장의 종류를 표시하는 것으로 irrevocable 대신 revocable이라고 되어 있으면 취소가능신용장이다.

③ 신용장개설방법의 표시 : 신용장의 개설방법은 크게 전신[cable(full, short)], 우편(mail)에 의한 방법이 있으며 원하는 방법란에 ×표시를 한다.

④ 확인(confirmed)신용장인지 불확인(unconfirmed)신용장인지 여부 : 수출자가 발행은행 이외의 제3의 은행이 수익자가 발행하는 어음의 지급·인수·매입을 확약하는 확인신용장을 요구하는 경우 ×표시를 한다.

⑤ 통지은행(advising bank) : 수익자가 특별히 지정하여 오는 경우 지정은행을 기재하나 발행은행에 위임하면 수익자의 소재지에 있는 개설은행의 본·지점이나 환거래계약을 체결한 은행이 된다.

개설은행과 환거래은행이 아닌 경우에는 통지은행은 신용장의 진위성 검사 없이 단순통지하게 되므로 통지과정에서 여러 가지 위험이 발생될 수 있으므로 개설은행의 환거래계약은행으로 지정하는 것이 바람직하다.

⑥ 신용장번호(credit number) : 수입신용장번호는 한국은행이 정하여 각 외국환은행이 공통으로 시행하고 있는 수출입승인서 및 신용장 등의 번호기재요강에 따라 다음과 같이 기재한다.

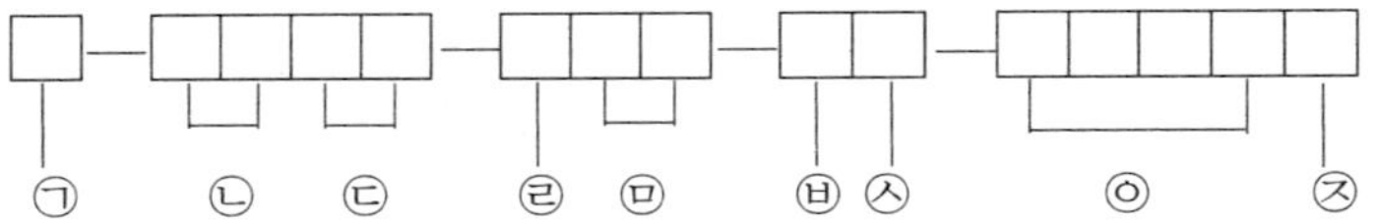

㉠ 수입신용장 표시

〈표 10-6〉 수입신용장 표시방법

대 상	기 호	대 상	기 호
수출승인번호	E	수출실적확인번호	X
수출신용장통지번호	A	수입승인번호	I
내국신용장번호	L	수입신용장번호	M
선수출계약서관리번호	P	수출입승인번호	C

㉡ 개설은행 표시

㉢ 외환취급영업점 표시

㉣ 연도표시[끝자리 숫자표시(2000년 : 0)]

㉤ 월표시(취급월의 2자리 수)

ⓗ 수입용도 표시

〈표 10-7〉 수입용도 표시방법

용 도 구 분	기 호	비 고
정부용	G	
일반내수용	N	수출산업용 시설기재 포함
수출용 원자재	E	
가공무역용	B	수탁가공무역
군납용 원자재	A	
기타 외화획득용	S	중계무역포함
특수거래	X	임차방식수입, 연계무역, 제3국 도착수입 등

ⓢ 대금결제방법 표시

〈표 10-8〉 대금결제의 표시방법

구 분	기 호	비 고
일람출급 방식	S	
기한부 방식	U	내국수입 usance 포함
기타 방식	D	non-documentary L/C, 분할지급수입포함
D/P 방식	P	
D/A 방식	A	
단순송금방식	R	
무상거래방식	N	임차방식수입포함

ⓞ 일련번호(매월 개번)

ⓙ 검증번호(check digit) : 한국은행이 지정한 방식에 의한다.

⑦ 개설의뢰인(applicant) 표시 : 의뢰인의 상호·주소를 기입한다.

⑧ 수익자(beneficiary) 표시 : 신용장을 받을 수출자의 주소 및 성명을 기재한다.

⑨ 신용장금액(amount) : 신용장 한도금액(available amount)으로 숫자와 문자로 병기한다. 이 때 숫자와 문자의 금액과 수입허가서상의 통화가 서로 일치하여야 한다.

⑩ 선적기일(shipping date) : 선적을 완료하여야 하는 최종일자로서 별도의 명시가 없는 경우 유효기일 자체가 최종선적가능일자로 간주된다.

⑪ 유효기일(expiry date) : 수익자가 선적기일 내에 선적을 완료한 후 물품 대금을 회수하기 위하여 신용장상의 조건대로 화환어음을 작성하고 매입은행 또는 지급은행에 어음의 지급·매입 또는 인수를 요구하기 위한 어음제시를 할 수 있는 최종일자이다.

선적 후 서류작성 및 제시기간을 감안하여 선적기일보다 10일 내지 15일 후로 결정하는 것이 일반적이고 신용장의 유효기일은 반드시 수입승인서의 유효기일 이내이어야 한다.

⑫ 운송서류 제시기간 : 운송서류(transport document)의 발행일자 후 제시되어야 하는 기간을 표시하는 것으로서 명기가 없으면 21일 이내에 제시하는 것으로 해석하며, 발행일로부터 21일 이후에 제시된 서류는 수리가 거절된다.

⑬ 어음의 결제기간(tenor of draft) : 일람출급어음의 경우 "at sight"에 ×표시를 하며, 기한부어음의 경우에는 그에 상당하는 기일을 기재한다.

⑭ 기한부신용장(usance credit) : 기한부신용장은 어음지급기일이 특정일로 되어 있는 기한부어음 또는 정기출급어음(time draft ; term draft ; usance draft)을 발행할 수 있는 신용장을 말하는 것으로 banker's usance, shipper's usance, domestic import usance 중 어느 것인지 표시하여야 한다.

⑮ 상업송장(commercial invoice) : 상업송장의 요구문언으로 ×표를 해 요구서류를 명시하며 in 다음에는 요구하는 송장의 통수를 기입한다.

〈표 10-9〉 서류통수의 표시방법

통수	표시방법			통수	표시방법		
1통	1 copy	original	1-fold	2통	2 copies	duplicate	2-fold
3통	3 copies	triplicate	3-fold	4통	4 copies	quadruplicate	4-fold
5통	5 copies	quintuplicate	5-fold	6통	6 copies	sextuplicate	6-fold
7통	7 copies	septuplicate	7-fold	8통	8 copies	octuplicate	8-fold

⑯ 항공화물운송장(airwaybills) : 물품이 해상운송이 아닌 항공운송이 요구되는 경우 ×표시를 하며 은행을 지시인으로 발행하도록 하기 위하여 consigned to~이하에 은행명을 기재하여야 한다.

⑰ 선하증권(bill of lading) : 은행은 통지인을 개설의뢰인으로 화물의 담보권 확보를 위하여 무담보, 선적, 지시식 선하증권 1조(3통)을 요구하게 된다. freight 다음의 빈 칸은 다음과 같이 표시한다.

〈표 10-10〉 가격조건별 운임지급표시방법

해상운송	복합운송	운임지급표시방법
FOB	FCA	collect
CFR	CPT	prepaid
CIF	CIP	prepaid

⑱ 보험서류(insurance document) : 보험금액은 송장에 표시된 물품금액의 CIF가격에 110% 할 것과 환어음 표시통화와의 일치 및 보험금수취장소를 개설의뢰인의 국내로 표시할 것으로 되어 있다. 신용장의 가격조건이 FAS, FOB, CFR 등으로 부보의 책임이 수입자에게 있는 경우 신용장 개설시 수입자로부터 보험서류를 배서 양도받으므로 신용장에 보험서류의 제시를 요구할 필요가 없으나 CIF, CIP조건 등으로 부보의 책임이 수출자에게 있는 경우에는 보험서류를 요구하게 된다.

〈표 10-11〉 가격조건별 보험부보

가격조건	운임부담종료지점	책임종료지점	보험부보의무
FAS	선적항	선적항	수입자
FOB	선적항	선적항	수입자
CFR	도착항	선적항	수입자
CIF	도착항	선적항	수출자
CIP	도착항	선적항	수출자

⑲ 포장명세서(packing list) : 포장명세서를 요구하는 경우 ×표를 하고 in 다음에 필요한 통수를 기재한다.

기타 서류(other documents) : 상업송장, 운송서류, 보험서류 외에 요구되는 서류가 있으면 ×표시 후 필요한 서류를 기입한다. 기타 서류로는 원산지증명서(certificate of origin), 중량용적증명서(certificate of weight & measurement), 품질증명서(certificate of quantity), 성분분석증명서(certifi- cate of analysis) 등이 있다.

⑳ 상품명세(commodity description) : 상품명세에는 HS를 10단위와 상품명(commodity name), 수량(quantity), 단가(unit price), 총금액(amount)을 기입하되 가격조건을 함께 기입한다. 상품명세는 수입승인서상의 내용과 일치하여야 하며 상품의 규격 등 내용이 복잡할 경우에는 "details as per offer(contract)

No. ×××dated ×××"으로 명기할 수 있다.

㉑ 선적화물포장표시(marking instruction) : 화물취급자의 취급용이와 다른 물건과의 구분을 위하여 특정한 기호, 품질, 목적지, 수량, 원산지, 주의표시 등 표면에 기입하여야 할 사항을 기재하면 된다.

㉒ 선적항(shipping port)과 도착항(unloading port) : 물품을 선적할 항구와 도착시킬 항구를 기재하게 된다. 개설신청서상의 선적 및 도착항은 수입승인서상의 내용 및 가격조건과 일치하여야 한다. FOB 계통에서는 수출지에서 수출자의 책임이 종료되므로 선적항이 기재되어야 하나 CIF 계통에서는 도착항 또는 도착지가 기재되어야 한다.

〈표 10-12〉 가격조건과 항구의 기재

가격조건	지명 및 항구	가격조건	지명 및 항구
FOB	선적항	FCA	수탁지
CFR	도착항	CPT	도착지
CIF	도착항	CIP	도착지

㉓ 분할선적(partial shipment) : 분할선적이 허용되면 allowed, 금지되면 prohibited에 ×표시를 한다. 신용장에 아무런 표시가 없으면 허용되는 것으로 간주되므로 분할선적이 곤란한 경우에는 반드시 금지한다는 뜻을 명기하여야 한다.

㉔ 환적(transhipment) : 표시방법은 분할선적과 동일하며 표시가 없으면 가능한 것으로 간주된다.

㉕ 은행수수료 부담 : 국외에서 발생하는 은행수수료(advising commission, payment commission, reimbursement commission 등)를 부담하는 사람을 표시하게 되며, 신용장개설인이 부담하면 applicant, 수익자가 부담하면 beneficiary에 ×표시를 한다.

㉖ 특수조항(special condition) : 기타 거래의 종류 및 수입자와 수출자의 관계에 따라 일반적인 요구사항 외에 특수한 사항을 지시하는 경우 기재하게 된다.

㉗ 신용장통일규칙준수문언 : 신용장 관계 당사자 전원이 법적 구속력을 갖게 하기 위하여 아래와 같은 신용장통일규칙을 채택하는 문언을 표시하게 된다.

"Except so far otherwise expressly stated, this documentary credit is subjet to the Uniform Customs and Practice for Documentary Credits(1993 Revision) International Chamber of Commerce Publication No.500."

(3) 신용장개설

신용장개설신청을 받은 외국환은행은 신용장을 발행하기 전 수입자로부터 접수한 관련서류를 검토한 다음 신용장개설 유무를 결정한다.

신용장개설은 수익자에게 통지하는 방법에 따라 우편개설(mail credit)과 전신개설(cable credit)로 구분된다.

1) 우편개설

우편에 의한 신용장의 개설은 개설은행이 신용장 원본과 사본 1매를 작성하여 통지요청서와 함께 통지은행에 우송하고 이를 접수한 통지은행은 통지번호를 부여하고 신용장의 진위 여부를 확인한 다음 수익자에게 통지하는 방법으로 시간이 많이 소요되는 단점이 있다.

2) 전신개설

전신신용장(teletransmission L/C)은 수출자가 보다 빠른 신용장을 접수하기 위한 방법으로 사용되며 전신 신용장의 개설은 전신의 어수(語數)절약과 신용장의 진위판정을 위하여 반드시 통지은행을 통하여 수익자에게 통지된다. 신용장개설은 우편개설도 사용되나 대부분 전신으로 개설되고 있다.

(4) 신용장거래의 절차

① 거래 당사자인 수출자와 수입자는 무역계약을 체결하며, 계약내용 중 대금결제조건은 신용장방식으로 한다.

② 수출자와 수입자는 각각 자국의 외국환은행에 수출 및 수입승인을 신청, 수출승인서(E/L) 또는 수입승인서(I/L)를 받는다.

③ 수입자(발행의뢰인)는 거래은행에 신용장발행을 의뢰한다.

④ 신용장개설을 의뢰받은 외국환은행은 신용장을 발행하고 우편이나 전신으로 통지은행 앞으로 송부하면서 수출자(수익자)에게 통지해 줄 것을 요청한다.

⑤ 통지은행은 수출자에게 신용장 도착을 통지하고 이를 전달한다.

⑥ 가격조건이 CIF나 CIP 조건인 경우 보험회사에 적하보험을 부보하고 보험증권을 교부받는다.

⑦ 수출자는 수입자가 지정한 운송인(carrier)이나 선박회사에 선적을 의뢰한다.

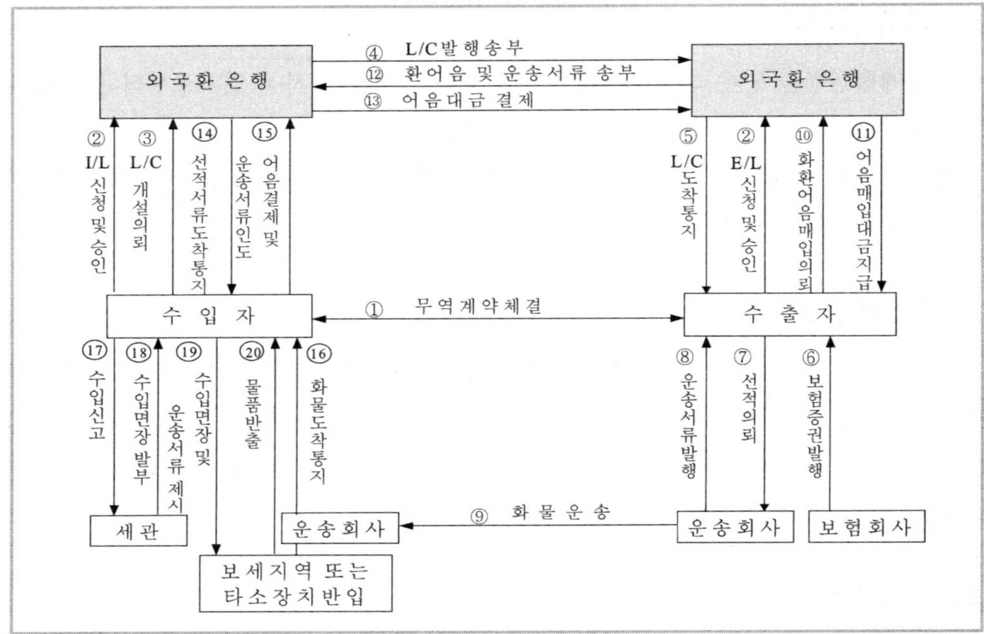

〈그림 10-3〉 신용장거래의 절차

⑧ 수출자는 지정운송인에게 물품을 인도하거나 선적완료하고 선하증권 등 운송서류를 발급받는다.

⑨ 선박회사는 운송계약에 따른 운송을 이행한다.

⑩ 수출자는 신용장에서 요구하는 서류를 준비하고 환어음을 발행하여 매입은행(negotiating bank)에 환어음매입(negotiation)을 의뢰한다.

⑪ 매입은행은 환어음과 운송서류와의 교환으로 수출자에게 어음대금을 지급한다.

⑫ 매입은행은 수출자에게 지급한 어음대금을 결제받기 위하여 매입한 환어음과 서류를 개설은행에 송부한다. 이때 신용장상 상환은행(reimburs- ing bank) 앞으로 어음상환청구를 하고 서류는 발행은행 앞으로 송부하라는 지시가 있는 경우에는 이에 따른다.

⑬ 개설은행은 어음대금을 결제한다.

⑭ 개설은행은 매입은행으로부터 운송서류가 도착하면 수입자에게 운송서류도착을 통지한다.
⑮ 개설은행은 수입자에게 수입관련 서류를 인도함과 동시에 대금결제를 받는다.
⑯ 운송회사는 물품이 도착하면 수입자에게 도착통지(arrival notice)를 한다.
⑰~⑱ 수입자는 세관에 수입신고 후 수입신고필증을 발부받는다.
⑲~⑳ 수입자는 수입신고필증 및 운송서류를 운송회사에 제시하고 보세구역으로부터 물품을 반출한다.

2. 신용장개설시 유의사항

신용장을 개설하는 경우 신용장발행신청서의 내용은 신용장의 내용이 되고 이는 후에 신용장에 의하여 발행된 환어음의 매입조건이 되므로 다음 사항을 유의하여 작성하여야 한다.

(1) 신용장지시의 완전정확성

신용장조건의 지시사항은 필요한 사항을 모두 기재하되 완전하고 정확하여야 하며 상대방을 혼돈시킬 문구나 명세를 포함시켜서는 안된다. 신용장개설신청서의 내용이 불분명하거나 복잡한 표현은 신용장통일규칙에 어긋나거나 여러 가지 오해와 혼란의 원인이 된다.

〈표 10-13〉 신용장통일규칙상 불확실한 용어의 해석

구 분	용 어	용어의 해석	관련 규정 (신용장통일규칙)
신용장금액 · 수량 · 단가	about, approximately, circa 등	과부족허용한도+/-10% 수식하는 항목에만 적용 신용장의 유효기일이나 선적기일에는 미적용	제39조 a항
선적일	prompt, immediately, as soon as possible	사용되어서는 아니된다. 은행은 이를 무시한다.	제46조 b항
	on or about	기재된 일자 전후 각 5일(총 11일)	제46조 c항

선적기간	to, until, till, from	당해일 포함	제47조 a항
	after	당해일 제외	제47조 b항
	first half second half	양단일 포함 1～15일 양단일 포함 16～말일	제47조 c항
	beginning middle end	양단일 포함 1～10일 양단일 포함 11～20일 양단일 포함 21～말일	제47조 d항

(2) 외국법률 및 관습의 준수

신용장은 일단 개설되면 통지·확인·지급·인수와 매입이 모두 외국에서 이루어지므로 신용장개설의뢰인은 복잡한 문제를 방지하기 위하여 외국법률과 관습을 준수하여야 한다.

신용장통일규칙은 모든 화환신용장에 적용할 수 있으나 이는 신용장의 본문에 신용장통일규칙에 관한 준거문언이 삽입되어 있을 때에만 가능하며, 만약 당사자가 특약을 한 경우 이 특약사항은 통일규칙에 우선하여 적용하게 된다.

(3) 수입승인서와의 일치

신용장개설신청서의 내용은 승인된 수입허가서나 물품매도확약서상의 내용과 일치하여야 하며 상호모순이 없어야 한다. 수입허가서와 일치하여야 할 주요 내용은 다음과 같다.

1) 송화인

수입허가서상의 송화인(shipper)과 신용장상의 수익자(beneficiary)가 일치하여야 한다.

2) 신용장의 금액

신용장의 금액은 수입허가서상의 금액을 초과해서는 안된다.

3) 상품명세와 가격조건

상품명세와 가격조건은 수입허가서상의 내용과 일치하여야 하나 수입허가서의 내용보다 자세한 표시는 가능하다.

4) 선적항 및 도착항

선적항과 도착항은 수입허가서상의 내용과 일치하여야 한다.

5) 선적유효기일 및 제시기일

물품의 선적가능한 일자에 항해일수를 감안 수입허가서의 유효기일 내에서 설정하여야 한다.

3. 신용장의 조건변경 및 양도

(1) 신용장의 조건변경 및 취소

신용장의 조건변경(L/C amendment)이란 이미 개설된 신용장에 의거 상거래를 진행하는 도중에 어떠한 사정으로 원신용장의 내용을 변경하는 것을 말하며, 신용장의 취소(L/C cancellation)는 이미 개설된 신용장의 효력을 소멸시키는 것을 뜻한다.

신용장의 조건변경은 신용장 유효기간 내에 이루어져야 하며 신용장 관계 당사자 전원이 합의하여야만 그 효력이 발생된다. 이미 개설된 신용장의 조건을 변경하고자 할 때에는 개설당시 첨부되었던 수입승인서와 관련서류를 먼저 변경한 후 신용장의 내용을 변경하여야 한다.

(2) 신용장 조건변경 절차

수익자가 접수한 신용장이 수출입계약내용과 상이한 부분이 있거나 또는 수출입의 진행과정에서 신용장조건을 변경해야 할 사유가 발생하면 수출자는 수입자에게 원신용장의 조건변경을 요청하게 된다. 이 때 수입자가 수출자의 요청을 동의하고 이를 개설은행에 통지하고 개설은행이 이를 받아들이면 개설은행은 신용장의 조건변경통지서를 통지은행을 통하여 수익자에게 통지하게 된다.

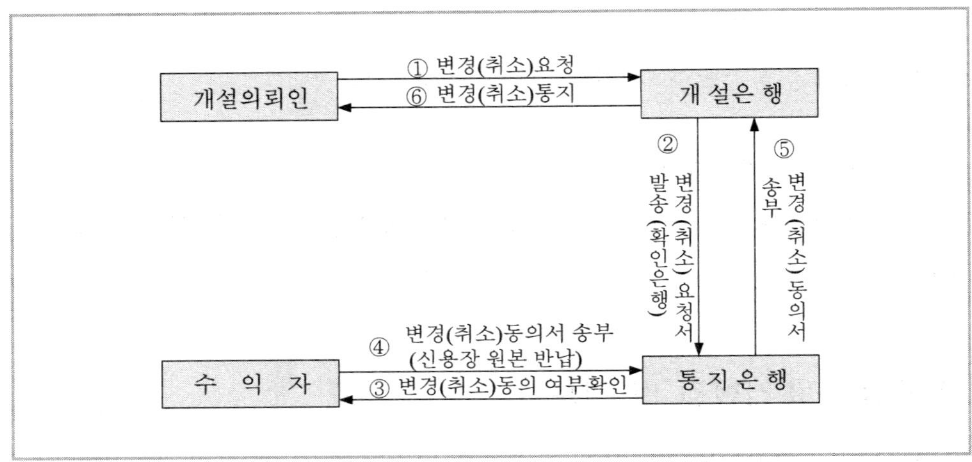

〈그림 10-4〉 신용장의 조건변경 및 취소절차

(3) 신용장의 양도

신용장의 양도란 신용장의 수익자가 신용장 금액의 일부 또는 전부를 제3자(제2수익자)에게 양도하는 것으로 신용장이 양도되기 위해서는 신용장상에 양도가능(transferable)이란 표시가 있어야 하며 분할양도는 분할선적이 허용된 경우에만 가능하다. 신용장 양도를 취급하는 은행은 수익자 소재지의 지정된 은행으로서 지급이나 인수 및 매입할 것을 수권받은 은행이 되며, 양도는 1회에 한한다.

신용장 양도는 원칙적으로 원신용장 조건에 따라야 하나 다음의 경우는 그 조건을 변경하여 양도할 수 있다.

① 신용장 금액 및 단가의 감액

② 유효기간, 선적기간 및 서류제시기간의 단축

③ 원 신용장보다 높은 부보비율

④ 신용장 개설의뢰인의 성명대치

APPLICATION FOR AMENDMENT TO
IRREVOCABLE DOCUMENTARY CREDIT

원 본

TO **SHINHANBANK**

Advising bank	to be advised by ☐ CABLE ☐ AIR MAIL

Re our L/C NO M16 A dated
for in favor of
amended as follows(Marked by X)

☐ Credit amount increased/decreased by to
☐ The latest shipping date is extended to
☐ Expiry date is extended to
☐ Partial shipments are now allowed/prohibited
☐ Transhipment is now allowed/prohibited
☐ Loading port/airport now changed to port/airport
☐ Unloading port/airport now changed to port/airport
☐ Airwaybills acceptable/required
☐ Price terms are changed to instead of previous
☐ Others

All other terms and conditions remain unchanged.

위와 같이 수입신용장 조건변경을 신청함에 있어서 따로 제출한 외국환거래약정서의 해당조항에 따를 것을 확약합니다.

신청일자
주 소
신 청 인 ㉩

인감대조

Authorized Signature

Tel. ( )

지급보증확인	

〈그림 10-5〉 신용장조건 변경신청서

제 3 절 무신용장거래

1. 무신용장거래의 의의

국제무역에서 가장 많이 이용되는 거래방식은 신용장에 의한 거래방식과 신용장이 수반되지 않는 무신용장거래방식에 의한 대금결제방법이다. 신용장 거래는 은행에서 대금지급을 확약하고 있으므로 수출자가 안심하고 수출할 수 있다. 그러나 무신용장거래는 은행에서 지급확약을 하지 않고 오직 수입자의 신용을 근거로 무역거래가 이루어지므로 대금회수에 어려움이 있다.

무신용장거래의 대표적인 방법은 추심결제방법의 거래인 인수도조건(D/A : documents against acceptance)과 지급도조건(D/P : documents against payment)이며 우리나라의 대외무역법에서 이 방식에 의한 수출대금결제를 인정하고 있다.

추심결제방법은 은행의 지급보증이 없는 무신용장방식거래로 수출입당사자간 계약서를 근거로 하여 수출자가 계약물품을 선적한 후 화환어음 및 선적서류를 구비하여 자기의 위험과 비용부담으로 거래은행을 통하여 수입자에 추심하는 거래이다.

D/A와 D/P거래는 계약 당사자의 명백한 합의가 없거나 당사국의 법률이나 규정에 위배되지 않는 한 국제상업회의소가 제정한 「추심에 관한 통일규칙(Uniform Rules for Collections, 1978 Revision ICC Publication No. 322)」의 적용을 받는다.

〈표 10-14〉 인수도조건과 지급도조건의 비교

구 분	인수도조건(D/A)	지급도조건(D/P)
어음조건	일람후 정기 또는 확정일	일람불 화환어음
대금지급	만기일	어음(서류) 인수시
대금회수	만기일	환어음 제시시
어음조건 표현문구	· deliver documents against acceptance · D/A 90 days · 90 days after arrival of the vessel(cargo) · 90 days 등	· deliver documents against payment · D/P at sight · at sight on arrival vessel(cargo) · D/P at 30 days after sight 등

자료 : 김병술, 「무역업의 창업과 경영」, 두남, 1998, p.229.에서 일부수정 인용.

2. 인수도조건

(1) 인수도조건의 의의

인수도조건이란 선적서류의 인수도조건 거래로서 무역계약에 의거하여 수출자가 상품을 선적하고 선적서류를 첨부하여 발행한 기한부환어음(documentary usance bill)을 수입자가 인수(accptance)하고 서류를 인도받아 상품을 처분한 후 어음만기일에 대금을 결제하는 방법으로 신용장방식의 usance 거래와 유사하다. 이 거래에서 추심은행은 어음지급에 대하여 하등의 책임이 없고 단지 선의의 관리자로서 중개역할을 수행할 뿐이며 수입자의 어음인수 전 모든 책임은 수출자에게 있으며 은행이 추심 전 매입한 어음이 지급거절되면 어음발행인인 수출자는 추심 전 매입은행에 대하여 상환의무를 부담하게 된다.

(2) 거래절차

① 수출자는 상품에 대한 무역계약을 체결하고 대금결제방법을 D/A 조건으로 결정한다.
② 수출자는 각각 외국환은행으로부터 수출승인서(E/L) 또는 수입승인서(I/L)를 획득한다.
③ 수입자는 수출자에게 선적을 지시한다.
④ 수출자는 가격조건에 따라 보험회사와 보험계약을 체결한 후 보험증권을 입수한다.
⑤ 수출자는 운송수단을 수배하여 화물을 선적한다.
⑥ 운송회사는 수출자에게 선하증권(B/L)을 교부한다.
⑦ 운송회사는 화물을 운송한다.
⑧ 수출자는 거래외국환은행(추심의뢰은행 : remitting bank)에 선적서류가 첨부된 화환어음을 발행하여 수입자를 지급인으로 수출대금을 추심의뢰한다.
⑨ 추심의뢰은행은 수입자의 거래은행(추심은행 : collecting bank)에 추심의뢰를 위해 선적서류가 첨부된 화환어음을 송부한다.
⑩ 추심은행은 수입자에게 선적서류의 도착을 통지한다.
⑪~⑫ 수입자는 화환어음을 인수한 후 선적서류를 입수한다.
⑬ 운송회사는 화물이 도착하면 수입자에게 화물도착을 통지한다.
⑭~⑮ 수입자는 운송회사에 선적서류를 제시하고 화물을 인수한 후 화물의 통관절차를 이행한다.

⑯ 수입자는 어음의 만기일에 추심은행에 어음대금을 지급한다.
⑰ 추심은행은 추심의뢰은행에 그 대금을 송금한다.
⑱ 추심의뢰은행은 수출자에게 추심대금을 지급한다.

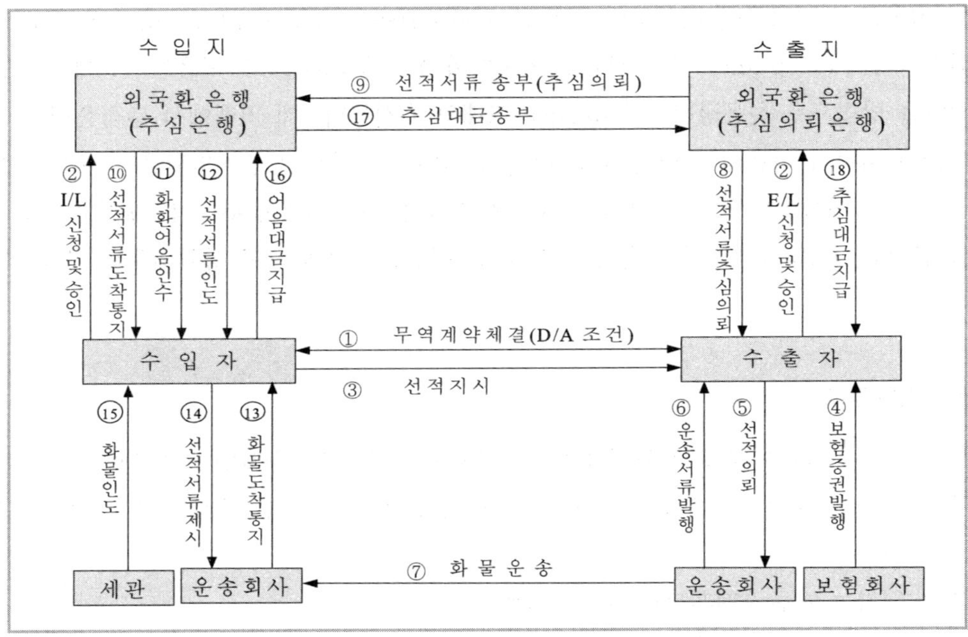

〈그림 10-6〉 D/A 조건의 거래절차

3. 지급도조건

(1) 지급도조건의 의의

지급도조건은 선적서류 지급도조건 거래로서 무역계약에 의거하여 수출자가 상품을 선적하고 선적서류를 첨부하여 발행한 일람불환어음(documentary sight bill)을 수입자가 그 대금을 즉시 지급하고 서류를 인도받는 방법으로 신용장방식의 at sight거래와 유사하다.

이 거래에서 추심은행은 어음지급에 대하여 하등의 책임이 없고 단지 선의의 관리자로서 중개역할을 수행할 뿐이며 수입자의 대금결제 선적서류에 대한 모든 책임은 수출자에게 있으며 은행이 추심 전 매입한 어음이 지급거절되면 어음발행인인 수출자는 추심 전 매입은행에 대하여 상환의무를 부담하게 된다.

(2) 거래절차

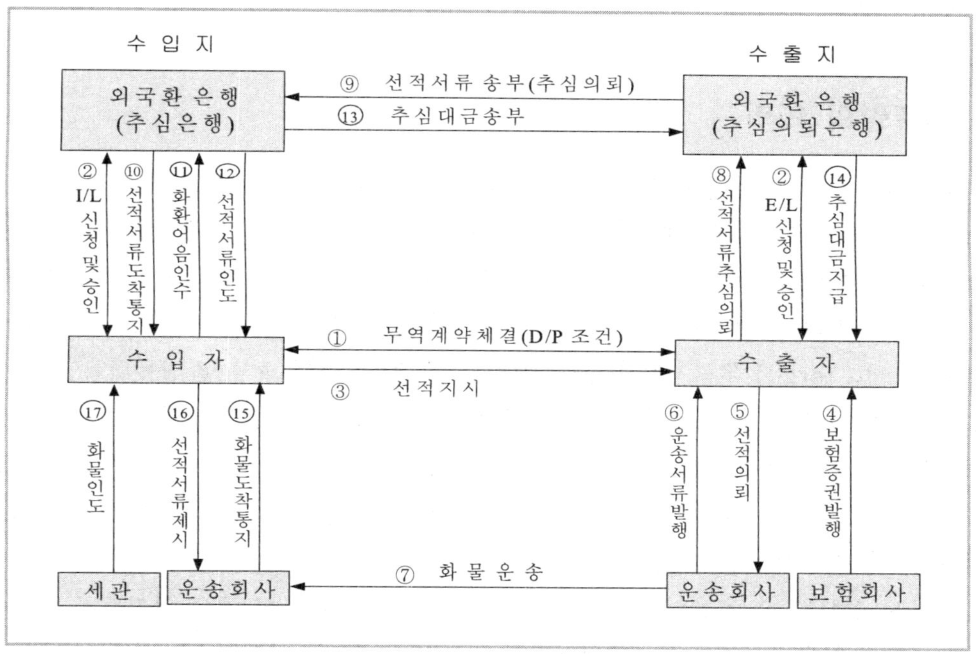

〈그림 10-7〉 D/P 조건의 거래절차

① 수출자는 상품에 대한 무역계약을 체결하고 대금결제방법을 D/P 조건으로 결정한다.

②~⑩ D/A 조건과 동일하다.

⑪~⑫ 수입업자는 화환어음의 대금을 지급한 후 선적서류를 인수한다.

⑬ 추심은행은 추심대금을 추심의뢰은행에 송금한다.

⑭ 추심의뢰은행은 수출자에게 추심대금을 지급한다.

⑮ 운송회사는 화물이 도착하면 수입자에게 화물도착을 통지한다.

⑯~⑰ 수입자는 운송회사에 선적서류를 제시하고 화물을 인수한 후 화물의 통관절차를 이행한다.

제 4 절 국제팩토링

1. 팩토링의 의의

팩토링(factoring)은 거래를 약정한 기업의 경영활동에서 발생하는 현재 및 장래의 매출채권 전부를 매입하여 채권을 관리·회수하고 계속적인 금융을 제공하며 고객의 신용조사 및 신용위험의 인수, 사무처리의 대행, 기타 서비스를 행하는 팩터의 업무를 말한다.

국제팩토링(international factoring)이란 무신용장방식의 신용조건부(open account credit terms) 무역거래와 관련하여 팩토링회사가 신용조사 및 신용위험인수, 금융제공, 대금회수 기타 업무처리대행 등의 서비스를 제공하는 것을 말한다.

국제팩토링을 이용할 경우 수출시에는 외상수출로 인한 대금회수의 불안을 제거하면서 대금회수 전에 수출대전을 자금화할 수 있으며, 수입시에는 신용장 없이 팩토링회사의 지급보증으로 연지급수입을 할 수 있는 새로운 방식의 국제금융서비스이다.

또한 국제팩토링은 기존의 신용장방식에 의한 거래에 비하여 매우 간편하기 때문에 이미 미국이나 유럽지역에서는 일반화되고 있으며 특히 중소규모의 무역거래에서 활발히 이루어지고 있다.

〈표 10-15〉 국제팩토링 이용가능 국가

구분	국가
북미주	United States, Canada
아시아	Japan, Hong Kong, Singapore, Thailand, Taiwan, Malaysia, Indonesia
유 럽	Germany, United Kingdom, France, Italy, Switzerland, Netherlands, Sweden, Spain, Portugal, Austria, Finland, Norway, Belgium, Denmark, Turkey, Morocco, Hungary, Czecho, Iceland
기 타	Australia, Mexico, Israel, Ecuador, South-Afria, Chile.

2. 국제팩토링의 거래 당사자

국제팩토링거래에 관계되는 당사자는 수출자, 수입자, 수출팩터(수출국 소재 팩토링회사), 수입팩터(수입국 소재 팩토링회사)로 구성된다. 이 때 수출팩터가 해외에 지점망을 가지고 있는 경우에는 수입국에 주재하는 수출팩터가 수입팩터의 역할을 수행하게 되므로 수입팩터는 거래 당사자로 나타나지 않는다.

(1) 수출자

수출자는 수출팩터와 함께 국제팩토링의 주체이다. 수출자는 동일국에 주재하는 수출팩터와 국제팩토링계약을 체결하고 물품을 선적한 후 수출채권을 수출팩터에 양도하고 수출팩터로부터 수출채권의 범위 내에서 전도금융을 제공받는다. 수출자는 수출팩터로부터 금융지원을 포함하여 수출채권의 대금회수의 보장과 장부관리, 고객에 대한 관리, 경영정보 등 기타 서비스를 제공받게 된다.

(2) 수출팩터

수출팩터는 수출자와 국제팩토링계약을 체결하는 당사자이며 국제팩토링 거래의 주체이다. 수출팩터는 거래처의 수출채권을 양도받은 후 전도금융을 제공하고 고객으로부터 대금을 회수하며 거래처의 장부관리, 업무처리대행 등 기타 서비스를 제공하는 자로서 거래처로부터 고객명단을 통보받아 고객에 대한 신용조사를 실시한 후 거래처의 신용한도를 정한다.

국제팩토링거래는 수출팩터가 거래처에게 각종 서비스를 제공하는 형태의 국제상거래이므로 수출팩터의 역할이 매우 크다.

(3) 수입팩터

수입팩터는 수출팩터의 신용조사의뢰에 따라 자국내에 소재하는 수입자에 대한 신용조사실시와 그 결과를 수출팩터에게 통보하는 역할을 수행한다. 수입팩터의 신용조사결과에 따라 수출팩터는 거래처에 대한 신용한도를 결정하게 되므로 수입팩터의 신용조사 역할은 상거래를 체결하는 주요인이 된다.

수입팩터는 국제팩토링거래가 이루어지면 수입자로부터 수입대금을 회수하여 수출팩터에게 대금을 송금하는 역할을 담당하는 것 외에 수입자의 대금지급을 보증하고 자금부족시 수입자금을 융자하기도 하며 수입정보와 업무를 대행하기도 한다.

(4) 수입자

수입자는 수입팩터의 신용조사의 대상이 된다. 국제팩토링거래에서는 수출자가 수출채권을 수출팩터에게 양도하므로 수입자는 수입팩터를 통하여 수출팩터에게 수입대금을 지급한다. 수입자는 자금부족시 수입팩터로부터 수입자금을 지원받을 수 있고 필요한 정보를 입수할 수 있으며 자신의 선택이나 수출자의 요청에 따라 국제팩토링거래를 할 수 있다.

3. 국제팩토링의 이점

(1) 수출자의 이점

1) 매출규모의 확대

수출자는 수입자와 신용조건부거래(open account credit terms)를 하면서도 대금지급의 확실성으로 인하여 부실채권을 방지할 수 있으므로 좋은 조건으로 상담이 가능하고 상대방 수입자의 자금부담을 경감시킬 수 있어 시장확대를 통한 매출규모의 확대가 용이하다.

2) 부실채권방지

수입팩터의 신용승낙은 수입자의 파산이나 지급불능시 채권금액의 100% 대지급(payment under guarantee) 조건으로 대금지급을 책임지는 것이므로 부실채권발생에 대한 우려를 감소시킬 수 있다. 또한 분쟁발생시에도 팩토링 회사가 수출자를 대신하여 적극적인 분쟁을 해결하므로 대금회수지연에 따른 위험을 최소화할 수 있다.

3) 자금조달용이

수출팩토링거래시 채권금액의 수입자에 대한 신용승낙 범위 내에서 100%까지 선적서류매입과 동시에 금융지원을 하게 되므로 수출자는 신용조건부 판매에 따른 소요자금을 쉽게 조달할 수 있게 된다.

4) 부대비용절감

수출팩토링거래시 수입팩터는 수입자에 대한 최신의 신용조사를 기초로 신용승낙 여부를 통지해 주게 되므로 별도의 상대방 수입자에 대한 신용조사비용이 절감되며 기존의 무역거래에서 필요한 개설비용, 수입보증금 등에 대한 비용절감이 가능하므로 수출가격의 인상도 가능하게 된다.

5) 외상매출채권 관리능력강화

팩토링회사가 신용판매에 따른 구매자별 원장정리, 신용거래가능한도, 월별채권대금 회수상황 및 회수지연상황 등의 매출관리서비스를 제공하므로 수출자는 매출채권관리에 따른 비용을 절감할 수 있어 생산·판매활동에 주력할 수 있게 된다.

(2) 수입자의 이점

1) 연지급수입효과 및 금리차익기대

팩토링거래는 외상매입거래이므로 연지급수입가능품목에 관계없이 물품인수(또는 선적서류영수) 후 60일 이내에 지급하면 된다. 따라서 수입에 따른 운영자금의 압박을 피할 수 있고 연지급기간에 대한 자금조달비용과 국제금리차에 의한 금리차액을 기대할 수 있다.

〈표 10-16〉 무역대금결제방식별 차이점 비교

구분	결제방법 / 내용	신용장	어음지급(인수)	송금환	국제팩토링
수출거래	거래의 근거	신용장	매매계약서	송금환	매매계약서
	대금결제서류	환어음발행, 무역서류	환어음발행, 무역서류	무역서류	무역서류
	대금지급보증	신용장발행은행	없음	은행, 개인	수입팩터
	대금결제시기	일람불·기한부	일람불·기한부	일람불	일람불·기한부
	대금회수위험	안전	상존	안전	안전
	자금회전	용이	담보력에 따름	용이	용이
	수출대금융이	수출환어음매입	수출환어음매입	선수금	전도금융
수입거래	거래의 근거	신용장	매매계약서	송금환	매매계약서
	수입자금부담	가중	없음	가중	없음
	수입비용부담	가중	없음	가중	없음
	대금지급	개설은행	수입자	은행, 수입자	수입팩터
	결제자금	수출용 원자재 무역금융 일부 이용가능	수출용 원자재 무역금융 일부 이용가능	필요 없음	가능

2) 부대비용의 절감

수입팩토링거래시 수입자는 신용장개설비용, 수입보증금 등이 절감되며 팩토링거래에 따른 수수료가 없고, 수출팩터로부터 송부된 선적서류는 즉시 수입자에게 인도되며(L/G 발급포함) 이에 따른 수입보증금적립이 불필요하다.

4. 국제팩토링 거래절차

수출팩터는 국내수출자와 약정을 통해 수출채권매입한도(또는 개별거래금액한도)를 결정하게 되며 수입팩터로부터 신용승낙을 받은 후 거래약정을 할 수 있다. 수출팩터의 신용조사의뢰에 따라 수입팩터는 수입자의 신용상태를 조사하고 이에 의거 지급보증에 해당하는 신용승낙을 수출팩터에게 통보하며, 이 신용승낙에 따라 수출자는 수입자와 계약에 따라 물품을 선적할 수 있게 된다.

외상채권기일이 만료되면[4] 수입팩터는 수입자로부터 대금을 회수(또는 대지급)하여 수출팩터에게 지급하고, 수출팩터는 수출자에게 수출대금을 지급(수출자가 수출에 필요한 전도금융을 받았을 경우 이를 차감지급)함으로써 거래가 완료되게 된다.

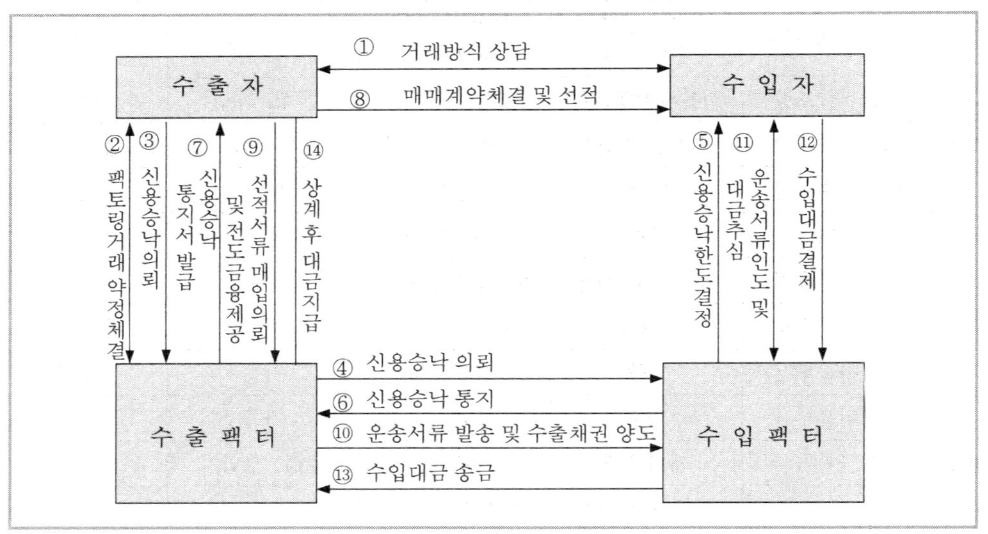

〈그림 10-8〉 국제팩토링 거래절차

4) 수입자가 파산 등으로 지급불능상태가 발생하게 되면 외상채권 만기일 후 90일째 되는 날에 수입팩터는 채권전액을 대지급할 책임이 있다.

(1) 팩토링방식에 의한 수출절차

1) 수출팩토링거래의 상담

수출팩토링거래를 하기 위해서는 수출팩터와 사전에 거래상담을 하게 되며 이 때 수출팩터의 주요 검토대상항목은 다음과 같다.

① 수입자와 국제팩토링방식에 의한 수출거래의 사전 합의 여부
② 수입국에 국제팩토링거래가 가능한 팩토링회사의 존재 여부
③ 수출품목, 거래형태의 국제팩토링거래에 적합 여부
④ 결제조건 등에 외국환관리규정에서 정하는 범위 내인지 여부
⑤ 수출자의 신용상태 및 담보제공능력 등

2) 신용조회의뢰

수출팩터가 수입팩터에 대하여 해외수입자의 신용위험(credit risk)을 부담할 의사 여부를 타진하는 절차로서 수입팩터는 수입자에 대한 신용조사를 한 후 신용위험인수한도 및 수입팩토링 수수료율을 통지하게 된다.

3) 신용승낙통지 접수

수출자가 수출팩토링거래를 하기 위해서는 해외수입자에 대한 신용승낙을 해외수입팩터로부터 받아야 한다. 이 신용승낙은 수입자가 수입대금지급을 못하는 경우 수입팩터가 대신 지급할 책임을 부담하는 것이다.

신용승낙은 신용장과 달리 취소가능한 형태로서 수입자의 신용상태 악화 등 지급능력 결여, 수입자신용평가에 불리한 영향을 미치는 사유발생시 수입팩터는 신용승낙을 취소 또는 감액할 수 있다는 것을 감안하여야 한다. 수입팩터는 수출자에게 책임이 귀속되는 상품의 하자나 계약위반 등으로 발생하는 지급지연 등의 경우에는 책임이 없다.

4) 수출팩토링의 거래약정체결

수출자와 수출팩터간에 수출팩토링의 거래약정을 체결한다. 거래약정시에는 수출팩토링 채권매입을 위한 한도와 함께 수수료율도 결정하게 된다. 수출팩토링 채권매입한도는 수출자의 신용상태, 거래필요성, 담보능력 등을 감안하여 결정하며 수수료율은 수출자가 팩토링 취급수수료를 모두 부담하여야 하므로 수출자는 해외 수입팩토링회사가 요구하는 수입팩토링 수수료율과 수출팩터가 요구하는 수출팩토링 수수료율을 합한 요율을 부담하게 된다.

의뢰서

☐ 사전신용조회
☐ 신 용 승 락

취급자	대 리	차 장	부점장

국토팩토링 방식으로 수출하고자 하는 당사는
해외수입업자에 대하여
☐ 전선 ☐ 사전신용조회
☐ 우편 ☐ 신용승락 을 아래와 같이 의뢰하오며,
이하의 기재사항은 사실과 상위없음을 확인합니다.

(1) 신용승락 신청내용

신용승락 공여희망액		거래통화 (Currency)	
※ 개별거래에 대한 신용승락 요청서	계약번호 : (Order No.)	선적기일 (Shipment Date)	

(2) 수입거래조건

수입업자명 (영문) (Debtor's Name)		회사형태(영문) (Legal Style)	
수입업자주소 (영문) (Debtor's Address)			
수입업자번호 (Debtor's No.)		수입업자의 주거래은행/지점 (Debtor's Main Bank/Branch)	
거 래 상 품 (영 문) (Nature of Business/Product)		은행소재지역 (Location)	
통 상 결 제 조 건 (Normal Terms of Payment)			
통 상 인 도 조 건 (Normal Terms of Delivery)		성수기(계절, 월) (Seasonal Period)	
수 입 팩 터 명 (영 문) (Import Factor)		동일수입국의예상수입업자수 (Number of Debtors)	
수입국소재당사대리점명 및 주소 (Agent's Name & Address)			
대리점에의 위임 권한 (Agent's Authority)			

기타정보(Other Information)
예) ※ 대금지급면제허용액(Charge Back of Rest Amount)
※ 조기결제시 대금할인조건(Discount Grace Period)
※ 기존판매방식(Means of Sale : L/C, D/A, D/P 등)

(3) 매출실적 및 매출예상액

	매 출 액	총수출액 (U$)	위수입국에대한 수출액(U$)	위수입자에 대한 수출액(U$)
최근1년간 매출액	천원			
최근1년간 팩토링방식의 수출액				
최근1년중 수출팩토링채권 최고잔액				
최근1년간 Invoice 건수				
향후1년간 예상매출액	천원			
향후1년 중 수출팩토링 채권 최고예상 잔액				
향후1년간 평균 Invoice 금액				
앞면 수입업자에 대한 향후 1년중 수출팩토링채권 최고예상잔액			(U$)	

(4) 수입팩터는 수입업자와 직접 접촉할 수 있음. (예 / 아니오) 수입업자 접촉대상자 : 이름 : Tel)

(5) 당사가 국제팩토링방식을 이용하고자 하는 것을 수입업자는 알고 있음. (예 / 아니오)

20×× . . .

중소기업은행 앞 의뢰인(영문)
(주소)
(상호)
(대표자) ㊞

인감대조

□ 사전신용조회 / □ 신 용 승 락 의뢰
(19 . . .)

국제부장 귀하 지점장 인

위와같이 당점거래업체로부터 □ 사전신용조회 / □ 신 용 승 락 의뢰가 있었기에 이를 송부하오니, 조치후 회신하여 주시기 바라며, 위 기재사항이 틀림없음을 확인합니다.

※ 본건관련 수출팩토링 거래약정 체결일자(신용승락의뢰시에 한함) : 20×× . . .

〈그림 10-9〉 사전신용조회 의뢰서

5) 수출승인

국제팩토링방식(D/P방식, D/A방식, 사후송금방식 등 포함)임을 명시한 수출계약이 체결된 후 수출자는 수출승인서에 계약서를 첨부하여 수출승인서를 받아야 한다. 국제팩토링방식에 의한 수출거래는 외국환관리규정상 정상외 결제방법으로 외국환은행으로부터 정상 외 결제인증을 받아야 한다.

6) 선적 및 수출팩토링채권의 양도 및 매입

수출계약에 따른 물품을 선적한 후 수출자는 수출팩토링채권[5]의 양도 및 매입을 요청하게 된다. 수출자는 수출팩토링채권양도 및 매입신청서, 수입팩터가 지시하는 바에 따라 수출채권양도문언이 표시된 상업송장, 수출면장, 운송서류, 환어음 등을 수출팩터에 제시하여야 한다.

수출팩토링채권을 인수한 수출팩터는 수출자와의 거래약정에 따라 채권을 신용장방식 수출환어음매입과 동일한 절차와 금리를 적용하여 매입하고 선적서류는 해외수입자에게 직접 발송한다. 또한 수입팩터에게는 매출채권 양도통지서가 발송된다.

7) 수출대금 회수

수출팩터는 송장만기일에 수입팩터를 통하여 수출대금을 회수하게 된다. 수입팩터는 대금회수를 위하여 법률가·변호사 등을 통하여 필요한 적절한 조치를 취하게 되며, 수입자가 파산·지급불능 등 채무상의 이유로 수입대금을 지급하지 못하는 경우에는 수입팩터가 수출채권전액을 송장만기일로부터 90일째 되는 날에 지급하게 된다. 그러나 수입자가 수출자의 계약위반, 상품상 하자 등으로 분쟁을 제기하고 대금을 지급하지 않은 경우에는 수입팩터가 대금을 지급할 책임을 유보하게 된다.

---

5) 일반적으로 수출자가 수입자 앞으로 발행한 상업송장(commercial invoice)를 말한다.

수출팩토링채권양도 및 매입신청서

(20×× . . .)

중소기업은행 부점장 앞

취급자	대 리	차 장	부점장

송장 Ref No.	
E/L 번호	

귀행과의 국제팩토링거래 약정에 따라 아래의 수출팩토링

채권을 □ 양도 □ 양도 및 매입 을 신청하오니(양도 매입) 대금은 아래와 같이 처리하여 주시고,

부대선적서류를 검토한 후 □ 동서류를 귀행이 본인대신 발송하여 주시기 바랍니다.
□ 동서류를 아래 송부처로 발송하여 주시기 바랍니다.

(1) 수출팩토링 채권내용

구분	항목	내용	항목	내용
신청채권내용	매출채권금액		E/L 금 액	
	송 장 번 호		해외수입업자	
	송 장 일 자		송장만기일	
	결 제 조 건		선적서류송부처	
매입한도	수출팩토링채권 매 입 한 도 액		신용승락: 신용승락한도공여액	
	수출팩토링채권 매입잔액(본건포함)		신용승락: 미결제양수송장잔액 (본 건 포 함)	
	매입한도약정기일		신용승락: 해 외 수 입 팩 터	

(2) 채권양수 및 매입대금 처리

항목	내용	항목	내용
매입신청금액		외화대체금액	
Position 금액		적 용 환 율	
원 화 금 액		기 타 결 제	
수수료: 수출팩토링수수료			
수수료: 우 편 료		예금: 계 좌 번 호	
수수료: 기 타		예금: 금 액	

(3) 부대선적서류명세

	NTR용 송 장	환어음	상업송장	운송서류	포 장 명세서	원산지 증명서	검 사 증명서			
발 송 용	부	매	부	부	부	부	부			
보 관 용	부	매	부	부	부	부	부			

신청인 :

(주 소)

(회사명)

(대표자)

인감대조 ㉐

〈그림 10-10〉 수출팩토링채권양도 및 매입신청서

(2) 팩토링방식에 의한 수입절차

1) 수입팩토링거래의 상담

수입팩토링거래를 하기 위해서는 수입팩터와 사전에 거래상담을 하게 되며 이 때 수입팩터의 주요 검토대상항목은 다음과 같다.

① 수출자와 국제팩토링방식에 의한 수입거래의 사전 합의 여부
② 수출국에 국제팩토링거래가 가능한 팩토링회사의 존재 여부
③ 수입품목, 거래형태의 국제팩토링거래에 적합 여부
④ 결제조건 등이 외국환관리규정에서 정하는 범위 내인지 여부
⑤ 수입자의 신용상태 및 담보제공능력 등

2) 신용승낙한도 결정과 거래약정체결

수입팩토링 거래상담 후 해외수출팩터로부터 신용승낙신청이 내도하거나 예상되는 경우 수입자의 재무상황, 신용상태, 거래필요성, 담보능력 등을 감안하여 수입팩토링 신용승낙한도 약정을 체결함과 동시에 수입팩토링 거래약정을 체결한다.

3) 신용승낙통지

수출입업자간 상담에 의하여 해외수출자로부터 신용승낙신청이 내도하면 수출팩터는 수입자와 체결된 신용승낙한도 약정범위 내에서 수입자의 신청을 받아 해외수출팩터를 통하여 신용승낙한도를 통지하게 된다. 신용승낙통지시에는 수출팩터가 수출자로부터 받을 수입팩토링 수수료도 함께 통지하게 된다.

4) 수입승인서발급

수입자는 수출팩터의 신용승낙을 근거로 해외수출자와 수입계약을 체결한 후 수입승인신청서에 수입계약서를 첨부 외국환은행에서 수입승인을 받는다. 국제팩토링방식에 의한 수입거래는 정상 외 결제방법으로 외국환은행의 정상외 결제인증을 받아야 한다.

5) 선적서류인수

수출자가 물품을 선적한 후 수출팩터 앞으로 송부한 선적서류를 접수하면 수출팩터는 선적서류를 즉시 수입자에게 인도한다. 선적서류가 내도하지 않았을 때에는 수입신용장의 경우와 같이 수입화물선취보증서의 발급도 가능하다. 선적서류를 인도받거나 수입화

물선취보증서를 발급받은 경우에는 수입화물에 대한 양도담보계약서 및 수출화물대도신청서를 제출하여야 한다.

6) 수입대금결제

수입자는 수입계약에 따른 지급기일에 수입대금을 수출팩터를 통하여 결제한다. 수입대금의 결제시 외화거주자계정에 외화예금을 갖고 있는 수입자는 보유외화예금으로 직접 결제할 수 있다. 수입팩토링에 따른 수수료는 원칙적으로 해외수출자가 부담함으로 수입자는 별도의 수수료를 부담하지 않는다.

수출팩터는 수입자가 지급불능 등 신용문제로 수입대금을 결제하지 못하는 경우에는 대금지급일로부터 90일째 되는 날에 수입자를 대신하여 대금을 지급하게 된다. 이 때 수입자는 수출팩터에 대지급금에 대한 연체이자를 지급하여야 한다.

7) 분쟁의 처리

수출자가 물품의 하자, 계약의 위반 등 수출자에게 귀책되는 사유로 분쟁을 제기하는 경우에 수출팩터는 즉시 수출팩토링회사에 통지하고 해외수출자에 대하여 분쟁의 해결을 촉구하게 된다. 수출자와 수입자 사이에 분쟁이 해결된 경우에는 분쟁해결내용에 따라 수입자는 대금을 지급하여야 한다.

수입팩토링신용승낙(한도)신청서

중소기업은행 부점장 앞 20××. . .

취급자	대 리	차 장	부점장

귀행이 정하는 바에 따라 아래와 같이 수입팩토링 신용승낙(한도)를 신청하며, 본 신용승낙신청에 있어 국제팩토링 거래약정 및 은행여신거래 기본약관이 적용됨을 승인합니다.

신청인	주 소 : 상 호 : 대표자 : ㊞	은행여신거래 기본약관수령 ㊞	인감대조확인

신 청 내 용	신청금액		유효기일(한도기일)		신 청 구 분
	해외수출업자		해 외 수 출 팩 터		□ 한도거래 약정
관 련 수 입 계약서 내 용	위 수출업자로부터 년간팩토링수입예상액		결 제 조 건		□ 한도거래약정에 따른 개별신용승낙
	품 목				□ 기한연장
	수 량		인 도 조 건		

이사회 기 채 결 의	위와같이 신용승낙 신청할 것을 결의하고 출석이사 전원이 연서 날인함. 출석이사 : 총 명중 명, 일시 : 20 년 월 일 시, 장소 :					
	대표이사	인	이 사	인	이 사	인
	이 사	인	이 사	인	이 사	인

	구분	전년도실적	금년도실적	금년도목표			
수출입 실 적	수출	( ) 천미불	( ) 천미불	( ) 천미불	한 도 거 래 내 용	한도약정금액	미불 ( )
						한 도 거 래 일	20 . . .
	수입	( ) 천미불	( ) 천미불	( ) 천미불		본건취급 후 신용승락잔액	
						한 도 여 유 액	

점장심사의견	

※여신내용(은행측 기재사항) (금액단위: 천원)

과 목	당초대출일	대출잔액	대출기일	연체유무	비 고
합 계					

비 고

(주) 위 여신내용란은 한도거래에 의한 개별신용승낙일 경우 기입 생략

수 입 인 지

________ 거래추가약정서

20 년 월 일

취급자	대 리	차 장	부점장

채 무 자
주 소 ㊞

연대보증인
주 소 ㊞

연대보증인
주 소 ㊞

연대보증인
주 소 ㊞

연대보증인
주 소 ㊞

본인확인 및 인감대조			
대 리		취 급 자	

20 년 월 일자 국제팩토링 거래약정에 추가하여 국제팩토링 한도거래 기간을 20 년 월 일까지 기한연장 할 것을 확약한다.

(주) 추가약정서는 기한연장시에만 사용함.

〈그림 10-11〉 수입팩토링신용승낙(한도)신청서

제 5 절 외환과 환 리스크 관리

환율의 변동은 우리 경제의 모든 부문에 영향을 미친다. 무엇보다도 환율변동이 무역거래에 미치는 영향은 외국통화로 표시되는 수출품의 가격과 수입품의 국내가격의 변동으로부터 시작된다. 환율이 변동할 경우 수출품의 가격이 변동하는 직접적인 이유는 이때 외국통화로 표시된 수출가격을 국내통화로 환산할 때 가격이 변동하기 때문이다.

우리나라 수출품의 가격표시인 원화가 국제통화가 아니기 때문에 외국통화 특히 미국 달러화로 표시된다. 예를 들어 미국 달러화에 대한 원화의 환율이 1달러당 1,000원에서 1,300원으로 상승(원화의 평가절하)하는 경우를 생각하면, 환율이 상승한 후에도 달러화로 표시된 수출품의 가격에 변동이 없다면 수출업체는 종전에 비해 수출대금 1달러를 결제 받을 때마다 300원을 더 받게 된다. 이와 같은 환율의 변동에 따라 수출마진이 상승하기 때문에 수출업자는 달러화로 표시된 수출품의 가격을 인하할 수 있는 여유가 발생한다. 따라서 수출업자는 수출물량을 증가시키기 위해 달러화로 표시된 수출가격을 인하하게 된다.

반대로 수출품을 생산하기 위하여 수입하는 원자재의 가격은 달러 가격에 변동이 없다면, 지금까지 1,000원을 주고 사던 물건이 300원이 오른 1,300원을 주고 사와야 함으로 가격 부담을 가중시켜서 수출품의 가격 인상요인으로 작용하게 된다.

이와 같은 환율의 변동에 따라 수출 가격과 수입 가격에 많은 영향을 미치게 되며, 환율의 변동에 의해서 그 자리에서 몇 백만 불의 초과 이익을 가지고 올 수도 있으며 또한 초과 손실도 가져올 수 있으므로, 환 리스크에 대한 관리가 매우 중요하다고 할 수 있다.

1. 환율의 개념

한 국가에서 거래되는 재화와 용역의 가격을 그 나라의 국내통화로 표시하는 것과 같이 외국통화의 가격도 국내통화로 표시할 수 있다. 이와 같이 일국 통화의 가격을 다른 나라의 통화단위로 나타낸 것이 환율(Foreign exchange rate)이다. 즉, 환율은 한 나라의 통화가치를 다른 나라의 통화로 표시한 것으로 양국 통화간의 교환비율을 말한다.

환율을 자국통화의 입장에서 보면 자국통화의 대외가치가 되고, 외국통화의 입장에서 보면 외국통화의 국내시장가치가 된다. 기본적으로 환율은 외국통화라는 금융자산의 가격이므로 해당 통화들의 수요와 공급에 의하여 결정된다고 하겠다.

2. 환율의 표시방법

환율을 자국통화와 외국통화의 교환비율이라고 하면, 환율의 표시방법은 자국통화를 기준으로 하여 표시하는 방법과 외국통화를 기준으로 하여 표시하는 방법 등 두 가지 방법이 있다.

(1) 자국통화표시법(직접표시법)

외국통화의 국내가격, 즉 외국통화의 1단위와 교환될 수 있는 자국통화 단위수로서의 환율을 표시하는 방법을 직접표시법(Direct quotation), 지급계정표시법(Giving quotation) 또는 자국통화표시법(Rate in home currency)이라고 한다.

우리나라의 경우 U$1=1,300원이나 또는 ₩/U$=1,300의 환율고시방법은 미 달러화 1단위에 대한 국내통화인 원화의 교환비율이므로, 이는 자국통화표시법 또는 직접표시법에 의한 환율표시법이다. 자국통화표시법에서 환율이 상승(하락)하였을 경우에 변동환율제도하에서는 이를 자국통화가 평가 절하(평가 절상)되었다고 표현한다. 한편 미국에서 외국통화 1단위에 대한 미 달러화의 교환비율인 £1=U$1.5524 또는 U$/£=1.5524 등은 자국통화표시법인데, 이 표시방법을 보통 American terms라고 한다.

(2) 외국통화표시법(간접표시법)

자국통화 1단위와 교환될 수 있는 외국통화의 단위수로서의 환율을 표시하는 방법을 간접표시법(Indirect quotation), 수취계정표시법(Receiving quotation) 또는 외국통화표시법(Rate on foreign currency)이라고 한다. 예컨대 영국파운드화의 대미달러화 환율 표시방법(£1=U$1.6750 또는 U$/£=1.6750)은 외국통화표시법이며, 우리나라의 경우 원화의 대미달러화 환율을 1원=0.0012 달러 또는 U$/₩=0.0012로 표시하였다면 이는 외국통화표시법이 된다.

한편, 미국외환시장에서 미 달러 1단위에 대한 외국통화단위의 교환비율인 예컨대, U$=DM1.6294 또는 DM./U$=1.6294는 간접표시법 또는 외국통화표시법에 의한 것이며 이를 European terms라고 한다.

3. 환율의 변동요인

외환거래에 대한 규제가 전혀 없는 자유외환시장(Free exchange market)에서 환율은 외환의 수요와 공급에 의해 결정된다. 일 국의 외환수급상황은 경상수지와 자본수지의 영향을 받게 되는데, 이러한 외환수지는 장기적으로 각 국 경제의 기초적 요인에 의하여 결정되며, 단기적으로는 시장의 투기적 또는 기술적 요인 그리고 제도변화 등에 영향을 받는다. 즉, 환율변동에 영향을 미치는 요인으로서는 물가, 경제성장, 금리수준, 통화량 등과 같은 기초적 요인이 있는가 하면 시장분위기(Market sentiments), 중앙은행의 외환시장개입, 시장의 추세적·순환적 국면, 새로운 뉴스의 출현 등과 같은 기술적 요인이 있다. 이들 환율변동요인 가운데에는 경제성장이나 물가 등과 같이 상품시장의 수급을 통하여 주로 경상수지에 영향을 미치는 장기적인 환율변동요인들이 있는가 하면, 금리나 시장기대의 변동 등은 주로 자산시장의 수급조정을 통하여 단기적으로 환율변동에 큰 영향을 미치게 된다.

4. 외환포지션

외환포지션(Exchange position)은 일정시점에 있어서 은행 및 기업 등이 보유라고 있는 외화표시자산과 부채와의 차액을 말한다. 외환시장에서 포지션이라고 하면 흔히 외환거래에 따른 일정 외환의 매도액과 매입액의 차액으로서 환 리스크(Exchange risk)에 노출된 부분을 말한다.

이러한 외환포지션의 형태는 다음과 같이 매입초과포지션, 매도초과포지션 그리고 스퀘어포지션이 있다.

(1) 매입초과포지션

매입초과포지션(Overbought Position 또는 Long Position)은 외환매매거래의 결과 매입액이 매도액을 초과함으로써 일전시점에서 외화표시 보유자산이 부채를 초과하는 상태를 말한다. 그리고 특정통화가 매입초과포지션 하에서 강세를 나타내면 환차익을 실현하고, 반대로 약세를 나타내면 환차손이 발생한다.

(2) 매도초과포지션

매도초과포지션(Oversold position 또는 short position)은 일전기간 중 외환매매거래 결과 외환매도액이 매입액을 상회하여 일정시점에서 외화부채가 외화자산을 초과하는 상태를 말한다. 그리고 특정통화가 매도초과포지션 하에서 강세를 나타내면 환차손이 발생하고 반대로 약세를 나타내면 환차익이 발생한다.

(3) 스퀘어포지션

스퀘어포지션(Square position 또는 flat position)은 외환매입액과 매도액이 균형을 이루어 일정시점에서 외화자산과 부채규모가 일치하는 경우의 환 포지션을 말하며, 환율변동에 따른 환 리스크를 회피할 수 있는 이점이 있다. 은행의 경우 환율전망이나 자금수급사정 그리고 고객들과의 지속적인 거래결과 실제로 스퀘어포지션이 이루어지는 경우는 거의 없으나 환 딜러(Dealer)들의 입장에서 환율전망이 극히 불투명한 경우에는 환 리스크를 회피하기 위하여 의도적으로 스퀘어포지션을 유지하기도 한다.

5. 환 리스크 관리기법

환 리스크를 관리하는 방법은 크게 나누어서 대외적 관리기법과 대내적 관리기법으로 나누어 볼 수 있다.

(1) 대외적 관리기법

대외적 관리기법은 점차 고도화 복잡화되고 있는 가운데, 어떤 기법들이 사용되고 있는 지 간단하게 알아보면 다음과 같다.

1) 선물환시장 헤징(Hedging)

선물환거래는 외환거래 쌍방이 미래 일정시점에서 수도(受渡)할 특정 외환의 가격을 현재 시점에서 미리 약정하는 거래로서 이는 거래시점 간에 발생하는 환율변동에서 초래되는 환 리스크를 회피하는 방법으로 널리 이용되고 있다.

선물환거래를 통하여 환 리스크를 회피하는 데에는 일정비용이 소요되는 바 이를 선물환헤징비용이라고 하며, 이는 통상 현물환율과 선물환율의 격차인 스왑레이트(Swap rate)로서 계산된다. 선물환 헤징은 상품의 수출·입 거래에 수반되는 환 리스크뿐만 아니라 자본거래 특히 해외 포트폴리오(Portfolio) 투자에서 발생하는 환 리스크를 효율적으로 방어하는 수단으로서도 광범위하게 활용되고 있다. 선물환 헤징은 일반적으로 단기거래가 주종을 이루고 있으나 중·장기적인 환리스크헤징을 위해서 단기 선물계약의 회전이용(Rollover)방법도 이용되고 있다.

2) 단기금융시장 헤징

단기금융시장 헤징은 외화자금의 대차가 개재되는 거래로서, 예를 들어 연불 수출업자가 선물환거래를 이용하는 대신에 금융시장에서 연불수출대전 상당의 외화를 미리 차입하여 현물환시장에서 매각, 자국통화로 전환한 후 이를 예금형태 또는 채권 투자 등으로 운용하고 만기에는 수취 수출대전으로 차입자금을 상환함으로써 수출계약체결에서 수출대전 입금 시까지 환율변동에 의해 초래되는 환 리스크를 회피하게 된다.

3) 통화스왑(Currency Swap)

화스왑은 두 거래 당사자가 계약일에 약정된 환율에 따라 해당 통화를 일정 시점에서 상호 교환하는 외환거래이다. 이와 같은 통화스왑은 오늘날 단기적인 환 리스크의 헤징 단이라기 보다는 주로 중·장기적인 환 리스크 헤징 수단으로 이용되고 있다.

4) 통화선물(Currency Futures)

통화선물거래는 선물환거래와 같이 일정통화를 미래의 일정시점에서 약정가격으로 매입·매도하기로 한 금융선물거래의 일종이다. 그러나 통화선물거래는 거래형태나 방법에 있어 선물환거래와는 전혀 다른 성격을 갖고 있을 뿐만 아니라 특히 거래동기에 있어서 통화선물거래는 일정통화를 장래에 실제로 인수·인도하기 위한 것이라기 보다는 현물환 포지션과 대칭되는 통화선물포지션을 보유함으로써 환 리스크의 헤징수단으로 널리 활용되고 있다.

5) 통화옵션(Currency Options)

통화옵션은 환율변동이 불확실한 외환시장에서 외환거래에 수반되는 환 리스크를 방어하거나, 또는 재정거래를 통하여 추가이익을 실현할 수 있는 매매선택권부 외환거래이다. 통화옵션거래에서는 환 리스크 회피를 위해 강세 예상통화의 콜옵션 매입과 약세 예상통화의 풋옵션 매입, 그리고 외화자금수지의 불확실성에 대비한 통화옵션매입거래 등이 이용되며, 프리미엄 수입인 추가이익의 실현을 위해서는 콜(풋)옵션의 매도거래 등이 이용된다.

6) 할인(Discounting)

할인은 수출업자가 수출환어음을 어음의 만기일 이전에 은행에 할인 매각하여 수출대전을 조기에 회수할 수 있는 방법으로서 이는 자국통화의 평가절상이 예상되거나 또는 만기 전에 자금이 필요한 경우에 흔히 이용되는 방법이다.

7) 팩토링(Factoring)

팩토링은 원래 외상매출채권을 상환청구권 없이 매입하여 동 채권을 대가로 전대금융을 실행하며 채권만기일에 채무자로부터 직접 회수하는 단기금융의 한 형식이다. 환 리스크 관리를 위한 팩토링은 수출상이 수출환어음을 은행에 매입 추심 결제하는 방법 대신에 팩터(Factor : 팩토링 업무를 주요 업무로 하는 금융기관)에게 외상매출채권을 매각하고 팩터가 동 대전을 수입상으로부터 직접 회수하는 방법이다.

(2) 대내적 관리기법

대외적 관리기법이 주로 기업외적인 면에서 관리를 중점으로 하는 반면, 대내적 관리기법은 주로 기업내 거래를 통해서 환 리스크를 관리하는 방법이다.

1) 맷칭(Matching)

맷칭(Matching)은 외화자금의 흐름, 즉 자금의 유입과 지급을 통화별·만기별로 일치(Matching)시킴으로써 외화자금흐름의 불일치에서 발생할 수 있는 환차손위험을 원천적으로 제거하는 환 리스크 관리기법이다. 맷칭은 다국적 기업, 무역회사의 본·지사간 또는 제3자와의 환거래에서 이용되는 환 리스크 관리기법으로서 이 기법은 거래 쌍방간에 이종통화거래가 지속적으로 이루어지고 특히 환 노출 관리체제가 중앙집중관리(Centralized risk management)형식을 취하고 있는 경우에 보다 용이하게 활용될 수 있다. 맷칭 방법에는 통화별로 자금의 수입과 지출을 일치시키는 자연 맷칭(Natural matching) 방법과 동일 통화 대신에 환율변동추세가 유사한 여타 통화의 현금수지와 일치시키는 평행적 맷칭(Parallel matching)의 두 가지 방법이 있다. 전자의 경우에는 가장 이상적인 방법으로서 환 리스크의 헤징이 거의 완전하게 이루어질 수 있는 반면 후자의 경우에는 두 통화의 환율변동이 상이할 경우 완전한 헤징은 불가능하게 된다.

2) 리딩(Leading)과 래깅(Lagging)

리딩(Leading)과 래깅(Lagging)은 환율변동에 대비하여 외화자금흐름의 결제시기를 의도적으로 앞당기거나(Leading) 또는 지연(Lagging)시킴으로써 환율변동에 따른 환차손을 극소화하거나 환차익을 극대화하기 위한 환 노출 관리기법이다. 리딩과 래깅기법은 본·지사간이나 그룹기업간 거래에서는 물론 수출업자 또는 외화자금관리자들의 환리스크 헤징수단으로 널리 이용되고 있다. 오늘날 리딩과 래깅은 그룹 내 기업간에 용이하게 일어나는데, 이는 제3자와의 거래에서는 매매쌍방의 이해관계가 상충하여 어느 일방이 이익을 실현하면 타방은 손실을 보게 되기 때문이다. 즉, 그룹 내 기업간 리딩과 래깅은 그룹 전체의 이익을 추구하는 전략에서 보다 용이하게 실행될 수 있다는 이점이 있다.

3) 네팅(Netting)

네팅(Netting)은 다국적 기업의 본· 지점간 또는 지사 상호간에 발생하는 채권·채무관계를 개별적으로 결제하지 아니하고 일정기간 경과 후에 이들 채권·채무를 상계(相計)한 후 그 차액만을 정기적으로 결제하는 제도를 말한다. 네팅의 가장 단순한 형태로서는 두 자회사간에 일어나는 양자간 네팅(Bilateral netting)이 있는데, 이는 쌍방간에 순채권·채무 포지션만을 일정시점에서 상호 결제하는 제도다. 이러한 양자간 네팅은 두 회사간의 채권·채무의 청산에 있어 결제자금 규모를 축소시키는 효과를 가져오게 되는데, 이때 유의하여야 할 사항은 환 리스크 관리측면에서 채권·채무를 상계한 순포지션을 어떤 통화로 어느 시점에서 결제할 것인가 하는 문제다.

4) 가격정책(Pricing Policy)

가격정책(Pricing policy)은 원래 기업의 판매관리와 구매관리정책의 일환으로서 판매수익의 극대화 또는 구매비용의 극소화를 위한 가격결정 및 가격선택정책을 말한다. 환 리스크 관리수단으로서 가격정책은 수출입상품가격의 조정시점과 조정 폭을 결정하는 가격, 조정(Price variation)과 수출입상품가격을 어떤 통화로 표시하여 거래할 것인가를 결정하는 거래통화의 선택(Currency of invoicing) 문제로 요약된다. 환 리스크 관리를 위한 가격정책을 구체적으로 살펴보면, 먼저 가격조정의 경우 자국통화의 절상시에는 자국통화표시 수출대전이 감소할 것이므로, 이때 수출업자는 수출에 의한 자국통화 현금수입액이 환율변동 전과 동일한 수준을 유지하도록 하기 위해서는 수출상품가격을 절상 폭만큼 즉시 인상하여야 하나 현실적으로 이러한 수출가격조성은 해당 상품의 수출시장에서의 가격경쟁력이나 소비자의 기호 및 수요의 가격탄력성, 그리고 수입국에 있어 가격통제여부 등을 고려하여 적정수준에서 이루어진다.

거래통화의 선택에 있어서는 거래상품가격의 표시통화를 신축적으로 선택함으로써 환리스크를 회피하는 방법인데, 우선 환 리스크를 적극적으로 관리하고자 하는 기업에 있어서는 수출의 경우 거래표시통화를 강세 예상통화로, 수입의 경우에는 약세 예상통화로 거래계약을 체결하고자 할 것이다.

제 6 절 수출대금의 회수

1. 수출대금회수의 의의와 절차

수출대금의 회수는 수출입계약에 따라 선적을 완료하고 선하증권을 발급받으면 환어음과 선적서류를 작성하여 거래외국환은행(매입은행)에 매입 또는 추심을 외뢰함으로써 이루어진다.

매입은행입장에서 볼 때 환어음의 매입은 일종의 여신행위로 실무상 이를 네고(Nego)[1]라 하며, 매입은행은 매입대금을 신용장개설은행에 상환청구하거나 환거래은행(Correspondent bank)을 통해 수입자에게 추심하게 된다.

수출대금은 승인된 결제방법에 의하여 회수기간내 전액회수하여야 하며, 기한내 회수되지 않거나 초과영수시 기간을 연장받거나 미회수처리허가 또는 초과영수처리허가를 받아야 한다.

---

1) 수출자가 거래은행에 제시하는 선적서류의 대가로 거래은행이 대금을 지급하는 행위를 협상(negotiation)이란 의미에서 네고라 한다.

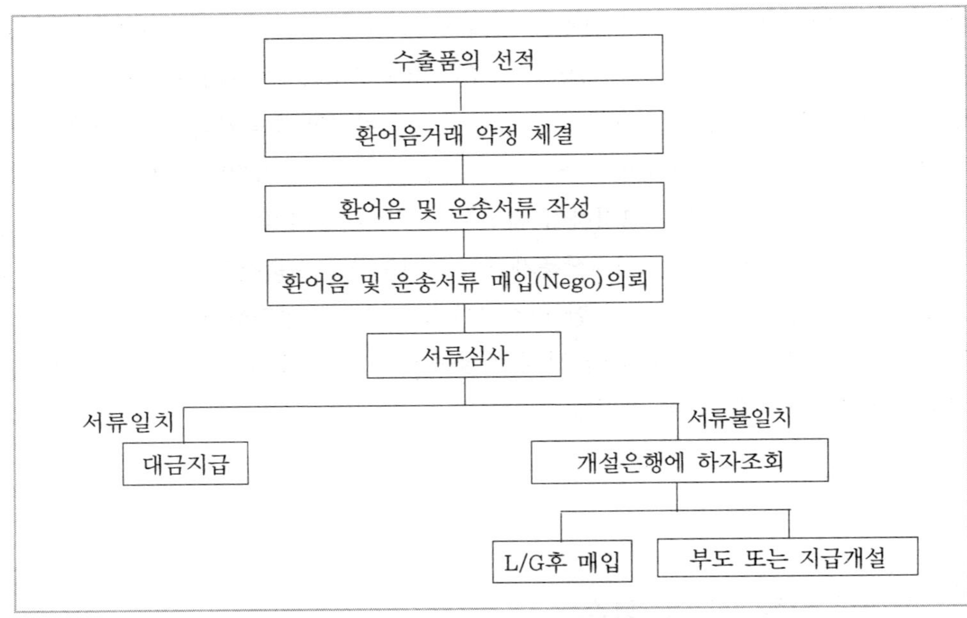

〈그림 10-12〉 수출대금의 회수과정

2. 환어음거래 약정체결

환어음거래약정은 화환어음[2)] 매입으로 인하여 발생할 수 있는 모든 문제의 처리방법 등에 관한 수출자와 매입은행간의 계약으로 담보확보, 책임한계, 비용, 은행면책사항을 정하고 있다.

환어음 거래약정은 신용장거래와 무신용장거래인 지급도(D/P), 인수도(D/A)거래시 적용되며 외국환은행이 작성한 약정서에 서명날인함으로써 성립된다.

3. 환어음 및 선적서류 작성

(1) 환어음의 작성

1) 환어음의 의의

환어음(Bill of Exchange, Drafts)은 어음 발행인인 채권자가 지급인인 채무자에 대

2) 화환어음이란 선하증권으로 대표되는 물품의 가격 청구서인 상업송장상의 금액을 지급수단인 환어음을 발행하여 여기에 선적서류가 첨부된 환어음을 말한다.

하여 어음금액을 지명인 또는 소지자에게 일정한 시일 및 장소에서 무조건 지급할 것을 은행에 위탁하는 요식유가증권(要式有價證券)이자 유통증권(流通證券)이다.

환어음은 1882년 영국에서 제정된 환어음법(Bill of Exchange Act, 1882)과 1978년 국제상업회의소에 의해 개정된 추심에 관한 통일규칙(Uniform Rules for Collection, 1978 Revision, Publication No.322), 이후 1995년 다시 한번 개정된 추심에 관한 통일규칙(Uniform Rules for Collection, 1995 Revision) 등과 같은 국제법에 의해 운용되고 있으며, 우리나라에서는 전국은행협회에서 1979년 7월부터 채택·시행되고 있다.

2) 환어음의 당사자

가. 발행인(drawer) : 환어음을 발행하고 서명하는 자로 수출자가 된다.

나. 지급인(drawee) : 환어음의 지급의무를 지닌 채무자로 신용장개설은행 또는 D/A, D/P 거래에서의 수입자가 된다.

다. 수취인(payee) : 환어음 금액의 지급을 받는자로서 보통 수출자로부터 환어음을 매입한 은행이 되나 개설은행 또는 개설은행이 지정한 은행이 될 수 있다.

3) 환어음의 기재사항

가. 필수기재사항

① 환어음표시 : Bill of Exchange

② 무조건지급위탁문언 : "Pay to~ the sum of~"

③ 지급인 : 어음지급위탁자

④ 만기일 : "at ~ sight"

⑤ 수취인 :

기명식 : pay to~ Bank

지시식 : pay to the order of~ Bank

소지인식 : pay to bearer

선택적무기명식 : pay to~ Bank or bearer

⑥ 지급일 및 지급지

⑦ 발행일 및 발행지 : 발행일은 신용장 유효기일내의 환어음 매입일

⑧ 발행인의 서명날인 : 신용장의 수익자(수출자)

나. 임의기재사항

① 환어음번호

② 신용장 및 계약서 번호

③ 환율 및 이자규정

④ D/P, D/A 문언

⑤ 발행매수 표시

⑥ 거절증서 작성 면제문언

〈서식 10-1〉 환어음

No. ①

BILL OF EXCHANGE

(Place) ② (date) ③

FOR ④

AT ⑤ SIGHT OF THIS **FIRST** BILL OF EXCHANGE(SECOND UNPAID)

PAY TO ⑥ **CHOHUNGBANK** OR ORDER

THE SUM OF

⑦

VALUE RECEIVED AND CHARGE THE SAME TO ACCOUNT OF ⑧

DRAWN UNDER ⑨

LETTER OF CREDIT NO. ⑩ DATED ⑪

TO: ⑫

⑬

(외 75.1 제정) (2-1) 007-2-1751(21×9.4) 백상지 100g/㎡

4) 환어음의 작성요령

① 어음번호 : 임의기재사항으로 후일 업무상 편의를 위해 기재한다.

② 발행지 : 어음의 효력은 행위지법의 적용을 받으므로 발행지를 도시명까지 기재한다.

③ 발행일 : 외국환은행이 어음과 함께 선적한 날짜로 신용장유효기일이내여야 한다.

④ 금액 : 환어음의 금액은 상업송장상의 금액과 일치하여 기재한다.

⑤ 지급·만기일표시(결제조건) : 일람출급인 경우 at ○○ sight of로 표시되며, 기한부인 경우 at ○○ days after sight 또는 at ○○ days after the date of shipment의 형식으로 기재된다.

⑥ 수취인 : 환어음의 지급을 받는자로 발행인 또는 발행인이 지정하는 제3자가 될 수 있다.

⑦ 문자금액 : 어음금액을 문자로 표시하는 곳으로 숫자금액과 일치하여야 한다. 양자간에 차이가 있을 때는 문자금액이 우선한다.

⑧ charge the same to account of : 환어음 발행인 지급인에게 지시하는 내용으로 지급인에 의해 환어음이 결제되면 그 금액을 account of~ 이하에 기재된 자로부터 차기(借記)하라는 의미로 신용장상의 Accountee가 기재된다.

⑨ 신용장 개설은행 : 신용장개설은행을 기재하며, 무신용장방식의 경우에는 공란 또는 계약서상 지정은행을 기재한다.

⑩ 신용장번호 : 신용장번호를 기재하며, 무신용장방식인 경우에는 계약서번호를 기재한다.

⑪ 신용장발행일자 : 신용장상 발행일자를 기재한다.

⑫ 지급인과 지급지 : 어음금액의 지급인과 지급지를 기재하는 곳으로 지급지는 별도 명시가 없는 한 도시명까지 기재한다.

⑬ 발행인과 기명날인 : 환어음을 발행하는 자 즉 신용장상 수익자가 기명날인하는 곳으로 화환어음약정시 은행제출 서명감과 일치하여야 한다.

(2) 선적서류의 작성

1) 선적서류의 개념

선적서류(shipping documents)란 수출자가 환어음을 결제받기 위하여 수입자가 계약물품을 입수하는 데 필요한 일체의 관련 서류를 말한다. 무역거래에서 일반적으로 요구되는 선적서류는 기본서류와 부속서류로 구성되며, 기본서류에는 무역화물을 증권화한 운송서류와 위험을 담보하는 보험서류 그리고 매매관계를 명시한 상업송장 등으로 구성되고, 부속서류는 필요시 요청에 의하여 징수되는 서류이다.

이러한 선적서류는 수출대금회수시 환어음과 함께 첨부되어 매입은행에 제시하게 되므로 신용장 또는 계약서에 따라 작성 및 제출되어야 한다.

2) 선하증권

가. 선하증권의 의의

선하증권(Bill of Lading : B/L)이란 운송계약에 의거 선박회사가 물품을 선적한 후 작성·발행하는 증권으로서 운송화물의 수령과 선의의 소지인에게 증권과 상환으로 물품을 인도할 것을 약속하는 유가증권이다.

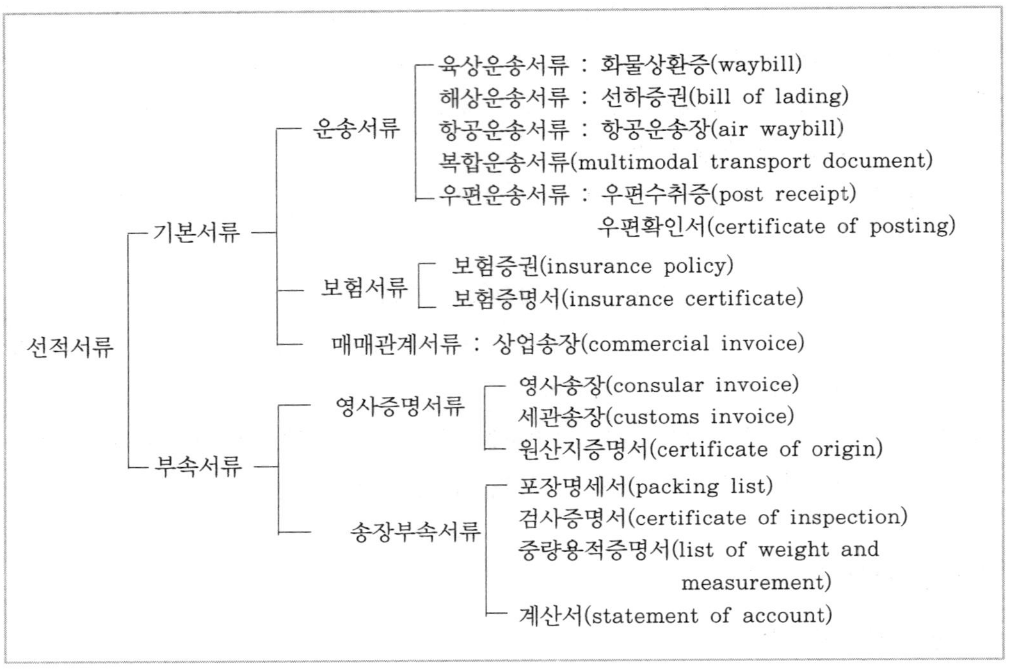

〈그림 10-13〉 선적서류의 구분

선하증권은 물권적 효력과 채권적 효력을 지닌 화물을 대표하는 권리증권(document of title)으로서 배서(또는 교부)에 의하여 제3자에게 양도될 수 있다.

은행에서 자동적으로 수리되는 선적서류의 일반적 조건은 직접 운송을 수행하는 자 또는 그의 대리인이 발행한 것일 것, 물품의 본선적재를 증명하는 문언이 있는 것일 것, 발행된 원본인 운송서류 전통이 제시될 것 및 신용장에서 요구한 조건이 충족될 것 등이다.

여기서 신용장에서 요구하는 선하증권의 일반적 요건은 다음과 같다.

① 전통(full set)일 것 : 선하증권은 일반적으로 분실 위험에 대비 3통이 원본으로 발급되며, 화물을 인수할 때는 이중 1통만이 사용된다.

따라서 충분한 담보확보를 위하여 은행에는 전통이 제시되어야 한다.

② 하자없는 clean B/L일 것 : 화물이 외관상 완전한 형태로 적재되었어야 한다. 포장의 파손 또는 불완전하여 발행된 Foul B/L 또는 Dirty B/L은 수리거절이 된다.

③ 본선에 적재(on board)될 것 : 화물이 본선에 적재된 후 발행된 선하증권이라야 은행이 수리할 수 있다.

④ 해상선하증권(ocean B/L) : 바다를 항해하는 선박에 의해 발행되는 선하증권이어야 한다.

⑤ 화물의 수취인(consignee) : 수화인의 표시방법에는 기명식(straight B/L)과 지시식(order B/L)이 있으며, 신용장상 "Made out to the oredr of"로 표시된 경우 지시식으로 발행하도록 하는 것을 의미한다. 지시식이어야 배서에 의해 양도가능하며, 일반적으로 지시식이 많이 이용된다.

⑥ 통지처(notify party) : 화물이 목적지에 도착했을 때 화물도착통지(arrival notice)를 보낼 상대방을 가리킨다.

⑦ 운임 : 운임선불은 freight prepaid, 운임후불은 freight collect 또는 freight prepayable로 표시한다.

나. 선하증권의 기재사항

가) 필수기재사항

① 물품의 명세(description of commodity)

② 화물의 기호(marks and numbers)

③ 선박명과 선박의 국적 및 톤수(name of the ship, nationality and tonnage)

④ 선장의 성명(name of the master of vessel)

⑤ 송화인의 성명(name of the shipper)

⑥ 수화인의 성명(name of the consignee)

⑦ 선적항(port of shipment)

⑧ 양륙항(port of discharge)

⑨ 운임(freight)

⑩ B/L의 발행일 및 발행장소(place and date of B/L issue)

⑪ B/L의 발행통수(number of B/L issue)

나) 임의기재사항

① 항해번호(voyage No ; voy.No.)

② 통지처(notify party)

③ 운임지급지 및 환율

④ 선하증권번호(B/L No.)

⑤ 보통약관과 면책조항(general clauses and exception)

⑥ 스탬프 약관(stamp clause)

⑦ 적요란(remarks)

다) 선하증권의 작성요령

① Shipper/Exporter : 송화인으로서 수출자의 성명 또는 상호를 기재한다.

② consignee : 수화인으로 신용장상에 명기된 문구를 기재한다.

③ Notify party : 착화통지처로서 수입자 또는 수입자가 지정하는 대리인이 기재된다.

④ pier or place of receipt : 송화인으로부터 운송인이 화물을 수취하는 장소를 기재한다.

⑤ vessel voy : 운송선박의 운항회수로서 선박회사가 임의로 정한 일련번호가 기재된다.

⑥ port of Loading : 화물의 선적항과 국가명이 기재된다.

⑦ port of Discharge : 화물의 양륙항과 국가명이 기재된다.

⑧ place of Delivery : 운송인(선박회사)이 책임지고 물품을 수화인에게 인도하여 주는 장소를 명기한다.

⑨ Booking No. : 선복확보를 위해 예약된 번호를 기재한다.

⑩ Final Destination : 화물의 최종목적지로 복합운송이 아닌 경우에는 기재되지 않는 경우가 많다.

⑪ Container No., Seal No., Marks & NOS: 화물이 적재되는 컨테이너 번호와 컨테이너에 적재된 화물에 봉인을 한 Seal No와 화인을 표기한다.

⑫ No. of pkgs or Container : 포장의 수 또는 컨테이너의 수를 기재한다.

⑬ Kinds of Packages : Description of Goods : 물품의 내용으로 송장과 포장명세서에 기재된 내용을 기재한다.

⑭ Total Gross weight : 정량회사에서 검측된 중량을 기재하며 포장명세서, 송장과 일치되어야 한다.

⑮ Total Measurement : 검량회사에서 검측된 용적이 기재된다.

⑯ Freight and charges : 물품의 운송에 따른 제반 비용의 명세가 기재된다.

⑰ Rate : Revenue ton당 운임단가가 표시된다.

⑱ per : 용적당 또는 중량당, full container의 경우는 Van당을 표기한다.

⑲ prepaid : CFR, CIF조건의 수출일 경우 운임을 계산 기재한다.

⑳ collect : FOB 조건의 수출일 경우, 운임을 계산 기재한다.

㉑ Date : 운임을 계산한 일자와 담당자가 기재된다.

㉒ Place of B(s)/L Issue : B/L의 발행지역명이 기재된다.

㉓ No. of original B(s)/L signed : B/L의 발행통수로 통상 3통을 1set로 하며, original B/L은 "Negotiable"라고 표기되며, 사본은 "Non-Negotiable"로 표기한다.

㉔ Date of B(s)/L Issue : B/L을 발행한 일자가 기재된다.

㉕ Bill of Lading No. : 선하증권번호로서 선박회사가 임의로 부여한 번호이다.

㉖ Singned By : 선하증권 발행권자의 서명이 되는 장소로 서명은 사전에 은행에 등록되어야 한다.

〈서식 10-2〉 선하증권

SHIPPER SILVER STAR CO., LTD P. O. BOX #464 PUSAN. KOREA	B/L NO.
CONSIGNEE TO OREDR	RECEIVED IN APPARENT GOOD ORDER AND CONDITION UNLESS OTHERWISE STATED HEREIN, THE TOTAL NUMBERS OR QUANTITY OF CONTAINERS OR PACKAGES OR UNITS ENUMERATED BELOW FOR TRANSPORTATION FROM THE PORT OF LOADING TO THE FINAL DESTINATION SUBJECT TO THE TERMS THEREOF (SEE TERMS OF CARRIAGE AND OTHI TERMS ON REVERSE)
NOTIFY PARTY SILSTAR(DEUTSCHLAND) GNBH MATHIAS BRUEGGEN STR. 8 D-5000 KOELN 30 W/GERMANY	

PLACE OF RECEIPT	PORT OF LADING HONGKONG		
OCEAN VESSEL NEPTUNE TOPAZ	VOYAGE NO. 26W	PORT OF DISCHARGI ROTTERDAM	FINAL DESTINATION

CONTAINER NO.	SEAL NO. MARKS & NOS	DESCRIPTION OF GOODS	GROSS WEIGHT	MEASUREMENT
	C NO. 1-1-300 ITEM : AUTO TUBE SIZE : Q'TY :	6,000 PCS OF AUTOMOBILE TUBES " FREIGHT PREPAID " " L C NO. : LC 0232 904901 "	1,750KGS	15.3CBM
KMTU9037689 / 23578				

TOTAL NUMBER OF CONTAINERS
OR PACKAGES (IN WORDS)

FREIGHT & CHARGI	REVENUE TONS	RATE	PER	PREPAID	COLLECT

FREIGHT PREPAID AT	FREIGHT PAYABLE AT	PLACE OF ISSUE
TOTAL PREPAID	NO. OF ORIGINAL B/L	DATE OF ISSUE

LADEN ON BOARD THE VESSEI DATE : BY ______________________	ARIRANG SHIPPING CO., LTD. BY ______________________

다. 전자식 선하증권(Electronic Bill of Lading)

가) 전자식 선하증권의 사용배경

전자식 선하증권이 등장하기 시작한 궁극적인 배경은 오랜 기간동안 무역거래에서 주종을 이루었던 종이 선하증권(paper B/L)의 문제점과 이를 보완하기 위하여 유럽 일부 지역에서 사용되는 비유통성 해상운송장(non-negotiable sea waybill)의 문제점을 극복하기 위해서이다.

즉, 기존의 선하증권은 상환증권이므로, 이 서류를 소지하지 않고서는 선박회사에 화물을 청구할 수 없으므로 L/G라는 편법을 낳았고, 비유통성 해상운송장은 매우 제한적인 거래에서만 사용될 뿐 아니라 선하증권과 비교하여 수하인의 지위가 불확실하고 운송중의 물품전매가 이루어지는 거래에 있어서는 사용될 수 없었다.

따라서 해상운송장이 사용될 수 없는 경우에 권리증권으로서 기능을 하면서 서류를 신속하게 수하인에게 인도할 수 있는 방법의 배경에서 최근에 개발된 것이 전자식 선하증권이다.

나) 전자식 선하증권의 의의

전자식 선하증권은 기존의 종이 선하증권을 발행하지 않고, 선하증권의 내용을 구성하는 정보를 전자적 방법에 의해 운송인의 컴퓨터에 보관하고, 운송인이 부여한 '개인키'(private key : 비밀번호)를 사용함으로써 물품에 대한 지배권 및 처분권의 권리를 그 권리자의 지시에 따라 수하인에게 그 정보를 전송하는 형식의 선하증권을 말한다.

이 전자식 선하증권도 선적 혹은 수취식 선하증권으로 발행될 수 있을 뿐만 아니라 지시식, 기명식으로도 발행될 수 있지만, 기존의 방식과는 아주 상이한 방법으로 사용되고 있기 때문에 하나의 새로운 선하증권으로 보는 것이 바람직하다.

다) 전자식 선하증권의 법적 성질

기존의 선하증권과 마찬가지로 전자식 선하증권은 물품의 수취증, 운송계약의 추정적 증거, 권리증권으로서의 기능을 수행하지만 가장 큰 차이점은 권리증권으로서의 기능상 유통방법에서 차이가 난다고 할 것이다.

3) 상업송장

가. 상업송장의 의의

상업송장(commercial invoice)은 선하증권과 함께 필수선적서류로 수출자가 수입자 앞으로 작성하여 발송하는 수출화물에 대한 내용을 표시해 주는 명세서로서 그 성격은 계약물품의 인도를 입증하는 계약서류이면서 수출자 입장에서는 선적안내서인 동시에 물품대금청구서(debit note)이다.

반면 수입자 입장에서는 매입물품에 대한 매입서이면서 세관에 제출하는 거래입증서로서의 기능을 한다.

상업송장은 일정한 형식은 없으나 기본적으로 품명, 수량, 단가, 금액 등 물품명세와 선박명, 선적항, 목적지, 출항일자, 운영, 보험료 등이 기재된다.

신용장거래에서 상업송장의 금액은 신용장금액 및 환어음금액과 일치함은 물론 신용장조건과 기재 내용이 일치되어야 한다.[3]

상업송장의 종류는 그 용도에 따라 상거래내용으로 작성되는 상업송장(commercial invoice)과 영사관이나 세관용으로 작성되는 공용송장(official invoice)으로 구분되며 일반적인 의미의 송장은 상업송장을 말한다.

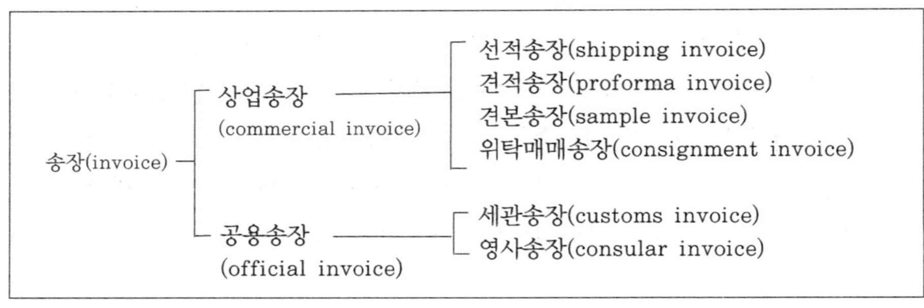

〈그림 10-14〉 송장의 종류

나. 상업송장의 작성요령

① Shipper/Exporter : 수출자의 영문상호와 주소를 기재한다.

② For Account & Risk of Messers : 수입자의 영문상호와 주소를 기재하며, 선하증권에 기재될 매수인과 동일해야 한다.

---

3) 신용장통일규칙 제37조.

③ Notify party : 신용장개설의뢰인(수입자)의 영문상호와 주소를 기재한다.
④ Port of loading : 운송수단이 출발예정인 항구와 공항 등을 기재하며 이는 신용장, 계약서상의 적재지와 일치하여야 한다.
⑤ Final destination : 최종목적지인 항구, 공항 등의 명칭을 기재한다.
⑥ Carrier : 운송수단 즉 선박명을 기재한다.
⑦ Sailing on or about : 통상 B/L상의 선적일과 일치하나 선적일을 전후하여 7일정도 범위내에서 예정일을 기재한다.
⑧ No. & date of invoice : 수출자가 상업송장에 부여한 참조번호 및 발행일을 기재한다. 기재일자는 수출허가일 이후 수출면허일 이내가 되어야 한다.
⑨ No. & date of L/C : 신용장번호와 발행일을 기재한다.
⑩ L/C issuing bank : 신용장개설은행을 기재한다.
⑪ Remarks : 임의기재난으로 L/C나 계약서상 별도 요구사항을 기재한다.
⑫ Marks & numbers of PKGS : 화인과 포장단위의 숫자를 기재한다.
⑬ Description of goods : 해당 물품의 규격, 품질, 등급 등을 기재하되 신용장상의 표현과 완전히 일치하여야 한다.
⑭ Quantity/unit : 계약상품의 수량과 단위를 기재한다.
⑮ Unit-price : 단위당 단가를 표시하며 수량단위도 아울러 표기한다.
⑯ Amount : 총금액을 표기하되 신용장이 허용하는 금액을 초과할 수 없다.
⑰ P.O.BOX 외 : 발행인의 주소, 케이블, 텔렉스 및 전화번호가 기재된다.
⑱ Signed by : 송장 작성자가 서명난에 서명한다.

〈10-3 서식〉 상업송장

COMMERCIAL INVOICE

<table>
<tr><td colspan="2" rowspan="3">① Shipper/Exporter</td><td colspan="3">⑧ No. & date of invoice</td></tr>
<tr><td colspan="3">⑨ No. & date of L/C</td></tr>
<tr><td colspan="3">⑩ L/C issuing bank</td></tr>
<tr><td colspan="2">② For Account & Risk of Messers.</td><td colspan="3" rowspan="4">⑪ Remarks</td></tr>
<tr><td colspan="2">③ Notify party</td></tr>
<tr><td>④ Port of loading</td><td>⑤ Final destination</td></tr>
<tr><td>⑥ Carrier</td><td>⑦ Sailing on or about</td></tr>
<tr><td>⑫ Marks and numbers of PKGS</td><td>⑬ Description of goods</td><td>⑭ Quantity/ Unit</td><td>⑮ Unit-price</td><td>⑯ Amount</td></tr>
<tr><td colspan="2">⑰ P.O.Box :
Cable address:
Telex code :
Telephone No.:</td><td colspan="3">Signed by</td></tr>
</table>

4) 보험서류

보험서류(insurance document)는 운송화물에 대하여 보험계약이 체결되어 있음을 증명하는 서류로 보험증권(insurance policy), 보험증명서(insurance certificate) 및 부보각서(cover note) 등이 있다.

무역거래조건상 FOB, CFR 조건인 경우 선적서류에 보험서류가 포함되지 않으나 CIF, CIP 조건과 같이 매도인이 보험계약 체결의무가 있는 조건에서는 반드시 보험서류가 필요하다. 대금결제와 관련 보험증명서는 화물에 대하여 부보사실을 입증하는 증명서에 불과하며 보험증권 대용기능이 없는 보험증명서와 보험중개업자가 보험계약을 체결하겠다는 약속의 표시로 발행되는 부보각서는 신용장상 별도의 명시가 없는 한 수리되지 않으므로 유의하여야 한다.

5) 기타 선적서류

기타 선적서류로는 보험서류, 원산지증명서, 검사증명서, 용적·중량증명서 등이 있으며 계약내용에 따라 추가되며, 작성요령은 계약서와 신용장에 명시된 바에 따라 작성하면 된다.

가. 포장명세서

· 의의

포장명세서(packing list)는 선적서류 중 선하증권이나 상업송장과 같이 필수서류는 아니지만 원산지증명서와 함께 중요 부속서류 중의 하나이다. 포장명세서는 포장과 운송, 통관상의 편의를 위하여 수출자가 수입자 앞으로 작성하는 서류로 물품의 포장 및 단위별 명세와 총중량, 순중량 및 용적 등이 기재되어 송장의 보충역할을 하게 된다.

포장명세서의 기능은 수출입통관시 심사자료, 징수 및 검량업자의 실제화물 대조시 참조자료, 개별화물의 사고시 확인자료 뿐만 아니라 운송회사와 운송계약체결시 기준자료로 활용할 수 있다.

· 포장명세서의 작성요령

①~⑧ 상업송장 작성방법과 동일하다.

⑨ L/C issuing bank : 신용장개설은행을 기재한다.

⑩ Remarks : L/C나 계약서상 별도 요구사항을 기재한다.

⑪ Marks & numbers of PKGS : 해당 물품의 규격, 품질, 등급을 신용장상의 표현

과 일치되도록 기재한다.

⑫ Description of goods : 규격, 품질 뿐 아니라 L/C No. Model No 별로 정확히 기재하여 해당 물품별로 명확히 구별될 수 있도록 한다.

⑬ Quantity or net weight : 물품의 수량을 각 포장별로 구분하여 기재하며, 특히 수량의 계산단위는 물품에 따라 정확한 도량형을 사용하도록 한다.

⑭ Gross weight : 순중량에 외부포장재료의 중량을 포함한 총량을 B/L상의 중량과 일치하도록 기재한다.

⑮ Measurement : 물품의 부피로 B/L상의 부피와 일치하도록 기재한다. 용적의 계산 단위는 CBM(Cubic Meter)로 1M/T(Measurement Ton) = 40Cubic feet 이다.

⑯ P.O.BOX 외 : 발행인의 주소, 케이블, 텔렉스 및 전화번호가 기재된다.

⑰ Signed by : 포장명세서의 작성자가 서명한다.

〈서식 10-4〉 포장명세서

PACKING LIST

<table>
<tr><td colspan="2">① Shipper/Exporter</td><td>⑧ No. & date of invoice</td></tr>
<tr><td colspan="2">② For Account & Risk of Messers.</td><td>⑨ L/C issuing bank</td></tr>
<tr><td colspan="2">③ Notify party</td><td rowspan="3">⑩ Remarks</td></tr>
<tr><td>④ Port of loading</td><td>⑤ Final destination</td></tr>
<tr><td>⑥ Carrier</td><td>⑦ Sailing on or about</td></tr>
</table>

⑪ Marks and numbers of PKGS	⑫ Description of goods	⑬ Quantity or net weight	⑭ Gross weight	⑮ Measurement

⑯ P. O. Box :
Cable address :
Telex code :
Telephone No. :

⑰ Signed by

나. 원산지증명서

원산지증명서(certificate of origin)는 화환어음의 부대서류로 수출물품이 수출국에서 생산, 제조, 가공되었음을 증명하는 서류로 생산국의 판별과 특혜관세의 부여 또는 공정무역거래의 확립을 위해 요구되고 있다.

다. 검사증명서

검사증명서(certificate of inspection)는 무역계약이나 신용장상 화물검사를 요구하는 경우 이를 증명하기 위해 첨부하는 서류이다. 검사증명서의 종류로는 품질증명서(certificate of quality), 분석증명서(certificate of analysis), 검사증명서(certificate of quar-antine) 등이 있다.

라. 용적·중량증명서

용적·중량증명서(certificate of measurement and weight)는 물품의 용적·중량에 대한 증명서로 상업송장을 보충하기 위해 수익자 또는 공인검량업자에 의해 작성된다.

4. 선적서류의 매입의뢰

환어음과 선적서류의 입수 및 작성이 완료되면 수출자는 선적서류매입신청서, 신용장 원본 또는 사본, 환어음, 선적서류 전통(full set) 및 통관필 수출신고서와 수출면장 사본을 갖추어 어음의 매입을 신청하며, 외국환은행은 신용장 조건과 일치여부를 심사후 제반수수료와 수출금융 등을 공제한 후 매입대금을 지급하게 된다.

이때 매입대금은 고객의 요청에 따라 매입당일의 전신환매입률(T/T buying rate)로 환산한 원화에서 우편료, 환가료(exchange commission)[4], 무역금융융자액 등을 공제한 잔액이 된다.

5. 하자있는 선적서류의 매입과 처리

수출자가 제시한 선적서류의 심사결과 L/C 조건과 일치하지 않으면 원칙적으로 매입

4) 환가료(換價料)는 은행의 자금부담에 따른 이자성격으로 받는 수수료로서 매입한 환어음(운송서류)의 추심소요기간(우편기간 및 기한부인 경우 어음기간)에 대한 이자를 말하며 우편일수는 현행 9일 또는 10일을 표준우편일수로 일괄적용하고 있다.

이 거절된다.

〈서식 10-5〉 원산지증명서

<table>
<tr><td>1. Seller</td><td rowspan="2">COPY
CERTIFICATE OF ORIGIN
issued by
THE KOREA CHAMBER OF COMMERCE & INDUSTRY
Seoul, Republic Korea

원 산 지 증 명 서
대한상공회의소</td></tr>
<tr><td rowspan="2">2. Consignee</td></tr>
<tr><td>4. Buyer's (if other than consignee)</td></tr>
<tr><td rowspan="2">3. Particular of Transport (where required)</td><td>5. Country of Origin</td></tr>
<tr><td>6. Invoice Number and Date</td></tr>
<tr><td colspan="2">7. Shipping Marks 8. Number and Kind of Packages : Description of Goods.
9. Quantity Gross Weight or Measurement</td></tr>
<tr><td>10. Other information</td><td>The Korea Chamber of Commerce & Industry certifies, on the basis of relevant invoice and document, that the above mentioned goods originate in the country shown in column 5</td></tr>
</table>

〈서식 10-6〉 선적서류매입(추심)신청서

주식회사 조흥은행　　　　년　　월　　일

MAIL TO	매 입 일	
	고객번호	
	REF번호	

DRAFT/DOCUMENTS FOR

TENOR
LETTER OF CREDIT NUMBER　　　　ISSUED BY
DATED

ACCOUNTEE
BENEFICIARY
MERCHANDISE
VESSEL　　　　FROM　　　　TO

DOCUMENTS ATTACHED

ENCLOSED	DRAFT	COMM INVOICE	CUST/CONS INVOICE	PKG LIST	W/M CERT	CERT ORIGIN	INSP CERT	INS POL/CERT	OCEAN B/L	AIRWAY BILL/ CARGO RECEIPT	STATEMENT	
ORIGINAL												
DUPLICATE												

매입대금처리신청명세

명 세		금 액	
귀행계정대체			
귀행계정대체			
[illegible]	무역어음대출		계좌번호
			계좌번호
	재수입보증금		
	수 수 료	환 가 료	대 체 료
	예금		계좌번호

위 내용의 선적서류(또는 수출환어음)를 기 약정한 바에 의하여 매입하여 주시고 동 매입대금을 좌기와 같이 처리하여 주시기 바랍니다.

년　　월　　일

회사명
주 소　　　　인　　　　인감대조

주식회사 조흥은행 앞　　　　확　　인　　서

위 신용장(계약서)에 의한 수출환어음 또는 선적서류 매입을 신청함에 있어서 본인은 귀행에 아래와 같은 신용장(계약서)조건과의 불일치 또는 기타사유로 인한 하자사항을 확인하며 이로 말미암은 비용 및 손해는 따로 제출한 외국환거래약정서의 해당조항에 따라 부담하겠습니다.

＊불일치 내용 :　　　　년　　월　　일

회사명
주 소　　　　인　　　　인감대조

1. 구 분	1 : 매입 3 : 재매입 5 : 수추매입 2 : 추심 4 : 재추심	13. 자금구입코드	1 : 매입이전 2 : 매입이후 3 : 기타	27. 선 적 일 자		29. E/L 추천기관
2. 고 객 번 호		14. 외ISPREAD	15. 환가료면제	28. E/L 번 호		
3. 통 화 코 드	001 : US$ 002 : STG 003 : DM 005 : F-FR 007 : S-FR 020 : YEN	16. 대 체 구 분	17. 금액구분	30. E/L 유효기일		
4. 매입.추심액		18. 국 가 코 드	103 : 미국 ... 영국 ... 일본	31. E/L 금 액		
5. 귀 행 대 체		19. 본지사구분	1 : 일반상사 2 : 본지사 3 : 단일사해외점 4 : 해외교포	32. L/C 번 호		
6. 대체금액상당액		20. 수 출 형 태	[illegible]	33. 실수요자번호		
7. 하 자 코 드	8. ... 9. 우편료	21. 가 격 조 건	1 : FOB 2 : C&F 3 : CIF 4 : [illegible]	35. 기 산 일		34. 거래코드
8. TENOR	1 : A/S 2 : D/P 3 : D/S 4 : D/A	22. H·S 번 호		36. 우 송 일		
10. USANCE 일수		23. 통 관 일		37. 연동계좌번호		
11. 기산일코드	1 : AFTER SIGHT 2 : FROM~DATE 3 : AFTER~DATE 4 : 확정일	24. 통 관 금 액		38. 선 물 환 율		
12. 기산기준일		25. 제 품 코 드	26. E/L실적등록	39. 선물환금액		

이 경우 매입은행은 매입의뢰인(수출자)의 신용상태, 개설은행의 입장 및 수출자와 수입자간의 거래관계 등을 고려하여 다음의 방법 중 하나를 선택하여 처리하게 된다.

(1) 추심후 매입방법

선적서류상 중대한 하자나 신용장의 진위에 의심이 있어 매입대금회수가 어려운 경우 환어음을 추심한 후 대금이 입금되었을 때 지급하는 방법이다.

(2) 전신조회후 매입방법

L/C 개설은행앞으로 하자 사항을 명시하여 통지후 전신조회가 접수되면 정상적으로 대금을 지급하는 방법이다.

(3) 조건변경후 매입방법

신용장 유효기간이 남아있는 경우 수출자가 수입자에게 하자 내용을 통보하여 신용장 조건을 변경하게 한 후 매입하는 방법이다.

(4) 보증부 매입방법

이는 수입자의 대금지불거절시 환불하겠다는 각서를 수출자로부터 보증서(Letter of Guarantee : L/G)를 징수한 후 매입하는 방법이다.

이 방법은 매입은행이 수출자의 신용을 믿고 대금회수가 가능하다고 판단되는 경우 이용될 수 있는 방법으로 매입은행은 수출자로부터 매입대금확보를 위해 매입담보를 요구하게 된다.

한편 수출환어음이 인수 또는 지급거절되거나 입금 또는 회수일이 경과되어도 입금·인수되지 않는 경우 부도처리되며, 이때 수출자는 수출환어음매입대금 및 이자를 계산하여 외국환은행에 상환하여야 한다.

제 7 절 수입대금의 결제

수입대금의 일반적인 결제과정은 우선 수출자는 신용장에 명시된 조건대로 물품을 선적한 후 선적서류와 환어음을 발행하여 매입은행을 통해 수출대금을 회수하면 매입은행은 매입한 환어음과 선적서류를 개설은행에 송부(추심)하게 된다.

매입은행으로부터 매입한 환어음과 선적서류를 수취한 개설은행은 서류를 심사하여 대금결제 여부를 검토한 후 개설의뢰인에게 해당 선적서류를 인도하고 대금을 결제받는 과정을 거치게 된다.

1. 선적서류 수취 및 도착통지

매입은행으로부터 서류를 접수한 개설은행은 선적서류가 신용장조건에 따라 합당하게 작성되었는지 여부와 매입은행의 지시대로 취급하였는지를 심사하게 된다. 심사결과 신용장조건과 일치하면 개설은행은 개설의뢰인에게 선적서류 도착통지(arrival notice of document)를 발송함과 동시에 전화 또는 전신 등 가장 빠른 방법으로 도착사실을 통지하게 된다.

통보를 접수한 개설의뢰인은 선적서류를 엄밀하게 점검하여 서류상 하자로 서류를 인수할 의사가 없거나 관계법규에 의하여 인수를 거절한 경우에는 서류접수 후 3일 이내에 개설은행에 이를 통보하여 상대방 매입은행에 이의를 제기하여야 한다.

〈표 10-17〉 선적서류 검토사항

1. 신용장상 요구서류의 제시여부
2. 제시서류의 신용장상 제반조건 충족여부
3. 제시서류의 상호연관성과 일치여부
4. 수익자의 발행, 서명 및 소정양식 구비여부
5. 환어음, 선하증권, 보험증권 등 유가증권의 정당한 배서 및 양도여부

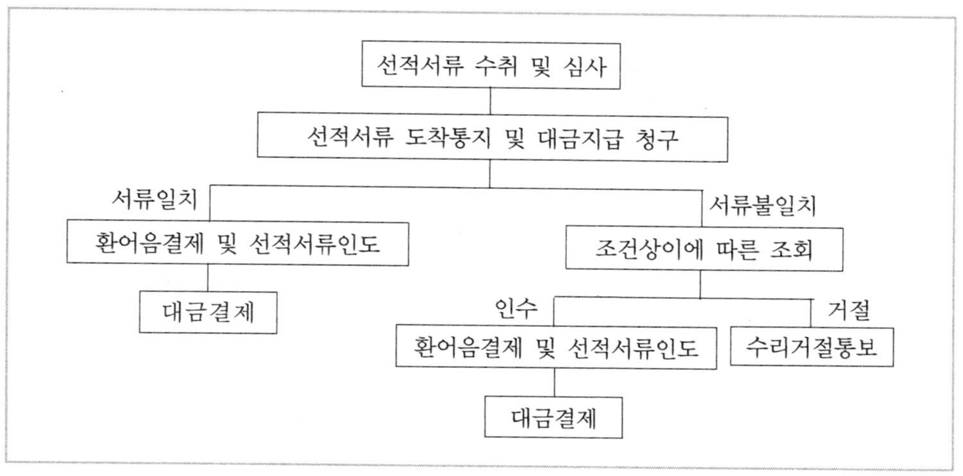

〈그림 10-15〉 수입대금의 결제과정

2. 환어음의 결제와 선적서류인도

수입어음의 결제는 크게 일람불어음 결제와 기한부어음 결제로 구분된다.

(1) 일람불어음 결제

개설은행은 신용장 조건에 따라 발행된 환어음의 지급인(drawee)이 발행신청인(applicant)으로 일람출급어음(at sight bill)인 경우 즉시 발행신청인(수입자)에게 지급청구를 하게 된다.

발행신청인은 외국환은행의 선적서류 또는 차기(借記)통지서의 접수일로부터 7일 이내에 결제하여야 하나 기간 중 결제가 이루어지지 않으면 8일째에 외화지급보증대지급(代拂) 처리하게 된다. 이때 은행은 대금이 변제될 때까지 선적서류를 인도하지 않는다.

개설의뢰인이 수입금융을 받아 대금을 결제할 경우에는 은행은 수입화물대도(trust receipt : T/R)에 의하여 서류를 인도하게 된다.

(2) 기한부어음 결제

일람불어음신용장이 선적서류의 인도와 동시에 어음의 결제가 이루어지는 반면 기한부어음신용장은 선적서류 인도후 만기일에 가서 수입대금을 결제하는 것을 말한다.

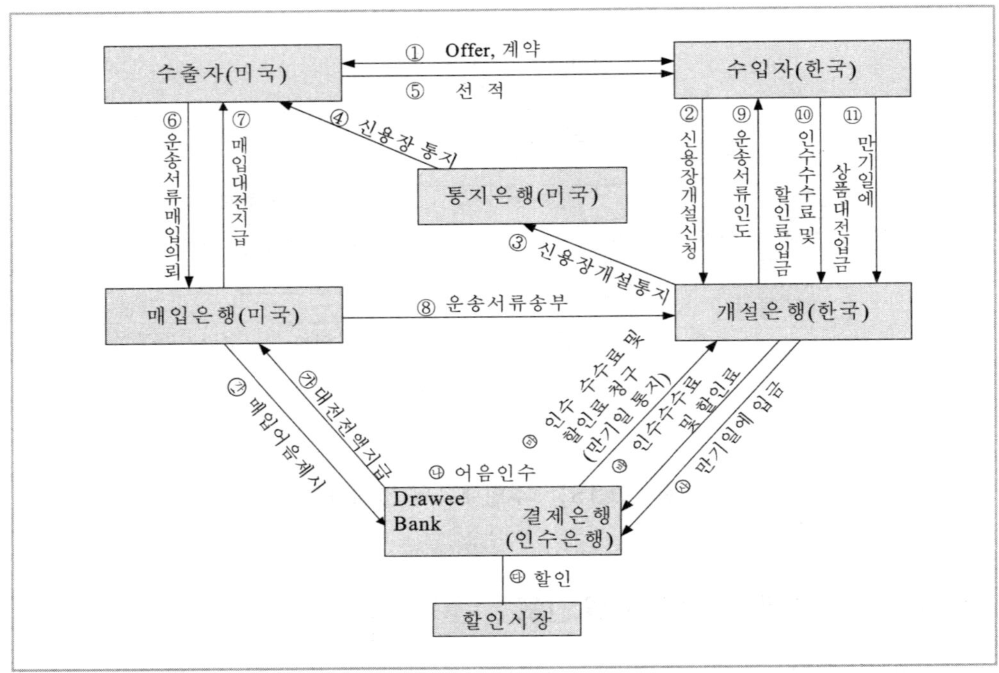

〈그림 10-16〉 banker's usance의 흐름

이와 같이 신용장에 의해 발행되는 어음이 기한부어음(time draft, term draft)인 경우를 usance credit이라 한다.

usance란 수입대금의 지급을 일정기간 유예한다는 의미로 지급유예의 주체에 따라 banker's usance(buyer's usance)와 shipper's usance(seller's usance)로 구분된다.

1) banker's usance(buyer's usance)

banker's usance란 개설은행이 자기의 거래은행(환거래은행으로서 신용을 공여하는 은행)을 인수은행으로 지정하고 인수은행으로 하여금 수출자가 발행한 기한부어음을 인수 할인하게 하여 어음금액 전액을 매입은행을 통하여 수출자에게 지급하고, 인수 수수료와 할인료는 개설은행에 청구함으로써 수출자는 일람불어음신용장과 마찬가지로 결제대금을 수령하며 수입자는 usance 기간 동안의 이자만 선지급하고 결제은행으로부터 송부되어 온 선적서류를 인수 후 해당 원금은 만기일에 가서 개설은행을 통하여 지불하는 은행신용공여제도이다.

이 제도는 수출자에게는 수출대금을 즉시 지급받을 수 있으며, 수입자에게는 usance 기간 동안 이자만 지급하고 원금은 만기일에 개설은행을 통해 지급해도 되는 이점이 있다.

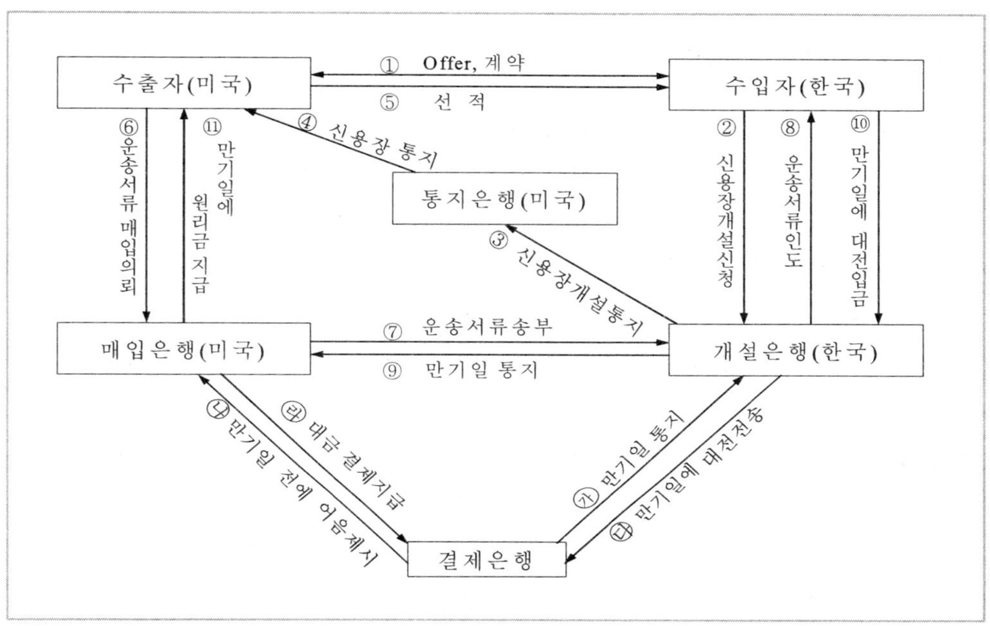

〈그림 10-17〉 shipper's usance의 흐름

2) shipper's usance(seller's usance)

shipper's usance란 usance 기간 동안 신용공여를 수출자가 수입자에게 하는 것으로 수입자가 수출자와의 계약에 의하여 원리금을 어음기일에 지급하는 형태이다.

운송서류송부시 수입자는 운송서류를 인수하고 만기일에 운송서류 송부장에 지시된 대로 수출자에 대금을 지급하는 점에서 banker's usance와 차이가 있다.

(3) D/P, D/A 어음결제

D/P, D/A에 의한 어음은 수출업자의 신용만으로 수출입거래가 이루어지는 것으로 어음의 매입은 원칙적으로 추심후 지급에 의하게 된다.

매입은행은 계약내용과 선적서류를 심사하여 매입여부를 결정하게 되며, 매입이 완료된 선적서류는 수입지 추심은행 앞으로 발송하게 된다.

수입지 추심은행은 수입자에게 D/P계약인 경우 수입대금을 즉시 지급하게 하고, D/A 계약인 경우에는 어음을 인수하게 한 후 선적서류를 수입자에게 인도한 후 환어음 만기일에 대금을 지급하게 한다.

3. 불일치서류의 처리

매입은행으로부터 내도한 선적서류의 심사결과 신용장조건과 불일치할 경우 개설은행은 일단 개설의뢰인에게 하자 있는 선적서류를 인수할런지 여부를 문의하게 된다. 서류상 하자가 있더라도 개설의뢰인이 수리할 것을 동의한 경우에는 하자내용이 관계법규가 허용하는 범위 내에서 인도할 수 있다.

그러나 하자를 이유로 선적서류 인수를 거절할 경우에는 서류접수 후 늦어도 7일 이내에 전신(cable) 등에 의한 방법으로 인수거절사유 및 서류의 행방(보관 또는 반송중) 등을 명시하여 매입은행에 통지하여야 한다.

개설은행이 클레임 제기시에는 서류의 행방과 클레임 제기사실과 이유를 지체없이 전신 또는 기타 신속한 방법으로 서류송부은행 또는 수익자에게 통지하여야 한다.

개설은행이 이같은 의무를 준수하지 못한 경우 개설은행은 서류가 신용장조건에 일치하지 않는 데 대한 클레임 제기권리가 박탈되게 된다.

4. 수입화물선취보증서와 수입화물대도

(1) 수입화물선취보증서(Letter of Guarantee : L/G)

수입화물을 선박회사로부터 수령하기 위해서는 선하증권 원본을 제시하여야 한다. 그러나 화물은 도착되었으나 선적서류가 내도하지 않는 경우 운송서류가 도착되기 이전에 수입자와 신용장 개설은행이 연대하여 보증한 서류를 운송회사에 선하증권 대신에 제출하여 수입화물을 인도받을 수 있도록 하는 서류가 수입화물선취보증서이다.

수입화물선취보증서는 선하증권 원본이 신용장개설은행에 도착하면 운송회사에 원본 전통을 제출하겠다는 것과 이로 인한 위험과 책임 및 비용(미납부 운임, 광고료, 양륙비 등)은 신청인이 부담하겠다는 내용으로 되어 있다.

신용장방식의 경우 수입화물선취보증서가 발행되면 추후 내도된 선적서류상에 하자가 있더라도 클레임을 제기할 수 없게 된다.

(2) 수입화물선취보증서 발급신청

1) 해상화물운송

수입화물선취보증서가 선하증권에 의한 수입거래에서 수입화물의 선취를 위하여 발행되는 것으로 수입화물선취보증서를 신청하려면 일반적인 경우 다음과 같은 서류를 신용장개설은행에 제출하여야 한다.

① 수입화물선취보증신청서
② 화물도착통지서
③ 신용장에서 요구한 선적서류 사본 일체
④ 기타 필요한 서류

그러나 외국 수출자가 거래하는 환어음매입은행으로부터 환어음매입사실을 통보 받았거나 또는 수입물품에 대하여 특별한 보호조치를 취할 필요가 없고 부패·변질 등의 우려가 있는 물품으로서 상대 은행으로부터 선적사실에 대한 통보를 받은 경우에는 선하증권 사본 및 상업송장 등의 서류가 없어도 수입화물선취보증서를 발급받을 수 있다.

2) 항공화물운송장에 의한 특례인도

해상선하증권이 물권적 권리를 나타내는 유가증권이며 유통증권인데 반하여 항공화물운송장은 항공운송사실을 증명하는 단순한 증거증권이며 유통증권으로서 기명식으로 발행되는 특징이 있다.

통상 수입화물은 매입은행으로부터 선적서류 원본이 도착하기 전에 수입지에 도착하게 되므로 수입자가 화물을 항공회사로부터 인도받기 위해서는 개설은행으로부터 수입화물에 대한 인도승낙을 받아 화물을 찾게 된다.

또한 항공화물운송장은 배서에 의한 양도가 허용되지 않으므로 수입화물선취보증서의 발급이 허용되지 않는 것이 원칙이나 항공화물운송장(airway bill) 또는 항공우편수취증(air parcel receipt)에 대하여 개설은행으로부터 별도의 인도승낙서를 발급받음으로써 수입화물선취보증서와 동일한 효과를 거둘 수 있다.

수입화물인도승낙의 신청서류는 다음과 같다.

① 항공화물운송장에 의한 수입화물인도승낙(신청)서
② 신용장에서 요구하는 선적서류 사본
③ 선적서류 인도시에 받는 인수증
④ 기타 필요한 서류

〈서식 10-7〉 수입화물선취보증신청서

선박회사명(Shipping Co.)	신용장(계약서)번호(Number of Credit)	L/G 번호(L/G Number)
	선하증권번호 (Number of B/L)	
송하인(Shipper)	선 박 명 (Vessel Name)	
	도착(예정)일 (Arrival Date)	
	항 해 번 호 (Voyage No.)	
상업송장금액(Invoice Value)	선 적 항 (Port of Loading)	
	도 착 항 (Port of Discharge)	

화물표시 및 번호 (Nos. & Marks)	포 장 수 (Packages)	상 품 명 세(Description of Goods)

본인은 위 신용장 등에 의한 관계 선적서류가 귀행에 도착하기 전에 수입화물을 인도받기 위해 수입화물 선취보증을 신청하며 본인이 따로 제출한 수입화물 선취보증서(LETTER OF GUARANTEE)에 귀행이 서명함에 있어 다음 사항에 따를 것을 확약합니다.

1. 귀행이 수입화물 선취보증서에 서명함으로써 발생하는 위험과 책임 및 비용은 모두 본인이 부담하겠습니다.
2. 본인은 위 수입화물에 대하여는 귀행에 소유권이 있음을 확인하며 귀행이 수입화물 선취보증서에 따른 보증채무를 이행하여야 할 것이 예상될 경우 또는 본인에 대하여 은행여신거래 기본약관 제7조 제1항. 제2항 각호의 사유가 발생한 경우에는 귀행의 청구를 받는 즉시 위 수입화물을 귀행에 인도 하겠으며 수입화물의 인도가 불가능할 경우에는 위 수입화물에 상당하는 대금으로 상환하겠습니다.
3. 본인은 위 수입화물에 대한 관계 선적서류를 제3자에게 담보로 제공하지 않았음을 확인하며. 또한 귀행의 서면 동의없이 이를 담보로 제공하지 않겠습니다.
4. 본인은 위 수입화물에 관한 관계 선적서류가 도착할 때는 신용장 조건과의 불일치 등 어떠한 흠에도 불구하고 이들 서류를 반드시 인수하겠습니다.

년 월 일

신 청 인 인

주 소

주식회사 조흥은행 앞

인감대조		확 인		검 인	

〈서식 10-8〉 항공화물운송장에 의한 수입화물인도승낙(신청)서

계	대 리	차 장	부점장

항공화물운송장에 의한 수입화물인도승낙(신청)서

조흥은행 앞

운송회사명	신용장등번호	
	항공화물운송장 내용	
송 하 인	운송장번호	
	발 행 일	
	비행편번호	
송 장 금 액	도 착 일	
	출 발 지	
	도 착 지	

물품 명세			화물표시 및 번호
	물 품 명		
	수 량		
	단 가		
	금 액		

본인은 위 신용장등에 의하여 이미 도착한 수입화물을 관계 선적서류가 귀행에 도착하기전 항공화물 운송장의 배서인도에 의하여 선취하고자 신청하며 다음 사항에 따를 것을 확약합니다.

1. 귀행이 수입화물 인도승낙서에 서명함으로써 발생하는 위험과 책임 및 비용은 모두 본인이 부담하겠습니다.
2. 본인은 위 수입화물에 대하여 귀행에 소유권이 있는 것으로 하고, 귀행이 본 수입화물인도승낙에 따른 채무 및 비용부담이 예상될 경우 또는 본인에 대하여 은행여신 거래기본약관 제7조 제1항, 제2항 각호의 사유가 하나라도 발생한 경우에는 귀행의 청구를 받는 즉시 위 수입화물을 귀행에 인도하겠으며 수입화물의 인도가 불가능할 경우에는 위 수입화물에 상당하는 대금으로 상환하겠습니다.
3. 본인은 위 수입화물에 대한 관계 선적서류를 제3자에게 담보로 제공하지 않았음을 확인하며 또한 귀행의 서면동의없이 이를 담보로 제공하지 않겠습니다.
4. 본인은 위 수입화물에 관한 관계 선적서류가 도착할 때는 신용장조건과의 불일치등 어떠한 흠에도 불구하고 이들 서류를 반드시 인수하겠습니다.

년 월 일

신 청 인 인

주 소

인감대조

______________ 앞

상기 신청내용과 같이 수입화물을 인도할 것을 승락합니다.

년 월 일

승락권자 은행장 인

(I/L 상의 인감을 날인)

(3) 수입화물대도(Trust Receipt : T/R)

기한부신용장(usance L/C) 거래에 의한 수입의 경우 수입자는 환어음을 인수함으로써 운송서류를 은행으로부터 인도받아 수입화물을 매각하여 그 판매대금으로 어음만기일에 수입대금을 결제하게 된다. 그러나 일람불신용장(at sight L/C) 거래에 의한 수입의 경우에는 수입대금을 결제하여야만 운송서류를 인도받을 수 있다.

수입화물대도란 일람불신용장거래, 추심결제방식의 D/P 거래에서 수입자가 수입어음대금을 결제하기 전이라도 선적서류를 인도받아 일정한 목적에 한하여 처분할 수 있도록 하는 동시에 개설은행은 그 화물에 대한 담보권과 소유권을 유지하는 제도이다.

즉 대금결제기간이 일람출급방식인 경우에도 불구하고 수입자는 개설은행에 수입물품을 대도하여 줄 것을 요청하고 대도신청을 받은 개설은행은 자기소유권하에 있는 수입물품을 수입자에게 대도하여 적기에 물품을 처분할 수 있도록 한 후 처분대금으로 수입대금을 결제할 수 있도록 양해하는 은행을 신탁공여자(entrustor)로 하고 개설은행인을 수탁자(trustee)로 하는 신탁계약(trust contract) 을 말한다.

수입화물대도는 은행입장에서 볼 때 수입자가 수입화물처분 후 수입결제대금을 다른 용도로 사용하거나 파산하는 경우 금전적 손실을 입을 수 있으므로 은행기여도 등 특별한 신용을 갖추고 있는 경우가 아니면 허용하지 않는다.

수입화물대도는 수입자에 대한 개설은행의 여신행위로 수입자가 대도를 받기 위해서는 개설은행이 요구하는 책임을 부담할 것을 보증하여야 하며 이러한 보증은 신용 정도에 따라 다음과 같은 방법이 있다.

① 당해 화물 이외에 상당한 담보를 제공하는 방법
② 다른 은행이나 신용이 충분한 제3자를 보증인으로 세우는 방법
③ 담보와 보증인을 세우는 방법

수입화물대도를 신청하는 경우 은행에 제출하는 서류는 다음과 같다.

① 수입화물대도신청서
② 수입담보화물처분약정서(확정 일부)
③ 선하증권 사본
④ 상업송장 사본
⑤ 포장명세서 사본
⑥ 기타 은행이 요구하는 서류

〈서식 10-9〉 수입화물대도신청서

수 입
인 지

수입화물대도(T/R)신청서

담 당	대 리	차 장	부점장

한국외환은행 앞

본인은 아래 신용장 등에 의하여 도착된 수입화물을 대도신청함에 있어서 은행여신거래기본약관, 따로 제출한 수입거래약정서 및 양도담보계약서의 모든 조항에 따를 것을 확약합니다.

선하증권 기 타	번 호 : 발행인 :				발행일 :				
대도(T/R)금액	금 액 :				(원화 : ₩)				
신 용 장 등	번 호 : 금 액 :				발행일 :				
물품 명세	물품명 : 수 량 : 단 가 : 금 액 :				화물표시 및 번호 :				
	선적항 : 도착항 : 도착(예정)일 :				선 명 :				
선 적 서 류	선 하 증 권	항공화물 운송장등	상 업 송 장	보 험 서 류	포 장 명세서	원산지 증명서	중 량 용 적 증명서	검 사 증명서	기 타
통 수									

년 월 일

신청인 ㊞

주 소

인감대조

제 11 장

무역운송

제 1 절 무역과 운송

1. 운송의 의의

(1) 운송의 개념

무역은 무역상품을 목적지까지 운반하는 운송(transportation)과 운송도중 화물의 분실, 손상 등으로부터 입은 손실을 보상하는 보험(insurance) 및 대금결제의 수단으로서 외국환(foreign exchange)에 의해서 원활히 이루어진다.

이 중 운송은 국제무역의 실제적 이행에 있어 가장 중요한 역할을 담당하고 있다.

무역에서 화물의 운송은 크게 3부분으로 구분되어 이루어지고 있다.

① 자가창고나 공장에서 선적(공)항까지의 국내운송부문

② 선적(공)항에서 수출지 양륙(공)항까지의 국제운송부문

③ 도착지 양륙(공)항에서 최종 수입자에게 화물이 인도되기까지의 해외 현지운송부문

(2) 운송의 종류와 기능

국제간의 무역거래에 있어서 물품의 운송방법에는 크게 육상(공로)운송, 해상운송, 항공운송이 있으며, 이중 가장 많은 비중을 차지하고 있는 것이 해상운송이다.

한편, 항공운송은 항공기관의 발달에 따라 증가추세에 있으며, 트럭과 철도를 이용한 육상운송은 해상운송과 항공운송과의 결합에 의한 복합운송방식으로 이루어지고 있다.

우리나라는 지리적 여건으로 국내운송은 철도와 자동차에 의해 이루어지고 있으며 국제운송은 항공운송과 해상운송에 의해 이루어지고 있으나 대량의 화물은 저렴하게 운송할 수 있는 이점으로 해상운송이 많이 이용되고 있다.

운송의 기능은

① 정해진 시간내에 고객에게 물품의 정확한 전달
② 생산계획을 원활하게 추진하기 위한 판매와 생산의 조정역할
③ 물류계획의 올바른 수행
④ 수주에서 출하까지 작업의 표준화, 효율화 등이다.

〈표 11-1〉 주요 운송수단별 기능의 비교

운송수단 / 내 용	국 내 운 송		국 제 운 송	
	철 도	자 동 차	선 박	항 공 기
화물중량	대량화물	소·중량화물	대·중량화물	소·경량화물
운송거리	원거리	중·근거리	원거리	원거리
운송비용	중거리운송 유리	단거리운송 유리	원거리운송 유리	운임이 가장 높음
기후영향	별로 없음	조금 받음	많이 받음	대단히 많이 받음
안 정 성	높다	용이하다	어렵다	어렵다
일관운송체제	미흡하다	용이하다	어렵다	어렵다
중량제한	없다	있다	없다	있다
화물수취의 용이성	불편	편리	불편	불편
운송시간	길다	길다	매우 길다	아주 짧다

2. 국내운송

(1) 국내운송의 의의

국내운송(domestic transportation)은 수출의 경우 수출자의 공장 또는 창고에서 선적(공)항까지, 수입의 경우 양륙(공)항에서 수입자의 공장 또는 창고까지의 운송을 말한다.

(2) 국내운송의 종류와 특징

국내운송은 자동차운송이 주종을 이루고 있으며, 자동차운송은 공로망의 확충, 화물자동차의 발전과 대량보급으로 종합운송체제의 핵심적 역할을 담당하고 있으며 국제복합운송의 발전에 따라 다른 운송수단과의 결합을 위한 중요한 연계운송수단이 되고 있다.

자동차운송의 특징은

① 운송도중 하역작업이 적고 도착지점까지 다른 운송수단의 필요없이 신속한 운송이

가능하다.

② 문전에서 문전(door to door)까지 일관운송서비스가 가능하다.

③ 단거리 운송이나 중·소량화물의 경우 철도운송보다 운임이 저렴하다.

④ 차량의 다양화로 다양한 운송수요에 응할 수 있다.

⑤ 대규모 고정자본이 필요없고, 규모의 경제에서 오는 이익과 관련이 없어 투자가 용이하다.

〈표 11-2〉 자동차운송의 장단점

장 점	단 점
· 문전에서 문전까지 운송서비스의 탄력적 운용가능 · 중간하역 불필요 · 포장의 간소화·간략화 가능 · 다른 운송수단과 연계없이 일관서비스 가능	· 운송단위가 적음 · 장거리 운송시 운송비의 단가가 높음 · 소음, 진동 등 공해문제 발생

한편 철도운송의 특징은 다음과 같다.

① 대량수송성

화차 1량에는 50톤 정도 적재할 수 있고, 1다이얼(dial)에는 25량까지 연결이 가능하여 1회에 1,000톤 이상의 화물을 동시에 효율적으로 운송할 수 있다.

② 안정성

도로의 경우 10억인·톤km당 연간 사고건수는 약 2,800여건이나 철도운송은 연간 25건에 불과하여 안전도가 높다.

③ 경제성

철도운임은 거리비례제로 일반화물은 1량당 1톤 1km마다 32.76원, 컨테이너화물은 1개 1km마다 20' : 346원, 40': 571원, 45': 675원으로 철도운송은 원거리 운송이나 대량화물의 경우 저렴하여 경제적이다.

④ 전천후 안전수송(신속·경제성)

철도는 도로체증과 같은 체증현상이 없으며, 눈, 비, 바람의 영향을 전혀 받지 않고 불철주야 수송이 가능하므로 장기적이고 안정적인 수송계획수립이 가능하다.

⑤ 에너지 및 국토이용 효율성

철도운송은 단위당 에너지 소비량이 자동차의 1/6에 불과하여 에너지 절약뿐 아니라 환경오염물질 배출량이 적어 환경친화적인 교통수단이다.

또한 복선철도가 4차선 고속도로에 비해 토지 사용면적이 적은 반면 수송량은 훨씬 많다.

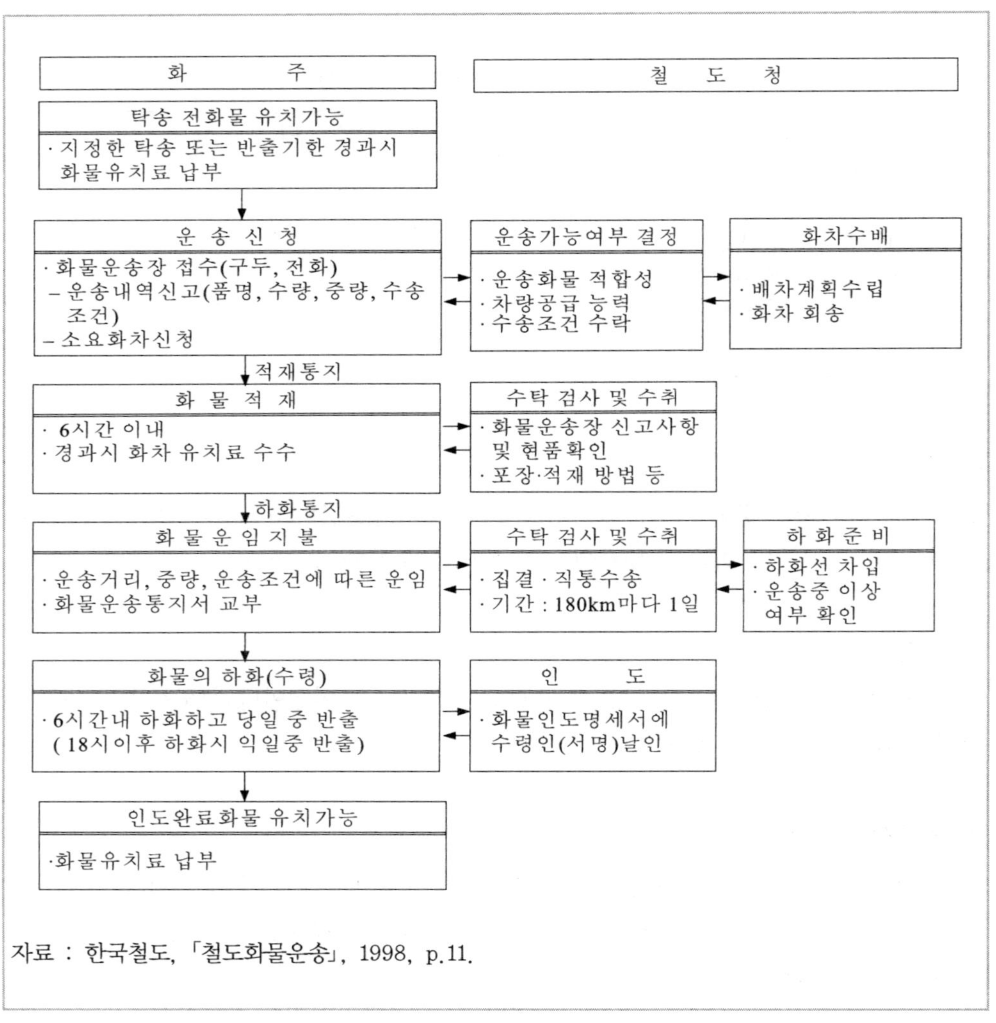

〈그림 11-1〉 철도화물 운송절차

〈표 11-3〉 철도운송의 장단점

장 점	단 점
· 장거리 대량운송가능 · 높은 안전성 · 계획운행 가능 · 전국적인 네트워크 보유 · 유리한 운임할인제도 · 기후상태에 적은 영향	· 환적작업 필요 · 열차편성에 장시간 소요 · 화차의 소재관리 곤란 · 배차의 탄력성이 적음 · 운임설정의 경직성 · 적재중량당 용적량이 적음 · 문전에서 문전까지의 운송 곤란

3. 국제운송

(1) 국제운송의 의의

국제운송(international transportation)이란 국제간에 교환경제가 형성됨에 따라 국제간에 있어 인간과 물품의 공간적 거리극복과 장소적 이전현상을 의미한다. 국제운송방법으로는 해상운송·항공운송 그리고 복합운송 등이 있다.

(2) 해상운송

1) 해상운송의 의의

선박에 의한 해상운송(marine transportation)은 일시에 대량화물을 장거리운송함에 따른 규모의 경제로 대륙간의 이동이 가능하기 때문에 현재 수출입화물의 99.7%가 해상운송을 이용하고 있다. 해상운송은 선박을 운송수단으로 하여 원양항로와 연안항로를 따라 운항하는 운송시스템의 하나이다.

2) 해상운송의 기능[1)]

① 자원의 효율적인 배분

해운은 국가간의 경쟁을 유발하여 운송의 안정성·신속성·정확성을 향상시키고 낮은 운송비는 상품의 유통을 촉진시켜 재고량을 감소시킴으로써 유통자본의 회전율을 높임은 물론 생산 및 유통양면에 걸쳐 산업발전과 국민경제발전의 기초적 조건을 조성하는 기능을 담당, 국제적인 분업과 교환을 촉진함으로써 경제활동을 원활하게 해 준다.

1) 박영태 외, 「화물운송론」, 도서출판 경록, 1998, p.96.

② 국민소득증대에 기여

해상운송의 운임수입은 국민소득을 형성하며, 직접적인 자본 및 노동의 투입부문으로서 국민소득의 증대에 기여할 뿐 아니라 자국선 이용시 외화지출을 절감시켜 외화절약 효과를 가져온다.

③ 국제수지의 개선

해상운송은 수출입증대 등을 통하여 직접적인 외화획득 및 절약효과로 국제수지개선에 큰 역할을 한다. 자국선박을 이용하여 상품운송시 외화를 절약할 수 있으며, 선박대여를 통하여 용선료를 획득할 수 있다.

④ 관련 산업의 육성

해상운송은 조선공업, 보험업 등 관련 산업과 밀접한 관련이 있으며, 이들 산업의 발전은 연쇄발전효과가 있어 고용증대 및 국민경제에 미치는 영향이 크다.

⑤ 국방력의 강화

선박의 증강은 전시에 여객선 및 일반상선을 군대와 군수품의 운송에 이용하여 전쟁수행을 원활하게 하며 또한, 특수선으로 개조하여 군무에 종사하게 함으로써 전력을 크게 증대시킬 수 있다.

⑥ 국제경쟁력의 강화

자국 선박을 이용한 안정적인 운송은 국제시장에서 가격경쟁력을 높여주며, 대외무역에서 해상운임과 운송 서비스에 대하여 영향력을 행사할 수 있게 하여 무역을 유리하게 이끌 수 있게 한다.

〈표 11-4〉 해상운송의 장단점

장 점	단 점
· 대량운송 용이 · 장거리운송에 적합 · 운송비의 저렴 · 대륙간 운송가능	· 대규모 항만시설로 인한 초기 거액투자필요 · 기후에 민감 · 저속으로 운송시간의 장기화 · 타 운송수단과 비교하여 높은 위험도 존재

3) 해상운송의 종류

① 정기선운송

정기선(liner)은 정해진 항로를 운항계획에 따라 정기적으로 운항하는 형태로 불특정 다수의 화주로부터 소량의 잡화를 운송대상으로 하고 있다. 정기선의 운항형태는 개품운송계약에 의해 이루어지며, 운임은 공시된 운임율표(freight tariff)에 의하여 적용된다.

정기선운송의 특징은 항해일정의 공시, 반복항해, 운임율표의 사전공시, 공공서비스의 제공, 고가서비스, 소량화물과 단위당 컨테이너화물 대상, 정형화된 계약 및 해운동맹의 존재 등이다.

대부분의 컨테이너 운송은 정기선운송에 의해 이루어지고 있다.

〈표 11-5〉 주요 해운동맹 및 협의협정

항 로	동 맹	설립연원일	회원 선사	종 류
북미수출	ANAERA (Asia North America Eastbound Rate Agreement)	1985. 8 15.	8개	개방동맹
북미수입	TWRA (Transpacific Westbound Rete Agreement)	1985. 4. 5.	9개	개방동맹
유럽	FEFC(Far Eastern Freight Conference)	1979	11개	폐쇄동맹
한일	한국근해수송협의회	1991. 11. 1	16개	
동남아	동남아정기선사수송협의회	1979. 10. 1	3개	
한중	한・중정기선사협의회	1994. 7. 1	19개	
호주	ANZEEC(수출) ANSOON(수입)	1991. 7.	9개	
인도네시아	한/인 운임동맹	1981. 9. 1.	8개	
동남아	IADA(Intra Asia Discussion Agreement)	1992. 2. 25.	46개	
북미수출	TSA(Transpacific Stabilization Agreement)	1989. 3.	12개	
북미수입	WTSA (Westbound Transpacific Stalization Agreement)	1991. 5. 4.	14개	
중동	IRA(Independent Rate Agreement)	1993	13개	
유럽	EATA(Europe Asia Trades Agreement)	1992. 9. 1.	19개	

② 부정기선운송

부정기선(tramp or tramper)은 운항의 기일이나 항로가 일정하지 않고 필요할 때마다 운항되며 주로 광석·곡류·목재 등의 철화물의 대량운송에 이용되고 있다. 부정기선은 용선운송계약(傭船運送契約)에 의해 이루어지며 이의 형태로는 선복(ship's space)의 일부만 빌리는 일부용선계약(partial charter)과 전부를 빌리는 전부용선계약(whole charter)으로 구분되며, 전부용선계약은 운항형태에 따라 다음과 같이 구분된다.

〈표 11-6〉 정기선운송과 부정기선 운송의 차이

구 분	정 기 선(Liner)	부 정 기 선(Tramp)
운송형태	특정 단일하주의 특정 화물을 선적하기 위해 선박의 선복을 빌려주는 형태로 운송	불특정다수의 하주로부터 개별적으로 운송요청을 받은 개개 화물 형태로 운송
화물(Cargo)	이종화물(heterogenity)	동종화물(homogenity)
화물가치(Value)	고가	저가
운송계약(Contract)	선하증권(Bill of Lading)	용선계약서(Charter Parry)
운임(Freight rate)	동일운임(동일품목/상이한 화주), 운임표(tariff)작성, 운임동맹	선박의 수요 및 공급에 의해 결정(자유운임)
운임조건 (선내하역비)	Berth Term = Liner Term	FIO, FI, FO
조직(Organization)	대형조직(본사 및 해외점소)	소형조직
화물집화	영업부직원(salesman or solicitor)	중개인(ship (cargo) broker)
여객(Passenger)	제한적으로 취급(car-ferry)	전혀 취급하지 않음

㉠ **항해용선계약**(voyage charter, trip charter) : 선박을 일정한 항구에서 항구까지(단수 또는 복수항구) 운항하여 화물을 운송할 것을 화주와 선박회사간에 체결하는 운송계약을 말한다.

항해용선계약은 운임지급방법에 따라 용선료는 정기선 운행사간에 한 선박의 선복전부를 한 선적으로 간주하여 운임을 결정하는 선복용선계약(lumpsum charter)과 지정 선적항에서 화물적재일로부터 지정양륙항에서 화물을 인도할때까지 하루 단위로 운임을 결정하는 일대(一貸)용선계약(daily charter)으로 구분된다.

㉡ **정기용선계약**(time charter) : 선박을 일정기간 용선하는 계약으로 선주는 선박 일체의 선박용구와 선원을 승선시킨 상태에서 소정의 항구에서 인도하는 계약이다.

선주는 선박의 감가상각비, 보험료 등 간접비와 선원임금, 수리비, 선용품비 등 직접비를 부담하며, 용선주는 연료비, 운항비, 화물비 등을 부담한다.

㉢ **나용선계약**(bare boat or demise charter) : 기간용선의 일종으로 용선자는 선박 이외에 선박의 유지관리에 필요한 제비용과 운송영업을 위해 소요되는 제 경비를 부담한다.

〈표 11-7〉 용선계약의 유형별 비교

구 분	항해용선계약	정기용선계약	나용선계약
계약의 본질	운송행위의 제공	운송능력의 제공	운송수단의 제공
운송주체	선박소유자	선박소유자	선박임차인
운임결정기준	화물의 수량 또는 선박으로 결정	기간에 의하여 결정	임차료는 기간을 기초로 결정
용선자의 부담	없음	운항비	직접선비, 운항비 및 선박 보험료
용선기간	선적항에서 선적준비가 완료되어 양륙지에서 양륙완료될 때까지	약정기간의 용선 개시일부터 반선때까지	약정기간의 용선선박 인도시부터 반선때까지

4) 해상운임

① 정기선 운임

정기선의 운임은 통상 각 항로별 해운동맹(shipping conference)에 의해 협정되며 일부 항로를 제외하고 독점적 가격의 성격을 띠고 있다.

해운동맹이 제정 공포한 협정운임율표(tariff)는 그 항로에서 운송되는 거의 대부분의 화물을 품목별로 분류하여 이들의 운임부담력과 중량 등을 고려하여 결정된다.

〈표 11-8〉 정기선 운임

구 분	내 용
자 유 운 임	해운동맹 가입선박회사가 맹외선(outsider)과의 경쟁을 고려 운임율표에서 제외되어 자유화물(open cargo)에 부과되는 운임
할 증 운 임	화물의 성질, 형상, 운송방법에 따라 기준운임외에 부과되는 운임
정 책 운 임	특정화물에 대하여 예외적으로 정해지는 저렴한 비용
컨테이너운임	컨테이너화물에 대해 부과되는 협정운임
위험물 할증 외	폭발, 발화, 유독성 위험이 있는 화물에 부과되는 운임

② 부정기선 운임

부정기선의 운임은 선박회사와 화주간의 운송수요와 선복 공급과의 관계에서 탄력적으로 결정된다. 보통 이론적으로는 해상운송원가를 선복제공의 하한선으로 하고 운임부담력을 운송수요의 상한선으로 하여 그 사이에서 변동하면서 운임이 결정된다.

〈표 11-9〉 부정기선 운임

구 분	내 용
spot 운임	계약직후 단기간 내 선적 가능한 상태에서 선박에 대해 지불되는 운임
선 물 운 임	계약시부터 적재까지 오랜 기간이 있는 조건인 경우의 운임
연속항해운임	특정항로를 반복·연속항해하는 경우 약정된 연속항해의 전부에 적용하는 운임
장기계약운임	장기간 반복되는 항해에 의한 계약운송의 경우 적용하는 운임

5) 해상운송에 관한 국제법규

해상운송에 있어서 중요한 문제는 해상운송인의 권리와 의무 및 책임이다. 운송인은 자신이 의뢰 받은 운송화물에 대하여 안전하게 관리 · 보관 · 운송하여 수화인에게 인도해야 할 기본적 의무가 있다. 따라서 운송중이나 보관중에 화물이 멸실 또는 손상되면 법률 또는 운송계약에 따라 면책될 사유가 아닌 한 그러한 손해에 대하여 배상할 책임이 있는 것이다.

해상운송인의 권리와 의무 및 책임에 대하여 규정한 국제법규 또는 규칙으로는 현재 Hague Rules, Hague-Visby Rules 및 Hamburg Rules이 있다. 이들 법규에 대한 개략적인 소개를 하면 다음과 같다.

① 헤이그 규칙(Hague Rules)

Hague Rules은 1924년에 「선하증권에 관한 통일조약」(International Convention for the Unification of Certain Rules Relating to Bills of Lading)이라는 명칭으로 제정되었고 일명 헤이그 규칙이라고 불리우고 있다. 헤이그 규칙은 이름 그대로 선하증권이 발행되었을 경우 선하증권에 관한 법률관계와 해석상의 통일을 위해 규정된 것이므로 용선계약에는 원칙적으로 적용되지 않는다.[2)]

---

2) 그러나 용선계약하에서도 선하증권이 발행된 경우 운송인과 선하증권 소지인과의 법률관계를 규정하는데 적용될 수 있다;(Hague Rules, 제1조 b항).

이 조약의 주요 내용은 운송인의 책임에 관하여 선장, 선원, 기타 운송인의 대리인의 항해 또는 선박 취급상의 행위와 태만 또는 과실[3]에 대해서는 운송인이 면책됨을 규정하고 있는 반면 화물의 선적, 적부, 운송, 보관, 양륙 등에 관한 과실[4]은 운송인이 면책되지 않도록 규정하고 있다.

이와 같이 운송인의 대리인 또는 사용인의 고의 또는 과실에 기인하지 않는 모든 손해는 운송인의 면책으로 하고 있으나 운송인은 그러한 멸실 또는 손상이 고의 또는 과실에 기인하지 않았다는 것을 입증할 책임이 있다.

화물에 관한 운송인의 배상책임은 화물의 포장당 또는 단위당(per package or unit) 100 Sterling Pound(￡)를 한도로 하고 있다.

② 헤이그-비스비 규칙(Hague-Visby Rules)

Hague Rules이 제정된 후 40여년이 자나는 동안 해상운송상의 여건과 환경이 너무나 많이 변하여 Hague Rules의 개정이 요구되어 오던 중 드디어 1968년 2월에 브럿셀에서 「선하증권 통일조약 개정의정서」(Protocol to amend the International Convention for the Unification of Certain Rules of Law Relating to Bills of Lading)가 채택되었고 이를 Hague-Visby Rules라고 한다.[5]

Hague-Visby Rules에서는 운송인의 책임한도액이 상향조정되기는 하였으나 제4조 2항에 면책 카탈로그(catalogues of exception)를 두어 운송인의 책임경감을 의도한 것은 여전히 운송인 중심의 국제조약임에 틀림없다.

화물에 대한 운송인의 배상책임한도액은 포장당 10,000 포앙카레 프랑(Poincare Franc)[6]과 화물 총중량의 1kg당 30포앙카레 프랑 가운데 큰 금액으로 한다고 규정하고 있다.

그러나 Hague-Visby Rules를 채택한 지 10여년이 지나면서 기존의 화폐단위가 국제통화의 변동에 영향을 받을 것을 우려하여 운송인의 책임한도액에 대하여 IMF(국제

---

3) 이를 항해상의 과실이라고 한다. 항해상 과실은 운송인 면책사항으로 헤이그규칙은 규정하고 있다.

4) 이를 상업상의 과실이라고 하며 선하증권상에 있는 상업상 과실에 대한 운송인의 면책조항은 무효라고 규정하고 있다;(Hague Rules, 제3조 8항).

5) 헤이그규칙의 개정작업소위원회가 스웨덴의 수도 스톡홀름에서 가까운 섬에 있는 비스비항(港)에서 개최되었다고 하여 헤이그 비스비 규칙이라고 불리운다.

6) 포앙카레 프랑은 당시 프랑스의 수상이었던 포앙카레의 성을 따서 붙인 것으로 1포앙카레 프랑은 순도 90%의 금 65.5mg을 말한다. 이 단위는 나중에 변경된 SDR과 같은 가치를 가진다.

통화기금)의 SDR(Special Drawing Right)을 사용하게 됨에 따라 1984년부터 기존의 10,000포앙카레 프랑은 666.67SDR로, 30포앙카레 프랑은 2SDR로 각각 대체되었다.

③ 함부르그 규칙(Hamburg Rules)

1968년에 개정된 Hague-Visby Rules이 채 발효하기도 전에 국제무대에서 발언권이 강해진 개발도상국들은 기존의 통일조약이 선진해운국을 중심으로 한 것이며 화주들의 권익을 무시한 것이라는 주장을 UNCTAD에서 제기하여 새로운 선하증권 조약안을 작성하기로 하였다. 이것이 바로 1978년 독일의 함부르그에서 개정된 유엔해상물품운송조약(UN Convention on the Carriage of Goods by Sea, 1978)이며 개최지의 명칭을 따서 함부르그규칙(Hamburg Rules)이라고 부르게 되었다.

본 조약은 20개국 이상이 비준하여 가입서를 기탁한 후 1년이 경과되어야 발효하는 것으로 규정되었는데 잠비아가 비준함으로서 1992년 10월 1일부터 발효되었다. 그리고 동 조약의 발효와 동시에 가입국들은 기존의 Hague Rules를 폐기하도록 되어 있다.

Hamburg Rules는 종래의 Hague Rules가 순수한 해상운송구간만을 커버하는데 비해 컨테이너 운송과 관련하여 집화와 인도를 위하여 해상운송에 인접한 육상운송까지 커버하고 있다.

그밖에 Hamburg Rules에서 개정된 주요 내용을 보면 다음과 같다.

i) 운송인의 책임범위 확대
ii) 항해과실 면책의 폐지
iii) 화재 면책의 폐지
iv) 면책카타로그[7]의 폐지
v) 지연손해에 관한 운송인의 책임 명문화
vi) 클레임 제기기간 2년으로 연장 등

이 중에서 운송인의 책임한도액은 포장당 또는 단위당 835SDR 또는 12,500 골드 프랑이나 총중량의 kg당 2.5SDR 또는 37.5 골드 프랑 가운데 많은 금액을 배상액으로 하고, 지연손해에 대한 운송인의 한도액은 지연화물운임의 2.5배로 하되 운송계약하에서 지급되는 운임총액을 초과할 수 없도록 하고 있다.

---

7) 해상고유의 위험, 천재지변, 전쟁, 동맹파업, 공적행위, 공권력의 작용, 검역, 수화인측의 작위 또는 부작위, 공장폐쇄 등 15 항목의 손해를 끼칠 수 있는 위험을 열거하고 이를 면책카달로그라고 한다.

이상에서 살펴본 Hague Rules, Hague-Visby Rules, Hamburg Rules의 주요 내용을 비교하면 〈표 11-9〉와 같다.

〈표 11-10〉 헤이그 규칙, 헤이그-비스비 규칙, 함부르그 규칙의 비교

규칙 / 항목	Hague Rules 1924	Hague-Visby Rules 1968	Hamburg Rules 1978
적용범위	· 모든 국제해상물품운송에 적용 · 선하증권의 발행을 요건으로 함	좌측과 동일	2국간의 항구상호간 국제해상운송계약전체에 적용되고 선하증권의 발생의 유무를 불문함.
책임기간	· tackle to tackle · 선적에서 양화까지	좌측과 동일	· port to port · 인수에서 인도까지
책임원칙	· 물품의 인수·선적·적부·운송·보관·양화 인도에 대해 상당주의 의무의 이행책임을 부담하고 이 의무를 게을리 함으로써 발생한 물품의 멸실·손상에 대해 책임을 부담(과실책임주의)	· 과실책임주의 · 지연에 대해서도 책임을 부담	물품의 인수시부터 인도시까지의 관리하에 있는 동안에 대해 상당주의의무의 이행책임을 부담(과실책임주의). 다만, 손해지연의 발생시에 합리적으로 요구되는 모든 조치를 취한 것을 입증하면 면책.
면책사유	· 항해과실, 과실에 의하지 않는 화재, 발항 후의 불내항, 기타의 불가항력적 사유(해상고유의 위험, 동맹파업, 전쟁, 화주의 과실, 고유의 하자 등) · 갑판적 화물, 생동물은 물품에서 제외	좌측과 동일	· 과실책임주의로서 면책사유의 열거를 폐지(당연히 항해과실의 면책도 폐지) · 갑판적 화물, 생동물도 물품으로서 새로이 적용대상으로 함.
운송인의 책임 한도액	1package 또는 1unit 당 £100	(1) 1package/1unit당 또는 1kg중 높은 쪽의 금액 (2) container, pallet으로 운송되는 경우는 선하증권면에 표시된 내용물의 포장수 등의 단위가 제한액의 기준이 됨. 만약 그러한 표시가 없는 경우는 컨테이너, 팰릿에 적입된 물품전체가 1개의 선적단위로 간주됨(컨테이너 조항의 추가)	(1) package 또는 unit 방식과중량방식을 병용 1package, 1unit 당835SDR 또는 1kg당 2.5SDR 중 높은 쪽의 금액 (2) 좌측과 동일
강행법성	강행법	강행법	강행법
소송제기 기간	1년	1년	2년

자료 : 東京海上火災保險株式會社編, 「貨物海上保險の理論と實務」, 海文堂, 1978, p.331에서 일부 수정.

(3) 항공운송

1) 항공운송의 의의

항공운송은 최근 전자공업의 발달과 소형정량의 고부가가치 제품의 증가 및 기업의 시장전략과 경쟁력 증대 등으로 그 이용이 증대되고 있다.

항공운송이란 항공기에 화물과 사람을 탑재하고 국내외의 공항에서 다른 공항까지 운송하는 것을 말한다.

〈표 11-11〉 항공운송의 장단점

장 점	단 점
· 신속한 운송 · 소형 고가상품운송에 유리 · 변질되기 쉬운 물품 운송에 적합 · 중·장거리 운송에 유리 · 포장용이 및 화물손상 발생기회 감소 · 재고량 감축가능 · 납기톤수 가능 · 포장비, 보관비 등 운송비 절감가능	· 선박운송과 비교 대량운송 곤란 · 중량 및 규격상 제한 존재 · 저가품이나 단거리운송에 불리 · 높은 운임 · 소음공해

2) 항공운송의 특성

항공운송은 다른 운송수단인 해상 및 육상운송과 비교했을 때 다음과 같은 특성을 가지고 있다.[8)]

① 신속·정시성

항공운송이 갖는 가장 현저한 특성은 신속성과 정시성이다. 항공운송은 해상운송에 비해 운송기간이 짧으며, 발착시간, 정시운항(on-time operation), 운항회수(frequency)에 의한 정시성을 최우선으로 하고 있다.

항공운송에서 정시성이 갖는 중요성은 해당 교통기관의 신뢰성을 좌우하게 되므로 신뢰성을 상실할 경우 다른 운송기관을 이용하도록 하는 동기를 부여하는 결과를 초래하기 때문이다.

---

8) 옥선종 외, 「국제복합운송론」, 두남, 1997, p.304.

② 안정성

모든 운송수단에서 가장 중요시되는 것이 안정성이지만 항공운송은 특히 안정성의 확보를 최우선으로 하고 있다.

③ 경제성

항공운송은 운임면에서 보면 해상운송에 비해 높으나 포장비, 보험료, 창고료 등의 직접비와 재고품에 대한 투자자본, 관리비, 손실 등 간접비 및 배달시간, 정시성, 신뢰성 등 보이지 않는 비용을 감안한 종합비용(total cost)에서 볼 때 충분한 경쟁력을 가지고 있다.

3) 항공운임제도

국제항공운임은 국제항공운송협회(IATA : International Air Transport Association)[9]의 결정에 따라 모든 가입항공사가 일률적으로 적용하고 있다.

운임은 기종에 따라 용적·중량의 제한이 따르고 위험물 및 귀중품에 대해서는 제한 또는 탑재금지되거나 고가품에 따라 할증제도를 적용하고 있다.

〈표 11-12〉 항공운임의 종류

구 분	내 용
일반화물요율	운임산정시 기본이 되며, 품목분류요율 및 특정품목할인요율의 적용을 받지 않는 모든 화물운송에 적용되는 요율로 최저운임, 기본요율 및 중량단계별 할인요율로 구성
특정품목할인요율	특정구간에서 특정품목에 적용되는 요율
품목분류요율	특정품목에만 적용되며 5등급으로 분리 운용
종가운임	고가화물의 경우 가격에 의해 부과되는 운임
단위탑재용기운임	항공용 단위탑재용기 이용시 별도 운임율표를 적용하는 운임
기타 운임	입체지불수수료, 위험품취급수수료, 착지불 수수료 등

9) IATA는 ICAO(국제민간항공기구)와 같이 국제적인 민간항공관계 2대 기구 중의 하나로 항공운송의 근간을 이루고 있는 조직이며 세계 각국 항공회사의 ① 항공화물운송장(air waybill) 양식, ② 운임 및 운송조건, ③ 취급방식, ④ 사고처리수속, ⑤ 기타 항공운송에 관한 사항의 통일화·표준화를 이루어 국제항공화물의 원활한 운송을 도모하고 있다. 현재 100여 개국의 150여 개 항공사가 가입하고 있다.

4) 항공화물이용과 대상품목

① 항공화물의 이용

항공운송과 다른 운송수단을 비교하여 선택하려면 단순히 운임비교 뿐만 아니라 항공운송의 이점에 의해 취득되는 제가치와 비용절감효과 등 종합비용면에서 검토되어야 한다.

〈표 11-13〉 항공화물의 종합비용

직접비용	간접비용	보이지 않는 비용
· 선적비 및 이에 따른 인건비 · 집하비 · 배달비 · 서류작성비 · 보험료 · 통관비 · 운임 · 창고료 · 관세 · 운송중인 상품의 이자	· 재고품의 창고시설 투자자본 · 재고용 창고 공간임차료 · 재고품에 대한 투자자본 · 재고품 관리 · 재고품 손실료	· 문전까지의 배달비용 · 발착의 정시성 · 신뢰성 · 상대기업에 대한 경쟁상의 이점 · 대고객서비스 만족도 · 수요변화에 따른 적응성 · 도난방지

② 항공화물 대상품목

㉠ 긴급수요 품목 : 긴급운송하지 않으면 손실을 입게되는 납기임박화물, 계절유행상품 및 투기상품

㉡ 장기운송으로는 가치가 없어지는 품목 : 시간경과시 가치가 적어지는 물품이나 시기를 상실함으로써 가치가 없어지는 식료품, 생화, 살아있는 동물, 방사선물질, 신문, 잡지, 뉴스 필름, 원고, 영업사무서류 등

㉢ 비중에 비해 부가가치가 높은 품목 : 전자기기, 정밀광학기기, 컴퓨터기기, 통신기기 등

㉣ 여객에 수반되는 품목 : 고객이 목적지에 도착함과 동시에 필요로 하는 샘플, 이삿짐, 애완동물 및 자가용차 등의 상품

㉤ 고가품목 : 모피, 미술품, 골동품, 귀금속, 금, 백금, 다이아몬드 등의 상품

㉥ 다른 운송수단 이용 불가능품목 : 벽지운송, 파업, 해상운송이 정지된 경우 운송력의 약세에서 오는 화물

㉦ 물품관리나 마케팅전략에 의한 품목 : 가격하락 방지, 신속 정확한 서비스체제 확립으로 시장경쟁력을 높히고자 하는 품목

5) 항공화물의 취급절차

① 수출화물의 취급절차

㉠ 수출품은 항공화물대리점을 통하여 육로운송으로 화물 터미널에 도착 및 장치장에 반입

㉡ 화물의 척량검사 실시 및 수출화물반입계 발급

㉢ 세관에 수출화물 반입계 제출 후 보세구역(bonded area) 장치지정 및 승인

㉣ 수출신고서(export declaration), 신용장원본, 수출승인서, 상업송장(invoice), 포장명세서(packing list), 검사증(certificate of inspection)을 첨부하여 수출신고

㉤ 수출신고서류의 심사 및 화물검사

㉥ 수출신고필증 입수

㉦ 항공사에 운송장 및 화물 인계

㉧ 항공기특성을 고려 단위적재용기에 적재작업실시

㉨ 항공기에 탑재작업

㉩ 적하목록(manifest) 및 환적적하목록(transfer manifest) 작성

㉪ 항공기 출발 및 도착지, 중간기항지에 탑재내용, 특수화물의 명세, 수화인(consignee), 탑재위치등 통보

② 수입화물의 취급절차

㉠ 출발지로부터 도착화물에 대한 전문접수

㉡ 항공기가 도착시 기내 검역 후 운항 또는 객실승무원으로부터 운송장, 출발지 출항허가, 적하목록 등을 인수 후 세관에 적하목록, 기용품목록 등을 제출하여 입항허가 취득

㉢ 허가취득 후 운송장과 적하목록을 대조하여 수입금지물품, 안보위해 물품여부 확인 및 작업지시

㉣ 세관감독 하에 운송장상의 목적지 또는 화주의 요청에 따라 창고배정작업

㉤ 창고배정완료 후 분류적하목록에 의거 실화물을 배정창고에 입고

· 무환화물 : 서울세관관할 영동창고로 보세운송 후 통관

· 김포현도화물 : 무환화물 중 신문, 뉴스필름, 외교행낭, 생동물, 귀중품 등의 화물은 김포에서 통관

· 유환화물 : 김포세관 관할 화물 터미널에서 통관

ⓑ 운송장분류 및 정리완료 후 통관지역에 따라 수화인에게 도착통지 및 송부

ⓢ 본인 또는 운송인에게 운송장 인도

ⓞ 보세운송

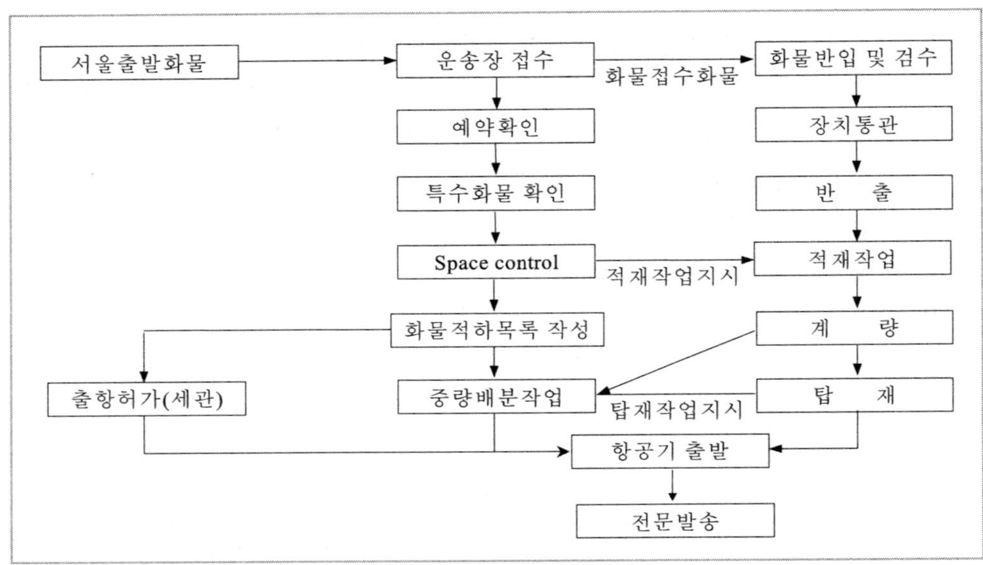

〈그림 11-2〉 수출화물의 항공운송절차

6) 항공화물운송서류(Air Waybill)

① 항공화물운송장(Air Waybill)의 의의

항공화물운송장(AWB)은 항공화물운송을 위한 가장 기본적인 서류이다. 이것은 마치 해상운송에 있어서의 선하증권, 항공여객운송에 있어서의 항공권과 같은 기본적인 증권이다. 항공화물운송장은 영어로 일반적으로 Air Waybill이라고 부르지만, 유럽이나 미국에서는 Consignment Note나 Air Consignment Note라고도 부르며, 이것들은 같은 증권에 속한다. Air Waybill과 유사한 것으로 Air Bill이 있는데, 미국의 국내선 항공회사가 발행하는 것과 혼재업자가 발행하는 것이 있다.

항공회사가 발행하는 항공화물운송장과 혼재업자가 발행하는 항공화물운송장을 구분하기 위하여 항공회사가 혼재화물을 커버하기 위해 발행하는 운송장을 Master Air Waybill이라 하며, 혼재업자가 개별 송하인의 화물에 대해서 발행하는 Air Bill은 House Air Waybill 또는 House Waybill이라고 부른다.

항공화물운송장은 송하인과 운송인(혼재업자도 계약운송인에 포함됨)과의 사이에 화물의 운송계약이 체결되었다는 것을 나타내는 증거서류이며, 동시에 송하인으로부터 화물을 운송하기 위하여 수령하였다는 증거서류이기도 하다.

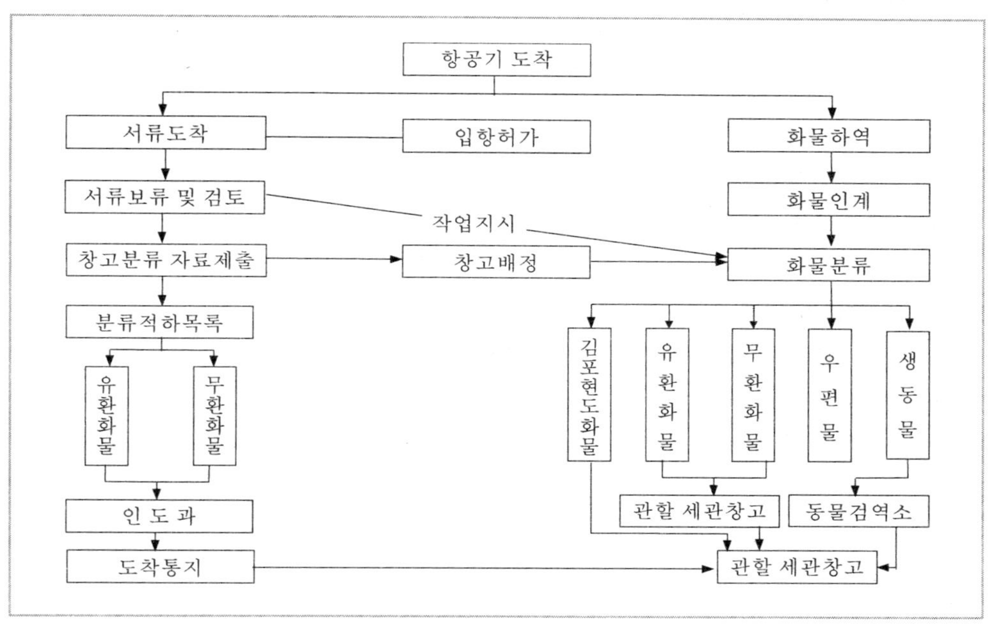

〈그림 11-3〉 수입화물의 항공운송절차

② 항공화물운송장의 성질

항공화물운송장은 선하증권과 같은 기능을 하고 있지만 법률적 성질에서는 차이가 있다. Air Waybill은 B/L과는 달리 단순한 화물운송장이지 유가증권은 아니다. 또한 수취식이고 원칙적으로 기명식이며 비유통성(비양도성)이다.

선하증권은 운송품의 수취 또는 선적을 확인하고 양하지(도착지)에서 B/L과 상환으로 운송품을 인도하는 것을 약속한 수취증이며, 또한 선하증권의 뒷면에 배서하여 양도함으로써 운송품의 소유권을 이전시킬 수 있는 유가 증권, 즉 권리증권(Documented Title)이다. 선하증권의 법률적 성질은 물권적 유가증권이고, 채권적 유가증권이며, 처분증권이다. 또한 요인증권이며, 지시증권이고 문언증권이다.

이에 대하여 항공화물운송장은 운송인이 항공운송을 하기 위하여 운송품을 수취하였을 때 발행하는 화물수취증이지만 유가증권은 아니고, 또한 수취식으로서 원칙적으로 기명식이고 비유통성이다.

〈표 11-14〉 Air Waybill(AWB)과 Bill of Lading(B/L)의 차이

항공화물운송장(Air Waybill)	선하증권(Bill of Lading)
유가증권이 아닌 단순한 화물수취증	유가증권
비유통성(Non-Negotiable)	유통성(Negotiable)
기명식	지시식(무기명식)
수취식(창고에서 수취하고 AWB발행)	선적식(본선 선적후 B/L발행)
수령증권이 아님	수령증권
송하인이 작성	운송인이 작성

③ 항공화물운송장의 구성

항공화물운송장은 원본 3장과 부본 6장으로 발행하는 것을 원칙으로 하나, 항공사에 따라서 부본을 5장까지 추가할 수도 있다. 대한항공의 항공화물운송장은 원본 3장 부본 9장, 합계 12장으로 구성되어 있다. 따라서 화물화물운송장의 매수는 항공사의 필요에 따라 정해진다. 원본과 사본은 그 사용목적이 명시되어 있으며, 사용목적에 따라 해당되는 원본이나 부본을 뜯어 사용할 수 있도록 만들어져 있다. 또한 항공화물운송장의 부본은 여러 가지 목적으로 사용될 수 있도록 별도의 항공화물운송장 부본을 복사하여 사용할 수 있도록 하고 있다.

4. 선하증권

(1) 선하증권의 의의와 성질

1) 선하증권의 의의

선하증권(bill of lading ; B/L)이란 운송(선적)서류 중에서 가장 중요한 서류의 하나로서 화주와 선박회사 간의 해상운송계약에 의하여 선박회사가 발행하는 유가증권이다. 다시 말하면 선주가 자기 선박에 화주로부터 의뢰받은 운송화물을 적재한 것 또는 선적을 위하여 그 화물을 영수한 것을 증명하고 도착항에서 그 선하증권과 상환하여 수화인 또는 그 지시인에게 인도할 것을 약정한 유가증권이다. 따라서 선하증권은 선적화물을 대표하는 증거로서, 이는 인도나 배서에 의해 전매될 수 있는 유가증권(negotiable instrument)이므로, 이 선하증권을 소지하고 있는 것은 선적화물 그 자체를 소지하고 있는 것과 동일하다.

2) 선하증권의 성질

① 선하증권은 운송계약에 의하여 선박회사가 운송화물을 수령 또는 선적하였다는 전제하에 선하증권을 발급하기 때문에 요인(要因)증권이다. 따라서 운송화물을 수령 또는 선적하지 아니하고 발행한 선하증권은 무효이다.

② 선하증권은 선박의 명칭·국적·톤수·운송물의 종류·수량·기호·송수화인의 성명 또는 상호·선적항·양륙항·기타를 기재하고 발행자가 기명 날인하는 법정의 형식을 요하는 요식(要式)증권이다. 따라서 부실기재의 선하증권을 소지하는 자는 정당한 운송화물의 청구권자가 될 수 없다. 그러나 선하증권의 요식성은 수표나 어음과 같이 엄중하지는 않아 약간의 기재가 생략되어도 선하증권의 본질을 해하지 않는 한 무방하다.

③ 선하증권을 작성한 경우 운송에 관한 사항 중에 선박회사와 증권소지인에 관한 사항은 선하증권에 기재한 바에 의하는 문언증권이다. 따라서 증권상에 기재되지 않는 사항을 가지고 선의의 취득자에 대하여 대항할 수는 없다.

④ 선하증권은 화물을 대표하는 유가증권으로 배서 또는 인도에 의해 소유권이 이전되는 유통증권이다. 따라서 증권을 선의로 유상으로 취득한 자는 양도의 권리에 하자가 있어도 완전히 권리를 취득할 수 있다.

⑤ 선하증권은 운송화물을 대표하는 대표증권이고 소지인이 선박회사에 화물의 인도를 청구할 수 있는 채권증권이며, 운송화물에 관한 처분은 반드시 선하증권을 사용하여야 하는 처분증권이다.

(2) 선하증권의 종류

선하증권은 선적시기·화물상태·유통방법·양식 등에 따라 여러가지 형태로 발행되고 있다.

1) 선적선하증권과 수취선하증권

선적선하증권(shipped or on board B/L)은 화물이 운송선박에 적재완료된 후 발급되는 선하증권이며, 증권상에 화물이 선적되었음을 나타내는 "shipped" 또는 "shipped on board"라는 문언이 있다. 통상적으로 선하증권이라고 하면 화물이 실질적으로 선적된 후 발급되는 선적선하증권을 뜻한다.

수취선하증권(received B/L)은 화물이 선적되기 전에 발행되는 선하증권이다. 이 증권은 주로 화물을 운송할 선박이 항구에 정박하지 않아서 이를 선박회사의 부두창고에 보관할 때 발행된다. 이 수취선하증권은 실제 선적이 완료되어 선주나 그 대리인이 선적일을 기입하고 서명을 하게 되면 선적선하증권이 된다.

2) 무사고선하증권과 사고부선하증권

선박회사는 본선상에 운송화물을 선적할 때 화물의 외관상태가 양호하거나 수량이 운송계약의 내용과 일치하면 무사고선하증권(clean B/L)을 발행한다. 그러나 선박회사가 인수한 화물이 포장상태가 불완전하거나 계약과 상이한 사실이 있게 되면 선박회사는 이러한 결함상태를 선하증권의 비고란에 기재하게 되는데 이러한 선하증권을 사고부선하증권(dirty or foul B/L)이라 한다.

사고부선하증권은 선하증권으로서 하등의 가치가 없기 때문에 화주는 재포장하거나 부족한 수량을 보충하여 반드시 무사고선하증권을 발급받아야 한다. 그러나 화물의 결함상태를 메꾸기 위한 시간적 여유가 없을 경우 화주는 파손화물보상장(letter of indemnity)을 이용할 수 있다.

파손화물보상장은 파손된 화물에 대해서 모든 책임을 지겠다고 화주가 선주에게 제출하는 일종의 각서이다. 따라서 선주가 인수한 화물이 다소 결함상태가 있다 하더라도 거기에 대해서는 화주가 모든 책임을 지겠다는 보장이 있기 때문에 사고부선하증권 대신에 무사고선하증권을 발급하게 된다.

3) 해양선하증권과 내국선하증권

해양선하증권(ocean B/L)은 국가와 국가간의 해상운송에서 발급되는 선하증권이며, 내국선하증권(local B/L)은 동일국내의 해상운송에서 발급되는 선하증권이다. 따라서 국제무역에서 의미하는 선하증권은 해양선하증권을 말한다.

4) 기명식선하증권과 지시식선하증권

기명식선하증권(straight B/L)은 화물을 받아 보는 수하인의 이름이 선하증권상에 기재되어 있는 경우를 말하며, 지시식선하증권(order B/L)은 수하인이 특정인으로 지정되어 있지 않고, 단순히 "Order" 또는 "Order of ×× Bank"로 표시되어 있는 선하증권을 말한다.

선하증권은 화물을 대표하는 대표증권이기 때문에 선박회사로부터 화물을 찾기 위해서는 반드시 선하증권을 제시하여야 한다.

기명식선하증권의 경우는 선하증권상에 기재되어 있는 수하인만이 화물을 찾을 수 있게 되며, 이 수하인이 양도하지 않는 한 제3자에게는 아무런 가치가 없다. 반면 지시식선하증권의 경우는 이 선하증권을 소지한 사람이면 누구나 화물을 입수할 수 있기 때문에 백지배서되어 자유로운 양도가 이루어질 수 있다. 이런 까닭에 대부분의 선하증권은 지시식으로 발행되고 있다.

5) 환적선하증권

목적지까지 직항하는 선박이 없어 중간항에서 다른 선박에 환적하여 운송할 경우에는 환적선하증권(transhipment B/L)이 이용된다. 환적을 하더라도 별도의 선하증권이 발급되지 않고 최초에 발행된 선하증권에 각 구간의 선주가 연쇄서명을 하여 공동책임을 진다.

6) 통과선하증권

통과선하증권(through B/L)은 해상운송·내수로운송·육상운송 등을 교대로 이용하여 운송하는 통과운송의 경우, 최초의 운송인인 선박회사가 전운송구간에 대하여 모든 책임을 지고 발행하는 선하증권이다. 이 경우도 2가지 이상의 운송수단이 동시에 사용되지만, 반드시 최초의 운송구간이 해상운송이어야만 통과선하증권이 발행된다.

7) 약식선하증권

원래의 정규선하증권(long form B/L)에는 그 이면에 운송약관이 인쇄되어 있다. 그런데 운송약관이 많이 제정될 수록 선하증권의 양식도 커지기 때문에 이를 간소화시킨 것이 약식선하증권(short form B/L)이다.

약식선하증권의 전면에는 정규선하증권과 마찬가지로 법정 기재사항이 기재된다. 그러나 그 이면에는 운송약관을 모두 인쇄되어 있는 것과 동일한 효력을 발휘한다는 문언만 인쇄되어 있어 양식이 매우 간단하다.

8) Stale Bill of Lading

모든 선하증권은 발행된 일자로부터 21일이 경과하게 되면 Stale B/L이 된다. 달리 합의된 사항이 없으면 Stale B/L은 은행에서 수리되지 않기 때문에 화주는 선하증권을 발급받은 후 21일 이내에 제출하여야 한다.

5. 운송인 선정시 고려사항

수출업자는 외국의 Buyer와 상담에 들어가기 전에 물품을 어떤 운송수단에 의하여 수송할 것인지를 결정하여야 하며, 필요한 경우 주요 국가의 항구별 운임을 운송회사와 사전에 협의하여 운송비에 대한 견적서(Freight Quotation)를 받아 준비해야 한다.

무역거래에 임하는 당사자는 운송회사를 선정함에 있어서 화물의 최종목적지까지 운송서비스의 제공이 가능한 선박회사, 항공회사 그리고 복합운송인의 명단을 입수한 후 운송서비스의 수준, 최종목적지까지의 운송시간, 운송경로, 운임수준, 운항회수 및 운항스케쥴의 정확도 등을 고려하여 신중하게 선정해야 한다. 그리고 출발지에서 양질의 운송서비스를 제공하였더라도 도착지에서의 운송서비스가 소홀하여 수하인에게 신속하게 화물이 인도되지 않는다면 수하인으로부터 클레임을 받게 되는 경우가 발생할 수 있으므로, 운송회사를 선택할 때 도착지에서의 운송서비스까지를 고려해야 한다.

선박회사의 유형에는 정기선 선박회사, 부정기선 선박회사, 외국선사의 대리점 등이 있으며, 선박회사 중에도 자기소유 선박을 운영하는 선사(Vessel Operating Common Carrier: VOCC)와 다른 회사로부터 선박을 빌려서, 즉 용선하여 운항하는 선박회사(Non-Vessel Operating Common Carrier: NVOCC)가 있다. 정기선 선박회사 중에는 해운동맹에 가입한 동맹선사(Conference Line)와 해운동맹에 가입하지 않은 비동맹선사(Non-Conference Line)가 있다. 이상과 같이 운송인 선정 시 고려할 사항을 참고한다면 합리적이고 효율적인 운송인을 선정하는데 도움이 될 것이다.

제 2 절 국제복합운송

1. 국제복합운송의 의의

(1) 국제복합운송의 개념

국제복합운송이란 복합운송인이 자기의 보관하에 인수한 물품을 어느 한 국가의 일정 지점에서부터 다른 국가의 지정인도 지점까지 복합운송계약에 의거 해상, 내륙수로(inland waterway), 항공, 철도나 도로운송 등 여러 운송 방식 중 2가지 이상의 운송방식을 사용하여 운송하는 것을 의미한다.

국제복합운송의 이점은 화물유통의 신속성·안정성·저렴성의 제고, 운송서류의 간소화, 무역의 확대 촉진 및 노동력 부족의 해결과 하역설비의 자동화를 가져온다.

이러한 국제복합운송의 연결형태는 다음과 같다.

〈표 11-15〉 국제복합운송의 연결형태

명 칭	연결형태	내 용
Piggy-back	철도와 트럭	트레일러나 컨테이너를 철도의 무개화차(flat car)에 적재운송하는 방식
Fishy-back	해운과 트럭	트럭으로 운송된 컨테이너를 선박에 적재운송하는 방식
Birdy-back	항공과 트럭	트럭으로 운송된 컨테이너를 항공기에 적재운송하는 방식
Truck-air	트럭과 항공	트럭과 항공을 혼합 이용하는 운송방식
Rail-water	철도와 수운	철도를 구비한 특수선박에 기차를 적재하고 운송하는 방식
Ship-barge	선박과 부선	내륙수로와 연안항구간의 해운을 혼합 이용하는 방식
Sea-air	해운과 항공	항공기와 선박을 혼합이용하는 방식
Sky-rail	철도와 항공	철도와 항공기를 혼합이용하는 방식
Pipe-line		국가간 파이프라인을 설치하여 이용하는 방식

(2) 국제복합운송의 특성과 효과

국제복합운송은 국가간의 이동, 복합운송계약의 체결, 복합운송인에 의한 전구간 운송책임의 인수 및 운송수단의 이동복수성을 포함하여야 하는 것으로 운송구간을 단순히 2번이상 반복하는 통운송(through transport)과는 구별된다.

1) 국제복합운송의 특성

① 운송책임의 단일성 : 복합운송인은 전운송구간에 걸쳐 화주에게 단일책임을 부담한다.

② 복합운송증권의 발행 : 복합운송은 복합운송인의 하주에 대하여 전운송구간을 커버하는 유가증권으로서 복합운송서류의 발행

③ 단일운임의 설정 : 복합운송은 복합운송의 서비스 대가로서 각 운송구간마다 분할된 것이 아닌 전 운송구간의 단일화된 운임 설정
④ 운송방식의 다양성 : 복합운송은 반드시 2이상 서로 다른 운송방식에 의해 이행
⑤ 운임부담의 분기점 : 복합운송에 있어 위험부담의 분기점은 송화인이 물품을 내륙운송인에게 인도하는 시점
⑥ 컨테이너운송의 보편화 : 컨테이너를 이용하여 단위로 하역하고 운송하는 것으로 신속, 안전하게 환적함으로써 육·해·공을 연결 운송

2) 복합운송의 효과

복합운송의 최대효과는 문전에서 문전까지 서비스를 제공하는 데 있다. 이같은 복합운송은 혁신적인 운송기술을 도입한 합리적인 협동일관운송체제로서 적합한 운송경로를 제공하고 신속한 화물정보를 전달하여 총비용의 절감을 가져온다.

① 화주측의 효과

㉠ 안정성 : 복합운송은 컨테이너에 의해 운송되므로 하역과정, 운송과정 및 보관과정에서 높은 안정성을 가진다.
㉡ 경제성 : 복합운송은 컨테이너에 의한 화물의 단위화를 통해 육·해·공을 일관운송함으로써 물류비의 절감과 정보처리가 용이하다.
㉢ 신속성 : 컨테이너 전용선은 속도면에서 빠르고 기간단축이 가능하다. 또한 하역과정의 기계화, 자동화로 하역시간이 단축되고 선적절차의 단축 등 여러 이익이 따른다.

② 운송인 측의 효과

컨테이너 운송에 의해 선박가동율의 증대와 선적, 하역의 기계화로 운항시간과 항만정박시간의 단축으로 규모의 경제 실현으로 화물단위당 비용이 절감되고 기계화, 자동화에 의한 인건비 절감을 통해 이익이 상승된다.

(3) 복합운송인의 성격

복합운송인(multimodal transport operator : MTO)은 자신 또는 자신을 대리한 대리인을 통하여 복합운송계약을 체결하고 송화인이나 복합운송경영에 관여하는 운송인의

대리인으로서 또는 그러한 사람으로서가 아닌 운송의 주체로서 행위하고 계약이행에 관한 책임을 부담하는 운송인을 말한다.

복합운송인은 송화인으로부터 화물을 인수할 때 복합운송서류를 발행하며 서류상에 표시된 인수장소로부터 인도장소까지의 전구간의 운송을 인수할 뿐만 아니라 동시에 전 운송과정에 걸쳐서 어떠한 구간에서 발생한 운송물의 멸실 또는 손상에 대해서도 계약이 정하는 책임원칙에 따라서 복합운송서류의 소지인에 대하여 일차적 책임을 진다.

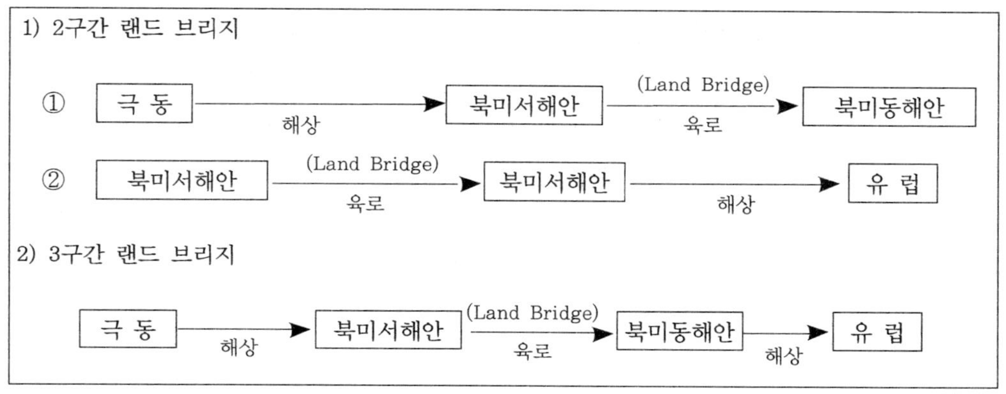

〈그림 11-4〉 랜드 브리지의 일반적 형태

(4) 복합운송인의 유형

1) 운송주선인형 복합운송인

선박·트럭·항공기 등의 운송수단을 자신이 직접 보유하지 않고 다만 계약운송인으로서 운송책임을 지는 형태로 해상운송주선인(ocean freight forwarder), 항공운송주선인(air freight forwarder), 통관인(custom's clear), 컨테이너임대인 등이 있다. 이 중 가장 대표적인 복합운송인의 유형은 해상운송주선인이다.

2) 운송인형 복합운송인

자신이 직접 운송수단을 보유하면서 복합운송인의 역할을 수행하는 형태로 선박회사·철도회사·트럭회사·항공회사 등이 있으며 복합운송구간 중 해상구간이 차지하는 비중을 고려할 때 선박회사가 가장 대표적인 운송인형 복합운송인이다.

3) 무선박운송인형 복합운송인

해상운송에 있어 자기 스스로 선박을 운항하지 않으면서 해상운송인에 대해서는 화주의 입장이 되는 운송인이다.

4) 국제복합운송과 랜드 브리지

국제복합운송의 대부분은 랜드 브리지 시스템(land bridge system)에 의해 이루어지고 있다. 랜드 브리지 시스템은 종전에 항로를 중심으로 한 해상운송경로에 일부 대륙횡단경로를 추가함으로써 거리·시간·비용을 절약하는 시스템으로 대륙횡단철도를 이용하여 대륙과 해양을 연결하며, 해상, 육상의 경로에 의한 복합운송을 말한다.

랜드 브리지의 이점은 운송시간의 단축(재고량의 감소), 운송비의 절감, 투하자본효율의 상승(현존하는 시설의 전적인 이용가능)을 가져온다.

극동지역을 중심으로 한 복합운송의 주요 형태로는 시베리안 랜드 브리지, 중국대륙횡단철도, 아메리카 랜드 브리지, 캐나다 랜드 브리지, 미니 랜드 브리지 등이 있다.

2. 국제복합운송의 주요 경로

(1) 극동 - 구주간 복합운송 경로

1) 시베리안 랜드 브리지

시베리안 랜드 브리지(TSR : Trans Siberian Railway 또는 SLB : Siberian Land bridge)는 시베리아 철도를 이용하여 극동-유럽 및 중동간의 수출입화물을 운송하는 방법으로 육·해·공을 연결하는 복합운송시스템이다.

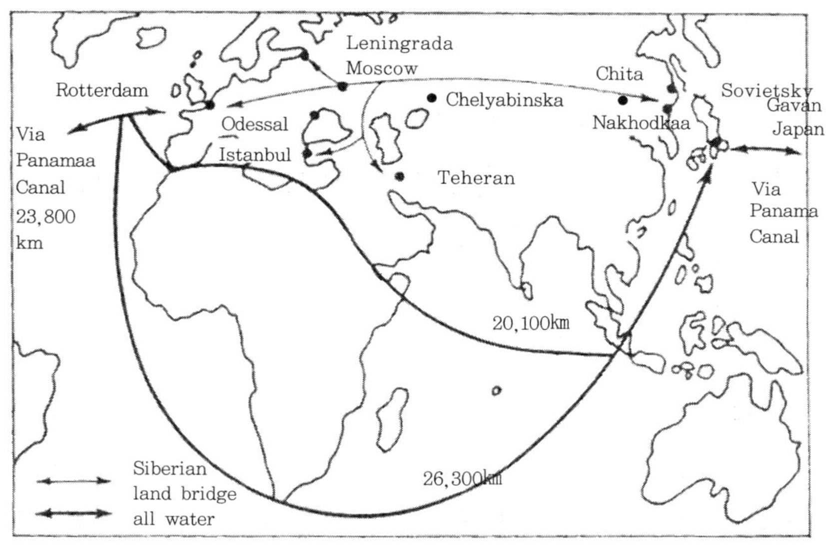

〈그림 11-5〉 시베리안 랜드 브리지의 노선

2) 중국대륙횡단철도

중국대륙횡단철도(TCR : Trans China Railway)는 중국 연운항을 시작으로 구소련을 경유 로테르담까지 연결되는 복합운송시스템으로 시베리아 랜드 브리지보다 2,000km 이상 단축되며, 운송기일도 10일 이상 단축된다.

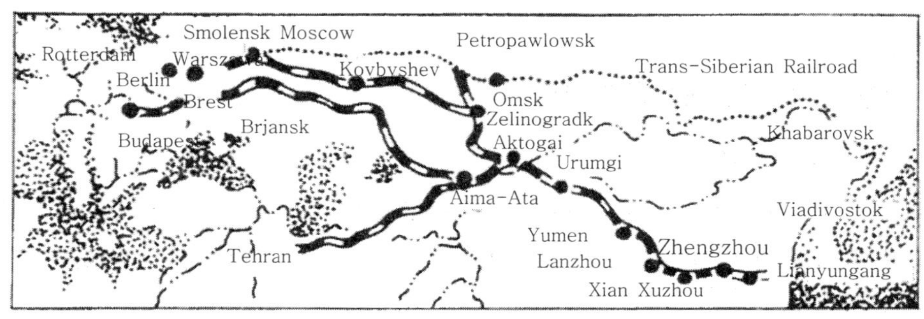

〈그림 11-6〉 중국대륙횡단철도

3) 아메리카 랜드 브리지

아메리카 랜드 브리지(ALB : American Land Bridge)는 극동의 주요 항구로부터 북미서안의 주요 항구까지 해상운송하여 철도로 내륙 운송 후 북미 동남부에서 다시 해상운송으로 유럽의 항구 또는 내륙까지 연결하는 복합운송시스템이다.

〈표 11-16〉 ALB의 서비스 범위

출발지	수송수단	중계지	수송수단	중계지	수송수단	목적지	소요일수
극 동 주요항	배	오클랜드 로스앤젤레스	→철도→ →철도→	갈벨스톤 뉴올리언즈	→배→ →배→	앤트워프, 함부르크, 로테르담, 브레멘 등 로테르담	35-40일 35-40일

4) 캐나다 랜드 브리지

캐나다 랜드 브리지(CLB : Canadian Land Bridge)는 극동지역에서 캐나다 서해안에 있는 항구까지 해상운송후 캐나다 철도를 이용하여 몬트리올 또는 카나다 동부해안까지 운송한 다음 다시 캐나다 동부해안의 항구에서 유럽의 각 항구로 해상운송하는 시스템이다.

〈표 11-17〉 CLB의 서비스 범위

출발지	수송수단	중계지	수송수단	중계지	수송수단	목적지	소요일수
부산	배	밴쿠버시애틀	→철도→ →철도→	St. John 몬트리올	배	함부르크, 로테르담, Le Havre	35일

(2) 극동 - 미국간 복합운송 경로

1) 미니 랜드 브리지

미니 랜드 브리지(MLB : Mini Land Bridge) 운송은 rail bridge의 일종으로 미국 서해안에서 철도 등의 내륙운송을 거쳐 동해안 또는 검토지역 항구까지 운송하는 해륙복합운송시스템이다.

(3) 해·공 복합운송 경로

해·공(sea and air) 복합운송은 항공운송의 신속성과 해상운송의 저렴성의 장점을 결합시킨 형태로 운임과 운송일수가 해상운송과 항공운송의 중간적 입장으로 항공운송보다 저렴하게, 해상운송보다는 신속하게 운송되는 복합운송시스템이다.

(4) 아주지역 복합운송 경로

1) 한·일 복합운송 경로

부산에서 부관페리 또는 컨테이너선으로 일본의 각 항구로 운송후 트럭이나 철도 등을 이용하여 내륙지역으로 운송하는 해륙복합운송시스템이다.

2) 한·중 복합운송 경로

선박으로 천진이나 상해 등지의 중국의 여러 항으로 운송 후 이 곳에서 다시 철도나 트럭에 연결하여 내륙지역으로 운송하는 해륙복합운송시스템이다.

3. 복합운송증권

1) 복합운송증권의 의의

복합운송증권(multimodal transport documents; MTD)이란 선박·철도·항공기·자동차에 의한 운송방식 중 적어도 두 가지 이상의 다른 운송방식에 의하여 운송물품의 수탁지와 인도지가 상이한 국가의 영역간에 이루어지는 복합운송계약을 증명하기 위해서 복합운송인이 발행한 증권을 말한다.

2) 복합운송증권의 발행형식과 유통성

복합운송서류의 발행형식에는 발행인과 그 명칭에 따라 여러 종류가 있으나, 무역금융 및 화환취결과 관련하여 가장 중요한 것은 유통성의 여부에 의한 발행형식이라 할 수 있다. 복합운송서류는 유통성여부에 따라 유통성(negotiable)과 비유통성(non-negotiable)으로 구분되고, 유통성서류는 작성방법에 따라 지시식(to order)과 소지인식(to bearer)으로 구분할 수 있다.

4. 복합운송에 관한 국제조약 및 규칙

〈표 11-18〉 UN, ICC 및 UNCTAD 복합운송증권규칙 비교

항목＼규칙	UN 국제복합운송조약(1980)	ICC국제복합운송 통일 규칙(1973)	UNCTAD/ICC복합운송 증권규칙(1992)
적용 범위	복합운송인이 화물을 수취하는 지점 및 화물을 인도하는 지역 또는 "or"에 의해 연결되어 있는 경우 자국이 이 조약의 체결국이 아니더라도 상대국이 체약국이면(반대의 경우도 포함)이 조약 적용됨.	이 규칙에 의한 복합운송증권에 의거하여 체결된 복합운송계약에 적용됨.	이 규칙을 복합운송계약에 삽입시키는 경우 이 규칙이 적용되며, 이 경우 단일운송계약 또는 복합운송계약이냐에 관계없이 적용됨.

〈표 11-19〉 복합운송인 책임체계

책임체계	Uniform Systerm	Nerwork System	Modified Uniform System
책임원칙	과실책임원칙(다만, 운송인의 거증책임 있음)	좌 동	좌 동
배상 금액 및 책임 한도	1. package 또는 1unit 당 920SDR 또는 1kg 당 2. 75SDR 중 높은 금액. 컨테이너, pallet로 운송되는 경우의 포장수 등을 세는 방법은 Hague Visby Rules 와 Hamburg Rules 동일함.	손해발생구간이 불명확한 경우에는 중량주의에 따라 1kg 당 30Poincare franc을 한도로 하며, 손해 발생구간이 판명된 경우는 각 구간에 적용되어야 하는 국제조약 또는 국내법에 따름.	복합운송인이 물품을 인수하기 전에 송하인이 물품의 종류와 가액을 통보하고 또한 이를 복합운송증권에 기재한 경우를 제외하고 매 포장당 또는 매 단위당 666, 67 SDR, 멸실 또는 손상 물품의 총중량에 대한 매 kg당 2SDR 중에서 높은 쪽의 금액을 초과하지 않는 범위내에서만 책임을 짐.

주) 1. 책임원칙은 단일로 하지만 책임한도액은 일정액 및 그 구간에 적용되는 강행법규에 의한 한도액 중 높은쪽의 금액으로 한다.

2. 컨테이너 내부의 단위가 운송증권에 명시된 경우 내부단위를 책임한도액의 산정에 관한 단위로 보며, 복합운송이 해상 또는 내수의 운송을 포함하지 아니하는 경우에는 복합 운송인의 책임은 멸실 또는 손상된 물품의 총 중량에 대한 매 Kg당 8.33SDR을 초과하지 아니하는 금액으로 제한한다.

복합운송을 직접 규율하는 국제적인 법규는 다양하게 제정되어 있으나, 복합운송관련 법규의 제정과정상 법전의 역할을 하는 TCM조약안과 1975년 제정된 ICC복합운송서류 통일규칙, 공법의 차원에서 향후 발효가 기대되는 UN복합운송조약 및 1992년에 발효된 UNCTAD/ICC 복합운송서류에 관한 통일규칙 등이 있다. 〈표 11-17〉에서는 이들 규칙의 적용과 내용을 나타내고 있다.

5. 프레이트 포워더

(1) 프레이트 포워더의 개념

프레이트 포워더(freight forwarder)란 고객의 대리인으로서 송화인의 화물을 인수하여 수화인에게 인도할 때까지 화물의 집화, 입출고, 선적, 운송, 보험, 보관 등의 서비스를 제공할 뿐 아니라 복합운송체제하에서 운송계약의 주체가 되어 복합운송인으로서 복합운송증권을 발행하여 전 구간의 운송책임을 부담하는 자를 말한다.

프레이트 포워더란 운송주선인으로 직접 운송수단을 보유하지 않은 채 고객을 위하여 화물운송의 주선이나 운송행위를 하는 자로 하주와 운송인 사이에서 화주에게는 운송인의 입장이 되고 운송인에게는 화주의 입장이 되어 기본적인 기능을 수행한다.

(2) 프레이트 포워더의 영업형태

1) 혼재운송

혼재운송(consolidated service)이란 소량화물(LCL)을 집하하여 컨테이너단위화물(FCL)로 만들어 운송하는 복합운송업체의 가장 대표적인 서비스형태이다.

혼재운송은 하나의 복합운송업체가 다수의 송화주로부터 화물을 집하하여 혼재 후 한 사람의 수화인에게 운송해 주는 buyer's consol과 화물인도국의 자기 거래처를 통하여 다수의 수화인에게 운송해 주는 forwarder's consol 등으로 분류된다.

2) 프로젝트 카고 운송서비스

특정한 공사계획에 따라 발생하는 화물의 운송서비스로 건설자재 또는 장비 및 원자재, 부품 등을 포장하여 지정된 인도지점까지 운송하는 방식으로 공사의 시공에서부터 완공에 이르기까지 일괄서비스 제공형태이다.

3) 특수화물 운송서비스

내국인 또는 외국인이 일정기간 동안 우리나라 또는 외국에 거주하기 위하여 반입 또는 반출하는 물품에 대하여 화물의 포장과정에서부터 최종 목적지까지 제공되는 서비스 형태이다.

4) 행잉가멘트 서비스

컨테이너에 의한 의류운송서비스의 형태로 컨테이너 내부에 string 또는 bar를 설치하여 의류의 보존상태를 유지하기 위한 목적으로 제공되는 서비스이다.

5) 전시화물 취급 서비스

상업화물의 박람회 전시나 예술품 등의 해외전시를 목적으로 반출입되는 화물의 포장에서부터 전시 후 복귀까지의 모든 절차를 처리하는 업무형태이다.

6) 운송관련 각종 대행서비스

운송과정에서 발생하는 화주의 여러 업무를 직·간접적으로 수행 및 대행함으로써 경제적 편의를 도모해 주는 서비스형태로 포장, 육상운송, 통관, 창고업무 등이 있다.

〈표 11-20〉 복합운송인 책임체계

내 용	Agent	Forwarder(혼재업자)
1. 자체 Tariff	없음	있음
	항공사 Tariff 사용	자체 Tariff 사용
2. 운송약관	항공사 약관에 준함	자체 약관에 준함
3. 수하인	매 건당 Consignee가 됨 (Master AWB)	Break Bulk Agent가 Consignee가 됨 (Break Bulk Reforwarder)
4. 이익	IATA 5% 커미션이나 기타 수수료를 받는다.	항공운임 중량절감에 의한 하주 수령금과 항공지불운임과의 차액을 이익으로 하거나 IATA 5% 커미션을 받는다.
5. 항공사와의 관계	항공사 Master AWB 사용	자체 House AWB 사용

제 3 절 단위적재시스템

1. 단위적재시스템의 의의

(1) 단위 적재시스템의 개념

단위적재시스템(unit load system)이란 하역의 혁신을 통하여 운송의 합리화를 도모하는 체제로서 화물을 일정한 표준의 중량 또는 용적으로 이를 단위화하여 기계적인 힘에 의해 일관적으로 운송하는 물류시스템을 말한다.

〈표 11-21〉 단위적재시스템의 장단점

장 점	단 점
· 하역시 파손·오손·분실 등의 방지	· 컨테이너와 팔렛트확보에 추가 경비소요
· 운송수단의 운용효율 제고	· 자재관리에 시간과 비용의 추가
· 하역의 기계화로 높은 작업생산성	· 하역기기 등 고정시설투자 필요
· 포장용이 및 포장비 절감	· 넓은 공간 확보 필요
· 시스템화 용이	· 적재효율 저하

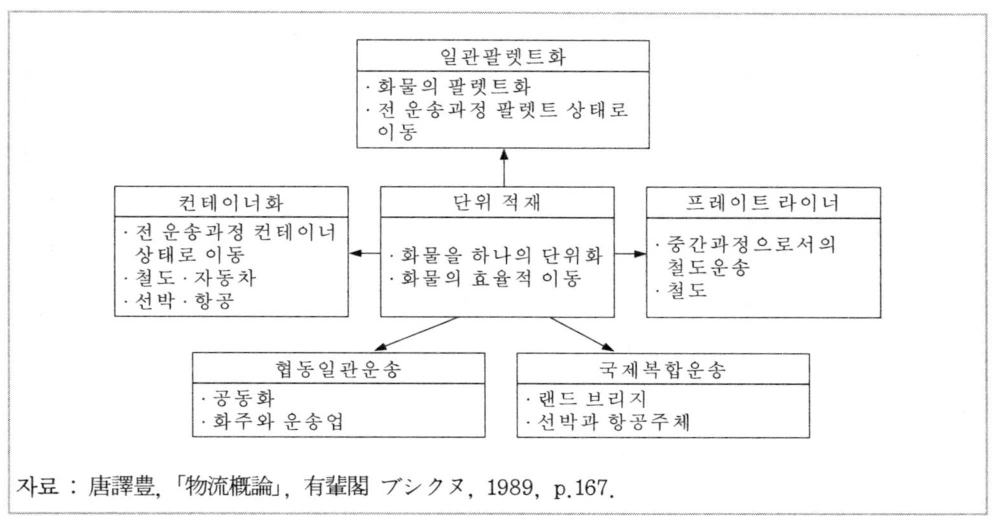

자료 : 唐譯豊, 「物流概論」, 有輩閣 ブシクヌ, 1989, p.167.

〈그림 11-7〉 단위적재를 기본으로 한 시스템

단위적재시스템은 하역의 기계화 및 합리화, 화물파손방지, 신속한 환적, 차량회전율의 향상 등을 가능하게 하는 협동일관운송(intermodal transportation)의 전형적인 운송시스템이다.

2. 일관팔렛트화

(1) 일관팔렛트화의 개념

1) 일관팔렛트화의 개념

일관팔렛트화(palletization)는 송화인으로부터 화물이 발송되어 수화인에게 도착될 때까지 전운송과정을 일관하여 팔렛트로 운송하는 것으로 연속된 제운송수단(기차·자동차·선박·항공기 등)을 이용하여 운송할 경우에 하역작업의 합리화 등으로 물류비의 절감을 가능하게 하고 전체적인 시스템의 효율을 제고시킨다.

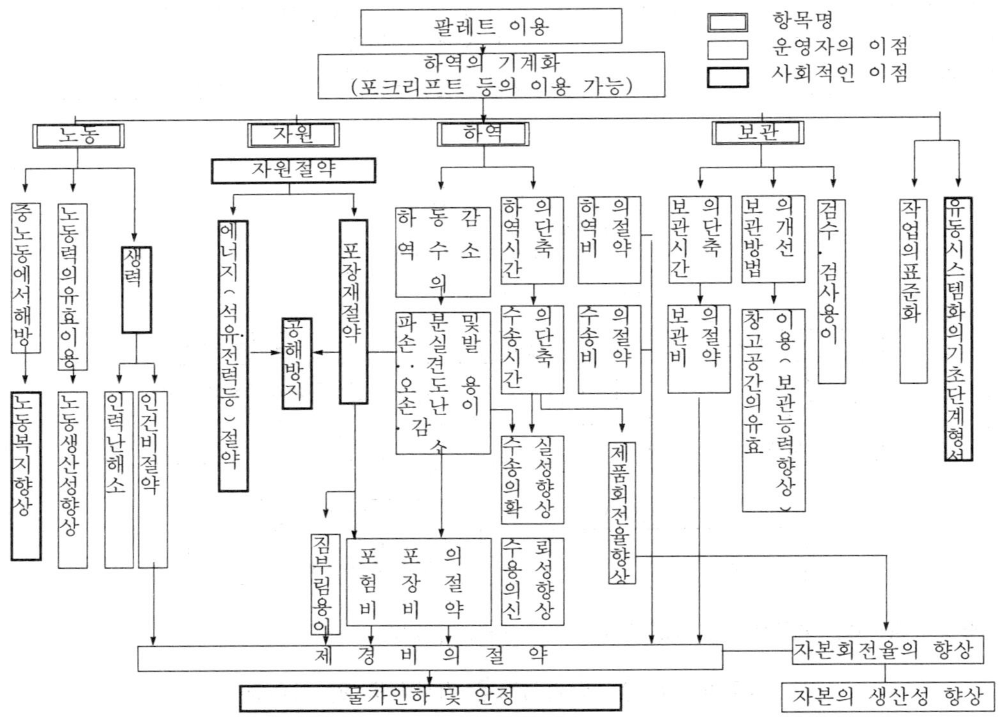

자료 : 通産省 産業政策局, 物流 システム化の手引, 通商産業調査, 1976, p.9.

〈그림 10-8〉 팔렛트 사용의 이점

2) 일관팔렛트화의 경제적 효과와 규격의 표준화

① 일관팔렛트화의 경제적 효과

〈표 11-22〉 일관팔렛트화의 경제적 효과

구 분	내 용	
사회적 입장	· 사회 전반에 걸친 물류의 효율화 및 원활화 · 소비자 물가안정에 기여 · 다른 시스템과 유기적인 시스템 형성가능	
화주의 입장	· 포장간소화에 따른 포장비 절감 · 화물손상이나 도난감소	· 하역작업능률 향상 · 효율적인 관리기능
운송회사의 입장	· 하역작업능률의 향상 · 화재발생 감소	· 효율적인 운송 · 하역의 기계화

② 일관팔렛트 규격의 표준화

팔렛트는 컨테이너와 함께 물류에서 단위적재시스템을 구축하는 수단으로 선진국에서는 팔렛트의 규격을 표준화하여 물류혁신을 이루고 있다. 팔렛트의 표준화가 달성되지 못하면 일관팔렛트시스템의 구축이 불가능하여 물류의 비효율성을 탈피하지 못하게 된다. 현재 정부에서 사용을 권장하고 있는 표준 팔렛트는 T-11(1,100mm×1,100mm)형이다.

가. 팔렛트의 종류

㉠ 팔렛트의 형식

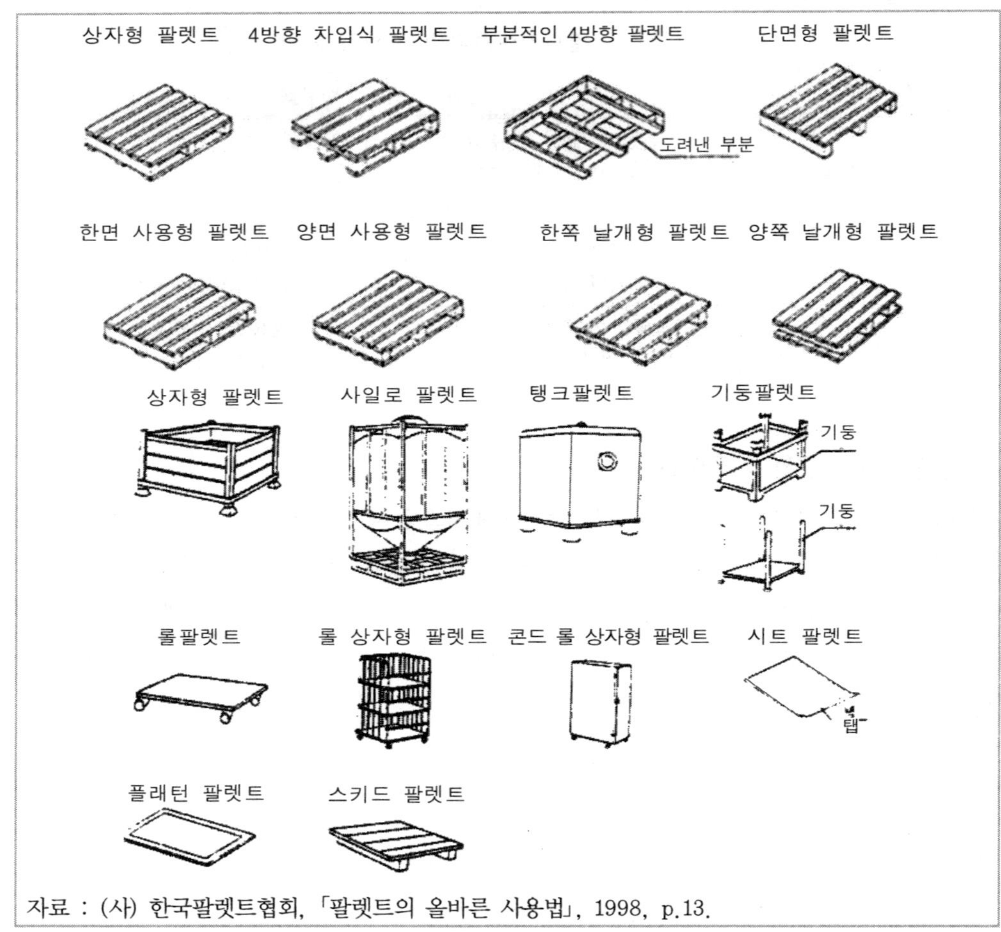

자료 : (사) 한국팔렛트협회, 「팔렛트의 올바른 사용법」, 1998, p.13.

〈그림 11-9〉 팔렛트의 형태

㉡ 팔렛트의 재질

〈표 11-23〉 팔렛트의 재질

구 분	특 징
목 재	· 플라스틱 팔렛트보다 슬링(미끄러짐)현상이 적음 · 재질이 단단하며 복원력이 강함 · 파손시 즉시 보수가능 · 플라스틱 팔렛트에 비해 가격이 저렴하여 경제적임 · 흡습 및 흡수성이 큼
합 판	· 처리가공에 따라 난연성·방부성·방충성·배합가능 · 데크보드 1장으로 제작 · 적재나 하역시 화물손상 방지 · 접착공법이 가능하고 외관이 보기 좋으나 가격이 비쌈
철 제	· 강도나 내구성 유지 · 조형의 조립성 · 무겁고 보수곤란 · 하역시 잘 미끄러짐
알루미늄	· 내충성이나 가공성 겸비 · 가벼우나 가격이 비쌈
종 이	· 1회 사용시 편리 · 가격이나 강도상 문제점 보유
플라스틱	· 목재 팔렛트와 비교하여 비교적 가벼움 · 내수성·내약성이 뛰어나며 살균·세척이 가능하여 위생적임 · 치수, 중량이 일정하여 팔렛트별 계량가능 · 사용치수의 물성과 특수구조에 의해 냉동창고에서 사용가능

자료 : 한국팔렛트풀주식회사, 「팔렛트 공동이용제도안내」, 1998, pp.3～4.

(2) 팔렛트 풀 시스템

팔렛트 풀 시스템(pallet pool system : PPS)은 팔렛트의 규격·척도 등을 표준화하고 상호 교환성이 있도록 한 후, 이를 서로 풀(pool)로 연결하여 사용함으로써 각 기업의 물류합리화를 달성하여 물류비를 절감하려는 제도를 말한다. 팔렛트의 상호 교환성을 증가시키기 위해서는 일정규격의 팔렛트를 풀 시스템 제도하에서 관리·운용하여야 하며 풀 시스템하에서 일관팔렛트화의 원활한 추진은 화주나 유통업자의 부담을 경감시키는 데 그 목적이 있다.

〈표 11-24〉 팔렛트 풀 시스템의 종류

구 분	특 징
기업단위 팔렛트 풀 시스템	· 기업의 자사 팔렛트를 팔렛트대여전문회사로부터 일괄차입, 자사 거래처의 유통단계까지 독점적으로 이용 · 거점은 당해 기업의 공장 및 창고 · 팔렛트를 한 기업이 독점적으로 운용, 반송팔렛트의 유효이용 곤란 · 생산활동에 따라서 팔렛트의 정체 및 유휴의 감소에 어려움 존재
업계단위 팔렛트 풀 시스템	· 각 기업이 각각의 팔렛트를 소유하되 업계가 일정한 규율하에 공동으로 이용하는 형태 · 팔렛트 적재화물은 기업간 공동유통창고를 통해 최종 소비단계까지 확대하여 이용하는 방법 · 팔렛트의 이용효율면에서 기업단위의 팔렛트 풀 시스템과 큰 차이는 없으나 반송면에서 유리 · 업계 공통의 팔렛트 풀 이용비율이 높아지면 팔렛트 자체의 효율적 운용 가능
개방적 팔렛트 풀 시스템	· 가장 이상적인 형태의 팔렛트 풀 시스템 · 제3자가 소유하는 팔렛트를 복수사업소에서 공동으로 이용하여 팔렛트의 유통범위를 극대화시키는 방법 · 각 기업의 수요변동에서 야기되는 일시적인 유휴팔렛트 감소 · 일관팔렛트운송의 확대 · 공 팔렛트의 회송효율이 높아져서 이용효율의 제고

제 4 절 컨테이너운송

1. 컨테이너운송의 의의

(1) 컨테이너의 개념과 운송절차

컨테이너는 화물의 단위화(unitization)를 목적으로 하는 운송도구로서 육·해·공을 통한 화물운송에 있어 경제성·신속성·안전성의 이점을 갖고 물적유통부문의 운송·보관·포장·하역 등 전 과정을 가장 합리적으로 일관운송할 수 있는 혁신적인 운송용구를 말한다.

1) 컨테이너의 종류

〈표 11-25〉 컨테이너의 종류

종 류	내 용
건화물컨테이너 (dry container)	일반잡화를 운송하기 위한 표준컨테이너로 주로 최적상품 및 적합상품을 운송하는 데 이용
냉동 컨테이너 (reefer container)	냉동화물이나 과일·야채 등 보온 및 보냉이 필요한 화물을 운송하기 위한 컨테이너로서 －28℃까지의 온도 임의 조절가능
오픈 탑 컨테이너 (open top container)	특수컨테이너의 일종으로 일반 건화물 컨테이너의 지붕과 측벽, 단벽의 상부가 개방되고 상방에서 하역이 가능하며 개구부는 방수가 될 수 있도록 canvas 등으로 싼 컨테이너로 중량물이나 장척물을 크레인으로 컨테이너의 위쪽으로부터 적재 및 하역가능
플랫 랙 컨테이너 (flat rack container)	승용차·기계류 등 중량화물을 운송하기 위한 컨테이너로 전후좌우 및 상방에서 하역 가능
팬 컨테이너 (pen container)	live stock container라고도 하며 동물을 운송하기 위하여 만들어진 컨테이너로서 통풍과 사료를 넣어 주기 편리하게 제작
탱크 컨테이너 (tank container)	유류·술·화학품 등 액체상태의 화물을 운송하기 위해 특별히 제작된 컨테이너
플랫 폼 컨테이너 (platform container)	중량이나 부피가 큰 화물을 운송하기 위한 컨테이너로서 길이 6.75m, 넓이 4.10m, 높이 4.50m, 중량 40톤까지의 화물적재 가능
솔리드 벌크 컨테이너 (solid bulk container)	몰드·소맥분·가축사료 등과 같은 화물을 운송하기 위해 제작된 컨테이너로서 대개 직경 50cm 정도의 3개의 맨홀이 있으며 컨테이너의 내부는 청소가 용이하고 외부기온에도 견디도록 제작
행거 컨테이너 (hanger container)	일반 건화물을 천장에 매달 수 있도록 제작된 컨테이너

2) 컨테이너화물의 종류

① 최적상품(prime containerizable cargoes)

대체로 고가 또는 해상운임이 비교적 높은 건화물이거나 공산품 중에서 주류·의약품·직물·가전제품·시계·카메라 등 부피가 별로 크지 않는 상품

② 적합상품(suitable containerizable cargoes)

전선·함석판·철사·포대커피·포대소맥 등 최적상품보다 가격이나 해상운임률이 저가인 컨테이너 운송에 적합한 상품

③ 한계상품(marginal containerizable cargoes)

물리적으로 컨테이너에 적재할 수 있는 저가·저운임의 화물로서 부피·중량·포장면에서 컨테이너화하기에는 문제점이 많은 화물

④ 부적합상품(unsuitable containerizable cargoes)

컨테이너 적재가 불가능한 산화물(bulk cargo), 중량화물 및 원유·액화가스 등 운송시 전문적인 시설이 필요한 화물

(2) 컨테이너화물의 운송절차와 운송형태

1) 컨테이너화물의 운송절차

① 컨테이너화물의 적재절차

수출지에서 컨테이너화물과 서류의 흐름은 다음과 같다.

㉠ 화주가 선박회사의 점소 및 그 대리점에 선적예약(booking)

㉡ 점소 및 대리점은 화물선적예약서(booking note)를 작성하여 컴퓨터에 입력

㉢ 집계된 화물인수예약명세서(booking list)를 관계 점소에 송부

㉣ 화물인수예약명세서를 기초로 선박회사의 지시에 따라 CY(container yard) operator는 필요한 공 컨테이너를 화주에게 대출하고 기기수도증(equipment receipt)접수

㉤ FCL(full container load) 화물의 화주는 빌린 공 컨테이너에 화물을 적입하고 CY에 반입[10)]

㉥ CY 및 CFS operator는 컨테이너화물을 인수할 때 부두수취증(D/R : dock receipt)[11)]에 서명후 반환

㉦ 본선 입항 후 CY operator는 컨테이너를 겐트리 크레인을 사용하여 본선에 적재

㉧ 부두수취증을 수취한 화주는 이를 선박회사에 선하증권(B/L : bill of lading)과 교환하고 운임선불인 경우 운임 지급

---

10) 화주는 컨테이너에 적입된 것을 표시하는 컨테이너 내 적치표(container load plan)를 각 컨테이너마다 작성한 다음 필요한 서류를 작성하고, 사전에 세관에서 교부받은 수출허가서(export permit : E/P)를 첨부한 다음 CY operator에게 제출한다. 또한 LCL 화물의 화주는 dock receipt(D/R)와 E/P를 첨부하여 화물을 CFS에 반입하며, CFS operator는 LCL화물을 집합 분류하여 컨테이너에 적입한 다음 CLP를 작성, CY operator에게 인도한다.

11) 재래선의 M/R(mate's receipt)에 해당하는 서류로서 컨테이너 운항선사가 화물의 수령증으로 발행하는 서류를 말한다.

ⓩ 선적완료 후 CY operator는 적부도(積付圖 : stowage plan)와 특수 화물목록을 작성하고 선박회사나 관계처에 배포

선박회사는 컨테이너 화물을 적재하기 위해 다음과 같은 업무를 수행한다.

㉠ 컨테이너의 준비

㉡ 출하정보의 파악과 화물의 인수

㉢ 컨테이너의 배치

㉣ 화물의 인수

㉤ 선적서류의 작성과 송부

② 컨테이너화물의 양륙절차

수입지에서 컨테이너화물과 서류의 흐름은 다음과 같다.

㉠ 본선 출항 후 부두수취증 사본 및 컨테이너 내 적치표(CLP : container load plan) 사본 등 적하관계서류를 선박회사로 송부

㉡ 적하목록(cargo manifest), 도착예정통지서(arrival notice), 화물인도지시서(D/O : delivery order), 운임청구서(freight bill)등 서류를 관계처에 송부

㉢ 선박회사의 점소나 대리점은 도착예정통지서, 운임청구서를 수화인 및 착화통지처(notify party)에 송부

㉣ 수화인은 은행 등에서 선하증권을 찾아 선박회사에 제시하고 운임 및 비용을 지불하고, 선박회사의 점소나 대리점은 D/O를 발행하여 수화인에게 교부

㉤ 본선 입항 후 컨테이너는 CY에 반입되고, LCL 화물은 CFS로 이송되어 컨테이너에서 적출(devanning), 수화인별로 화물 분류 및 인도

㉥ 수화인은 D/O와 교환으로 FCL화물은 CY에서 LCL화물은 CFS에서 인수

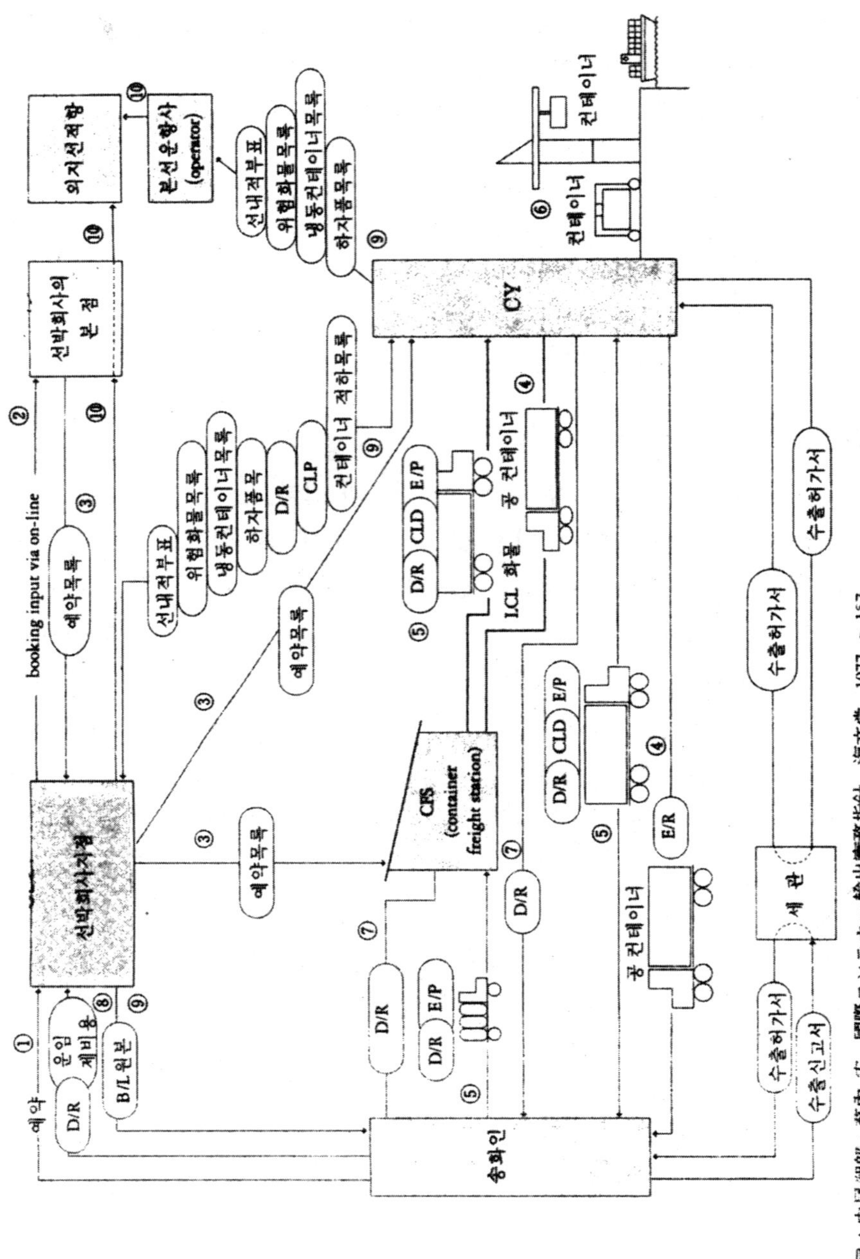

〈그림 11-10〉 컨테이너수출화물과 서류의 흐름

자료 : 中尾澗郎 · 藪內 宏, 國際コンテナー輸出實務指針, 海文堂, 1977, p. 157.

선박회사는 컨테이너화물을 수화인에게 양화하기 위하여 다음과 같은 업무를 수행한다.

㉠ 컨테이너의 양륙준비

㉡ CY operator, CFS operator에게 관련 서류의 송부

㉢ 도착통지서 및 운임청구서의 발송

㉣ 화물인도지시서의 발행

㉤ 컨테이너화물의 과부족 발생시 양화화물의 추적조사

2) 컨테이너화물의 운송형태

컨테이너화물은 한 Unit의 화물 적입량에 따라 FCL(Full Container Load) Cargo와 LCL(Less than Container Load) Cargo로 구분된다.

FCL(full Container Load) Cargo란, 하나의 컨테이너(20′, 40′등) 용기에 채우기 충분한 양의 화물을 말하며, 흔히 CY Cargo라 부르기도 하며, LCL(Less than Container Load) Cargo란, 컨테이너 하나 전부를 채우기에 부족한 소량화물을 말한다. 이러한 컨테이너화물의 운송형태는 화물의 양, 목적지, 집하방식 및 운송형태 범위에 따라 다르며 운송형태에 따라 운임구조 및 책임한계 등이 다르다.

① CY/CY(FCL/FCL)

이 방식은 컨테이너의 장점을 최대한 이용한 운송방법으로 수출업자의 공장 또는 창고에서부터 수입업자의 창고까지 컨테이너에 의한 일관수송형태로 수송되는 방법이며, 운송도중 컨테이너의 개폐 없이 운송된다.

② CFS/CFS(LCL/LCL)

이 방식은 선적항의 CFS에서 목적항의 CFS까지 컨테이너에 의해서 운송되는 방법으로서, 여러 하주의 소량 컨테이너화물(LCL)을 CFS에서 혼적(Consolidation)하여 목적지의 CFS에서 컨테이너를 개봉한 후 화물을 분류하여 여러 수입업자에게 인도되는 형태이다. CFS 또는 ICD(Inland Container/Clearance Depot)에서 컨테이너에 적입(Stuffing)되고 목적지에서도 수출지에서와 마찬가지로 CFS/ICD에서 수입업자에게 분배된다. 이러한 혼재업무는 주로 Freight Forwarder들이 행하기 때문에 이를 Forwarder's Consolidation이라고 한다.

③ CFS/CY(LCL/FCL)

이 방식은 운송인이 지정한 선적항의 CFS로부터 목적지의 CY까지 컨테이너에 의해 운송되는 형태로써 운송인이 여러 송하인들로부터 소량의 화물을 CFS에서 집하하여 목적지의 수입업자 창고 또는 공장까지 직접 운송하는 것을 말한다. 즉, 한 사람의 Freight Forwarder가 Buyer로부터 위탁을 받아 다수의 수출업자로부터 화물을 선적지의 CFS에서 집하하여 컨테이너에 혼재한 후 이를 그 수입업자에게 운송하는 형태로, 이를 Buyer's Consolidation이라고 한다.

④ CY/CFS(FCL/LCL)

이 방식은 선적항의 CY에서 목적항의 CFS까지 컨테이너에 의해서 운송되는 방법으로서 단일 송화인의 화물을 컨테이너에 만재(FCL)하여 선적하고 목적지의 CFS에서 컨테이너를 개봉한 후 화물을 분류하여 여러 수입업자에게 인도되는 경우이다. 이 형태는 한 수출업자가 수입국의 여러 수입업자에게 일시에 화물을 운송하고자 할 때에 많이 이용된다.

〈표 11-26〉 컨테이너화물의 운송방법

운송구분	운 송 방 법	해상운송 출고지— 출발점—도착항— 수화인 창 고
CY/CY (FCL/FCL)	송화인의 공장이나 창고에서 수화인에게 전달될 때까지 동일한 컨테이너에 적재된 상태로 일관운행된다. 운송인의 책임은 CY에서 CY까지이다.	○—○—○—○ CY CY shipper's pack
CY/CFS (FCL/LCL)	송화인의 공장이나 창고에서 FCL 상태로 떠나 도착지에서 여러 명의 수화인에게 전달하기 위해 도착항 CFS에서 분배된다.	○—○—○—○ CY CFS shipper's pack
CFS/CFS (LCL/LCL)	여러 명의 송화인으로부터 집하된 LCL화물을 CFS에서 혼재하여 여러 명의 수화인에게 인도하는 방법이다. 주로 운송인의 집하에 이용되는 운송방법이다.	○—○—○—○ CFS CFS carrier's pack
CFS/CY (LCL/FCL)	출발지의 CFS에서 혼재된 화물이 도착항에서는 단일의 수화인에게 전달된다. 주로 구매자의 집하에 적용되는 운송 방법이다.	○—○—○—○ CFS CY carrier's pack

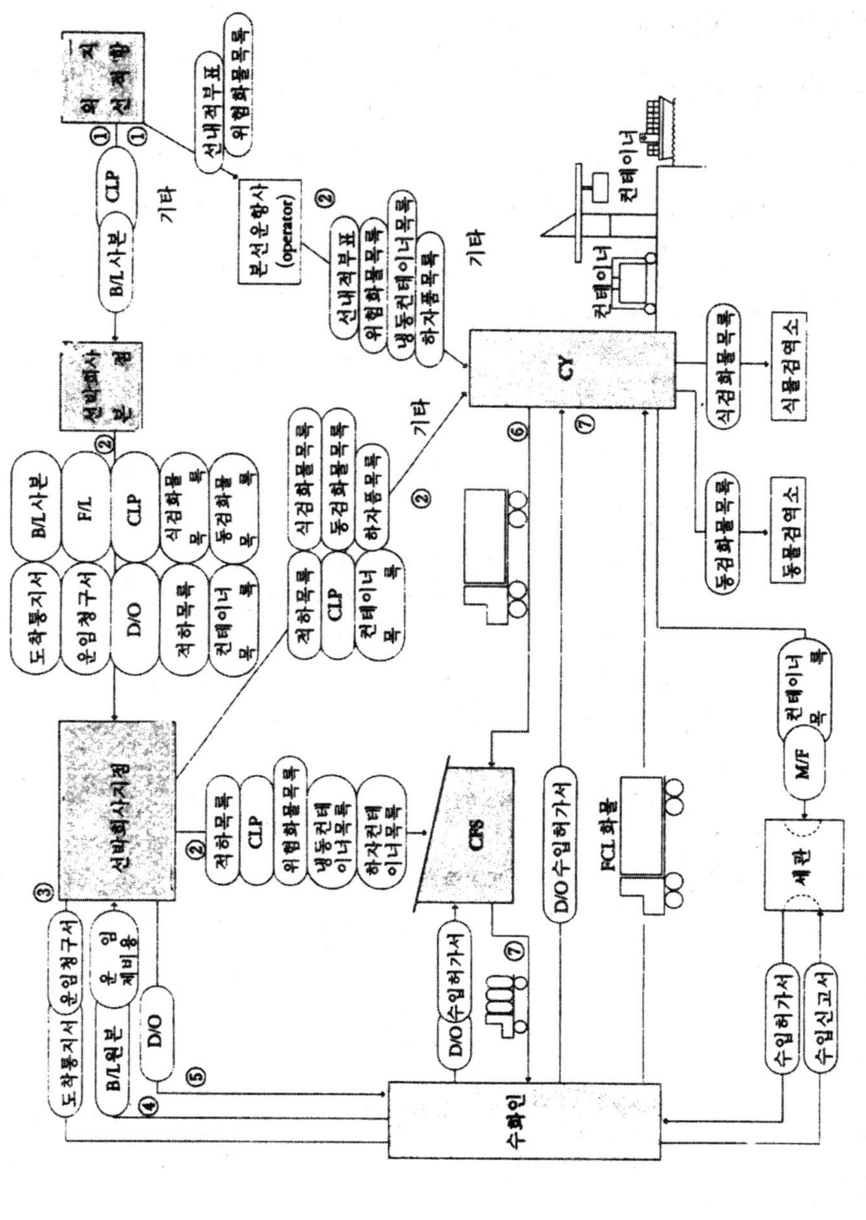

자료 : 中尾朔郎・藪內 孟, 전게서, p. 157.

〈그림 11-11〉 컨테이너수입화물과 서류의 흐름

2. 컨테이너 터미널

(1) 컨테이너 터미널의 의의

1) 컨테이너 터미널의 역할과 기능

컨테이너 터미널(container terminal)은 컨테이너화물의 수취와 인도·보관·각종 관련 장비의 관리운영 등을 효율화함으로써 컨테이너를 신속·정확·안전하게 운송하기 위하여 설치 운영되고 있다.

컨테이너 터미널은 해륙운송을 연결하는 접속점(node)으로 컨테이너를 신속하고 효율적으로 컨테이너선에 선적하거나 양륙하고, 트럭과 기차와의 컨테이너화물의 수도, 컨테이너의 장치, 공컨테이너의 집적, 컨테이너 및 그 관련기기의 정비 및 수리 등의 업무를 수행하는 장소이다.

컨테이너 터미널의 형태로는 컨테이너선이 입출항하는 임해 컨테이너 터미널과 내륙에 위치하여 컨테이너의 집배, 컨테이너에 화물의 적입(vanning, stuffing) 및 적출(devanning, stripping) 등의 작업장 및 통관절차를 이행하는 내륙컨테이너기지(inland container depot : ICD)가 있다.

2) 컨테이너 터미널의 종류

① 공공터미널

공공터미널(public terminal)은 본선의 화물을 선적 또는 양륙하는 작업기간에만 안벽, 컨테이너 크레인 및 일정한 마셜링 야드를 항만관리자로부터 임대하여 사용하는 형태이다.

② 전용임대터미널

전용임대터미널(exclusive terminal)은 선박회사 또는 항만하역회사(terminal operator)가 국가 또는 항만관리자로부터 안벽과 인접하는 CY를 일정기간 동안 차용하여(보통 10년에서 30년간) 개인의 컨테이너 터미널을 설치운용하는 형태이다.

3. 내륙컨테이너 기지

(1) 내륙컨테이너 기지의 의의

1) 내륙컨테이너 기지의 개념

내륙컨테이너 기지(inland container depot : ICD)는 항만 또는 공항이 아닌 내륙시설로 고정설비를 갖추고 여러 내륙운송수단에 의해 미통과된 상태에서 이송된 화물(컨테이너 포함)의 일시적 저장과 취급에 대한 서비스를 제공하고 세관 통제하에 수출 및 연계운송을 위하여 일시적 장치, 창고보관, 재수출(re-export), 일시상륙(temporary admission) 등을 담당하는 단체들이 모여 있는 장소이다.

2) 내륙컨테이너기지의 기능

ICD는 항만에서 반드시 이루어져야 할 본선작업과 마셜링기능을 제외한 장치보관기능, 집하분류 등과 같은 전통적인 항만기능이 수행되고 있으며 항만지역에 위치한 많은 관련 서비스시설을 포함하고 있기 때문에 "내륙항만"으로 불리워진다.

따라서 위치로는 주로 항만터미널 및 내륙운송수단과의 연계가 편리한 주요 산업지역 또는 인근에 건설된다.

(2) 우리나라 내륙컨테이너기지

1) 양산 ICD

양산 컨테이너기지는 부산항 주위에 산재해 있는 ODCY(off-dock CY)를 통합해 개별적으로 수행하던 기능을 집약함으로써 집하센터, 마케팅센터, 창고보관 및 재고조절 기능 등을 비롯한 종합물류센터로서 물류합리화에 기여하는 효과를 극대화할 수 있도록 건설되고 있다.

2) 의왕 ICD

의왕 컨테이너기지는 경인지역에서 발생하는 해상화물이 공로운송의 혼잡과 장치장 부족으로 부산까지 운송에 어려움이 있으므로 이를 해결하기 위하여 경기도 의왕에 철도운송을 위한 종합화물기지로 개발되었다.

년간 100만 TEU[12]의 컨테이너 화물처리가 가능한 동양최대의 내륙컨테이너기지인 의왕 ICD에서는 수출입화물의 보관·하역·운송·배송은 물론 세관, 식품검역소 등의 종합물류서비스를 제공하고 있다.

의왕 ICD에서는 부산항(신선대부두, 자성대부두, 감만부두) 및 광양항 부두까지 철도 인입선 부설로 직통열차를 운행할 수 있으며, 현재 의왕→부산진(신선대) 1개열차 25량이 1일 1왕복 운행되고 있다.

제 5 절 국제택배운송과 국제상업송달업

1. 국제택배운송의 의의와 특징

국제택배운송이란 소형화물을 항공기를 이용하여 하주문전에서 문전으로 배달하는 운송체계인데, 이는 항공기에 의한 간선수송과 집배를 위한 자동차 수송과의 연계에 의해 행해지는 국제복합운송의 한 가지 형태이다. 현행 국제택배서비스의 이용자는 대부분 무역업체로서 일반소비자의 이용은 해외여행객에 의한 별송품서비스 정도이다. 국제택배운송에서는 운송서류, 업무서류 그리고 카탈로그 등을 항공기를 이용해 문전배달을 행하는 Courier Service와 상품의 견본, 선물, 각종 기계류 부품 등의 소형, 경량물품을 취급하는 별송품 서비스로 나눌 수 있다.

2. 국제상업송달업의 의의와 특징

외국의 상업서류송달업(International Courier)체인 DHL, UPS 등과 상업서류송달서비스의 계약을 체결하여 상업서류, 견본품, 서적, 잡지 등을 자체운임과 운송약관에 따라 Door to Door Service로 신속하게 운송하는 사업을 말하고, 이것을 International Courier라고 한다.

이는 1970년대 미국에서 항공운송사업의 규제완화를 계기로 개발된 신종서비스인데, Courier의 원래 뜻은 급사(急使)인데, 현실적인 Courier Service는 상업서류 이외에 견본 등의 물품을 Door to Door로 운송한다. 최근에는 FAX가 보급되어 정보의 전달이

---

12) Twenty-foot Equivalent Unit의 약자로 20', 40', 45' 컨테이너의 종류 중 20' 컨테이너를 기준으로 물동량 산출의 표준단위로 하고 있다.

즉각적으로 되지만 계약서, 선적서류와 같은 작성자의 서명(sign)을 필요로 하는 서류는 현물운송이 불가피하다.

Courier Service는 서류(계약서, 기술관계서류, 각종 data, 사양서, 목록, 은행관계서류, 수출화물의 운송서류 등) 도면, 설계도, 자기 tape, computer tape, 사진, 보도용 원고 등으로 빠르게 발송하는 것을 대상으로 한다.

택배서비스는 취급화물이 국내일관운송서비스와 마찬가지로 30kg 이하의 소량화물운송을 대상으로 하여 대중가격의 상품 위주로 일정기간 내에 신속한 인도를 목적으로 의뢰되며, 일반적으로 항공기가 이용된다.

제 12 장 해상보험

제 1 절 해상보험의 개념

1. 해상보험의 의의와 기능

(1) 해상보험의 의의

해상보험(marine insurance)이란 선박의 운항 또는 선박에 의한 화물의 운송중 일어나는 사고에 대하여 보험자가 보험금의 지급을 통해 손해[1]를 보상하여 줄 것을 약속하고 피보험자는 그 대가로서 보험료를 지불함으로써 경제상의 불안을 제거 또는 경감을 목적으로 하는 손해보험의 일종이다.[2]

이러한 해상보험은 보험의 목적에 따라 선박보험과 적하보험으로 구분되며, 보험자(보험회사)가 위험을 인수하고 이에 대한 손해가 발생하는 경우 피보험자(화주나 선주)에게 그 손해를 보상해 줄 것을 약속하는 계약으로 성립된다.

〈표 12-1〉 상법상 보험의 분류

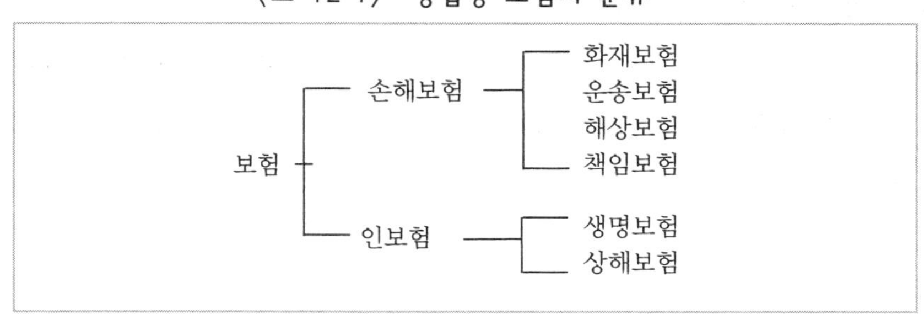

---

1) 사고의 발생으로 피보험이익의 전부 또는 일부가 멸실·손실되는 것을 말한다.
2) Frederick G.Crane, 「Insurance Principles and Practices」 2nd ed., New York : John Wiley & Sons, 1984, p.4.

(2) 해상보험의 기능

국제간의 거래는 해운·금융·보험의 3요소에 의하여 이루어진다. 이중 운송은 운송회사가, 금융은 은행이 담당하며, 운송 또는 금융에 수반되는 우발적인 사고에 대한 보상은 보험회사가 담당함으로써 비로서 원활한 무역거래가 가능하다. 해상보험은 해운업과 무역거래의 활발한 발전과 기업의 안정성을 보장할 뿐 아니라 세계 경제의 분업화와 자국 경제에 미치는 효용이 크므로 해상보험제도 없이는 오늘날과 같은 무역활동을 기대하기 어렵다.[3)]

2. 해상보험계약의 당사자

(1) 보험자(insurer)

보험계약자로부터 보험료를 받는 대가로 보험기간 중에 발생한 담보위험에 대하여 보험금을 지급할 것을 약속한 보험회사 또는 개인보험업자를 말한다.

(2) 보험계약자(policy holder)

보험계약의 당사자로서 보험자와 계약을 체결하고 보험료를 지급하기로 약속한 자로 무역거래에서는 수출자 또는 수입자가 된다.

무역계약상 CIF, CIP 조건은 수출자, EXW, FCA, FAS, FOB, CFR, CPT, DAF, DES, DEQ, DDU, DDP 조건은 수입자가 보험계약자가 된다.

(3) 피보험자(insured, assured)

보험사고발생시 보험금을 지급받을 권리를 갖는자를 말한다. 무역계약상 FOB와 CFR 조건은 보험계약자와 피보험자가 동일하나 CIF와 CIP 조건은 수출자가 보험계약자가 되고 수입자가 피보험자가 되어 상이하다.

---

3) 구종순, 「해상보험」, 박영사, 1997.8, pp.24~25.

3. 해상보험의 기본용어

(1) 보험료(premium)

보험자의 보험목적물에 대한 위험부담에 대하여 보험계약자가 지급하는 금액이다.

(2) 보험금(claim amount)

담보위험으로 피보험자가 입은 재산상의 손해에 대해 보험자가 지급하는 보상금이다.

(3) 보험목적물(subject-matter insured)

위험발생의 객체가 되는 대상으로 무역보험에서의 화물 또는 선박, 항공기 등이 된다.

(4) 피보험이익(insurable interest)

보험의 목적에 사고가 발생함으로써 피보험자에게 경제상의 손해를 입힐 우려가 있는 경우에 이러한 보험의 목적과 피보험자와의 이해관계를 말한다.

(5) 보험가액(insurable value)

피보험이익의 평가액으로서 일정한 피보험이익에 대하여 발생할 수 있는 경제적 손해의 최고한도이다.

(6) 보험금액(insured amount)

실제 보험가입금액으로 보험자가 보험계약상 부담하는 손해배상책임의 최고한도액이다. 보험금액은 보험가액 범위내에서 결정되며, 보험가입금액의 차이에 따라 전부보험, 초과보험, 일부보험으로 구분된다.

보험가액〈보험금액 : 초과보험(over insurance)
보험가액=보험금액 : 전부보험(full insurance)
보험가액〉보험금액 : 일부보험(under insurance)

4. 해상위험

(1) 해상위험의 내용과 종류

해상보험에서 보험자가 담보(warranty)[4]하는 위험은 항해에 관한 우연한 사고인 해상위험으로 해상보험계약에서는 보험자가 담보하는 위험의 범위를 보험약관에서 정하게 된다.

해상위험은 위험발생의 기회를 항해로 하고 위험발생의 장소를 해상으로 함을 원칙으로 하기 때문에 보험계약에 있어 보험자가 부담하는 위험은 다양하나 해상보험증권상 위험약관에서 담보하는 위험은 다음과 같다.

〈표 12-2〉 해상위험의 종류

위험의 구분	위험의 종류	비 고
해상고유의 위험 (perils of the seas)	침몰(sinking) 좌초(stranding) 충돌(collision) 악천후(heavy weather)	자연적 위험
해상위험 (perils on the seas)	화재(fire or burning) 투하(jettison) 선원의 악행(barratry of mariners) 해적, 절도, 강도(pirates, rovers, thieves)	자연적·인위적 위험 인위적 위험 〃 〃
전쟁위험 (war risks)	군함(men of war) 외적(enemies) 습격 및 포획(surprisals and capture) 해상탈취와 나포(taking at sea & seizure)	인위적 위험
기타 일체의 위험 (all other perils)		자연적·인위적 위험

(2) 해상위험과 보험기간

보험자가 해상위험을 부담하는 것은 시간적인 제한을 전제로 한 것으로 보험기간은 위험부담의 개시일로부터 종료되는 날까지의 위험부담기간에 한정된다.

협회화물약관에 의한 보험기간의 개시는 해상보험화물이 보험증권에 명시된 지역의

---

4) 보험자가 위험을 부담 또는 보호하는 것을 말하며, 보험자가 피보험자의 재산상 손해가 발생하면 그 손해를 보상한다는 약속이다.

보관창고 또는 장치장을 떠날 때부터 개시되어 다음 중 그 하나가 먼저 이루어졌을 때 종료된다.

① 보험증권에 명시된 목적지에서 화주 또는 기타 최종 창고나 보관장소에 화물이 인도된 때

② 보험증권에 명시된 목적지나 그 이전을 불문하고 피보험자가 통상운송과정 이외의 보관이나 할당 또는 분배를 위하여 선택한 창고 또는 보관소에 인도된 때

③ 최종 양륙항에 하역 후 60일(우리나라의 경우 30일로 적용)이 경과한 때 그러나 피보험자가 통제할 수 없는 사정으로 항로를 이탈하는 이로(deviation),[5] 지연, 양화, 재선적 또는 환적된 경우는 보험자의 위험부담책임이 계속된다.

〈표 12-3〉 해상보험기간

보험개시	보 험 종 료
화물이 보관창고 또는 장치장 출발시	다음중 어느 것이나 먼저 발생시 · 목적지에서 화주 또는 창고에 인도시 · 통상 운송과정이 아닌 할당 또는 분배를 위한 창고에 인도시 · 양륙항에 하역후 60일까지

제 2 절 해상손해의 유형

해상보험에 있어 손해라 함은 보험의 목적인 선박·적하 또는 운임 등에 해상위험(보험사고)이 발생하여 보험의 목적이 멸실·손상되거나 점유를 상실함으로써 생기는 피보험자의 재산상의 불이익을 말한다. 이러한 해상손해는 보험목적물 자체의 직접손해인 물적손해와 그밖의 간접손해인 비용손해와 배상책임손해로 구분된다.

5) 이로(離路)란 선박이 보험증권상 지정된 출항지와 도착지는 변경하지 않은 채, 예정항로를 이탈하여 항해하는 것을 말한다. 항로이탈, 관습상 인정되는 기항지 이외의 기항 및 기항순서변경시 발생하며, 이로가 되면 보험자의 책임이 면제된다.

1. 직접손해

(1) 물적손해

물적손해(physical loss)는 실체적 손해라고도 하며 보험목적물에 위험이 작용하여 멸실 또는 손상이 발생된 것을 말한다. 물적손해는 피보험이익의 멸실 정도에 따라 전손(全損)과 분손(分損)으로 구분된다.

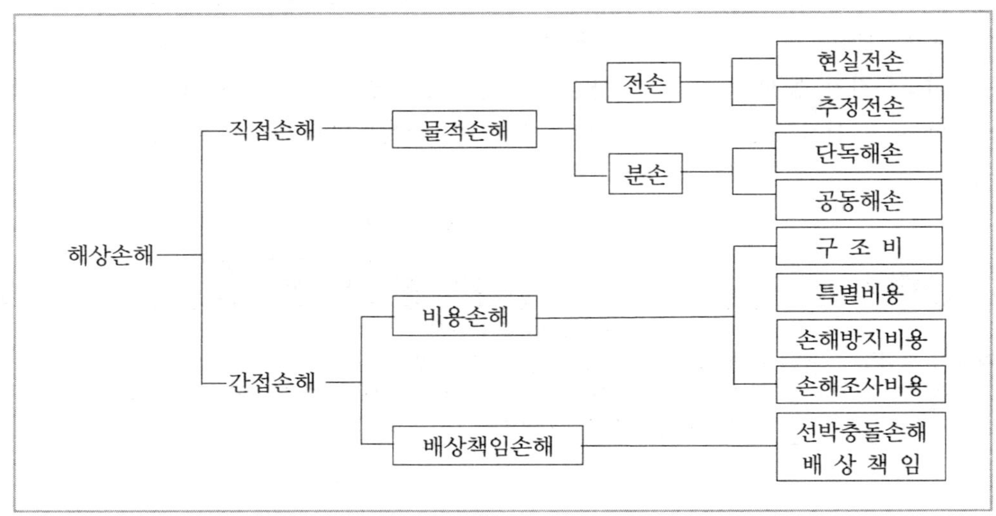

〈그림 12-1〉 해상위험의 종류

1) 전손(total loss)

보험사고에 의하여 피보험목적물 또는 피보험이익이 전부 멸실된 경우로 그 손해의 발생이 실질적인지 또는 경제적인지에 따라 현실전손과 추정전손으로 구분된다.

가. 현실전손(actual total loss)

현실전손은 보험목적물이 멸실되었거나 원래의 성질을 상실하여 상품가치가 전혀 없게 된 경우를 말한다. 이에 해당되는 경우로는 보험의 목적에는 전혀 물적손해가 발생하지 않았으나 그에 대한 피보험자의 지배력이 상실되었거나 선박의 행방이 상당기간 동안 불명확한 경우 등이다.

나. 추정전손(constructive total loss)

추정전손은 다음과 같은 경우를 말하며 보험목적을 보험자에게 정당하게 위부

(abandonment) 함으로써 성립되며,[6] 위부를 하지 않을 경우에는 분손으로 처리된다.

① 현실적으로 해상보험의 목적물이 멸실한 것은 아니지만 현실전손으로 보는 것이 불가피하다고 인정되는 경우

② 보험목적에 대한 피보험자의 지배력이 상실되어 회복 가능성이 없는 경우

③ 그 회복비용이 회복되었을 때의 물품의 가액을 초과할 것으로 예상될 경우

④ 화물을 수선 또는 수리하여 목적지까지 운송함에 소요되는 비용이 도착 후의 물품의 가액을 초과하게 되는 경우

2) 분손(partial loss)

보험사고가 발생하여 피보험이익의 일부분이 멸실 또는 손상이 발생한 경우로 손해발생원인에 따라 피보험자가 단독으로 부담하여야 하는 단독해손(particular average)과 이해관계인이 공동으로 부담하는 공동해손(general average)으로 구분된다.

가. 단독해손(particular average)

보험목적물이 보통의 해난에 의하여 일부 멸실되었거나 손상되어 발생된 비용에 대하여 피보험자가 단독으로 부담하는 손해를 말한다.

나. 공동해손(general average)

선박·적하·침몰·화재 등에 대한 공동위험으로부터 벗어나거나 손해를 경감시키기 위하여 취해진 공동해손행위로 인하여 발생한 손해(공동해손희생) 및 비용(공동해손비용)을 이해관계자가 공동으로 부담하는 손해를 말한다.

공동해손에 의한 손해는 공동위험단체 참가구성원 모두가 공평하게 부담하며 이 분담액의 정산은 공동해손정산인(general average adjuster)에 의하여 이루어진다. 공동해손의 일반적인 정산원칙과 기준은 요크·엔트워프규칙(York·Antwerp Rules)[7]이나 별

---

6) 상법 제710조에서는 보험위부의 원인으로 ① 피보험자가 보험사고로 인하여 자기의 선박 또는 적하의 점유를 상실하여 이를 회복할 가능성이 없거나 회복하기 위한 비용이 회복하였을 때의 가액을 초과하리라고 예상될 경우, ② 선박이 보험사고로 인하여 심하게 훼손되어 이를 수선하기 위한 비용이 수선하였을 때의 가액을 초과하리라고 예상될 경우, ③ 적하가 보험사고로 인하여 심하게 훼손되어서 이를 수선하기 위한 비용과 그 적하를 목적지까지 운송하기 위한 비용과의 합계액이 도착하는 때의 적하의 가액을 초과하리라고 예상될 경우라고 규정하고 있다.

7) 해상보험상 공동해손이 발생한 경우 청산과 해결에 적용하도록 1890년 벨기에의 엔트워프에서 제정된 국제규칙으로 1924년, 1950년, 1970년 및 1990년에 개정되었으며, 선하증권과 보험증권에 이 규칙을 명시하고 있다.

도의 합의된 정산기준이 있는 경우 그에 따라 처리되고 있다.

다. 대위권과 위부

보험자가 피보험자에게 보험금을 지급한 경우 보험자는 피보험자를 대신하여 피보험이익에 대한 권리 및 제3자에 대한 권리를 취득하게 되는데, 보험자가 이와 같이 취득한 권리를 대위권(right of subrogation)이라고 한다. 대위권은 피보험자가 발행한 대위권 양도서에 의하여 보험금을 지급함으로써 그 효력이 발생한다. 그리고 보험자가 취득한 대위권은 보험자가 지급한 보상한도 내에서만 유효하다.

위부(委付, abandonment)란 보험의 목적이 전부 멸실한 것이 확실하지만 이를 입증하기가 곤란한 경우 또는 선박의 행방불명 등과 같이 전부 멸실한 것과 동등시되는 경우, 즉 추정전손이 인정될 수 있는 사유가 발생하였을 때 피보험자가 그 피보험목적에 대하여 갖는 일체의 권리를 보험자에게 이전하고, 대신 전손에 해당하는 보험금을 청구하게 되는데, 이것을 위부라고 한다. 즉, 피보험자가 보험손해를 추정전손으로 처리하기 위하여 피보험자가 갖고 있는 피보험이익의 일체를 보험자에 대하여 포기하는 행위가 위부이다.

2. 간접손해

(1) 비용손해

피보험목적물이 해상보험증권상 담보되는 위험에 처해 있을 때 손해를 경감 혹은 방지하기 위하여 피보험자가 자신 또는 제3자의 도움을 받아 취해진 조치에 따르는 경비 혹은 보수를 말한다.

1) 구조비(salvage charge)

해난에 봉착한 재산에 발생할 가능성이 있는 손해를 방지하기 위하여 구조계약에 의하지 않고 구조한 자에게 해상법에 의하여 지불하는 보수를 말한다.

2) 특별비용(particular charge)

보험목적물의 안전 또는 보존을 위하여 피보험자에 의하여 또는 피보험자를 위하여 지출된 비용으로 공동해손비용과 구조비 이외의 비용을 말한다. 특별비용에는 손해검사비 또는 화물판매비 등이 포함되며, 손해액과 특별비용을 합하여 보험금액을 한도로 보상된다.

3) **손해방지비용**(sue and labour charge)

피보험목적물에 위험이 발생하였을 경우 이로 인한 보험목적물의 손해를 방지 또는 경감하기 위하여 피보험자 또는 그의 사용인 및 대리인이 지출한 비용을 말한다.

4) **손해조사비용**(loss survey charge)

손해발생의 원인과 정도를 조사하는데 소요되는 비용을 말한다.

(2) 배상책임손해

피보험선박이 그의 과실로 다른 선박과 충돌하고 상대 선박에 손해를 입혔을 경우에 보험증권상의 특별약관(running down clause)에 의하여 보험자가 부담하는 손해를 말한다.

제 3 절 보험조건과 손해배상의 범위

1. 기본조건

적하보험의 기본조건으로는 구협회적하약관상 전위험담보조건(A/R), 분손담보조건(W.A.), 단독해손부담보조건(F.P.A.) 조건과 신협회적하약관상 구약관의 A/R과 담보범위가 같은 ICC(A), W.A.와 유사한 ICC(B), F.P.A.와 유사한 ICC(C)의 3가지 조건이 있다.

〈표 12-4〉 신·구협회적하약관의 비교

구협회적하약관	신협회적하약관
전위험담보조건 : ICC A/R	Institute Cargo Clause(A)[ICC(A)] : A Clause
분손담보조건 : ICC W.A.	Institute Cargo Clause(B)[ICC(B)] : B Clause
단독해손부담보조건 : ICC F.P.A.	Institute Cargo Clause(C)[ICC(C)] : C Clause

(1) 구협회적하약관상 보험조건

1) 전위험담보조건(all risks : A/R)

다음의 손해를 제외한 모든 외부적 우발요인에 의한 손해를 면책한도의 적용 없이 보상하는 조건으로 손해보상의 범위가 높고 보험료가 고율이다.

① 일반면책위험
② 선박 및 운송용구의 불내항 및 부적합
③ 전쟁위험
④ 동맹파업위험

2) 분손담보조건(with average : W.A.)

법률의 규정 또는 보험증권의 약관에서 제외된 것이 아닌 한 전손과 공동해손은 물론 단독해손에 의한 손해까지 보상해 주는 조건이다.

〈표 12-5〉 구협회약관상 보험조건

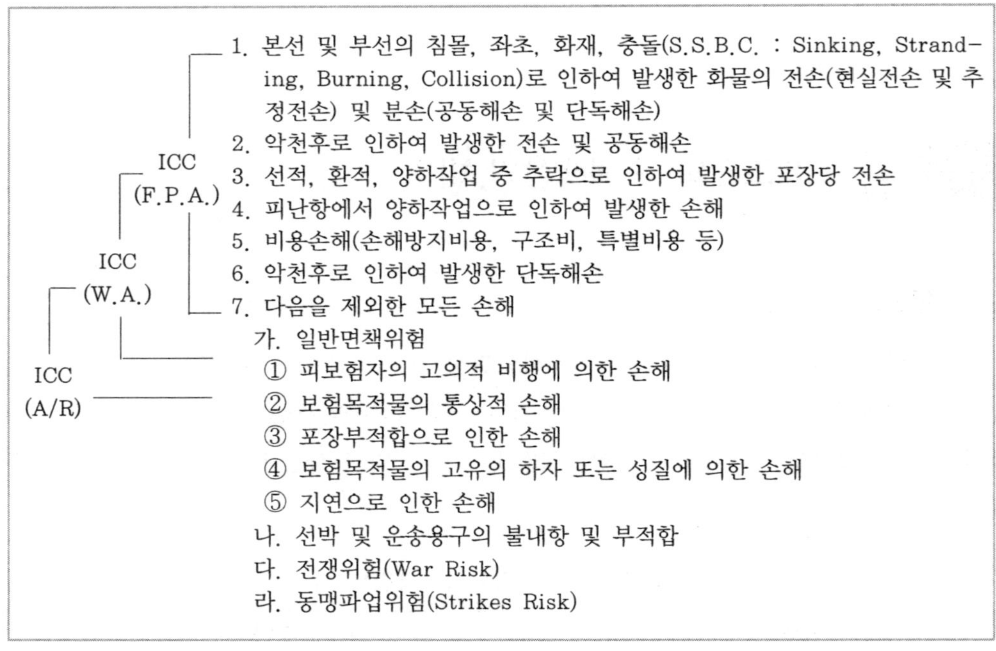

3) **단독해손부담보조건**(free from particular average : F.P.A.)

전손 및 공동해손의 경우와 손해방지비용, 구조비, 특별비용, 특정분손[8] 등의 손해를 보상하는 조건으로서 단독해손 이외의 모든 손해를 보상하는 조건이다.

(2) 신협회적하약관상 보험조건

1) ICC(A)조건

전위험담보조건(A/R)과 유사한 것으로 보험자는 일반면책위험, 불내항 및 부적합, 전쟁위험 및 동맹파업을 제외한 피보험목적물에 발생한 멸실·손상 또는 비용일체를 담보하는 조건이다.

2) ICC(B)조건

ICC(A)의 면책위험을 제외한 멸실과 손상을 담보하는 조건이다.

3) ICC(C)조건

보험조건 중 가장 제한된 것으로 ICC(A), ICC(B)를 제외한 멸실과 손상을 담보하는 조건이다.

2. 부가위험담보조건

운송화물에 대한 보험은 전위험담보조건으로 부보하는 경우 부가조건을 부보할 필요가 없으나 보험료가 고율이다. 따라서 제한적인 조건인 W.A.나 F.P.A. 또는 ICC(B)나 ICC(C)로 부보하는 경우 화물이 통상적인 운송과정 중 입을 수 있는 모든 손실 및 손상을 담보하기에는 불충분하므로 화물의 종류, 포장방법 및 운송방법 등을 고려하여 부가조건을 추가함으로써 위험에 대한 대비와 저렴한 보험료로써 동일한 효과를 기대할 수 있다.

다음의 부가위험들은 추가보험료를 납입하고 특별약관에 의하여 담보되는 조건들이다.

---

8) 특정분손(specific particular average)이란 선박 기타 수송용구의 침몰, 좌초, 화재, 다른 화물과의 충돌, 탈선, 전복으로 인한 분손과 선적·하역·환적중에 발생한 화물의 추락으로 인한 매포장 단위의 전손을 말한다.

〈표 12-6〉 신협회적하약관상 보험조건

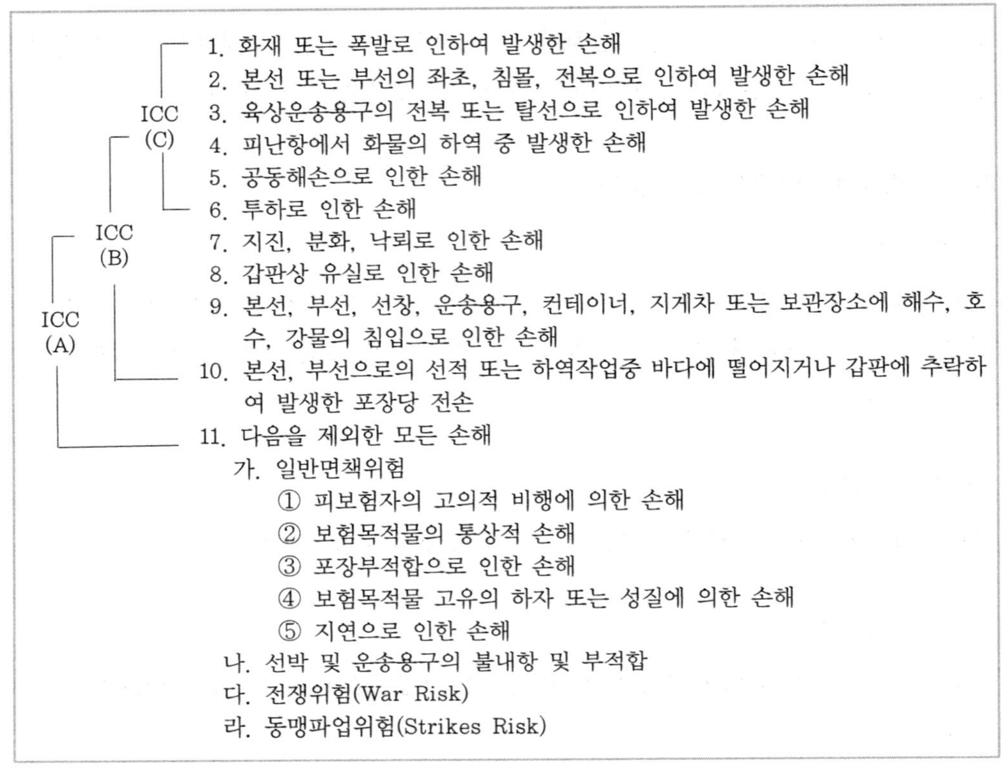

ICC (C)
1. 화재 또는 폭발로 인하여 발생한 손해
2. 본선 또는 부선의 좌초, 침몰, 전복으로 인하여 발생한 손해
3. 육상운송용구의 전복 또는 탈선으로 인하여 발생한 손해
4. 피난항에서 화물의 하역 중 발생한 손해
5. 공동해손으로 인한 손해
6. 투하로 인한 손해

ICC (B)
7. 지진, 분화, 낙뢰로 인한 손해
8. 갑판상 유실로 인한 손해
9. 본선, 부선, 선창, 운송용구, 컨테이너, 지게차 또는 보관장소에 해수, 호수, 강물의 침입으로 인한 손해
10. 본선, 부선으로의 선적 또는 하역작업중 바다에 떨어지거나 갑판에 추락하여 발생한 포장당 전손

ICC (A)
11. 다음을 제외한 모든 손해
   가. 일반면책위험
      ① 피보험자의 고의적 비행에 의한 손해
      ② 보험목적물의 통상적 손해
      ③ 포장부적합으로 인한 손해
      ④ 보험목적물 고유의 하자 또는 성질에 의한 손해
      ⑤ 지연으로 인한 손해
   나. 선박 및 운송용구의 불내항 및 부적합
   다. 전쟁위험(War Risk)
   라. 동맹파업위험(Strikes Risk)

〈표 12-7〉 부가위험담보조건

- TPND(theft, pilferage & non-delivery) : 도난, 발하 및 불착
- RFWD(rain and/or fresh water damage) : 빗물 및 또는 청수에 의한 손해
- COOC(contact with oil & other cargo) : 유류 및 또는 다른 화물과의 접촉
- JWOB(jettison & washing over-board) : 투하 및 갑판 유실
- Leakage and/or shortage : 누손, 중량부족
- Hook and hole : 갈고리에 의한 손해
- Breakage : 파손
- Denting and bending : 패이거나 구부러지는 것
- Sweat and heating : 습기와 발열
- Rats and vermin : 쥐와 벌레
- Mould and midew : 곰팡이
- Rust, Oxidation, Discolouration : 녹, 산화, 변색
- Contamination : 오염손
- Spontaneous Combustion : 자연발화

3. 확장담보조건

(1) 내륙운송확장담보조건(inland transit extension : I.T.E.)

송화주나 수화주의 창고가 내륙에 위치하는 경우 송화주의 창고나 보관창고로부터 선적항 또는 양화항으로부터 내륙의 수화주의 창고까지 내륙운송중의 위험을 신협회적하약관 및 기타 특별약관에 따라 당초의 적하보험증권에 추가하여 확장담보하는 조건이다.

이 조건의 보험요율은 선적 전과 양화 후로 구분하여 각기 별도로 적용되며, 수출(수입)시 보험요율은 ICC(A)는 0.09%(0.15%), ICC(B)와 ICC(C)는 0.048% (0.08%)이다.

(2) 내륙보관확장담보조건(inland storage extension : I.S.E.)

본선으로부터 하역되어 중간창고에 입고, 장치중인 화물에 대하여 통관업무상 문제점이 발생하여 장기간 장치가 필요하거나, 원매자를 찾기 위하여 보관해 두어야 할 경우 60일이 경과하면 적하보험의 효력이 종료됨으로 별도의 담보조치를 하여야 한다.

내륙보관확장담보조건은 중간창고나 보세창고에 보관중의 위험을 적하보험증권에 명시된 기간 이상으로 연장할 경우 신협회적하약관 및 기타 특별약관에 따라 확장담보하는 조건이다.

수출(수입)시 보험요율은 ICC(A)의 경우 I.S.E. 30일은 0.048%(0.08%), I.S.E. 60일은 0.096%(0.15%), I.S.E. 90일은 0.144%(0.23%)이고 90일 초과시는 10일 단위로 0.016%(0.08%)씩 할증된다.

4. 보험증권과 보험약관

(1) 해상보험증권의 개정

해상보험증권이란 보험계약을 증명하는 문서로 1779년 영국의 로이드 보험증권양식(Lloyd's S.G.Policy Form)[9] 이 채택된 이래 200년간 사용되어 왔다. 그러나 S.G.Policy의 담보위험과 약관의 내용은 해상무역발달 등의 시대적 흐름에 부적합하여 런던의 보험업자와 로이드보험업자 및 해손정산인 등으로 구성된 ILU(Institute of

---

9) Lloyd's S.G.Policy는 1779년 1월 로이드 총회에서 과거의 양식을 통일하여 선박보험·적하보험·운임보험 등 모든 해상보험에 공통적으로 사용되어 온 양식으로 약관의 내용 및 표현이 어렵고 현실성이 없다는 것이 단점으로 지적되어 왔다.

London Underwriters)의 기술 및 약관위원회(Technical & Clause Committe)에서는 1912년 적하보험특별약관을 제정하여 사용하여 왔다. 이러한 특별약관을 일반화·특별화하여 S.G.Policy[10] 에 첨부하여 사용한 것이 구협회약관이라 불리는 협회적하약관(institute cargo clause : ICC)[11] 이다.

이 약관은 수차에 걸쳐 개정되었으며 현재 사용되고 있는 것은 1963년 개정된 것으로 이 역시 내용이 어렵고 현실에 맞지 않아 1982년 국제연합무역개발회의(United Nations Conference for Trade and Development : UNCTAD)에서 보험증권양식과 특별약관을 대폭 수정하여 간단하고 이해하기 쉽게 개정하게 된 것이 신협회약관이다.

우리나라는 현재 1983년 4월 1일부터 보험계약자의 선택에 따라 신보험증권과 함께 신협회약관을 구협회약관과 병행하여 사용하고 있으나 점차 신협회약관의 사용이 늘고 있다.

(2) 보험약관해석의 원칙

1) 당사자 존중의 원칙

계약 당사자의 의사가 우선적으로 적용되어야 한다는 원칙으로 약관의 해석은 계약에 따른 당사자의 의사를 최대한 반영하여야 한다.

2) 문언 위주의 원칙

보험증권의 어구는 계약 당사자가 그 의사를 표명하기 위하여 선택한 것이기 때문에 보험증권이 해석의 기준이 되며 증권문언 이외의 증거의 인용은 인정되지 않는다.

3) 수기문언 우선의 원칙

동일한 내용의 각 약관 내용과 기타 문언이 서로 상충될 경우 수기문언이 우선적으로

---

10) SG의 유래에 대해서는 많은 의견이 있는 데, 부보된 금액(sum insured)의 라틴어인 'Somme Grande', 보증된 담보물(security guaranteed) 또는 영국 화폐의 단위인 'Sterling Gold'의 첫 글자로 추측하는 학자들도 있다. 그리고 신의 영광아래(by the grace of God)의 라틴어에 해당되는 'Salutis Gratia'의 약어로 보기도 한다. 그러나 편의상 보험목적물인 선박(Ship)과 화물(Goods)의 약어로 보고 있다.

11) 런던 보험자협회가 제정한 화물보험관계 제약관의 총칭으로 종래의 Lloyd's S.G. Policy의 특별약관을 표준화하여 분손부담보약관(F.P.A.), 분손담보약관(W.A.), 전위험약관(A/R)으로 구분하고 있다.

적용된다. 이는 수기문언이 당사자의 특별한 의사표시이기 때문이다.

구협회약관의 경우에는 본문약관 → 이태리서체약관 → 난외약관 → ICC약관 → 기타 특별약관 → 스탬프 약관 → 타자약관 → 수기약관 순으로 해석하며, 신협회약관의 경우에는 본문약관 → ICC약관 → 특별약관 → 스탬프 약관 → 인쇄약관 → 타자약관 → 수기약관 순으로 해석된다.

4) 작성자 불이익의 원칙

해상보험약관은 어구를 보험자가 선택하여 제정한 것이므로 그 말의 의미를 명백히 하는 것은 보험자의 의무이므로 문언의 해석상 여러 해석이 가능할 경우에는 작성책임자, 즉 보험자에게 불리하게 해석하여야 한다.

5) 통상해석의 원칙

보험증권의 어구는 피보험자가 보험증권의 어구를 보통 평이한 의미로 이해하고 평이한 의미가 피보험자의 참된 의사를 표명한 것으로 보기 때문에 평이(plain)하게, 통례(ordinary)에 의한 통속(popular)한 일상(everyday)의 의미로 해석되어야 한다.[12)]

6) 숫자 우선의 원칙

증권의 금액 또는 번호가 문자와 숫자로 기술되어 있으나 그 문자와 숫자가 일치하지 않을 경우에는 숫자를 풀어 쓴 문자가 우선한다.

7) 합리적 해석의 원칙

계약당사자의 일방에 불리하게 해석되어서는 안되며, 특정용어나 그 용어의 기술적 해석에 국한되어서는 안된다.

(3) 구협회약관과 신협회약관의 구성

1) 구협회약관의 구성

구협회약관은 S.G.Policy와 특별약관인 협회적하약관을 합쳐서 하나의 보험증권을 구성하고 있다.

---

12) 이를 P.O.P. 원칙이라 한다.

① S.G.Policy

S.G.Policy 약관은 본문약관(20개 조항), 이태리서체약관(3개 조항), 난외약관으로 구성되어 있다.

② 협회적하약관

협회적하약관은 14개 조항으로 구성되어 있으며 이 중 위험약관(제5조)을 제외한 13개 조항은 그 내용이 동일하며 위험약관은 그 내용에 따라 전위험담보(A/R)조건, 분손담보(W.A.)조건, 단독해손부담보(F.P.A.)조건으로 구분하고 있다.

2) 신협회약관의 구성

신협회약관은 구협회약관의 S.G.Policy와 협회약관에서 채택된 약관 및 신설약관으로 구성되어 있으며 여기에 우리나라에서 제정한 본문약관과 난외약관을 추가하여 하나의 보험증권을 이루고 있다.

① 본문약관
- ㉠ 준거법약관
- ㉡ 타보험약관
- ㉢ 약인약관
- ㉣ 선언약관

② 난외약관
- ㉠ 중요 사항약관
- ㉡ 손해사정지침약관
- ㉢ 보상청구서류에 관한 약관

③ 협회적하약관

신협회적하약관은 8개로 구분하여 19개 약관으로 구성되어 있으며, 담보위험은 구협회적하약관과는 달리 A·B 및 C 조건으로 구분하고 있다.

THE ORIENTAL FIRE & MARINE INSURANCE CO.,LTD.

19, 1-KA, TAE PYUNG-RO, CHUNG-KU, SEOUL, KOREA　　CABLE ADDRESS "ORFMINS"　TELEX ORFMINS K27479

MARINE CARGO INSURANCE POLICY

Policy No.　　Assured(s), etc.

Claim, if any, payable at/in　　Ref. No.

Amount insured hereunder

Survey should be approved by

SPECIMEN

Conditions and Warranties

Local Vessel or Conveyance　　From (interior port or place of loading)

Ship or Vessel　　Sailing on or about

at and from　　transhipped at

arrived at　　thence to

Subject-matter Insured

ORIGINAL　DUPLICATE UNPAID

Subject to the following Clauses as per back hereof

Institute Cargo Clauses specified above
On-Deck Clause
Institute Replacement Clause (applying to machinery)
Institute Classification Clause

Marks and Numbers as per Invoice No. specified above

Place and Date signed in　　Numbers of Policies issued

IMPORTANT
PROCEDURE IN THE EVENT OF LOSS OR DAMAGE FOR WHICH UNDERWRITERS MAY BE LIABLE
LIABILITY OF CARRIERS, BAILEES OR OTHER THIRD PARTIES

INSTRUCTIONS FOR SURVEY

DOCUMENTATION OF CLAIMS

Notwithstanding anything contained herein or attached hereto to the contrary, this insurance is understood and agreed to be subject to English law and practice only as to liability for and settlement of any and all claims.

This insurance does not cover any loss or damage to the property which at the time of the happening of such loss or damage is insured by or would but for the existence of this Policy be insured by any fire or other insurance policy or policies except in respect of any excess beyond the amount which would have been payable under the fire or other insurance policy or policies had this insurance not been effected.

We, THE ORIENTAL FIRE & MARINE INSURANCE CO., LTD. hereby agree, in consideration of the payment to us by or on behalf of the Assured of the premium as arranged, to insure against loss damage liability or expense to the extent and in the manner herein provided.

In witness whereof, I the *Undersigned* of THE ORIENTAL FIRE & MARINE INSURANCE CO., LTD. on behalf of the said *Company* have subscribed *My* Name in the place specified as above to the policies, the issued numbers thereof being specified as above, of the same tenor and date, one of which being accomplished, the others to be void, as of the date specified as above.

For THE ORIENTAL FIRE & MARINE INSURANCE CO., LTD.

AUTHORIZED SIGNATORY

〈그림 12-2〉 수입적하보험증권

〈표 11-8〉 신협회적하약관의 구성

구 분	약관번호	ICC(A) 신약관	ICC(A/R) 구약관			
		약 관 내 용	약관번호	동일표현	표현변경	신설
담 보 위 험	1	위험약관(risks clause)	5		○	
	2	공동해손약관(general average clause)	5		○	
	3	쌍방과실충돌약관(both to blame clause)	11	○		
면 책 위 험	4	일반면책약관(general exclusion clause)	5		○	
	5	불내항성 및 부적합성면책약관(unseaworth-iness and unfitness exclusion clause)	8		○	
	6	전쟁면책약관(war exclusion clause)	12		○	
	7	동맹파업면책약관(strikes exclusion clause)	13		○	
보 험 기 간	8	운송약관(transit clause)	1	○		
	9	운송계약종료약관(termination of contract of carriage clause)	2		○	
	10	항해변경약관(change of voyage clause)	4		○	
보험금청구	11	피보험이익약관(insurable interest clause)				○
	12	제반비용약관(forwarding charge clause)				○
	13	추정전손약관(constructive total loss clause)	6	○		
	14	증액약관(increased value clause)				○
보 험 이 익	15	보험이익불공여약관(not to insure clause)	10	○		
손 해 경 감	16	피보험자의무약관(duty of assured clause)	9		○	
	17	포기약관(waiver clause)				○
지 연 방 지	18	신속조치약관(reasonable despatch clause)	14	○		
법률 및 관습	19	준거법약관(english law and practice clause)			○	

제 4 절 무역조건과 해상보험

1. 무역조건과 해상보험

적하보험은 운송되는 화물에 대하여 위험을 부담하는 자가 부보하는 것이 원칙이나 CIF, CIP조건만은 예외이다. 「무역조건의 해석에 관한 국제규칙」(International Rules for the Interpretation of Trade Terms : Incoterms) 1990을 중심으로 위험의 분기점과 당사자의 보험계약 의무를 살펴보고자 한다. 한편 Incoterms 2000의 개관, 체제, 총괄내용은 제4장 제3절에서 이미 언급하였으며, 본 절에서는 개정된 Incoterms 2000의 무역거래조건별 세부내용을 각주에서 분석, 서술하면 다음과 같다.

(1) 그룹 E

EXW 공장인도조건(Ex works)[13)]

매도인은 계약물품을 약정된 일자 또는 기간 내에 지정된 인도장소에서 매수인이 임의 처분할 수 있는 상태로 이전되는 시점까지 물품의 멸실 또는 손상에 대한 위험을 부담한다. 보험과 운송계약은 매수인의 책임이며, 매도인은 공장에서부터 선적항까지 내륙운송확장보험을 부보하여야 보험계약상 공백이 없게 된다.

---

13) ① "공장인도"(EXW) 조건이라 함은 매도인의 영업장구내에서 물품을 인도하는 것으로서, 구체적인 인도장소는 매도인의 영업장구내 뿐만 아니라, 기타의 장소에 있는 작업장, 공장, 창고 등을 인도장소로 지정할 수 있게 범위를 확장하였다.(EXW 전문)

② 이 조건은 매도인이 매수인의 수거용 차량에 적재하지 아니한 상태로 인도한다는 것을 명확히 하고 있으며, 따라서 매도인에게 차량적재의무를 추가할 경우에는 계약상의 명시문언이 있어야만 가능하도록 규정하였다. (EXW 전문)

③ 매수인이 매도인의 영업장구내에서 물품을 수령하되 수출통관을 할 수 없을 경우 이를 FCA 조건으로 전환하려면, 매도인이 차량적재비용과 위험에 대한 부담을 동의하여야만 가능하도록 명시하였다.(EXW 전문)

④ 이 조건에서는 인도를 위하여 지정된 장소내의 구체적인 지점이 합의되지 아니하였거나 또는 이용가능한 지점이 여러 곳에 있는 경우에는 매도인이 적합한 지점을 선택할 수 있도록 내용을 추보하였다.(제A4조)

⑤ 이 조건에서는 물품의 수입시 및 제3국으로의 통과시에 지급되는 비용은 매수인의 비용부담의무에서 삭제하였다. 왜냐하면 EXW조건하에서 이들 비용은 매도인에 대하여 부담하는 것이 아니라, 매수인 자신의 이해관계에서 부담하게 되는 것이기 때문이다.(1990 INCOTERMS EXW조건 매도인의무 제6조)

(2) 그룹 F

FCA 운송인인도조건(Free Carrier)[14)]

FAS 선측인도조건(Free Alongside Ship)[15)]

FOB 본선인도조건(Free on Board)[16)]

매도인 운임미지급인도조건으로 FCA는 복합운송을 포함한 모든 형태의 운송에 사용되는 조건이며, FAS와 FOB는 해상운송에 사용되는 조건이다.

위험의 이전시점은 FCA는 약정된 일자 또는 기간에 약정된 방법이나 관습적 방법에 따라 매수인이 지정한 운송인에게 인도하거나 지정한 운송인의 관리하에 놓인 시점이며, FAS는 매수인이 지정한 본선의 선측이며, FOB는 지정한 본선의 난간을 통과한 때이다.

보험과 운송계약은 매수인의 책임이다.

(3) 그룹 C

CFR 운임포함인도조건(Cost and Freight)[17)]

---

14) ① "운송인인도"(FCA)조건이라 함은 지정된 운송인에게 물품을 인도하는 것으로서, INCOTERMS 2000에서는 운송인에 대한 인도의 완성시점을 단순화하여 (i) 매도인의 영업장소내에서 이루어질 경우, (ii) 기타 모든 지정장소에서 이루어질 경우의 두 가지로만 구별하고 있다.(제A4조)
② 이 조건하에서 인도장소를 매도인의 영업장소내로 선택한 경우에는 매도인이 차량적재의 책임을 부담하지만, 기타의 장소를 선택한 경우에는 매도인이 운송인에게 양하인도할 책임을 부담하지 아니함을 분명히 하였다. (FCA 전문)

15) ① "선측인도"(FAS)조건이라 함은 선적항에서 본선의 선측에 물품을 인도하는 것으로서, 종래에는 매수인이 수출통관을 이행하도록 하였으나 이번 개정규칙에서는 그 반대로 수출국가에 거주하는 매도인이 수출통관을 이행하도록 수정하였다.
(FAS 전문)
② 이 조건에서는 물품의 수출통관을 매도인이 이행하도록 개정함에 따라, 매도인은 이에 수반하는 모든 관세, 조세 및 수출국가 당국의 부과금도 지급하도록 의무를 추가하였다.(제A6조)

16) "본선인도"(FOB)조건이라 함은 선적항에서 본선의 갑판상에 물품을 인도하는 것이지만, 본선의 난간이 현실적인 의미가 없는 경우뿐만 아니라, 당사자들이 물품을 본선의 난간을 넘어서 인도할 의도가 없는 경우에는 이 조건 대신에 FCA조건을 사용할 것을 권고하고 있다.(FOB 전문) 이하 CFR과 CIF조건의 경우에도, 위와 동일한 사정하에서 각각 CPT와 CIP조건을 사용할 것을 권고하고 있다.

17) ① "운임포함인도"(CFR)조건이라 함은 선적항의 본선 갑판상에 물품을 인도하되 목적항까지의 운임(freight)을 지급하는 것으로서, 운송계약에 포함된 경우에는 제3국으로의 통과비용도

CIF 운임·보험료 포함인도조건(Cost Insurance and Freight)[18]

CPT 운임지급인도조건(Carriage Paid to)[19]

CIP 운임·보험료지급인도조건(Carriage and Insurance Paid to)[20]

매도인 운임지급인도조건으로 위험의 이전 시점은 CFR과 CIF는 FOB와 같이 본선의 난간이며, CPT와 CIP는 운송인에게 물품을 인도완료한 시점이다.

CPT와 CIP는 FCA와 FOB와는 달리 복합운송에 사용되는 조건으로 CFR, CPT는 매수인이 CIF, CIP는 매도인이 보험계약을 체결하여야 한다.

(4) 그룹 D

DAF 국경인도조건(Delivered at Frontier)[21]

매도인이 부담하도록 내용을 보완하였다.(제A6조) 이는 CIF 조건에서도 마찬가지이다.

② 개정규칙에서는 구 규칙의 CFR조건에서 용선계약부 선하증권을 제공하는 경우 반드시 용선계약서의 사본도 첨부하도록 하였던 조항을 삭제하였다.(제A8조) 이것은 신용장통일규칙에서도 용선계약부 선하증권을 제시하는 경우 용선계약서의 심사대상의 서류에서 제외시켰고, 또 해운실무에서도 선하증권을 발급할 때 용선계약서의 사본을 첨부하지 아니하는 관습을 반영한 것으로 보인다. 이는 CIF 조건에서도 마찬가지이다.

18) ① "운임·보험료포함인도"(CIF) 조건이라 함은 선적항의 본선 갑판상에 물품을 인도하되 목적항까지의 운임(freight)과 보험료(insurance premium)를 지급하는 것으로서, 매수인이 최소담보조건 이상의 보험을 원하는 경우에는, 반드시 매도인과 이에 관한 명시적인 합의를 하거나 별도의 보험계약을 체결할 것을 강조하였다.(CIF 전문) 이는 CIP조건에서도 마찬가지이다.

② 이 조건에서는 매수인이 추가보험계약을 위하여 필요한 정보를 계약상의 물품명세로부터 알 수 없을 경우에는, 매도인이 이에 관한 정보도 제공해 주도록 내용을 보완하였다.(제A10조) 이는 CIP조건에서도 마찬가지이다.

19) "운임지급인도"(CPT)조건이라 함은 매도인이 운송인에게 물품을 인도하되 목적지까지의 운송비(carriage)를 지급하는 것으로서, 운송계약에 포함된 경우에는 제3국으로의 통과비용도 매도인이 부담하도록 내용을 보완하였다.(제A6조) 이는 CIP조건에서도 마찬가지이다.

20) "운임·보험료지급인도"(CIP)조건이라 함은 매도인이 운송인에게 물품을 인도하되 목적지까지의 운임과 보험료를 지급하는 것으로서, 구체적인 개정내용은 앞의 CIF와 CPT조건에 언급된 바와 같다.

21) ① "국경인도"(DAF)조건이라 함은 국경의 지정장소에서 물품을 인도하는 것으로서, 개념상 물품을 양하하지 아니한 상태로 인접국가의 국경에 도착하는 운송수단상에서 인도하는 것임을 명확히 하였다.(DAF 전문, 제A4조) 따라서 운송수단상에서의 양하책임을 매도인에게 지우고자 할 경우에는, 계약서에 그 취지를 명시적으로 기재하도록 하였다.

② 이 조건은 육상의 국경에서는 운송방식에 관계없이 사용할 수 있으나, 해상의 갑판상이나 부두상에서 인도할 경우에는, 오히려 DES나 DEQ조건을 사용하도록 권고조항을 두었다.(DAF 전문)

③ 이 조건은 주로 도로나 철도로 연결된 육상의 국경에서 인도된다는 점을 감안하여, 개정규칙

DES 착선인도조건(Delivered Ex Ship)[22]

DEQ 부두인도조건(Delivered Ex Quay)[23]

DDU 관세미지급인도조건(Delivered Duty Unpaid)[24]

에서는 매도인은 매수인의 요청과 비용 및 위험부담으로 국경의 인도장소를 넘어 매수인이 지정한 최종목적지까지 물품의 연계운송계약에 합의할 수 있도록 내용을 추보하였다.(제A3조)

22) ① "착선인도"(DES)조건이라 함은 목적항의 본선의 갑판상에서 물품을 인도하는 것으로서, 매도인은 목적항에서 물품을 양하하기 전까지만의 비용과 위험을 부담하도록 범위를 명확히 하였다. 따라서 목적항에서의 양륙비를 매도인의 부담으로 하고자 할 경우에는 DEQ조건을 사용하도록 권고조항을 두었다. (DES 전문)

② 이 조건은 해사운송과 내수로운송 뿐만 아니라, 해상 목적항내의 복합운송으로 인도되는 경우에도 사용될 수 있도록 적용범위를 확장하였다(DES 전문). 이는 DEQ조건에서도 마찬가지이다.

③ 이 조건에서는 물품의 인도에 앞서는 제3국으로의 통과비용만을 매도인이 지급하도록 규정함으로써, 수입에 후속되는 운송을 위한 통과비용은 매수인이 부담하여야 한다는 사실이 명확하게 되었다.(제A6조)

23) ① "부두인도"(DEQ)조건이라 함은 목적항의 부두상에서 물품을 인도하는 것이지만, 목적항에서의 "수입통관미필"을 규정하고 있다. 즉, 매도인은 목적항에서의 양륙비까지만 부담하고, 물품의 수입통관은 구 규칙과 반대로 매수인이 이를 부담하도록 개정하였다.(DEQ 전문)

② 이 조건하에서 수입시의 제 비용을 매도인의 부담으로 하고자 할 경우에는, 계약상에 그 취지를 명시하도록 하였다. 더구나 목적항의 부두상에서 다른 장소로 물품을 이동하는 책임도 매도인의 부담으로 하고자 할 경우에는, 오히려 DDU나 DDP 조건을 사용하도록 권고조항을 두었다.(DEQ 전문)

③ 이 조건에서는 매도인이 수출통관비와 인도에 앞서는 제3국으로의 통과비용만을 지급하도록 하고, 반면에 매수인은 항구에서의 후속되는 운송 또는 창고나 터미널로의 적치를 위한 모든 하역비 뿐만 아니라, 물품의 수입시 및 후속되는 운송을 위한 통과비용을 지급하도록 내용을 개정하였다.(제B6조).

④ 이 조건에서는 수입통관을 매수인이 이행하도록 하였기 때문에, 매도인이 발송 국가 또는 원산지국가에서 발급하는 수입통관을 위하여 필요한 서류를 취득하는 비용을 급하지 않고 다만 그 취득에 협조를 다하도록 하였으며, 그 협조에 따른 비용을 매수인이 지급하도록 내용을 개정하였다.(제A10조, 제B10조)

24) ① "관세미지급인도"(DDU)조건이라 함은 수입통관을 제외하고, 목적지까지 물품을 운반하여 인도하는 것으로서, 목적지에 도착하는 운송수단으로부터 양하하지 아니한 상태로 인도한다는 내용을 추가하였다.(DDU 전문)

② 이 조건에서 "관세"(duty)라는 용어는 통관절차의 책임과 절차, 관세, 조세 및 기타 부과금의 지급까지를 포함하는 의미로 사용하였다.(DDU 전문)

③ 수입통관절차와 그 비용과 위험을 매도인의 부담으로 하고자 할 경우에는, 계약상에 그 취지를 명시적으로 기재하도록 하였다.(DDU 전문)

④ 이 조건은 모든 운송방식에 사용할 수 있으나, 목적항의 갑판상이나 부두상에서 인도하는 해상운송에서는 DES나 DEQ조건을 사용하도록 권고조항을 두었다.(DDU전문)

⑤ 이 조건에서는 매도인이 매수인 뿐만 아니라 매수인이 지정한 기타 자에게도 인도할 수 있도록 내용을 추가함으로써, 매수인 또는 그 지정인이 물품의 양하작업을 책임지도록 한 것이 특징적이다.(제A4조) 이는 DDQ조건에서도 마찬가지이다.

DDP 관세지급인도조건(Delivered Duty Paid)[25)]

위험의 이전시점은 DAF는 매도인이 약정된 일자 또는 기간내에 수입국이나 제3국 또는 수출국의 국경에서 매수인의 임의 처분상태로 인도한 때, DES는 목적항에 도착해 있을 본선항에서, DEQ는 목적항의 부두에서, DDU와 DDP는 도착지의 매수인이 지정한 장소이다.

그룹 D에서 보험계약의 의무는 매수인에게 있다.

〈표 12-9〉 보험계약의무의 부담

무 역 조 건	보험계약의무	
	매도인	매수인
공장인도조건(Ex Works : EXW)	×	○
운송인인도조건(Free Carrier : FCA)	×	○
선측인도조건(Free Alongside Ship : FAS)	×	○
본선인도조건(Free on Board : FOB)	×	○
운임포함인도조건(Cost and Freight : CFR)	×	○
운임·보험료포함인도조건(Cost, Insurance and Freight : CIF)	○	×
운임지급인도조건(Carriage Paid to : CPT)	×	○
운임·보험료지급인도조건(Carriage and Insurance Paid to : CIP)	○	×
국경인도조건(Delivered at Frontier : DAF)	×	○
착선인도조건(Delivered Ex Ship : DES)	×	○
부두인도조건(Delivered Ex Quay : DEQ)	×	○
관세미지급인도조건(Delivered Duty Unpaid : DDU)	×	○
관세지급인도조건(Delivered Duty Paid : DDP)	×	○

2. 해상보험의 가입과 구상

(1) 해상보험의 가입

1) 보험계약의 청약

보험계약은 낙성계약의 일종으로 계약자가 보험청약을 하고 보험자가 승낙을 했을 때

25) "관세지급인도"(DDP) 조건이라 함은 수입통관을 필하고 목적지까지 물품을 운반하여 인도하는 것으로서, DDU조건에서와 마찬가지로 목적지에 도착하는 운송수단으로부터 양하하지 아니한 상태로 인도한다는 내용을 추가하였다.(DDP전문) 기타의 개정내용은 DDU조건에 언급된 바와 같다.

성립된다. 보험청약은 구두나 전화로 가능하나 원칙적으로 소정의 청약서(application)에 필요사항을 기입한 후 서명 또는 날인하여 청약하고, 보험자는 이에 대한 승낙[26]으로 보험증권(policy of insurance) 또는 보험증서(certificate of insurance)를 발행함으로써 성립하게 된다.[27]

보험계약을 청약할 때에는 청약서의 기재사항에 관해 사실대로 기재하여야 하며 만약 고의나 중대한 과실로 알리지 않거나 부실고지를 하게 되면 보험사고발생시 보험회사는 계약의 해지나 손해를 보상하지 않는 경우도 있다.[28]

① 보험의 청약자

무역거래조건에 따라 CIF 나 CIP 조건에서는 매도인이 보험계약자가 되어 보험자와 보험계약을 체결하지만 FCA, FAS, FOB, CFR, CPT 조건 등에서는 매수인이 자신을 위하여 부보하여야 한다.

② 보험청약의 시기

해상보험계약의 청약은 화물운송에 관한 보험책임의 개시 이전에 하여야 하며 보험책임의 개시는 통상적으로 화물의 운송개시를 위하여 보험증권에 기재된 출하지의 창고로부터 반출되는 시점부터이다.

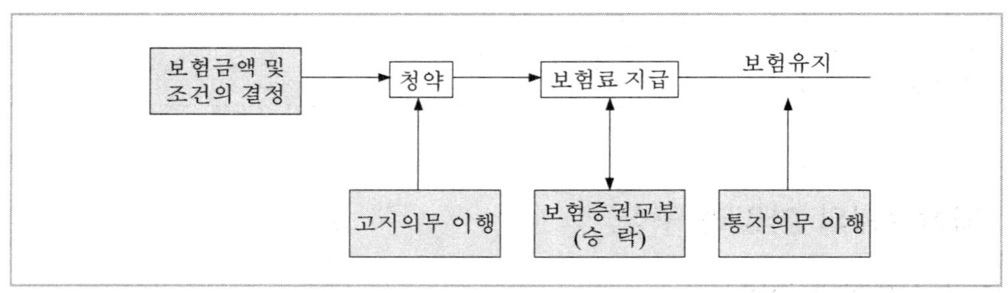

〈그림 12-3〉 보험계약의 성립

26) Raoul Colinvaux, 「The Law of Insurance」 4th ed., London : Sweet & Maxwell, 1979, S.1-23.

27) A.H.Mowbray, R.H.Blanchard, and C.A.Williams, 「Insurance」 6th ed., New York McGraw-Hill, 1969, p.107.

28) 보험계약자는 보험계약을 체결할 때 보험자에 대하여 보험자가 보험의 인수 여부 또는 계약내용의 결정에 영향을 미치는 모든 중요한 사실을 고지하여야 하는데 이를 고지의무라 한다.

2) 보험청약서의 작성

① 피보험자명 : 증권 명의인이 정식 영문명을 기재한다. 증권의 명의인이 보험계약자와 다를 때에는 보험계약자란에 계약자명을 기재한다. CIF 수출의 경우 피보험자에 대하여 별도의 약정이나 지시가 없으면 수출자를 피보험자로 하여 증권발행 후 수출환어음매입시 배서에 의하여 수입자에게 양도하면 된다.

② 보험계약자 : 보험을 계약한 자 또는 회사를 기재한다.

③ 선박·항공기명 : 화물적재 본선명을 기재한다. 항공기의 경우는 “Aircraft”, 우편으로 수송할 때에는 “Sea parcel post”, “Air parcel post” 등으로 기재한다.

④ 참조번호 : 보험자가 참조하기 위한 번호로서 수출인 경우 신용장 또는 수출허가번호, 수입인 경우 상업송장 또는 수입허가서를 기재한다.

⑤ 출항일 : 화물적재선의 출항월일을 기재하며, 항공기 또는 우편에 의한 운송의 경우에는 항공기의 출발일 또는 우편발송일을 기재한다.

⑥ 출발항 : 화물적재외항선에의 선적항을 기재하며 항공기 또는 우편으로 운송할 경우에는 선적지 또는 우편발송지를 기재한다.

⑦ 환적항 : 도중 환적이 있을 경우 환적항(지)을 기재한다.

⑧ 도착항 : 화물적재외항선의 도착항을 기재하며 항공기 또는 우편으로 운송할 경우에는 도착지 또는 우편도착지를 기재한다.

⑨ 최종 도착지 : 화물이 양륙항에 도착한 후 다시 내륙지까지 운송할 경우 최종 도착지를 기재한다.

⑩ 보험가입금액 : 화물의 보험가입금액은 상업송장금액에 희망이익을 가산한 금액이며 신용장상 별도의 명시가 없으면 가액의 110%로 하고 있다.

⑪ 보험조건 : 희망하는 조건을 표시한다.

⑫ 부가조건 : 기본조건이 분손부담보(F.P.A.)나 분손담보(W.A.)인 경우로서 부가조건의 부보가 필요한 경우에는 해당란에 추가 기입한다.

⑬ 피보험화물의 명세 : 보험가입화물의 명칭·수량 및 기타 명세는 상업송장이나 신용장 및 선하증권상의 내용과 일치하여야 한다.

⑭ 청약일 : 청약일의 연월일을 기재한다.

⑮ 청약자의 서명 : 청약책임자가 서명 또는 날인한다.

CARGO INSURANCE APPLICATION

〈표준양식〉

<table>
<tr><td rowspan="2">Assured:</td><td>Reference No.</td></tr>
<tr><td>Amount Insured:</td></tr>
<tr><td>Policy No.</td><td>Invoice Amount:</td></tr>
<tr><td>Claims payable at:</td><td>×110%×@</td></tr>
<tr><td>Endorsement:</td><td rowspan="5">Conditions:
FPA, WA 3%. WAIOP. A/R(AIR). TPND.
RFWD. COOC. JWOB. Hook & Hole.
Breakage/Leakage and/or Shortage.
Sweat/Heating/Denting and Bending.
T/S. ITE. ISE _____days.
WAR/SRCC.
Others & Special Instruction:</td></tr>
<tr><td>Vessel/Aircraft:</td></tr>
<tr><td>Sailing on or about:</td></tr>
<tr><td>At and from: Transhipped at:</td></tr>
<tr><td>To: Via:</td></tr>
<tr><td colspan="2">Marks & Numbers Goods and Merchandise.</td></tr>
</table>

<table>
<tr><td>Ret.</td><td colspan="2">%</td><td colspan="2"></td><td></td><td colspan="2">Rate</td><td colspan="2">Premium(@)</td></tr>
<tr><td>R/I</td><td colspan="2">%</td><td colspan="2"></td><td></td><td>Basic</td><td>%</td><td>$</td><td>₩</td></tr>
<tr><td></td><td colspan="2">%</td><td colspan="2"></td><td></td><td>V/P</td><td>%</td><td>$</td><td>₩</td></tr>
<tr><td>Bx.</td><td>No.</td><td></td><td>Date</td><td></td><td></td><td>Total</td><td>%</td><td>$</td><td>₩</td></tr>
</table>

<table>
<tr><td>We are shipping goods as per above mentioned particulars, for which please issue marine insurance policy in duplicate/triplicate with copies, under date of.

Signed Date : Signature of the Applicant</td></tr>
<tr><td></td></tr>
<tr><td></td></tr>
</table>

〈그림 12-4〉 보험청약서

3) 보험가입금액의 결정

보험가입금액(insured amount)이란 보험자가 계약상 부담한 손해보상책임의 최고한도액으로 화물의 가액한도내에서 보험자와 피보험자가 상호 협의 결정하도록 되어 있으나 일반적으로 최고한도액(원가+보험료+운임)에 10%의 희망이익(anticipated or expected profit)을 가산한 금액을 기준으로 하고 있다.

비용(cost)과 운임(freight)을 알고 있는 경우 보험금액과 보험료를 산출하는 방법은 다음과 같다.

〈표 12-10〉 CIF가액의 산출[29)]

보험료율=R(rate of premium), 보험료=I(insurance premium),
원가=C(cost or FOB price), 운임=F(freight)

$11(C+I+F)\times 1.1\times R=I$

$(C+F)\times 1.1\times R=I-(1\times 1.1\times R)$

$(C+F)\times 1.1\times R=I(I-1.1\times R);$

$$I=\frac{(C+F)\times 1.1\times R}{I-1.1\times R}$$

4) 보험조건의 선택

보험조건을 선택할 때에는 기본조건을 선택하고 화물과 운송의 특수사정을 고려하여 부가위험을 추가함으로써 저렴한 보험료 부담과 안전운송을 보장할 수 있는 가장 적절한 보험조건을 선택하는 것이 바람직하다.

일반적으로 수출화물의 경우 보험조건은 신용장의 보험조항에서 지정된 보험조건으로 가입하면 되며, 수입화물의 경우에는 전위험담보조건(A/R) 또는 ICC(A) 조건으로 가입하면 담보범위가 넓어 좋으나 보험료가 상대적으로 높은 반면 제한조건인 분손담보조건(W.A.)이나 단독해손부담보(F.P.A.)조건 또는 ICC(B)나 ICC(C)조건으로 가입시 담보범위가 제한적이라 유사시 보험보상을 받지 못하는 경우도 있으므로 합리적으로 보험에 가입할 수 있도록 하여야 한다.

보험조건선택시 고려사항으로는 상품의 성질, 포장상태, 적재선박 및 항구조건 등이다.

---

29) P. McDonald 산식이라 하며, $\frac{(C+F)\times 1.1\times R}{I-1.1\times R}$를 보험료 지수라 한다.

(2) 보험구상의 한계

운송회사에 책임이 없거나 책임한계가 불분명한 경우 일차적으로 보험회사에 클레임을 제기하여 그 손해가 보험계약상의 보험조건에 따라 보험회사가 보상책임을 지는 경우 보험금이 지급된다. 그러나 보험자가 담보하지 않는 아래의 위험에 대해서는 별도의 특약이 없는 한 보험금이 지급되지 않는다.

① 피보험자의 고의적인 비행(위법행위)
② 통상의 중량이나 용적의 감소 및 자연소모
③ 포장 또는 운송준비의 불완전 또는 부적합
④ 보험목적물의 고유의 하자 또는 성질
⑤ 지연(담보위험에 의한 경우 포함)
⑥ 운송인의 파산 또는 재정상의 채무불이행
⑦ 불법행위에 의한 고의적인 손상 또는 파괴
⑧ 핵무기 등의 사용
⑨ 선박 등의 불내항 또는 부적합(피보험 또는 그 사용인이 알고 있는 경우에 한함)
⑩ 전쟁위험
⑪ 동맹파업위험

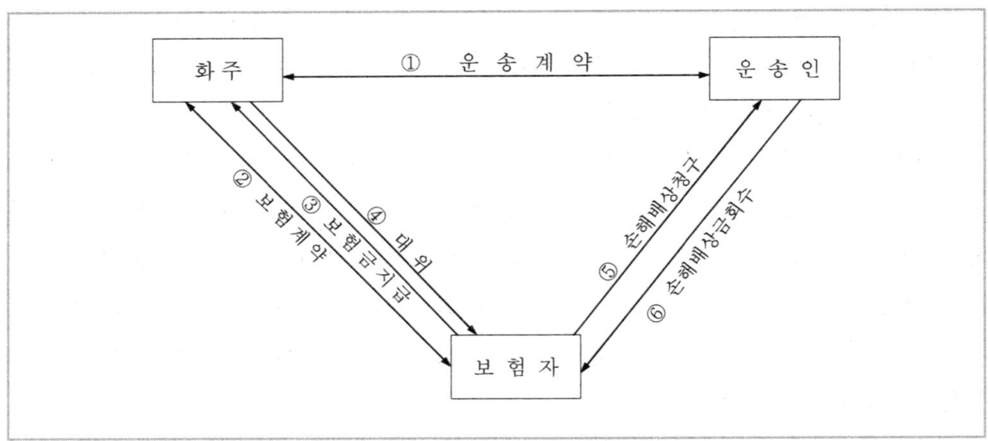

〈그림 12-5〉 운송인과 보험자의 관계

(3) 단독해손의 구상절차

1) 사고의 통지

보험증권의 소지인으로서 부보화물에 손해가 발생하였다는 사실을 알게 된 경우 우선 구두로 보험회사에 손해사실을 통보한 후 서면으로 정식 구상절차를 밟아야 한다. 사고의 통지는 보험에 의하여 구상될 수 없는 명백한 경우를 제외하고는 손해배상청구권 확보를 위하여 모두 보험회사에 통지하여야 한다.

2) 검수인의 검정

화물의 손상은 선박의 화재·침몰·좌초 등 사고에 기인하거나 하역작업중의 추락 등에 의하여 발생한다.

전손시에는 사실을 증명하는 정식서류만 구비하면 되나 추정전손인 경우에는 위부통지서를 보험회사에 제출하여야 한다.

화물이 피보험의 위험에 기인하여 손상되었음이 명백한 경우에는 보험회사와 협의하여 손해검정인을 선정하고 검정서를 작성하게 하여야 한다. 검정서에는 손해의 원인·정도·처리 등이 자세히 기재되며 보험자가 지불보험금을 사정함에 있어서 중요한 근거서류가 되므로 손해사정을 할 경우에는 보험회사측과 화주측이 입회하도록 하여야 한다.

3) 보험회사에 대한 구상

화물에 대한 손해의 형태가 전손이거나 단독해손인 경우에는 다음의 서류를 구비하여 보험회사 또는 그 대리점에 제출하여야 한다.

① 보험구상장(claim letter) : 손해의 명세 또는 손해액계산서 첨부
② 보험증권(insurance policy) : 원본
③ 선하증권(bill of lading) : 분손시 사본, 전손시 원본
④ 상업송장, 포장·중량명세서(commercial invoice, packing & weight list) : 사본
⑤ 화물수도증(cargo boat note, tally sheet) : 원본
⑥ 손해검정서(survey report) : 원본 또는 부본
⑦ 선박회사 또는 기타 수탁자에 대한 구상장(claim letter addressed to car- rier)과 회신 : 사본
⑧ 해난보고서(marine protest) : 해난이 있었을 경우
⑨ 매각계산서(account sales) : 손해화물을 매각한 경우

⑩ 위부서(letter of abandonment) : 추정전손의 경우

⑪ 대위권30) 양도서(receipt and letter of subrogation)

⑫ 제비용 증빙서류 : 원본

4) 보험금의 수령

보험회사는 보험금신청서류를 검토하고 담보위험에 의한 손해일 경우 보험금을 지급하고 피보험자를 대위하여 운송인 등으로부터 보험금을 회수한다.

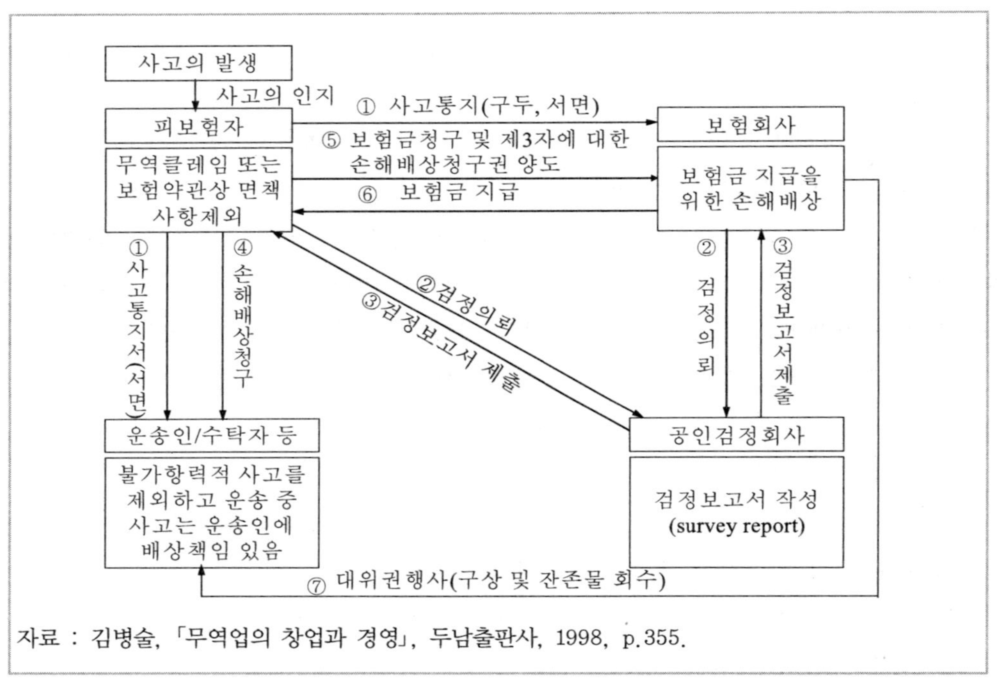

자료 : 김병술, 「무역업의 창업과 경영」, 두남출판사, 1998, p.355.

〈그림 12-6〉 공동해손의 구상절차

30) 보험자가 보험금을 지급한 경우 피보험자가 보험의 목적에 대하여 가지는 권리 및 제3자에 대하여 가지는 권리를 피보험자를 대신하여 보험자가 취득하는 것을 말한다. 위부와의 차이는 위부가 전손의 경우에만 적용되며, 구상권승계에 있어 보험자가 모든 이익과 채무를 승계받으며 재량에 따라 인수할 수도 있고 거부할 수도 있는 반면 대위는 전손과 분손 모두 제공되며, 전손의 경우라도 보험자가 지급한 해당 이익만큼을 자동으로 수취할 수 있다는 점에서 구분된다.

보험금은 보험금액에 검수인이 사정하거나 협의에 의하여 결정된 손해율을 곱하여 산출하며, 보상보험한도는 실손해액까지이다. 실손해액이 보험금액을 초과시는 보험자의 보험금액까지 보상하여 준다.

(4) 공동해손의 구상절차

1) 공동해손의 개념

운송중인 선박이 공동위험에 처하여 선박과 화물을 구하기 위하여 화물의 일부를 투하하였을 경우, 안전하게 도착한 화물의 각 화주들은 공동이익을 위하여 희생된 특정 화주의 투하화물손해에 대하여 구조된 재산금액에 비례하여 분담하여야 한다.

공동해손의 일반적인 예로는 다음과 같다.

① 투하

② 공동안전을 위한 투하와 희생으로 인한 손해

③ 선박 내 화재진화에 따른 손해

④ 임의좌초에 의한 손해

⑤ 구조비

⑥ 좌초를 벗어나기 위하여 과도하게 사용한 기계 및 기관의 손상

⑦ 좌초된 선박을 가볍게 하는 비용과 가볍게 하기 위한 행위의 결과로 인한 손해

⑧ 연료로서 사용한 선구 및 저장품

⑨ 조난항 등에 있어서의 비용

⑩ 운임의 손해

2) 공동해손의 성립요건

공동해손이 성립되기 위해서는 위험이 절박한 것으로 실제적이어야 하며, 선박·적하에 공동의 위험이 존재하고 그 처분이 우연성에 개입하지 않고 행위자의 고의적이면서 처분과 손해간에는 인과 관계가 있어야 한다.

3) 공동해손의 구상절차

① 사고의 접수

공동해손의 발생은 선박회사 또는 대리점이 공고한 공동해손선포(declaration of general average) 또는 개별적으로 송달되는 공동해손통지서(notice of general average)에 의해서다. 공동해손선포나 통지서에는 개략적인 공동해손의 발생경위와 화주가 취해야 할 절차가 기재되어 있다.

② 보험회사에 대한 구상

공동해손통지서를 접수하게 되면 보험회사에 대하여 그 뜻을 통지하고 아래의 서류를 작성하여 필요한 절차를 밟도록 하여야 한다.

㉠ 공동해손구상장(claim letter on general average)
㉡ 보험증권(insurance policy) : 원본 또는 부본
㉢ 선하증권(bill of lading) : 사본
㉣ 상업송장(commercial invoice) : 서명된 사본
㉤ 공동해손통지서(notice of general average) : 사본
㉥ 공동해손계약서(general average bond) : 사본
㉦ 화물가액신고서(valuation form) : 사본
㉧ 공동해손계약서(general average bond)[31] : 사본
㉨ 화물가격신고서(valuation form)[32] : 사본

③ 보험금의 청구

공동해손으로 인한 손해는 공동해손 이해관계자들이 분담하게 되지만 그 정산에는 상당한 시일이 소요되기 때문에 선박회사는 공동해손채권의 보존을 위한 보증으로 화물을 인도하기에 앞서서 공동해손공탁금(general average deposit) 또는 보험회사가 발행하는 공동해손분담보증장(general average guarantee)의 제출을 요구하게 된다.

이 때 화물에 손해가 없는 경우에는 별도의 보험구상 없이 보험회사가 발행하는 공동해손분담보증장, 공동해손계약서, 화물가격신고서 등을 선박회사에 제출하면 공동해손에 대한 처리는 끝나게 된다. 그러나 화물에 손상이 발생한 경우에는 보험회사로부터 보증장을 받는 동시에 선박회사가 지정한 검정인의 의뢰를 통하여 공동해손희생손해와 단독해손희생손해 여부를 결정하게 되며 그 처리절차는 단독해손의 구상절차와 동일하다.

---

31) 선박회사(또는 그 대리인)가 정산처리를 선주에게 일임하고 앞으로 할당될 공동해손분담금을 지급할 것과 산정기초가 될 자기화물의 명세와 가격을 정당히 신고할 것을 약속하는 서류이다.

32) 공동해손계약서와 공동해손에 관련된 화물의 가격을 신고하는 서류로 요크·엔트워프규칙에서는 화물의 공동해손분담금가액을 CIF가액으로 하고 있어 화물가액과 아울러 보험료 및 운임을 포함하여 신고되어야 하며, 이 신고서는 상업송장으로 대신할 수 있다.

3. 해상보험 부보시 고려사항

해상보험에 가입할 때 고려해야 할 사항을 간단하게 알아보면 다음과 같다.

먼저, 무역거래 당사자는 해상보험을 가입할 때는 부보하고자 하는 화물의 특성, 포장상태 그리고 운송방법 등을 충분히 고려하여 가장 경제적이면서도 화물의 안전운송에 효과적으로 대처할 수 있는 가장 적합한 보험조건을 선택해야 한다. 무조건 보상범위가 큰 ICC(A)에 부보하게 되면 보험료 부담이 늘게 되어 결국 수출 가격 인상에 직접적인 원인이 된다. 그러므로, 화물의 성질, 포장상태, 운송방법 등을 감안하여 운송도중 사고가 발생할 가능성이 높은 위험을 분석하여 가장 저렴한 보험료를 부담하면서 가장 효과적인 보험조건을 선택하는 것이 합리적이라 할 수 있다.

둘째, 운송화물의 손해가 포장상태의 불량과 운송화물의 적재불량, 보관상태 불량 및 온도유지 불량 등 운송준비 불충분에 기인하였을 경우에는 보상범위가 가장 큰 ICC(A)에 부보하였더라도 보험자는 손해에 대한 책임을 지지 않는다. 그러므로 수출업자는 화물을 적재하기 전에 보관관리에서부터 포장상태 등 운송준비에 주의를 기울여야 한다.

셋째, 운송회사의 선택은 신중하게 하여야 한다.

해상보험에서는 선주 또는 용선자의 파산, 재정적 결손으로 선박이 중도 압류되는 경우에 발생하는 화물의 멸실, 손상 및 비용손해 등은 보상되지 않는다. 따라서 특히 가액이 큰 화물을 운송할 경우에는 반드시 선주나 용선자의 재정상태 등을 사전에 확인해야 미연에 사고를 방지할 수 있다.

넷째, 부보조건이 변경되는 경우는 보험자에게 즉시 통지해야 한다.

특히 환적이 예정된 경우에는 사전에 보험자에게 고지하여야 하며, 항해일자, 선적지 또는 도착지 변경 그리고 선박명의 변경 등은 즉시 보험자에게 통지해야 한다. 만약, 이러한 부보조건이 변경되었는데도 불구하고 이를 보험자에게 통지하지 않은 경우에는 보험계약을 위한 것이므로, 보험사고가 발생했을 때, 손해에 대한 배상을 받지 못할 수도 있다.

제 5 절 항공 및 복합운송보험

1. 항공보험

항공운송은 세계교역량의 증가, 소비구조의 고도화에 따른 고급상품의 수입·생산·운송의 합리화에 의한 시간가치의 상승 등으로 종전의 긴급운송을 위한 예외적인 수단에서 벗어나 상업적인 운송수단으로 변화하고 있다.

항공운송에 관한 보험은 운송수단의 특수성으로 인하여 일반적으로 전위험담보조건(all risk)조건으로 부보[33] 되나 항공화물의 대부분이 해상보험으로 인수되고 해상보험에 관한 법률이 보험에 관한 한 대부분의 일반원칙을 포괄하고 있기 때문에 해상보험의 제원칙이 적용되고 있다.[34]

2. 복합운송보험

(1) 복합운송과 적하보험

무역거래에서 운송경로상의 위험을 부담하는 보험제도로는 책임보험제도와 적하보험제도가 있으며 이 중 적하보험제도로 이용되는 보험제도는 해상적하보험뿐이다. 그러나 복합운송이라는 새로운 운송체제의 등장은 ① 종래의 운송체제하에서 담보원칙인 항구간 담보원칙에서 전운송구간을 포괄하는 곳으로의 변화, ② 컨테이너를 매체로 운송이 이루어짐에 따라 컨테이너 용기 자체와 관련된 새로운 보험상품의 창출, ③ 복합운송인이라는 새로운 개념의 도입에 따라 적하보험제도에 많은 영향을 미치게 되었다.

---

33) 신협회적하약관의 개정에 따라서 1982년의 신협회화물약관〈(항공)(우편물제외) ICC(Air) (excluding sending by post)〉 1982년의 조건을 사용하고 있다.

34) R.H.Brown, 「Analysis of Marine Insurance Clauses-Book. The Institute Cargo Clauses」 2nd. ed., Witherby & Co. Ltd., 1982, pp.35~36.

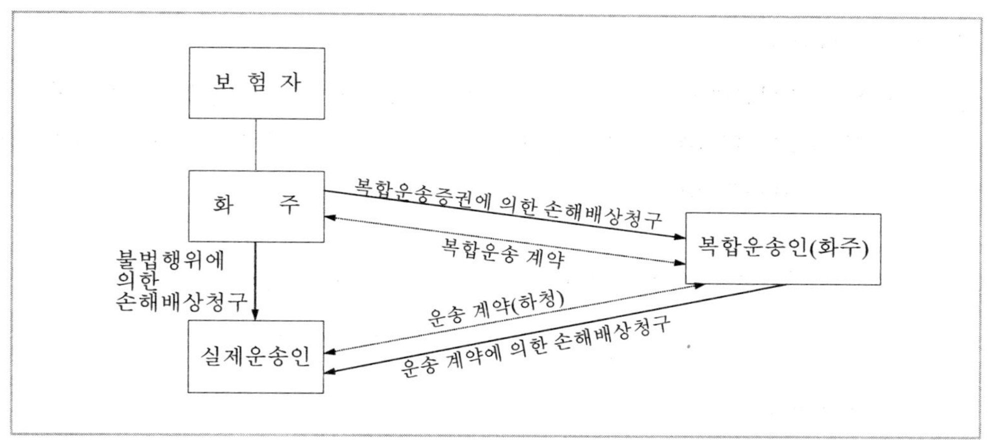

〈그림 12-7〉 복합운송관계자의 책임관계

(2) 복합운송인의 책임

복합운송인은 운송물의 수령시부터 최종 수화인에게 인도될 때까지 자기 또는 그 사용인의 귀책사유로 인하여 운송물에 생긴 멸실·훼손·연착손해에 대한 책임을 부담한다.

복합운송인의 책임형태는 화주에 대해서는 단일책임을 부담하지만 각 운송구간에서의 책임부담 정도에 따라, 각 운송구간 이종책임형(network liability system)과 전운송구간 단일책임형(uniform liability system) 그리고 이 2가지를 혼합한 절충식 책임형(flexible liability system, modified uniform system)로 구분된다.

1) 각 운송구간 이중책임형

이 책임형은 화주에 대해서는 복합운송계약의 당사자인 전 운송구간에 걸쳐서 책임을 지나, 그 책임의 내용은 각 운송구간의 기존의 책임원칙에 의해서 결정하는 형태이다.

2) 전운송구간 단일책임형

이 책임형은 전운송구간에 걸쳐 모두 동일내용의 책임을 단일 운송인이 부담하는 형태로서 화물의 손해에 대하여 발생장소와 운송수단의 여하를 불문하고 완전히 동일한 원칙과 내용의 책임을 부담하는 형태이다.[35)]

---

35) 황남일·이홍무, 「무역보험의 이론과 실제」, 무역경영사, 1997, p.324.

3) 절충식 책임형

이 책임형은 이종책임형과 단일책임형의 절충안으로 책임체계는 일률적인 책임원칙을 따르고 책임의 정도와 한계는 손상이 발생한 구간의 규칙에 따르는 형으로서 유엔국제복합운송조약이 채택하고 있다.

〈표 12-11〉 복합운송인의 손해배상 책임 형태

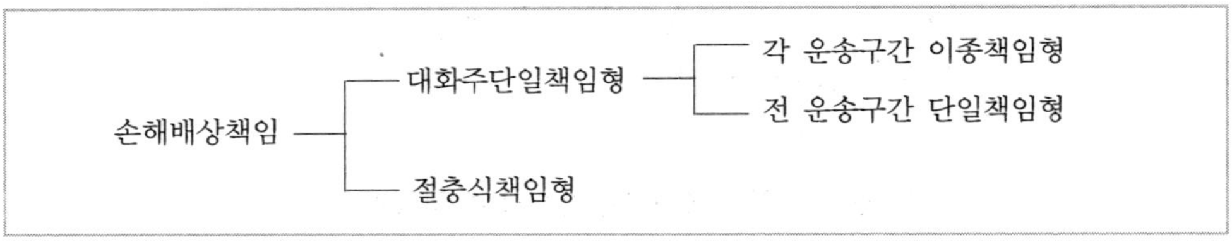

손해배상책임	대화주단일책임형	각 운송구간 이종책임형
		전 운송구간 단일책임형
	절충식책임형	

(3) 복합운송관련 보험

1) 컨테이너보험

국제해상운송에 컨테이너의 등장은 컨테이너운송 중 예상되는 컨테이너 자체의 손상과 사고로 제3자에게 손해를 입힐 경우에 대비, 손해배상에 부보할 필요가 있다.

컨테이너보험은 다음 3종류의 보험을 포괄한다.

① 컨테이너 자체의 보험(container itself insurance : itself or box or van insurance)

② 컨테이너 소유자(임차인 포함)의 제3자에 대한 손해책임보험(container owner's third party liability insurance : T.P.L.)

③ 컨테이너 운영자의 화물손해배상책임보험(container operator's cargo indemnity insurane : cargo indemnity)

이 중 컨테이너 자체의 보험은 단독부보가 가능하지만 기타 컨테이너 소유자의 제3자에 대한 손해책임보험과 컨테이너 운영자의 화물손해배상책임보험은 컨테이너 자체의 물보험(物保險)이 손해보험회사에 부보되어 있어야 계약할 수 있어 컨테이너 자체의 보험과 결합시켜 부보할 수 있다.[36)]

36) 이들의 제 특징은 첫째, 소손해면책액 즉 컨테이너 1개당 면책 공제액이 적용되며, 둘째 1년 단위의 기간보험이며, 셋째 1사고당 및 1계약당 책임한도액(limit of liability)이 설정되어 있다는 점이다; (加藤修, 「貿易保険の實務」, 同文館, 1985, p.27).

이러한 3종류의 보험은 일관해서 1증권으로 인수가능하지만 계약서 형식의 포괄예정보험계약으로 체결되는 경우가 많다.

2) 컨테이너화물보험

컨테이너화물보험은 원칙적으로 대형 컨테이너에 채워진 화물을 그 대상으로 한다. 복합운송인은 화주에 대해서 단일의 책임을 부담하는 운송계약인으로서 당사자가 되지만 당사자측에서는 운송구간 및 수단별로 실제운송인 및 하청운송인과 별도의 운송계약을 체결함으로써 운송계약이행에 필요한 서비스를 제공받게 된다.

이 때 하청운송인은 자기가 담당하는 운송구간에 대하여 복합운송인에게 법률상 또는 하청계약상 손해방지책임을 부담하게 되므로 자기의 책임으로 복합운송인의 화주에 대한 화물손해보상책임보험에 준하여 복합운송인에 대한 화물손해보상책임보험을 부보하여야 한다.

복합운송과 관계되는 보험제도로는 다음과 같은 것이 있다.

① 화주가 부보하는 해상적하보험(주로 컨테이너화물보험)

② 복합운송인이 부보하는 화물손해책임보험

③ 실제운송인이 부보하는 화물손해책임보험

④ 복합운송인 또는 실제운송인이 부보하는 컨테이너 자체보험

⑤ 복합운송인 또는 실제운송인이 부보하는 제3자에 대한 컨테이너 손해배상책임보험

제 13 장 수출보험

제 1 절 수출보험의 개요

1. 수출보험의 의의

수출보험이란 무역거래상 수반되는 여러 위험 가운데 해상보험과 같은 통상의 보험으로는 구제될 수 없는 위험 즉, 수입자의 계약파기, 파산, 대금지급지연 또는 거절 등의 신용위험(Credit Risk)과 수입국에서의 전쟁, 내란 또는 환거래 제한 등의 비상위험(Political Risk)으로 인하여 수출자, 생산자 또는 수출자금을 대출해 준 금융기관이 입게 되는 불의의 손실을 보상함으로써 궁극적으로 수출진흥을 도모하기 위한 비영리 정책보험을 말한다.

2. 수출보험의 기능

(1) 수출거래상의 불안제거 기능

수출보험은 수입국에서 발생하는 비상위험 또는 신용위험 등으로 인하여 수출불능이 되거나 수출상품의 대금회수가 어렵게 되어 수출자나 생산자 등이 입게 되는 손실을 보상함으로써 안심하고 수출활동을 할 수 있도록 하는 기능을 갖는다.

(2) 금융보완적 기능

수출보험은 수출대금 미회수위험을 담보하므로써 금융기관으로 하여금 수출금융을 공여하게 하는 금융보완적 기능을 가진다. 즉, 수출대금의 회수가능성 여부가 대출심사의 중요한 기준이 되는 바, 수출보험에 의하여 이를 해결할 수 있으므로 금융기관은 수출자에게 담보요건 등에서 보다 유리한 조건으로 과감하게 수출자금을 공급할 수 있게 된다.

(3) 수출진흥 정책수단으로서의 기능

수출보험은 수출무역, 기타 대외거래의 촉진 및 진흥을 위하여 정부의 지원하에 운영됨에 따라 보험요율 등을 정함에 있어 장기적 차원에서의 수지균형을 목표로 하여 가능한 한 저율로 책정하는 한편, 보상비율 등에서 최대한 수출자에게 유리한 형태의 보상제도를 채택하는 등 수출경쟁력을 강화시키고 결과적으로 수출을 촉진시키는 역할을 하게 되는 수출진흥 정책수단으로서의 기능을 갖는다.

(4) 신용조사 기능

수출보험은 효율적인 인수 및 관리를 기하고 보험사고를 미연에 방지하기 위해 다각적으로 해외수입자의 신용상태와 수입국의 정치·경제 사정에 관한 조사활동을 하게 되는 바, 이러한 해외수입자 및 수입국에 관한 신용정보를 제공하여 수출자로 하여금 효과적으로 활용할 수 있도록 함으로써 수출자의 신규 수입선확보와 수출거래 확대에 기여함과 동시에 건전한 수출거래를 유도하는 부수적 기능을 가지고 있다.

3. 수출보험의 특징

(1) 위험의 동시다발성

전쟁, 내란 및 환거래의 제한 또는 금지 등의 비상위험으로 인한 보험사고는 위험을 예측하기가 매우 어렵고 또한 다수의 수출거래에 대하여 동시에 발생하게 된다.

(2) 거액의 보험사고 발생가능성

대형보험인수건에서 사고가 발생할 경우 보험자가 지불해야 할 보험금은 거액에 이를 정도로 엄청나며, 또한 비상위험에 의한 사고는 그 다발성으로 인해 일시에 보험금청구가 집중되게 되어 이 경우 역시 대규모의 보험금지급이 불가피하게 된다.

(3) 비영리 정책보험

민간기업이 수출보험을 운영할 경우 수출지원정책적 견지에서 보다는 이윤추구의 입장에서 채산에 맞는 위험유형만을 선택·운영하게 되므로 담보하는 위험의 범위가 극히 제한될 수 밖에 없어 수출지원의 정책적 효과를 거두기가 매우 어렵다. 또한 수지균형을 맞추기 위해 과다한 보험요율을 책정할 경우 이는 수출원가의 직접적 상승효과로 작용하여 오히려 수출진흥에 역행하게 된다.

따라서 수출보험은 정부에서 비영리 정책보험으로 운영되고 있다.

4. 수출보험의 담보위험

(1) 비상위험

비상위험(political risk)은 수입국의 외환부족으로 인한 환거래의 제한 및 금지, 수입국에서의 수입금지 또는 제한조치, 외국에서의 전쟁·내란·정변과 같은 비상사태 등 수출계약 당사자에게 책임지울 수 없는 사유로 인하여 발생하는 수출보험 또는 대금회수불능위험을 말한다.

(2) 신용위험

신용위험(credit risk)은 수입자가 수출계약에 의한 대금을 지급할 능력이 없거나 대금지불을 지연시키는 등 당연히 이행하여야 할 채무 또는 의무를 이행하지 않거나 태만히 함으로써 발생하는 위험을 말한다.

수출보험에 의하여 담보되는 신용위험으로는 수입자의 지급불능과 일정기간 이상 지급지연, 상품의 인수거절 등이 있다.

(3) 기업위험

기업위험(management risk)은 기업의 활동과정에서 발생하는 위험으로서 기업가의 판매예상, 경영예측이 어긋남으로 인하여 발생하는 위험을 말한다.

5. 신용조사

신규로 수출보험에 부보하고자 하는 수출자는 수출신용정보센터에 가입하여야 한다. 수출신용정보센터는 국내 수출업체가 필요로 하는 각종 해외 신용정보자료를 수집하여 제공함으로써 업체의 정보수집에 따르는 어려움을 해소하고 나아가서 수출대금회수불능 등의 사고를 미연에 방지하는 등 수출지원을 위하여 공사가 설치·운영하고 있는 조직이다.

(1) 수출자 신용조사

수출자 신용조사는 무역거래에서 발생될 수 있는 제반위험 중 수출자의 귀책으로 인한 클레임 발생 가능성에 대비하여 수출자의 수출계약 이행 능력을 조사하기 위한 것이다.

조사내용은 수출자가 제출한 자료를 토대로 년간 수출실적, 은행관계, 사업력, 경영성과, 경영능력 및 대외평판 등을 조사하게 된다.

(2) 수입자 신용조사

수입자 신용조사는 수입자의 파산, 지급불능, 일방적인 계약파기, 채무이행지체 등 신용위험 및 기업위험으로 인한 사고발생가능성을 예측하는 것으로 수출거래추진시 가장 먼저 고려해야 할 사항이다. 다만, 신용장거래의 경우 수입자 신용조사는 생략될 수 있다.

조사내용은 해외사무소, 해외전문신용조사기관 및 무역진흥공사 등으로부터 수입자 신용보고서를 입수 후 재무상태, 종업원수, 현금 및 예금잔액, 결제상태와 경영능력 및 대외평판 등을 조사하게 된다.

제 2 절 단기수출보험제도

1. 단기수출보험의 의의

결제기간 2년 이내의 수출거래를 대상으로 하며, 물품을 수출한 후에 수입국 또는 수입자의 사정에 의하여 수출대금을 적기에 회수하지 못하여 수출기업에게 발생하는 손실을 보상하는 신용보험제도이다.

〈표 13-1〉 대상거래

대상거래 구분	내 용
일반수출	국내에서 생산·가공·집하된 물품 주) 을 수출하는 거래 주) 물품 : 용역을 포함하며 이하 같음.
위탁가공무역	국내기업의 해외 현지법인이 생산·가공한 물품 또는 국내기업이 위탁하여 외국에서 가공한 물품을 수출하는 거래
중계무역	수출자가 수출을 목적으로 물품을 수입한 후 제3국에 수출하는 거래

2. 이용절차

(1) 개별보험 이용절차

1) 개별보험의 의의

수출자의 판단으로 대금 미회수위험이 크다고 생각되는 거래만 선택해서 개별적으로 부보하는 제도이다. 공사도 부담하는 위험이 크다고 판단되는 거래에 대하여 인수를 거절할 수 있다. 비교적 소규모의 수출거래를 하는 중소기업이 주로 활용하는 제도이다.

2) 수출보험(개별보험) 이용절차

신규로 단기수출보험을 이용하고자 하는 수출자는 다음과 같은 절차에 따라 보험에 부보하게 된다.

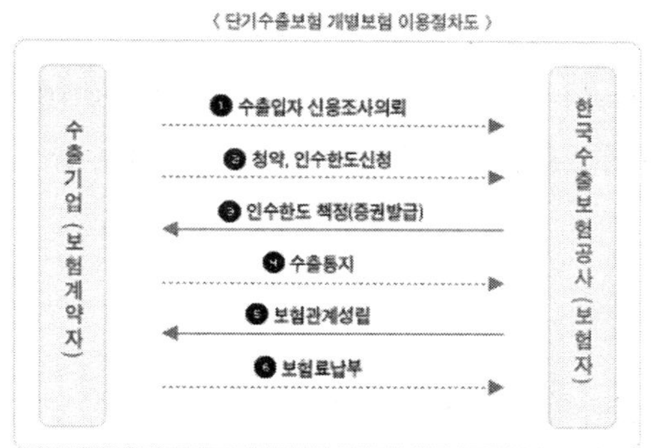

〈그림 13-1〉 단기수출보험 개별보험 이용절차도

3) 수출보험(포괄보험) 이용절차

〈그림 13-2〉 단기수출보험 포괄보험 이용절차도

제 3 절 수출신용보증제도

1. 수출신용보증-선적전

(1) 개요

수출신용보증(선적전)·수출용원자재 수입신용보증제도란 수출기업이 수출계약에 따라 수출물품을 제조, 가공하거나 조달할 수 있도록 외국환은행 또는 수출유관기관등(이하 '은행')이 수출신용보증서를 담보로 대출 또는 지급보증(수출용원자재 수입신용장개설주) 포함)을 실행함에 따라 기업이 은행에 대하여 부담하게 되는 상환채무를 한국수출보험공사가 연대보증하는 제도다.

주) 수출용원자재 수입신용장개설

중소, 중견 수출기업의 경우 담보능력이 부족하여 수출용 원자재 확보를 위한 수입신용장을 개설하는데 어려움이 있는 바, 이들 수출업체에 대하여 수출용원자재 수입신용보증을 제공함으로서 수입신용장 개설의 원활화를 통하여 수출을 증대하기 위한 취지에서 운용되고 있다.

1) 이용자 요건

다음의 경우에 해당하는 기업을 제외한 모든 수출자가 이용이 가능하다.

1. 30대 계열기업군에 속하는 경우
2. 신용등급이 G급 또는 R급인 경우
3. 금융기관거래 상황확인서상 대출금 연체중에 있거나 빈번히 연체하고 있는 경우
4. 사무소 또는 사업장이나 소유 주택이 현재 가압류 등으로 권리침해를 받고 있거나 최근 3개월 이내 권리침해를 받은 사실이 있는 경우
5. 전국은행연합회의 “신용정보 관리규약”에 의한 신용불량정보의 등록 사유를 발생시킨 경우
6. 신용장 개설은행 또는 수입자가 공사 인수제한대상에 지정된 경우
7. 보험료 또는 보증료를 연체중인 경우 등
8. 기타 위험관리 등을 위해 보증제한이 필요하다고 공사가 정한 경우

2) 보증하는 채무

공사가 보증하는 채무는 다음 각호의 합계액과 같다.

1. 신용보증서 앞면에 기재된 신용보증한도 범위내의 신용보증부 대출원금
   다만, 지급보증의 대지급이 발생된 경우에는 보증한도 범위내의 대지급금
2. 신용보증부 대출금에 대하여 보증채무 이행일까지의 약정이자율(상환기일에 적용되는 이자율로 연체이자는 제외됨)에 의한 이자액
   다만, 지급보증 대지급금에 대하여는 해당 채무자에 대한 최초일자 대출에 적용된 이자율을 우선 적용하고, 이에 해당하는 이자율이 없을 때에는 한국은행이 고시한 양도성 예금증서 수익률(91일물 기준)에 2%를 가산한 이자율에 의한 이자액

2. 수출신용보증 - 선적후

(1) 개요

수출신용보증(선적후)은 수출거래와 관련하여 외국환은행이 중소기업 수출자에게 수출신용 보증서를 담보로 대출함에 따라 발생하는 수출자의 채무에 대하여 수출보험공사(이하 '공사'라 함)가 그 지급을 연대보증하는 제도로서, 수출자가 수출계약에 따라 물품을 수출한 후 외국환은행이 운송서류 및 수출신용보증서를 근거로 수출자에게 일으킨 신용보증부 대출금에 대하여 대출 만기에 수입자 (신용장 개설은행 포함)로 부터 수출대금 회수불능 등으로 인하여 결제되지 않아 수출자가 외국환은행에 상환하지 못한 금액을 보상한다.

1) 대상거래

① 거래형태

〈표 13-2〉 결제기간이 2년이내의 신용장 또는 무신용장방식의 일반수출 또는 위탁가공무역

구 분	내 용
일반수출	국내에서 생산·가공·집하된 물품을 수출하는 거래
위탁가공무역	국내에서 주소를 둔 수출자가 국내기업의 해외현지법인이 생산·가공한 물품 또는 국내기업이 위탁하여 외국에서 가공한 물품을 수출하는 계약

② 수출입자 관계는 수출자 및 수입자의 관계가 약정서에서 정한 본지사관계 또는 혈연 관계가 아니어야 한다.

2) 이용대상업체

수출신용보증은 중소기업 전용 신용보증제도이므로 중소기업 수출자만이 이용할 수 있다.

제 4 절 환변동보험제도

1. 개요

환변동보험은 기업이 환율 변동으로 입게 되는 손실을 보상하고 이익을 환수하는 보험제도이다.

▸ 수출기업, 특히 환위험 관리여건이 취약한 중소 수출기업이 환위험을 손쉽게 해지할 수 있도록 2000년 2월에 도입된 제도

기본계약내용은 공사가 보장하는 환율(보장환율)과 결제시점의 환율(결제환율)과의 차이에 따른 손익을 정산하는 것으로 금융기관의 선물환거래와 유사하다.

2. 환변동보험의 이용요건

- 보험 대상통화는 미화, 엔화, 유로화 등 3개 통화
- 신용상 문제점이 없는 수출기업

3. 환변동보험의 종류 및 특징

〈표 13-3〉 환변동 보험 종류

<table>
<tr><th colspan="4">구 분</th><th>내 용</th><th>특 징</th></tr>
<tr><td colspan="4">입찰방식</td><td>입찰에 참여하는 기업이 입찰기간 동안 발생할 수 있는 환율하락에 대비할 수 있는 상품</td><td>사전에 수출계약금액 및 입금일정 등이 확정되지 않은 상황에서도 환리스크 헷지 가능</td></tr>
<tr><td rowspan="8">선물환방식</td><td rowspan="7">수출거래</td><td colspan="2">일반형
(Forward)</td><td>환율하락시 보험금을 지급하고 환율상승시 이익금을 환수하는 상품</td><td>환율하락시 보장 탁월하나, 환율상승시 환수부담이 큼</td></tr>
<tr><td rowspan="6">옵션형</td><td>완전보장형
(Put Option)</td><td>환율하락시 보험금을 지급하나 환율상승시 이익금을 환수하지 않는 상품</td><td>환율하락시 보장 탁월하고, 이익금 환수부담도 없으나, 보험료 부담이 큼</td></tr>
<tr><td>부분보장형
(Put Spread)</td><td>환율하락시 보험금을 지급하나 보험금 지급한도가 있는 상품 (달러당 20원~30원의 보험금 지급한도 사전 설정)</td><td>환율하락시 보장이 제한되나, 완전보장형에 비하여 보험료 부담이 저렴함</td></tr>
<tr><td>참여선물환
(Participation Forward)</td><td>환율하락시 보험금을 지급하고 환율상승시 이익금을 환수하나 환율상승시 이익금을 50%만 환수하는 상품</td><td>환율하락시 보장 탁월하고, 환수금 납부 부담이 적으나, 청약시 보험료 추가 부담</td></tr>
<tr><td>범위선물환
(Range Forward)</td><td>일반선물환과 동일하나 일정 구간에서는 보험금과 환수금 납부가 면제되는 상품</td><td>환율하락시 보장이 일부 제한 된 만큼 환율상승시 환수금 납부 부담이 줄어듦</td></tr>
<tr><td>광범위선물환
(Seagull)</td><td>범위선물환에 비하여 환수금 납부 기준환율이 높은 반면, 보험금 지급한도가 있는 상품</td><td>환율하락시 보장 제한이 큰 반면, 환수금 납부 부담이 크게 줄어듦</td></tr>
<tr><td>수입거래</td><td colspan="2">원자재
수입거래</td><td>환율상승시 보험금을 지급하고 환율하락시 환수금을 납부하는 상품</td><td>최근 1년간 수출용원자재 수입실적 범위 내에서 보험이용 한도를 설정한 후, 동 한도 내에서 원자재 수입거래에 대해 환율 상승위험을 제거할 수 있는 상품</td></tr>
</table>

제 5 절 신뢰성보험제도

1. 개요

국산 부품·소재를 사용하는 수요기업에게 제품의 신뢰성을 보장하여 안정적으로 사용할 수 있도록 제조물의 결함으로 인한 재산적 피해를 담보하는 보험이다.

〈표 13-4〉 담보위험별 주요 내용

담보위험	주요내용
제조물보증책임	부품·소재업체가 제조, 판매한 제조물이 양도된 후, 부품·소재의 결함으로 법률상 배상해야 할 손해중 수리비용 또는 대체가격
제조물회수비용	부품·소재업체가 제조·판매한 부품이 회수가 불가피하게 된 경우 회수에 따른 제반비용 보상
제조물배상책임	부품업체가 제조·판매한 부품이 양도된 후 그 제조물로 생긴 제3자의 신체상해 또는 재물손해로 부품업체가 부담하여야 할 법률상 손해배상액
기업휴지위험	부품업체가 제조·판매한 부품이 제 3자 양도된 후 그 제조물의 결함으로 인해 제3자에 기업휴지손해가 발생한 경우 그 상실이익

〈표 13-5〉 보험가입 주요 요건

가입대상	신뢰성인증 또는 평가를 받은 부품·소재 생산기업
담보지역	국내 및 해외거래를 담보
보험가입방법	기업의 연간 매출액기준, 특정 공급계약(또는 특정 거래처별)기준

제 6 절 수출보증보험제도

1. 개요

수출보증서란 수출 또는 해외공사계약과 관련하여 수출자가 수입자에게 제출하도록 계약서에 명시된 보증서로서 일반적으로 수입자가 지정한(또는 인정할 수 있는) 금융기관으로부터 발급받도록 되어 있다.

수출보증보험은 수출 또는 해외공사계약과 관련하여 수출보증서를 발급한 금융기관이 보증수익자(수입자 또는 발주자)로부터 보증채무 이행 청구(Bond-Calling)를 받아 대지급하는 경우에 입게 되는 손실을 보상함으로써 수출자가 수출보증서를 용이하게 발급받을 수 있게 하는 수출지원 제도이다.

☞ 금융기관용 수출보증보험: 수출보증과 관련된 금융기관이 보증에서 발생하는 손실을 보상받기 위하여 당해 금융기관이 직접 보험계약 당사자가 되는 수출보증보험

☞ 수출자용 수출보증보험: 국내외 금융기관의 보증서를 발급받기 위하여 수출자가 보험계약자가 되고 보증서를 발급하는 국내외 금융기관을 피보험자로 하는 수출보증보험

2. 운영방식

(1) 부보가능 거래

대외무역관리규정에서 정한 중계무역, 외국인도수출은 부보대상거래에서 제외시킴.

① 해외건설촉진법의 규정에 의한 해외공사

② 대외무역법에서 정한 수출

③ 기타 서비스, 용역수출

(2) 부보가능 보증

보증종류별 보증금액은 계약금액의 30%를 초과할 수 없다.

1) 보증종류

계약서에 명시되어 있는 보증서로서 수출계약이행의 약속증서라는 수출보증서의 기본기능에 부합하고, 보증금액율(보증금액/계약금액) 등이 국제관행에 벗어나지 않는 보증서

2) 보증종류 예시

① 입찰보증(Bid Bond)

② 계약이행보증(Performance Bond)

③ 선수금환급보증(Advance Payment Bond, Refund Guarantee)

④ 유보금환급보증(Retention Bond)

⑤ 하자보수보증(Maintenance Bond, Warranty Bond)

⑥ ①내지 ⑤에 대한 지급보증(Counter Guarantee)

제 7 절 중장기수출보험제도

1. 중장기수출보험 – 선적전

(1) 개요

1) 적용대상

수출자가 수출대금의 결제기간이 2년을 초과하는 중장기수출계약을 체결한 후 수출불능에 따른 손실을 보상받기 위해 공사에 부보요청한 거래이다.

2) 담보하는 위험

비상위험	신용위험
- 수입국의 모라토리움 선언 또는 정부간 채무조정 협정체결 - 수입국의 송금지연 조치 - 현지화 상환시 수입자의 상환의무를 면제하는 수입국의 조치 - 수입국의 수입 제한 또는 금지 - 전쟁, 혁명, 지진 등 불가항력사태 - 공공수입자인 경우 수입자의 일방적인 계약파기 또는 특별한 사유주1)로 인한 계약의 해지·해제 - 기타 대한민국밖에서 발생한 사유로서 계약당사자에게 귀책이 없는 경우 - 대한민국 법령에 의한 수출 제한 또는 금지	- 수입자의 파산 - 수입국 법원의 채무동결 또는 - 채권단과의 채무조정 협약으로 인한 – 수입자의 지급불능

주 1) 특별한 사유

- 수입자의 계약조건변경요구에 따를경우 수출자의 지출증가예상액이 이익상당액을 초과
- 수입자가 결제기일 또는 선적기일에 대해 1년이상의 연장을 신청
- 선적전 결제금액의 지급이 1년이상 지연

· 금융기관용 : 보험계약자가 보증서 발행 금융기관
· 수출자용 : 보험계약자가 수출자

3) 보상하는 손실

담보위험의 발생으로 수출계약에 따라 물품을 수출할 수 없게 된 경우에 입게 되는 손실을 보상

4) 보험가액, 보험금액

구 분	내 용
보험가액	수출계약금액에서 선수금을 뺀 잔액
보험금액	보험가액 × 부보율
부 보 율	90% 이내에서 공사가 정한 비율(중소기업은 95% 이내)
지급보험금	손실액 × 90/100 ≤ 보험금액 (중소기업은 95/100 적용)

2. 중장기수출보험(공급자신용 - 선적후)

(1) 개요

1) 적용대상

중장기수출보험(공급자신용·선적후)은 수출자가 결제기간 2년을 초과하는 중장기 연불조건으로 중장기수출계약을 체결하고 선적한 후 수출대금을 받을 수 없게 됨으로써 입게 되는 손실을 보상하는 제도로, 보험계약자는 수출자로서 수입자에 대한 신용공여 주체가 수출자이다.

2) 담보하는 위험

비상위험	신용위험
- OECD 가이드라인상의 국가신용위험[주1) Country Credit Risks) - 기타 대한민국 밖에서 발생한 사유로서 계약 당사자에게 귀책이 없는 경우	- 수입자의 파산 - 수입국 법원의 채무동결 또는 채권단과의 채무조정 협약으로 인한 수입자의 지급 불능 - 수입자의 결제기일이후 2월 이상의 지급 지체

주 1) 국가신용위험
① 모라토리움 선언 ② 송금지연 조치 ③ 현지화예치시 상환 의무 면제
④ 여타 상환제한조치 ⑤ 불가항력

3) 보상하는 손실

보험계약자가 수출계약에 따라 수출목적물을 선적하였으나 담보위험의 발생으로 인해 당해 수출목적물의 대금과 결제기일까지의 이자를 회수할 수 없게 된 경우 입게 되는 손실이다.

4) 보험가액, 보험금액

구 분	내 용
보험가액	연불원리금(단, 2회이상 분할결제시 각 결제기별 연불원리금의 합계)
보험금액	보험가액 × 부보율
부 보 율	100% 이내에서 공사가 정한 비율
지급보험금	손실액 × 부보율

제 8 절 해외공사보험제도

1. 개요

해외공사계약 상대방의 신용위험 발생, 해외공사 발주국 또는 지급국에서의 비상위험 발생에 따라 손실을 입게 된 경우에 그 손실을 보상하는 제도이다.

(1) 해외공사(건설, 엔지니어링)

1) 대상거래

해외건설촉진법의 규정에 의한 해외건설공사 및 해외건설엔지니어링 활동

2) 담보하는 위험

- 비상위험
- 신용위험

3) 보상하는 손실

보험계약자가 해외공사계약을 체결한 이후 신용위험 또는 비상위험의 발생에 따라 입게 된 다음의 손실을 보상

확인대가 회수불능	기성단계별 또는 공사완료후 대가로 확정된 금액을 받지 못하게 된 경우에 입게 되는 손실
지출비용 회수불능	공사이행에 소요된 비용중 대가로 확정되지 않은 금액을 회수하지 못하게 되어 입게 되는 손실
수출불능	해외공사 계약에 포함된 물품의 수출이 불가능하게 되어 입게되는 손실

- 확인대가 회수불능 손실, 지출비용 회수불능 손실, 수출불능손실에 대해 선택적으로 보험 청약할 수 있음

(2) 해외공사보험(장비)

1) 보험대상

해외건설공사와 관련하여 사용하는 장비에 관한 권리 등

2) 담보하는 위험

해외건설공사와 관련하여 사용하는 장비에 관한 권리 등

수용위험	해외건설공사에 사용할 목적으로 현지에 반입된 장비에 관한 권리 등이 외국의 정부 등으로부터 박탈된 경우
전쟁위험	전쟁·혁명 등으로 인하여 장비에 관한 권리에 손해를 입어 당해 장비에 관한 권리 등을 사업용으로 사용할 수 없게 된 경우
송금위험	장비에 관한 권리등의 상실로 취득한 금액을 외국에서 실시되는 환거래의 제한 또는 금지 등으로 국내로 송금하지 못하게 된 경우

3) 보상하는 손실

수용위험, 전쟁위험, 송금위험의 발생으로 장비에 관한 권리등의 취득대가 또는 권리등의 상실 취득금을 회수할 수 없게 된 경우에 입게 된 손실을 보상

제 9 절 해외투자보험제도

1. 개요

해외투자보험은 우리나라 국민이 해외투자를 행한 후 투자상대국의 수용, 전쟁, 송금위험, 약정불이행 위험 등으로 인하여 투자원금 또는 배당금·이자 등을 회수할 수 없게 되거나 보증채무의 이행 등 으로 입게 되는 손실을 보상하는 제도이다.

(1) 세부종목

해외투자보험은 부보대상 해외투자의 유형에 따라 5종류의 세부종목이 있으며, 부보대상 해외투자유형을 설명하면 아래와 같다.

세부종목	부보대상 해외투자
주식	대한민국 국민(법인포함)이 외국법인(외국에 본점을 또는 주사무소를 둔 법인)의 주식 또는 지분을 취득하는 것으로 현지법인의 설립, 기설립법인의 인수, 증자(일부지분참여 포함)에 의한 주식 또는 지분의 취득 등
사채	- 대한민국국민이 주식 또는 지분("주식등")의 소유나 기타의 방법으로 그 경영을 실질적으로 지배하고 있는 외국법인의 사채 및 기타 이에 준하는 채권 또는 당해 외국법인에 대한 장기 대출금에 관한 채권("사채등")을 취득하는 투자 - 대한민국 국민이 그 주식 등을 취득하려 하거나 소유하고 있는 외국법인의 주식 등을 취득하려는 외국인(외국의 정부.지방정부, 이에 준하는 공공단체 또는 외국법인을 포함)에게 당해 주식 등의 취득에 필요한 자금을 장기대출함으로써 그 대출금에 관한 채권을 취득하는 투자
보증채무	다음의 장기차입금에 대해 보증채무를 부담하는 것 - 대한민국 국민이 주식 또는 지분의 소유나 기타 방법으로 그 경영을 실질적으로 지배하고 있는 외국법인이 사업에 필요한 자금을 장기차입하는 경우 - 대한민국 국민이 그 주식 등을 취득하려 하거나 소유하고 있는 외국법인의 주식 등을 취득하려는 외국인이 당해 주식 등의 취득에 필요한 자금을 장기 차입하는 경우
부동산에 대한 권리	대한민국 국민이 국외에서 영위하는 사업에 사용되는 부동산 또는 설비에 관한 권리, 광업권, 공업소유권, 기타의 권리 또는 이들과 유사한 이익을 취득하는 것
자원개발	해외자원개발사업법과 관계법령에서 정한 해외자원개발사업과 관련하여, 국내개발사업자에게 개발 및 생산단계의 소요자금을 대출하는 금융기관과 국내개발사업자간 금융계약에 대해 적용(보험계약자가 금융기관임)

제 10 절 이자율변동보험제도

1. 개요

(1) 이자율변동보험 제도의 의의

상환기간이 2년을 초과하는 수출금융을 제공하고 수출보험공사의 중장기수출보험(구매자 신용)에 부보한 금융기관이 이자율변동에 따라 입게되는 손실을 보상하고 이익을 환수하는 제도이다.

- 고정금리와 변동금리를 교환하는 이자율스왑의 개념
- 공사는 보험계약자인 금융기관에 변동금리 (LIBOR+Spread)를 지급하고 고정금리 (CIRR)를 수취하는 구조

(2) 지원대상 요건

- 중장기 수출보험(구매자신용)에 부보, 또는 부보예정인 거래
- 구매자신용방식 금융에 적용

(3) 이자율 변동보험의 효과

- 수입자(차주)는 OECD Guideline이 허용하는 최저고정금리인 CIRR로 차입 가능
- 대주(보험계약자)는 변동금리 차입, 고정금리 대출로 인한 이자율 위험 제거가 가능하며, 공사가 보장하는 Spread에 대한 이익을 안정적으로 향유

(4) 자금의 흐름도

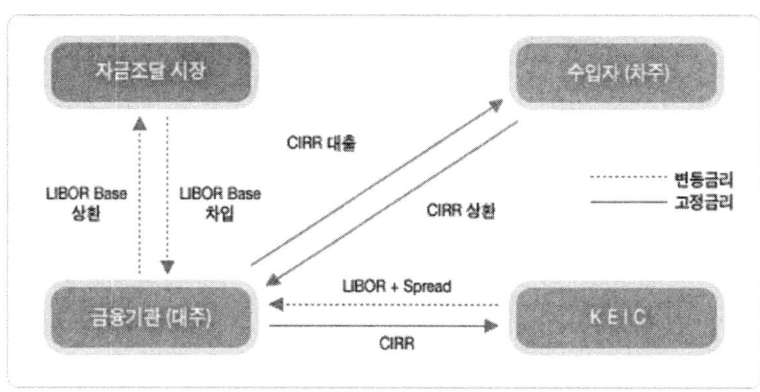

2. 이용절차

(1) 이용절차 도해

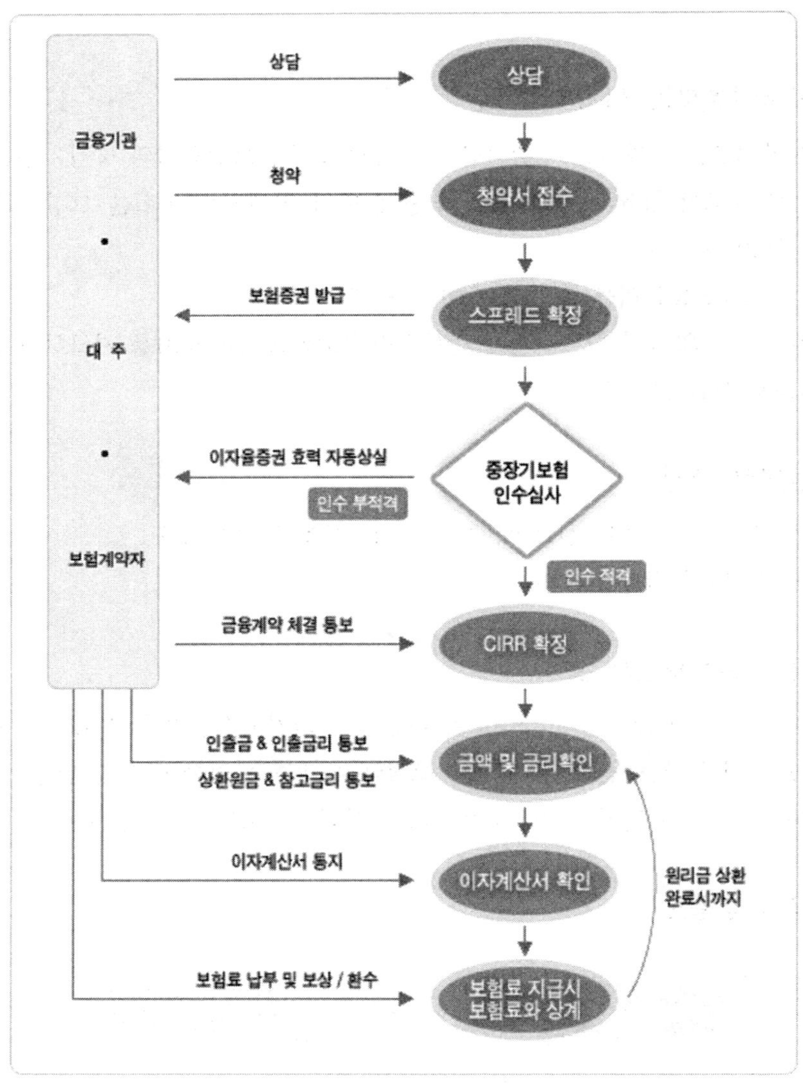

제 11 절 농수산물수출보험제도

1. 개요

농수산물수출보험은 농수산물수출계약 체결 후 수출이 불가능하게 되거나 수출대금을 받지 못하게 된 경우, 또는 당해 농수산물이 국내가격 변동으로 당해 수출계약의 이행에 따라 입게 되는 손실을 보상하는 보험이다.

(1) 적용대상

① 가격상승위험 : HS 코드 2단위 제 2, 3, 6, 7, 8, 9, 12, 16, 20, 21류
② 수출불능위험 : HS 코드 2단위의 제 1, 2, 3, 6, 7, 8, 9, 10, 12, 16, 20, 21류
③ 대금회수불능위험 : HS 코드 2단위의 제 1 ~ 24, 44 ~ 46류

(2) 보험금액

① 가격상승위험 : 수출계약금액의 80% 이내
② 수출불능위험 : 수출계약금액의 95%이내
③ 대금회수불능위험 : 수출물품대금의 95% (중소기업은 97.5%)

(3) 보험금

① 가격상승위험 : 손실액 × 95%. 단, 보험금액 한도내
② 수출불능위험 : 손실액 × 95%. 단, 보험금액 한도내
③ 대금회수불능위험 : 손실액 × 95% (중소기업은 97.5%)

(4) 운영방식 - 개별보험

2. 이용절차

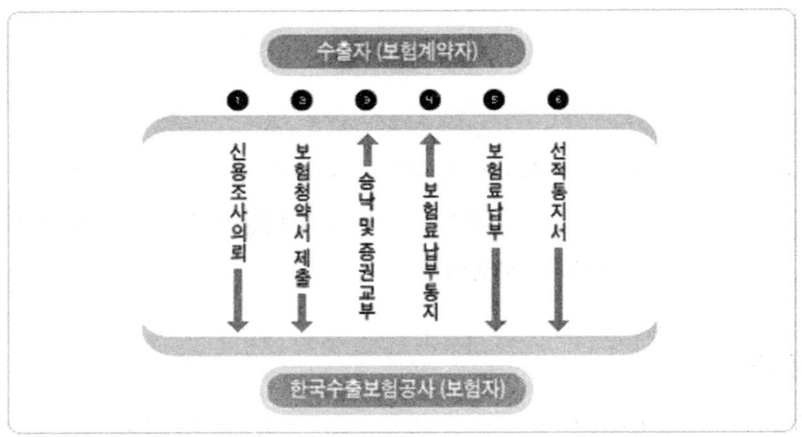

제 12 절 지식서비스수출보험제도

1. 개요

국내 수출업체가 정보통신, 문화컨텐츠, 기술, 엔지니어링 등의 지식서비스를 수출하고 이에 따른 지출비용 또는 확인대가(Running Royalty)를 회수하지 못함으로써 입게 되는 손실을 보상하는 제도로 기존 수출보험의 담보대상에서 제외되어온 Running Royalty방식 거래에 이용된다.

(1) 대상 거래

1) 시스템통합(정보시스템을 구축하고 유지 · 보수하는 종합서비스로 관련 하드웨어, 소프트웨어, 통신망, 전산인력 등을 포함) 수출

2) 산업재산권 등 기술 수출

3) 문화컨텐츠(온라인 및 모바일 게임, 영화, 캐릭터, 애니메이션, 방송 등)수출

4) 소프트웨어(컴퓨터 · 통신 · 자동화 등의 장비와 그 주변장치에 대하여 명령 · 제어 · 입력 · 처리 · 출력 · 상호작용이 가능토록하게 하는 지시 · 명령의 집합과 이를 작성하기 위하여 사용된 기술서 및 기타 관련 자료) 수출

5) 해외엔지니어링(과학기술의 지식을 응용하여 사업 및 시설물에 관한 연구 · 기획 · 타당성 조사 · 설계 · 분석 · 구매 · 조달 · 시험 · 감리 · 시운전 · 평가 · 자문 · 지도 등의 활동) 수출

– 단, 결제기간 2년 이하의 연불 또는 기성고 방식 수출거래에 한함
(2년을 초과하는 수출거래는 '중장기수출보험'으로 결제기간 2년 이하의 L/C, D/A 등의 대금결제방식 거래인 경우는 '단기수출보험'으로 인수)

(2) 담보하는 위험

- 비상위험
- 신용위험(수입자 채무불이행에 대해서는 3개월 이상 지체에 한함)

(3) 보상하는 손실

- 기성단계별 또는 수출완료 후 대가로 확정된 금액을 받지 못하게 되는 경우에 입게 되는 손실 (확인대가)
- '시스템 통합'의 경우, 수출계약이행을 위해 지출하였으나 계약의 상대방이 대가의 지급을 확정하지 않은 지출비용 포함 (지출비용)

(4) 부보율

대기업 95%, 중소기업 97.5% 이내

제 14 장

수출입통관

제 1 절 통관과 보세구역

1. 통관의 의의

국가간에 물품의 수출입을 위해서는 세관(customs house)을 통과하여야 하며, 관세선(custom line)을 통과하는 물품이 수출입될 때에는 반드시 당해국 세관의 수출입신고가 수리되어야 한다.

통관(customs clearance)이란 수출입물품이 국가간에 이동할 때 국가별로 관련 법규에 의하여 규정하고 있는 규제사항을 세관이라는 관문에서 서류와 현품과 대조확인 후 수출물품의 국외반출과 수입물품의 국내반입을 허용하는 것을 말한다.

관세법상 통관은 관세법에서 규정한 절차를 이행하여 물품을 수출·수입·반송하는 것으로 국가는 이러한 통관절차를 통하여 관세를 부과 징수할 수 있고 제반법령에 의한 규제사항을 최종확인할 수 있게 된다.

이러한 통관은 대상물품에 따라 수출통관, 수입통관, 반송통관 그리고 휴대품과 우편물을 위한 간이통관으로 구분된다.

통관제도의 목적은 수출입되는 물품에 대한 제세의 부과징수를 통한 재정수입의 확보와 각종 규제사항에 대한 실효성확보 등에 있다.

2. 통관의 대상

관세법상 통관의 대상이 되는 것은 원칙상 외국물품이다. 여기서 외국물품이란 외국으로부터 우리나라에 도착하고 물품으로서 수입신고가 수리하기 전의 것과 내국물품으로 수출신고가 수리된 물품이다.

외국으로부터 우리나라에 도착된 물품의 범위로는 외국에서 생산된 물품, 우리나라 생산품으로서 수출 후 재 수입된 물품, 외국선박에 의해 공해에서 채포된 수산물 등이다.

3. 보세구역

보세구역이란 외국물품을 장치하거나 수출입 통관절차의 이행을 위해 수출물품을 일정기간 장치하거나 또는 외국물품을 가공, 제도, 전시를 위한 장소로서 세관장이 지정하거나 또는 특별히 허가한 구역을 말한다.

보세구역은 기능에 따라 지정보세구역과 특허보세구역으로 구분된다.[1]

(1) 지정보세구역

1) 지정장치장

지정장치장이란 통관을 하고자 하는 물품을 일시적으로 장치하기 위해 세관장이 지정하는 구역을 말한다.[2]

통관하고자 하는 물품의 장치는 검사를 할 수 있는 구역으로서 세관의 창고나 부두의 야적장이 이용되며, 지정장치장에서의 장치기간은 6개월 범위안에서 관세청장이 정한다.

2) 세관검사장

세관검사장이란 통관을 하고자 하는 물품을 검사하기 위한 장소로 관세청장이 정하는 바에 의하여 세관장이 지정하는 구역을 말한다.[3]

(2) 특허보세구역

특허[4]보세구역은 개인이 영리를 목적으로 운영하는 사기업으로 세관장의 특허를 받아 설치된 보세구역을 말한다.

---

1) 관세법 제65조.
2) 관세법 제73조.
3) 관세법 제77조의 2 제1항.
4) 특허란 어떠한 행위를 적법하게 할 수 있는 행정행위를 말한다.

1) 보세장치장

수출입물품의 통관을 위한 장치구역으로서 장치기간은 6개월 범위내에서 관세청장이 정한다.[5)]

2) 보세창고

외국물품을 장치하기 위한 구역으로 보세창고에서의 장치기간은 외국물품은 반입일로부터 2년, 내국물품은 6월로 한다.

3) 보세공장

외국물품을 원료로 하거나 또는 외국물품과 내국물품을 원료로 하여 제조, 가공, 기타 이와 유사한 작업을 하기 위한 구역으로 장치기간은 물품반입일로부터 1년이지만 세관장이 상당한 이유가 있다고 인정할 때에는 설정에 의하여 다시 1년을 초과하지 않는 기간내에서 연장할 수 있다.

4) 보세전시장

박람회 등의 운영을 위하여 외국물품을 장치하거나 전시 또는 사용을 목적으로 하는 구역을 말한다.

5) 보세건설장

산업시설의 건설에 소요되는 외국물품인 기계류 설비품 또는 공사용 장비를 장치하고 사용하여 당해 건설공사를 하는 구역을 말한다.

6) 보세판매장

외국물품을 반출하거나 관세의 면제를 받을 수 있는 자가 사용하는 것을 조건으로 판매하는 구역을 말한다. 세관장은 판매할 수 있는 종류, 수량, 장치, 장소 등을 제한할 수 있다.

---

5) 관세법 제88조 제1항, 제91조 제1항.

제 2 절 수출통관

1. 수출통관의 의의

수출통관(export clearance)이란 내국물품을 보세구역에 반입 후 세관에 수출신고한 다음 세관장으로부터 수출신고필증을 받아 외국무역선에 적재할 때까지의 일련의 절차를 말한다.

세관은 수출통관 절차를 통해 각종 수출규제에 관한 법규의 이행여부를 최종확인하게 된다.

2. 수출통관절차

수출통관절차는 내국물품을 외국물품화 하기 위하여 세관에 대한 일련의 절차로 보세구역 또는 타소장치장 반입 → 장치확인 → 수출신고 → 수출물품의 심사·검사·분석 → 수출신고수리 → 선적 → 선적확인 순으로 이루어진다.

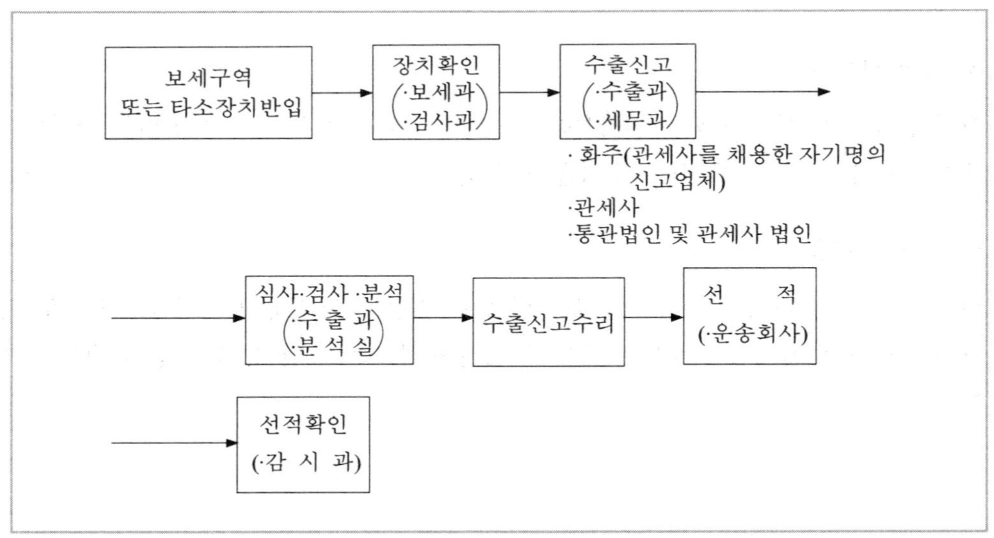

〈그림 14-1〉 수출통관 절차

(1) 보세구역 또는 타소장치 반입

수출물품은 선상신고 물품을 제외하고 수출통관을 위하여 관할 세관의 지정장치이나 세관 검사장 또는 보세 장치장에 반입하여야 한다.

그러나 물품의 성질, 상태에 따라 보세구역에 반입이 곤란한 경우 보세구역이 아닌 타소장치장에 반입할 수 있다. 관세법상 타소장치할 수 있는 경우는 ① 거대중량 및 기타의 사유로 보세구역에 장치하기가 곤란한 물품, ② 재해 기타 부득이한 사유로 임시장치할 물품, ③ 검역물품, ④ 관세법 위반으로 압수된 물품, ⑤ 우편물품 등이다.

(2) 장치확인

보세구역 또는 타소장치반입된 물품은 해당 세관의 과에 물품입고에 따른 확인을 받아야 한다.

(3) 수출신고

1) 수출신고의 의의

수출신고는 수출통관의 의사표시로 물품을 수출하고자 하는 자는 먼저 수출물품의 품명, 규격, 수량 및 가격 등에 관하여 당해 물품의 제조공장 등을 관할하는 세관에 수출신고 후 신고필증을 교부받아야 한다.

수출신고를 위해서는 원칙적으로 전자문서(EDI:Electronic Data Interchange)로 작성된 신고자료를 통관시스템에 전송하여야 하나 ① 세관장의 확인대상물품, ② 전략물자 수출허가 대상물품, ③ 위약으로 인한 재수출물품 및 수입시 재수출조건 이행물품, ④ 화주 등이 직접 신고하는 경우로서 세관장으로부터 수출신고필증을 발급받고자 하는 경우 수출신고서를 직접 제출할 수 있다.

수출신고는 화주(관세사를 채용한 자기명의 신고업체에 한함), 관세사, 통관법인 또는 관세사 법인의 명의로 하여야 한다.[6)]

수출신고를 직접제출하는 경우 수출신고서에 다음의 서류를 첨부하여야 한다.

① 수출승인서(필요시)

② 관세법 제145조에 의한 세관장 확인물품 및 확인방법 지정고시에 의한 구비서류

③ 전략물자 수출허가서(해당시)

---

6) 관세법 제137조의 3.

④ 위약수출 및 재수출조건 이행사실 입증서류(해당시)
⑤ 포장명세서(세관장이 제출요구시)

2) 전자문서방식에 의한 수출신고

전자문서방식과 직접제출방식에 의한 신고절차는 다음과 같다.

가. 전자문서방식에 의한 수출신고

① 수출업체는 수출신고의뢰 전자문서를 세관에 직접 또는 관세사 등에 전송하고 첨부서류는 EDI나 Fax를 이용하여 송부
② 관세사 등은 수신한 수출신고의뢰 전자문서를 바탕으로 작성한 수출신고전자문서를 세관에 전송
③ 세관은 신고수리 전자문서를 관세사 등에 전송
④ 관세사 등은 수출신고 수리전자문서를 수출업체에 전송

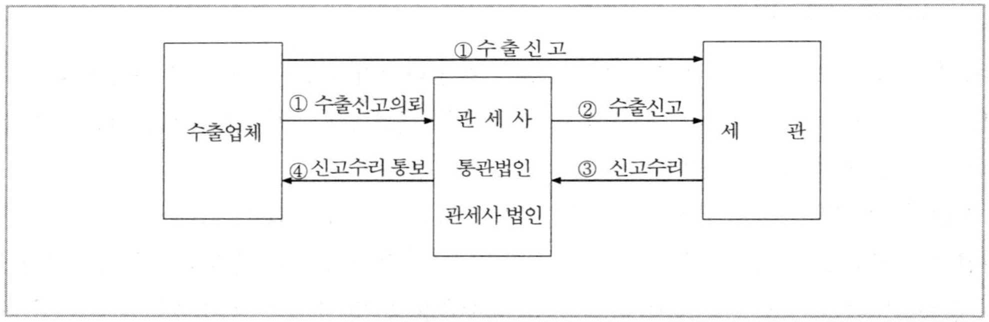

〈그림 14-2〉 전자문서방식에 의한 수출신고

나. 직접제출방식에 의한 수출신고

① 수출업체는 수출신고의뢰 전자문서를 세관에 직접 또는 관세사 등에 전송 후 첨부서류는 EDI, Fax를 이용하여 송부
② 관세사 등은 수신한 수출신고의뢰 전자문서를 바탕으로 작성한 수출신고 전자문서를 세관에 전송 후 수출신고서를 출력하여 첨부서류와 함께 세관제출
③ 세관은 해당 신고서류를 조회 및 확인 후 신고수리
④ 세관은 신고수리 전자문서를 관세사 등에 전송
⑤ 관세사 등은 수출신고수리 전자문서를 수출업체에 전송

(4) 심사 · 검사 · 분석

수출신고서가 세관에 접수되면 세관은 우선 서류상 ① 수출승인서와 수출신고서의 일치여부, ② 정상결제 여부, ③ 수출금지 품목 여부, ④ 수출신고서 기재사항의 정확성 여부, ⑤ 화물의 기호, 품종, 수량, 계약조건, 목적지, ⑥ 통관을 위하여 필요한 사항 등에 대하여 심사하게 된다.

관계서류심사가 끝나면 수출물품에 대하여 동일한 물품인지 여부를 수출검사법과 관세법 측면에서 검사하게 된다.

1) 수출검사법에 의한 검사

수출물품의 대외 신용도 유지와 건전한 수출무역의 조성을 위하여 수출검사기관에서 실시한다.

2) 관세법에 의한 검사

위장 및 불법수출의 방지 및 환급의 정확성을 기하기 위하여 규격, 수량 등을 확인하는 것으로 수출물품 전체에 대해 행하는 것이 원칙이나 발췌검사 또는 일부품목에 대하여 실시한다.

(5) 수출신고 수리

세관은 수출신고서류의 심사와 물품검사가 끝나면 당해 물품에 대해 신고수리 조치를 취하고 수출신고자에게 수출신고필증(export permission: E/P)을 교부하게 된다.

(6) 선적

수출신고수리를 받은 물품은 관세법상 외국물품으로 취급되어 보세구역으로부터 반출되어 선적된다.

(7) 선적확인

선박회사의 선적지시서와 세관의 수출신고필증을 본선의 승선공무원에게 제시하고 선적하면 본선에서 발급한 본선 수령증을 세관에 제출하여 선적확인을 받음으로써 수출통관절차가 완료하게 된다.

〈서식 14-1〉 수출신고서(보관용)

수 출 신 고 서

계약번호:
(통 계 용)

※ 처리기간 :즉시

신고인 측	신고 내역
① 신 고 자 상 호 ______ 제 출 번 호 [ ]	⑦ 신고 번호 / ⑧ 신고 일자 / ⑨ 신고 구분 / ⑩ C/S 구분
② 수 출 자 상 호 ______ 부 호 [ ] [ ]	⑪ 거래 구분 / ⑫ 종류 / ⑬ 결제 방법
③ 제 조 자 주 소 ______	⑭ 목 적 국 / ⑮ 적재항
상 호 ______	⑯ 운송 형태 / ⑰ 제조 완료일 (검사희망일)
통관고유부호 [ ] 사업자등록번호 [ ]	⑱ 물품 소재지 [ ]
④ 구 매 자 상 호 ______ 부 호 [ ]	⑲ L/C번호
⑤ 환 급 신 청 인 [수출자] [ ] [제조자] [ ]	⑳ CS변경 / ㉑ 조사란
⑥ 환급기관 ______ 부 호 [ ]	

㉒ 품 명 · 규 격			
	㉓ 관 세 사 실 적		
	㉔ 세 번 부 호		
	㉕ 제 품 코 드		
	㉖ 신고가격(FOB)		
	㉗ 순 중 량		KG
	㉘ 수 량		U
	㉙ 포장갯수 / 종류		CT
	세 번 부 호		
	제 품 코 드		
	신고가격(FOB)		
	순 중 량		KG
	수 량		U
	포장갯수 / 종류		CT

㉚ 총란수 ( )란	㉛ 총 중 량	단위 KG	㉜ 총포장 갯 수	㉝ 총신고가격	₩ / $

관련 서류				
관련 서류	㊲ 수 출 승인서			㉞ 결제금액
	㊳ 수 출 추천서			㉟ 운 임(₩) / ㊱ 보험료(₩)
	㊴ 검사증			㊺ 세관기재란
	㊵ 검역증			
	㊶ 전약물 자수출 허가서			
	㊷			㊻ 신고수리일자(/ /)
보세 운송	㊸ 운송신고인			
	㊹ 기 간 / / 부터 / / 까지			

471-00122민 (1) 수출신고일로부터 30일이내 선(기)적하지 아니할 때에는 수출신고수리의 취소 및 법금이 부과되므로 선(기)적 사실을 확인하시기 바랍니다.(관세법 제66조, 제14조의3, 제188조)
(2) 수출신고필증의 진위여부는 수출입통관정보시스템에 조회하여 확인하시기 바랍니다.(http://kcis. ktnet.co.kr)

210×297㎜
NCR지55g/㎡

제 3 절 수입통관[8)]

1. 수입통관의 의의[7)]

수입통관(import clearance)이란 수입신고를 받은 세관장이 수입신고사항을 확인하여 일정한 요건을 갖추었을 때 수입을 허용하는 것으로 수입신고사항과 현품의 일치여부, 수입관련 제규정의 충족여부를 확인한 후 외국물품을 내국물품화하는 행정행위이다.

수입통관의 목적은 수입물품에 대한 제세 부과에 의한 재정수입의 확보와 각종 법령에서 규제하는 사항을 확인 집행함으로써 실효성 확보에 있다.

우리나라에서는 1996년 7월 수출입 통관제도를 수출입면허제에서 신고제로 전환하면서 수입신고수리 후 15일이내에 관세납부하도록 하고, 수입신고 수리 후 관세 납부제도를 도입 통관절차와 과세절차를 분리함으로써 수입통관절차를 간소화하였다.

2. 수입통관절차

수입통관절차는 외국물품을 내국물품화하기 위하여 세관에 대한 일련의 절차로 입항 및 하역 → 보세운송 → 보세구역장치 → 수입신고 → 통관심사 → 관세납부 → 수입신고수리 → 반출 순으로 이루어진다.

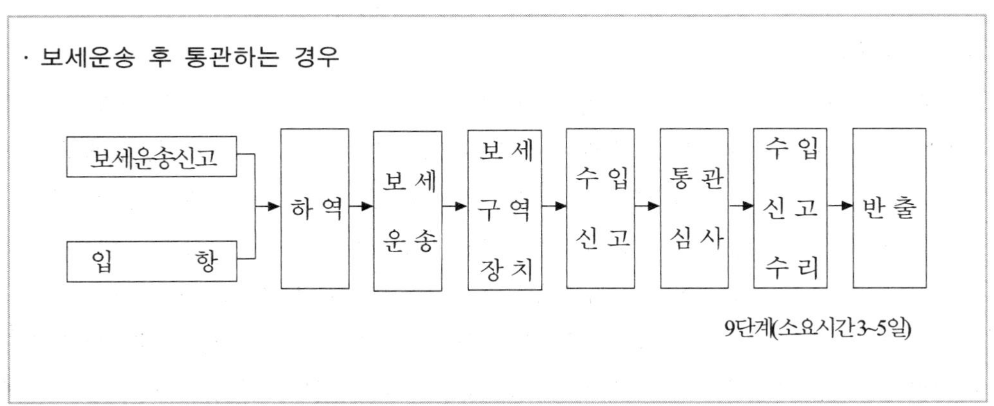

7) EDI와 관련된 수입통관절차는 제6장 제4절 참조할것.

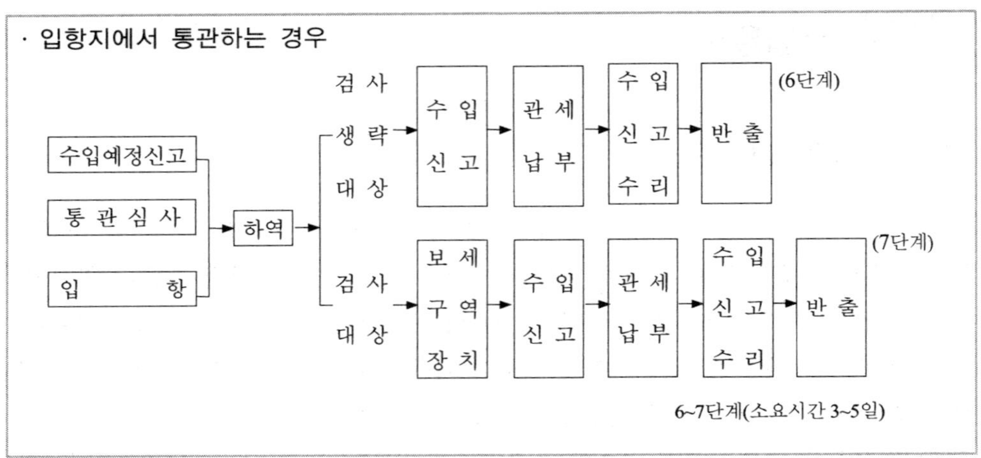

〈그림 13-3〉 수입통관절차

(1) 입항 및 하역

수입화물의 경우 해상운송화물은 선박이 입항하기 24시간전, 항공운송화물은 항공기 착륙 2시간전까지 입항예정지 세관장에게 적하목록(manifest)을 제출하여야 한다.

적하목록을 접수한 세관은 수입화물을 추적관리하게 되며, 수입화물을 하선하고자 하는 경우 운항선(항공)사는 Master B/L 단위 적하목록을 기본으로 하선장소를 정하여 하선신고서를 제출하여야 한다.

해상운송화물의 경우 컨테이너화물은 부두내 또는 부두밖 CY까지 하역이 가능하다.

(2) 보세운송

보세운송[8])이란 수입화물의 화주에게 경비의 절감, 절차의 간소화, 자동부담의 완화 등 편의 제공을 목적으로 세관장에게 신고한 후 외국물품을 통관하지 않은 상태로 보세구역, 타소장치장, 개항, 세관관서, 통관역 및 통관장간에 한하여 인정하는 제도이다.

보세운송을 하고자 하는 자는 당해 물품이 하선(기) 장소에 반입된 이후 보세운송신고서에 적하목록 사본을 첨부하여 보세운송 신고를 하여야 하며, 보세운송신고를 받은 세관은 신고서류를 심사후 거절사유에 해당되지 않을 경우 보세운송신고를 수리하여야 한다.

이러한 보세운송화물은 해상화물은 15일, 항공화물은 7일 이내에 보세운송도착지에

8) 보세(保税)란 관세유보 또는 관세미납 상태를 말하며, 보세운송이란 세관장에 신고 후 보세화물을 국내의 보세구역간에 이동하는 것을 말한다.

도착시키고 관세청장이 정하는 바에 따라 도착지 세관장에게 보고하여야 한다.

(3) 보세구역장치

수입화물이 도착되면 당해 물품을 인수하고 세관이 지정한 보세구역에 반입하여 장치확인을 받아야 한다. 외국물품을 보세구역에 반입하고 장치확인을 받도록 하는 것은 효율적인 화물관리와 관세징수권의 확보는 물론 통관업무의 적정과 신속을 기할 수 있도록 하기 위해서이다.[9]

수입화물은 원칙적으로 보세구역에 반입하여야 하지만 ① 거대중량 기타의 사유로 보세구역에 장치하기 곤란한 물품, ② 재해 기타 부득이한 사유로 임시 장치한 물품, ③ 우편물품은 보세구역이외의 장소에 세관장으로부터 타소장치허가를 받아 보세화물을 장치할 수 있다.[10]

(4) 수입신고

1) 수입신고의 의의

수입물품이 보세구역에 반입되거나 타소장치장에 장치되면 통관을 위한 수입신고를 하여야 한다.

수입신고의 의의는 수입물품을 국내로 반입하겠다는 의사표시로 수입신고를 하는 시점에 적용법령의 확정, 신고납부제도 그리고 과세물건 및 납세의무자의 확정을 가져온다.

수입신고는 화주, 관세사, 통관법인 또는 관세사 법인 명의로만 가능하며, 신고시 필요한 서류는 다음과 같다.

① 수입신고서
② 수입승인서(수입승인 품목에 한함)
③ 상업송장
④ 가격신고서(거래관계사실신고서, 세무조정계산서)
⑤ 선하증권 또는 항공화물 운송장 부본
⑥ 포장명세서
⑦ 원산지 증명서(해당 물품에 한함)
⑧ 관세법 제145조 규정에 의한 세관장 확인물품 및 확인방법 지정고시 중 신고수리

---

9) 김병술, 「무역업의 창업과 경영」, 두남, 1998, p.413.
10) 한국무역협회, 「수출입업무요람」, 1997, pp.196~197.

전 구비서류

⑨ 보세운송신고(승인)서 사본(입고된 물품에 한함)

⑩ 수입대행계약서(수입자와 납세의무자가 다른 경우)

수입신고는 원칙적으로 선박 또는 비행기가 입항한 후 가능하나 예외적으로 입항전이라도 수입신고가 가능하다.

수입신고는 그 시기에 따라 출항전 신고, 입항전신고, 보세구역도착전 신고, 보세구역 장치 후 신고로 구분되며 필요에 따라 선택하여 신고할 수 있다.

〈표 14-1〉 수입신고시기에 따른 통관절차

구 분	출항전 신고	입항전 신고	입항후 보세구역 도착전 신고	보세구역 장치후 신고
신고시기	선박(항공기) 출항전	선박(항공기)출항 후 입항보고 전	입항후 당해 물품이 반입될 보세구역 도착전	당해 물품이 보세구역 도착 후
신고대상 물품	항공기로 수입되는 물품과 일본·중국·대만·홍콩으로부터 선박으로 수입되는 물품	제한 없음	제한 없음	제한 없음
신고대상 업체	담보면제 한도액 또는 담보사용 한도액이 있거나 신고수리전 담보를 제공하거나 미리 관세를 납부하고자 하는 업체·컨테이너화물은FCL에 한함	좌 동	제한 없음	제한 없음
신고세관	입항예정지 관할세관(부산항은 부산세관)		수출물품이 도착할 보세구역 관할 세관	수입물품이 장치된 보세구역 관할 세관
검사대상 통보시기	선박(항공기) 출항 입증자료 제출일, (출항신고서 및 적하목록)	수입신고일		
검사생략 물품신고 수리시기	적하목록 제출 후		보세구역 도착일	수입신고일
검사대상 물품의 신고수리 시 기	검 사 후			

자료 : 손태빈, 「新무역실무」, 두남, 1997, p.183. 일부수정 인용.

〈서식 14-2〉 수입신고서(보관용)

수 입 신 고 서 (보 관 용) ※ 처리기간: 3일

①신 고 번 호: ②신 고 일: ③세관.과:
④B/L(AWB)번호: ⑥입 항 일:
⑤화물관리번호: ⑦반 입 일: ⑧징수형태:

⑨신 고 자:
⑩수 입 자:
⑪납세의무자: 통관고유부호: 사업자등록번호:
⑫무역대리점:
⑬공 급 자:
⑭통 관 계 획: ⑯거래구분: ⑱원산지증명서 유무:
⑮신 고 구 분: ⑰종류: ⑲가격신고서 유무:
⑳총 중 량: KG ㉒국내도착항: ㉓적출국:
㉑총포장 갯수: CT ㉔운송형태: ㉕선기명:
㉖MASTER B/L번호: ㉗운수기관부호:
㉘검사(반입)장소:

●품명·규격(란번호/총란수 :)
㉙품 명:
㉚거 래 품 명:
㉛상 표:
㉜모델·규격 : ㉝성분 ㉞수량 ㉟단가(USD) ㊱금액(USD)

㊲세 번 부 호: ㊴순중량: ㊷C/S 검사:
㊳과 세 가 격 (CIF): ㊵수 량: ㊸검사변경:
㊶환급물량:
㊹사후확인 기관: ㊻원산지표시: ㊼특수세액계산근거:
㊺수입요건확인: (요건확인물량)
㊽세종 ㊾세율(구분) ㊿감면율 51 세액 52 감면분납부호(감면액) * 내국세종부호

●총과세가격 및 세액
53 결 제 금 액: 55 환 율:
54 총과세가격: 56 운 임: 58 가 산 금 액:
57 보 험 료: 59 공 제 금 액:
60 세 종 61 세액 63 납 부 번 호:
관 세 64 부가가치 세과표:
특 소 세 65 세 관 기 재 란:
교 통 세
주 세
교 육 세
농 특 세
부 가 세
신고지연 가산세
62 총세액 합계
66 담 당 자 : 67 접 수 일 시 : 68 수 리 일 자 :
= 이 하 여 백 =

업태: 종목: 세관과 : 신고번호: Page: /

2) 전자문서방식에 의한 수입신고

① 수입업체는 신고자료를 전자문서로 변환하여 전송
② 신고인은 출력된 수입신고서와 첨부서류를 인편 또는 Fax로 제출
③ 세관은 신고자료 조회 후 이상이 없을 경우 신고수리

전자문서에 의한 수입신고시 제출하여야 할 서류는 다음과 같다.

① 수입신고서
② 수입승인서(수입승인 물품에 한함)
③ 상업송장
④ 가격신고서(세무조정계산서, 거래관계사실 신고서)
⑤ 선하증권 또는 항공화물운송장 사본
⑥ 포장명세서
⑦ 원산지증명서(해당 물품에 한함)
⑧ 세관장 확인물품 및 확인방법 지정고시 중 신고 수리전 구비서류
⑨ 보세운송신고(승인)서 사본(입고물품에 한함)

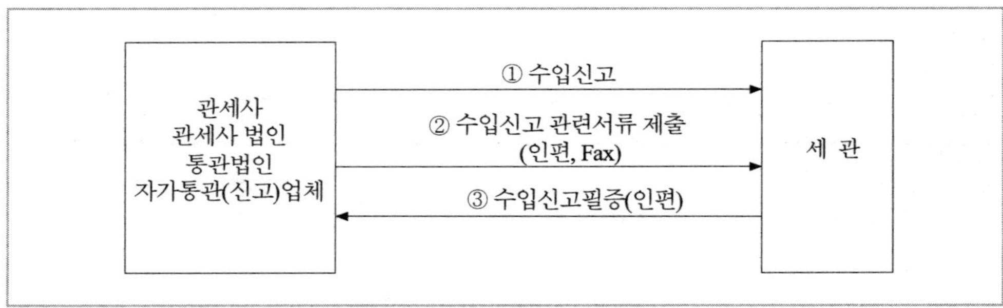

〈그림 14-4〉 전자문서방식에 의한 수입신고

3) 수입신고서 작성요령

① 신고번호

신고번호의 구성은 신고자의 부호, 연도, 일련번호 및 구분으로 구성되어 있는데 작성예는 다음과 같다.

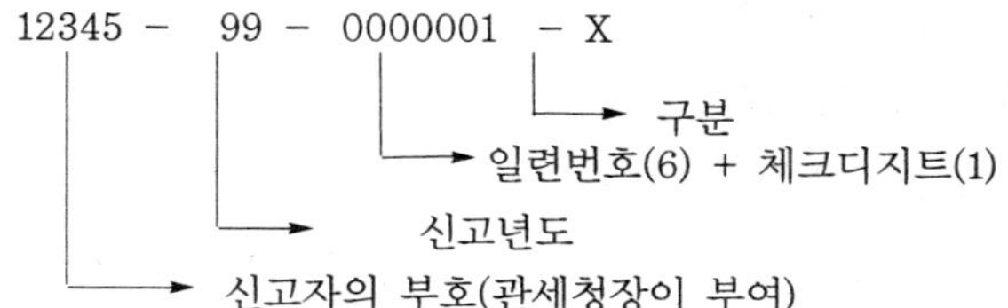

신고자부호가 없는 개인인 경우 신고번호는 세관에서 접수시에 부여하므로 기재할 필요가 없다.

② 신고일자

수입신고하는 날짜를 기재한다.(99/10/01)

통계부호표를 참조하여 거래구분, 종류, 대금결재방법코드를 기재한다.

③ 세관, 과

수입신고하는 통관지 세관과 과부호를 기재하며 세관 및 과부호는 통계부호표 Ⅱ의 (1)을 참조하기 바람(서울세관 수입1과인 경우 010-11)

④ B/L(AWB)번호

HOUSE B/L번호를 20자 이내로 기재한다(문자, 숫자). 수출자유지역 또는 보세공장으로부터 국내반입되는 경우 공란으로 둔다.

⑤ 화물관리번호

보세화물 입출항하선하기 및 적재에 관한 고시에 의거 House B/L 단위의 식별번호기재한다.

⑥ 입항일

수입물품을 적재한 선박 및 항공기의 국내최초 입항일을 기재한다.

* 예정신고시 입항일자는 입항예정일을 전송

⑦ 반입일

수입물품의 장치장 반입일자를 기재한다.

⑧ 징수형태

통계부호표의 해당징수형태코드를 기재하되, 접수통보후에는 징수형태를 변경할 수 없다.

⑨ 신고자

신고자 상호와 대표자 성명을 기재한다.

⑩ 수입자

수입자 상호 또는 성명을 기재한다.

무역업 고유번호를 기재한다.

⑪ **납세의무자 주소, 상호, 성명**

납세의무자의 주소, 상호, 성명을 기재한다.

통관고유번호 : 관세청장이 지정한 통관고유번호를 기재한다.

사업자등록번호

⑫ **무역대리점**

상호를 기재한다.

⑬ **공급자**

공급자 상호를 기재한다.

관세청장이 지정한 해외공급자 부호를 기재한다.

수입승인 면제물품의 경우

⑭ **통관계획**

통계부호표상의 통관계획 부호를 기재하되, 특급 탁송화물 및 간이통관대상은 기재하지 아니한다.

출항전신고 A

입항전신고 B

보세구역 도착전신고 C

보세구역 도착후신고 D

⑮ **신고구분**

내 용	부 호
일반 P/L신고	A
일반서류신고	B
간이 P/L신고	C
간이서류신고	D
간이자동수리신청	E

⑯ **거래구분**

내 용	부 호
일반형태수입	11
외국인투자업체의 수탁가공목적 수입	21
일반업체의 수탁가공 목적 수입	22
위탁가공(국외가공)후 수입	29
수탁판매용 수입	51
임차방식수입(소유권이전 조건)	53
상계원재료	61
무상반입 상품의 견품 및 광고용품	87
무역거래원활을 위해 수입하는 물품중수입승인면제물품의 수입	92

⑰ 종류

내 용	부 호
외화획득용 수입	A
내수용 수입	K
외국으로부터 보세공장반입물품	B
내수용보세공장 반입물품	U
신고수리전 반출승인분(외화획득용)	L
신고수리전 반출승인분(내수용)	M
우편물품(국제우체국 면허분)	P

⑱ 원산지 증명서 유무

원산지 증명서의 유/무를 Y/N으로 표시한다.

⑲ 가격신고서 유무

가격신고서의 유/무를 Y/N으로 표시한다.

⑳ 총중량

신고된 물품의 총중량(용기포함)을 기재(소수점이하 반올림)한다.

단위는 K(kg) 또는 T(ton)으로 환산하여 기재한다.

㉑ 포장 개수

해당 물품의 외포장 개수를 기재한다.

수입물품의 해당 포장종류 코드를 기재(통계부호표 참조)한다.

㉒ 국내도착항

수입물품을 적재한 선박 및 항공기와 입항한 도착항을 기재한다.

㉓ 적출국

수입물품을 수출한 국가명을 ISO 국가코드 및 약어로 기재. 보세공장, 수출자유지역의 경우 한국(KR)로 기재한다.

㉔ 운송형태

수출신고서 작성요령과 동일하다.

㉕ 선·기명

수출품을 적재한 선(기)명을 기재, 국적은 선(기)명 후에 ISO 국가코드 기재한다.

㉖ Master B/L 번호

Master B/L 번호를 20자 이내로 기재한다.

㉗ 운수기관부호

㉘ 검사(반입)장소

수입물품이 반입된 장치장과 장치번호를 기재(예 : 대홍창고 060573 – 02111)한다.

㉙ 품명

당해 물품을 나타내는 보통명사로서 표준품명을 기재한다.

㉚ 거래품명

상관습상 통용되는 품명을 기재한다. 거래품명과 표준품명이 같은 경우에는 거래품명을 표기하지 아니한다.

㉛ 상표

Brand(상표명)이 있는 물품은 반드시 상표명을 기재하여야 한다.

㉜ 모델·규격

당해물품에 대한 설명 중 모델 타입 상태 등급 규격 용도로서 관세율로상의 심사에 영향을 미치는 사항을 기재한다.

㉝ 성분

구성요소의 비율이 당해물품의 중요한 요소가 되는 물품은 이를 반드시 표기하여야 한다.

㉞ 수량

수입 물품의 수량을 기재한다.

㉟ 단가

개당의 가격을 US Dollar로 표기한다.

㊱ 금액

물품의 총금액을 US Dollar로 표기한다.

㊲ 세 번부호

세 번부호란에는 관세율표에 기재된 세 번을 HS 10단위로 기재한다.

㊳ 과세가격(CIF)

해당품목의 과세금액을 원화 및 미화로 기재한다.

㊴ 순중량

수출신고서 기재요령과 동일하다.

㊵ 수량

관세율표상 수량단위를 기재(소수점을 반올림)

· 수입상품의 원산국(생산, 제조국)의 국명과 ISO 국가코드를 기재한다.

· 이사물품 및 우리나라에서 수출했던 물품을 제반입할 경우에는 적출국(세관기재란에

실제원산국이 한국임을 표시), 수리후 수입하는 경우 수리국, 전시후 수입하는 경우 전시국, 위탁가공후 수입하는 경우 위탁가공국을 각각 원산국으로 기재한다.

· HS 10단위가 같은 품목이라도 원산지가 서로 다를 경우 원산지별로 품목을 기재하여 신고서를 작성하여야 한다.

㊶ 환급물량

㊷ C/S 검사구분

세관에서 전자문서로 통보한 C/S 검사 결과 부호를 기재(통계부호표 참조)한다.

㊸ 검사변경

세관직원에 의해 C/S 검사방법이 변경되었을 때 변경된 검사방법 변경부호(통계부호표 참조)를 기재(신고시는 기재생략)한다.

㊹ 사후확인기관

㊺ 수입요건확인(요건확인물량)

식품검역 등 해당 승인 등에 관한 번호를 기재한다.

㊻ 원산지표시

원산지와 원산지 표시방법 기재한다.

㊼ 특수세액계산근거

세종

㊽ 관세와 각종 내국세의 종류를 기재한다.

- 관세의 경우 : 관
- 특소세의 경우 : 특
- 교통세의 경우 : 통
- 주세인 경우 : 주
- 교육세인 경우 : 육
- 농특세인 경우 : 농
- 부가세인 경우 : 부

㊾ 세율(구분)

- 세종에 해당하는 세율 구분과 세율을 기재.
- 관세 세율란에는 당해품목에 대하여 ( )에 관세율 종류를 약어로 기재하고 아래에 세율을 기재
- 내국세 세율란에는 ( )에 내국세 구분 부호를 기재하고 아래에 세율을 기재.
- 종량세인 경우 세율대신에 단위당 세액을 기재

㊿ 감면율

- 세종에 해당하는 감면구분 및 감면율을 기재
- 관세인 경우 감면을 기재하고 그 외는 세종별 감면구분 부호를 기재

⑤① 세액

- 각 품목별 해당세액을 기재(관세의 면세가 있을 경우에는 면세액을 관세액 아래에 기재)
- 원 미만을 절사하고 기재
- 신고수리 또는 반출승인된 물품은 확정되지 않은 경우라도 계산액을 기재
- 보세공장 및 수출자유지역에서의 사용신고 또는 반입신고시 산출된 세액을 기재

⑤② 감면분납부호(감면액)

감면세, 분할납부 등의 부호를 통계부호표를 참조 기재한다.

⑤③ 결제금액

송품장의 내용에 근거하여 인도조건, 통화종류, 금액, 결재방법순으로 기재한다.

- 인도조건은 INCOTERMS 1990 코드를 기재(INCORERMS 1990 코드 이외에는 환산하여 기재 : 통계부호표 참조)
- 통화종류는 통계부호표상의 통화코드를 기재
  (단, 관세청 고시환율에 해당 통화코드가 없거나 또는 결제금액이 없는 경우에는 "USD"로 통일)

⑤④ 총과세가격

신고서 총 과세금액을 원화와 미화로 기재한다.

⑤⑤ 환율

통화종류에 대한 관세청 고시환율을 기재한다.

※ 결제금액이 없는 경우에도 해당 환율은 기재한다.

⑤⑥ 운임

운임에 대한 통화종류 및 금액을 기재한다.

- 통화종류는 "KRW" 기재한다.
- 운임은 실제 지급한 운임을 원화로 환산하여 기재한다.

⑤⑦ 보험료

보험료에 대한 통화종류 및 금액을 기재한다.

- 통화종류는 "KRW" 기재한다.
- 보험료는 실제 지급한 보험료를 원화로 환산하여 기재한다.

⑤⑧ 가산금액

품목전체에 영향을 미친 가산금액을 원화로 환산하여 기재한다.

⑲ 공제금액

품목전체에 영향을 미친 공제금액을 원화로 환산하여 기재한다.

⑳ 세종 ㉑ 세액 ㉒ 총 세액합계

세액의 총계를 기재한다. *10단위 미만 절사

㉓ 납부번호 ㉔ 부가가치세과표 ㉕ 세관기재란

세관에서 필요한 사항을 기재한다. 세관에서 통보한 전자문서에 심사자부호가 있는 경우 세관 기재란 우측상단에 기재한다.

㉖ 담당자 ㉗ 접수일시

㉘ 신고수리일자

수입신고수리 일자를 기재한다.

(5) 통관심사

수입신고서가 접수되면 세관은 통관심사 및 검사시 주의사항이 있는지 여부를 확인 후 즉시수리, 심사대상, 물품검사 중 하나를 신고서 처리방법으로 결정하게 된다.

1) 즉시수리

즉시수리는 수입신고내용 중 세번, 세율, 과세가격, 원산지표시, 지적재산권 침해 등과 관련하여 수입신고수리 후 위법 또는 부당한 사실이 발견되는 경우 수입자가 처벌·추징 또는 보세구역재반입 등의 조치를 부담한다는 전제하에 신고인의 신고내용대로 수입신고를 수리하는 것을 말한다.

처리방법은 심사 또는 검사대상으로 지정되지 않은 물품은 즉시 수리물품으로 처리하되 즉시 수리물품은 수입신고서 및 제출서류에 대한 형식적 요건만을 확인하게 된다.

2) 심사대상

심사는 신고된 세번, 세율과 과세가격의 적정여부, 수입승인사항과 수입신고사항의 일치여부, 법령에 의한 수입요건 충족여부 등을 검토하기 위하여 관련서류와 필요한 경우 현품을 확인하는 것을 말한다.

심사대상 물품은 ① 세관장 확인물품 및 확인방법 지정고시 중 수입신고수리 전에 요건을 구비한지 여부에 대하여 증명이 필요한 물품, ② 신고수리전 세액심사(사전세액심사) 대상물품, ③ 통관시스템에 조회한 결과 심사유의사항이 있는 물품, ④ 통관 후 관세채권의 확보, 원상회복, 위법한 사실에 관한 증거확보가 곤란할 우려가 있어 심사대상으로 선별한 물품 등이다.

3) 물품검사

물품검사는 수입신고한 물품에 대하여 정밀조사하는 것을 말한다.

검사대상 선별은 관세청장이 우범성 기준 등을 기준으로 별도로 정하는 바에 따르며, 검사대상으로 선별된 물품 중 우범화물검사를 실시한 물품에 대하여는 검사하지 않는다.

검사장소로는 ① 출항신고 또는 입항전신고물품은 입항지 세관장이 지정한 보세구역, ② 보세구역도착전 신고물품은 당해 물품이 도착할 보세구역, ③ 보세구역장치 후 신고물품은 장치된 보세구역, ④ 출항전신고, 입항전신고 및 입항지 세관에 보세구역도착전 신고를 한 물품으로서 정부에서 직접 수입한 군수품 및 물자수급계획상 긴급도입물품과 선상에서 검사가 가능한 물품은 선상에 적재된 상태로 검사할 수 있다.

검사방법은 세관 수입과장은 검사대상물품에 대한 검사담당자로 2인 이상을 지정하고, 구체적인 검사방법을 기재한 검사지시서를 발부하여 실시하며, 이때 신고인의 입회가 필요한 경우나 수입자가 요청한 경우 검사입회할 수 있다.

(6) 관세납부

1) 과세가격의 신고

관세의 납부의무자는 관세청장이 정하는 바에 따라 세관장에게 당해 수입물품에 대한 과세가격을 신고하고 관세는 수입자가 스스로 계산한 세액을 납세신고일로부터 15일 이내에 납부하여야 한다.[11)]

신고시 필요한 서류로는 거래관계사실신고서와 세무조정계산서가 있으며, 동일인으로부터 동일한 물품을 반복수입하는 경우 거래관계사실신고서의 제출을 생략할 수 있으며, 과세가격산정시 운임, 보험료 이외에 가산요소가 없는 경우 세무조정계산서 제출을 생략할 수 있다.

2) 과세가격의 결정

수입물품의 과세표준은 원칙적으로 거래가격을 기준으로 한다.

〈표 14-2〉 과세가격의 결정방법

---

11) 관세법 제17조 제3항.

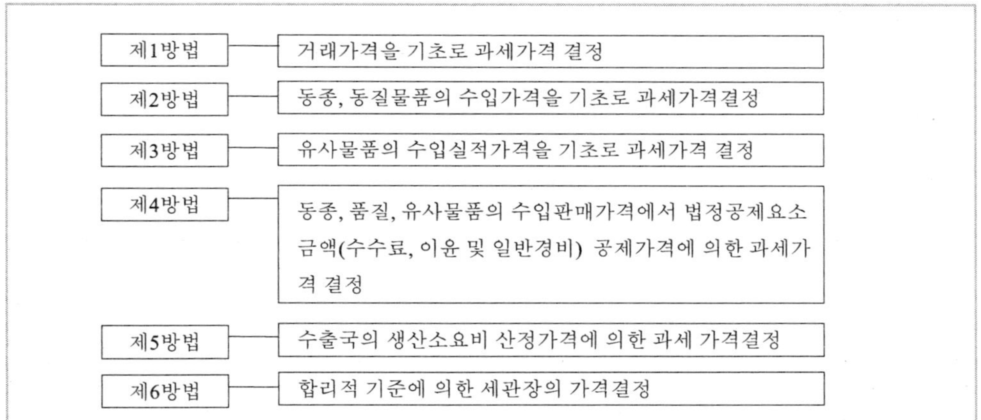

과세표준[12]의 적용에 따른 과세가격의 결정방법은 6가지가 있으며 이를 순차적으로 적용하여 결정하고 있다.

이중 제1방법이 가장 많이 이용되며, 이 방법은 수입자가 실제로 지급하였거나 지급하여야 할 가격[13]에 가산요소가격[14]을 더하고 공제요소금액[15]은 뺀 금액으로 한다.

---

12) 세액결정의 기준이 되는 과세물건의 가격 또는 수량으로 종가세물품의 과세표준은 물품의 가격이고, 종량세 물품의 과세기준은 수량이 된다.

13) 수출지 선적항에 물품을 선적완료하기 까지의 금액으로 통상 물품가격은 FOB가격을 기준으로 한다. 이 가격에는 수입자가 당해 물품의 대가와 판매자의 채무상계금액, 수입자가 판매자의 채무변제금액 및 간접지급액을 포함한다.

14) 운임, 보험료, 중개수수료, 포장비, 생산지원비 및 사후귀속이익 등이 있다.

15) 수입물품을 국내에 반입한 후 발생하는 비용으로 연불이자, 제세공과금, 수입항 도착후 발생 운영 및 조립, 정비, 유지비 등 부가비 등이 있다.

[별지 제1호 서식]

〈서식 14-3〉 거래관계사실신고서

① 납세의무자 주소 상호 사업자등록번호 성명 ☐	②수입물품 세번( )－부호( ) 품명, 규격

③거래당사자 부 호

1. 생 산 자
2. 수 출 자
3. 중 개 자 ☐
4. 수 입 자 ☐

④ 거래가격의 성립여부 예 아니오

1. 수입물품을 처분・사용하는데 제한이 있는지 여부 ☐ ☐
2. 수입물품의 가격이 금액화할 수 없는 조건 또는 사정에 의하여 영향을 받은 것인지 여부 ☐ ☐
3. 수입물품의 처분・사용 등에 따른 수익의 일부가 판매자에게 귀속되는지 여부 ☐ ☐
4. 거래당사자가 특수관계에 있는지 여부 ☐ ☐

⑤ 수입계약의 내용

1. 독점취급 등의 계약에 의거 계속 반복적으로 수입하고 있음 ☐
2. 장기공급계약에 의거 분할 수입하고 있음 ☐
3. 일시에 구매계약을 체결하여 수회 분할수입하고 있음 ☐
4. 수시계약에 의거 계속 반복적으로 수입하고 있음 ☐
5. 최초거래이며 이후 거래계획 없음 ☐ 사정에 따라 계속 거래할 계획임 ☐
6. 수입물품과 관련하여 별도로 지급하는 특허권 등 권리사용료가 있음 ☐
7. 기타(별도 지급하는 수수료, 중개료, 생산지원비, 사후귀속이익 등)

⑥ 가격결정의 방법

1. 판매자의 가격표에 의함 ☐ (공개된 가격표임 ☐, 비공개된 가격표임 ☐)
2. 오파가격, 텔렉스수신 등에 의거 가장 유리한 판매자를 선택함 ☐
3. 기타 ☐ (내용)

⑦ 적용평가방법의 결정

1. 거래가격의 제반 요건을 갖추었으므로 제 1 방법을 적용 ☐
2. 특수관계 등에 해당하나 가격에 영향이 없음을 증명할 수 있으므로 제 1 방법 적용(증명자료 : 별첨) ☐
3. 제한요건이 있으므로 제방법 적용 ☐
4. 기타 ☐ ( )

⑧ 수입목적

전매 ☐ 제조가공 ☐ 자가실치 ☐ 기 타 ☐ ( )

⑨ 관세법 제9조의 2 및 관세평가시행세칙 제 2－1조의 의거 위와 같이 신고하며 동 신고내용은 사실과 틀림이 없음을 확인합니다. 199

신고책임자 직책(위) 성명 연락전화번호

첨부서류 : ①송품장 ☐ ②계약서 ☐ ③기타 가격결정자료 ☐

※ 주의 : 본 신고서의 기재내용이 사실과 상위할 때에는 관세법 제180조(관세포탈죄)에 의거 처벌되는 경우가 있음을 알려 드립니다.

[별지 제2호 서식]

〈서식 14-4〉 세무조정계산서

<table>
<tr><td>①기업조사
대상여부</td><td>해당 있음□
해당 없음□</td><td>관 할 세 관-
광주본부세관-</td><td>지 정 번 호</td><td>지 정 일 자</td><td colspan="2">※관 리 번 호</td></tr>
<tr><td colspan="3" rowspan="3">②납세의무자
주 소
상 호 　　　　사업자등록번호
성 명</td><td>③수입신고
※번 호</td><td>세 관 부 호</td><td>일련번호</td><td>신고일자</td></tr>
<tr><td>④L/C개설
은 행</td><td></td><td>⑤L/C개설
일 자</td><td></td></tr>
<tr><td>⑥원 산 지</td><td></td><td>⑦계약일자</td><td></td></tr>
<tr><td colspan="3" rowspan="2">⑩수입물품의 　　세번( )-부호( )
품명, 규격</td><td>⑧선적일자</td><td></td><td>⑨대금지불
일 자</td><td></td></tr>
<tr><td colspan="4">⑪적용평가방법(법 제 조 제 항 제 호)
(이 유)</td></tr>
<tr><td colspan="7">⑫과세가격의 계산(※원화와 외화가 혼용된 때에는 수입신고시에 적용되는 과세환율에 의거 원화로 환산할 것)</td></tr>
<tr><td>항 목</td><td>금 액</td><td>근 거</td><td>항 목</td><td>금 액</td><td colspan="2">근 거</td></tr>
<tr><td>Ⓐ송 품 장 가 격
( )
타 물 품 가 격
( )</td><td></td><td></td><td rowspan="2">Ⓒ 수수료 또는 중개료
생 산 지 원
특 허 사 용 료 등
사 후 귀 속 이 익
(소 계)</td><td rowspan="2"></td><td colspan="2" rowspan="2"></td></tr>
<tr><td rowspan="3">Ⓑ포 장 비
용 기 비 용
수 출 국 내 운 송 비
외국에서의 보관료, 기타 취급비
선 적 비
선적항에서의 체선료
국 제 간 운 송 비
용선등에의한정산
보 험 료
(소 계)</td><td rowspan="3"></td><td rowspan="3"></td></tr>
<tr><td>Ⓓ 수입 후의 운송관련 비용
수입후의 설치, 조립 등 비용
연 불 에 따 른 이 자
(소 계)</td><td></td><td colspan="2"></td></tr>
<tr><td>과 세 가 격</td><td></td><td colspan="2"></td></tr>
<tr><td colspan="7">⑬관세법 제9조의 2 및 제17조, 관세평가시행세칙 제2-1조에 의거 위와 같이 과세가격을 결정 신고합니다.

199 . .

신고책임자 　　직책(위) 　　성명 　　연락전화번호</td></tr>
<tr><td colspan="7">첨부 : ⑫항에 관련되는 근거서류 매.</td></tr>
</table>

※ 주의 : 위 신고내용에 변경사유가 발생하는 때에는 관세법 제17조 제4항 및 제6항에 의거 세액보정 또는 수정신고를 할 수 있으며, 본 계산서의 기재내용과 사실이 상위한 때에는 관세법 제180조(관세포탈죄)에 의거 처벌되는 경우가 있음을 알려 드립니다.

3) 제세 산출방법

수입물품에는 관세외에 특별소비세, 주세, 교육세, 농어촌특별세, 부가세 등 제세가 부과되며, 산출은 과세표준에 관련세율[16]을 곱하여 계산된다.

가. 관세

관세란 한 나라의 경제적 경계선인 관세영역을 통과하는 물품에 대하여 국가가 부과하는 조세로 가산요소금액이 없는 경우 통상 CIF 금액을 과세표준으로 한다.

관세율은 관세법 별표에 규정된 관세율표에 의하되 관세율 적용우선순위에 의거 적용하게 된다.

〈표 14-3〉 관세율적용의 우선순위

우선순위	1	2	3	4	5
해당 관세	덤핑방지관세 보복관세 긴급관세 상계관세	편익관세 국제협력관세	조정관세 물가평형관세 계절관세 할당관세	잠정관세	기본관세

최우선 적용 (1)

경합시 순위대로 적용 (3 → 4)

세율경합시 낮은 세율 적용 (2 → 4)

관세 = 감정가격 × 관세율

감정가격 = 실제거래가격(구매자가 실제로 지급하였거나 지급하여야 할 가격 + 가산소요금액 − 공제요소금액) × 관세환율[18]

나. 제세

① 특별소비세

고가소비세 및 레저용품, 전자제품 등 가정용품, 음식료품 및 생활용품, 보석·귀금속류·고급물품, 승용자동차 등을 대상으로 부과된다.[19]

---

16) 세율이란 납세의무자가 납부할 세액을 결정함에 있어 과세표준에 대하여 적용하는 비율로 종가세인 경우 백분율(%)로 표시하고, 종량세인 경우 수량단위당 금액으로 한다.

18) 관세청장이 수입신고일이 속하는 전 주의 외국환매입율을 기준으로 책정한다.

19) 특별소비세법 시행령 제11조.

특별소비세 = (감정가격 + 관세) × 특별소비세율

② 주세

주류의 소비행위에 대하여 부과하는 조세로 출고 또는 반출가격을 과세표준으로 하는 종가세로 주세액은 1시당 57,000원이며, 알콜도수 95도 초과시 1도마다 600원이 가산된다.[20)]

주세 = (감정가격 + 관세) × 주세율 *주정은 종량세 : 수량(kl) × (57,000원 + 가산금액)

③ 교육세

특별소비세, 주세 또는 교통세를 납부하는 품목에 한해 일정교육세율을 납부하도록 하고 있다.[21)]

교육세 = (특별소비세액 또는 주세액) × 교육세율(30%) *주세율 80% 미만의 주류의 교육세율은 10%

④ 농어촌특별세

관세법, 조세감면규제법, 외자도입법 및 해저광물자원개발법에 의한 관세감면물품과 특별소비세 대상물품 일부에 대하여 1994년 7월 1일부터 2003년 6월 30일까지 한시적으로 부과하는 목적세이다.[22)]

농어촌특별세 = 관세감면액(특별소비세액) × 농어촌특별세율

⑤ 부가세

모든 거래단계에서 발생되는 부가가치에 대하여 부가되는 일반소비세이다.[23)]

부가세=(감정가격 + 관세 + 특별소비세 + 교육세 + 농어촌특별세 + 주세 + 교통세)×100%

20) 주세법 제19조 제1항.
21) 교육세법 제5조 제1항.
22) 농어촌특별세법 제5조.
23) 부가가치세법 제8조. 제13조.

(7) 수입신고수리

세관장은 수입신고가 관세법에 의거 적법하고 정당하게 이루어진 경우 수입신고를 수리하고 수입신고필증(import permission : I/P)을 교부하여야 한다.

수입신고의 수리는 해상 및 항공수입화물의 적하목록(manifest) 제출규정에 의하여 적하목록이 제출된 이후이어야 한다.

수입신고의 수리시기는 즉시 수리물품은 수입신고서 및 제출서류의 형식적 요건만을 확인 후 즉시 수리하며, 심사대상물품은 심사후에, 검사대상물품은 물품검사 후 수리하게 된다.

(8) 반출 후 신고필증의 발부

수입신고수리의 법적의미는 외국물품을 내국물품화 하는 것으로 그 성질은 외국물품이 반입되는 때부터 적용되던 관세법상 구속이 수입신고필증이 교부되는 시점부터 내국물품 등이 되고 관세법의 저촉에서 해제되는 것을 뜻한다.

(9) 보세구역 반입명령

보세구역 반입명령(recall)은 수입물품의 통관절차가 간소화됨에 따라 불가피하게 발생할 수 있는 불법물품의 반입 가능성을 억제하기 위해서 수입신고수리를 받은 물품이라 하더라도 국내반입 후 불법 수입물품으로 파악된 경우 당해 물품을 보세구역에 반입시켜 위법사실을 치유한 후 반출허가하거나 통관이 허용될 수 없는 경우에는 반송 또는 폐기하도록 하는 사후관리 제도를 말한다.

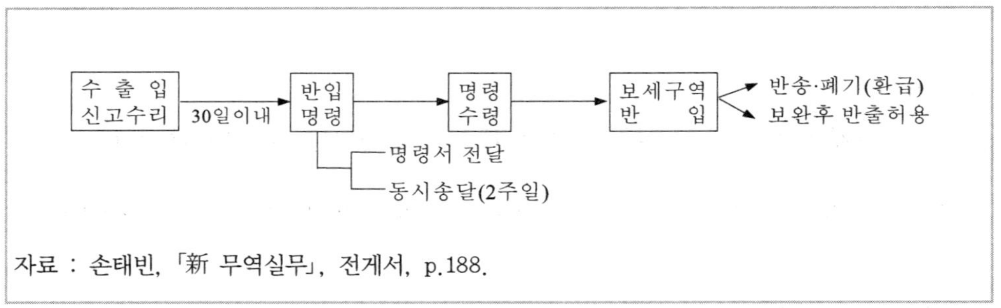

자료 : 손태빈, 「新 무역실무」, 전게서, p.188.

〈그림 14-5〉 보세구역 반입명령 절차

반입명령대상 품목은 ① 원산지 표시를 위반한 물품, ② 수입면허 당시 세관이 부여한 조건을 위반한 물품, ③ 지적재산권을 침해한 물품 등이다.

보세구역 반입명령은 수입신고수리 물품과 관련하여 상거래 질서를 조속히 안정시키기 위하여 발동할 수 있는 기간을 수입신고 수리 후 30일까지로 한정하고 있다. 반입기간은 반입대상물품의 성질, 수량 및 물품소재지와 반입보세구역간의 거리 등을 감안하여 7일 이내이나 연장사유가 타당한 경우 연장신청을 받아 5일 이내에서 기한연장 가능하다.

제 15 장 관세환급

제 1 절 관세환급의 개요

1. 관세환급의 의의

(1) 관세환급의 개념

관세환급이란 수출촉진과 국산원자재의 사용을 유도하기 위하여 수출용 원재료를 수입할 때 일단 관세 등을 납부하였거나 징수유예를 받은 물품 또는 이를 원자재로 하여 제조한 물품을 수출 등에 사용하였을 경우 수입시 징수한 관세 등을[1] 수출자에게 되돌려주는 것을 말한다.

관세환급의 효과는 수입물품에 대한 관세부과로 관세액만큼 물품가격을 인상시킴으로써 국내산업을 보호하게 되고, 수출자에게는 수입시부터 환급을 받을 때까지 환급액만큼 이자부담을 주게 되어 불필요한 외국원재료의 수입을 억제하게 된다.

현행 관세법상 관세환급의 종류로는 납세의무의 형평과 징수행정의 공정을 위한 관세법상의 과오납환급,[2] 위약물품의 관세환급,[3] 수출지원을 위한 "수출용 원재료에 대한 관세 등 환급에 관한 특례법"[4]에 의한 환급으로 구분되나 일반적으로 관세환급이란 환급특례법상 환급을 말한다.

---

1) 수입시 납부한 관세 외에 부가세·특별소비세·주세·교육세·농특세·교통세 등을 포괄적으로 말한다.

2) 관세법 제24조에서 납세의무자가 관세, 가산금, 가산세 또는 체납처분금의 과오납시 환급하는 제도를 말한다.

3) 관세법 제35조에 의거 수입면허를 받은 물품이 계약내용과 상위하고 수입면허 당시의 성질 또는 형상이 변경되지 아니한 물품을 수입면허일로부터 1년이내에 보세구역에 반입하여 수출할 때 관세를 환급하는 제도를 말한다.

4) 환급특례법이라고도 부른다.

(2) 관세환급의 목적

수출품의 원재료로 사용되는 물품에 대한 관세부과는 대외 수출경쟁력의 저하를 가져오므로 수출품의 대외경쟁력을 제고시키기 위하여 원재료수입시 납부한 관세 등 세액을 수출자에게 환급하는 관세환급제도를 시행하고 있다. 관세환급제도는 수출용 원재료의 국산화를 촉진하여 외화가득율을 높이고 국제경쟁력을 향상시키며 나아가 사후관리를 간소화하는데 그 목적이 있다.

2. 관세환급 대상

(1) 환급대상수출

관세환급의 대상이 되기 위해서는 우선 제품을 수출 등에 제공하여야 하며 이를 환급대상수출이라 한다. 환급특례법에서 정하는 환급대상수출의 범위는 〈표 15-1〉과 같다.

〈표 15-1〉 환급대상수출

구 분	환 급 대 상 내 용	비 고
유상수출	수출승인을 받고 외화가 획득되는 수출	환급특례법 제4조 제1호
무상수출	수출승인 없이 수출된 것 중 아래 물품 · 해외박람회 등에의 출품수출 · 해외건설공사 등에 무상송부하는 기계 및 시설재 · 반품된 물품의 대체수출 · 수출용 견본의 무상수출	환급특례법 시행규칙 제2조 제1항
외화판매 외화공사	· 주한미군에 군납판매 · 주한미군 등에의 외화공사 · 면세수입권자에의 국산승용차 판매 · 외국인투자기업 자본재의 외화판매 · 차관자금에 의한 낙찰물품의 외화판매 · 면세쿠폰에 의한 물품판매	환급특례법 시행규칙 제2조 제3항
수출 등에 제공하기 위 한 물품공급	· 보세공장에의 물품공급 · 보세판매장에의 물품공급 · 수출자유지역 입주기업체에의 물품공급 · 수출물품에의 A/S용 물품의 보세창고반입	〃
기타 수출	· 외항선(기)에 선(기)장 용품공급 · 원양어선에 선수품공급	환급특례법 시행규칙 제2조 제4항

(2) 환급범위

환급특례법상 환급의 정의는 "수입하는 때에 관세 등을 납부하였거나 징수유예를 받은 물품 또는 이를 원자재로 하여 제조·가공한 물품을 수출 등의 용도에 공한 때에는 관세법 등의 규정에도 불구하고, 이 법에 의하여 관세를 환급하는 것"으로 규정하여 환급의 대상과 범위를 〈표 15-2〉와 같이 정하고 있다.

〈표 15-2〉 환급범위

구 분	환 급 범 위	비 고
수출용 원재료	· 수출물품을 형성하는 원재료 · 수출품을 상품화하는 데 소요되는 포장재 · 수출품의 제조·가공에 직접적으로 사용되어 화학반응하는 물품 · 수출물품의 제조·가공에 직접적으로 사용되는 단용 원재료	재정경제부 고시 제581호 ('73. 11. 12.)
수입시 관세 등을 납부한 물품	· 정상 유환수입물품 · 세관장이 수출용 원재료로 인정한 무환수입물품	
대응수출이행기간 내에 수출 등에 제공된 물품	· 외화획득용 원재료로 수입승인 후 제조·가공 또는 원상태로 직접 수출하는 경우 : 수입신고일로부터 1년 6월 이내 · 내수용으로 수입승인 원재료 : 수입신고일로부터 1년 6월 · 수입원재료를 제조·가공 후 국내거래하여 수출 등에 제공하는 경우 : 제조·가공단계별 1년 6월 범위 내에서 실제 소요된 기간만큼 연장	

그러나 수입시 관세 등을 납부하였음에도 불구하고 환급대상이 아닌 수입물품은 다음과 같다.

① 수출이행기간이 경과하여 수출된 물품의 원재료

② 선수출 후수입물품(기납중인 경우 3개월 범위에서 가능)

③ 환급에 갈음하는 인하세율을 적용하여 수입한 물품

④ 수입시 관세감면 등을 받은 물품

⑤ 국내에서 사용하다가 수출된 물품

⑥ 추징물품 및 공매물품

⑦ 가산세 또는 가산금이 징구된 물품

⑧ 탄력관세 적용물품으로 내수용에 한한다는 조건이 붙은 물품

3. 관세환급방법

(1) 정액환급

1) 정액환급의 의의

정액환급은 정부가 결정하여 고시하는 정액환급률표에 게기되어 있는 품목에 대하여 요율표에 정하여진 바에 따라 환급해 주는 방법이다. 즉 과거 일정기간 중 수출물품별로 개별환급받았던 실적을 근거로 평균환급세액을 산출, 정액환급률표에 고시하고 정액환급률표상에 고시된 물품을 외국으로 수출한 업체에 대해서 수출신고필증을 제시받아 정액환급률표에 게기된 환급액을 환급하여 주는 방법이다.

정액환급제도는 환급방법이 간단하다는 장점이 있으나 정액환급률 책정이 잘못될 경우 과대 또는 과소환급이 발생할 소지가 있어 확대운용에 어려운 단점이 있다.

2) 정액환급제도

① 업체별·품목별 정액환급

업체별·품목별 정액환급대상업체에 의하여 관세청장이 정액환급품목으로 선정한 물품에 대하여 평균환급액[5] 또는 원재료평균납부세액[6]을 기초로 업체별로 수출물품 1단위당 환급액을 정하여 수입시 관세 등을 납부한 범위 내에서 환급하는 방법이다.

환급액의 산출은 수출면장상의 원재료와 정액환급률표상의 원재료가 일치하는 경우 수출물품 1단위당 정액금액×수출수량으로 계산된다.

② 간이정액환급

중소기업에 대한 관세환급절차를 간소화하기 위하여 수출신고수리시 간이정액환급률에 게기된 품목에 대하여 수출물품 제조시 소요되는 원재료의 납부세액을 정하여 일정액을 환급하여 주는 제도이다.

중소기업기본법 제2조의 규정에 의한 중소기업체[7]로서 최근 3년간 매전년도실적(기초원재료 납세증명서 발급실적 포함)이 1억원 이하인 수출업체의 모든 수출물품거래에 대하여 정부가 정하는 간이정액환급률표상의 금액을 수출물품제조에 소요된 원재료의

5) 전년도 6월간의 평균환급액.
6) 정액환급지정신청을 하는 달의 전전월로부터 소급하여 6월간 구매한 원재료의 평균세액.
7) 중소기업에 해당 여부는 환급기준일의 상용종업원수와 자산규모에 의하여 결정되며 수출신고일이나 국내거래일과 관련이 없다.

수입시 납부세액으로 보고 환급액을 산출하도록 하는 방법이다.

환급액의 산출은 수출금액(FOB U$) × 간이정액률로 계산된다.

(2) 개별환급

1) 개별환급의 의의

개별환급은 정액환급률표에 게기되어 있지 않는 품목[8]이나 게기되어 있다 하여도 동 환급률표를 적용하지 않도록 규정된 수출물품에 대하여 소요된 원재료의 수입시 납부한 관세 등의 세액을 소요 원재료별로 소요량증명서와 수입신고필증 등에 의하여 개별적으로 확인·계산하여 환급금을 산출하는 방법이다.

개별환급은 정액환급에 비하여 과다환급이나 과소환급이 발생할 우려가 없다는 장점이 있으나 구비서류가 복잡하고 환급금산출에 많은 시일이 소요된다는 단점이 있다.

2) 개별환급제도

개별환급제도는 원재료수입시의 납부세액을 정확하게 환급하는 장점이 있으나 구비서류 및 환급절차가 복잡하고 환급금산출에 장기간이 소요되는 단점이 있어 이를 보완하기 위하여 여러 가지 제도를 두고 있다.

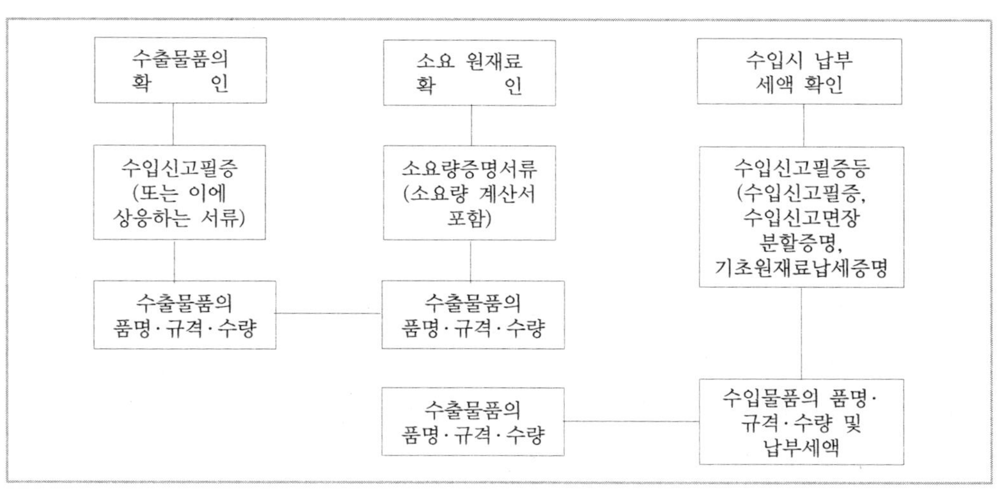

〈그림 15-1〉 개별환급방법

8) 정액환급률표에 게기되어 있더라도 수입한 원재료에 대한 개별환급방식에 의한 세액이 정액환급률표에 의한 환급액보다 20% 이상 많을 경우에는 개별환급신청을 할 수 있다.

① 소요량증명제도

개별환급방법에 의하여 환급금을 산출하기 위해서는 수출품제조에 소요된 원재료의 품명·규격·수량을 확인할 필요가 있는데 이를 소요량[9]증명이라 한다. 소요량증명제도는 환급기관이 아닌 제3의 정부행정기관 등에서 수출물품제조에 소요된 원재료의 양을 증명하는 제도로서 이의 용도는 환급특례법에 의한 관세 등의 환급용 이외에도 대외무역법령에 의한 수출입기별공고상 수입제한품목에 대하여 수출용 원재료에 의한 수입우선승인 및 수출신용장을 근거로 수입을 승인할 원재료의 양 산출이나 대응수출이행 여부를 확인하기 위한 용도로 사용되며, 수출금융을 위해서도 사용된다.

관세환급용 소요량은 일정기간 동안의 수출물품제조에 실제 소요된 물량에 소모량을 더하여 평균소모량[10]으로 소요량을 산출한다.

〈표 15-3〉 기준소요량 고시기관

품 목	주무부서	고시기관
공 산 품	산업자원부장관	중소기업청장
농수산품	농림·해양수산부장관	수산청 국립농산물검사소 농촌진흥청 축산물시험장 국립생사검사소 농촌진흥청 농업연구소 국립수산물검사소
임 산 물	〃	산림청장, 임업시험장
의 약 품	보건복지부장관	국립보건원

② 부산물공제제도

수출물품제조과정에서 경제적 가치가 있는 부산물이 발생하는 경우 손모율이 인정된 부분에서 부산물이 발생함에도 소요된 수입원재료의 납부세액의 전액을 환급함은 형평의 원칙에 맞지 않으며 수출되지 않은 부산물제조용 원재료에 대해 관세 등을 환급함은 부당하므로 원재료수입시 납부한 관세 등의 전액에서 부산물의 가치에 해당하는 관세 등의 전액을 공제 후 환급하는 것을 말한다.

9) 소요량이란 수출품생산에 실제로 들어가는 원자재량에 생산과정에서 생기는 소모량을 합한 양을 말한다.

10) 수출품을 생산하는 과정에서 생기는 원자재의 손모량(손실량 및 불량생산에 소요된 원자재의 양 포함)의 평균량.

③ 개별환급금지급제한제도

국산원재료 사용 및 개발을 촉진하기 위하여 수출물품제조에 사용된 수출원재료 수입시에 납부한 관세 등을 환급할 경우 국내생산이 가능한 원재료의 분량만큼 환급을 제한하는 제도이다. 개별환급금지급제한제도는 국내생산보호를 위하여 실시하는 제도로서 매년 지급제한물품과 제한비율은 재경경제부령으로 지정되고 있다.

④ 평균세액증명제도

그 달에 수입(매입)한 원재료를 HS 10단위별로 통합함으로써 세부규칙확인을 생략하고 전체물량의 단위당 평균세액으로 환급함으로써 환급절차를 간소화하기 위한 제도이다.

평균세액증명서의 발급신청은 월별순서에 따라 당해 월에 수입(매입)한 동일 HS 10단위 내에 분류되는 물품 전량에 대하여 일괄하여 세관장에게 신청하여야 한다.

⑤ 개산(선환급 · 후청산)환급제도

개별환급방법에 의하여 환급액을 산출하는 경우 관련서류 제시지연에 의한 환급금지연으로 수출업체에 자금부담을 주므로 이를 해소하기 위하여 환급세액의 증명 없이 수출면장만으로 미리 정해져 있는 환급률에 따라 일정액을 우선 지급하고 3개월 내(기초원재료납세증명서의 경우에는 6개월)에 개별환급신청서류를 작성하여 사후정산하도록 하는 업체의 임의선택제도이다.

선환급금을 지급하기 위해서는 선환급금지급액을 책정하여야 하며, 선환급금을 받기 위해서는 관세청장에게 신청하여 당해 수출업체가 개산환급률표에 고시되어야 한다.

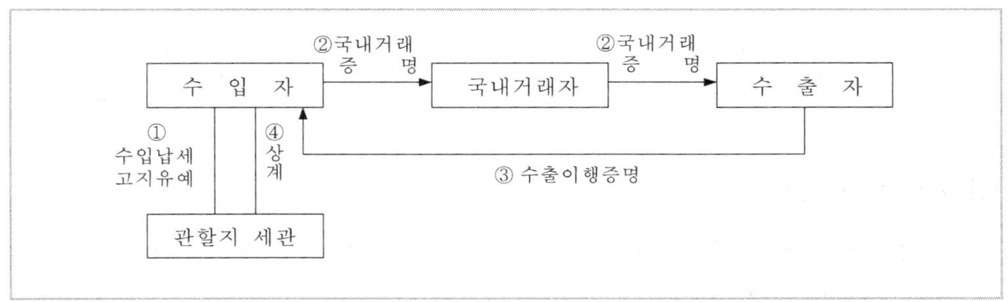

〈그림 15-2〉 상계제도의 기본구조

(3) 상계제도

상계[11]제도란 상계업체로 지정받은 자가 수출용 원재료를 수입할 때 일정기간 이내에 수출 등에 제공할 것을 조건으로 관세 등의 납부를 유예하였다가 수입물품이 수출 등에 제공되면 관세납부를 하지 않고 상계처리함으로써 수출용 원자재 수입에 따른 자금 부담을 경감시켜 주는 제도이다.

제 2 절 관세환급 신청 및 절차

1. 관세환급신청

(1) 환급신청인

관세환급을 신청할 수 있는 자는 원칙적으로 환급을 받고자 하는 물품의 수출자, 수출자에 해당하는 자 또는 국내에서 외화를 획득하는 용도에 제공한 자가 된다. 수출대행인 경우에는 수출자 외에 수출을 위탁한 자도 환급신청을 할 수 있다.

〈표 15-4〉 관세환급신청자

구 분	환급신청자
정상수출	수출자, 수출위탁자, 판매자
특례수출	출품자 및 판매자
국내외화판매 및 외화공사	당해 용도 판매자 및 공급자
보세구역에의 공급	물품공급자

(2) 환급신청기관

환급신청기관은 전국세관과 세관출장소(김포, 김해, 국제우편출장소 제외)로 관세청장에 의해 지정되어 있다.

관세 등의 환급신청은 신청인의 제조장을 관할하는 세관장에게 신청하여야 하며, 제

11) 상계라는 용어는 대응수출을 이행한 경우 원재료의 수입시에 관세 등을 납부했다면 환급제도에서 환급받을 세액과 납세고지유예액을 상쇄시킨다는 의미에서 따온 것이다.

조장이 2이상인 업체는 본사에서 일괄업무를 취급하는 경우 본사를 관할하는 세관에 환급신청할 수 있다.

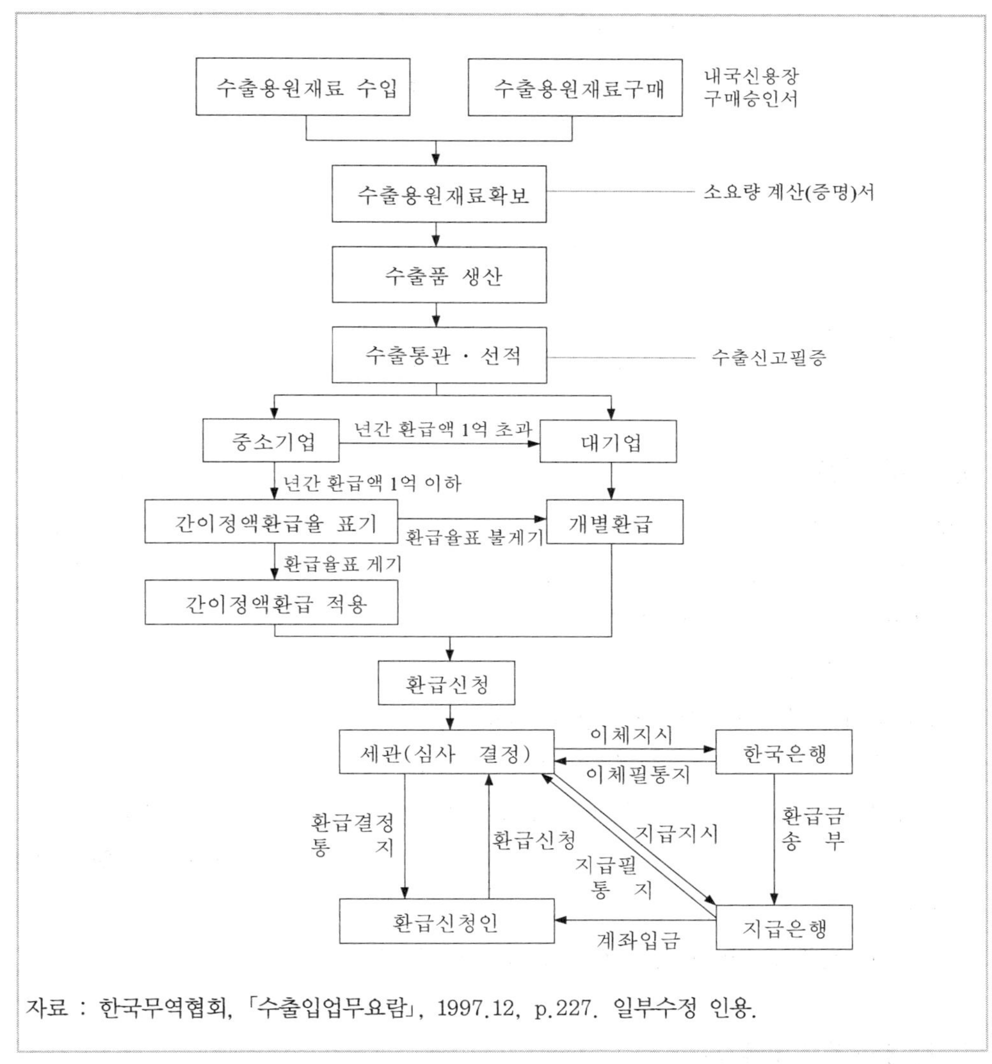

자료 : 한국무역협회, 「수출입업무요람」, 1997.12, p.227. 일부수정 인용.

〈그림 15-3〉 관세환급 흐름도

(3) 환급신청서류

관세환급신청에 필요한 서류는 환급신청서에 필요한 서류를 첨부하여 관할 세관장에게 제출하여야 한다.

〈표 15-5〉 관세환급신청서류

환급구분	구비서류
개별환급	· 환급신청서 · 수출신고필증 등 수출사실증명서류 · 소요량계산서류 · 소요원재료의 납부세액을 확인할 수 있는 서류 - 수입신고필증 - 기초원재료 납세증명서 - 수입신고필증 분할증명서 - 평균세액증명서 · 기타 관세청장이 정하는 서류
정액환급	· 환급신청서 · 수출신고필증 등 수출사실증명서류 · 기타 관세청장이 정하는 서류

(4) 환급신청기간

관세환급신청은 수출 등에 제공된 날로부터 2년 이내에 하여야 한다. 이 때 수출신고필증은 면허일로부터 2년을 경과하지 않은 것으로 선적이 확인된 것이어야 한다.

수출물품의 선적확인방법은 다음과 같다.

① 선하증권(B/L) 등
- 선박회사가 발급한 선하증권(선적·수취)
- 운송주선업체가 발급한 선하증권 및 화물수령증(FCR)
- 항공사 또는 항공화물주선업체가 발급한 항공화물운송장(airway bill)

② 내륙컨테이너기지(ICD)에 반입된 물품에 대하여는 기지운영회사가 발급한 반입확인서

③ 수출신고필증에 외국환은행(지점)장의 대금결제확인

(5) 환급금의 지급절차

환급업무의 전산화에 따라 1997. 7. 1일부터 개정된 방법에 의한 환급금의 지급절차는 다음과 같은 절차에 의해 이루어진다.

① 수출물품을 선적하고 EDI(디스켓)방법으로 환급신청

② 전산시스템에 의해 심사후 환급금 결정

③ 환급결정통지

④ 세관장은 환급결정 즉시 한국은행에 이체지시하고 EDI 전산망을 통해 지급은행에 환급금 지급지시
⑤ 한국은행은 세관장이 이체지시한 금액을 지급은행에 송부
⑥ 지급은행은 신청인의 계좌에 입금
⑦ 한국은행 및 지급은행은 세관장에게 이체 및 지급필 통지

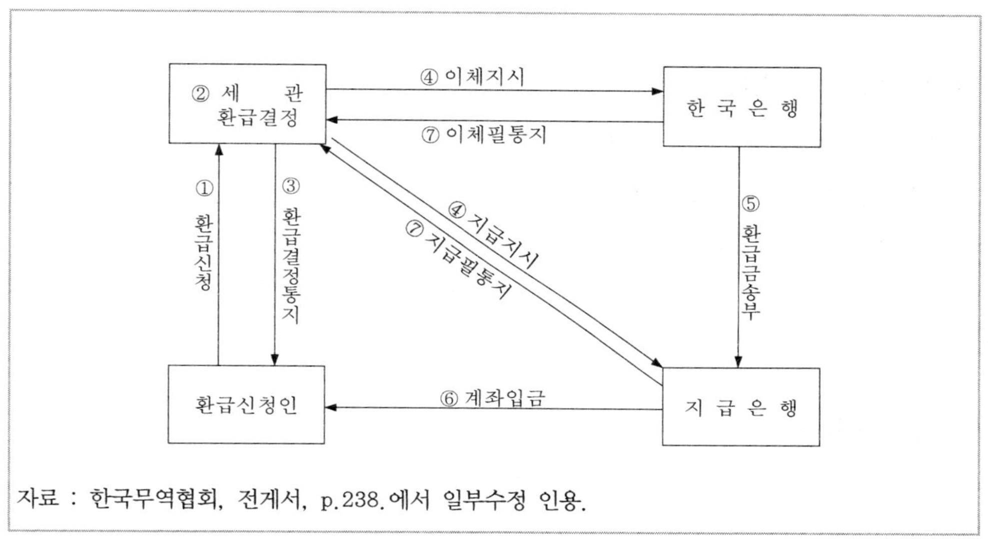

자료 : 한국무역협회, 전게서, p.238.에서 일부수정 인용.

〈그림 15-4〉 환급금 지급절차

2. 관세환급신청절차

관세환급은 1997. 7. 1일부터 환급업무 전산화에 따라 서류제출없이 EDI 또는 디스켓제출방식으로 환급신청하도록 하고 있다. 그러나 전산에 의한 환급처리시 시행초기의 업무효율화를 위해 기존의 방식을 병행하도록 편의를 도모하였는바 이를 중심으로 살펴보면 다음과 같다.

(1) 수출사실의 발췌

관세환급의 기본요건은 수출의 이행이다. 관세환급은 수출을 완료한 업체만이 신청할 수 있으므로 관세환급대상이 되는 수출을 이행한 수출업체는 수출사실을 입증할 수 있는 수출신고필증 또는 국내에서 보세구역에 공급한 경우에는 보세공장물품반입확인서

등 수출사실입증서류를 발췌하여야 한다.

(2) 환급요건 검토

수출사실을 발췌 후 환급대상수출인지 여부와 환급특례법상 환급요건에 이상이 없는지 확인하여야 한다. 환급요건확인시 중요한 검토사항은 수출면장의 유효기간 및 환급표시 여부, 선적확인, 품명, 규격, 환급용도의 확인 등이다.

(3) 환급방법의 결정

환급요건에 하자가 없는 경우 환급방법을 결정하여야 하며 환급방법간 적용 우선순위는 업체별·품목별 정액환급, 간이정액환급, 개별환급순으로 적용된다. 개별환급은 정액환급률표에 게기되지 않은 수출물품의 경우에 적용되며, 정액환급률표에 게기되어 있는 수출물품이라도 적용대상에서 제외되는 수출물품 및 정액환급비 적용신청을 한 업체는 개별환급방법에 의하여 환급을 받아야 한다.

(4) 소요량증명서의 발급

환급방법이 개별환급방법이 되는 경우 수출면장 또는 수출사실입증서류별로 소요량증명서를 발급받아야 한다. 소요량증명서는 고시품목과 비고시품목 중 단위실량만으로 소요량책정물품인 경우 환급지 세관장이 발급하며, 비고시품목인 경우에는 주소지 시·도지사, 수출자유 지역관리소장 등이 발급한다.

〈표 15-6〉 소요량발급기관

고시품목 (비고시품목 중 단위 실량만으로 소모량책정품목 포함)	비고시품목
세관장 소요량계산서 발급기관 소요량 자체관리기업	국립공업기술원장 및 지방공업기술원장 시·도지사 및 중소기업청장이 지정하는 시장·군수 수출자유지역관리소장 서부지역 공업단지 관리공단이사장 소요량 자체관리기업

한편 소요량 자체관리기업[12] 또는 소요량계산서 발급기업으로 지정받은 업체는 소요량증명서 대신 자율적으로 소요량계산서를 발급할 수 있다.

〈표 15-7〉 소요량계산서의 발급

소요량계산서의 종류	소요량계산서발급업체 발급 소요량계산서	소요량 자체관리기업 발급 소요량계산서	실제사용량신고기업 발급 소요량계산서
발 급 업 체	중소기업청장 지정		세관장 지정
지 정 요 건	소요량 자체관리 규정을 제정한 수출업체	· 국세청 생산수율비교표 등재업체 · 전년도 수출액 백만 달러 이상 업체	모든 수출업체 신청가능
발급대상물품	고시품목	· 국세청 생산수율 신고품목	비고시품목
적용 소요량	기준소요량고시상의 기준소요량	· 생산수율신고품목 : 실제소요량 · 생산수율 미신고품목 중고시품목 : 기준소요량	실제소요량

(5) 소요량증명서의 확인

소요량증명서가 발급되면 환급에 필요한 요건을 충족하는지 검토하여야 한다. 환급요건확인시 중요한 검토사항은 환급용도의 표시 여부, 발급기관의 정당성, 발급단위, 수출물품의 명세, 투명테이프의 부착여부 등이다.

(6) 수입사실의 발췌 및 정리

환급액은 수출물품을 제조·가공하는 데 사용한 수출용 원재료를 수입할 때 납부한 관세 등 세액범위 내이다. 정액환급의 경우에는 정액환급률표상 고시된 고시금액으로 산출하지만 개별환급의 경우에는 환급세액을 확인하기 위하여 수입면장 등 수입사실을 제출하여야 한다.

수출사실(수출신고필증 등), 투입사실(소요량증명) 및 수입사실(수입신고필증 등)의 발췌가 끝나면 수출면장을 기준으로 관련서류를 정리한다.

---

12) 전년도 국세청 생산수율비교품에 등재된 업체나 전년도 수출실적(내국신용장 및 구매승인서에 의한 공급실적 포함)이 100만 달러 이상인 업체로서, 중소기업청장이 지정한 업체를 말한다.

(7) 수출물품의 단위별 분류

정리작업이 끝나면 환급신청서상의 각란 구분기준에 맞추기 위하여 수출 물품의 HS 10단위별로 수출면장을 구분한다.

(8) 환급액조견표 작성

수출신고필증내용, 수출신고면장에 의하여 발급받은 소요량증명서 내용 및 관련 수입신고필증내용과 환급세액을 산출기재할 수 있는 난이 있는 환급액조견표를 작성하여 환급액세액을 산출하도록 한다.

(9) 환급신청

환급액조견표가 작성되면 이를 근거로 환급신청서를 작성한다. 환급신청서에는 갑·을·병·정지의 4가지 양식이 있으며 이들 양식의 용도는 갑지는 수출품목별로 총환급액을 기재하는 서식이며, 을지는 수출물품이 3가지 이상일 경우 갑지에 연결하여 사용하는 서식이다. 병지는 각 수출물품의 소요원자재별로 환급액을 산출하는 서식이며 정지는 각 수출물품별로 수출신고필증이 2매 이상이거나 수출신고필증이 1매 1란 이외의 경우일 때 사용되는 서식이다. 정액환급인 경우 환급신청서 병·정지의 작성이 생략된다.

3. 환급신청서의 작성

① 환급신청자

환급신청인은 수출자가 되는 것이 원칙이나 수출위탁자 또는 완제품공급자가 수출자로부터 환급권을 양수받은 경우에는 환급신청인이 될 수 있다.

② 제조자

수출물품의 제조자와 수출자가 동일할 때에는 환급신청인과 동일하게 기재하고 수출자와 제조자가 다른 경우 즉 수출대행이나 완제품공급에 의한 수출인 경우에는 수출위탁자나 완제품 공급자를 기재한다.

③ 신청번호

· 기관부호 : 통계부호표에 게기되어 있는 환급기관별 부호를 기재한다.
세관의 부호는 수출입신고시 사용하는 부호와 동일하다.

· 구분 : 환급방법에 따라 업체별·품목별 정액환급율표를 적용하여 환급신청하는 경우에는 "1", 개별환급인 경우에는 "2", 소액수출간이정액환급율표 적용인 경우에는 "3"를 각각 기재한다.

· 일련번호 : 구분번호에 상관없이 환급기관에서 접수한 순서대로 기재한다.

④ 신청일자

환급신청하는 일자의 연월일을 기재한다.

⑤ 결정일자

결정일자는 환급기관에서 기재하며, 환급금 지급지시서가 발송되는 일자의 연월일을 기재한다.

⑥ 신청자구분

환급신청인이 수출자일 경우에는 수출자란에, 수출대행을 의뢰한 자가 환급신청하는 경우에는 위탁자란에 완제품 Local L/C에 의거 공급한 자가 환급신청할 때는 완제품 공급자란에 각각 "○"표를 한다.

⑦ 품명, 규격

환급신청하는 수출물품의 품명과 규격을 기재한다.

⑧,⑨ 신고번호 및 란번호, 면허일자

제출하는 수출면장 등에 게기된 수출신고번호를 기재하고 이어서 환급신청한 물품이 수출신고서의 몇번째란의 물품인가를 표시한다.

면허일자는 수출면장에 게기된 면허일자를 기재한다.

⑩ 형태

수출물품이 환급특례법상 환급대상 어느 조항에 해당 되는가를 구분 표시한다.

⑪ 금액(FOB US$)

수출면장이나 수출에 갈음하는 서류가 여러 장일 경우에는 합계금액을 기재하며, 신고번호 기재사항에 따라 "정지"에 기재하고 금액은 FOB US$로 기재하며 소숫점 이하는 절상하여 기재한다.

수출면장이나 수출에 갈음하는 서류에 원화 또는 다른 나라 통화로 기재되어 있을 때에는 US$로 환산하여 기재하며 환산방법은 수출면허일 당시에 적용되는 수출환율을 기준으로 환산한다.

⑫ HS

기재된 HS 10단위를 수출면장에 기재한다.

⑬ 수량·단위

관세율표상 해당 HS 10단위의 수량단위와 동단위로 계산된 량을 기재하며 소숫점 이하 2자리 미만은 사사오입하여 소숫점 이하 2자리까지 기재하여 소숫점 이하가 없는 경우에는 "○ ○"으로 표시한다.

⑭ 개별사유

환급신청방법이 개별환급일 경우 정액환급을 하지 않고 개별환급을 신청하는 사유를 번호로 표시한다.

⑮ 물량 · 단위

소요량산출의 근거가 되는 단위와 물량(실거래물량)을 기재하며 이때 단위의 표기방법은 관세율표상 약어를 사용하고 관세율표에 없는 단위인 때에는 일반적 약어 표기방법을 사용하되 2자리 문자로 표기한다.

⑯, ⑲~㉒ 정액환급액

간이정액환급 또는 업체별 품목별 정액환급대상일 경우 각각의 정액환급율표에 의거 산정한 금액을 세종별(관세, 방위세, 내국세)로 환산하여 기재한다.

⑰, ⑲～㉒ 개별환급액

수출면장상에 게기된 수출물량과 이에 관련된 소요량증명서에 의하여 수출물품의 제조·가공된 원재료의 소요량을 제출된 수입면장, 기초원재료납세증명서, 수입면장분할증명서, 평균세액증명서 등에 의거 산출한 금액을 세종별로 기재한다.

⑱, ⑲～㉒ 합계액

신청서에 게기된 정액란의 금액과 개별란의 금액의 합한 것을 기재하며 개별이나 정액란 한 곳에 금액이 게기되어 있더라도 같은 금액을 합계란에 기재한다.

㉔~㉘ 합계(란)

환급신청서 갑지와 을지의 각 란에 기재된 환급액의 합계를 세종별(관세, 방위세, 내국세), 개별, 정액별로 기재하고 "합계(란)"의 란에 갑지와 을지의 신청한 란의 합계숫자를 기재한다.

㉙ 지급은행

환급금액을 지급받고자 하는 은행을 한국은행과 환급은행중에서 선택적으로 기재하고 그 지급은행의 코드번호를 기재하고 거래은행의 온라인 구좌번호를 기재한다.

〈그림 15-5〉 환급신청서

(제 8-1호서식)

환 급 신 청 서 (갑)

처 리 기 간
기본(10품목):5일

① 환급신청자
주 소 :
상 호 :
성 명 :

② 제조자
상 호 :
성 명 :

사업자등록번호	③ 신청번호	기관부호	구분	※일련번호
	④ 신청일자			
사업자등록번호	⑤ 결정일자			
	⑥ 신청자 구 분	1 수출자	2 수출위탁자	3 완제품 공급자

수 출 사 항					구분 / 세종	⑯ 정 액	⑰ 개 별	⑱ 합 계
⑦ 품명규격	⑫ HS	⑭ 개별사유						
⑧ 신고번호 및 란번호	⑩ 형태	⑬ 수량	단위					
⑨ 면허일자	⑪ 금액(FOB$)	⑮ 물량	단위					
(1란)					⑲ 관 세			
					⑳ 방위세			
					㉑ 내국세			
					㉒ 방위세			
					㉓ 계			
(2란)					관 세			
					방위세			
					내국세			
					방위세			
					계			
㉙지급은행	은 행 명		합계(란)		㉔ 관 세			
	코 드 번 호				㉕ 방위세			
	온라인구좌번호				㉖ 내국세			
					㉗ 방위세			
					㉘ 계			

환급특례법 시행령 제15조 제2항의 규정에 의하여 환급신청하오니 승인하여 주시기 바랍니다.

수수료	
없 음	

제 3 절 자율소요량제도

1. 의의

자율소요량 제도란 수출원재료에 대한 관세 등 환급에 관한 특례법에 따라서 2000년부터 새로 실시되어진 제도로서 수출업체가 관세환급을 받기 위하여 자기의 수출제품을 생산하는데 들어가는 원재료의 종류와 양을 스스로 계산하는 제도를 말한다. 지금까지는 대외무역법에 근거한 소요량관리제도에 따라서 수출업체가 실제로 사용한 원재료 소요량에 관계없이 국립기술표준원에서 정하여 고시한 기준소요량을 적용함으로써 실제 원재료 소요량이 기준소요량보다 적은 업체는 과다환급을 받는 반면 실제 원재료 투입량이 기존소요량보다 많은 업체는 과소환급을 받는 단점이 있었다. 그러나 2000년 작년에 자율소요량[13] 제도가 도입됨으로써 수출업체는 자신이 실제로 사용한 원재료량 만큼 정확하게 관세환급을 받을 수 있게 되었다. 다만, 자율적으로 소요량을 계산하고 관리하기 위해서 소요량 산정방법을 관세환급을 신청하기 전에 미리 환급신청을 세관에 신고해야 하고 관련서류와 장부를 일정기간 보관해야 하고 스스로 소요량을 계산해야 한다는 것은 종전보다 번거롭게 되었다고 볼 수 있다.

2. 자율소요량 제도

(1) 자율소요량 산정방법 선택

자율소요량에 의해 소요량계산을 하려고 하는 업체는 HS번호별로 6가지 자율소요량 산정방법 가운데 하나를 선택하여 산정할 수 있다. 그러나 농·수·축·임산물 등을 원재료로 1차 가공품을 생산할 때는 수출건별 총소요량, 위탁건별 총소요량만 선택할 수 있고, 시제품 생산단계와 같이 소요량이 안정되지 않았을 때는 일정기간별 또는 1회계년도 소요량을 선택할 수 없다. 석유화학제품 등 특수공정에 의해 제품을 생산하는 연산품[14]

13) 환급신청자(수출자 또는 생산자)가 관세환급을 받기 위해서 수출물품을 생산하는데 들어간 원재료의 소요량을 관세청장이 정한 소요량 산정기준과 관리절차에 따라서 자율적으로 산정한 소요량을 말한다. 자율소요량을 산정하기 위해서는 환급신청전까지 환급신청 세관에 자율소요량 산정방법을 신고해야 한다.

14) 원유 정제공장에서 나오는 휘발유, 등유, 경유 등과 같이 특수공정물품 중에서 동일 원재료에 의해 생산된 개별적인 기능과 경제적인 가치를 가진 제품들이 주산물과 부산물로 구별할 수

등은 제조공정의 특수성을 인정하여 일정기간별 단위소요량이나 1회계년도 단위소요량만 선택할 수 있다. 그러나 새로 생산되는 연산품에 대해서는 수출건별 소요량으로만 산정할 수 있다.

1회계년도 단위소요량은 전회계년도 동안의 수출물품 1단위당 평균소요량을 이번 회계연도에 적용하는 소요량이므로 소요량이 안정성을 유지할 수 있으려면 매월 1회이상 또는 연간 6월이상 생산활동을 하는 업체만 선택할 수 있다. 단, 천재지변, 노사분규 등 불가항력으로 인해 생산활동을 하지 못했을 때는 1회계년도 단위소요량을 선택할 수 있다.

(2) 산정방법의 신고

자율소요량 적용업체는 최초 환급신청전에 환급신청 세관에 소요량 산정방법에 대하여 신고해야 한다. 환급신청 세관을 변경했을 때는 소요량 산정방법을 변경한 세관에 다시 신고해야 한다. 산정기간이 지났으나 변경신고를 하지 않았을 때는 종전에 신고한 산정 방법을 적용하는 것으로 본다. 기준소요량에 의해 소요량을 계산하는 업체는 소요량 산정방법을 신고할 필요가 없다. 그러나, 2000년 1월 1일부터는 현재의 기준소요량을 이용할 수 없으며, 환급신청업체는 관할 세관에 최초 환급신청 전까지 자율소요량 산정방법을 신고하고 환급을 신청해야 환급을 받을 수 있다.

(3) 소요량 산정방법별 적용기간

첫째, 1997년 7월 1일 이후 수출신고수리분부터 자율소요량을 적용할 수 있다.

둘째, 단위실량과 단위설계 소요량은 그 수출물품에 대해 소요량 산정방법을 변경(신고)할 때까지 수출한 물품의 소요량계산에 적용한다. 산정대상기간의 시작일만 신고하면 되며 종료일은 신고할 필요가 없다.

셋째, 수출건별 총소요량과 위탁건별 총소요량은 그 수출건 또는 위탁건에 의해 생산된 수출물품 소요량계산에만 적용한다.

넷째, 일정기간별 단위소요량은 6개월 범위 안에서 업체가 임의로 월 단위의 산정대상기간을 정하면 산정대상기간 종료일의 다음 달부터 업체가 정한 산정대상기간의 길이만큼을 적용기간으로 한다.[15)]

없을 때 이 제품들을 한꺼번에 일컫는 말이다.

15) A제품의 생산기간이 99.5.28~7.4인 경우, 산정대상기간은 99.5.1~7.31이며 적용기간은 99.8.1~10.31 사이의 수출신고수리분 또는 내국신용장에 의한 공급분이다.

다섯째, 1회계년도 단위소요량은 1회계년도 말일로부터 3개월이 지난달의 첫날부터 1회계년도(1년)간을 적용기간으로 한다.16)

3. 자율소요량 산정방법

(1) 단위실량

수출물품을 구성하고 있는 실제 원재료의 양인 단위실량만을 소요량으로 산정하는 방법이며, 곧 수출물품(견본)을 분해하여 재거나 수출물품 1단위를 생산하는데 사용되는 설계도면상의 원재료의 실면적이나 부품내역서상의 실량 등을 세어서 산정한다.17)

(2) 단위설계소요량

수출물품을 생산하는데 있어 가장 기본이 되는 자료인 제조사양서에 있는 원재료중 환급을 받고자하는 원재료의 종류별양을 말한다. 일반적으로 단위설계소요량은 단위실량에 최적의 생산공정에서 발생하는 최소한의 손모량을 합친 소요량으로서 원재료의 종류에 따라서는 단위실량과 같은 양일수도 있다.18)

(3) 수출건별등 총소요량

수출건별로 수출물품을 생산하는 과정에서 사용한 원재료의 종류별 총량으로 불량품 등에 소요된 원재료의 사용량을 제외한 소요량을 말한다. 수출건별이란 수출신고 수리필증별, 기초원재료 납세증명서별, 또는 수출계약서나 내국신용장의 수출물품의 수량단위를 말한다.19)

---

16) 1회계년도 단위소요량 산정대상기간이 98.1.1~12.31일 때 적용기간은 99.4.1~00.3.31사이 수출신고수리분(내국신용장에 의한 공급분 포함)에 적용된다.

17) 컴퓨터 모니터에는 브라운관(CPT)이 1개 있으므로 CPT의 단위실량은 1개이며, 모니터의 회로도에 트랜지스터가 10개 있다면 트랜지스터의 단위실량은 10개이다.

18) 브라우스의 제조사양서에 브라우스 1장을 생산하는데 필요한 면직물이 3야드라고 적혀 있으면 이 브라우스의 단위설계소요량은 3야드이다.

19) 수출계약서에 의해 미국 XY상사에 신발 100켤레를 생산하여 수출했을 때, 이 수출건의 신발 100켤레를 생산하는데 원재료인 가죽 10야드를 사용했다면 신발 100켤레에 대한 수출건별 등 총소요량은 가죽 10야드이다.

(4) 일정기간별 단위소요량

일정기간 동안 생산된 수출물품 1단위에 대한 평균소요량을 말하며, 일정기간이란 1개월 이상 6개월 이내의 범위에서 산정대상기간 초월의 초일부터 산정대상기간 말월의 말일까지를 말한다. 또한, 일정기간별 단위소요량은 수출물품에 원재료가 물리적으로 결합되느냐 화학적으로 통합되느냐에 따라 산정방법이 구분되는데 이에는 물리적으로 결합되는 원재료와 화학적으로 결합되는 원재료의 두 가지 방법이 있다.

① 물리적으로 결합되는 원재료

일정기간 동안 제품생산에 사용된 원재료의 종류별 총량을 그 기간 동안에 생산된 제품의 원재료별 환산량으로 나눈 값에 단위실량을 곱한 양으로 산정하며, 불량품 생산에 소요된 원재료 사용량은 제외한다.[20]

일정기간별 단위소요량 = (일정기간 동안 사용된 원재료별 총량÷일정기간 동안 생산된 제품의 원재료별 환산량) ×단위실량

② 화학적으로 결합되는 원재료

단위실량을 계산할 수 없으므로 일정기간 동안 사용된 원재료별 총량을 그 기간동안 생산된 제품 총량으로 나누어 산정한다.[21]

일정기간별 단위소요량 = 일정기간 동안 사용된 원재료별 총량 ÷ 그 기간동안 생산된 제품 총량

(5) 1회계년도 단위

1회계년도 동안 생산된 수출물품 1단위에 대한 평균소요량을 말하며, 이 역시 원재료가 물리적으로 결합하는 경우와 원재료가 화학적으로 결합하는 경우의 두 가지가 있다.

---

20) 1998.7.1~12.31 사이 6개월 동안 생산된 제품이 500개, 원재료 갑이 1200개, 을이 2100개 사용되고, 단위실량이 갑 2개, 을 4개일 때 갑의 일정기간별 단위소요량은 [1200÷(2×500)]×2=2.4개, 을의 일정기간별 단위소요량은 [2100÷(4×500)]×4=4.2개이다.

21) 1998.7.1~12.31 사이 6개월 동안 생산된 제품이 500개, 원재료 갑이 1200Kg, 을이 2100Kg 사용되었을 때 갑의 일정기간별 단위소요량은 1200÷500=2.4Kg, 을의 일정기간별 단위소요량은 2100÷500=4.2Kg이다.

① 원재료가 물리적으로 결합하는 경우

1회계년도 동안 제품생산에 사용된 원재료의 종류별 총량을 그 기간 동안 생산된 제품의 원재료별 환산량으로 나눈 다음 단위실량을 곱하여 산정하며, 불량품 생산에 소요된 원재료 사용량은 제외된다.[22)]

1회계년도 단위소요량 = (1회계년도 동안 사용된 원재료별 총량÷1회계년도 동안 생산된 제품의 원재료별 환산량)×단위실량

② 원재료가 화학적으로 결합하는 경우

1회계년도 동안 제품생산에 사용된 원재료의 종류별 총량을 그 기간 동안 생산된 제품의 총량으로 나누어 산정하며, 불량품 생산에 소요된 원재료 사용량은 제외된다.[23)]

1회계년도 단위소요량 = 1회계년도 동안 사용된 원재료별 총량÷1회계년도 동안 생산된 제품 총량

(6) 위탁건별 총소요량

수출물품의 생산을 위탁한 업체가 생산업체(수탁업체)에 공급한 원재료중 생산업체가 수출물품을 생산하는데 사용한 원재료의 종류별 총량으로 산정한다.[24)]

4. 소요량 계산기준 등

(1) 소요량 계산기준

첫째, 수출물품과 소요원재료는 품명, 규격(특성, 함량, 중량, 두께 등)별로 분류하여 소요량 산정과 계산을 해야 한다.

둘째, 1회계년도 단위소요량이나 일정기간별 단위소요량을 산정할 때 상거래상 동종

---

22) 1998.1.1~12.31 1회계년도 사이 생산된 제품이 500개, 원재료 갑이 1200개, 을이 2100개 사용되고, 단위실량이 갑 2개, 을 4개일 때 갑의 1회계년도 단위소요량은 [1200÷(2×500)]×2=2.4개, 을의 1회계년도 단위소요량은 [2100÷(4×500)]×4=4.2개이다.

23) 1998.1.1~12.31 1회계년도 사이 생산된 제품이 500개, 원재료 갑이 1200Kg, 을이 2100Kg 사용되었을 때 갑의 1회계년도 단위소요량은 1200÷500×2=2.4Kg, 을의 회계년도 단위소요량은 2100÷500=4.2Kg이다.

24) 갑회사가 을회사에 수출물품인 신발 100켤레를 위탁생산하는 위탁가공계약을 맺고 가죽 10야드를 공급했는데 을회사가 이 가운데 9야드를 사용했을 때 위탁건별 총 소요량은 가죽 9야드이며, 불량품 생산에 소요된 원재료 사용량은 제외된다.

물품으로 인정되고 손모율의 차이가 없다고 인정될 때는 수출물품 또는 소요원재료를 통합하여 손모율을 산정할 수 있다.

(2) 소요량 계산의 근거자료

첫째, 자율소요량 계산근거 자료로 다음을 들 수 있다. ① 제조사양서 및 제조공정도, ② 원재료 수불대장, ③ 제품 수불대장, ④ 부산물 수불대장(부산물이 발생하는 경우에만), ⑤ 소요량 계산서철.

둘째, 1회계년도 단위소요량을 산정하려면 결산보고서(제품 및 자재수불 관련 부속서류 포함)및 원단위, 생산수율 보고서(신고대상품목만)를 추가로 보관, 관리해야 하며, 위탁건별 총소요량을 산정하려면 위탁가공계약서를 추가로 보관, 관리해야 한다.

셋째, 소요량계산 근거자료는 장부 또는 마이크로필름, 광디스크, 기타 전산자료 보존매체로 환급신청일로부터 5년간 보관, 관리해야 한다.

(3) 기타

기준소요량에 의한 소요량계산서 발급은 다음과 같다. 첫째, 국립기술표준원 등이 고시한 기준소요량에 의해 발급한 소요량계산서는 1999년 12월31일까지 수출신고수리되거나 신용장 등에 의해 공급된 수출물품에 한하여 적용된다. 둘째, 한가지 수출물품에 대해 동시에 기준소요량과 자율소요량을 섞어서 선택적으로 사용할 수 없다.

제 16 장

무역클레임과 상사중재

제 1 절 무역클레임

1. 무역클레임의 의의

클레임은 단순한 불평(complain)이나 경고(warning) 그리고 분쟁(dispute) 등을 총칭하지만 좁은 의미에서 클레임은 계약 당사자 일방이 계약위반으로 상대방에 손해를 끼쳤을 때 피해자가 가해자에게 자기의 권리 회복을 요구하거나 손해배상을 요구하는 적극적인 행위를 말한다. 즉 위약구상이라고도 한다.

일반적으로 국가간에 이루어지는 무역은 언어·관습·법률·경제 등이 다른 이국간에 이루어지므로 국내거래와는 다른 여러 분쟁이 발생하기 쉬우며, 무역클레임의 당사자 형태는 단순히 계약당사자에 국한되지 않고 거래과정에서 관련되는 선박회사, 보험회사, 외국환은행, 창고회사 등과 클레임이 발생하는 경우도 많다.

2. 클레임의 내용

(1) 금전상의 청구를 내용으로 하는 클레임

① 대금의 지급거절
② 손해배상금의 청구
③ 대금의 감액청구

(2) 금전이외의 청구를 내용으로 하는 클레임

① 물품의 인수거절
② 계약이행의 청구

③ 계약잔여분의 해제

④ 기타

(3) 금전 및 기타 청구를 병행하는 클레임

클레임에 따라 반송 후 대체품을 요구하되 지연인도에 따른 손해배상을 청구하는 경우 이에 해당된다.

3. 무역클레임의 원인과 종류

(1) 무역클레임의 발생 원인

1) 무역클레임의 직접적인 원인

① **상담에 원인이 있는 경우** : 청약승낙과 관련 중요한 조건이 누락되어 있거나 인식부족으로 인한 상담시의 과실, 오해, 착오, 부주의 등의 원인으로 발생되는 경우가 많다.

② **계약에 원인이 있는 경우** : 계약의 주요 조건이 완전한 합의가 이루어지지 못한 채 계약이 이행되는 경우 발생하게 된다.

③ **계약의 이행에 원인이 있는 경우**

㉠ 선적지연 클레임(claim on delay shipment)

㉡ 품질클레임(claim on quality)

㉢ 수량클레임(claim on quantity)

㉣ 검량 및 검품 클레임(claim on inspection of quantity and quality)

㉤ 포장클레임(claim on packing)

㉥ 적재클레임(claim on ship's stowage)

㉦ 대금미지급클레임(claim on non-payment)

㉧ 신용장의 미발행, 발행지연 또는 부당한 신용장에 관한 클레임(claim on L/C being not issued, delayed or on inappropriate)

㉨ 보험클레임(claim on insurance)

㉩ 수수료미지급클레임(claim on commission being not paid)

2) 무역클레임의 간접적인 원인

① 언어, 상관습 및 법률의 상이

② 신용조사의 불충분

③ 무역상무와 국제상관습에 대한 지식부족

④ 운송중의 위험

⑤ 가격의 변동

⑥ 불가항력

(2) 무역클레임의 종류

1) 발생원인에 따른 분류

① 상품과 직접적인 관계가 있는 클레임

〈표 16-1〉 상품과 직접적인 관계가 있는 클레임

구 분	종 류
품질에 관한 클레임	품질불량, 품질상위, 형식상이, 등급저하, 불량품혼입, 품질상이품 혼입, 사용불능품질, 품질결함, 변질 등
색상에 관한 클레임	변색, 색의 상위, 색조의 상위 등
치수에 관한 클레임	치수의 부족, 치수의 상위, 치수의 불량, 치수의 초과 등
수량 및 중량에 관한 클레임	수량부족, 중량부족, 감량, 중량계산상위 등
손상에 관한 클레임	멸실, 손상, 파손 등

② 상품과 간접적인 관계가 있는 클레임

〈표 16-2〉 상품과 간접적인 관계가 있는 클레임

구 분	종 류
포장에 관한 클레임	포장불량, 불완전포장, 부정한 포장, 포장파손 등
화인에 관한 클레임	화인누락, 화인의 혼합, 화인상이, 화인소멸 등
선적에 관한 클레임	선적지연, 선적불이행, 하역손상, 선적상이, 과다선적 등
운송에 관한 클레임	운송중 파손, 환적, 분실, 도난, 초과운임, 난폭취급 등
가격·결제에 관한 클레임	가격조정, 초과지불, 과잉징수, 반송비, 재포장비, 수선비, 창고비, 검증료, 체선비, 벌금 또는 과료, 결산대금 외의 청산, 어음부정할인, 어음할인거부 등
서류에 관한 클레임	송장상의 과오, 부정송장, 잘못 작성된 송장, 계산착오, 기재사항의 상위, 서류미흡 등
계약에 관한 클레임	계약불이행, 계약취소, 용선계약파기, 계약거절, 부당한 계약해제 등

2) 성격에 따른 분류

① **일반적 클레임** : 거래의 수행상 발생하는 통상의 클레임을 말하며 거래 당사자간에 어느 일방의 과실이나 태만에 따라 계약위반시 발생하는 클레임이다.

② **마켓 클레임** : 보통의 경우 클레임 대상이 아니나 계약성립 후 시세가 하락한 경우 발생한 손실을 보충할 목적으로 사소한 실수, 외환시세 변동, 시황의 악화 등을 이유로 가격인하나 물품인수거부 등 의도적으로 제기하는 악덕클레임이다.

③ **계획적 클레임** : 고의적 클레임으로 처음부터 교묘한 방법으로 상대방으로 하여금 계약 이행에 지장을 초래하게 하여 제기하는 클레임이다.

제 2 절 무역클레임의 방지와 처리

1. 무역클레임의 방지

클레임의 발생은 경제적 손실 뿐만 아니라 해결에 많은 시간을 낭비하게 되며 나아가 이에 따른 기회이익의 상실을 가져온다.

따라서 클레임은 해결방안의 강구보다 발생가능성의 최소화를 위한 노력이 중요하다. 그러나 불가피한 클레임 발생을 방지하기 위해서는 아래 사항들을 준수하도록 한다.

(1) 신의성실의 원칙준수

신의성실의 원칙은 모든 거래의 기본으로 무역거래에 있어 상호 신뢰와 신용을 준수하는 것으로 클레임의 방지를 위해서는 신용있는 거래처의 선정과 동시에 자신도 상대방에 대하여 우수한 거래처가 될 수 있도록 항상 신의와 성실을 바탕으로 행동하도록 하여야 한다.

(2) 거래처의 엄선과 철저한 신용조사

1) 거래처의 엄선

무역거래는 국내의 현물거래와는 달리 상품과 대금의 수수가 동시에 이루어지지 않기 때문에 거래를 하기 전에 상대방의 신용을 철저히 조사하고 이를 통해 거래처를 엄선하는 것이 중요하다.

2) 철저한 신용조사

신용이란 상대방에 대한 경제적 평가 특히 지급능력을 말하지만 이 외에도 인격적·도덕적인 면도 무시할 수 없다. 일반적으로 신용조사를 해야 할 내용은 재정상태(capital), 거래능력(business ability), 도의심(character) 등이 기본요건이며 여기에 국가(country), 통화(currency) 등이 추가된다. 상대방의 신용상태는 시일이 경과함에 따라 변하므로 정기적인 조사가 이루어져야 한다.

(3) 무역상담시 유의사항

당사자들이 신의성실의 원칙에 입각하여 거래를 한다 하더라도 상담시에 주의를 다하지 못하는 경우 클레임이 발생하게 된다. 따라서 상담과정에서 견적, 확정청약, 반대청약, 승낙에 대하여 세밀한 주의를 하여야 한다.

(4) 계약서의 완비

무역계약은 분쟁을 미연에 방지하고 분쟁이 발생되었을 때 합리적인 해결 방안을 마련하기 위해 계약서의 작성이 필수적이다. 무역계약에는 상담 내용을 근거로 당사자간에 합의한 내용을 정확하고 간결하며 능동형 표현으로 작성하여야 한다.

계약서에는 기본적인 조항외에 분쟁을 효율적으로 관리하기 위한 조항과 계약의 성격과 과거 경험을 토대로 한 추가조항 등이 포함되어야 한다.

(5) 국제상관습에 대한 충분한 이해

무역계약에는 당사자가 의도하는 바를 모두 명기한다는 것은 불가능하므로 이에 대한 보완으로 국제상관습을 원용하게 되고 또한 이러한 국제상관습은 언어·관습·법률 등이 상이한 무역거래에 있어 해석상의 국제적인 기준이 되고 있다. 이러한 국제상관습은 복잡하고 기술적인 성격을 지니고 있으므로 이에 대한 충분한 연구와 이해를 통한 정확한 활용이 요구된다.

(6) 신용장의 세심한 검토

신용장은 계약내용에 따라 개설이 되지만 일단 개설이 되면 그 자체의 독립추상성으로 인하여 무역계약과는 별개로 효력이 발생되므로 매매계약서와 신용장조건의 일치 여부, 선적기한과 유효기간의 확인, 신용장조건과 선적서류와의 일치 등을 세심하게 검토하여야 한다.

2. 무역클레임의 처리

(1) 클레임의 제기

1) 클레임의 원인조사

① 선적서류의 조사

매도인은 물품을 선적완료하고 선적통보 또는 은행을 통하여 매수인에게 선적서류를 보내게 된다. 선적지와 목적지의 거리, 운송편에 따라 다르지만 일반적으로 물품의 도착에 앞서 선적서류가 도착된다.

선적서류가 도착하면 이를 검토하여 현품을 보기 이전에 확인할 수 있는 각종 클레임의 원인을 조사하여 필요시 물품 및 매도인에게 적절한 조치를 하여야 한다.

② 도착 후의 조사

화물이 도착된 후 제일 먼저 보는 것이 포장으로 포장에 파손이나 변형이 있는 경우 화물손상을 예상할 수 있다.

특히 물품이 도착되기 전에 사고가 있었다거나 선하증권상 특기사항이 있는 경우 매도자, 선박회사, 보험회사의 동의를 얻어 공인검정기관으로 하여금 검사하도록 조치하여야 한다.

2) 클레임의 제기

① 클레임제기 당사자의 확정

클레임이 발생하면 발생원인과 책임소재를 검토하여 클레임을 청구할 당사자를 결정하여야 한다. 클레임의 당사자는 일반적으로 계약 당사자가 되지만 예외적으로 계약 당사자의 책임없는 사유로 발생된 손해에 대해서는 계약이행과정에서 관련되는 제3자인

신용장 관련 은행, 운송회사, 보험회사 등에게 제기되는 경우도 있다.

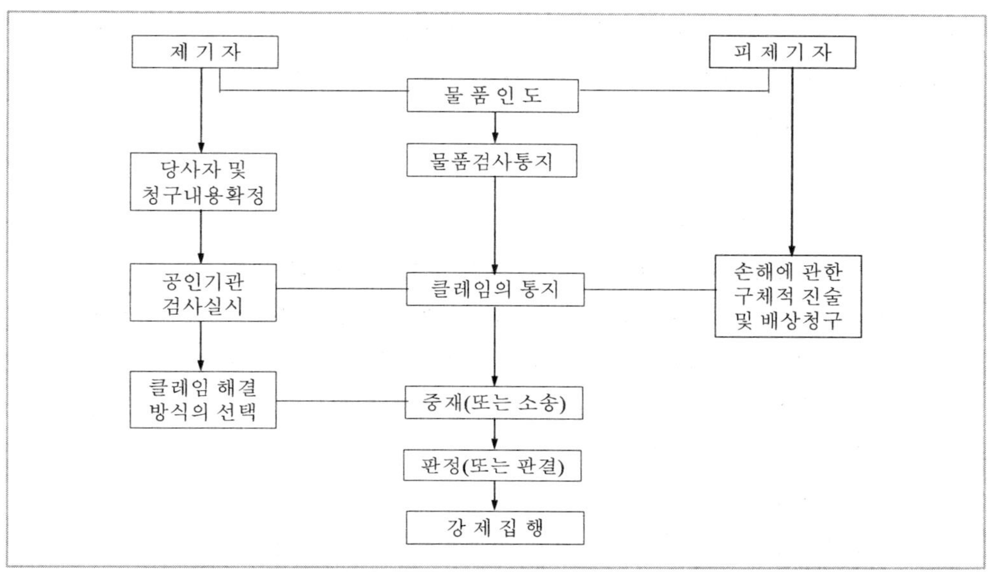

〈그림 16-1〉 클레임제기절차

② 클레임의 제기기간

클레임의 제기시기를 놓치면 증거를 상실하게 되어 해결에 어려움이 따르므로 신속히 제기하여야 한다. 클레임제기 기간을 약정한 경우에는 그 계약조항에 따라야 하나 약정이 없는 경우에는 법률 또는 관습에 따라 합리적으로 결정하여야 한다.

〈표 16-3〉 클레임제기기간의 입법 예

입 법	제 기 기 간
우리나라 상법	· 하자사항 발견 즉시 통지 · 발견할 수 없는 하자 6개월 이내
영국물품매매법	· 합리적인 기간내
CIF에 관한 Warsaw-Oxford 규칙	· 인도물품 도착 후 3일 이내
비엔나협약	· 합리적인 기간내

③ 클레임의 통지

매수인은 물품이 도착하면 클레임의 원인조사에 명시된 사항을 조사하여 이상이 있으면 우선 가장 빠른 방법으로 그 개요에 대한 클레임통지서(claim notice)를 전신이나 팩시밀리 등을 이용하여 발송한 후 즉시 클레임제기서를 서면으로 정식 송부하여야 한다. 이 때 클레임통지서는 매도인 뿐만 아니라 클레임의 최종적인 해결은 보험회사에 대한 보험금지급 및 선박회사에 대한 운송책임구상과 밀접한 관련이 있기 때문에 보험회사와 운송회사에 대해서도 별도로 발송하여야 한다.

④ 클레임제기를 위한 준비

정식 클레임을 제기하고자 하는 경우 필요한 준비는 다음과 같다.

㉠ 감정서류(survey report) 준비 : 클레임제기의 정당성을 주장하기 위해서는 객관적인 증거를 통하여 입증할 필요가 있으며, 그 증빙자료로서 제3자에 의한 공인감정보고서(survey report)가 이용되고 있다.

㉡ 클레임원인에 대한 조사

㉢ 현품, 매매계약 및 신용장의 대조

㉣ 클레임제기에 필요한 서류구비 : 클레임제기에 필요한 서류로는 클레임내용을 기재한 클레임진술서(statement of claim), 손실명세서(particulars of loss sustained), 검사보고서(survey report), 청구서 및 기타 증빙서류 등이다.

⑤ 위약물품의 반송

(2) 클레임의 접수

1) 제기시기의 검토

클레임통지는 국제간의 거래에 있어서 매우 중요하다. 분쟁이 발생하여 손해가 발생했으나 하자통지를 소홀히 하여 자기의 권리를 찾지 못하기도 하고 심지어는 제기권을 상실하는 경우도 있다. 따라서 클레임을 접수하면 우선 계약서, 관련법규 및 상관습에 의한 유효기간 내 클레임이 제기되었는지 검토하여 기간이 지난 제기는 관련계약서나 법규의 조항을 근거로 하여 배척하도록 한다.

2) 청구서한의 검토

분쟁이 발생되어 손해배상을 받았을 경우에는 아래 사항을 검토한 후 분쟁해결에 대한 입장과 해결방안을 상대방에게 신속하게 제시하여 대처하여야 한다.

① 본인이 본 분쟁의 책임 당사자인지 여부
② 계약조건의 미비에 의한 것인지 여부
③ 하자를 입증하는 객관적인 입증자료의 제시 여부
④ 물품검사는 합리적인 방법과 기간 내에 이루어졌는지 여부
⑤ 하자의 정도가 계약상 또는 거래관행상 허용비율을 초과하는지 여부
⑥ 당해 계약의 특성을 충분히 감안했는지 여부

3) 자신의 입장과 해결방안통보

분쟁해결에 관한 입장과 방안에 대하여 상대방에게 신속하게 제시하여 대처하여야 한다. 특히 첫 답변은 향후 분쟁해결의 방향을 설정하는 것이기 때문에 자신의 입장·주장 및 해결방안 등을 명확히 기재하여 상호 오해의 소지를 없애야 한다.

3. 무역클레임의 해결

(1) 클레임해결의 기본원칙

무역클레임에 대한 법률상의 구제방법으로는 일반적으로 법원 등의 국가공권력이 계약을 위반한 당사자에게 계약의 내용에 따른 이행을 명하는 방법과 손해배상을 청구하는 방법이 있다. 그러나 국제간의 상거래는 국가권력이 외국에 미치지 못하므로 일반적으로 손해배상청구의 방법이 사용되고 있다.

무역클레임을 해결하기 위해서는 고도의 실무지식과 기술이 필요하며 다음과 같은 원칙에서 업무를 추진하여야 할 것이다.

1) 합리성의 추구

합리적인 해결은 클레임해결의 가장 기본적인 원칙으로 이를 위해서는 상거래상의 평형의 원칙(principle of equity)이 존중되어야 한다. 클레임이 제기되면 거래 당사자는 감정과 이해관계가 개입되기 쉬우나 상호간의 신뢰를 바탕으로 노력할 때 원만한 해결이 가능하다.

2) 고도의 전문지식과 기술의 도입

무역거래는 일반상거래에 비하여 그 절차가 복잡하고 이행과정에서 제3의 당사자가

많이 개입되어 있으며, 이를 규율하는 국제상관습에 대한 이해 없이는 단순한 업무처리에 불과하므로 클레임을 합리적으로 해결하기 위해서는 물품, 국제상관습, 무역절차에 관한 폭넓은 지식이 요구된다.

3) 당사자의 해결을 위한 노력

상사분쟁의 해결방법에는 당사자의 우호적인 해결과 제3자의 개입에 의한 해결방법이 있다. 모든 클레임은 당사자간에 해결하는 것이 가장 좋은 방법이며 이를 위하여 당사자는 최선을 다하여야 하나 불가능할 때에는 제3자의 개입에 의한 해결방법에서도 소송에 의한 방법보다 조정이나 중재를 통하여 해결되도록 노력하여야 한다.

4) 신속성과 경제성의 추구

클레임의 장기간에 걸친 해결은 시간적·경제적으로 많은 소모를 가져온다. 따라서 클레임은 신속하게 해결되도록 하여야 하며 또한 해결에 소요되는 비용도 최소 한도에 그치도록 하는 것이 중요하다.

(2) 클레임해결의 형태와 내용

1) 클레임해결의 형태

① 클레임의 철회(withdrawal of claim) 또는 취소(cancellation of claim) : 클레임제기자가 자기가 제기한 클레임을 스스로 철회 또는 취소함으로써 무효화시키는 것을 말한다.
② 클레임의 거절(refusal of claim) : 클레임을 제기받은 자가 클레임을 제기한 것을 거절하는 것으로 거절시에는 부당성을 입증할 만한 증거와 이유가 제시되어야 한다.
③ 클레임의 수락(acceptance of claim) : 클레임을 제기당한 측에서 클레임을 수락하는 것으로 수락 정도에 따라 제기된 클레임을 모두 수락하는 전면수락(total acceptance of claim)과 부분수락(partial acceptance of claim)이 있다.

2) 클레임해결의 내용

클레임해결의 내용이란 클레임이 해결된 때 당사자에 의하여 취해진 조치내용으로 클레임의 청구내용과는 반드시 일치하지 않는다. 클레임해결의 내용은 다음과 같이 구분된다.

① 손해배상금의 지급 : 손해배상금의 지급은 제기된 클레임에 대하여 제기당한 측이 상대방에게 계약이 이행된 것과 같은 상태로 회복시킬 목적으로 입힌 손해를 금전으로 보상하는 것을 말한다.
② 대금의 감액 : 물품대금을 분할하여 지급하는 경우 또는 일정기간 후에 일시불로 지급하는 경우 등에 있어 아직 대금잔액이 남아있는 상태에서 잔액으로부터 감액하는 방법 등이 있다.
③ 물품의 반송 : 물품의 반송이란 매수인이 화물의 인수를 거절함에 따라 그 물품을 다시 선적지로 반송하는 것을 말한다.
④ 계약의 이행 : 매도인의 의무 가운데 가장 중요한 것은 계약기한내 정해진 물품을 공급하는 것으로 클레임의 경우 제기하는 측에서 계약이행을 최고하고 이에 대하여 제기당한 측에서 그 의무를 이행함으로써 해결하는 경우를 말한다.
⑤ 해결불능 : 클레임을 제기할 상대방 회사의 파산이나 소재불명으로 해결이 불가능한 경우이다.
⑥ 중재 또는 소송 : 당사자간 해결이 이루어지지 못했을 때 제3자를 통한 해결방법으로 중재와 소송이 있다.

(3) 클레임해결방법의 종류

1) 당사자간 해결

① 클레임의 포기

클레임제기자가 구상액이 근소하거나 다른 조건에 만족하는 경우 제기한 클레임을 철회(withdrawal)하는 것을 말한다.

② 타협과 화해

당사자 쌍방이 직접 또는 중개인의 교섭을 통하여 합리적인 선에서 청구액의 범위와 구상방법을 합의[1] 하는 것으로 가장 바람직한 해결방법이다. 화해의 종류는 당사자간의 교섭에 의하여 이루어지는 재판 외의 화해와 법원의 중개에 의한 소송상의 화해가 있다.

---

1) 합의방법으로는 당사자가 직접 교섭하는 방법, 쌍방의 변호사에게 교섭하게 하는 방법, 쌍방이 신뢰하는 거래선 또는 정부기관 등의 제3자에게 알선을 의뢰하는 방법 등이 있다.

2) 제3자를 통한 해결

제3자를 통한 해결방법에는 알선(intermediation), 조정(conciliation), 중재(arbitration), 소송(litigation) 등 4가지 방법이 있다.

① 알선

알선은 상공회의소, 대한상사중재원, 대사관, 영사관 등 공정한 제3자의 성격을 갖는 기관이 당사자 일방 또는 쌍방의 의뢰에 의하여 사건에 개입하여 해결을 위한 방안을 제시하거나 조언하는 것을 말한다.

알선은 당사자 일방에 의한 의뢰에 의하여도 가능하나 쌍방의 협력이 없으면 실패하기 쉬우며, 강제력이 없고 다른 제3자에 의한 해결방법인 조정이나 중재와는 달리 형식적인 절차를 필요로 하지 않는다.

② 조정

당사자가 분쟁을 중재에 부탁한 경우 중재절차에 앞서 간편하게 해결하면서 중재판정과 동일한 효력을 갖는 것이 조정이다. 이때 당사자는 조정안을 수락할 의무는 없지만 일단 수락하면 구속력을 갖게 된다. 조정은 조정인 선정일로부터 일정기간 이내에 실패하면 조정절차는 자동적으로 폐기되고 중재단계로 넘어가게 된다.

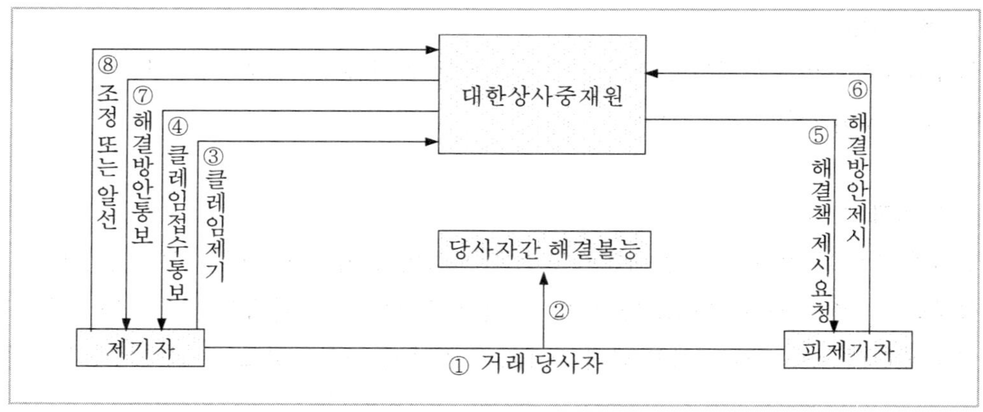

〈그림 16-2〉 알선 및 조정진행도

③ 중재

중재는 조정과 같이 당사자가 공정한 제3자를 중재인으로 선임하고 중재인의 판정에 복종함으로써 최종적으로 해결하는 방법이다. 중재는 당사자간의 합의에 의하여 이루어진다[2]는 점에서 조정과 유사하나 조정안의 수락 여부는 당사자의 임의사항이며, 중재판정은 거부할 수 없을 뿐 아니라 결과는 법원의 확정판결과 동일하여 강제집행력이 있다는 점에서 차이가 있다.

④ 소송

당사자간에 중재합의가 있는 경우에는 중재계약의 당사자는 중재법상 직소금지조항에 따라 중재판정에 따라야 하나 별도의 중재계약이 없거나 중재계약이 무효이거나 효력을 상실하였거나 이행이 불능일 때에 한하여 소송을 제기할 수 있다. 이러한 소송은 국가기관인 법원의 판결에 의하여 분쟁을 강제적으로 해결하는 최후의 방법으로 국제간의 거래에서는 서로 법역을 달리하므로 재판권이 상대국에 미치지 못하는 단점이 있다.

〈표 16-4〉 소송과 중재의 비교

소 송	중 재
· 상대방 합의없이 제소가능	· 당사자의 중재합의 필요
· 항소 및 상고가능	· 단심
· 해결에 많은 시간과 비용소요	· 신속·경제적인 해결가능
· 공권력에 의한 해결	· 제3자 중재인에 의한 해결
· 공개로 비밀유지 불가능	· 비공개로 비밀유지 가능

제 3 절 상사중재

1. 중재의 의의와 중재계약

2) 거래 당사자간에 분쟁은 중재로 해결한다는 중재조항에 의한 사전 합의나 현존하는 분쟁에 관하여 중재부탁계약이 없이는 중재방법을 이용하지 못한다.

(1) 중재의 의의

중재(Arbitration)란 분쟁 당사자간의 중재계약에 따라 사법(私法)상의 법률관계에 관한 현존 또는 장래에 발생할 분쟁의 전부 또는 일부를 법원의 판결에 의하지 아니하고 사인인 제3자를 중재인으로 선정하여 중재인의 판정에 맡기는 동시에 그 판정에 복종함으로써 분쟁을 해결하는 자주법정제도이다. 아울러 국가공권력을 발동하여 강제집행할 수 있는 권리가 법적으로 보장이 가능하다.

분쟁의 해결에는 보편적으로 소송이 있지만, 급격히 증대되는 전문적이고 기술적인 분야의 모든 분쟁을 수용하기에는 한계가 있다. 때문에 최근에는 신속하고 저렴한 소송외 분쟁해결제도(Alternative Dispute Resolution: ADR)를 활용하는 기업들이 늘어나고 있다. 그 중 가장 대표적인 것이 바로 중재이다.

(2) 중재의 특징

1) 단심제

중재판정은 분쟁당사자간에 있어서는 법원의 확정판결과 동일한 효력이 있다. 다시 말하면 판정에 불만이 있어도 재판처럼 2심 또는 3심 등 항소절차가 없다. “확정판결과 동일한 효력”이라 함은 불복신청을 할 수 없어 당사자에게 최종적 판단으로 구속력을 갖는다는 뜻이다.

2) 신속한 분쟁해결

소송은 평균 대법원까지 2~3년이 걸리지만, 중재는 국내중재가 약 4개월, 국제중재가 약 6개월 정도 소요된다. 신속성을 극대화하기 위하여 집중심리로 심리횟수를 줄이고 예비회의 제도를 활성화하여 심리자체의 소요시간도 단축하여 진행한다.

3) 저렴한 중재비용

중재제도가 단심제이고 신속성에 중점을 둔 당연한 결과라고 할 수 있다. 재판 비용보다 저렴하고 특히 대한상사중재원은 외국중재기관에 비하여 보다 저렴한 비용으로 해결이 가능하다.

4) 국제적인 인정

「뉴욕협약」에 가입한 체약국간에는 외국중재판정을 상호간 승인하고 강제집행도 보장한 다. 따라서 국적을 달리하는 기업인간의 분쟁해결제도로서 각광을 받고 있습니다.

5) 전문가에 의한 판단

실체적 진실을 정확하게 찾아내기 위하여 분쟁 분야에 대한 해박한 지식과 경험이 있는 전문가로 하여금 사건을 검토하고 판정하도록 한다. 변호사의 법률지식, 기업인의 사업경륜, 교수의 학문적 이론 등이 종합될 때 정확한 판단이 가능하다.

6) 분쟁당사자가 중재인을 직접 선임 또는 배척

공정성 보장을 위하여 당사자에게 스스로 중재인을 선임할 권리를 부여하며 동시에 중재인 후보를 배척할 수도 있다.

7) 충분한 변론기회의 부여

중재는 단심제로 운영하기 때문에 일단 내려진 중재판정은 변경될 수 없다. 따라서 분쟁당사자는 중재인에게 충분한 변론기회와 변론시간 그리고 증인 또는 증거물 제출기회를 요구할 수 있다.

8) 심리의 비공개

중재심리는 당사자간의 분쟁발생 책임소재에 대한 공격, 방어과정에서 실체적 진실을 파악하는데 있다. 따라서 당사자가 허락하지 않는 한 사건과 무관한 제3자의 심문과정 참여를 허용하지 않으며 그 절차도 공개하지 않는다.

9) 민주적인 절차 진행

중재인은 당사자와 평등한 위치에서 상하 격식 없이 심리를 진행한다. 증인선서를 요구하지 아니하며 관계 당사자의 인격을 최대한 존중한다.

그러나 이러한 장점이 많은 중재제도를 활용하기 위해서는 무엇보다 계약 체결시 당사자간에 중재계약(합의)이 있어야 한다. 중재제도가 미국 등 서방 선진국에는 정착되어 있으나 우리나라에서는 그 인식의 부족으로 아직까지 활용이 미흡한 실정이다.

중재(arbitration)란 중재가능한 일정한 법률관계의 분쟁을 당사자간의 합의(중재계약 또는 중재합의)로 법원의 판결에 의하지 아니하고 제3자(중재인)에게 부탁하여 그 판정에 복종함으로써 최종적인 해결을 하는 자치법정주의를 말한다. 중재의 본질은 ① 당사자의 합의에 의할 것, ② 재판을 받을 권리를 포기할 것, ③ 제3자의 판정에 복종할 것 등이다.

이러한 중재는 소송과 비교하여 여러 가지 장점이 있다.

〈표 16-5〉 중재제도의 장·단점

장　　점	단　　점
· 분쟁의 신속·공정한 해결 · 저렴한 비용 · 절차의 비공개와 평화적 분위기 · 중재인의 전문성 · 단심제 · 법원확정판결과 동일한 효력 · 중재판정에 대한 외국에서의 집행보장	· 법정 안정성 결여 · 상속제도부재로 불안위험 · 중재인의 대리인적 경향 · 중재절차상의 문제 발생소지

(3) 중재계약

1) 중재계약의 법적 성질

중재는 중재 당사자간의 중재에 대한 합의가 그 본질이 되는 것으로 이때 당사자의 합의는 중재제도의 기초가 되는 것이며 또한 그것은 계약의 성질을 띠고 있다. 이러한 중재계약은 당사자가 중재를 합의한 서면에 기명날인 한 것이거나 계약중에 중재조항이 기재되어 있거나, 교환된 서신 또는 전보에 중재조항이 기재된 것이어야 한다.

2) 중재계약의 요건

① 중재계약의 성립요건(전제요건) : 당사자가 능력이 있고 중재의사에 하자가 없고, 계약내용이 가능·확정·적법하고 사회적 타당성이 있어야 한다.

② 중재계약의 유효요건(기본요건) : 중재의 성립요건이 구비되었다 하더라도 중재의뢰를 원활하게 하기 위해서는 중재지, 중재기관, 적용할 중재법 등이 명시되어 있어야 한다.

③ 기타 절차진행요건 : 절차진행요건으로 필요한 내용으로는 중재인수, 중재인, 중재비용 부담방법, 중재절차 진행시기, 심문방법 등이 있다.

3) 중재계약의 종류

중재계약은 체결시기에 따라 중재조항과 중재부탁계약으로 구분된다.

① 중재조항

무역계약체결시 장차 발생할지 모르는 클레임에 대비하여 계약서상에 중재에 관한 조항을 설정해 둔 경우를 말한다. 무역거래에서 일단 분쟁이 발생하면 상대방으로부터 중재동의를 받는 것이 용이하지 않으므로 중재부탁계약(submission to arbitration) 보다는 중재조항(arbitration clause) 을 계약서에 계약조항으로 설정하여 두는 것이 바람직하다.

〈표 16-6〉 대한상사중재원의 표준중재조항

All disputes, controversies, or differences which may arise between the parties, out of or in relation to or in connection with this contract, or for the breach thereof, shall be finally settled by arbitration in Seoul, Korea in accordance with the Commercial Arbitration Rules of the Korean Commercial Arbitration Board and under the Law of Korea. The award rendered by the arbitrator(s) shall be final and binding upon both parties concerned.

② 중재부탁계약

중재조항이 없는 상태에서 분쟁이 발생한 경우 당사자가 그 분쟁을 중재에 회부하여 해결하기로 합의한 것을 말한다.

〈표 16-7〉 대한상사중재원의 영문중재부탁서

SUBMISSION TO ARBITRATION
We, the undersigned parties, hereby agree to submit the below dispute to the Korean Commercial Arbitration Board for arbitration under the Commercial Arbitration Rules of the Korean Commercial Arbitration Board with impeccable understanding that the arbitral award to be rendered on the dispute shall be final and binding upon all the parties concerned.
(1) Points of Dispute :
(2) Further Reference :
Party(A) Party(B)
Enclosure ; A power of attorney in case where the submission is made by an agent

2. 중재절차

(1) 중재절차의 의의

중재절차는 중재사건이 접수되어 판정이 내려질 때까지의 모든 절차로 당사자가 중재계약으로 정할 수 있으나, 만약 당사자들이 절차에 관하여 합의를 하지 아니하였거나 또는 절차에 관한 당사자들의 의사가 분명하지 아니할 때에는 상사중재규칙에 따라 다음과 같이 중재절차가 개시된다.

(2) 중재절차의 일반적인 적용순서

① 당사자의 의사
② 중재법규(중재법, 상사중재규칙)
③ 중재인

(3) 중재신청의 필수요건

중재는 중재계약이 있는 경우에만 가능하며 이 중재계약은 원계약서에 중재조항이 기재되어 있거나 교환된 서신 또는 전보(telex 포함)에 중재합의의 의사가 명시되어 있어야 된다.

중재계약은 민법상의 계약의 성립 및 유효요건에 관한 규정의 적용을 받으며, 중재계약 당사자는 중재판정에 따라야 한다. 다만, 중재계약이 무효이거나 효력을 상실하였거나 이행이 불능일 때에 한하여 소송을 제기할 수 있다.

(4) 중재절차

1) 중재계약의 체결

무역분쟁을 중재에 의해 해결하기 위해서는 당사자간 계약에 중재조항이 있어야 하며 없는 경우 별도의 중재합의 의사가 명시된 서면이 있어야 한다.

2) 중재신청 및 조정

무역분쟁 발생시 클레임을 제기한 당사자는 중재계약(합의)에 따라 중재기관에 중재를 신청한다. 중재기관은 양 당사자가 합의한 경우 중재절차 이전에 조정을 시도하며, 조정실패시 중재절차를 진행하게 된다.

3) 중재판정부 구성

중재인은 당사자간 약정에 의하여 선정되거나 별도의 선정방법이 있는 경우 그에 따라 선정된다. 그러나 약정이 없는 경우 중재기관에 비치된 중재인 명부에서 당사자가 희망한 중재인을 근거로 1명 또는 3명을 최종적으로 선임한다.

4) 중재심문

중재심문은 당사자가 중재인 앞에서 모든 사실을 설명하고 항변하는 것으로 당사자는 심문이나 절차를 변호사나 중재판정부가 허락한 사람에게 대리할 수 있다.

5) 중재판정

중재판정은 분쟁해결에 있어 중재인들이 내리는 최종결정으로 판정이 확정되면 법원의 확정판결과 동일한 효력을 지니게 된다.

6) 중재판정문의 송달

중재판정문은 신청인·피신청인에게 송달하며, 송달증서를 첨부하여 판정문 원본은 법원에 보낸다.

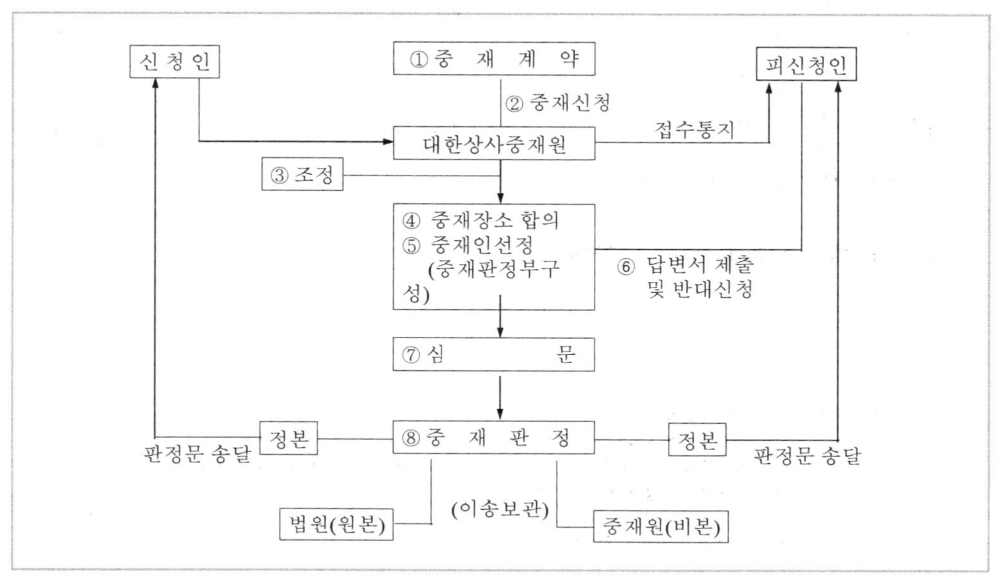

〈그림 16-3〉 중재절차 진행과정도

〈서식 16-1〉 중재신청서(국문)

중재신청서(국문)

(仲裁書式 第2號)

社團法人 大 韓 商 事 仲 裁 院
서울特別市 江南區 三成洞 159(貿易會館 43層)
Trade Center P.O.BOX 50, CABLE: "ARBITRATION"
TEL: (02) 551-2000~19, FAX: (02) 551-2020

仲 裁 申 請 書

1. 當事者의 姓名 및 住所

(가) 申 請 人

法 人	法人名稱		法人住所 電話番號	
	代表者 姓 名		代表者 住 所	
個 人	姓 名		住 所 電話番號	
代理人	姓 名		住 所 電話番號	

(나) 被 申 請 人

法 人	法人名稱		法人住所 電話番號	
	代表者 姓 名		代表者 住 所	
個 人	姓 名		住 所 電話番號	

2. 仲裁申請의 趣旨(請求金額 包含):

3. 仲裁申請의 理由 및 立證方法(別紙記載)

19 年 月 日

위 申請人 ______________________ 印

(具備書類): 가. 仲裁申請書 ………………………………………… 5部
나. 仲裁合意를 認證하는 書面의 原本 또는 寫本 ……………… 5部
다. 仲裁申請에서 主張하는 請求의 根據를 證明하는 書類의 原本 또는 寫本 … 5部
라. 法人登記簿謄本(個人인 경우 住民登錄謄本) ………………… 1部
마. 代理人 申請時는 委任狀 ………………………………………… 1部
바. 仲裁費用(商事仲裁 規則 第9章)

社團法人 大韓商事仲裁院 貴中

〈서식 16-2〉 중재신청서(영문)

Form No. 2

The Korean Commercial Arbitration Board

43RD FLOOR, TRADE TOWER (KOREA WORLD TRADE CENTER)
159, SAMSUNG-DONG, KANGNAM-KU, SEOUL 135 729, KOREA
TRADE CENTER P.O. BOX 50, CABLE: ARBITRATION
TEL: 551-2000~19, FAX: (02) 551-2020

To. The Korean Commercial Arbitration Board

REQUEST FOR ARBITRATION

1. Full Names and Addresses of Parties:

(1) Claimant : Name of Corporation____________________
Address____________________
Name of Representative____________________
Name and Address of Agent, if any;
Name____________________
Address____________________

(2) Respondent : Name of Corporation____________________
Address____________________
Name of Representative____________________

2. Purport of Request (Claim or Relief sought; amount, if any) :

3. Grounds for Request and Method of Proof : As attached

Signature / Name :____________________

Dated :____________________

Enclosures:
1. Signed copies of this request for arbitration .... five copies
2. The original or certified copy of the document evidencing agreement on arbitration under the Rules of the Korean Commercial Arbitration Board .... five copies
3. The original or reproduced copy of documentary evidence, if any, proving the claim stated in this Request for Arbitration .... five copies
4. Certificate of Incorporation .... one copy
5. A power of attorney, in case where the request is made by an agent .... one copy

3. 중재판정의 효력과 집행

(1) 중재판정의 효력

1) 국내적 효력

중재판정은 당사자간에 있어서는 법원의 확정판결과 동일한 효력을 갖는다. 중재판정은 당사자가 미리 이를 존중하고 복종할 것을 합의한 것이므로 판정은 당사자에게 사적인 실체법상의 의무부담의 원인을 주게 된다. 법률은 여기에 다시 공법적인 효과를 주어 중재판정은 당사자간에 있어서 확정된 법원의 판결과 동일한 효력을 부여하고 있다.

따라서 중재판정이 성립발효한 경우에는 형식적으로 확정되며 중재인이라 하더라도 자기가 내린 중재판정을 철회할 수 없다.

2) 국제적 효력

중재의 궁극적인 결과인 중재판정의 승인 및 집행에 관한 각국의 상이한 법제를 통일하기 위한 "외국중재판정의 승인 및 집행에 관한 UN협약"에 의거 동 협약 체약국간에는 외국중재판정의 승인 및 집행이 보장되고 있다. 그러나 협약에 가입한 국가가 아닌 경우에는 섭외법적인 문제를 야기시키게 된다.

(2) 중재판정의 집행

1) 국내중재판정의 집행

중재판정은 법원의 확정판결과 동일한 효력을 인정받고 있지만 강제집행을 위해서는 그 절차의 기본이 되는 채무명의를 얻어야 하며 따라서 따로 법원의 집행절차로 그 적법함을 선고받아야 한다. 집행판결에 의하여 중재판정의 적법성이 선언되면 비로소 중재판정에 집행력이 부여된다.

이러한 중재판정에 의하여 우리나라 무역업자가 패소하면 외국상사(또는 그 대리인)의 판정에 따라 손해배상금 등을 외국으로 송금하게 된다. 이 경우 대한상사중재원이 인정하는 위약금·손해배상금·보상금·해약금은 갑류 외국환은행장의 인증을 받아 해외송금이 보장되며 이 때는 지급인증신청서에 중재판정문을 첨부하면 된다.

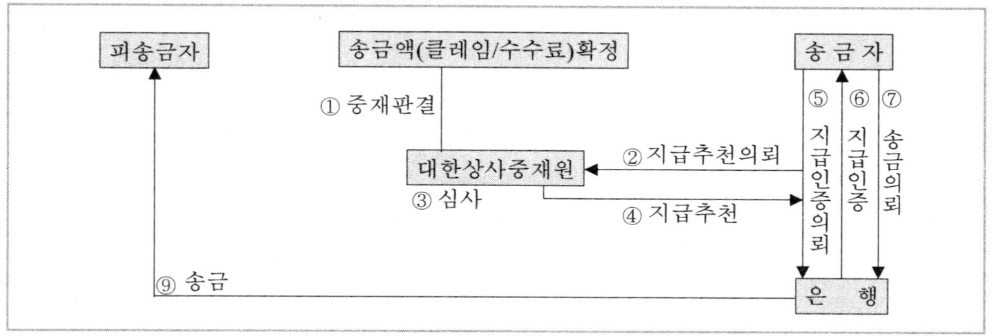

〈그림 16-4〉 외국환지급 추천과정도

2) 외국중재판정의 집행

외국의 중재판정은 상호주의 원칙에 따라 국내법과 동일한 효력이 있다. 외국판정이 사법상의 과정을 준수한 것이고 관할권이 있는 외국중재기관의 판정으로서 해당 국내에서 판정취소소송이 계류되어 있지 않고 민법 제103조가 규정하는 공서양속을 해하지 않는 것일 경우 체약국간에는 중재판정의 효력이 승인되고 보장을 받게 된다.

협약에 가입하지 않은 국가에서의 집행은 일단 국내판정과 동일한 방법으로 집행될 수 있다.

4. 중재에 관한 국제협약과 2국간 중재협약

(1) 국제협약

1) 외국중재판정에 관한 협약(제네바협약)

1923년 중재에 관한 최초의 다국간협약인 제네바의정서의 결함은 장래의 분쟁에 관한 중재계약의 효력을 국제적으로 승인하는 것을 목적으로 하지만 외국중재판정의 승인과 집행이 보장되고 있지 않다는 점이다.

이러한 결함을 보완하기 위하여 1927년 성립된 다자간협약이 “외국중재판정의 집행에 관한 협약(Convention on the Execution of Foreign Arbitral Awards)”이다.

이 협약의 주요 내용은 외국중재판정에 강제집행을 부여하는 것으로 우리나라는 1968년 서명만 하고 가입을 위한 비준은 하지 않았다.

〈표 16-8〉 뉴욕협약가입국 현황

〈2006년 10월 31일 현재 137개국〉

Afghanistan	Czech Republic	Kuwait	Philippines
Albama	Denmark*	Kyrgyzstan	Poland
Algeria	Djibouti	Lao People's Democratic Rep	Portugal
Antigua and Barbuda	Dominica	Latvia	Qatar
Argentina	Dominican Republic	Lebanon	Romania
Armenia	Ecuador	Lesorho	Russian Federation
Australia*	Egypt	Liberia	Saint Vincent and the Grenadines
Austria	El Salvador	Lithuania	San Marino
Azerbaijan	Estonia	Luxemburg	Saudi Arabia
Bahrin	Finland	Macedonia Rep. of	Senegal
Bangladesh	France*	Madagascar	Singapore
Barbados	Georgia	Malaysia	Slovakia
Belarus	Germany	Mali	Slovenia
Belgium	Ghana	Malta	South Africa
Benin	Greece	Mauritania	Spain
Bohvia	Guatemala	Maruitius	Sri Lanka
Bosnia & Herzegovina	Guinea	Mexico	Sweden
Botswana	Haiti	Moldova	Switzerland
Brazil	Holy See	Monaco	Syrian Arab Rep.
Brunei Darussalam	Honduras	Mongolia	Thailand
Bulgaria	Hungary	Morocco	Trinidad and Tobago
Burkina Faso	Iceland	Mozambique	Tunisia
Cambodia	India	Nepal	Turkey
Cameroon	Indonesia	Netherlands*	Uganda
Canada	Iran(Islamic Rep. of)	New Zealand	Ukraine
Central African Rep.	Ireland	Nicaragua	United Kingdom*
Chile	Israel	Niger	United Rep. of Tanzania
China, PR	Italy	Nigeria	U.S.A*
Colombia	Jamaica	Norway	Uruguay
Costa Rica	Japan	Oman	Uzbekistan
Cote d'lvoire	Jordan	Pakistan	Venezuela
Croatia	Kazakhstan	Panama	Vietnam
Cuba	Kenya	Paraguay	Yugoslavia
Cyprus	Korea	Peru	Zambia
			Zimbabwe

※ 확대적용지역

- Australia : Australian Antarctic Territory, Christmas Island, Cocos(Keeling) Islands, Enderberry Island, Norfolk Island.
- Denmark : Faeroe Islands, Greenland.
- France : Comoro Islands, French Polynesia, New Caledonia, St.Pierre et Miquelon, Wallis and Futuna Islands.
- Netherlands : Netherlands Antilles.
- United Kingdom : Bermuda, Cayman Islands, Gibraltar, Gremsey, Isle of Man.
- U. S. A : American Samoa, Canton Island, Guam, Puerto Rico, Virgin Islands, Wake Island

2) 외국중재판정의 승인 및 집행에 관한 UN협약(뉴욕협약)

뉴욕협약은 제네바협약을 발전시켜 1958년 체결된 국제협약으로 제네바협약과는 달리 외국판정은 그 판정의 승인과 집행을 청구받는 국가 이외의 영토에서 내려진 외국판정과 그 집행지 국법에 의하여 내국판정이 아니라고 인정되는 판정을 모두 포함시켜 그 적용범위를 확대하고 있다.

우리나라는 1973. 5. 9. 본 협약의 42번째국으로 가입하였으며, 현재 137개국(2006. 10. 31 현재)이 가입하여 거의 모든 무역국들이 망라되어 있다.

중재판정이 뉴욕협약에 따라 승인 및 집행을 보장받기 위해서는 다음 요건을 구비하여야 한다.

① 유효한 중재합의가 존재하여야 한다.

② 중재판정이 적법한 중재절차에 의해 내려져야 한다.

③ 그 판정이 내려진 국가에서 구속력이 있는 판정으로 확정되어야 한다.

④ 외국중재제도의 승인 및 집행은 집행국의 공서양속에 반하지 않아야 한다.

(2) 2국간 중재협정

국제무역에서 발생하는 클레임을 원활하게 해결하기 위해서는 한 나라의 중재기관 단독의 힘만으로는 어렵기 때문에 2개국 중재기관의 중재협정을 통한 업무협력이 효과적이다.

중재협정은 민간단체인 중재기관간의 협정이므로 2 나라의 무역계약 당사자를 구속하는 것은 아니지만 이들 협정에서 권고하는 중재조항을 계약서에 삽입하면 원활한 분쟁해결을 보장받게 된다.

부 록

무역업 운영 제단계 요약

1. 무역실무 파악을 확실히

무역을 잘하기 위해서는 실무 지식을 확실하게 알아야 한다. 제대로 모르면 남에게 폐만 끼치게 되고 무역도 할 수 없는 것이다. 무역업무는 팀워크로 해외의 바이어, 무역 관계 기관, 은행, 보험회사, 운송회사 등의 협력이 필요하며 기본적으로 무역 실무 지식과 대금의 지급 방법, 수출입 리스크(Risk)를 정확히 알아야 한다.

관련 기관의 업무를 이해하지 못하고 기본적인 지식이 없다면 업무에 지장을 초래하게 되고 불필요한 비용을 지불하기 쉽다.

무역 실무를 잘 알아야 하는 또 다른 이유는 바이어를 안심시키기 위해서다. 바이어와 친한 친구가 되더라도 무역 실무 지식이 적으면 바이어는 불안하게 생각한다.

예를 들어 처음 거래할 때 바이어가 '대금 결제(Payment)는 어떤 방식인가?'라고 물었을 때 수출상이 대답을 못한다든지 국내 판매 관행으로 '외상으로 해도 좋소','매월 말일에 어음을 받겠소'라고 대답하면 이상하게 생각할 것이다.

이럴 경우 당연히 신용장(L/C), 어떤 경우는 '선금(Advance payment by cash)' 아니면 50%선금, 50%는 선적 3일 전 지불(50% of Advance payment and 50% to be paid 3days before shipment)' 등으로 대답해야 한다.

외국에서 들어오는 수입품은 통관(Custom Clearance : 세관에서 수출입 물품을 확인하는 것) 절차를 밟아야 하는데 신경을 쓰지 않거나 서류를 어떻게 작성할지 모른다면 바이어는 걱정을 할 수밖에 없다. 서류가 올바르지 않으면 통관이 안 되어 창고 보관료를 계속 물어야 하고, 때로는 폐기나 반송 명령을 받을 수도 있으니 그 얼마나 불안하겠는가?

아무리 품질이 좋은 제품을 싸게 구입하더라도 포장이 제대로 안 되면 도중에 파손되어 제값을 못 받게 된다. 아주 드문 일이지만 되면 운송 도중에 파손되어 제값을 못 받게 된다. 아주 드문 일이지만 포장 불량으로 운반 도중에 사람이 다치는 수도 있다. 이 경우는 수입상뿐만 아니라 수출상도 책임을 지고 손해 배상을 해 주어야 한다. 수출 물품에 대한 지식이 없다면 바이어는 계약을 하려고 하지 않을 것이다.

2. 수출입 절차

수출입 절차는 각 절차가 왜 필요한지 알고 관련 기관의 업무를 이해하는 것이 필요하다.

일반적으로 수출을 하려면 먼저 거래 상대방과 수출 계약을 체결한 다음, 수입자로부터 신용장을 받으면 수출입 승인 품목으로 지정된 물품은 관련 기관에서수출 승인을 받아야한다. 수출 승인을 받은 후 수출할 물품이 확보되면 통관, 선적 등의 절차를 통관업자 및 운송업자에게 의뢰하여 물품을 선적한다.

수출 절차

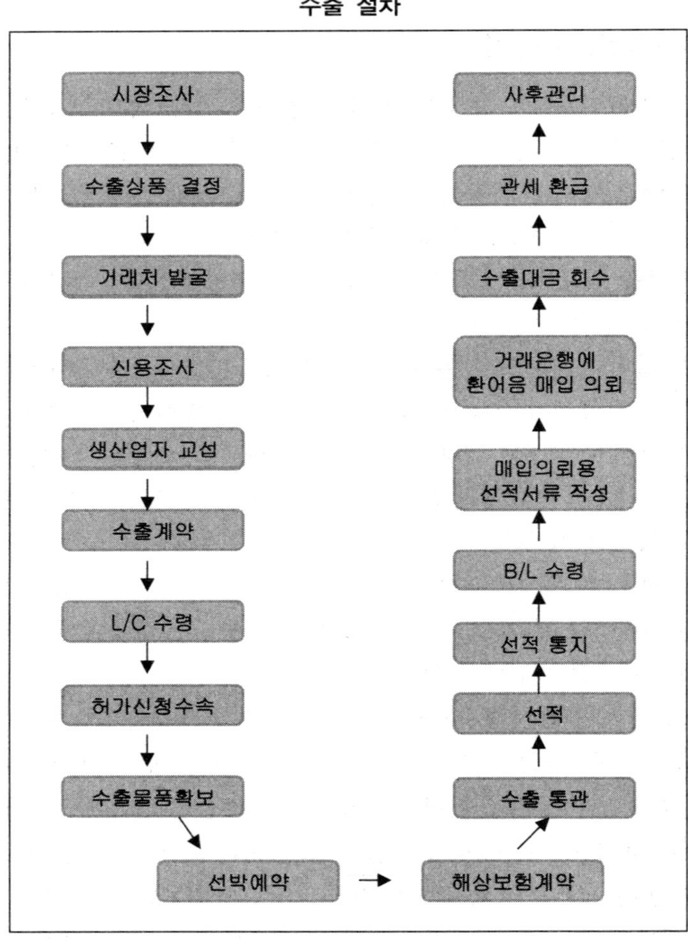

그런 다음 운송 서류를 갖추어 은행에서 수출 대금을 회수하는 것으로 수출 절차는 완료된다. 그러나 수출 거래 형태나 수출 품목의 종류에 따라 수출 추천, 수출 검사, 관세 환급 및 사후 관리와 같은 절차를 추가로 시행하여야 한다.

수출 절차에 대한 각 과정별 주요 내용을 간략히 설명하면 아래 도표와 같다.

무역을 하고 있는 사람들도 이 과정을 별도로 붙여 두고 스케줄 작성에 활용하고 있다. 주문을 받는 행위가 수출 대금을 받는 것을 전재로 하므로 개별 업무는 과련 기관의 업무와 매우 밀접하게 연관되어 있다.

3. 무역실무의 정확한 이해

무역 실무를 직장에서 잘 활용하기 위해서는 전체적인 흐름을 잘이해하도록 하여야 한다.

상품을 팔고 돈을 받는 행위에 대한 개념 속에서 필요한 사항이 무엇인가를 생각하는 현실적인 사고가 필요하다.

'누가, 왜 어떻게 필요한가?'라는 점에서 파악해 보며 무역 이론도 그러한 점을 염두에 두고 공부하면 이해하기가 쉽다.

무역 실무를 이해한다는 것은 국제 간에 상품이 이동하면서 수반되는 대금 결제와 서류의 흐름을 잘 파악하는 것을 뜻한다. 즉 상품을 어떻게 바이어에게 운송하고, 상품 대금을 어떻게 회수하며, 이와 관련된 각종 서류의 역할이 무엇인지 아는 것이 중요하며 상품, 대금, 서류의 흐름을 잘 파악하는 것이 요점이다.

(1) 상품의 흐름 파악

① 어느 나라에 수출하는가? → 국가 정세를 알아본다.
② 어느 시장에 수출하는가? → 시장 조사
③ 어느 회사에 수출하는가? → 신용 조사
④ 어떤 상품을 수출하는가? → 수출 유망 상품 조사
⑤ 어떻게 수출하는가? → 운송 수단 조사

(2) 돈의 흐름 파악

① 무역 조건은 어떤 것인가? → FOB, CIF. DDF 등
② 결제 조건은 어떤 것인가? → Cash, L/C, (D/P), (D/A) 등
③ 결제 통화는 무엇으로 하는가? → 달러, 파운드, 마르크, 엔 등

(3) 서류의 흐름 파악

① 계약서는 어떻게 작성하나? → 일반 거래 조건 협정서, 물품 매도 확약서 등
② 출하 준비는 어떻게 하나? → 선적지시서 등
③ 통관 선적은 어떻게 할 것인가? → 수출통관신고서 등

④ 대금회수는 어떻게 하는가? → 화환 어음, 선적서류 등

4. 대금 결제

무역 실무는 과목 이름이 말해 주듯이 이론과 함께 실무 경험과 실습이 필요한 과목이다. 그 중에서도 무역 조건과 대금 결제에 대한 정확한 이해가 매우 중요하다.

수출 대금을 받는 방법으로는 계약과 동시에 현금을 받는 것이 가장 좋으나 수입상에게는 가장 불리한 것이다. 수출입 쌍방이 은행의 신용을 활용하는 L/C거래를 함께 외상 거래인 D/A거래 지식도 갖추어야 한다.

신용장이 수반되지 않지만 D/P(Document Against Payment)와 D/A(Document Against Acceptance)는 수출상이 수입상에게 어음을 발행하여 Invoice, Packing List, B/L, C/O 등 선적 서류를 동봉하여 은행을 통하여 수출 대금을 회수하는 방식이다.

1) 대금 결제(Payment)방법의 종류

(1) 송금(Remittance)

수출 및 수입 대금을 환여음을 사용하지 않고 전신환이나 송금 수표로 직접 은행을 통하여 외화를 영수 또는 지급하는 방법이다.

(2) 추심(Collection)

① D/P(Document Aginst Payment : 지급 인도 조건) - 수출자가 수출 물품을 선적한 후 수입자를 지급인으로 하는 일람불(At sight) 어음을 발행하여 운송 서류와 함께 거래 외국환은행에 추심을 외뢰하면, 추심 은행(수입자 거래 은행)은 어음지급인(수입자)의 대금 지급과 동시에 운송 서류를 수입자에게 인도하고, 그 대금을 추심의뢰은행(수출자의 거래 은행)에 송금하여 수출자가 수출대금을 영수하는 거래 방식이다.

② D/A(Documents Against Acceptance : 인수 인도 조건) - 추심은행이 수출자가 발행한 기한부 환어음을 제시하여 수입자가 어음상에'ACCEPTED'라는 표시와 함께 서명하면, 추시은행은 수입자에게 운송서류를 인도해 주고 어음의 지급 만기일에 어음지급인으로부터 대금을 받아 추심의뢰은행에 송금, 수출자가 대금을 영수하는 거래 방식이다.

- D/A(at 90 days after sight) - 일람 후 90일에 대금 결제
- D/A(at 90 days after the date of shipment) - 선적 후 90일에 대금 결제

(3) Letter of Credit(L/C 신용장)

① Sight L/C(일람불 신용장) - 운송 서류 및 환어음 제시 즉시대금 결제(은행 보증)

② Usance L/C(기한부 신용장) - 외상 거래(은행 보증)

- Usance L/C(at 90 days after sight) : 일람후 90일에 대금 결제
- Usance L/C(at 90 days after the date of shipment) : 선적 후 90일에 대금 결제

5. 물품 확보와 생산

수출 계약이 체결되면 수출자는 생산할 준비를 하거나 제조업체로부터 구매할 준비를 한다. 무역업이 제조업체로부터 구입해서 수출하는 도매 행위이지만 재고가 없는 무역상으로서는 제조업체와 바이어 사이에서 협상을 통해 수출 주문을 받고서야 그 제조업체로부터 해당 품목을 구입하는 형식을 취하게 되는 것이다.

제조업체도 남의 공장에 생산을 의뢰하는 경우가 있다. 자체 생산능력이 부족하거나 남의 공장에서 생산하는 편이 유리하므로 통상 협력업체, 하청업체라고 하는 공장이 필요한 것이다. 생산 활동은 원자재를 구입하여야 하며 이 경우 해외에서 수입하는 경우와 국내에서 구매하는 경우로 나눌 수 있다.

우선 수출업자가 수출 계약부터 수출 물품을 확보하는 과정을 정리해 보자.

(1) 공장이 없는 수출상은 남에게서 구매하여 수출한다. 또는 원자재 전부 또는 일부를 구매하여 생산 시설이 있는 공장에 생산시켜 수출 한다. 이 경우 투입한 자재 가격을 제외한 생산 코스트(주로 생산공임)를 생산 공장과 협의하여(임가공 계약서 작성)공임과 비용은 주로 제품 생산이 완료되는 시점에 공장에 지불한다. 공장에서 생산된 제품을 구매할 대 완제품 구매계약서를 작성하며 물품 대금은 선적한 후에 일주일 이내에 지급하는 것이 일반적이다. 내국신용장과 구매승인서는 수출 물품 거래 증빙 또는 대금 결제의 주요 수단으로 활용한다.

해외 바이어의 요청에 따라 개설되는 원신용장을 Master L/C라고 하는데 비해 내국신용장(Local L/C)은 국내 은행에서 수출 물품 구매자가요청하여 발행하며 Baby L/C라고도 한다. 수출물품을 제조하는 자가 무역 금융을 사용할 수 있도록 지원하는 데 주목적이 있다. 따라서 바이어에게서 선금을 받고 수출하는 경우에는 그 대금으로 원자재를 구매하여 생산할 수 있다고 여기고, Local L/C가 아닌 구매승인서를 발급 받아 수출거래 증빙과 부가세 매출 세율을 영세율로 세금계산서를 작성할 수 있다.

수출용 자재나 상품을 구입하면 부가세 매출 세율을 영세율로 하거나 생산 자금을 은행으로부터 대출받을 수 있고, 그 수단으로 Local L/C 또는 구매승인서를 발급받아야 한다는 내용을 알고 은행과 상의하면 된다.

(2) 자가 제품을 수출하는 공장에서 원자재를 수입하는 경우에는 수출 이행 후 관세를 환급받을 수 있음에 유의하여야 한다.

수출은 이익이야 적지만 대금 결제가 빠르고 수출 주문만 받으면 각종 수출금융제도를 활용하여 크게 성장할 수 있는 점이 장점이다. 다만 어려움이 가중되면 그 손실 규모가 커서 타격이 심하다는 점도 알고 있어야 한다. 제조업체는 기술 개발과 생산성 향상에 전념하고 해외 시장 개척은 전문 무역상의 협조를 받아 함께 커 나가는 것이 바람직하다.

해외 전시회나 상담회에 함께 참서하는 것도 효과적이다. 제조업체는 무역상에게 적정 마진을부여하고 무역상도 정확한 바이어 정보를 공유하는 것이 필요하다. 주문을 받아 생산할 때마다 입장 차이를 조율해야 한다면 바이어에게 신뢰를 주지 못하고 오더 관리에도 나쁜 영향을 미치게 된다. 무역상은 국내 경기가 좋지 않거나 환율이 급등할 때에 기회가 올 수 있으므로 평소에 바이어 관리와 제조업체와의 친분 관계에 힘써야 한다.

6. Nego 서류

수출업자가 제시한 선적 서류의 경우, L/C 조건과 일치하는지 엄격히 심사하고 일치하는 경우에 환어음(Bill of Exchange) 매입을 결정한다.

다음은 은행에서 수출환어음을 매입할 때 서류를 점검하는 내용이다. 은행 업무를 이해하고 문제가 없도록 사전에 정확한 선적 서류를 작성해야 하겠다.

(1) 매입 신청 서류 심사

① 신용장 내용의 점검

- 신용자의 진정성을 확인하였는가?
- 취소 가능 신용장은 아닌가?
- 매입 지정 또는 제한된 신용장이 아닌가?
- 보증 문언이 있는가?
- 신용장 통일 규칙 준수 문언이 있는가?

② 서류 심사의 기본적 유의 사항

- 요구하는 서류가 제시되었는가?
- 제시된 개개의 서류는 신용장에서 요구하는 조건을 충족하고 있는가?
- 서류 상호간의 불일치는 없는가?
- 유가증권의 권리가 매입 은행에 정당하게 양도되었는가?
- 모든 서류가 유효기일 이내에 제시되었는가?

(2) 주요 서류 검토 내용

① 선하증권(B/L)

- 운송인의 명칭이 명시도어 있고 운송인 또는 그 대리인이나 선장 또는 그 대리인의 서명이 있는가?
- 서류 제시 시한 이전에 지시되었는가?(Stale B/L 여부 확인)
- 상품 명세는 L/C의 그것과 일치하는가?
- 선적항과 하역항은 L/C의 그것과 일치하는가?
- Shipped B/L, Received B/L, On-Board B/L 중 어떤 것인가?
- 수하인(Consignee)란은 L/C의 그것과 일치하는가?
  a. 수하인(Consignee)은 L/C에 'B/L made out to' 다음에 표시되는 내용대로 기재되며 보통 신용장 개설 의뢰인 또는 신용장 개설 은행이 수하인이 됨.
  b. 'To order' 또는 'To the order'로 표시된 경우 To order of shipper로 해석하며 B/L 뒷면에 shipper가 배서함.
  c. 수하인이 신용장 개설 은행이 아니고 신용장 개설 의뢰인이거나 지시식으로 되어 있는 경우에는 반드시 원본 전통(Full Set)을 제시받아 채권 보전 조치함.
- 운임지불 여부는 L/C의 그것과 일치하는가?
  a. 신용장 상에 운임 선지급 조건인 경우 'Freight Prepaid' 또는 'Freight Paid'로 표기되며 'Freight Prepayable' 또는 'Freight to be Pre-paid'라고 표기된 경우에는 운임 선지급이 아님.

② 상업 송장(Commercial Invoice)

- L/C의 수익자가 발행했는가?
- L/C의 개설 의뢰인 앞으로 발행했는가?
- L/C에서 허용된 액 이내인가?
- 상품명세는 L/C의 그것과 일치하는가?
- 기타L/C상의 지시 사항과 일치하는가?

③ 환어음(Bill of Exchange)

- L/C의 수익자가 발행했는가?
- L/C상의 어음 지급인 앞으로 발행되었는가?
- L/C번호는 같은가?
- 서류 제시 시한 이전에 제시되었는가?

- L/C금액을 초과하지 않았는가?
- L/C상의 어음 기간과 일치하는가?
- 기타 L/C상의 지시 사항과 일치하는가?

④ 보험증권(Insurance Policy)

- 보험회사, 보험인수업자 또는 그 대리인이 발행하고 서명하였는가?
  (보험중개업자가 발행한 부보 각서는 신용장에서 특별히 허용하지 않으면 수리 거절)
- 발행된 원본 전통(full set)이 제시되었는가?
- 수출자명 기재 시 반드시 보험증권 뒷면에 백지 배서가 되어 있는가?
- 보험 결제 대리인(Claim settling agent)이 기재되어 있는가?
  (통상 수입국의 대리인을 기재함)
- 부보 상품 명세는 L/C의 그것과 일치하는가?
- 보험 조건은 L/C의 그것과 일치하는가?
- 부보 금액은 L/C의 그것과 일치하는가?
  (보험 금액은 통상 송장 금액의 110%를 부보한다. 부보 금액의 표시 통화는 L/C에서 특정 통화를 요구하는 경우 이외에는 L/C상의 표시 통화로 부보)
- 발행일자 및 장소는?
  (발행일자는 운송 서류에 표시된 본선 적재일자 또는 수탁일자와 같거나 빨라야 함)
- 서적항과 하역항은 L/C의 그것과 일치하는가?
- 보험금 지급지는 L/C의 그것과 일치하는가?
- 기타 L/C상의 지시 사항과 일치하는가?

(3) 서적 서류나 화한 어음이 신용장과 불일치(Discrepancy)한 경우

매입 은행은 L/C에 의한 대금회수를 보장받지 못한다. 이 경우 수출상의 신용도에 따라 다음과 같은 방법 중 하나를 택하여 처리하고 있다.

① 환어음을 추심하여 대금이 입금되면 지급하는 방법(Collection Basis)

② L/C 개설 은행에 하자 내용을 전신으로 통보하여 매입을 해도 좋은지 어떤지를 물어보고 매입하는 방법(Cable Negotiation)

③ L/C를 하자 있는 서류에 일치하도록 조건 변경(Amendment)하여 하자를 해소한 후 매입하는 방법)

④ 하자 내용이 그다지 중요하지 않은 경우 수출자로부터 L/C(Letter of Guarantee : 대금 지급 거절 시 환불하겠다는 보증서)를 받고 매입하는 방법.

7. 무역 클레임

무역 클레임이란 어쩌다가 부딪치는 어려운 사건이 아니라 무역을 하는 사람이 자주 겪어야 하는 업무 중의 하나인 것이다.

바이어에게서 클레임에 대한 이야기가 나오면, 특히 전자 메일이나 문서로 연락이 온 경우 절대 무시하고 덮어 두어서는 안 된다. 클레임을 제기하고 배상을 받기 위해서는 먼저 클레임에 대한 내용을 통보하고 대답을 기다리는 순서부터 시작하기 때문이다. 품질이나 납기를 지키지 않아 손해를 입은 경우는 물론이고 시황이 좋지 않아 트집을 잡아 돈을 받아 내려고 마켓 클레임(Market Claim)을 제기하려는 경우에도 관련 서류를 갖추는 것부터 시작 단계임을 알아야 한다.

바이어로부터 Complain이나 문제 해결에 대한 요청이 오면 즉시'잘 받았다. 조사해 보고 연락하겠다'는 간단한 회신이라도 보내 주고 다음 조치를 강구해야 한다.

클레임은 철저한 예방이 최선이지만 클레임이 발생할 때 회사의 실정에 맞는 대처 요령을 정해 두고 대응하는 것이 필요하다.

주로 발생하는 클fp임 내용은 품질 불량, 파손, 선적 불이행, 부당한 계약 해제, 대금 결제 지연, 화물의 부당한 인수 거절, 계약 물품의 상이 등이 있다. 회사마다 이러한 예상 클레임의 사례를 만들어서 최고 경영자가 솔선 수범하여 대책을 마련해 두어야 한다. 다음과 같은 클레임 사례는 위의 어떠한 경우에 해당하는지 한번 생각해 보자.

1) 무역 클레임(Claim)

수출업자와 수입업자 간에 거래 계약의 일부 또는 전부의 불이행으로 말미암아 발생하는 손해를 거래 상대방에게 청구하는 것을 말한다.

수입업자는 물품 수령 후 지체없이 검사하고 하자가 발견된 즉시 수출업자에게 통지(Claim Notice)하여야 하며, 매매계약서 상에 약정된 클레임 제기 기간 내에 클레임 진술서(Claim Statement)등의 구비하여 정식 클레임을 청구해야 한다. 무역 클레임의 제기 시한은 일반적으로 매매계약서 상에 '클레임은 물품 수령 후 14일 이내에 서면으로 제기 할 것' 등과 같이 명확하게 명시하고 있다.

그러나 매매계약서 등에 클레임 제기 시한을 명시하지 않은 경우 구미의 상관례는 일반적으로 '물품 수령 후 상당한 기간 내(within a reasonable time)에 클레임을 제기해야 한다'로 되어 있다. 여기서 상당기간이란 화물의 성질에 따라 검사하고 하자를 발견하는데 소요되는 합리적인 기간을 뜻한다.

우리나라는 물품 수령 후 지체없이 검사하고 하자 발견 즉시 클레임을 제기해야 한다. 단 하자를 발견할 수 없을 경우는 물품 수령 후 6개월 이내에 클레임을 제기하면 된다고 되어 있다.

무역 클레임을 해결하는 방법으로는 당사자 간의 해결 방법과 제3자가 개입하여 해결하는 방법이 있다. 국제 무역에서 분쟁이 발생하는 경우는 국제 상관례에 기초를 둔 국제상사중재원의 상사중재규칙에 따른다고 매매계약서에 명시하는 것이 일반적이다.

2) 매매계약서 상의 표준 중재 조항(Standard Arbitration Clause)

"All disputes, controversies or differences which may arise between the parties, out of or in relation to or in connection with this contract, or for the breach there-of, shall be finally settled by arbitration in Seoul, Korean in accordance with the Commercial Arbitration Rules of the Korean Commercial Arbitration Board and un-der the Laws of Korea.

The award rendered by the arbitrator(s) shall be final and binding upon both parties concerned."

(이 계약으로부터 또는 이 계약과 관련하여 또는 이 계약의 불이행으로 말미암아 당사자 간에 발생하는 모든 분쟁, 논장 또는 의견 차이는 대한민국 서울특별시에서 대한상사중재원의 상사중재규칙 및 대한민국법에 따른 중재인에 의하여 최종적으로 해결한다. 중재인(들)에 의하여 내려지는 판정은 초종적인 것으로 당사자 쌍방에 대하여 구속력을 가진다.)

3) Market Claim이란?

바이어가 상품을 인수할 의사가 없거나 가격을 깎을 목적으로 상품의 품질을 트집 잡거나 여타의 계약 실행 상의 문제를 걸어 계약 취소, 반품 혹은 할인을 강요하는 것을 말한다. 시황이 나쁠 때 자주 발생한다.

Market Claim을 피하기 위해서는 신용이 좋은 거래처를 선별하고 품질, 수량, 선적 기일 등 계약 조건을 준수해야 한다. 그리고 대금 지불에 관해서 취소 불능 신용장을 받고 그 선적 서류를 작성에도 틀림이 없어야 한다.

8. 수출 가격 협상과 요소 비용

1) 단위 원가 산정의 기준

생산 비용과 제품에 대한 수요가 단위 원가 산정의 기초가 된다. 그러나 수출 가격 결정은 생산 비용과 수요 조건 외에도 환율·인플레이션·세금·관세·보험·수송 비용·현지국 경쟁자 및 국제 경쟁자의 가격·중간상의 마진·정부의 가격 규제·국가 이미지 등의 여러 요인에 따라 영향을 받게 된다.

수출 가격을 결정할 때 염두에 두어야 할 한 가지 중요한 점은 제품에 따라 가격을 결정하기 보다는 현지 시장에 맞는 전략 가격을 설정한 후에 거기에 맞추어 제품을 생산해 낼 수 있어야 한다는 것이다.

(1) 원가(COST)

수출만을 위한 새로운 생산 설비 등 고정 비용의 투자가 따르지 않고 내수를 위한 생산에 사용되고도 남은 유휴시설을 활용한다면 수출 단가는 추가 비용만을 감안해서 결정하는 것이 옳다.

수출 단가는 최저 수출 가격선을 나타내므로 수출한 단가보다 낮은 가격 책정은 출혈 수출이 된다. 생산에서 단위 원가는 경제 규모에 따라 크게 영향을 받는다.

(2) 수요 조건(DEMAND CONDITION)

단위 원가가 최저 가격선의 기준이 된다면 시장 조건(수요)은 최고 가격선의 기준이 된다.

자사 제품에 대한 수요가 높고 가격 탄력성이 1보다 작을 경우 가격을 높게 책정할 수 있다. 그러나 수요가 낮고 가격 탄력성이 1보다 클 경우 높은 가격 책정은 판매 감소를 초래한다.

(3) 경쟁 상태(COMPETITIVE CONDITION)

원가와 수요 조건이 수출가격의 하한선과 상한선의 기준이 된다면, 현지 시장의 경쟁 상태는 이러한 두 개의 상하한선 내에서 실제로 어떻게 가격을 결정할 것인지에 대한 지표가 된다. 물론 이 과정에서 주요 경쟁자들의 제품 가격 모두 참고해야 한다.

수출 기업이 자신의 제품 가격을 경쟁사들의 가격보다 높게 책정할 것인가 또는 낮게 책정할 것인가는 제품 차별화 정도, 브랜드 인지도 등에 따라 좌우된다. 제품 차별화와 브랜드 인지도가 높을수록 경쟁자의 가격보다 더 높은 가격을 받을 수 있다.

(4) 법적 행정적 규제

수출 가격의 결정은 또한 본국 및 현지국의 법적 규제에 영향을 받는다. 즉 덤핑 규제, 관세, 수입 규제, 가격 통제 등이 수출 가격에 영향을 미친다는 것이다.

(5) 국가 이미지(COUNTRY IMAGE)

같은 품질의 제품이라도 국가 이미지에 따라 구매자들이 지불하고자 하는 가격에는 차이가 있다.

구매자들은 이미지가 좋게 구축된 국가의 제품들에 대해 더 높은 대가를 지불하는 구매형태를 보인다. 따라서 국가 이미지가 좋지 않은 개발도상국의 수출 기업들은 가격 책정에 더 어려움을 겪게 된다. 가격을 너무 높게 책정할 경우 구매자들이 그 가격을 인정하지 않으려고 하며, 그렇다고 가격을 낮게 책정하면 제품의 품질을 의심하게 되는 것이다.

(6) 마케팅 비용(MARKETING COST)

수출 가격 결정에는 수송 비용, 촉진 비용, 유통 비용 등의 마케팅 비용이 고려되어야 한다. 특히 물류 비용이 중요한 비중을 차지한다.

(7) 환율(FOREIGN EXCHANGE RATE)

환율 변동 또한 수출 가격 결정에 커다란 영향을 미치는데, 본국 통화가 상대국 통화보다 평가 절상되면 수출 가격 인상을 초래하고 반대로 펴가 절하되면 가격 인하의 요인이 된다. 환율 변동에 따른 환위험을 최소화하기 위해서 수출 기업은 수출 결제 통화 베이스를 탄력적으로 선정, 운영해 나갈 수 있어야 한다.

2) 수출입의 요소 비용

국내 판매와 달리 해외 수출에는 포장비와 내륙 운송비의 비중이 크고 바이어의 요구에 따라 비싼 검사를 받아야 하는 것도 있다.

수출입의 요소 비용에는 다음과 같은 것이 있다.

- 포장비(Packing Charge)
- 검사비(Inspection Frees)
- 해상 운임(Ocean Freight)
- 항공 운임(Air Freight)
- 보험료(Insurance Premium)
- 선적, 적재 비용(Shipping Charge, Loading Charge, Stowing Charge)
- 수출 승인 비용(Export Licence)
- 내륙 운송 비용(Inland Freight)
- 수출 통관 비용(Clearing Fees for Exportation)
- 해상 적하보험(Marine Cargo Insurance)
- 양하비(Unloading Charge)
- 창고료(Storages)
- 수입승인 빙요(Import Duties)
- 수수료(Commission)

- 이자(Interest)
- 외환 비용(Cost of Exchange)
- 잡비(Sundry Charges of Petties)

9. 무역 조건(Trade Terms)

무역 조건(또는 가격 조건)에 대하 해석은 일반적으로 ICC(International Chamber of Commerce : 국제상업회의소)가 제정한 INCOTERMS(International Commercial Terms : 무역 조건 해석에 관한 국제 규칙)의 규정에 따르고 있다.

INCOTERMS는 무역 계약 체결에서 좁은 의미로 가격 조건(Terms of Price)만을 뜻하지만 넓은 의미에서 인도 조건(Terms of Delivery)을 규정하고 있다. 가격 조건으로서 수출상과 수입상 간의 비용 부담 한계는 물론 위험 부담의 한계, 수출상이 제공해야 하는 서류 및 그 외 기타 의무 등 제반 법률적인 관계를 해석하는 기준이 된다. 좀 더 자세히 알고 싶은 사람은 무역 실무 책에 나와 있는 INCOTERMS 2000을 공부하면 된다.

이제 수출입에 많이 사용하는 가격 조건 FOB, C&F 또는 CFR, CIF에 대한 것을 설명하겠다. 이 세 가지만 알아도 무역하는 데 지장이 없다.

10. 무역 상담 요령

바이어와 상담을 하거나 견적 요청을 받을 때 신중해야 함은 물론이다. 더욱이 신제품에 대한 가격견적, 치열한 경쟁 상품, 막중한 책임을 안고 떠난 해외 출장에서 바이어와 가격 협상을 벌인다면 어떻게 해야 할까? 비즈니스의 현장에서 반드시 겪어야 하는 일로써 결코 쉽지 않은 일이다.

다음 몇 가지 참고가 되는 내용을 소개해 보면

1) 바이어를 상대할 때 성실한 자세를 갖추고 진지하게 대하자.

바이어는 자신에게 상품을 공급하는 사람이 성실하지 않으면 불안하여 구매를 하지 않는다. 불성실한 수출상이 품질이 나쁜 제품을 선적하거나 약속한 납기를 어긴다면 커다란 낭패를 보기 때문이다. 특히 일본 바이어와 상담할 때는 가능하면 소숫점 세 자리까지도 언급하는 꼼꼼한 모습으로 대해야 신뢰를 얻을 수 있다. 필기를 하면서 진지하게 상담에 임하는 자세는 상담의 기본이다.

2) 지역별 상관습과 바이어 성향에 따라 가격 협상 방법이 다르다.

가격을 제시하거나 출장을 갈 때 그 지역에 대해 알고 있는 사람의 조언을 미리 들어 두는 것이 좋다. 아랍 바이어들은 가격을 많이 깎는 편이다 .처음 출장을 가는 사람은 황당한 기분이 들 정도이다. 그러나 대부분 처음 물어보는 가격은 바이어가 알고 있는 가격이며 남과 얼마나 차이가 있는지 알아보는 경우가 많다. 그 때는 거의 바닥에 가까운 낮은 가격으로 거래를 유인하는 편이 좋다고 한다.

3) 가격 인하 요구를 듣고 즉시 대답을 하지 말자.

가격을 깎아 달라는 말대로 선뜻 요구를 들어준다면 바이어가 오히려 의심의 눈길을 보낼 것이다. '처음부터 나에게 너무 비싸게 제시했나? 좀더 깎았어야 하지 않았나?'등 별의별 생각을 할 것이다. 상대방의 입장을 고려하여 진지하고 신중한 모습을 보여 주어야 한다.

4) 바이어가 대폭 인하를 고집할 때는 주문량을 물어보자.

바이어 중에는 대응하기 조차 난감하게 대폭 인하를 요구하는 바이어에게는 더욱 진지하게 대하면서 '그만큼 인하할 수는 없다. 그러나 당신과 꼭 거래를 하고 싶으니 최대한 가격을 낮춰보겠다'고 대답하는 것이 현명하다. 계속 대폭 인하를 요구할 경우, 주문량을 물어보면 쉽게 대응할 수 있을 것이다. 주문량이 많지 않으니 조금밖에 깎아줄 수 없다고 대답할 수 있는 경우가 대부분이기 때문이다.

5) 희귀 품목은 비싸게 팔아라.

경쟁자가 나타날 때까지 신개발품에 대해서 무척 비싼 가격으로 판매하는 사람이 있다. 가격이 노출되어 있는 일반 상품은 거의 마진 없이 팔면서 개발품으로 이익을 많이 얻는 정책을 견지하는 것이다. 새로운 아이템 개발에 부단히 노력하는 정책이며 매우 바람직한 일이다.

6) 반드시 회신을 보내라.

Inquiry(조회)란 사고 싶다고 생각하는 상품명을 Seller에게 말하면서 그것의 가격, 선적기일, 품질, 거래 조건, 포장, 보험, 운송 방법 등의 상세한 점을 묻는 것을 말한다.

조회는 주문에 도달하는 첫 걸음이다. 즉시 회신을 하지 못하면 바이어는 빠른 회신을 하는 다른 곳에 주문을 할 가능성이 많다. 도저히 회신을 할 수 없는 경우에는 메일을 잘 받았다고 알려 주면서 여건이 마련되는 대로 자세한 명세를 보내겠다고 답신을 보내야 한다. 만약 대체품이 있다면 소개하는 것도 좋은 방법이다.

7) 비교 샘플을 준비하라.

반드시 팔고 싶은 품목일 경우, 그것만 준비해서는 안 된다. 그것과 비교할 수 있는 다른 제품을 준비하여 자신의 제품을 선택할 수 있도록 유도하는 것이 바람직하다. 주로 디자인을 선택하게 하는 제품류 상담에는 필수적이다. 여러 가지 비교 디자인을 준비하여 바이어의 선택 폭을 넓혀야 한다. 일부러 좋지 않은 디자인을 준비하여 팔고 싶은 디자인 제품을 권유하는 사람도 있다.

✤ 상담에 임하는 자세

(1) 바이어를 만나기 전에 바이어 이름에 대한 정확한 스펠링과 발음을 열 번 이상 연습했는가?

(2) 바이어의 취미와 상대 회사에 대한 전반적인 정보를 입수했는가?

(3) 팸플릿 외에 필요한 슬라이드와 비디오 테이프는 준비했는가?

(4) 항상 곁에 계약서를 준비하고 있는가?

(5) 자기 회사 및 상품을 유창하게 소개할 말을 미리 마련해 두었나?

(6) 항상 상대방을 논쟁하는 방향으로 유도하지는 않는가?

(7) 상대를 설득할 자료(가격, 도표 등)나 실물을 준비했는가? 말로만 설득하려고 하지 않는가?

(8) 상대방의 기존 거래선을 파악하고, 왜 새로운 거래처를 원하는지 파악했는가?

11. 수출 통관과 선적

1) 수출 통관과 물품 선적

수입상과의 약정대로 상품을 생산하거나 완제품을 구입하여 서적이 가능한 상태로 준비되었다고 곧바로 배에 선적되는 것은 아니다. 세관에 수출 신고를 하고 허가를 받아야 한다.

대부분 관세사 등의 통관업자(Customs Broker)에 통관을 의뢰하는 경우가 많으며 운송주선업자(Freight Forwarder)가 통관업을 겸하는 경우가 많다. Invoice, Packing List, 사업자등록증 사본 등의 서류를 관세사에게 보내 세관장에게 수출 신고를 해야한다.

세관은 수출 신고서와 신고 서류를 심사하고 필요에 따라 화물을 검사하는데, 검사의 목적은 불법을 수출되는 것을 사전에 방지하고 위장 수출을 가려내기 위함이며 관세 등 환급의 정확성을 기하기 위해 필요한 일이다.

2) 운임은 싸게 운송은 신속하게

외국으로 상품을 선적하는 방법은 납기와 물량에 따라 철도, 자동차, 배나 비행기 또는 배와 비행기를 같이 사용하기도 한다.

(1) 상품에 따른 선박 종류

선박을 수배할 때 상품의 수량, 종류에 따라 운송 선박이 다르다. 즉 일반 완제품, 기계류 등과 같이 포장된 개품은 일반 잡화선(General Cargo Carrier) 또는 컨테이너 전용선(Full Container Ship)에 선적되며 쌀, 옥수수, 밀 등의 곡물이나 광석, 석탄 등 Bulk Cargo는 곡물, 광석류 운반 전용선에 선적한다.

(2) 해상 운임의 산출

해상 운임은 기본 운임+할증료(CAF,BAF) 및 취급 수수료(THC)+제공과금으로 구성되어 있다.

기본 운임은 항로별, 화물별로 정해지고 중량통(Weight Ton : W/T) 또는 용적톤(Measurement Ton : M/T)의 두 톤 중 높은 쪽을 계산톤(Revenue Ton : R/T)으로 하여 계산톤(R/T)에 기본 운임율(Base Rate)을 곱하여 산출한다. 선적할 품목과 거리 등에 다라 운임이 다르므로 전문적인 선박회사와 운송 계약을 체결해야 한다.

(3) 해상 운임의 구분

해상 운임은 지급 시기에 따라 선불 운임과 후불 운임으로 구분한다.

① 선불 운임 : CIF 또는 CFR 조건에 의한 수출인 경우 수출업자가 운임을 부담하므로 통상 운임이 선적지에서 선불되며 이것을 Freight Prepaid라고 B/L에 표기한다.

② 후불 운임 : FOB조건으로 수출하는 경우 수입업자가 운임을 부담하므로 화물이 수입항에 도착한 후, 수입업자가 지급하고 Freight to collect라고 한다.

(4) 선적 예약 주의 사항

선적 예약(Space Booking)을 하기 위해서는 다음과 같은 내용을 고려하여 가능하면 조기에 선박회사와 접촉하여 차질이 없도록 한다.

① 계약 또는 L/C에서 지정한 선적 기한 이내에 선적할 수 있는 배를 선택해야 한다.

- 상품에 따라서는 그 상품을 운반하는 선박이 한정되어 있는 경우가 있다.
- 목적지에 따라 그곳에 가는 선박이 극히 적을 수도 있다.
- 수출량이 급증하는 특정 항로에는 예약이 제한되는 수도 있다.

② 신용 있는 선박회사를 택할 것
 • 선박회사에 따라 예상했던 화물을 모두 싣지 못해 화물 수송이 어려워지는 수도 있다.
③ 목적항까지 여러 곳에 들르지 않고 빨리 가는 배를 선택한다.
④ 속도가 빠르고 설비가 좋은 신조선을 선택한다.
⑤ 화물을 사고 없이 하역, 보관, 운반할 수 있는 선박을 선택한다.

(5) 선적 요청서 작성

구두 계약이 이루어진 다음 정식으로 선적 요청서(S/R, Shipping Request)를 제출한다. 이 때 Invoice, Packing List, L/C Copy를 첨부한다. 선적 서류 중 특히 중요한 선하증권(B/L, Bill of Lading)은 S/R에 따라 작성된다. 그렇다면 S/R작성시 유의해야 할 항목은 무엇일까?

① Sipper : 수출업자다. 선박회사가 아니라는 점을 명심하자.
② Consignee ; 수하인, 즉 화물을 받는 자다. L/C거래에서는 L/C에서 요구하는 대로 기입하며, 수입업자가 반드시 수하인과 일치하지는 않는다. B/L의 유통성을 위해 To order(지시하는 사람에게)라고 기입되는 수가 많다.
③ Notify(Party) : 화물 도착 통지처이다. 수입자 또는 수입자가 지정하는 통관업자를 기입한다.
④ Description of Goods : 상품명세다. L/C 거래에서는 L/C에 기재되어 있는 대로 기입한다.
⑤ Marks and Numbers : 계약할 때 정한 케이스 마크를 기입한다.
 만일 L/C에 기재되어 있으면 그대로 기입한다.

(6) 항공 화물 운송

항공 화물 운송은 해상 화물 운송에 비해 신속하고 안전하며 포장비, 보험료율, 중량 계산 방법, 기타 부대 비용 등을 고려한 Total Cost 개념으로 볼 때 경제성이 있는 것이 많아 항공 운송이 늘어나고 있다.

운임은 출발지에서의 중량(Chargeble Weight)에 KG/LB당 적용요율을 곱하여 산출한다.

(7) 컨테이너 화물운송

컨테이너 운송은 수송, 보관, 포장, 하역에서 신속성과 안전성이 재래 운송에 비해 뛰어나다. 1996년 Sea Land 사가 뉴욕 유럽 항로에 컨테이너선을 투입시킨 이후 현재 세계적으로 널리 쓰이고 있는 수송 방식이다.

가. 컨테이너 화물의 운송 형태

① CY/CY/(FCL/FCL)(Door/Door) : 송하인의 생산 공장이나 창고에서 컨테이너에 실려 수하인에게 전달될 때까지 동일한 상태로 일관 수송된다. 운송인의 운송 책임은 CY에서 CY까지다.

② CY/CFS(FCL/LCL)(Door/ Pier) : 송하인의 생산 공장이나 창고에서 FCL 상태로 떠나 도착지에서는 여러 명의 수하인에게 전달되기 위해 도착항의 CFS에 들러 Devanning 된다.

③ CFS/CY (LCL/FCL)(Pier/Door) : 출발지의 CFS에서 혼재된 화물이도착항에서는 단일 수하인에게 전달된다.

④ CFS/CFS(LCL/LCL)(Pier/pier) : 여러 명의 송하인으로부터 모은 LCL 화물을 CFS에서 혼재하여 역시 여러 명의 수하인에게 인도하는 방법이다.

- FCL(Full Container Load)Cargo : 컨테이너 1개를 가득 채우기에 충분한 양의 화물로써 CY Cargo라고도 한다.
- LCL(Less than Container Load)Cargo : 컨테이너 1개를 채우기에 부족한 소량 화물로써 CFS Cargo라고도 한다.
- CY(Container Yard) : 컨테이너를 보관 집적하는 장소.
- CFS(Container Freight Station) : 화주로부터 LCL 화물을 접수하고 인도하는 장소.
- Forwarder : 포워더(운송주선업자).

나. 컨테이너의 화물 적재량

구분	최대 적재중량 (무게)	최대 적재부피(부피)
TEU(Twenty-feet Equivalent Unit) 8fit*8fit*20ft)	41,270 lbs(파운드)	1,101ft3
FEU(Forty-feet Equivalent Unit) (8ft*8ft 6inch*40ft)	60,810 lbs (파운드)	2,389ft3

(8) 관세 환급

'수출용 원자재에 대한 관세 등 환급에 관한 특례법(환급특례법)'에 의거, 수출용 원자재를 수입할 때 납부한 관세를 환급해 주고 있다.

가. 환급 대상 수입 요건

① 수출용 원재료

② 외국으로부터 수입한 경우 관세 등을 납부

③ 수입 면허일로부터 일정 기간 내에 수출 등에 제공되어야 한다.

나. 관세 환급 방법

① 정액 환급 : 수출 물품 별로 환급 금액을 사전에 정한 정액 환급율표에 따라 환급 신청서와 수출면장만 제시하면 환급해 주는 방법

② 개별 환급 : 정액 환급율표에 게재되어 있지 않은 수출 물품인 경우, 수출용 원자재 수입 시 납부한 관세 등을 환급 신청서와 일일이 수입면장 및 소요량 증명서를 제시하고 환급 금액을 계산하여 환급하는 방법.

다. 환급 신청 기간

원칙적으로 선적이 확인된 수출면장의 수출면허일로부터 2년 이내로 정해져 있다.

라. 환급 신청 기관

전국 세관 또는 수출 면허기관의 환급 은행 등이다.

SUPPLEMENT to UCP 500 for ELECTRONIC PRESENTATION(eUCP) – Version 1.0

Article e1. Scope of the eUCP

A. o thThe Supplement te Uniform Customs and Practice for Documentary Credits for Electronic Presentation ("eUCP") supplements the Uniform Customs and Practice for Documentary Credits (1993 Revision ICC Publication No. 500) ("UCP") in order to accommodate presentation of electronic records alone or in combination with paper documents.

B. The eUCP shallapply as a supplement to the UCP where the Credit indicates that it is subject to eUCP.

C. This version is Version 1.0. A Credit must indicate the applicable version of the eUCP. If it does not do so. it is subject to the version in effect on the date the Credit is issued or, if made subject to eUCP amendment accepted by the Beneficiary, on the date of that amendment.

Article e2. Relationship of the eUCP to the UCP

A. A Credit subject to the eUCP ("eUCP Credit") is also subject to the UCP express incorporation of the UCP.

B. Where the eUCP applies, its provisions shall prevail to the extent that they would produce a result different from the application of the UCP.

C. If an eUCP allows the Beneficiary to choose between presentation of paper documents or electronic records and it chooses to present only paper documents, the UCP alone shall apply to that presentation. If only paper documents are permitted under an eUCP Credit, the UCP alone shall apply.

Article e3. Definitions

A. Wehre the following terms are used in the UCP, for the purposes of applying the UCP to an electronic record presented under an eUCP Credit the term:

i. "appears on its face" and the like shall apply to examination of the data content of an electronic record.

ii. "document" shall include an electronic record.

iii. "place for presentation" of electronic records means an electronic address.

iv. "sign" and the like shall include an electronic signature.

v. "superimposed", "notation"or "stamped"means data content whose supplementary character is apparent in an electronic record.

B. The following terms used in the eUCP shall have the following meanings

i. "electronic record" means

* data created, generated, sent, communicated, received, or stored by electronic means

* that is capable of being authenticated as to the apparent identity of a sender and the apparent source of the data contained in it, and as to whether it has remained complete and unaltered, and

* is capable of being examined for compliance with the terms and conditions of the eUCP Credit.

ii. "electronic signature"means a data process attached to or logically associated with an electronic record and executed or adopted by a person in order to identify that person and to indicate that person's authentication of the electronic record.

iii. "format"means the data organization in which the electronic record is expressed or to which it refers.

iv. "paper document" means a document in a traditional paper form.

v. "received" means the time when an electronic record enterns the information system of the applicable recipient in a form capable of being accepted by that system. Any acknowledgement of receipt does not imply acceptance or refusal of the electronic re-cord under an eUCP Credit.

Article e4. Format

An eUCP Credit must specify the formats in which electronic records are to be presented. If the format of the electronic record is not so specified, it may be presented in any format.

Article e5. Presentation

A, An eUCP Credit allowing presentation of:

i. electronic records must state a place for presentation of the electronic records.

ii. both electronic records and paper documents must also state a place for presentation of the paper documents.

B. Electronic records may be presented separately and need not be presented at the same time.

C. If an eUCP Credit allows for presentation of one or more electronic records, the Beneficiary is responsible for providing a notice to the Bank to which presentation is made signifying when the presentation is complete. The notice completeness may be given as an electronic record or paper document and must identify the eUCP Credit to which it relates. Presentation is deemed not to have been made if the Beneficiary's notice is not received.

D. i. Each presentation of an electronic record and the presentation of paper documents under an eUCP Credit must identify the eUCP Credit under which it is presented.

ii. A presentation not so identified may be treated as not received.

E. If the Bank to which presentation is to be made is open but its system is unable to receive a transmitted electronic record on the stipulated expiry date and/or the last day of the period of time after the date of shipment for presentation, as the case may be, the Bank will be deemed to be closed and the date for presentation and/or the expiry date shall be extended to the first following banking day on which such Bank is able to receive an electronic record. If the only electronic record remaining to be presented is the notice of completeness. it may be given by telecommunications or by paper document and will be deemed timely, provided that is is sent before the bank is able to receive an electronic record.

F. An electronic record that cannot be authenticated is deemed not to have been presented.

Article e6. Examination

A. If an electronic record contains a hyperlink to an external system or a presentation indicates that the electronic record may be examined by reference to an external system, the electronic record at the hyperlink or the referenced system shall be deemed to be the electronic record to be examined. The failure of the indicated system to provide access to the required electronic record at the time of examination shall constitute a discrepancy.

B. The forwarding of electronic records by a Nominated Bank pursuant to its nomination signifies that it has checked the apparent authenticity of the electronic records.

C. The inability of the Issuing Bank, or Confirming Bank, if any, to examine an electronic record in a format required by the eUCP Credit or, if no format is required, to examine it in the format presented is not a basis for refusal.

Article e7. Notice of Refusal

A. i. The time period for the examination of documents commences on the banking day following the banking day on which the Beneficiary's notice of completeness is received.

ii. If the time for presentation of documents or the notice of completeness is extended, the time for the examination of documents commences on the first following banking day on which the bank to which presentation is to be made is able to receive the notice of completeness.

B. If an Issuing Bank, the Confirming Bank, if any, or an Nominated Bank acting on their behalf, provides a notice of refusal of a presentation which includes electronic records and does not receive instructions from the party to which notice of refusal is given within 30 calendar days from the date the notice of refusal is given for the disposition of the electronic records, the Bank shall return any paper documents not previously returned to the presenter but may dispose of the electronic records in any manner deemed appropriate without any responsibility.

Article e8. Originals and Copies

Any requirement of the UCP of an eUCP Credit for presentation of one or more originals or copies of an elecronic record is satisfied by the presentation of one electronic record.

Article e9. Date of Issuance

Unless an electronic record contains a specific dae of issuance, the date on which is appears to have been sent by the issuer is deemed to be the date issuance. The date of receipt will be deemed to be the date it was sent if no other date is apparent.

Article e10. Transport

If an electronic record evidencing transport does not indicate a date of shipment or dispatch, the date issuance of the electronic record will be deemed to be the date of shipment or dispatch. However, if the electronic record bears a notation that evidences the date of shipment or dispatch, the date of the notation will be deemed to be the date of shipment or dispatch. A notation showing additional date content need not be separately signed or otherwise authenticated.

Article e11. Corruption of an Electronic Record after Presentation

A. If an electronic record that has been received by the Issuing Bank, Confirming Bank, or another Nominated Bank appears to have been corrupted, the Bank may inform the presenter and may request that the electronic record be represented.

B. If the Bank request that an electronic record be re-presented.

i. the time for examination is suspended and resumes when the presenter re-presents the electronic record; and

ii. if the Nominated is not the Confirming Bank, it must provide the Issuing Bank and any Confirming Bank with notice of the request for re-presentation and inform it of the suspension; but

iii. if the same electronic record is not re-presented within thirty (30) calendar days, the Bank may treat the electronic record as not presented, and

iv. any deadlines Tare not extended.

Article e12. Additional Disclaimer of Liability for Presentation of Electronic Records under eUCP

By checking the apparent authenticity of an electronic record. Banks assume no liability for the identity of the sender, source of the information, or its complete and unaltered by the use of a commercially acceptable data process for the receipt, authentication, and identification of electronic records.

찾아보기

❑ 저자약력

▌강경훈

- 목포대학교 경영대학 교수, 경제학박사
- (사)한국무역학회부회장
- (사)한국문화산업학회 부회장
- (사)한국전자상거래학회 부회장
- (사)한국물류학회 부회장
- 미국 UCSD / IRPS 대학원 객원교수

▌김용진

- 협성대학교 경영대학 교수, 경영학박사
- (사)한국물류학회 회장 역임
- 대한상사중재원 중재인
- 대한중재인협회 및 (사)한국구매자재관리협회 이사

▌박종삼

- 남서울대학교 국제통상학과 교수
- (사)한국물류학회 회장
- 한국유통정보학회, 한국문화산업학회 부회장
- 전경련, 충남ECRC 자문교수
- 국가자격고시 출제 및 채점위원
- 대한상사중재원 중재인
- 산업자원부 무역위원회 무역구제전문가그룹 위원
- 관세청 관세평가위원

인 지

글로벌 무역실무

초 판 1쇄 인쇄 —— 2011년 2월 15일
초 판 1쇄 발행 —— 2011년 2월 25일
지은이 —— 강 경 훈 · 김 용 진 · 박 종 삼
펴낸이 —— 전 두 표
펴낸데 —— 도서출판 **두남**
서울시 강동구 성내1동 455-12 두남빌딩
신 고 : 제25100-1988-9호
(구 제2-624호, 1988. 7. 21)
TEL : 02) 478-2065, 2066, 2067, 2311
FAX : 02) 478-2068
E-mail : dunam1@unitel.co.kr
http://www.dunam.co.kr

정가 25,000원

ISBN 978-89-6414-217-2 93320